JN213667

サステナビリティ大全

CORPUS JURIS SUSTAINABILITY

西村あさひ法律事務所・外国法共同事業　編

NISHIMURA & ASAHI

商事法務

はしがき

本書は、サステナビリティ（持続可能性）にまつわる法律分野に関する事項をまとめた「大全」である。

かつてサステナビリティは美辞麗句的に解釈され、企業がサステナビリティ対応を行わなくてもそれによってビジネスが毀損されたり、収益機会を失ったりするようなものではないと限定的に捉えられていた感もあった。また、企業活動の本丸ではなく、ある種その外縁に属する社会貢献的なものとして位置づけられてきたことも多かったのではないだろうか。

現在においても、サステナビリティについて、事業遂行上優先的に取り扱ったり、その対応に多くのリソースを割くこと等に対しては、地域を問わず、批判的な意見も存在することは事実である。

しかし、本書で詳述しているように、今やサステナビリティに関する多くの事項が、ソフトローのみならずハードローとして定着しており、変化の激しい時代において企業活動を適切に進めていく上で、その理解と対応が不可欠な分野となっている。

サステナビリティは、世界の至る所で問題となっているトピックである以上、これらの国々およびこれらの国々の企業と取引等を行うにあたり、また、これらの国々において企業活動を行うに際して考えざるを得ない事項である。

また、国内においても、少子高齢化といった問題を抱える日本においてはそれらに関連するサステナビリティ課題に否応なく直面し、日本政府、投資家、金融機関、取引先、その他のステークホルダーとの関係でも種々の対応が求められている。

そこで、本書では、以上のような背景を踏まえながら、各分野について必要と思われる事項を可能な範囲で説明している。具体的には、総論、コーポレート、ファイナンス、労働をはじめとするソーシャルな分野、環境、独禁・通商に関する事項を網羅的に記載している。

本書で取り上げている分野の多くは、唯一の解が存在するものではなく、また、世界中で活発な議論の対象となっており、流動性も高く、その対応にスピード感が要求される。

サステナビリティ分野が有するこのような特性は、開所以来フロンティア精神を大事にしてきた当事務所のまさに強みとするところであり、当事務所の多くの弁護士が本分野の最前線で奮闘しているというのは偶然ではないであろう。

また、世界的な議論の対象となっている本分野にキャッチアップするためには、規範の制定にまつわる最先端の議論についてであれ、現場において発生している事象であれ、タイムリーに把握し、対処することが必須となるが、アジアのみならず、欧米にも拠点を有している当事務所の特性が大いに発揮できるところであろう。

本分野の多くで企業が直面する課題は、グラデーションのある世界にて時々刻々と変化する荒海の中を自ら泳ぐことが求められる。そのような中で、本書が、手にとられた方々にとって何らかの道しるべ、あるいは、取組みの契機となるなど、日々の業務に少しでもお役に立てば幸いである。

最後に、本書刊行の機会を与えてくださり、本書作成の全般にわたって終始多大なご支援・ご協力をいただいた、商事法務の浅沼亨氏および吉野祥子氏に厚く御礼を申し上げる。

2025 年 1 月

編者一同

凡　例

1　法令の略称

本文ではフル表記とし、カッコ内は有斐閣六法の法令略語表に従った。

2　雑誌等の略語

民　録　大審院民事判決録
民　集　大審院民事判例集、最高裁判所民事判例集
集　民　最高裁判所裁判集民事
下民集　下級裁判所民事裁判例集
東高民時報　東京高等裁判所民事判決時報
裁　時　裁判所時報
新　聞　法律新聞
訟　月　訟務月報
曹　時　法曹時報
商　事　旬刊商事法務
ジュリ　ジュリスト
法　教　法学教室
法　時　法律時報
判　時　判例時報
判　タ　判例タイムズ
労　判　労働判例
金　法　金融法務事情
金　判　金融・商事判例
銀　法　銀行法務21

3　機関・団体名・その他の略語

名称	和訳名
ABA（American Bar Association）	アメリカ法曹協会
APAC（Asia - Pacific）	アジア太平洋
ASA（Advertising Standards Authority）	広告基準協議会
BAFA（Bundesamt für Wirtschaft und Ausfuhrkontrolle）	連邦経済・輸出管理庁
BIS（Bank for International Settlements）	国際決済銀行
BRICs（Brazil, Russia, India, China, South Africa,（Egypt, Ethiopia, Indonesia, Iran and the United Arab Emirates））	ブラジル、ロシア、インド、中国、南アフリカ（エジプト・エチオピア・インドネシア・イラン・アラブ首長国連邦）
CDP（Carbon Disclosure Project）	
CDSB（Climate Disclosure Standards Board）	気候変動開示基準審議会
CHRO（Chief Human Resource Officer）	最高人事責任者
COP（Conference of the Parties）	締約国会議
COP21（Conference of the Parties 21）	国連気候変動枠組条約第 21 回締約国会議
CPTPP（Comprehensive and Progressive Agreement for Trans-Pacific Partnership）	環太平洋パートナーシップに関する包括的及び先進的な協定
CSDDD（Corporate Sustainability Due Diligence Directive）	企業サステナビリティ・デュー・ディリジェンス指令
CSRD（Corporate Sustainability Reporting Directive）	企業サステナビリティ報告指令
DE&I（Diversity, Equity and Inclusion）	ダイバーシティ・エクイティ&インクルージョン
EC（European Commission）	欧州委員会
ECCHR（European Center for Constitutional and Human Rights）	欧州憲法・人権センター
EPA（Economic Partnership Agreement）	経済連携協定
EU-ETS（European Union Emissions Trading System）	EU 域内排出量取引制度
EU タクソノミー（EU taxonomy for sustainable activities）	EU 域内において「環境に配慮した持続可能な経済活動」を定義した分類のこと
FASF（Financial Accounting Standards Foundation）	公益財団法人財務会計基準機構
FCA（The Financial Conduct Authority）	金融行動監視機構
FIP（Feed-in Premium）	フィードインプレミアム
FMIA（Federal Meat Inspection Act）	連邦食肉検査法

FRC（The Financial Reporting Council）	英国財務報告評議会
FSB（Financial Stability Board）	金融安定理事会
FTA（Free trade agreement）	自由貿易協定
FTC（Federal Trade Commission）	連邦取引委員会
FTSE（Financial Times Stock Exchange）	イギリスのロンドン証券取引所（LSE）と世界の主要経済紙である Financial Times 社（FT）の合弁会社
G20（Group of Twenty）	G7（フランス、米国、英国、ドイツ、日本、イタリア、カナダ（G7の議長国順）および欧州連合（EU）に加え、アルゼンチン、豪州、ブラジル、中国、インド、インドネシア、メキシコ、韓国、ロシア、サウジアラビア、南アフリカ、トルコ（アルファベット順）およびアフリカ連合（AU）が参加する枠組み
GATT（General Agreement on Tariffs and Trade）	関税及び貿易に関する一般協定
GDPR（General Data Protection Regulation）	一般データ保護規則
GGI（Gender Gap Index）	ジェンダーギャップ指数
GIIN（Global Impact Investing Network）	グローバル・インパクト投資ネットワーク
GPIF（Government Pension Investment Fund）	年金積立金管理運用独立行政法人
GRI（Global Reporting Initiative）	
GSG（GSG Impact JAPAN National Partner）	
GSSB（Global Sustainability Standards Board）	グローバル・サステナビリティ・スタンダード・ボード
GX（Green Transformation）	グリーントランスフォーメーション
ICC（International Criminal Court）	国際刑事裁判所
ICGN（International Corporate Governance Network）	国際コーポレートガバナンスネットワーク
ICMA（International Capital Market Association）	国際資本市場協会
ICT（Information and Communication Technology）	情報通信技術
IEC（International Electrotechnical Commission）	国際電気標準会議
IFRS（International Financial Reporting Standards）	国際財務報告基準
IFRS 財団（IFRS Foundation）	

凡　例

ILO（International Labour Organization）	国際労働機関
IPBES（The Intergovernmental Science-Policy Platform on Biodiversity and Ecosystem Services）	生物多様性及び生態系サービスに関する政府間科学政策プラットフォーム
IPCC（Intergovernmental Panel on Climate Change）	気候変動に関する政府間パネル
ISDA（The International Swaps and Derivatives Association）	国際スワップ・デリバティブ協会
ISO（International Organization for Standardization）	国際標準化機構
ISS（Institutional Shareholder Services Inc.）	議決権行使助言会社
ISSB（International Sustainability Standards Board）	国際サステナビリティ基準審議会
IUU（Illegal, Unreported, Unregulated）	違法・無報告・無規制
JAS（Japanese Agricultural Standards）	日本農林規格
JEPX（Japan Electric Power Exchange）	日本卸電力取引所
JPX（Japan Exchange Group, Inc.）	株式会社日本取引所グループ
KPI（Key Performance Indicator）	重要業績評価指標
MDGs（Millennium Development Goals）	ミレニアム開発目標
NAALC（North American Agreement on Labor Cooperation）	労働に関する北米協定
NAFTA（North American Free Trade Agreement）	北米自由貿易協定
NAP（National Action Plan on Business and Human Rights）	ビジネスと人権に関する国別行動計画
NDC（Nationally Determined Contribution）	国別削減目標
NFRD（Non-Financial Reporting Directive）	非財務情報開示指令
NGO（Non-governmental Organization）	非政府組織
NPO（Non-Profit Organization）	非営利組織
OECD（Organisation for Economic Co-operation and Development）	経済協力開発機構
OECM（Other effective area-based conservation measures）	保護地域以外で生物多様性保全に資する地域
OFAC（Office of Foreign Assets Control）	米国財務省外国資産管理室
OHCHR（Office of the United Nations High Commissioner for Human Rights）	国連人権高等弁務官事務所
PBC（Public Benefit Corporation）	パブリック・ベネフィット・コーポレーション

PPA（Power Purchase Agreement）	電力購入契約
PPIA（Poultry Products Inspection Act）	家きん製品検査法
PPM（parts per million）	
PRI（Principles for Responsible Investment）	責任投資原則
SASB（Sustainability Accounting Standards Board）	サステナビリティ会計基準審議会
SDGs（Sustainable Development Goals）	持続可能な開発目標
SDN（Specially Designated Nationals and Blocked Persons）	特別指定国民および資格停止者
SEC（U.S. Securities and Exchange Commission）	米国証券取引委員会
SOGI（Sexual Orientation and Gender Identity）	性的指向・性自認
SSBJ（Sustainability Standards Board of Japan）	サステナビリティ基準委員会
SX（Sustainability Transformation）	サステナビリティ・トランスフォーメーション
TCFD（Task Force on Climate-related Financial Disclosures）	気候関連財務情報開示タスクフォース
TFEU（Treaty on the Functioning of the European Union）	欧州連合の機能に関する条約
TFND（The Taskforce on Nature-related Financial Disclosures ）	自然関連財務情報開示タスクフォース
TOB（Takeover Bid）	株式公開買付け
TRIMs 協定（Agreement on Trade-Related Investment Measures）	貿易に関連する投資措置に関する協定
UN Global Compact（United Nations Global Compact）	国連グローバル・コンパクト
UN Women（United Nations Entity for Gender Equality and the Empowerment of Women）	国連女性機関
UNEP（United Nations Environment Programme）	国連環境計画
UNFCCC（United Nations Framework Convention on Climate Change）	気候変動に関する国際連合枠組条約
UNGP（United Nations Guiding Principles on Business and Human Rights）	国連ビジネスと人権に関する指導原則
UNIFEM（United Nations Development Fund for Women）	国連婦人開発基金

凡　　例

UPR（Universal Periodic Review）	普遍的・定期的レビュー
USDA/FSIS（United States Department of Agriculture, Food Safety and Inspection Service）	米国農務省食品安全検査局
USMCA（United States–Mexico–Canada Agreement）	米国・メキシコ・カナダ協定
VRF（Value Reporting Foundation）	価値報告財団
WEF（World Economic Forum）	世界経済フォーラム
WEPs（Women's Empowerment Principles）	女性のエンパワーメント原則
WTO（World Trade Organization）	世界貿易機関
XPCC（Xinjiang Production and Construction Corps）	新疆生産建設兵団
グラスルイス（Glass, Lewis & Co., LLC）	
国連（United Nations）	国際連合
パリ協定（Paris Agreement）	

目　次

第1部　総　論

第1章　サステナビリティの概念（沿革・関連概念等）　*2*

第2章　サステナビリティをめぐる規範を読み解く　*22*

第2部　コーポレート

第２章　サステナビリティ・ガバナンス　55

第２部　コーポレート

第3部　ファイナンス

第3部　ファイナンス

第2章　ESG投資　230

第1節　ESG投資の意義と背景……230

第2節　ESG投資の視点・手法……233

第4部　ソーシャル

第1章　Diversity, Equity & Inclusion　310

第2章 ビジネスと人権 368

第1節 ビジネスと人権をめぐる規範……368

第2節 近時の海外法制の動向……395

第 4 章　地方再生・地方創生とサステナブル・ファイナンス 556

第4部　ソーシャル

第4部　ソーシャル

第4部　ソーシャル

第5部　環　境

第5部　環境

第6部　独禁・通商

第1章　通商・投資法　740

第1部

総　論

第1章
サステナビリティの概念（沿革・関連概念等）

本書はサステナビリティ(注1)つまり持続可能性（または持続可能な開発）について、分析を行う本である。しかし、持続可能性という言葉は抽象的であり、日本人にとっては突如として、2020年代前後に現れたイメージもある。また持続可能性は法的領域とは関係ないのではないか、との疑問も生じるところである。

そこで、まず始めに、法的領域との関連性および歴史的経緯について言及していく。

法的領域との関連性については神田教授の分析がわかりやすい。すなわち、神田教授によると(注2)、①高齢化、富の偏在、デジタル化という環境の変化に加えて、自然災害リスク、疫病リスク、サイバーセキュリティーに関するリスクがある中、会社としてどのように持続可能性のある成長を遂げていくかが問題となり(注3)、②このことは会社法、特に取締役の義務にも変化を生じさせているとのことである。具体的には、イギリスの会社法では取締役は下記のような事項（下線は筆者による）を遵守することが要求されている点にも十分留意が必要である(注4)。

(a)　the likely consequences of any decision <u>in the long term</u>,

---

（注1）なお「sustain」はラテン語の「下からささえる」が語源といわれる。

（注2）具体的には、神田秀樹『会社法入門〔第3版〕』（岩波書店、2023）276頁以下参照のこと。なお会社法に関与する実務家の観点からサステナビリティについて論じたものとしては、例えば中村直人「サステナビリティと実務の留意点」NBL1243号（2023）4頁が参考になる。またソフトローが経営判断に影響を与える点については大杉謙一「ソフトローと取締役の義務」商事2341号（2023）4頁参照。

（注3）実際に日本のコーポレートガバナンス・コードにおいても原則2–3においてサステナビリティが言及されている。またリスク管理が（大会社における）取締役の責務であることは会社法362条4項6号および同施行規則100条参照。

(b) the interests of the company's employees,
(c) the need to foster the company's business relationships with suppliers, customers and others,
(d) the impact of the company's operations on the community and the environment,
(e) the desirability of the company maintaining a reputation for high standards of business conduct
（以下略）

次に歴史的経緯に関係してではあるが、①従前（所得格差を前提とする）トリクルダウンという理論[注5]が広く各国で採用されてきたこと、および②当該理論が経済成長につながらないのではないかとの批判が近時なされてきたことに考慮する必要がある。

例えば米国では（1981年に就任した）ロナルド・レーガン大統領以降、当該理論が強く推進されてきたといわれ、日本においても少なからず影響を与えている。

しかしながら、2014年に発表されたOECDの実証研究[注6]は次のような報告を行っている。すなわち①所得格差は統計的にもその後の中期的な成長に悪影響を及ぼすこと、②所得格差は人的資源の蓄積を阻害することにより、不利な状況に置かれている個人の教育機会を損ない、社会的流動性の低下をもたらし、技能開発を妨げること、③格差の抑制や逆転を促す政策は、社会の公平化につながるばかりでなく、富裕化にもつながり得ること、というものである[注7]。

そのため、経済成長を考えるに当たっては（もう少し）「持続可能性のあ

（注4）なお172条1項の柱書は次のように定めている。"A director of a company must act in the way he considers, in good faith, would be most likely to promote the success of the company for the benefit of its members as a whole, and in doing so have regard"

（注5）富める者が富めば、貧しい者にも自然に富がこぼれおち、経済全体がよくなるという理論。

（注6）詳細は、「特集：格差と成長」OECD雇用労働社会政策局（2014年12月）（https://www.oecd.org/els/soc/Focus-Inequality-and-Growth-JPN-2014.pdf）参照。

（注7）なお経済的格差の詳細が歴史的な制度と関係することは、トマ・ピケティ（山形浩生＝森本正史訳）『資本とイデオロギー』（みすず書房、2023）を参照。

る成長」を考えていく必要があるのではないかということが議論されてきたものである。

もっとも、実は持続可能性という用語は、意外と古くから論じられたテーマでもある。

そこで「持続可能性」という概念は、そもそもどのようにして誕生し、どのような文脈で議論されたきたのだろうか。

1　持続可能性という概念

(1)　はじめに

ア　国内との関係

そもそも持続可能性という概念は、環境・社会・経済の領域と密接に関連する(注8)。

このうち環境という領域は日本の高度経済成長（1955年～1973年）とも無関係なテーマではない。

すなわち、日本は高度経済成長によって経済的豊かさを享受してきたが、その反面、多くの公害問題・訴訟が社会問題化し、その後、環境規制が整備されてきた。

具体的には1949年に地方自治体の公害規制条例が制定、1950年代に個別法が制定、1967年に公害対策基本法が制定、1970年の公害国会、1971年に環境庁が設置された(注9)。

また具体的な訴訟としては公害4大訴訟が存在し、イタイイタイ病、新潟水俣病、四日市公害、熊本水俣病訴訟が提起され、1970年代に原告勝訴の

（注8）詳細は、Ben Purvisほか「Three pillars of sustainability：in search of conceptual origins」Sustainability Science（2019）（https://link.springer.com/article/10.1007/s11625-018-0627-5）参照。なお同論文においては持続可能性はオープンな定義であること、歴史的に見て国連における政治的な関係において形作られてきたこと、持続可能性と持続可能な開発が共存し得る概念であるかについて考察を加えている。日本語の文献としては、矢口克也「『持続可能な発展』理念の論点と持続可能性指標」国立国会図書館調査および立法考査局（2010）等（https://dl.ndl.go.jp/view/download/digidepo_3050263_po_071101.pdf?contentNo=1）参照。

（注9）詳細は、大塚直『環境法〔第4版〕』（有斐閣、2020）3頁～14頁参照。

判決が下される(注10)。

ここでは開発者と被害者が存在し、憲法論的にいえば、経済活動の自由（憲22条1項）とそれに対する公共の福祉（同項参照）であり、民法論的にいえば不法行為による損害の回復・抑止という概念と関係する(注11)。

イ　国際社会との関係

以上と同様に国際社会においても開発と環境の両立、すなわち持続可能な開発が論じられるに至った。例えば、先進国または発展途上国においても、開発を行えば、そこには公害等の負の側面が発生する。このような負の側面を看過することは、当該側面により被害を被る人間・社会を置き去りにすることになる。

もちろん、発展という正の側面がある以上、負の側面が生じることは不可避的な現象であると割り切る考え方もあろう。現に、日本の公害訴訟に対しても、当初はそのような考え方も多かったように思える。

しかしながら、いくら正の側面があるからといって、負の影響を特定の人間・地域にのみ負担させていいということにはならず、少なくとも何らかの補償・救済が必要であることに反対する意見は少ないのではなかろうか。なぜならば、非常に功利主義的にいえば、各国の国民は、いつ何時、自分が負の影響を受けるかわからないからである(注12)。

ウ　将来との関係

仮にこのような功利主義的な視点が肯定されるとして、当該視点は、グローバルに、かつ、未来にわたり考えていく必要がある。

すなわち、日本においては、企業が公害を起こせば賠償するという考えが定着したとしても、日本企業が海外で開発活動を行った場合には、その負の側面を誰かが（当該国なのか、当該国で発注した企業なのか、はたまたそこに協

（注10）詳細は「環境白書」環境省（昭和48年版）（https://www.env.go.jp/policy/hakusyo/s48/1122.html）参照。

（注11）なお環境が経済の制約要因ではなく、経済を牽引するエンジンの１つであるという考えの変容については、塚本直也「『持続可能な開発』概念の変遷とSDGsのもたらす意味」農学国際協力16巻（2018年３月）２頁（https://cir.nii.ac.jp/crid/1390009224507517184）参照。

（注12）例えば、日本がアルゼンチンと同様の経済的危機に見舞われる可能性を危惧するものとしては、河野龍太郎『グローバルインフレーションの深層』（慶應義塾大学出版会、2023）参照。

力した日本企業かは別として）賠償しなくていいものではない(注13)。

そのような考え方は現在発生中の負の側面だけではなく、将来発生する負の側面に対しても、留意する必要がある。例えば、現在の人間の生活が豊かになるために、資源を枯渇させることは、将来の世代に対する負の側面を看過することになりかねない。

そのため、「持続可能な開発」という概念においては、「将来の世代の能力を損なうことなく、現在の世代のニーズを満たす開発」という意味合いが含まれているとされる。

また、後述するブルントラント報告書では「最優先されるべき世界の貧しい人々にとって不可欠なニーズ」と「技術水準や社会的組織のあり方によって制約を受ける、現在及び将来の世代の要求を充たすだけの環境の能力の限界」に留意する必要があるとされる。

(2)　時間軸の確認

では、国際社会において「持続可能な開発」という概念はいつ頃から論じられてきたのであろうか。結論からいうと同概念は、（日本における公害訴訟終了後の）1987年頃から約35年にわたり、語られてきた概念である。

そもそも第2次世界大戦後の国連憲章（1945年）においては「平和・開発・人権」というテーマが掲げられていたが、実際には冷戦（1947年～1989年）が勃発し、またその終了後も、内戦の頻発やグローバル化の負の側面といった問題は解決されなかった(注14)。

そこで、最初に持続可能な開発という言葉が用いられたのはOur Common Future（1987年）においてであるが、その後も（開発に歯止めをかけたい）先進国と（開発を積極的に行いたい）発展途上国(注15)の意見の対立が激しかったといわれる。

その後、ミレニアム開発目標（MDGs）等を経て、その「融和」が図られようとしたが、結局のところ、単純な二元論では解決せず、またグローバル経済においては、民間企業を巻き込んで「持続可能な開発」を行わざるを得

（注13）そうでないと将来日本の国力が低下した場合にしっぺ返しを喰らうリスクは大きい。

（注14）冷戦終結とその後の世界的混乱については、例えばピケティ・前掲（注7）参照。

ない。なぜならば、グローバル経済下においては、民間企業の影響力が大きいとともに、国境を越えた民間企業の活動が活発化しているからである。

そこで登場した概念がSDGs（sustainable development goals）であり、そのため、SDGsでも継続的に使われている「持続可能な開発」はOur Common Futureと密接に関連する概念といえる(注16)。

年　表

1987年	（国連に設置された）環境と開発に関する世界委員会が「Our Common Future」（ブルントラント報告）を行う
1986年	チェルノブイリ原発事故
1989年	米ソ両国首脳が冷戦終結を宣言（冷戦に伴う資本主義の拡大）
1992年	環境と開発に関する国際連合会議（地球サミット）開催（→リオ宣言第３原則、第５原則、第７原則）
2000年	ミレニアム開発目標（MDGs）の設定
2008年	リーマンショック（資本主義への反省）
2015年	SDGs（持続可能な開発計画）の採択
2020年	COVID-19の流行（感染症リスクへの再認識）
2022年	ウクライナ紛争（エネルギー問題の再燃）

(3)　２つの留意点

もっとも持続可能性を考えるに際しては少なくとも次の２点に留意する必要がある。

１つ目は、持続的開発と密接に関連するESG、特に人権という概念は国家によっても捉え方、政策アプローチが少し異なるとの指摘があるということである。例えば、米国においては米中経済対立を踏まえた意味合いでの経済安全保障的視点(注17)が強いとの指摘も存在する。

(注15) なお「発展途上国」という表現自体に問題があるのではないかという指摘があるが、以下では単に「途上国」と記載する。

(注16) 詳細は、「九州SDGs経営推進ハンドブック」経済産業省＝九州経済産業局（2021年３月）（https://www.kyushu.meti.go.jp/seisaku/kyosoryoku/handbook/210415_1_2.pdf）参照。

(注17) なお経済安全保障と日本国憲法等の関係については、法時1198号（2024）の特集「経済安全保障の法的制御」が詳しい。

また欧州においては、もう少し理念的な意味合いが強いように思われるが、他方で、欧州内の経済格差およびかつての植民地であったアフリカに対する配慮という意味合いが強いとの指摘も存在する。

これに対して日本は外圧を気にする国家であることから、米国および欧州の動向を踏まえつつ、地理的に近い中国にも配慮するという傾向があるように思われる。

このように持続的開発等の概念は、法的意味合い、国連における議論および各国の政治状況を踏まえた概念であるため、非常にわかりにくい側面を有するともいえる。逆にいえば、そういう個々の政治状況や歴史的背景を踏まえた解釈が必要な概念ともいえる。

２つ目は、持続可能な開発という概念自体に対しても批判や疑問は寄せられている。

代表的なものとしては、①緑の帝国主義にすぎないという意見、②到達不可能な概念ではないかという意見、③グリーンウォッシュに利用されているだけでないかという意見等である。

第１の批判でいう「緑の帝国主義」とは、環境保護の名の下、西欧社会が途上国に介入しているとの批判である[注18]。

またそこまで強烈な批判ではないにせよ、①途上国においては先進国と同様に発展する権利があることを看過すべきでないこと、②先進国から途上国に対する富の移転が進んでいないことを看過すべきでないこと、③先進国と途上国の二分論では対応しきれない（例えばBRICs等）等さまざまである[注19]。

第２の意見は、「持続可能な開発」という概念は本当に実現可能なのかという批判である。例えば、ジェイコブ・パーク[注20]は次のように疑問を投げかけている。すなわち「1987年から2023年まで36年経過しているにもかかわらず問題は解決していないではないか」というものであり、具体的には①将来的な人口増加の95％以上が途上国において生じる現象であること、

（注18）具体例としては、マレーシアでの森林伐採が持続可能性に反するとしてボイコットを表明した国に対して、マハティール・モハメド首相は反発の意向を示していた。また同様の指摘は、中村・前掲（注２）参照。

（注19）それがゆえに現在は国家だけでなく、企業を巻き込むという観点からSDGs等が議論されている。

〔図表1-1-1〕持続可能性の現状と批判

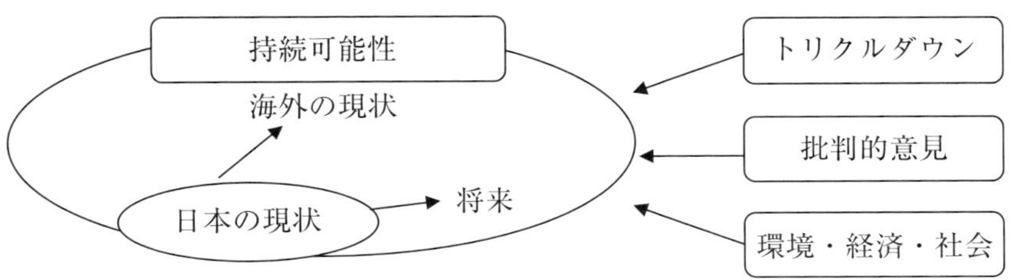

② 1987年とはパワーバランスが大きく変更していること(注21)、③地球環境に関する科学的研究の発展が進んでいることが挙げられる。

第３の意見については、グリーンウォッシュの項目（**→第４部第６章第２節１**〔p.615〕）を参照されたい。

なお、これらの批判は、持続可能性という概念が抽象的であり、かつ現実的でないとするものである。したがって、持続可能性という概念を理解するには、もう少しその意味内容を分析する必要があるように思える。

(4)　持続可能性と３つの要素

持続可能性という概念を理解するには、密接に関連する環境的要素、経済的要素、社会的要素の３軸を理解する必要がある。そこで以下では、３軸の観点から補足的説明を行うこととする。

まず、環境的側面は、持続可能性に関する重要な概念である。環境汚染自体は古くからある問題であり、日本においても公害事件等で具体的に問題になったが、その後、この問題は国際的な問題として認識されるようになった。具体的には、オゾン層の破壊や温室効果ガスの影響、生物多様性の問題等を踏まえ、ミレニアム開発目標の第１でも「環境の持続可能性を確保」することが謳われている。

（注20）ジェイコブ・パーク「討論会2.0：持続可能な開発は今でも妥当か」Our World 国連大学ウェブマガジン（2011年２月７日）（https://ourworld.unu.edu/jp/is-the-concept-of-sustainable-development-still-relevant）参照。またグローバルサウスの反発については、鈴木一人「国際秩序の維持困難　明白に」日本経済新聞2023年８月31日付け朝刊参照。

（注21）代表的には中国の経済的発展が挙げられる。

またこの問題は現実的な政治情勢にも影響を与えているとされる。例えば、2007年から始まったシリアの干ばつは、その後の内戦の影響も関係し、何百万人もの難民を発生させた。また2014年から始まった中央アメリカの干ばつでも、同様に何十万人もの難民を発生させ、米国との衝突の種となったとされる(注22)。

次に、経済的側面も、環境的側面と密接に関わる概念である。持続可能性への批判の1つであるゼロ成長という（極端な）意見を除けば、人類にとって経済成長も重要な概念であり、現にSDGsの第8目標では、「経済成長」が謳われている。

最後に、社会的側面は、構造的障害の解消を求める概念である。それは貧富の差の解消であり、世代間の公正であり、女性や弱者等の社会的進出を後押しする概念でもある。

このように持続可能性は、時代を経るにつれ、現実の事象を踏まえたり、社会的側面が論じられる等した結果、理解が難しくなっている側面もある。そこで以下では、持続可能な開発のルーツに遡って、その内容を検証することとする(注23)。

⑸　「持続可能な開発」のルーツであるブルントラント報告書

まずブルントラント報告書（以下、「報告書」という）のサマリーは報告書の冒頭に記載されており、次の通り要約され得る。

① 「環境悪化は当初は富裕国の問題であり、産業の富の副作用とみなされていたが、その後、発展途上国の生存問題にもなった」とあるように、環境悪化の影響を考えるに当たっては富裕国に加え途上国の責務でもあるが、途上国からは当然、発展の権利を阻害するのは先行者の傲慢だ、との反論がなされる点に留意する必要がある。

② 「貧困と環境悪化の負のスパイラルは機会と資源の浪費で、特に人的資源の浪費である」とあるように、開発したとしてもその分配が公平になされなければ、国内の貧困・環境悪化は減少せず、単純に人口を増や

（注22）詳細は、イアン・ブレマー（稲田誠士監訳）『危機の地政学――感染爆発、気候変動、テクノロジーの脅威』（日本経済新聞出版、2022）参照。

（注23）他方で、米国におけるESGへの反発については、大杉・前掲（注2）参照。

したとしても、貧困層への悪影響は減少しない。

③　「今日必要なのは経済成長の新時代、力強く、同時に社会・環境的に持続可能な成長である」とあることおよび①や②を踏まえると、国際社会において必要なのは「単なる成長」ではなく「持続可能な成長」であると提言している（なお同報告書では経済・社会・環境が重要な要素となる）。

④　「『環境』は私たちの生活の場であり、『開発』はその中で私たちの生活を向上させるために行うことであり、この２つは切り離すことができない」とあるように「開発」を行うには自然資源が必要であり、自然資源は自然「環境」に存在するので、両者は密接不可分であると指摘している。

⑤　「国連の活動に伴い、ナショナリズムや『先進国』と『途上国』、東洋と西洋という隔たりは後退していった」「他方でアフリカの飢饉、ソ連のチェルノブイリでの核災害は、1980年代半ばに一般的になりつつあった人類の未来に関する深刻な予測の実現とも思われた」とあるように国連の成果の確認と、飢餓と核災害に対する警戒を強く主張している。

⑥　「債務危機、途上国への援助と投資の停滞、商品価格の下落、個人所得の減少などを踏まえ、社会のあり方や考え方に大きな変化が必要であることを確信すると共に、文化、宗教、地域等の違いを超えてコミュニケーションをとるには多くの思考と意思が必要である」とあるように先進国だけではなく、途上国の意向も踏まえるとともに、グローバル経済の関連性に配慮すべきと主張しているものと思われる。

このように持続的な開発は、非常に政治的な意味合いを含む概念である。しかしながら、政治的というマジックワードだけでは「どうするべきなのか」という疑問に答えることができない。そこで以下では、報告書本文を紹介することで、さらにその具体的内容を検証していきたいと思う。

〔図表1-1-2〕政治的マジックワードの具体化

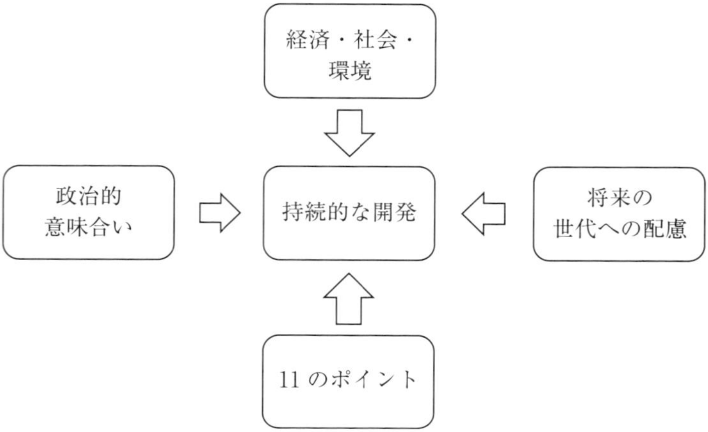

	経済・社会・環境	
	⇩	
政治的意味合い ⇨	持続的な開発	⇦ 将来の世代への配慮
	⇧	
	11のポイント	

2　報告書の概要

まず報告書では11のポイント(注24)を示している。すなわち、①未来への脅威、②持続可能な開発の概念（衡平性と共通利益）、③国際経済の役割、④人口と人的資源、⑤食糧安全保障、⑥生物種と生態系、⑦エネルギー問題、⑧産業（少ない資源でより多くを生産する）、⑨都市管理の重要性、⑩コモンズ（共有資産）の管理（海洋・宇宙・南極大陸）、⑪平和・安全保障・開発・環境の11のポイントである。

しかしながら、このポイントだけではまだ抽象的なため、持続的な開発の内容を理解するには各ポイントの意味内容を吟味する必要があるように思われる。

そこで以下では、各ポイントのサマリーおよび現代的課題を、前述した3要素（**1**(4)〔p.9〕）に分けて見ていきたいと思う。

(注24) なお、ブルントラント報告書においては12項目として「共有の未来のための認識と行動」と題する項目が存在するがここでは内容に鑑みて割愛している。

(1) 経済的要素（③⑦⑧）

ア　新しい生産過程と技術

まず⑧について報告書では、生産に関する「新しいプロセスとテクノロジーの採用」について言及している。すなわち、従来型の「生産→破棄→生産」は環境負荷が大きいため、その再考を経済界に促しているものである。

また、この報告書の作成された当時は「リサイクルと再利用」というリユースの発想に焦点が当たっていたが、それとともに、「コンピュータの進化の影響」[注25]にも留意すべきとしている。後者に関連して現代ではシェアリングビジネスおよびAIの重要性が確認されている。すなわち、（若者を中心とした）価値観の変化およびインターネット・SNS等の発達により、一般の人でも、国内および国外の人と接触することができ、売買のみならず貸し借りができるようになったことから（メルカリや民泊、宅配ビジネスを想定すれば明らかかと思われる）、シェアリングビジネス等が拡大することとなった[注26]。さらに2023年の現在ではChat GPTをはじめとしたAIが「人間が行う仕事」の概念自体に変化を与える可能性を秘めている[注27]。

さらにこの報告書では、２度のエネルギー高騰[注28]、バイオテクノロジーの懸念、空気と水がただではないこと[注29]、を踏まえ、産業・政府・市民による監視の重要性が指摘されている[注30]。

（注25）なおこの点に関しては、ジェームズ・H・ムーア「コンピューター倫理学とは何か」参照（ethics.bun.kyoto-u.ac.jp/fine/tr2/moor.html）。

（注26）またこのシェアリングビジネスは、未知の相手との信頼関係が重要になるとともに、既知の通りプラットフォーマーの影響が大きくなっている。詳細については例えば、長谷川貞之「デジタルプラットフォーム事業者の法的地位と契約上の責任」日本法学87巻２号（2021）311頁以下参照。

（注27）詳細は、松尾豊（松尾研究室）「AIの進化と日本の戦略」（2023年２月17日）および「生成AIのルール、年内に見解　G7閣僚級『広島プロセス』」日本経済新聞2023年５月19日参照。

（注28）2023年の段階では新たなエネルギー高騰が問題となっている。

（注29）ユーラシアグループの2023年10大リスク（TOP RISKS 2023）でも水問題は取り上げられている。

（注30）例えば、山本龍彦「まつろわぬインフラ——情報通信、『情報戦』、グローバル・プラットフォーム」法時1181号（2022）49頁以下参照。

イ　国際経済

次に③について報告書では、国際経済の役割、特に「生態系の持続可能性」と「交換の基礎が公平であること」を重視している(注31)。

周知の通り、国際経済との関係も日本にとっては重要な問題である。日本は高度経済成長を遂げたが、その後は、失われた10年あるいは30年といわれるような状況が続いている。その理由はさまざまであろうが、概括的にいうと、価値観の変化、ハード社会からソフト社会への変化、グローバリズムに伴う海外へのシフトに加え(注32)、日本国の財政問題、為替問題、格差拡大、国内の資金循環のあり方、等の問題が横たわっている。これらに加え、後述するデカップリングの問題(注33)が拡大するようであれば、サプライチェーンの変容、場合によっては保護主義的な政策がとられる可能性も存在する(注34)。

ウ　エネルギー問題

さらに⑦について報告書は、エネルギー問題についても言及しているが、この点はすでに多くの文献で語られているところである。すなわち、人間のニーズを満たすエネルギーの供給を無限定に行うことはできず、その意味で一次資源の浪費を抑えること、各エネルギーの固有のリスクの認識、エネルギー消費からの生物圏の保護と汚染の防止(注35)、ガスの温室効果、都市の汚染、環境の酸性化、原子炉の稼働・廃棄リスク等(注36)を考える必要がある(注37)。

(注31) また同報告書は、天然資源の輸出と環境悪化・資源枯渇、熱帯材の取引と熱帯雨林の破壊、人口増加と経済成長の関係性、アフリカにおける負のスパイラル（人口増加と貧困・飢餓）、ラテンアメリカの債務拡大、発展途上国への投資の加速をどのように誘因するか（環境・資源部門の生産性の向上）、貿易・環境・開発をいかに適切につなげるか、保護主義と国際貿易の関係をどのように考えるか、経済発展と環境規制のバランスをどのように図るか等についても言及している。

(注32) 例えば、水町勇一郎『労働法〔第9版〕』（有斐閣、2022）32頁～35頁参照。

(注33) なおAIと米中対立の関係についてはエリック・シュミット「イノベーション・パワー～テクノロジーが地政学の未来を決める」フォーリン・アフェアーズ2023年4月号参照。

(注34) 例えば、ロシアは2023年5月の広島サミットに対して反発の意を表している。「中国含む『二重封じ込め』が目的と反発、G7声明にロシア外相」REUTERS（2023年5月21日）（https://jp.reuters.com/article/g7-summit-lavrov-idJPKBN2XC010）参照。

(2) 環境的要素（⑥⑨⑩⑪）

ア　コモンズ（共有資産）の管理

さらに⑩について報告書では、コモンズ（共有資産）の管理の重要性に言及しているが、具体的には、宇宙開発(注38)および海洋汚染(注39)は企業にとっても、重要な課題といえる。

このうち、前段の宇宙開発自体は限られた企業の問題かもしれないが、われわれの社会は（人工衛星を利用した）GPS等に大きく依存しているため（携帯電話等の重要性を考えれば明らかであるが）、当該GPS等に不測の事態が生じた場合のリスクについても検討が必要といえる(注40)。

また、後段の海洋汚染に関してこの報告書では、「海は閉鎖された巨大な浄化槽である」と表現しており、海洋汚染は（当たり前のことだが）国境を越えて拡大していくことへの危険性を指摘している。このリスクは汚染水の排出だけではなく、例えば航行中の事故による環境汚染等にも注意が必要であることを示している(注41)。

（注35）例えば、地銀における対応状況については、EYストラテジー・アンド・コンサルティング株式会社「地域における中小企業の気候変動対応と金融機関による支援に関する実態把握業務」(2023年３月30日）(https://www.fsa.go.jp/common/about/research/20230407/20230407-2.html）参照。

（注36）東京地裁で下された東京電力判決の是非についても検討を深めるべき事情といえるが、この点については大杉・前掲（注２）参照。

（注37）他方で、核融合については近時その注目が増加しているが、実現までの道のり、新しいパワーバランス、エネルギー問題解決後の新しい社会秩序に対する留意も必要となってくる。

（注38）宇宙開発の状況については、例えば、「宇宙やサイバー、国際競争力確保　情報保全を米欧基準に」日本経済新聞2023年６月７日参照。

（注39）例えば、2010年のメキシコ湾原油流出事故に関しては、「英BP、メキシコ湾原油流出事故で2.3兆円の和解金」CNN（2015年７月３日）参照。

（注40）実際にもイーロン・マスク氏が、紛争中のウクライナに提供しているシステムの停止に言及したこともある。「マスク氏、ウクライナへの衛星通信の提供継続へ　停止示唆から一転」BBC NEWS JAPAN（2022年10月16日）参照。

（注41）実際に近時、日本の企業グループでも、モーリシャス島にて座礁したことによる環境汚染や乗組員の逮捕または船舶の拘留等の措置も生じており、リスク管理の重要性を表している。

イ　生物多様性の重要性

さらに⑥について報告書では、生物多様性(注42)の重要性についても言及している。具体的には天然資源の保存の必要性、遺伝的多様性の低下の回避、森林の多様性、温室効果への影響、家畜牧場への転化、社会全体の持続可能性 VS 短期的利益の調整という視点が重要である。

また、この問題は単なる環境保護という自然美化主義ばかりでなく、多くの医薬品、食料品の原材料として天然資源が重要であるということを看過してはならない(注43)。実際ペニシリンなどの開発には天然資源が重要であったことは歴史的に有名な事実であり、また現在も多くの医薬品の開発は天然資源からの発見による寄与が大きいといえる(注44)。

さらにいうならば、自然森林の減少による動物と人間の接触可能性の向上は、新たな感染症の拡大リスクとも無関係ではないとされる。

ウ　都市管理の重要性

また⑨について報告書では、都市計画の重要性についても言及している。具体的には、都市における大気汚染(注45)と水質汚染の問題、都市による人口増加の吸収余地、都市内の格差問題、都市部におけるインフラ・サービスの不十分性等についても言及している。

すなわち、人口が増加している国では都市が人口増加の受け皿となるが(注46)、

(注42) なお、2022年に採択された昆明・モントリオール生物多様性枠組みの仮訳については環境省ホームページを参照（ターゲット15では、「生物多様性への負の影響を徐々に低減し、正の影響を増やし、事業者（ビジネス）及び金融機関への生物多様性関連リスクを減らすとともに、持続可能な生産パターンを確保するための行動を推進するために、事業者（ビジネス）に対し以下の事項を奨励して実施できるようにし、特に大企業や多国籍企業、金融機関については確実に行わせるために、法律上、行政上又は政策上の措置を講じる」旨が規定されている）(https://www.env.go.jp/content/000107439.pdf)。

(注43) 例えば、2023年のスーダン紛争は（炭酸飲料生産に必要な）アラビアガムの調達に影響を与えている。

(注44) 例えば、世界GDP44兆ドルの50%以上は、天然資源に依存しているといわれる。詳細は「生物多様性の保全を通じて地球の未来を確保するために」THE WORLD BANK（2022年12月7日）(https://www.worldbank.org/ja/news/immersive-story/2022/12/07/securing-our-future-through-biodiversity) 参照。

(注45) 現にパキスタン・インド・中国等において大気汚染は重要な問題となっている。詳細は、「大気汚染に苦しむ世界の都市」THE WORLD BANK (https://datatopics.worldbank.org/sdgatlas/jp/goal-11-sustainable-cities-and-communities) 参照。

当該都市において環境問題対策が十分でないと住民の健康が害され、また格差問題等も生じるため、その対策の重要性が指摘されている。

エ　平和の確保

なお⑪について報告書では、「平和」という概念、特に「核戦争の回避」を重視している。なぜならば、環境に対する最大のリスクは核戦争に他ならないからである(注47)。

しかしながらこの危惧は、2023年現在においても存在する。各当事者の言い分（の是非）は別として、現実問題として、国家は自己の生存が危ぶまれる、または政治的目標が阻害される等すると戦争という手段を講じることがあり、当該戦争が不利に働くと、最後の方法が選択され得るリスクがあるということである。

このこと自体は、国家の判断あるいは同盟国単位の判断かもしれないが、経済的・法的に重要なのは、デカップリングが生じた場合には、エネルギー調達、食料調達、原材料調達、進出国からの撤退リスク、既存または新たなリスクに対応したサプライチェーンの変更、労務戦略（セキュリティ・クリアランスを含む）、特許戦略（秘密特許を含む）、サイバー攻撃への対応(注48)といった不測の事態にも、企業は柔軟に対応する必要があるということである。また海外の進出に際しては、企業は営業秘密の管理、当該秘密（例えば原子力発電やバイオテクノロジー等）が漏洩した場合の影響についても考えていく必要がある。

(3)　社会的要素（④⑤）

ア　人口問題

④について報告書は、人口問題についても言及している。すなわち、地球

（注46）逆に、日本のように少子高齢化が進む国でも都市の重要性は違う意味で注目されるとともにスマートシティの重要性も存在する。

（注47）2023年５月に開催されたG7広島サミットでもこの点は重要な課題となっている。例えば、「広島サミットと核『核なき世界』へ核抑止の強化を」THE SANKEI NEWS（2023年５月21日）（https://www.sankei.com/article/20230521-UWVRRXKD4NJYNF45DL77CWWSFE）参照。

（注48）例えば、ブラッド・スミス「ウクライナの防衛：サイバー戦争の初期の教訓」（https://news.microsoft.com/ja-jp/2022/07/04/220704-defending-ukraine-early-lessons-from-the-cyber-war）参照。

規模で考えた場合、現在の人口増加率は維持困難であること、人口問題は数だけの問題ではなく人間の進歩と平等性にも影響すること、知識を増やし生産性を向上させることで人口を制限できるかどうか、持続的開発と資源への公平なアクセスをどう確保するか、教育と健康を改善させる必要があること、社会的・経済的・文化的動機に配慮する必要があること、役立つ知識と技術の習得を行わせる必要があること、教育への投資と進歩の兆しを確認する必要があること、伝統的な権利の認識と保護を図る必要があること等が記載されている。

人口問題は日本においても重要な問題である。端的にいえば、少子高齢化の問題であり、将来における働き手の減少が大きく横たわる状況である。この問題を解決するには、①少子化対策を施すか、② DX・AI 等の機械化を強めるか、③少人数でも付加価値をつけられるような社会（再教育を含む）を目指すか、④外国人労働者の受入れを増加させる等の方法が考えられるが、政治的問題、社会構造上の問題、教育問題、労働法上の問題等、さまざまな問題が存在する。

イ　食料確保

⑤について報告書は、食料確保も重要な問題であるとしている。すなわち、人口の増加と食料の増加バランス、食料の供給体制の確保、食料供給が近視眼的な政策に陥っていないかの検証、食料の供給における化学物質の影響、開拓による森林への圧力、砂漠化の前進、貧困層の生活保障、水管理、土地改革問題等が記載されている。

この問題も日本にとって無関係な問題ではない。カロリーベースの食料自給率は38%といわれている(注49)。したがって、日本が（有事においても）持続可能な成長を遂げるには、当該自給率の再考、非常時の調達方法を考える必要がある。また平時においても安定的な食料を確保するには、農家・農地の再編、円滑な事業承継、IT の導入、知的財産制度の強化等が不可欠となる。

(注49) 例えば、小野雅彦「日本の『食料自給率』はなぜ低いのか？ 問題点と解決策を考える」SMART AGRI（2023 年 12 月 19 日）（https://smartagri-jp.com/agriculture/129）参照。

〔図表1-1-3〕持続可能な開発に関する全体像

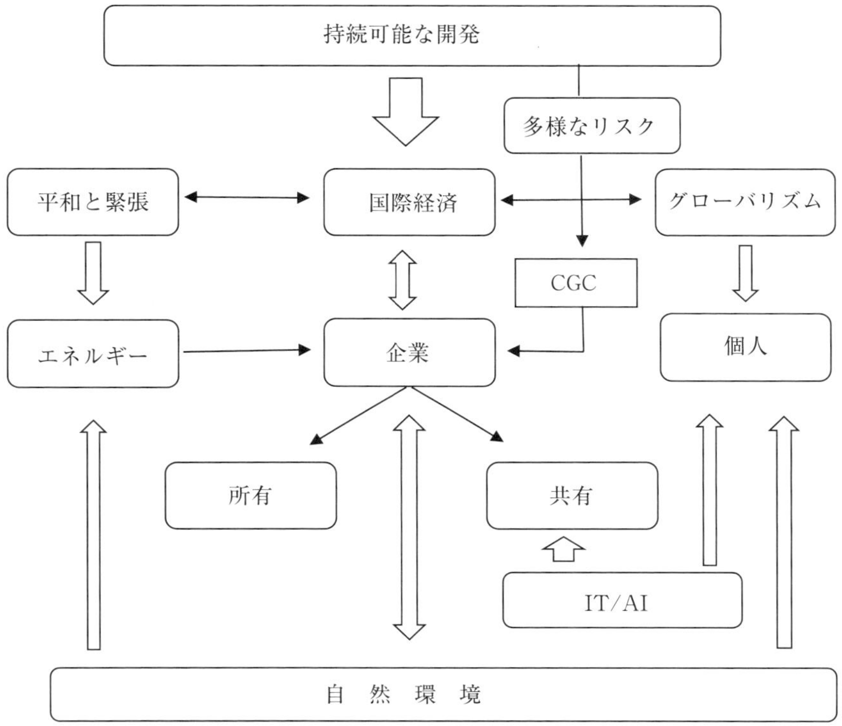

(4)　その他（①②）

以上を踏まえて、報告書は上位概念についても言及する。

②について報告書では、まず持続可能な開発に関して、貧困層の本質的ニーズと環境の能力に注目している。すなわち、開発は経済と社会の漸新的な変化を生むことを認めつつ、無軌道な成長と生物学的災害のリスクに十分配慮することを説き、再生不可能な資源の消費に際しては、将来の利用可能性に留意するべきとしている。

また生態学的相互作用（つまり自然界）は、（当たり前のことではあるが）個人の所有権(注50)と政治的管轄権の境界を尊重しないため、仕事・食料・エネルギー・水・衛生の不可欠なニーズ（人間の本質的ニーズ）を満たすためには、テクノロジーの方向転換（人間と自然との関係）とリスク管理を行うべきとする。

さらに、資本ストックに基づいた経済発展を行うとともに、女性の自己決定権の保護を主張し、最終的には「発展の究極的限界」は、エネルギー資源の利用可能性とエネルギー使用の副産物を吸収する生物圏の能力によって決されるとともに、裁量の脆弱性とリスク分析の必要性を説いている。

ここに記載されている総論的な要素について反対する人は少ないかと思われるが、その実現および今まで述べてきたことに十分配慮するに当たっては、現実社会とどう折り合いをつけていくかという難しい問題が存在する。

さらに①に関して報告書は次のことを警告する。すなわち、(ア)どの国も他国から孤立して発展できないこと、(イ)経済発展と環境破壊リスクは同時並行的に考えていく必要があること、(ウ)その際には将来のニーズと願望を満たす能力を損なうことなく現在のニーズと願望を充たす必要があること、(エ)人類の進歩は技術的創意工夫と協調的行動能力に依存していること、(オ)天然資源と人口・生産拡大のバランスを図る必要があること、(カ)不平等な分配と貧困の関係に留意する必要があること、(キ)希少資源に対する需要増大と環境ストレスに留意する必要があること、を述べている。

以上のまとめに、同報告書は、

① 情報分析の必要性（政策に関する説明責任および財政の健全性把握を含む）

② 効果の確認を行うべきであること（環境保護の進捗に関する監視・評価・報告を含む）

③ グローバルリスクの評価を行うべきであること（新しい技術のリスク分析および重大な脅威に対するタイムリーな評価を含む）

④ 情報に基づいた政策選択を行うべきであること（科学界・産業界との協力強化を含む）

⑤ 法的手段の提供が重要であること（持続可能な開発に関する権利と責任の認識、新しい規範・紛争解決方法の確立を含む）

⑥ 未来への投資（再生可能エネルギーや多国間の連携を含む）を行うべき

(注50) なお、所有権概念と経済的格差の歴史的関係については、ピケティ・前掲（注7）参照。

であること

を総括している。

したがって、非常に簡単に「持続可能な開発」を総括すると

① 「将来の世代の能力を損なうことなく、現在の世代のニーズを満たす開発」であり、

② それは経済・環境・社会的要素からの検証が必要であり、

③ さらにいうならば、新しいテクノロジーとプロセスの採用、国際経済の変化、エネルギー問題、コモンズの利用、生物多様性、都市管理、平和の確保、人口問題、食料問題に留意した開発がなされること

を期待されているといえる。

⑸　小　括

このように「持続可能な開発」という概念は30年以上にわたり議論されてきたテーマである。しかもただの抽象論ではなく、具体的な訴訟に至っている事件もあれば、現在進行中の経済環境、さらには将来の経済環境とも密接不可分なものである。

また、究極的には開発（成長）を続けるかどうかという悩ましいテーマが存在するが、以下では、「持続可能な開発（＝成長）」という概念を前提に、個別の論点について言及していくこととする。

第2章
サステナビリティをめぐる規範を読み解く

本書は、サステナビリティ関する各種の規範（以下、本章において「サステナビリティ規範」という）を分析し、紹介するものである。

本書がカバーするサステナビリティをめぐる課題（人権、環境というような個別のサステナビリティに関する課題および／またはその総称をいい、以下、本章において「サステナビリティ課題」という）は極めて広範にわたり、また、登場するサステナビリティ規範には、法的拘束力を有するもの（いわゆる、ハードロー）もあれば、それがないもの（いわゆる、ソフトロー）もある。また、国際機関で定められたものもあれば、国内制定法もあり、その内容に至っては、特定の行為を要求・禁止する行為規制、企業に特定事項の開示を求めるもの、特定の行為についてインセンティブを付与するものなど、多岐にわたっている。

このような極めて広範かつ、複雑な多数の規範を読み解き、単純に「サステナビリティ」という括りで理解することは容易ならざることのように思える。

実際、それぞれの規範自体が、関連する規範相互間の整合性を意識しつつ作られている場合もあれば、そうでない場合もあるし、整合性が意識されている場合でも、その程度については日本の国内法における整合性とは大分イメージが異なる。例えば、「人権」というサステナビリティ課題1つとっても、国連指導原則と、ILO、OECDが定めているスタンダード等の内容は微妙に異なっているなど、この分野に取り組むに際しての理解のハードルを高めている点は否めない(注1)。

（注1）このような問題意識を立案関係者自身が有している場合もある。例えば、CSDDDに関連して、欧州委員会のウルズラ・フォン・デア・ライエン委員長が、2024年11月にCSRD・タクソノミーとの重複を解消するためのオムニバス法構想に言及したケースなど（https://www.jetro.go.jp/biznews/2024/11/31815ac353ad8046.html）。

そのため、もとより、サステナビリティ規範のすべてを整合的に読み解くこと自体に構造的な無理があるといえる。

しかしながら、サステナビリティ規範を読み解く際に、それらをサステナビリティ課題ごとに縦割りで理解したり、各規範単体でその適用に向けた分析などを行うと、実務上、以下のような弊害が生じる可能性がある（実際に、現場では生じている）。

①　各規範の制度趣旨について適切な理解ができず、その解釈運用を誤る。

②　各規範の発展状況にタイムリーにキャッチアップできず、対応が遅れる。

③　サステナビリティ課題をめぐる規範の全体構造を認識できず、対応・体制にエアポケットが生じる。

④　サステナビリティ規範相互間、サステナビリティ規範相互間の関係性を理解していないことにより、個別の対応が場当たり的になったり、説明の困難が生じる。

上記のように、サステナビリティ規範の数は膨大、複雑ではあるが、他方において、それらに共通する事項も存在する。また、一定の視座や検討の切り口を持つことにより、これらを読み解きやすくし、ひいては、上記のような弊害を防止することは決して不可能ではないと思われる。

そこで、本章においては、いささか冒険的ではあるものの、読者がサステナビリティ規範に対峙する際の一助とすることを目的として、これらを読み解くためのいくつかの視点・視座を提供することを試みるものとする。

1　「サステナビリティ」とは「何」にとってのサステナビリティか

サステナビリティの概念については**第１部第１章**にもある通り〔p.4〕、環境、社会、経済という側面・要素から構成されているが、地球規模で考えるか、国・地域レベルで考えるかはさておき、「基本的には」、特定の企業の長期的な活動可能性という文脈において「ではなく」、よりマクロな観点で、「地球・社会はどうあるべきか」という観点から考えられ、また、個別の課題設定もなされていると見ることができる。かかるサステナビリティの実現に当たって対応が求められる、人権、環境等の個別のサステナビリティ課題についても同様である。

例えば、人権に関するサステナビリティ規範である、国連「ビジネスと人権に関する指導原則」（以下、「国連指導原則」という）に基づく企業の人権尊重責任は、あくまでも企業活動に関係し得る個々人や、個人の集団（本章において「ライツホルダー」と総称する）の人権への負の影響を防止することを目的としており、企業の人権尊重責任の履行が、企業の財務パフォーマンスをはじめとする企業自身の持続可能性に与え得る影響については基本的には一切着目していない。「ビジネスと人権」の分野において、「企業から見るのではなく、人から見る」アプローチがとられるべきといわれるゆえんでもある(注2)。

それに対して、マクロの観点からのサステナビリティ課題が、企業活動の持続性にどのようなインパクトを与えるかという点から定められているサステナビリティ規範も少なからず存在する。例えば、コーポレートガバナンスにおけるサステナビリティ課題の統合は、企業自身が長期的・持続的にその企業価値を高めるためにどうするかということをテーマとしており、また、ダイバーシティ・エクイティ・アンド・インクルージョン（DE&I）についても、その対象となる個々人にとってのサステナビリティという観点も去ることながら、それを達成することが財務パフォーマンスや、有益な人材の確保という「企業にとっての有益さ」という観点から語られることが多いであろう。

このように、個別のサステナビリティ規範が目を向けている「サステナビリティ」が、「何の」サステナビリティ達成を企図しているかは、規範によって異なるということを認識することは極めて重要である。なぜなら、同一のサステナビリティ課題を対象にした規範が複数ある際、その規範が企図しているサステナビリティの対象（上記の例だと、「個人」か「企業」か）が異なる場合には、それを意識せず複数の規範を解釈・運用しようとすると誤りが生ずる可能性があるからである。

例えば、人権というサステナビリティ課題においては、国連指導原則に従ってライツホルダーに人権侵害が生じないようにするための対応と、人権問題が企業活動に財務上生じさせ得るインパクト、ひいてはそれが投融資に

（注2）このようなアプローチについては、湯川雄介『「人」から考える「ビジネスと人権」』（有斐閣、2024）参照。

どのように影響し得るかという企業・投資家目線でのESG開示（人権はSocial「S」に関連する）をどのように行うかというのは、そもそもベクトルが大きく異なっている。そのため、後者として適切な開示を行ったとしても、前者の観点からは十分な情報提供とは必ずしもみなされない可能性も十分に存在する。

このようなベクトルの違いは、企業がとることが期待されている行動や、関連するリスクの理解にも影響を及ぼす。例えば、サステナビリティとの関係でCSR（Corporate Social Responsibility）という概念が登場することがあり、一般的には「企業の社会的責任」ともいわれるが、この外延は必ずしも明確ではない。例えば、企業による寄付や慈善活動などのフィランソロピー活動や、芸術・文化などを支援するメセナ活動などを含む広い意味での社会貢献活動がCSRの具体化と捉えられていることもあるであろうが、第1章で取り上げたようなサステナビリティ課題について企業が求められている行動は、サステナビリティ規範等に裏打ちされたより明確な責任として存在しており、やるかやらないかの裁量がないものが多く、また、責任の内容もサステナビリティ課題に照らして一定の範囲で明確であること等に照らすと、上記のような広義の社会貢献活動とは性質が異なると考えるべきであり、サステナビリティ＝CSRと考えることには危うさが伴う。

また、サステナビリティに関連して「リスク」という概念を用いる場合も、例えば、「ビジネスと人権」の分野において「人権リスク」という場合には、それは個別のライツホルダーに生じ得る人権への負の影響の発生可能性を指しているが、ESGの文脈で「ESGリスク」という場合には、どちらかというとESG要素が企業活動や財務状況に与えるネガティブなインパクトという意味で用いられていることが多いであろう。この意味の把握を誤る（例えば、「人権リスク」を「人権」というサステナビリティ課題に関連して企業に発生する財務・レピュテーションリスクと捉える等）と、当該リスクに向き合うための企業行動自体が誤ったことになりかねない。これは一例にすぎないが、「リスク」という用語1つに向き合う場合でも、サステナビリティ課題が何であるか、当該課題に関する規範が何を指向しているかについての明確な認識が必要となる。

このように、あるサステナビリティ規範を理解するに当たっては、当該規範が個別のサステナビリティ課題そのものの解決等を目的としているのか、当該サステナビリティ課題が企業等に与えるインパクトに着目しているのかという点を意識することが、適切な理解と対応に資するものと思われる。

2　サステナビリティ規範の策定の構造

サステナビリティ規範を理解するためには、規範を誰がどのように作っているのかという仕組みについて理解をすることが1つの参考になると思われる。

例えば、人権というサステナビリティ課題を例に挙げると、「ビジネスと人権」の中心的な規範としては、国連が定めた原則である国連指導原則が存在する。そして、（ビジネスと人権に限られない）いわゆる責任あるビジネスに関しては、OECDが策定したより具体的な指針である責任ある企業行動のための多国籍企業行動指針（以下、「OECD多国籍企業行動指針」という）(注3)や、それの実践のためのデューデリジェンスのガイダンス（以下、「OECDガイダンス」という）(注4)が存在する。その上で、各法域において、これらを踏まえた制定法などのハードローや、ガイドラインが策定されるという構造になっている。

例えばEUに関していえば、近時制定されたEUコーポレートサステナビリティデュー・デリジェンス指令（以下、「CSDDD」という）においては、国連指導原則、OECDガイダンスなどが明示的に参照されてその内容となっている。また2022年にわが国で作成されたサプライチェーンにおける人権尊重のためのガイドライン（以下、「日本政府ガイドライン」という）(注5)においても、「本ガイドラインは、国連指導原則、OECD多国籍企業行動指針及びILO多国籍企業宣言をはじめとする国際スタンダードを踏まえ、企業に求められる人権尊重の取組について、日本で事業活動を行う企業の実態に即して、具体的かつわかりやすく解説し、企業の理解の深化を助け、その

（注3）https://www.mofa.go.jp/mofaj/gaiko/csr/housin.html.

（注4）https://mneguidelines.oecd.org/OECD-Due-Diligence-Guidance-for-RBC-Japanese.pdf.

（注5）ビジネスと人権に関する行動計画の実施に係る関係府省庁施策推進・連絡会議「責任あるサプライチェーン等における人権尊重のためのガイドライン」（2022年9月）（https://www.meti.go.jp/press/2022/09/20220913003/20220913003-a.pdf）。

取組を促進することを目的として策定したものである」（同ガイドライン３頁）としており、国際スタンダードの適切な理解のためには、それらを参照することが適当であるとするとともに、「国際スタンダードの今後の発展等に応じて、本ガイドラインも見直していくこととする」（同４頁）としている。

上記を敷衍すると、〔図表 1-2-1〕のような構造になっている。

〔図表 1-2-1〕サステナビリティ課題、サステナビリティ規範とその策定者の例

「ビジネスと人権」というサステナビリティ課題	関連するサステナビリティ規範の例	規範の策定者
①サステナビリティ課題の設定	世界人権宣言、国際人権規約、ILO 中核的労働基準等	国連
②サステナビリティ課題への対応についてのより具体化されたフレームワーク	・国連指導原則 ・OECD 多国籍企業行動指針、OECD ガイダンス	国連 OECD
③各国・法域における具体的な規範化	・各国における立法（例：CSDDD、英国現代奴隷法等） ・日本政府ガイドライン	各国政府

このような構造の下においては、各国・法域において、企業活動において直接に適用等をされる規範（上記構造における③）にまず目が向くのは自然なことではあるものの、それ「だけ」を見ることにより生じ得る問題点として、以下のようなものが考えられる。

- ③レベルの規範においても、企業が対応すべき事項が明確化されきれてはおらず、規範だけ見ても、何をすればよいのかがわからない。
- ③レベルの規範の内容として、①、②レベルの規範が参照等されており、③の内容の理解をするためには、①、②レベルの規範の理解が事実上必須になる。
- ③レベルの規範と①、②レベルの規範のカバレッジの範囲が異なる場合、③レベルの規範（国内法等）のみを遵守していても、当該規範に関するサステナビリティ規範全体を遵守しているとはいいがたい状況が生じる。
- 企業が活動している具体的な法域において、③レベルの規範が直接適用

されない場合であっても、①、②レベルの規範の遵守が契約の内容とされる場合には、そもそも契約締結の際に①、②レベルの規範の十分な理解がなければ、どのような契約文言であれば、どのような義務を負うことになるのかの理解ができない。

このような状況に鑑みると、あるサステナビリティ課題について自らに直接適用がある規範（上記のレベル③の規範）がある場合において、当該規範だけを理解していれば当該サステナビリティ課題に対して十分な対応ができているとは必ずしもいいがたいことが理解できる。

そのため、③レベルの規範のみではなく、①、②レベルの規範についても、適時適切に把握した上で、その内容を理解することが求められるわけであるが、そのためには①、②レベルの規範の内容や、それらが、いかなるプロセスによって制定されているか（例えば、CSDDDについては、欧州の関係する機関においてどのような議論がなされているか）についての理解が必要であると思われる。

また③レベルの規範についてはそれに先行して、①、②レベルの規範が存在することが往々にして存在する。例えば、上記の例であれば、国連指導原則は2011年に制定されているが、それらを反映させたOECD多国籍企業行動指針は2011年に人権尊重責任の章を新設するとともに、2023年にサプライチェーンの下流へのデューデリジェンスの適用範囲の明確化等の改訂をしている。また、日本政府ガイドラインは2022年、CSDDDは2024年に策定されているように、大元となる①レベルの規範の策定と、他のレベルの規範の策定との間には時間的なギャップが存在する。このような状況下において、③レベルの規範が策定された段階で、はじめて、それに係るサステナビリティ課題の規範の理解を始めようとしたのでは、当該規範への対応に関するスピード感として十分ではない可能性がある。

そのため、このような構造の下においては、①、②レベルの規範をタイムリーかつ正確に理解することに平時より努めることが肝要であり、③の規範を単体で理解しようとしたり、①、②レベルの規範の理解をおろそかにすることは③の規範の解釈適用において危険をはらむことになる。上記の「ビジネスと人権」の例でいうと、CSDDDを理解するに当たっては、国連指導原則や、多国籍企業行動指針の理解が必須となるということになる。

このような構造は、人権以外のサステナビリティ課題においても共通している側面があると思われるため、サステナビリティ課題全般を通じて、上記のような規範の重層的な構造を意識することが肝要である。

3　サステナビリティ規範の制定の主体

サステナビリティ規範の理解に際しては、（日本国内の制定法の立法過程をタイムリーにトラックするために、各種審議会、公的研究会における議論の状況をフォローするように）どの主体が規範の制定の主体であるかや、当該主体による規範の制定プロセスにおける議論を理解し、その活動をフォローすることが有用である。

さらにいうと、上記**2**の①レベルの規範は、特定のサステナビリティ課題がすでに設定されていることを前提とし、当該課題に関する基礎となる規範であるが、当該特定のサステナビリティ課題それ自体が、そもそも、誰によって、どのように設定されているかを把握することが、新たなサステナビリティ課題への対応をタイムリーかつ適切に行う観点からは有益であろう。

(1)　サステナビリティ課題それ自体の設定

この点については、そもそもサステナビリティ（≒持続可能性）とは何かという関連から、第1章において解説したが、その大枠の設定については、1987年のブルントラント報告に始まり、MDGs、SDGsと国連が課題設定の中心アクターとなっており、国連における議論の状況を注視することが1つ考えられる。

また、サステナビリティ課題については、各国の政府代表より構成される、いわばパブリックセクター的フォーラムである国連だけではなく、プライベートセクター（民間）のフォーラムにおいて問題意識が先取りされ、あるいは先鋭に議論されることが多いため、そのようなものに目を向けることも重要である。その例の1つが、世界の経済のリーダーが一堂に会しサステナビリティ課題を含む幅広いテーマで議論がなされる世界経済フォーラム（いわゆる「ダボス会議」）である[注6]。例えば、同フォーラムのウェブサイト（2024年7月末時点）には、公正、多様性、包摂性というサステナビリティ

（注6）https://jp.weforum.org/.

課題に関連して、社会的弱者に優しいグリーン移行、気候変動による健康リスクの軽減、健康と医療システムなどのトピックに関する論稿が掲載されており、国際的な関心事を捉える参考となる。

また、サステナビリティ課題については、いわゆる市民社会（Civil Society）の声が重要な意味を持つ。なぜなら、サステナビリティ課題については、「無」から突然発生するものではなく、そのような課題を把握し、それについて問題意識を持つ（究極的には）個々人の声から出てくることが多々存在するからである。そして、（これはEUにおいて特に顕著と思われるが）そのような声が、国連のような国際機関や地域政府を動かすことで各種の規範を作る契機となっている実態も存在するため、より前広にこれらの声を拾うためのアプローチも重要となろう（注7）（注8）。

⑵　各サステナビリティ課題の内容および行動規範の設定

次に、サステナビリティ課題の具体的な内容とともに、それに基づいて企業などがどのような行動を求められるのかについての規範の設定の主体については、例えば、以下のように、国連や、国際的な機関が多くの場合関与している。

サステナビリティ課題	関連する規範等／その制定主体
ESG概念・定義等	PRI（**第3章第1節**〔p.42〕）、国連グローバルコンパクト（UNGC）
ビジネスと人権	国連人権理事会（国連指導原則）
ジェンダー・女性のエンパワーメント	UNGC、UN Women（**第4部第1章第3節**〔p.358 ～〕）
気候変動	国連（気候変動枠組み条約、COP）

（注7）ダボス会議においては、NGOなど市民社会のメンバーも参加しているが、先進国のメンバーが会議参加者の大勢を占めるとされることからすると、グローバルレベルのサステナビリティ課題の把握において、課題がある可能性がある。

（注8）若干前のものとなるが、ロイターの「ダボス会議の『勢力図』を読む」（https://wwwreuters.com/graphics/DAVOS-FORUM-LJA/0100904D06X/index.html）によると、代表団の規模が上位の10か国で会議参加者全体の約68％を占めるとされる。

そのため、このような規範の理解については、これらの機関の動向や、それらが発行する各種の文書（ホワイトペーパー、報告書等）に注目する必要がある。

(3) (2)を具体化する各種の規範

次に、このような国連を中心とする国際的な機関で制定される、原則的な内容を有する規範は抽象度が高く(注9)、企業をはじめとする関係者に適用可能な具体的な規範に直接はできない／しにくいことがあるため、それらをより具体的な規範に落とし込んでいく必要がある。

そして、そのような落とし込みを行うに際しては、各国・法域で直接法制化などをすることもあるが（(4)）、その前に、国際的なコンセンサス形成を行った上で、国際基準等のスタンダード、規範に仕立て上げられることが少なからず存在し、その例としては、以下のようなものが挙げられる。

サステナビリティ課題への取組み	関連する規範等／その制定主体
ESG 概念・定義等	PRI（責任投資原則）
気候変動に関する開示	TCFD（報告書等）
コーポレートガバナンス原則	OECD（**第2部第2章第1節**〔p.56〕）
サステナビリティ開示	ISSB
責任あるビジネス	OECD（ガイダンス）

(4) 各国・法域におけるエンフォースメントのための規範

最後に、各国内において、これらの規範を実際に適用・エンフォースするための規範が制定されるというプロセスを経る。

（注9）これは、国連が多数の国によって構成されていることから、国連が制定する規範においては、その内容を詳細にしすぎると、参加国のコンセンサスを形成することが困難であることが1つの理由となっていると思われる。例えば、国連人権理事会で全会一致で支持された国連指導原則は、その内容が極めて抽象的であり、それを読んだだけでは企業が具体的にいかなるべき行動をとるべきかが必ずしもクリアでない。

これらの規範については、当該国・法域の制定法（いわゆるハードロー）の場合もあれば、政府によるガイドラインや、業界団体等の自主規制規範（いわゆるソフトロー）の場合も存在し、その例としては、以下のようなものが挙げられる。

国・法域	適用・エンフォースされるための規範
EU	欧州グリーンディール、EUタクソノミー、CSRD、CSDDD、新循環型経済行動計画
米国	インフレ削減法、ウイグル強制労働防止法ほか
日本	コーポレートガバナンス・コード、企業内容等の開示に関する内閣府令の改正（2023年1月）、ソーシャルボンドガイドライン、雇用の分野における男女の均等な機会及び待遇の確保等に関する法律（男女雇用機会均等法）、女性の職業生活における活躍の推進に関する法律（女性活躍推進法）、日本政府ガイドライン、フリーランス・事業者間取引適正化法ほか

以上のように、サステナビリティ課題に関する規範の制定のプロセスにおいては、国連等の国際機関が原則を策定し、国際的な組織等がより具体的なフレームワークに落とし込み、それを、各国・法域において個別に適用・エンフォース可能な内容に具現化するという過程を経る。

そのため、各国・法域における議論の内容のみならず、それに先立つ規範の制定主体としてどのような組織等が存在し、そこにおいてどのような議論がなされて規範形成がされているのかの把握をすることが有用であろう。

4　ステークホルダーと規律内容

ある特定のサステナビリティ課題内における規範を読み解いたり、また、異なるサステナビリティ課題相互間の規範の関係性を考えるに当たっては、サステナビリティ課題に係る目標実現のために、一般的に、課題横断的に、どのような規範が設けられているかという視点を持つことに意義があると考えられる。

このような視点が有用と思われるのは、近年、各サステナビリティ課題について切り離して検討、議論されるのではなく、それら相互の関連性があるとされていること（例：環境と人権〔**第4部第2章第4節1**〔p.434～〕〕）が挙げられる。また、サステナビリティ課題をまたいで共通・類似のフレームワークや、アプローチがとられることがあることから（例：CSDDDは、人権と環境という異なるサステナビリティ課題について対応することとしている）、かかる共通性を理解することで、ある特定のサステナビリティ課題について、当該課題内に複数存在するサステナビリティ規範それぞれの意味やその位置づけ等の理解の一助となることが期待できる。また、あるサステナビリティ課題においてはいまだ存在しないが、他の課題については存在する規範がある場合に、当該課題において同様の規範が登場することを予見したり、当該他の規範を参照しつつ自発的な取組みを行うことにより、関係するリスクの予防等に資するアクションをとることが可能となり得る。

このような、（一般的に、課題横断的に、どのような規範が設けられているかという）視点や、規範をまたいで共通して存在するフレームワーク、アプローチをどのように理解したり、設定するかについては、さまざまな考え方があり得るところである。ここでは、あるサステナビリティ課題をめぐり、企業（事業主体）を中心としたステークホルダー（相互間）を、どのように規律しているか、という切り口で試みに考えることとする。

あるサステナビリティ課題については、それに、ポジティブ・ネガティブな影響を直接与え得る事業主体が中心的な存在となる。そして、当該サステナビリティ課題をめぐり、事業主体を起点として、以下のようなステークホルダーについて、**〔図表1-2-2〕**のような規律がなされ得る。

上記を図示したものが、次の**〔図表1-2-3〕**である。

この切り口で考える際のポイントは、起点をサステナビリティ課題そのものに設けた上で、それに関する規範の第一次的な規律の対象を、当該サステナビリティ課題に関わる事業主体とすると認識することである。

その上で、事業主体を中心に、どのような関係者（ステークホルダー）が存在し、それら関係者相互間におけるいかなる利益や関係性を規律することを各規範が企図しているかを意識することで、あるサステナビリティ課題をめぐる全体像を適切に理解することが可能となる。

例えば、人権というサステナビリティ課題に関する、事業主体による情報開示というアクションに係る規範を考えた場合、当該サステナビリティ課題

〔図表1-2-2〕ステークホルダー等とそれに関連する規律

ステークホルダー等	規律の内容
サステナビリティ課題そのもの	・当該課題について発生し得る負の影響（サステナビリティリスク）を抑制する各種の規範（負の影響を与えることを予防、禁止し、影響が生じた場合に対処をするための行為規制等） ・当該課題に正の影響を与える、または、負の影響を与えないことを促進するための各種の規範
事業主体そのもの	・サステナビリティ課題が事業主体に与える（主として経済的な）影響（サステナビリティの企業リスク） ・事業主体がサステナビリティ課題に取り組むための組織体制等（ガバナンス）
事業主体への直接の投融資者	・サステナビリティリスクおよび企業リスクの適正な開示（投融資者保護等の観点、ウォッシュ規制） ・サステナビリティを促進する観点からの投融資の仕組み ・サステナビリティリスクを抑制するための投融資者から事業主体に対する働きかけ（影響力の行使）
間接的な投融資者	・直接的な投融資者との間の金銭の受委託に関連する規律 ・勧誘規制等（含む、ウォッシュに関する規制）
事業主体の顧客	・購入者保護（ウォッシュ規制等）
国・政府との関係	・公共調達におけるサステナビリティ課題対応要素の取入れ ・サステナビリティ課題を促進するための税を含むインセンティブ制度
一般公衆・市民社会等	・一般公衆・市民社会等が企業に対してサステナビリティ課題に取り組むことを求めることを妨げる行為の禁止（SLAPP訴訟規制等）

に関する適切な情報開示は、ライツホルダーが現に直面している人権上の問題について、事業主体が適切に対応しているか等をライツホルダーが検証可能とし、人権課題の解決をすることを企図していることから、それに即した内容とすることが求められる（例えば、ライツホルダーが日常使用している言

〔図表1-2-3〕ステークホルダーを取り巻く規律の絵姿

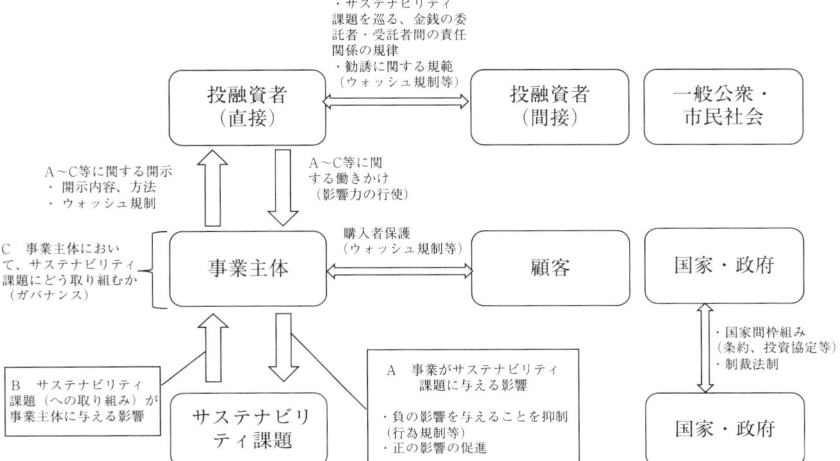

語で行ったり、わかりやすい形式で行うことなど）。これに対して、当該事業主体の投資家や、一般公衆に対して、広く、当該事業主体の人権への取組みを知らしめるという目的との関係においては、投資家や一般公衆が広くアクセス可能な形式（ウェブサイトや、各種公的な報告書等への記載）により、取組全般について広く説明するという形での情報開示が適切になろう。

このような、サステナビリティ課題、それについての事業主体の関わりと、事業主体を取り巻くステークホルダーとしてどのような者が存在し、それらがどのような理由で規律されているかを、課題横断的に考えることで、多様な課題内部での規範の意味合いや相互関連性、規範がない場合に企業として臨まれる行動について分析したり、適切な対応に資するものと思われる。

5　規範の形式等をめぐるポイント

(1)　ソフトローとハードロー

サステナビリティ課題をめぐる規範は、さまざまな形式で存在している。

例えば、「ビジネスと人権」においては、根本的な規範としての国連指導原則は、国連人権理事会で支持された「原則」という形式のソフトローである。これに対し、EUのCSDDDや、英国の現代奴隷法は、EU・英国における法的拘束力を有する制定法、いわゆるハードローであり、日本政府ガイドラインは一種のソフトローといえよう。

このように、1つのサステナビリティ課題をめぐって、ハードローとソフトローが同時に存在する場合があり得るが、その両者の関係を整理して理解する必要がある。

例えば、EUのCSDDDは、一定以上の事業規模の企業にしか適用されないこととされており、また、それが求める人権尊重責任を果たすためにとるべきアクションについては国連指導原則等に即しているものの完全には一致していない。しかし、国連指導原則に基づく人権尊重責任はおよそすべての企業にあるとされていることから、CSDDDの適用がないからといって、人権尊重責任全般を免れることにはならない。また、CSDDD適用企業においても、国連指導原則に基づく人権尊重責任の範囲のほうがCSDDDに基づき求められている内容よりも広い場合には、CSDDDの遵守が国連指導原則の遵守を不要とするものではないことから、CSDDDの遵守（いわゆるハードローコンプライアンス）とともに、なお、ソフトローへの遵守責任は残る旨理解しておく必要がある。

このような、規範相互の関係性については、サステナビリティ課題や、サステナビリティ規範ごとに個別の分析・検討が必要となり得るが、一般論としては、「ハードローコンプライアンスをすればソフトローコンプライアンスを不要とするものではない」ことの理解が重要なポイントとなろう。

(2)　プリンシプルベース・アプローチとルールベース・アプローチ

サステナビリティ規範は、その適用において異なるアプローチをとり得る。

一般に、ある規範を社会において適用する際のアプローチには、「プリンシプルベース・アプローチ」という考え方と「ルールベース・アプローチ」という考え方がある。前者は、尊重すべき重要ないくつかの原則（プリンシプル）や規範を示した上で、それに沿った対応をするというアプローチであり、対象となる企業の自主的な取組みの幅が大きい点が特徴的である。また、規制の仕方も定性的になりがちで、どこまでならOKで、どこから先がダメかをあらかじめ設定するのが困難であるとされる。

これに対して、「ルールベース・アプローチ」は、ある程度詳細なルールや規則を制定しそれらを個別事例に適用していく手法であり、ルールを適用する側の恣意性の排除あるいは規制される側にとっても予見可能性の向上といったことが期待され、規制のあり方としては行為規制が中心となる。

サステナビリティ規範の中にも、「プリンシプルベース・アプローチ」に基づくものと、「ルールベース・アプローチ」に基づくものの双方があるが、そのような異なるアプローチに基づく規範が存在し得ることと、どの規範がどのアプローチに基づいているかを、認識することは極めて重要である。

なぜなら、あるサステナビリティ課題に関する規範がルールベース・アプローチをとっている場合は、細かな行為規制について厳密に遵守することが期待されるため、それに即した対応が必要になる。これに対して、プリンシプルベース・アプローチに基づく行為が期待されている場合にルールベース・アプローチ的な発想で対応しようとすると、そもそもどのような行動をとるのか理解できなかったり、誤った行動をとるおそれもある。

なお、いかなるアプローチがとられているかと、規範の制定形式とは必ずしも直接連動するものではない。例えば、感覚的には、国家制定法（ハードロー）はルールベース・アプローチに基づいて策定されており、国際規範等の原則はプリンシプルベース・アプローチをとっているとのイメージを抱きがちであるが、必ずしもそうでない場合もある。例えば、CSDDDなどにおいては、企業が人権尊重責任を果たすための細かな具体的な行動は明確にされておらず（つまり、クリアな行為規範・禁止規範となっておらず）、根本的なルールである国連指導原則に基づいて行動することが基本的には期待されている。そして国連指導原則はプリンシプルベース・アプローチの規範であるため、CSDDD対応をする場合にも、ルールベース・アプローチ的な発想で行動した場合には、CSDDDが期待している行動にならない可能性がある。

このようなアプローチの違いは、企業に期待される行動の内容と直結しているため、この点の誤解があると、サステナビリティ規範に基づく期待に背く行動をとることに結びつきかねず、企業の評価の高低に多大な影響を及ぼし得るため、重要な視点である。

⑶　規範の契約関係への取込み（を含む、民事法的拘束力[注10]との関係）

このようなサステナビリティ規範については、それらを遵守することが、契約関係の中に取り込まれることにより、契約法上の法的義務を構成することがある。

このような現象は、サステナビリティ領域以外においても伝統的に存在しており、例えば、企業がある義務を負う直接の対象が契約の相手方ではない場合であったとしても、当該義務の違反が契約違反を構成するという構造は、一般的によく見られるところである。

近時、このような構造を、サステナビリティ課題対応に応用する動きが加速しているように見受けられる。例えば、「CSR条項」「ESG条項」などと呼ばれるものが設けられたり、一般的な契約条項（表明保証条項や、解除条項等）にESG要素などを取り入れるなどである。

このような条項を設ける際には、当該条項が当該契約との関係においてどのように機能するか（例えば、当該条項に違反した場合にどのような法的効力の発生をトリガーし、それをどのようにエンフォースするか）の検討とは別に、そもそも当該条項がサステナビリティ課題との関係でいかなる意義、効用を有するかの検討が必要である。

例えば、「ビジネスと人権」の観点からは、取引の相手方に対して、自社の人権方針への賛同や、人権デューデリジェンスの実施義務、それらに違反した場合の契約の停止・解除等の規定を設けることが考えられる[注11][注12]。このような規定は、自社の人権方針に賛同をすることを通じて取引の相手方自身も人権へのコミットメントをしたり、その理解を深めることや、人権

（注10）企業によるサステナビリティに関する宣言等の違反についての禁反言的効力について（宍戸常寿ほか「『ビジネスと人権』規範の企業への拘束力の背景と諸相――ソフトローが企業に及ぼす『ハード』な効力」商事2348号〔2024〕16頁〔蔵元左近発言〕等）。

（注11）日本弁護士連合会「人権デューデリジェンスのためのガイダンス（手引）」（2015年1月7日）のCSR条項モデル条項例（61頁以下）。

（注12）西村あさひ法律事務所「ビジネスと人権」プラクティスグループ編著『「ビジネスと人権」の実務』（商事法務、2023）206頁以下の第5章「グローバルサプライチェーンにおける契約対応の実務」も参照。

デューデリジェンスの実施の実効性確保、契約の停止・解除等による人権への負の影響の防止・軽減のための「影響力の行使」の一環などと、国連指導原則の枠組みからは整理ができる。逆に、そのような枠組み上の整理ができなかったり、単なる努力義務にとどまり人権尊重責任を果たすための実効性に疑問があるような規定となっている場合には、「人権」というサステナビリティ課題との関係でそもそも意義があるのかという疑義が生じ得るし、場合によっては「ウォッシュ」（当該課題に取り組んでいるポーズだけ示すものの、実態を伴わないことなど）に当たるとして批判の対象にすらなり得る。さらに、企業の「影響力の行使」としての取引関係の終了は、一般的には「最後の手段」であると考えられており、法的な観点からは契約の解除に何らの問題がないとしても、それが「ビジネスと人権」の観点からはむしろ不適切なアクションであるとされる場合もあるであろう。

また、このような条項の設計、行使に当たっては、当該サステナビリティ課題だけではなく、他のハードローとの関係性にも留意する必要がある。例えば、人権デューデリジェンスの実施について、契約上の定めがあることなどを含み、取引上の立場を利用して一方的に過大な負担を負わせる要求をする場合には競争法に抵触する可能性がある[注13]。

また、このような条項は、ある法域においては適用ある契約法上の有効性が議論になる余地もあるであろうし、当該法域が採用しているその他の政策・法とコンフリクトが生じる可能性もある（例えば、女性差別を禁止する契約条項を設けることと、女性の服装などについて男性とは異なる規制を設けている場合）。

これらに鑑みると、サステナビリティ課題を契約条項に取り込む場合には、単に契約上、当該課題についての規定を設けるという単純な話ではなく、サステナビリティ規範の趣旨に立ち戻り、また、サステナビリティ規範以外の各種の規範に関する分析・検討をした上で設計する必要がある。

6　複数のサステナビリティ課題相互間の関係を考える

各種のサステナビリティ規範は、基本的には特定のサステナビリティ課題

（注13）日本政府ガイドライン脚注35など。

にフォーカスして策定されている。

しかしながら、サステナビリティ課題は相互に関連している場合があり、そのような場合には、それらの課題の対応に際し、いずれか一方のみを検討するのでは足りず、その相互の関連性を考慮する必要が生じ得る。

例えば、環境と人権については、近時はその密接な関連性が当然のものとして認識されつつある（**第4部第2章第3節1**〔p.434〕）。これは、環境それ自体が人権の一部となっていること(注14)から、環境というサステナビリティ課題への不対応が、人権という他のサステナビリティ課題への不対応にもなり得ることなどが挙げられる。また、環境の観点から好ましいと思われる各種の取組みであったとしても、それらを行う過程において人権の観点から問題が生じ得る場合もある（例えば、電気自動車〔EV〕への転換の過程において、そのバッテリーにおいて使用される原料たるコバルトの採掘プロセスで児童労働、強制労働などの人権侵害が生じ得るなど）。

そして、あるサステナビリティ課題への対応が、他のサステナビリティ課題への対応をしないことを正当化するものではない（「相殺」の否定）と考えられていることに鑑みると、今後は、このようなサステナビリティ課題およびそれらへの対処についての相互の関連性を意識しながら行動することが企業には求められているといえよう(注15)。

7　結　語

以上、本章においては、多々存在するサステナビリティ規範を読みとくための「切り口」のいくつかを提供してきた。これらがすべてとは到底言い切れるものではないが、日々新たに生じ得るサステナビリティ課題の把握、その位置づけの意識と、それが企業の活動にどのようにルールとして影響を与えていくかについての未来予測のために、本章の視座が一助となれば幸いである。

と同時に、このような切り口は、サステナビリティ規範を一定の範囲で整

(注14) 2022年の国連総会でクリーンで健康な環境へのアクセスが普遍的な人権であると宣言された。

(注15) CSDDDが、環境と人権双方を対象にしていることなどはこのような考え方の現れともいえる。

合性がとれたものとして理解するためのアプローチではあるが、これらの規範が異なる主体によって日々作られていたり、その目的とするところが違うことなどに照らすと、そのようなアプローチには自ずと限界があることを認識しておくこと＝そもそも完全な整合性などない世界であり得ることを前提とすることも重要であろう。

ポイントは、上記の視座も含めたハイレベルでの共通項の存在を認識しながらも、無理に整合的に読み解こうとしないという視点である。これは、国内における各種規範を整合的に読み解きがちな法律実務家にとっては、発想の転換が求められるところであり、切替えに苦慮することが想定されるが、サステナビリティ規範を理解するに当たっては極めて重要なポイントと思われるので、最後にこの点を指摘しておく。

第3章
ESG

第1節　ESGの概念

ESGとは、Environment（環境）、Social（社会）、Governance（ガバナンス、企業統治）を考慮した投資活動、または経営・事業活動を指す。

ESGはもともと投資の観点から登場した概念である。2004年に、当時のコフィー・アナン国連事務総長の呼びかけにより開催された国連グローバル・コンパクト（UNGC）のリーダーズ・サミットにおいて公表された報告書(注1)においてはじめてESGの用語が登場し、同氏が2006年に設立した「責任投資原則」（PRI）は、責任投資を環境（environment）、社会（social）、ガバナンス（governance）の要因（ESG要因）を投資決定やアクティブ・オーナーシップに組み込むための戦略および慣行と定義した(注2)。また、「責任投資原則」の中で、投資分析と意思決定のプロセスにESG課題を組み込むこと等の6つの原則が示された(注3)。このように投資判断の観点としてESGが紹介された(注4)。

（注1）The Global Compact, Who Cares Wins: Connecting Financial Markets to a Changing World. Recommendations by the financial industry to better integrate environmental, social and governance issues in analysis, asset management and securities brokerage, Dec. 2004, https://documents1.worldbank.org/curated/en/280911488968799581/pdf/113237-WP-WhoCaresWins-2004.pdf

（注2）Principles for Responsible Investment「PRI brochure 2021（Japanese）：責任投資原則」4頁（https://www.unpri.org/download?ac=14736）。

（注3）具体的には、「私たちは、投資分析と意思決定のプロセスにESGの課題を組み込みます」「私たちは、活動的な所有者となり所有方針と所有習慣にESGの課題を組み入れます」「私たちは、投資対象の主体に対してESGの課題について適切な開示を求めます」など（Principles for Responsible Investment・前掲（注2）6頁）。

さまざまなものがESG要素に該当する。環境・社会・ガバナンスの要因の例は無数にあり、絶えず変わるが、一例としては〔**図表1-3-1**〕のようなものがある(注5)。

〔図表1-3-1〕ESG要因の一例

環境	社会	ガバナンス
・気候変動 ・資源の枯渇 ・廃棄物 ・汚染 ・森林減少	・人権 ・現代奴隷制 ・児童労働 ・労働条件 ・従業員関係（エンプロイー・リレーションズ）	・贈賄および腐敗 ・役員報酬 ・取締役会／理事会の多様性および構成 ・ロビー活動および政治献金 ・税務戦略

＊ Principles for Responsible Investment「PRI brochure 2021（Japanese）「責任投資原則」。

ESGに当たるものは上記に限らず、国連総会が2015年に採択したSDGsの169個のターゲットのうち90％以上が、S（社会）に含まれる国際人権に関係するとされている(注6)。また、2022年の国連総会で、「清潔で健康的かつ持続可能な環境への権利」が人権であると認める決議がなされるなど、E（環境）とS（社会）の間に固い垣根があるわけでもない。

企業や団体がE（環境）やS（社会）の取組みを効果的かつ継続して進め

（注4）「責任投資原則」の中で投資判断にESG課題を組み込むことが提唱されたことを契機として、ESG投資はグローバルに拡大しており、2022年には主要5市場（欧州、米国、日本、カナダ、オーストラリア・ニュージーランド）における統計で総額約30.3兆ドルに達し、当該市場における投資の24.4％を占めている（Global Sustainable Investment Alliance, Global Sustainable Investment Review 2022, at 10, Nov. 2023, https://www.gsi-alliance.org/wp-content/uploads/2023/12/GSIA-Report-2022.pdf.）。ESG課題への取組みが企業の持続可能性や企業価値に影響を与えると考える投資家が増えており、企業としても、投資家に選ばれるようにするという観点から、ESG課題への対応の重要性が増してきている。なお、ESG投資については、**第3部第2章**〔p.230～〕を参照いただきたい。

（注5）Principles for Responsible Investment・前掲（注2）4頁。

（注6）Sarah Rattray, Human rights and the SDGs - two sides of the same coin, Jul. 5, 2019, https://www.undp.org/blog/human-rights-and-sdgs-two-sides-same-coin, last visited Jan. 8, 2024.

るためには、それを支える体制が備わっていることが不可欠となる。優れたG（ガバナンス）はそれを可能にするものであり、E（環境）・S（社会）の取組みを支えるものといえる。例えば、コーポレートガバナンス・コードは、全体として株主をはじめとするステークホルダーの立場を踏まえた上で、透明・公正かつ迅速・果断な意思決定を行うための仕組みとしてのG（ガバナンス）に関する原則を示しているものの、E（環境）やS（社会）に関しても、G（ガバナンス）を通じた取組みに言及している(注7)。具体的には、コーポレートガバナンス・コードの原則2–3では「上場会社は、社会・環境問題をはじめとするサステナビリティを巡る課題について、適切な対応を行うべきである」とされており、補充原則2–3①では「取締役会は、気候変動などの地球環境問題への配慮、人権の尊重、従業員の健康・労働環境への配慮や公正・適切な処遇、取引先との公正・適正な取引、自然災害等への危機管理など、サステナビリティを巡る課題への対応は、リスクの減少のみならず収益機会にもつながる重要な経営課題であると認識し、中長期的な企業価値の向上の観点から、これらの課題に積極的・能動的に取り組むよう検討を深めるべきである」とされている。

サステナビリティとESGの関係は必ずしも明らかではないが、例えば、サステナビリティ会計基準審議会（Sustainability Accounting Standards Board：SASB）ではサステナビリティをESGと同義として取り扱っており、また、コーポレートガバナンス・コードや日本版スチュワードシップ・コードでは「サステナビリティ（ESG要素を含む中長期的な持続可能性）」と表現されている(注8)。

(注7) 日本取引所グループ＝東京証券取引所「ESG情報開示実践ハンドブック」(2020年3月31日) 16頁。

(注8) コーポレートガバナンス・コード基本原則2の考え方、日本版スチュワードシップ・コード指針1－1。

第2節　ESG要素の考慮と取締役の善管注意義務

ESGを含むサステナビリティ課題に対する取組みは、必ずしも会社の短期的な利益に直結するわけではない(注9)。もっとも、会社に社会通念上期待ないし要請されることに応えることは、会社として当然なし得るところであり、会社が、その社会的役割を果たすために相当程度の出捐をすることも、社会通念上、会社としてむしろ当然のことであると解されるとすると（最大判昭和45・6・24民集24巻6号625頁参照）(注10)、サステナビリティ活動の許容範囲は相当広く(注11)、①利益相反の問題がある場合や、②環境法令違反など、法令違反を構成するような場合を除き、取締役の経営判断の問題であると考えられる。会社を取り巻くさまざまなサステナビリティ課題の中から企業価値の向上のために取り組むべき重要課題を特定し、それに対していかなる対応をとるのかについては、広範な裁量が経営者には与えられると考えられることからすると、経営判断原則の下で、特定のサステナビリティへの取組みの実施・不実施が、取締役の善管注意義務違反となる場面は極めて限定的ではないかと考えられる。

他方で、国内外では、人権DDの法制化や炭素税導入についての議論など、ESGを取り巻く新たな法制化対応も進められているほか、グリーンウォッシュ（投資家向け、消費者向けいずれもある）に対する行政処分や訴訟も活発化している(注12)。これまで問題なく行われてきた行為が許容されなくなり、あるいは経営戦略の推進に大きな影響を与えることもあり得る。

コーポレートガバナンス・コードでも、ESG要素を含む中長期的な持続

(注9) ESGを含むサステナビリティ課題を新しいビジネスチャンスとして捉えて、ESGに関する新規事業の創出等を行うことで利益を生み出していくことは可能である。

(注10) 同判例は、災害救援資金の寄附、地域社会への財産上の奉仕、各種福祉事業への資金面での協力を例に挙げ、これらの社会的作用に属する活動をすることは、企業体としての円滑な発展を図る上で相当の価値と効果を認めることもでき、間接であっても、会社の目的遂行に必要なものであるとする。

(注11) 神田秀樹ほか編著『コーポレートガバナンス改革と上場会社法制のグランドデザイン』（商事法務、2022）181頁［加藤貴仁発言］参照。

可能性であるサステナビリティをめぐる課題について、適切な対応を行うべきであるとされている（コーポレートガバナンス・コード原則2–3）。取締役は社会の変化を適切に捉え、サステナビリティへの取組みを進めることが持続的な成長と中長期的な企業価値の向上のために求められる。

なお、ESG要素の考慮とアセットマネージャーの受託者責任との関係については、**第3部第2章第3節4**〔p.243〕を参照いただきたい。

（注12）ESGやサステナビリティの概念は常に変わり続けるものであり、2024年にオランダのハーグ控訴裁判所で破棄されたが、2021年にオランダのハーグ地方裁判所は、気候変動による被害を人権侵害と捉え、民間企業に対して排出量削減を明示する判決を下した。

第3節　マテリアリティ

ESG課題は多様かつ広範なため、自社の活動に少しでも関係するESG課題をすべて網羅しようとすると膨大になる。企業の持続可能性を高め、企業価値の向上を目指す観点からは、自社の経営戦略との関係が深いESG課題を特定し、それらに焦点を当てて取組みを進めることが重要になってくる。また、投資家から見ると、企業が中長期的な企業価値の向上や事業の持続可能性の観点から重要と判断したESG課題とそれらに対する取組みが、企業価値との関係を踏まえて説明されることは、その企業を中長期的な視点で評価する上で有用である(注13)。

一般に、企業価値に影響を与える重要なESG課題は「マテリアリティ」と呼ばれる(注14)。

企業活動に関係するESG要素は多岐にわたるが、業種や事業地域、ビジネスモデル、戦略、オペレーション環境等によって、各企業の活動に関係するESG課題は異なる。特に、G（ガバナンス）に関する課題は各社に共通して当てはまるものが多いと考えられる一方、E（環境）やS（社会）に関する課題については、企業あるいはセクターにより大きく異なることが予想される。限りある資源を有効に活用して、事業活動の持続可能性を高め、企業価

（注13）以上について、日本取引所グループ＝東京証券取引所・前掲（注7）18頁。

（注14）マテリアリティについての統一された定義はないが、旧国際統合報告評議会（International Integrated Reporting Council：旧IIRC）は、「組織の短、中、長期の価値創造能力に実質的な影響を与える事象」を重要性（マテリアリティ）とし（International Integrated Reporting Council「国際統合報告フレームワーク日本語訳」5頁（https://www.integratedreporting.org/wp-content/uploads/2015/03/International_IR_Framework_JP.pdf）（2024年10月14日最終閲覧）、グローバル・レポーティング・イニシアチブ（Global Reporting Initiative：GRI）は、「組織が経済、環境、ならびに人権を含む人々に与える最も著しいインパクトを表す項目」をマテリアルな項目（material topics）としている（Global Reporting Initiative「GRIスタンダード用語集」（2022年10月13日）16頁（https://www.globalreporting.org/how-to-use-the-gri-standards/gri-standards-japanese-translations/）。

値の向上を目指すという観点からは、自社の企業価値と関係が深いマテリアリティを特定し、それらに焦点を当てて取組みを進めることが重要になってくる。企業情報の開示においても、投資家の投資判断に有用なESG情報を開示するという観点から、企業が企業価値との関係から重要と判断したESG課題とそれらに対する取組みに関する情報を開示することは、投資家がその企業の中長期的な企業価値や事業活動の持続可能性を判断する上で有用である。例えば、企業が掲げる中長期的財務目標（例えば、ROEや将来のキャッシュフロー）を達成するにはどのような取組みが重要かといった観点から、ESG課題への取組みが説明されることは有用である(注15)。

マテリアリティは各企業ごとに異なるものであるが、同セクター内の企業では共通する部分も少なくない。SASBは、11セクター・77業種について、情報開示に関するスタンダード（SASBスタンダード）を公表し(注16)、比較的多くの企業において利用されている(注17)。SASBスタンダードでは、企業の持続可能性を分析する視点として、〔図表1-3-2〕の通り、5つの局面（Dimension）およびそれに関係する26の課題カテゴリー（General Issue Category）を設定している。これらの課題に関して、業種ごとにマテリアリティが認められるものについては、開示トピック（Disclosure Topic）および指標（Accounting Metrics）が設定されており、各企業におけるマテリアリティの特定に際して参考になると考えられる。

なお、ESG課題（サステナビリティ課題）への対応上の留意点については、**第2部第2章第1節**〔p.55～〕を参照いただきたい。

（注15）以上について、日本取引所グループ＝東京証券取引所・前掲（注7）22頁～23頁。

（注16）https://sasb.org/about/sasb-and-other-esg-frameworks/.

（注17）ブラックロックのラリー・フィンクCEOが2020年および2021年に各投資先企業向けの年頭書簡において、SASBスタンダードに沿った情報開示を要請したこともあり、世界的にSASBスタンダードの認知が広まった。

〔図表1-3-2〕SASBスタンダードの企業の持続可能性を分析する視点

局面	環境	社会資本	人的資本	ビジネスモデル・イノベーション	リーダーシップ・ガバナンス
課題カテゴリー	・温室効果ガス排出 ・大気の質 ・エネルギー管理 ・取水・排水管理 ・廃棄物・有害物質管理 ・生態系への影響	・人権・コミュニティとの関係 ・顧客プライバシー ・データセキュリティ ・アクセス・入手可能な価格 ・品質・製品安全 ・顧客利益 ・販売慣行・表示	・労働慣行 ・労働の安全と衛生 ・従業員エンゲージメント・多様性・包摂	・製品デザイン・ライフサイクル管理 ・ビジネスモデルの強靭性 ・サプライチェーンマネジメント ・原材料調達・効率性 ・気候変動の物理的影響	・ビジネス倫理 ・競争行為 ・法規制環境の管理 ・重大事故のリスク管理 ・システミックリスクの管理

＊日本取引所グループ＝東京証券取引所「ESG情報開示実践ハンドブック」2020年３月31日）掲載の図を基に筆者作成。

第2部

コーポレート

第1章
総　論

企業経営やコーポレートガバナンスの議論において、従来は、企業経営は株主の利益を最大化すべきとする株主資本主義の考え方が主流であった。しかし、資本主義が資本家と労働者の格差問題(注1)を深刻化させる中、株主資本主義の考え方が圧倒的であった米国においても、2019年に米国の主要企業が名を連ねる経済団体であるビジネス・ラウンドテーブルが、株主至上主義の考え方を見直し、企業が説明責任を負う相手は、顧客、従業員、サプライヤー、コミュニティ、株主の5者であるとし、株主至上主義を見直す声明を発表した(注2)。従来から取引先や従業員、地域社会等のステークホルダーの利益を重視する傾向が強かった欧州では、過度なショート・ターミズム（短期的利益追求主義）を抑制し、株主や経営者が会社の中長期的な利益を追求するよう動機づける制度整備が進められている(注3)。株主資本主義から、ステークホルダー資本主義（企業は企業活動に影響するすべてのステークホルダーに貢献すべきとの考え方）を強調する流れが強まっている(注4)。

気候変動を含む環境問題、人権リスクへの対応等をはじめとしたサステナビリティ課題への対応は、企業の存続や強靭性に大きな影響を与えるものと

（注1）トマ・ピケティによる『21世紀の資本』では、投資で得られる収益の成長率が、労働で得られる収入の成長率よりも常に多く、資産金額が上位10%や1%の位置にいる富裕層に富が集中し、格差が拡大しやすいことが示された（トマ・ピケティ（山形浩生訳）『21世紀の資本』〔みすず書房、2014〕）。

（注2）Business Roundtable, Business Roundtable Redefines the Purpose of Corporation to Promote 'An Economy That Serves All Americans' , Aug. 19, 2019, https://www.businessroundtable.org/business-roundtable-redefines-the-purpose-of-a-corporation-to-promote-an-economy-that-serves-all-americans, last visited Dec. 27, 2023.

（注3）2020年に発効したEUの改正株主権利指令（Shareholder Rights Directive Ⅱ）など。

（注4）以上について、太田洋『敵対的買収とアクティビスト』（岩波書店、2023）232頁以下参照。

なっている。また、企業の持続可能性および強靱性は、世界経済自体の持続可能性および強靱性にもつながるものである。企業はそのようなサステナビリティ課題にいかに対応するか、どのような体制で取り組むか、取組みをどのように発信していくか等が問われている。

第2部では、3つの視点から企業活動とサステナビリティとの関わりについて述べる。

まず、**第2章**は、サステナビリティ・ガバナンスについてである〔p.55〕。サステナビリティ課題への取組みが実効的に行われ、継続するためには、それを可能とする体制があることが前提となる。**第1節**〔p.55〕では、コーポレートガバナンスを含むサステナビリティ経営を支える体制について、わが国の制度や実務上の取組みを中心に説明する。また、サステナビリティに関する取組みが推進されるよう、経営陣への適切なインセンティブ付けとして、役員報酬にサステナビリティ指標を取り入れる動きも進んでいる。**第2節**〔p.85〕では、サステナビリティと役員報酬の関係、サステナビリティ指標の組入れに関する実務上の留意点等について述べる。さらに、企業が行うサステナビリティ課題への取組状況を適切に開示することで企業と投資家との建設的な対話を促進し、企業の取組みをよりよいものとすることが望まれる。**第3節**〔p.100〕では、サステナビリティ情報開示について、有価証券報告書における開示を中心に説明する。

次に、**第3章**は、サステナビリティに関する活動の主体となる「器」について、一般の株式会社とは異なる企業形態や認証制度について説明する。2000年代以降、欧米では新たな企業形態が法制化されており、英国ではCommunity Interest Company、ドイツでは公益有限責任会社、フランスではEnterprise a Missionが、米国では、公的役割を担う民間の法人として、ベネフィットコーポレーション制度がそれぞれ設けられている。**第1節**〔p.118〕では、デラウェア州のベネフィットコーポレーション制度の概要およびわが国における同様の制度導入の適否等について述べる。一方で、既存の株式会社等の組織形態を利用しつつ、社会・環境に関する成果、説明責任、透明性について高い水準を有していると認められた企業に対して民間団体から認証が付与される制度も存在する。**第2節**〔p.132〕では、米国の非営利団体であるB Labが提供するB Corp認証制度について説明する。最後に、従来から公益法人は、わが国において民間法人が公的役割を担おうとする場合に選択されることも多かったが、さまざまな社会課題を解決してサステナブルな社会を実現するために、その果たすべき役割が高まっている。**第3節**〔p.162〕では、各公益法人の制度・役割について概説する。

第4章〔p.188〕は、M&AとESGについてである。ESGに関連するリスクがビジネスに深刻な影響をもたらす場面が多く見られるようになってきている一方で、ESGに関する事業機会に着目したM&Aも増加傾向にある。同章では、ESGデューデリジェンスの留意点や、M&A契約での手当等についても述べる。

第2章
サステナビリティ・ガバナンス

第1節　サステナビリティ経営を支える体制

1　サステナビリティ・ガバナンス

気候変動問題や人権問題をはじめとしたサステナビリティ課題が企業活動の持続性に大きな影響を及ぼしている中、サステナビリティへの対応は、企業が対処すべきリスクであることを超えて、長期的かつ持続的な価値創造に向けた経営戦略の根幹をなす要素となりつつある。企業が長期的かつ持続的に成長原資を生み出す力（稼ぐ力）を向上させていくためには、サステナビリティを経営に織り込むことがもはや不可欠であるとして、サステナビリティ・トランスフォーメーション（SX）を実践することこそが、これからの「稼ぎ方」の本流となっていくともいわれている(注1)。

経済産業省「伊藤レポート3.0（SX版伊藤レポート）」は、SXを、社会のサステナビリティと企業のサステナビリティを「同期化」、つまり、社会の持続可能性に資する長期的な価値提供を行うことを通じて、社会の持続可能性の向上を図るとともに、自社の長期的かつ持続的に成長原資を生み出す力（稼ぐ力）の向上とさらなる価値創出へとつなげていくこと、およびそのために必要な経営・事業変革（トランスフォーメーション）と定義し、SXを実現するための具体的な取組みとして、①社会のサステナビリティを踏まえた目指す姿の明確化、②目指す姿に基づく長期価値創造を実現するための戦略の構築、③長期価値創造を実効的に推進するためのKPI・ガバナンスと実質的な対話を通じたさらなる磨き上げを挙げる。

（注1）経済産業省「伊藤レポート3.0（SX版伊藤レポート）」（2022年8月30日）2頁。

「ガバナンス」は、長期戦略や実行戦略の策定・推進・検証を着実に行い、長期的かつ持続的に企業価値を高める方向に企業を規律づける仕組み・機能(注2)であり、企業がサステナビリティをめぐる取組みを実効的に進めていくための前提となる。

欧州では、コーポレートガバナンスと経営システムにサステナビリティを統合し、気候変動、環境、人権に関する事業上の決定および当該会社の長期的な強靱性に係る事業上の決定をする際の枠組みのことをサステナビリティ・ガバナンスと呼んでいる(注3)。日本でも、株式会社のサステナブル経営とは、ESGやSDGsの要素を考慮したファイナンスに加え、事業戦略や投資においても、金融面・非金融面の双方でサステナビリティを推進しつつ、会社を経営することであると一般に理解されており、経営の監督を適切に果たすコーポレートガバナンスの構築とサステナビリティを両輪とするガバナンス(注4)(注5)、あるいは、企業のサステナブルな成長を後押しする、もしくはモニタリングを効かすガバナンスがサステナビリティ・ガバナンスであると説明される(注6)。

本節では、そのようなガバナンスの側面に焦点を当て、わが国の制度や実務上の取組みを中心に説明する。

2　OECDコーポレートガバナンス原則

「OECDコーポレートガバナンス原則」（以下、「OECD原則」という）は、G20首脳に承認されたコーポレートガバナンスの分野における国際的ベン

(注2) 経済産業省「価値協創のための統合的開示・対話ガイダンス2.0（価値協創ガイダンス2.0)」47頁（2017年5月29日策定、2022年8月30日改訂)。

(注3) 神作裕之「サステナビリティ・ガバナンスをめぐる動向」商事2296号（2022）4頁。European Commission, Proposal for a Directive of the European Parliament and of the Council on Corporate Sustainability Due Diligence and amending Directive (EU) 2019/1937, COM (2022) 71 final, 2022/0051 (COD)。

(注4) 内ヶ崎茂ほか『サステナビリティ・ガバナンス改革』(日本経済新聞出版、2021) 111頁。

(注5) 神作・前掲（注3）4頁。

(注6) 北川哲雄ほか「座談会・サステナビリティ委員会の先端実務と諸論点（上)」商事2248号（2020）43頁［内ヶ崎茂発言]。

チマークである。各国においてコーポレートガバナンス・コード等の策定が行われるに際して広く参照されており、後述の通り、わが国のコーポレートガバナンス・コードも、OECD 原則の趣旨を踏まえたものとなっている。

OECD 原則は、1999 年に策定された後、2004 年、2015 年の改訂を経て、直近では、2023 年９月９日から 10 日に開催された、20 か国・地域首脳会議（G20 サミット）において、経済協力開発機構（OECD）がまとめた原則の改訂が了承され、同月 11 日に公表された。

改訂の内容は、株主権、機関投資家等の役割、企業情報開示および透明性、ならびに取締役会の責任に関するアップデート等、多岐にわたるが、大きなポイントの１つとして持続可能性（サステナビリティ）および強靱性（レジリエンス）に関する章の新設が挙げられる。サステナビリティに関しては、国際サステナビリティ基準審議会（ISSB）による開示基準の国際的枠組みの整備等が進められていたが、コーポレートガバナンスのその他の主要論点（取締役会の責務、ステークホルダーの役割等）についても、グローバルに参照される枠組みを提示する必要性が高まっていた[注7]。

新設された “Sustainability and resilience”（「持続可能性及び強靱性」[注8]）に関する章では、まず、「コーポレートガバナンスの枠組みは、会社の持続可能性と強靱性に貢献する形で会社とその投資家が意思決定を行い、リスクを管理するためのインセンティブを提供するべきである」とされた上で、〔図表 2-2-1〕の各原則が定められている。企業による気候変動を含むサステナビリティ課題への対応とレジリエンス（強靱性）の向上は、企業のみならず経済全体の強靭性にもつながるものであり、企業の持続可能性と強報性の向上に資するコーポレートガバナンスのフレームワークの提示が企図されている。

（注７）深見健太＝金江麻耶「G20/OECD コーポレート・ガバナンス原則の改訂ポイント」金融財政事情 2023 年 10 月 10 日号（2023）42 頁。

（注８）日本語訳は、OECD 事務局による、OECD (2024), G20/OECD コーポレートガバナンス原則 2023, OECD Publishing, Paris, https://doi.org/10.1787/f66b3a85-ja. による。

〔図表 2-2-1〕OECD 原則「持続可能性及び強靱性」の章に定められた各原則

	内容
原則Ⅵ．A	サステナビリティ関連開示は、一貫性・比較可能性・信頼性を有するべきであり、合理的な投資家が投資または議決権行使の判断を行う際に重要と考える過去および将来の重要な情報を含むべきである。
原則Ⅵ．A.1	サステナビリティ関連情報は、投資家の企業価値評価、投資または議決権行使の判断に影響を与えることが合理的に予想される場合、重要であるとみなされ得る。
原則Ⅵ．A.2	サステナビリティ関連開示の枠組みは、会社間や市場間でのサステナビリティ関連開示の比較を容易にする、質の高く、理解しやすい、執行可能な、国際的に認められた基準と整合的なものであるべきである。
原則Ⅵ．A.3	サステナビリティに係る事項、財務報告、その他の会社情報の開示は関連付けられるべきである。
原則Ⅵ．A.4	会社がサステナビリティ関連目標を公に設定する場合、投資家が発表された目標の達成に向けた確実性と進捗状況を評価できるように、信頼できる指標が、容易にアクセスできる形式で、定期的に情報開示される開示枠組みとすべきである。
原則Ⅵ．A.5	会社のサステナビリティ関連開示に対する外部の客観的な評価を提供するために、独立の、能力・資格を備えた保証サービス提供者による、国際的に認められた質の高い保証基準に整合的な、年次での保証について、規制要件の段階的な導入を検討すべきである。
原則Ⅵ．B	コーポレートガバナンスの枠組みは、サステナビリティに係る事項について、会社の事業戦略やその評価のために重要と考えられるべき事柄に関し、会社、株主、ステークホルダーの対話を許容すべきである。
原則Ⅵ．B.1	設立後の会社が営利目的と公益目的の両方を組み込んだ会社形態を採用することが、コーポレートガバナンスの枠組みによって許容される場合、反対株主の権利について十分な考慮が払われるべきである。

原則Ⅵ．C	コーポレートガバナンスの枠組みは、取締役会が、ガバナンス慣行・開示・戦略・リスク管理・内部統制システムについての検討・監視・方向づけの重要な役割を果たす際、気候変動関連の物理リスクおよび移行リスクを含むサステナビリティに関する重要なリスクと機会を適切に考慮するよう確保すべきである。
原則Ⅵ．C.1	取締役会は、会社のロビー活動がサステナビリティ関連目標と整合的なものとなるようにすべきである。
原則Ⅵ．C.2	取締役会は、様々なシナリオに対する強靱性を確保できるよう、自社の資本構成が戦略目標および関連するリスク選好度に適合したものとなっているかどうかを評価すべきである。
原則Ⅵ．D	コーポレートガバナンスの枠組みは、価値、質の高い雇用、持続可能で強靱な会社を創造するために、ステークホルダーの権利・役割・利益を考慮し、会社・株主・ステークホルダー間の積極的な協力関係を促すべきである。
原則Ⅵ．D.1	法律または相互の合意により確立されたステークホルダーの権利は尊重されるべきである。
原則Ⅵ．D.2	ステークホルダーの利益が法律により保護されている場合には、ステークホルダーは、合理的な費用で過度の遅れなく、その権利の侵害に対して有効な救済を得る機会を有するべきである。
原則Ⅵ．D.3	従業員参加の仕組みを構築することは認められるべきである。
原則Ⅵ．D.4	ステークホルダーが、コーポレートガバナンスの過程に参加する場合には、適切で、十分かつ信頼に足る情報を適時かつ定期的に入手できるべきである。
原則Ⅵ．D.5	ステークホルダーは、個々の労働者およびそれを代表する団体を含め、違法な慣行や非倫理的な慣行についての懸念を自由に取締役会や権限がある公的機関に伝えることができるべきであり、そうした行動をとることで、ステークホルダーの権利が損なわれるべきではない。
原則Ⅵ．D.6	公開会社の社債権者の権利行使は促進されるべきである。
原則Ⅵ．D.7	コーポレートガバナンスの枠組みは、有効かつ効率的な倒産処理の枠組みおよび、債権者の権利の有効な執行により補強されるべきである。

＊ OECD (2024), G20/OECD コーポレートガバナンス原則 2023, OECD Publishing, Paris, https://doi.org/10.1787/f66b3a85-ja. を基に筆者作成。

3　スチュワードシップ・コード

(1)　スチュワードシップ・コードの背景と位置づけ

スチュワードシップ・コードは、世界金融危機の発生を契機に、機関投資家が本当に受託者責任を果たしているのかとの問題意識から、英国において、機関投資家による投資先企業に対する関与のあり方について議論が行われ、2010年に英国財務報告評議会（Financial Reporting Council）により策定・公表された。

わが国においても、2009年に、金融庁金融分科会「我が国金融・資本市場の国際化に関するスタディグループ報告 ～上場会社等のコーポレート・ガバナンスの強化に向けて～」と題する報告書において、市場を通じて上場会社等のガバナンスを向上させていくためには、企業サイドの取組みと併せて、株主・投資者が自らの行動を通じて的確な経営監視を行っていくことが重要であり、このことは、株主・投資者の責務でもあると指摘され、議決権行使に関するガイドラインの作成および公表、議決権行使結果の公表、ならびに株主・投資者と経営者との対話の充実について提言がされた。そして、2013年に策定された、いわゆるアベノミクスの第三の矢としての成長戦略を定める「日本再興戦略――JAPAN is BACK」において、機関投資家が、対話を通じて企業の中長期的な成長を促す等、受託者責任を果たすための原則（日本版スチュワードシップコード）について検討し、とりまとめることが提示され、2014年、「『責任ある機関投資家』の諸原則≪日本版スチュワードシップ・コード≫～投資と対話を通じて企業の持続的成長を促すために～」（以下、「SSコード」という）が策定された(注9)(注10)。

SSコードは、「スチュワードシップ責任」を「機関投資家が、投資先企業やその事業環境等に関する深い理解のほか運用戦略に応じたサステナビリティ（ESG要素を含む中長期的な持続可能性）の考慮に基づく建設的な『目的

(注9)　SSコード策定の経緯について、笠原基和「『責任ある機関投資家の諸原則』≪日本版スチュワードシップ・コード≫の概要」商事2029号（2014）59頁～71頁。神作裕之「コーポレートガバナンス向上に向けた内外の動向――スチュワードシップ・コードを中心として」商事2030号（2014）11頁～24頁等参照。

を持った対話』（エンゲージメント）などを通じて、当該企業の企業価値の向上や持続的成長を促すことにより、『顧客・受益者』（最終受益者を含む）の中長期的な投資リターンの拡大を図る」責任と定義し、機関投資家が、顧客・受益者と投資先企業の双方を視野に入れ、「責任ある機関投資家」として当該スチュワードシップ責任を果たすに当たり有用と考えられる諸原則を定めている。

SSコードは、法的拘束力を有する法令（ハードロー）ではなく、いわゆるソフトローであり、コードの趣旨に賛同してこれを受け入れる用意のある機関投資家に対して、Comply or Explain（原則を実施するか、実施しない場合にはその理由を説明するか）の手法を採用している。また、機関投資家がとるべき行動について詳細に規定する「ルールベース・アプローチ」（細則主義）ではなく、機関投資家が各々が置かれた状況に応じて、自らのスチュワードシップ責任をその実質において適切に果たすことができるよう、英国のコードと同様、いわゆる「プリンシプルベース・アプローチ」（原則主義）が採用されている(注11)。

(2)　サステナビリティの考慮

SSコードは、機関投資家が、投資先企業の持続的成長に向けてスチュワードシップ責任を適切に果たすため、当該企業の状況を的確に把握すべきことを定めている（原則3）。SSコード策定当初から、把握するべき内容の1つとして、社会・環境問題に関するリスクが挙げられていたが、リスク・収益機会の両面におけるESG要素の重要性が指摘される中、2017年の改

（注10）SSコードは概ね3年を目途として定期的な見直しを想定し（SSコード前文16項）、2014年の策定後、2017年と2020年に改訂されたが、金融庁スチュワードシップ・コード及びコーポレートガバナンス・コードのフォローアップ会議「『スチュワードシップ・コード及びコーポレートガバナンス・コードのフォローアップ会議』意見書(6)『コーポレートガバナンス改革の実質化に向けたアクション・プログラム』」（2023年4月26日）において、SSコードおよびCGコードの改訂時期については、必ずしも従前の見直しサイクルにとらわれることなく、コーポレートガバナンス改革の実質化という観点から、その進捗状況を踏まえて適時に検討することが適切であるとされた。

（注11）笠原・前掲（注9）62頁参照。なお、英国のスチュワードシップ・コードも当初はComply or Explainの手法がとられていたが、2020年の改定で、原則についてComply and Explainが求められるようになった。

訂により、把握する内容として、「投資先企業のガバナンス、企業戦略、業績、資本構造、事業におけるリスク・収益機会（社会・環境問題に関連するものを含む）及びそうしたリスク・収益機会への対応など、非財務面の事項を含む様々な事項が想定される」として、非財務面の事項を含めて例示されるとともに、社会環境問題に関する収益機会についても把握すべき内容に含まれることが明示された（指針3－3）[注12]。

さらに、2020年のSSコードの再改訂においては、国内外において投資家・企業のサステナビリティに対する関心が急速に高まる中、ESG要素等のサステナビリティを考慮することは、事業におけるリスクの減少のみならず収益機会にもつながること、世界中での昨今のESGをめぐる動きの急速な変化に鑑みれば、こうした変化自体がリスクや収益機会に影響を及ぼし得ることが指摘され、建設的な目的をもった対話（エンゲージメント）が、「運用戦略に応じたサステナビリティ（ESG要素を含む中長期的な持続可能性）の考慮」に基づくことが明記された。2019年に改訂された英国のスチュワードシップ・コードでも、「スチュワードシップ」が「経済、環境、社会への持続可能な利益をもたらすような顧客と最終受益者に対する長期的な価値を生むための、資本の責任ある分配、管理、監督」（金融庁仮訳）と定義され、投資判断におけるESG要素の考慮が求められたが、社会、環境等への持続可能な利益をもたらすような顧客と受益者に対する長期的価値を生むための責任をスチュワードシップと位置づける英国の考え方とは異なり、SSコードは、あくまで「企業の企業価値の向上や持続的成長を促すこと」により、顧客・受益者の中長期的な投資リターンの拡大を図ることを目的としている[注13]。

このような考え方の下、SSコードでは、機関投資家に、運用戦略に応じたサステナビリティ（ESG要素を含む中長期的な持続可能性）の考慮に基づく建設的な「目的を持った対話」（エンゲージメント）等を通じて、当該企業の企業価値の向上やその持続的成長を促すことにより、顧客・受益者の中長期的な投資リターンの拡大を図ること（指針1－1）、顧客・受益者から投資先

（注12）田原泰雅ほか「スチュワードシップ・コード改訂の解説」商事2138号（2017）15頁・20頁。

（注13）以上について、井上俊剛ほか「スチュワードシップ・コードの再改訂の解説」商事2228号（2020）14頁・18頁参照。

企業へと向かう投資資金の流れ（インベストメント・チェーン）の中で自らがどのような役割を果たすのかについての明確な方針を策定し、その中でサステナビリティに関する課題をどのように考慮するかについて、検討を行った上で明確に示すこと（指針1－2）、機関投資家は、サステナビリティをめぐる課題に関する企業との対話に当たっては、運用戦略と整合的で、中長期的な企業価値の向上や企業の持続的成長に結びつくものとなるよう意識すべきこと（指針4－2）が規定されているとともに、機関投資家も、投資先企業の持続的成長に資するよう、投資先企業やその事業環境等に関する深い理解のほか運用戦略に応じたサステナビリティの考慮に基づき、当該企業との対話やスチュワードシップ活動に伴う判断を適切に行うための実力を備えること（原則7、指針7－1）を求めている。

4　コーポレートガバナンス・コード

(1)　コーポレートガバナンス・コードの背景と位置づけ

コーポレートガバナンス・コード（以下、「CGコード」という）は、「『日本再興戦略』改訂2014」に基づき、わが国の成長戦略の一環として2015年に策定され、以後2018年、2021年に改訂されている。

「失われた20年」とともに日本企業の世界におけるプレゼンスが低下する中、日本企業の収益力（稼ぐ力）の低さが指摘された(注14)。

「『日本再興戦略』改訂2014」は、「日本企業の『稼ぐ力』、すなわち中長期的な収益性・生産性を高め、その果実を広く国民（家計）に均てんさせるには何が必要か。まずは、コーポレートガバナンスの強化により、経営者のマインドを変革し、グローバル水準のROEの達成等を1つの目安に、グ

(注14) 2014年8月に公表された経済産業省「『持続的成長への競争力とインセンティブ～企業と投資家の望ましい関係構築～』プロジェクト（伊藤レポート）最終報告書」では、日本経済を継続的な成長軌道に乗せていくためには、企業レベルでの競争力を強化し、その収益力（稼ぐ力）を高めていくことが急務であること、日本経済が本格的な人口減少社会に直面する中で、国富を維持・形成するには、企業が「稼ぐ力」を高め、持続的に価値を生み出し続けることと併せて、長期的な投資からリターンを得られる仕組み、すなわち経済の「インベストメント・チェーン」の全体最適化を図っていく必要があることを指摘している。

ローバル競争に打ち勝つ攻めの経営判断を後押しする仕組みを強化していくことが重要である。特に、数年ぶりの好決算を実現した企業については、内部留保を貯め込むのではなく、新規の設備投資や、大胆な事業再編、M&Aなどに積極的に活用していくことが期待される」とした。すなわち、たとえ企業が収益を上げたとしても、判断の誤り等を恐れそれを内部に貯め込むのでは、企業の持続的な成長は期待できない。他方で、経営者への適切な牽制がきかず、リスクをとりすぎることも望ましくない。ボードによる適切な監督の下、多様性あるメンバーで議論することで、経営者によるリスクテイクの判断を後押しするガバナンスの仕組みが、投資家にとっても安心してリスクマネーを拠出するための環境を整えることとなる。

「『日本再興戦略』改訂2014」において、わが国企業の実情等にも沿い、国際的にも評価が得られるものとするため、ガバナンスコードの策定に当たっては、東京証券取引所のコーポレートガバナンスに関する既存のルール・ガイダンス等やOECDコーポレートガバナンス原則を踏まえ検討することが提言された。CGコード策定当時のOECD原則には、その主な内容として、①株主の権利、②株主の平等な取扱い、③株主以外のステークホルダーの役割、③開示と透明性、⑤取締役会の責任といった項目についての原則的な考え方が示されていたが、CGコードは、上記①と②を「株主の権利・平等性の確保」という1つの章にまとめた上で、CGコードとSSコードが「車の両輪」であるとの考え方を踏まえ、OECD原則には独立の章としては明記されていない「株主との対話」について独立の章が設けられた(注15)。

CGコードは、「コーポレートガバナンス」を、「会社が、株主をはじめ顧客・従業員・地域社会等の立場を踏まえた上で、透明・公正かつ迅速・果断な意思決定を行うための仕組み」と定義し、実効的なコーポレートガバナンスの実現に資する主要な原則を盛り込んでいる。CGコードも、会社がとるべき行動について詳細に規定する「ルールベース・アプローチ」(細則主義)ではなく、いわゆる「プリンシプルベース・アプローチ」(原則主義)を採用し、会社が、各原則の趣旨・精神を踏まえ、自らのガバナンス上の課題の

(注15)油布志行ほか「『コーポレートガバナンス・コード原案』の解説⑴」商事2062号(2015)47頁・51頁参照。

有無を検討し、自律的に対応することを求めている。上場企業は、金融商品取引所の上場規則により、CGコードの原則等に対して“Comply or Explain”（原則を実施するか、実施しない場合にはその理由を説明するか）が求められる。

会社は、株主から経営を付託された者としての責任（受託者責任）をはじめ、さまざまなステークホルダーに対する責務を負っていることを認識して運営されることが重要であるところ、CGコードは、こうした責務に関する説明責任を果たすことを含め会社の意思決定の透明性・公正性を担保しつつ、これを前提とした会社の迅速・果断な意思決定を促すことを通じて、「攻めのガバナンス」の実現を目指すものとされている[注16]。

(2)　サステナビリティをめぐる課題への取組み

コーポレートガバナンスにおける株主以外のステークホルダーの位置づけに関してはさまざまな議論があるが、わが国では伝統的にステークホルダーの権利や立場を幅広く尊重する企業文化・風土が根強いことを反映し[注17]、CGコードでは、上場会社には株主を含む多様なステークホルダーが存在しており、こうしたステークホルダーとの適切な協働を欠いては、その持続的な成長を実現することは困難であるとの考え方が示されている（基本原則1「考え方」）。そして、「上場会社は、会社の持続的な成長と中長期的な企業価値の創出は、従業員、顧客、取引先、債権者、地域社会をはじめとする様々なステークホルダーによるリソースの提供や貢献の結果であることを十分に認識し、これらのステークホルダーとの適切な協働に努めるべきである。取締役会・経営陣は、これらのステークホルダーの権利・立場や健全な事業活動倫理を尊重する企業文化・風土の醸成に向けてリーダーシップを発揮すべきである」（基本原則2）とされている。

上場会社が、自らの持続的な成長と中長期的な企業価値の創出を達成するために、ステークホルダーとの適切な協働が不可欠であることや、サステナ

（注16）コーポレートガバナンス・コードの策定に関する有識者会議「コーポレートガバナンス・コード原案〜会社の持続的な成長と中長期的な企業価値の向上のために〜」（2015年3月5日）、序文7項。

（注17）油布志行ほか「『コーポレートガバナンス・コード原案』の解説(2)」商事2063号（2015）51頁・55頁参照。

ビリティ課題への積極的・能動的な対応を一層進めていくことが重要であり、このことを十分認識し、適切な対応を行うことが、社会・経済全体に利益を及ぼすとともに、その結果として、会社自身にもさらに利益がもたらされる、という好循環の実現に資することとなる（基本原則2「考え方」）。

CGコードは、上場会社は、社会・環境問題をはじめとするサステナビリティをめぐる課題について、適切な対応を行うべきであるとし（原則2-3）、取締役会が、気候変動等の地球環境問題への配慮、人権の尊重、従業員の健康・労働環境への配慮や公正・適切な処遇、取引先との公正・適正な取引、自然災害等への危機管理等、サステナビリティをめぐる課題への対応は、リスクの減少のみならず収益機会にもつながる重要な経営課題であると認識して、中長期的な企業価値の向上の観点から、これらの課題に積極的・能動的に取り組むよう検討を深めるべきであるとしている（補充原則2-3①）。サステナビリティ課題に対して具体的にいかなる対応を行うかは、事業環境の変化や各社の状況に応じて多様な内容が考えられる。サステナビリティ課題の範囲も、「気候変動などの地球環境問題への配慮、人権の尊重、従業員の健康・労働環境への配慮や公正・適切な処遇、取引先との公正・適正な取引、自然災害等への危機管理など」として上記に例示された事項に限られるものではない。各社が主体的に自社の置かれた状況を的確に把握し、取り組むべきサステナビリティ要素を個別に判断していくべきものである[注18]。後記**5**〔p.74〕で述べる「投資家と企業の対話ガイドライン」1-3前段でも、「ESGやSDGsに対する社会的要請・関心の高まりやデジタルトランスフォーメーションの進展、サイバーセキュリティ対応の必要性、サプライチェーン全体での公正・適正な取引や国際的な経済安全保障を巡る環境変化への対応の必要性等の事業を取り巻く環境の変化が、経営戦略・経営計画等において適切に反映されているか。また、例えば、取締役会の下または経営陣の側に、サステナビリティに関する委員会を設置するなど、サステナビリティに関する取組みを全社的に検討・推進するための枠組みを整備しているか」とし、個社ごとに自らの事業を取り巻く環境の変化を個別に見極めていく必要性を示唆している。そのためには、組織の柔軟性や対応力、その前提

（注18）島崎征夫ほか「コーポレートガバナンス・コードと投資家と企業の対話ガイドラインの改訂の解説」商事2266号（2021）4頁・11頁参照。

としてのガバナンス体制が重要となる。

CGコードは、取締役会の主要な役割・責務の1つとして、①企業戦略等の大きな方向性を示すこと、②経営陣幹部による適切なリスクテイクを支える環境整備を行うこと、③独立した客観的立場から、経営陣・取締役に対する実効性の高い監督を行うことを挙げる（基本原則4、原則4-1・4-2・4-3）。サステナビリティをめぐる取組みについても同様であり、取締役会は、中長期的な企業価値の向上の観点から、自社のサステナビリティをめぐる取組みについて基本的な方針を策定し、経営資源の配分や、事業ポートフォリオに関する戦略の実行が、企業の持続的な成長に資するよう、実効的に監督を行うことが求められる（補充原則4-2②）。

⑶　取締役会の多様性

CGコードは、取締役会がその役割・責務を実効的に果たすための知識・経験・能力を全体としてバランス良く備え、多様性と適正規模を両立させる形で構成されるべきとしている（原則4-11）。

世界的な感染症の流行や、デジタライゼーションの加速等、企業が不連続な変化を先導し、新たな成長を実現する上で、取締役会や経営陣において多様な視点や価値観を備えることが求められるところ[注19]、「スチュワードシップ・コード及びコーポレートガバナンス・コードのフォローアップ会議」から、取締役会がその機能を十分に発揮していく上では、ジェンダー、さらには国際性の面を含む多様性を十分に確保していくことが重要であると提言された[注20]ことを受け、2018年の改訂により、多様性の例として、ジェンダーと国際性が挙げられた。また、2021年の改訂で、職歴と年齢も多様性の例に加えられている。すべての企業において外国人取締役等の登用が必要というわけではなく、自社の経営戦略の実現と持続的成長のために必

(注19)　日本取引所グループ「『フォローアップ会議の提言を踏まえたコーポレートガバナンス・コードの一部改訂に係る上場制度の整備について（市場区分の再編に係る第三次制度改正事項）』に寄せられたパブリック・コメントの結果について（2021年6月11日）」59頁～60頁（142番～146番）参照。

(注20)　スチュワードシップ・コード及びコーポレートガバナンス・コードのフォローアップ会議「コーポレートガバナンス・コードの改訂と投資家と企業の対話ガイドラインの策定について」（2018年3月26日）2頁。

要と考える多様性を全体として確保することが求められているものであるが、ジェンダーや国際性等の多様性が必要ではないと考える企業はその旨をエクスプレインすることが必要になる(注21)。

諸外国においては、役員の一定数または一定割合を女性に割り当てるクオータ制を導入した国において女性役員比率が大きく伸びている中、日本においては、上場会社の女性役員比率は、2012年に1.6%、2017年に3.7%にすぎなかった。女性活躍推進法による情報開示の要請や、経済産業省と東証による「なでしこ銘柄」の表彰、2030年までに女性役員比率を30%以上とすることを目標とする経済団体の取組み(注22)や、議決権行使助言会社や機関投資家において女性役員が選任されていない場合に代表取締役等の選任に反対する議決権行使基準を設ける動きがあること等を受けて、2023年7月31日時点で、日本の上場会社の女性役員(注23)比率は10.6%となり、女性役員がいないプライム市場上場企業は199社（10.9%）まで減少している(注24)。

また、CGコードは、取締役会が、経営戦略に照らして自らが備えるべきスキル等を特定した上で、取締役会の全体としての知識・経験・能力のバランス、多様性および規模に関する考え方を定め、各取締役の知識・経験・能力等を一覧化したいわゆるスキル・マトリックスをはじめ、経営環境や事業特性等に応じた適切な形で取締役の有するスキル等の組合せを取締役の選任に関する方針・手続と併せて開示することを求めている（補充原則4-11①）。あらかじめ取締役会のバランスや多様性、適性規模等に関する考え方が定まっていることは、その構成員たる取締役の指名・選任を適切に行うことや、ひいては取締役会がその役割・責務を実効的に果たすことの前提条件になると考えられ(注25)、これらの点について、投資家との間でも建設的な対話が行われることが期待されている（投資家と企業の対話ガイドライン3-6）。

（注21）田原泰雅ほか「コーポレートガバナンス・コードの改訂と『投資家と企業の対話ガイドライン』の解説」商事2171号（2018）4頁・11頁～12頁参照。

（注22）一般社団法人日本経済団体連合会「2030年30%へのチャレンジ #Here We Go 203030」（2021年3月15日）。

（注23）「役員」は、取締役、監査役または執行役を指す。

（注24）内閣府男女共同参画局「上場企業の女性役員数の推移」（https://www.gender.go.jp/policy/mieruka/company/pdf/suii.pdf）（2023年12月27日最終閲覧）、「女性役員がいないプライム市場上場企業数」（https://www.gender.go.jp/policy/mieruka/company/pdf/yakuin_02.pdf）（2023年12月27日最終閲覧）。

〔図表 2-2-2〕各国の企業役員に占める女性比率の推移

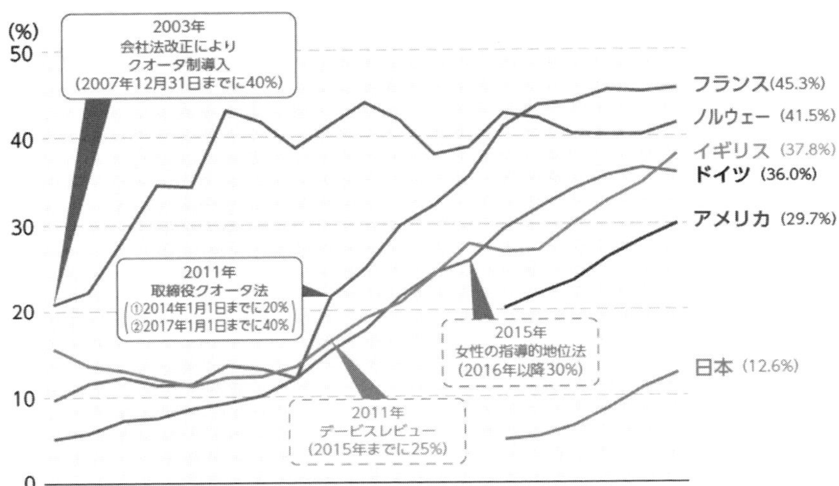

(出典) OECD "Social and Welfare Statistics"
※EUは、各国の優良企業銘柄50社が対象。他の国はMSCI ACWI構成銘柄（2,900社程度、大型、中型銘柄）の企業が対象。

＊内閣府男女共同参画局「共同参画」156 号（2022）2 頁。

(4)　中核人材の多様性の確保と人材戦略

また、CG コードは、従業員レベルでも、社内に異なる経験・技能・属性を反映した多様な視点や価値観が存在することは、会社の持続的な成長を確保する上での強みとなり得るとの認識に立ち、社内における女性の活躍促進を含む多様性の確保を推進することを求めている（原則 2-4）。

特に、取締役や経営陣における多様性を確保するためにはその取締役や経営陣を支える企業の中核人材において多様性が確保されていることが重要であること(注26)、つまり取締役会や経営陣を支える管理職層においてジェンダー・国際性・職歴等の多様性が確保され、それらの中核人材が経験を重ね

(注25)　油布志行ほか「『コーポレートガバナンス・コード原案』の解説（4完）」商事 2065 号（2015）46 頁・50 頁参照。

ながら、取締役や経営陣に登用される仕組みを構築することが極めて重要であると考えられること(注27)や、事業環境が急速に変化する中、企業経営にとって多様性はイノベーションや新しい価値創造の源泉であり、経営戦略の要であると考えられること(注28)から、上場会社は、①女性・外国人・中途採用者の管理職への登用等、中核人材の登用等における多様性の確保についての考え方と自主的かつ測定可能な目標を示すとともに、その状況を開示すべきこと、および②中長期的な企業価値の向上に向けた人材戦略の重要性に鑑み、多様性の確保に向けた人材育成方針と社内環境整備方針をその実施状況と併せて開示すべきことを定めている（補充原則2-4①）。

社内人材の「多様性」は、性別に限られるわけではなく、各社の置かれた状況に応じて、経歴・年齢・国籍・文化的背景等、幅広い内容が含まれるが(注29)、女性・外国人・中途採用者は、「多様性」の要素の中でも、日本の上場企業において、総じて特に対応を進めることが考えられる課題として挙げられている(注30)。補充原則2-4①をコンプライするプライム市場上場会社は、2022年7月時点で72.8%（1,337社）であるが、必ずしも女性・外国人・中途採用者のすべてについて自主的かつ測定可能な目標設定がされているわけではない。女性に関する目標設定を行っている会社が49.7%（913社）と半数近くあるのに対し、外国人に関しては12.7%（233社）、中途採用者は14.2%（260社）にそれぞれ留まる(注31)。

さらに、取締役会は、人的資本・知的財産への投資等の重要性に鑑み、これらをはじめとする経営資源の配分や、事業ポートフォリオに関する戦略の実行が、企業の持続的な成長に資するよう、実効的に監督を行うことが求め

(注26)　島崎ほか・前掲（注18）9頁参照。

(注27)　スチュワードシップ・コード及びコーポレートガバナンス・コードのフォローアップ会議「コロナ後の企業の変革に向けた取締役会の機能発揮及び企業の中核人材の多様性の確保『スチュワードシップ・コード及びコーポレートガバナンス・コードのフォローアップ会議』意見書(5)」（2020年12月18日）3頁参照。

(注28)　島崎ほか・前掲（注18）9頁参照。

(注29)　金融庁「主なパブリックコメント（英文）の概要及びそれに対する回答」（2015年3月5日）2頁（3番）参照。

(注30)　島崎ほか・前掲（注18）10頁。

(注31)　東京証券取引所「東証上場会社コーポレート・ガバナンス白書2023」（2023年3月）92頁～93頁。

られる（補充原則4-2②）。

企業における多様性については、**第4部第1章**〔p.310〕を、人材戦略の開示については、**本章第3節**〔p.103〕および**第4部第3章第4節**〔p.541〕をそれぞれ参照いただきたい。

(5) サステナビリティに関する開示

上場会社から開示・提供される情報が、株主との間で建設的な対話を行う上での基盤となり、上場会社の外側にいて情報の非対称性の下に置かれている株主等のステークホルダーと認識を共有し、その理解を得るための有力な手段となり得る（基本原則3、同「考え方」）。そのため、会社の財政状態・経営成績等の財務情報だけでなく、経営戦略・経営課題、リスクやガバナンスに係る情報等の非財務情報についても、法令に基づく開示を適切に行うとともに、法令に基づく開示以外の情報提供にも主体的に取り組み、それらの情報が、正確で利用者にとってわかりやすく、情報として有用性の高いものとなるようにすることが期待される（基本原則3参照）。

サステナビリティに関する取組みが自社の経営戦略を実行し、成長していくためにどう影響するのか、情報の読み手である投資家にわかりやすく開示することは、自社の成長性について市場から正当な評価を受けるために重要であると考えられる。

CGコードは、上場会社が、経営戦略の開示に当たって、自社のサステナビリティについての取組みを適切に開示すべきであるとしている。また、人的資本や知的財産への投資等についても、自社の経営戦略・経営課題との整合性を意識しつつわかりやすく具体的に情報を開示・提供すべきことを求めるほか、特に、プライム市場上場会社には、気候変動に係るリスクおよび収益機会が自社の事業活動や収益等に与える影響について、必要なデータの収集と分析を行い、国際的に確立された開示の枠組みであるTCFDまたはそれと同等の枠組みに基づく開示の質と量の充実を進めるべきことを求めている（補充原則3-1③）。

サステナビリティ情報の開示については、**本章第3節**〔p.103〕を参照いただきたい。

⑹　コーポレートガバナンス改革の実質化に向けたアクション・プログラム

企業の持続的な成長と中長期的な企業価値向上を目的として行われてきたコーポレートガバナンス改革については、これまで、いわゆる「攻めのガバナンス」と「守りのガバナンス」の双方の観点から、SSコードやCGコードの策定・改訂が行われ、株主・従業員・顧客・取引先・債権者・地域社会をはじめとする多様なステークホルダーの利益に配慮しつつ、企業と投資家との建設的な対話を通じた自律的な取組みの促進が図られてきた(注32)。ただし、個別の課題に関しては指摘もみられるところであり、2023年4月に公表された、「スチュワードシップ・コード及びコーポレートガバナンス・コードのフォローアップ会議」意見書⑹「コーポレートガバナンス改革の実質化に向けたアクション・プログラム」は、課題の1つとして、「資本コストを踏まえた収益性・成長性を意識した経営の促進、人的資本への投資をはじめとするサステナビリティに関する取組みの促進といった経営上の課題」を挙げる。そして、サステナビリティを意識した経営に関しては、次のような施策・検討を順次実施していくことを提言している。

・有価証券報告書に新設された人的資本・知的財産・多様性を含むサステナビリティに関する情報開示の枠組みの活用（好事例集の公表）等を通じてサステナビリティに関する取組みを促進する（2023年～2025年に順次実施）。

・サステナビリティ開示基準策定のための国際的な議論に積極的に参画し、人的資本を中心とするサステナビリティ情報の開示の充実を推進する（2023年以降継続して実施）。

・女性役員比率の向上（2030年までに30％以上を目標）等、取締役会や中核人材の多様性向上に向けて、企業の取組状況に応じて追加的な施策の検討を進める。

好事例集の公表については、2023年12月に、金融庁から、サステナビリ

(注32) スチュワードシップ・コード及びコーポレートガバナンス・コードのフォローアップ会議「コーポレートガバナンス改革の実質化に向けたアクション・プログラム『スチュワードシップ・コード及びコーポレートガバナンス・コードのフォローアップ会議』意見書⑹」（2023年4月26日）1頁。

ティに関する考え方および取組みの開示に関し、「記述情報の開示の好事例集 2023」が公表された。

また、女性役員の登用等に関しては、内閣府に設置された「女性活躍と経済成長の好循環実現に向けた検討会」から、プライム市場上場企業については、2030 年までに女性役員比率を 30％以上とすることを目指すべきであり、2025 年を目途に女性役員を１名以上選任するように努めるべきことを、取引所規則に定めることが提言された(注33)。併せて、女性リーダー人材の育成に当たっては、候補者間のネットワークの構築や階層ごとに必要となるマインドセットやスキルの付与等が必要となることから、執行役員等（執行役員またはそれに準じる役職者）の女性リーダー人材育成のためのパイプライン構築についても述べられている。さらに、2023 年６月に閣議決定された「経済財政運営と改革の基本方針 2023」（いわゆる骨太方針）においても、同様の数値目標の設定が提示されている。

このような政府の提言を受け、2023 年 10 月には東京証券取引所有価証券上場規程の改定が行われ、企業行動規範の「望まれる事項」として、プライム市場の上場内国会社における女性役員比率に係る数値目標が定められた。具体的には、① 2025 年を目途に、女性役員を１名以上選任するよう努める、② 2030 年までに、女性役員の比率を 30％以上とすることを目指す、③同取引所は、上記の目標を達成するための行動計画の策定を推奨すると規定された（有価証券上場規程 445 条の 7、別紙 2）。上記の「女性役員」には、取締役、監査役、執行役に加えて、執行役員またはそれに準じる役職者を含むことができるとされている。

さらに、2023 年 12 月には、第５次男女共同参画基本計画の一部変更が閣議決定され、2025 年に、東証プライム市場上場企業役員に占める女性の割合を 19％とし、東証プライム市場上場企業のうち、女性の役員が登用されていない企業の割合を 0％とするとの成果目標が設定された。

2024 年６月に公表された、「コーポレートガバナンス改革の実質化に向けたアクション・プログラム 2024『スチュワードシップ・コード及びコーポレートガバナンス・コードのフォローアップ会議』意見書(7)」でも、課題の

（注33）女性活躍と経済成長の好循環実現に向けた検討会「女性活躍と経済成長の好循環の実現に向けて」（2023 年５月）13 頁。

１つに「サステナビリティを意識した経営」が挙げられている。①中長期的な企業価値の向上に向けたサステナビリティをめぐる課題への対応に当たっては、財務情報と非財務情報とのつながりや企業価値向上というアウトカムを意識すること、取締役会による監督の役割、コーポレート・カルチャーを意識した経営や対話が重要であること、②ダイバーシティの確保に向けては、企業の特性や成長段階に応じ、多様性の確保や人材育成方針の策定を含め、人的資本への投資等に配意することが必要であること、③企業経営が、パンデミックやサイバーセキュリティリスク、地政学リスクなどのさまざまなリスクに、サプライチェーン全体を通じてさらされる中、有事における「復元力」の発揮など、「レジリエンス」を意識することが重要であることを指摘し、国際的な比較可能性を確保したサステナビリティ情報の開示・保証のあり方を検討するとともに、サステナビリティを意識した経営に関する具体的な事例を関係者間において共有すべきであると提言している。

5　投資家と企業の対話ガイドライン

⑴　投資家と企業の対話ガイドラインの位置づけ

SS コードおよび CG コードの下では、上場企業と機関投資家との間で両コードを踏まえた建設的な対話が行われ、それぞれの企業が、中長期的な企業価値の向上に向けた取組みを実行することが期待されている。2018 年に策定された「投資家と企業の対話ガイドライン」は、SS コードおよび CG コードの附属文書として位置づけられるものであり、両コードが求める持続的な成長と中長期的な企業価値の向上に向けた機関投資家と企業の対話において、重点的に議論することが期待される事項をとりまとめたものである。

「投資家と企業の対話ガイドライン」の内容自体が、Comply or Explain の対象となるわけではないが、両コードの実効的な Comply or Explain を促すことが意図されており、企業が CG コードの各原則を実施する場合や、各原則が求める開示を行う場合、実施しない理由の説明を行う場合に、同ガイドラインの趣旨を踏まえることが期待されている[注34]。

⑵　取締役会の多様性

CG コード原則 4-11 に対応し、投資家と企業の対話ガイドライン 3-6 においても、取締役会が、持続的な成長と中長期的な企業価値の向上に向けて、適切な知識・経験・能力を全体として備え、ジェンダーや国際性、職歴、年齢の面を含む多様性を十分に確保した形で構成されているかが、投資家と企業で重点的に対話すべき項目とされている。加えて、取締役として女性が選任されているかという点も挙げられている。

⑶　サステナビリティに関する対話

投資家と企業の対話ガイドライン 1-3 前段においても、「ESG や SDG ｓに対する社会的要請・関心の高まりやデジタルトランスフォーメーションの進展、サイバーセキュリティ対応の必要性、サプライチェーン全体での公正・適正な取引や国際的な経済安全保障を巡る環境変化への対応の必要性等」を事業を取り巻く環境の変化として例示しつつ、これらの環境変化が経営戦略・経営計画等において適切に反映されているかという点が挙げられている。各社におけるサステナビリティ課題の適切・迅速な対処が、リスクの減少と収益機会の確保につながると考えられるためである[注35]。

また、取締役会でサステナビリティを議論するのみならず、サステナビリティに関する委員会を設ける等、社内の体制面を整えることで、サステナビリティに関する取組みを一層進めることが重要であるとの指摘を踏まえ、投資家と企業の対話ガイドライン 1-3 後段では、「例えば、取締役会の下または経営陣の側に、サステナビリティに関する委員会を設置するなど、サステナビリティに関する取組みを全社的に検討・推進するための枠組みを整備しているか」として、サステナビリティ推進体制の整備について言及されている[注36]。サステナビリティ委員会については、下記 **7**〔p.78〕で述べる。

（注34）以上について、金融庁「投資家と企業の対話ガイドライン」前文（2018 年 6 月 1 日策定、2021 年 6 月 11 日改訂）参照。
（注35）島崎ほか・前掲（注 18）12 頁参照。
（注36）島崎ほか・前掲（注 18）12 頁参照。

6　コーポレート・ガバナンス・システムに関する実務指針（CGS ガイドライン）

⑴　CGS ガイドラインの位置づけ

CG コードは、プリンシプルベース・アプローチを採用しているため、柔軟な対応が可能になる一方で、どのように対応したらよいのか悩ましい場面も出てくる。そこで、CG コードを補完するものとして、経済産業省から各種ガイドラインが公表されている。

その１つが「コーポレート・ガバナンス・システムに関する実務指針（CGS ガイドライン）」であり、企業が CG コードにより示されたコーポレートガバナンスの原則を実践するに当たって考えるべき内容を、CG コードと整合性を保ちつつ示すことでこれを補完するとともに、「稼ぐ力」を強化するために有意義と考えられる具体的な行動がとりまとめられたものである。

⑵　多様性

CGS ガイドラインにおいても、取締役の構成を検討する際には、取締役会が健全にその機能を発揮する観点や、経営戦略に自社にはない多様な価値観を反映させる観点から、取締役としての質の確保を前提としつつ、ジェンダーや国際性、職歴、年齢の面を含むダイバーシティ（多様性）を確保することがとりわけ重要であり、特に、取締役の中に女性が１人もいない企業においては、取締役としての質の確保を前提としつつ、女性の取締役を選任することを積極的に検討すべきであると述べられている。また、取締役会においては、経営戦略の実行のために、多様な人材を活かす「ダイバーシティ経営」をどのように進めているかについてのモニタリングが求められることが指摘されている。

⑶　経営陣のリーダーシップ強化のための委員会

CGS ガイドラインは、2017 年に策定され、2018 年と 2022 年に改訂がされた。2022 年の改訂では、日本企業全体としての「稼ぐ力」の低迷や、TOPIX500 の約 4 割で PBR が 1 倍を下回っている等資本市場から厳しい評価を受けていることへの危機感から、執行側と監督側の双方の機能強化に向けた取組みが取り上げられている。

執行側の機能強化の観点から提言されているものの1つがサステナビリティ委員会を含む委員会の活用である。社長・CEOが、リーダーシップを発揮して経営改革を推進するための社内の仕組みを作り、「攻めのガバナンス」を実現するためには、リーダーシップが必要な場面では、社長・CEO直属で経営戦略の策定・遂行を行う仕組みを作ること等も有益であるとし、経営・執行機能強化のための方法の1つとして、戦略やサステナビリティ等の特定のテーマを社長・CEOのコミットメントの下で全社的に検討・推進するための委員会を設けることも選択肢として考えられるとしている。

委員会を設置する場合の検討項目としては、①委員会の活用目的、②ガバナンス・経営の仕組み全体の中における委員会の位置づけ・役割、③委員会および関係主体の権限の整理（諮問、審議、提案、報告、承認等の行為をめぐる関係）、④委員会の構成メンバー、⑤社外有識者の要否等が挙げられる。④の委員会の構成メンバーに関連し、CGSガイドラインでは、主に執行側の機能強化の目的で委員会を設置する場合には、社内者中心に構成されることが想定される[注37]が、その場合であっても、委員会が取締役会に直接報告する関係とすることは、委員会での検討結果を取締役会での議論につなげる観点や、執行側と取締役会が協働してデジタルやサステナビリティといった新しい領域への対応能力を高める観点、社長・CEOのリーダーシップの発揮状況を取締役会が観察しやすくする観点から、有益であるとの考え方が示されている。

(注37)　執行側の機能を強化する意図で設置する場合、社外取締役が、監督の役割を超えて委員会に関与することについては、取締役会において監督の役割を果たす際に、当該社外取締役がそのテーマについて執行側に近い立場で思考してしまう可能性もあるため、関与の必要性や程度について慎重に検討する必要があるとされている(CGSガイドライン47頁)。

7　サステナビリティ委員会

(1)　サステナビリティ委員会を設置する企業の広がり

2014年に国連環境計画・金融イニシアティブが公表したレポートでは、長期にわたる企業の価値とステークホルダーの効用の双方にプラスとなるようにサステナビリティ問題を経営戦略に組み込んだサステナブル戦略のための新しいガバナンス・モデルとして「統合ガバナンス」が提案されている(注38)。統合ガバナンスの第1段階の企業では、サステナビリティ問題が戦略的に位置づけられることなく小規模なチームにより推進されているような状況にあり、第2段階は、サステナビリティ委員会が定着し、サステナビリティ推進のためのガバナンスが実行され、パフォーマンス評価やサステナビリティ報告書の公表にも着手し、さらには最高サステナビリティ責任者を任命する場合もあるような企業であるとされている。そして、第3段階では、サステナビリティ問題が事業戦略全体に統合されているため、サステナビリティ委員会を別途設ける必要はなくなるとされている。

サステナビリティ委員会（ESG委員会やCSR委員会等と呼称されるものを含む）の設置例は、わが国でも増えてきており、2022年時点でJPX400の構成銘柄企業の46%（185社。2021年比6割増）がサステナビリティ委員会を設置していると報じられている(注39)。また、英国では、2019年時点でFTSE150の企業の21.3%が、サステナビリティ関連の委員会を取締役会の下に設置しており(注40)、2023年にはFTSE100企業の過半数が設けていると報じられている(注41)。

(注38) UNITED NATIONS ENVIRONMENT - Finance Initiative, Integrated Governance – A new model of governance for sustainability, June 2014、UNITED NATIONS ENVIRONMENT - Finance Initiative, Integrated Governance – A new model of governance for sustainability 要旨（https://staging.unepfi.org/fileadmin/documents/UNEPFI_IntegratedGovernance_summary_jp.pdf）（2023年12月25日最終閲覧）。

(注39)「ESG社内委、導入46%、上場400社、昨年6割増」日本経済新聞2023年4月20日付け朝刊18面。

(2) サステナビリティ委員会の設置意義

指名・報酬・監査に次ぐ第４の委員会としてサステナビリティ委員会を設置することには、以下のような利点がある(注42)。

まず、サステナビリティ課題への対応を経営方針・経営戦略に組み込むためには、取締役会自身が責任をもって対応する必要があるが、企業として取り組むべきサステナビリティ課題は、カーボンニュートラル等気候変動対策や、生物多様性、人権の尊重、ダイバーシティ・エクイティ＆インクルージョン、労働環境、取引先とのパートナーシップ等、実に幅広いテーマに及ぶものであり、加えて、機会・リスク両方の側面からみていく必要がある。それらすべてについて取締役会で直接議論・検討し、さらに適切な監督を行うことは必ずしも容易ではないし、社内の１つの部署だけで対応しきれるものでもない。経営戦略の立案を行う経営陣としても、サステナビリティ委員会を設置することによって、事業分野を横断するテーマを含め、必要に応じて多様なステークホルダーの視点も取り入れながら、集中的に議論・検討を行うことで、より実効性の高い取組みにつなげていくことができると考えられる。

加えて、サステナビリティ課題については、進むべき方向が必ずしも明確でないことが少なくない中で、さまざまなステークホルダーの意見を聴きながら、常に戦略のあり方を検証し、社会の変化に応じて柔軟に見直していく

(注40) 金融庁「スチュワードシップ・コード及びコーポレートガバナンス・コードのフォローアップ会議」「第24回事務局参考資料 ESG要素を含む中長期的な持続可能性（サステナビリティ）について」(2021年２月15日) ９頁 (https://www.fsa.go.jp/singi/follow-up/siryou/20210215/03.pdf)。

(注41) Gautam Naik, Companies Now Have ESG Committees, Sep. 4, 2022, https://www.bloomberg.com/news/articles/2022-09-04/more-than-half-of-ftse-100-companies-now-have-esg-committees (2023年12月25日最終閲覧).Mattison Public Relations, More than half of FTSE 100 companies now have a board-level ESG committee - the next metric in ESG corporate comms, Sep. 5, 2022, https://www.mattison.co.uk/more-than-half-of-ftse-100-companies-now-have-a-board-level-esg-committee-the-next-metric-in-esg-corporate-comms (2023年12月25日最終閲覧).

(注42) 森田多恵子「サステナビリティ経営を支える体制の工夫」商事2306号 (2022) 34頁・34頁～39頁。

ことが必要である。サステナビリティ戦略について横串を指して情報共有し、一貫した方針を示すための体制としてもサステナビリティ委員会を活用することができる。

また、サステナビリティ課題への取組みを継続的に推進し、中長期的な企業価値の向上につなげるには、社内外の協力も欠かせない。投資家と企業の対話ガイドラインでも明示的に言及されているが、サステナビリティ委員会を設置し、わかりやすい形で取組みの進展を支えるガバナンス体制があることを示すこと、活動を見える化することで、社内外の理解を得て、実質的なサステナビリティガバナンスへのスタートを切ることが考えられる。経営トップがサステナビリティ委員会の委員となることで、サステナビリティ課題に対するトップのコミットメントを表すことにもなる。自社の活動がステークホルダーに理解され、評価されることが、サステナビリティへの取組みに関与する役職員のモチベーションとなり、実効的・継続的な戦略の推進につながるという好循環が期待される。

さらには、自社の企業文化・企業理念をサステナビリティに紐づけて、あるいはサステナビリティの視点から捉え直し、明確に示すことは、自社の取組姿勢を社外内にあらためて共有・浸透させる効果もある。

(3)　サステナビリティ委員会の位置づけ等

サステナビリティ委員会は、執行側が策定した重要なサステナビリティ課題への対応に向けた取組方針やそれに基づく具体的な計画の進捗状況等をモニタリングする取締役会の機能強化を目的として監督側に位置づけられる場合と、マネジメントボード型の取締役会または経営会議等に紐づけられた、執行側の委員会として位置づけられる場合のいずれもあり得るが、日本企業では、執行側の委員会としてサステナビリティ委員会が設置されている例が比較的多くみられる[注43]。国際金融公社が2021年に公表したレポートによると、諸外国でも執行側の委員会として位置づけられる場合がよくみられるが、規模の大きい企業では、監督側の委員会としてサステナビリティ課題について取締役会に直接報告する形態をとるケースが増え、委員数も執行側の委員会より少なくなる傾向があるとされる[注44]。

（注43）金融庁・前掲（注40）9頁参照。

〔図表 2-2-3〕サステナビリティ課題例

コミュニティ	慈善事業（charitable giving） コミュニティへのインパクト コミュニティ・エンゲージメント
人権	労働者の権利 人権方針・イニシアティブ 人権侵害
労務関係	労働組合との関係 従業員エンゲージメント 従業員の健康・安全 専門的能力の育成 児童労働
ダイバーシティ	女性およびマイノリティー 障害者雇用 少数者グループの雇用
環境	廃棄物管理 気候変動 水ストレス 生物多様性および土地の使用 原料調達
製品	製品の品質および安全性 カスタマー・リレーションズ

＊International Finance Corporation "FOCUS 15: Sustainability Committees: Structure and Practices" Table3 を基に筆者作成。

執行側・監督側のいずれに位置づけるとしても、サステナビリティ委員会が取り扱う事項は自社に限らず、サプライチェーンやバリューチェーンにも及ぶ。また取り扱う内容は多岐にわたり、企業ごとに重点テーマも異なる。

委員会の位置づけや構成メンバーにもよるが、委員会では、サステナビリティ全体の方針や戦略について議論し、個別のサステナビリティ課題につい

（注44）International Finance Corporation, FOCUS 15: Sustainability Committees: Structure and Practices, 11-12, June 16, 2021（https://www.ifc.org/content/dam/ifc/doc/mgrt/focus-15-sustainability-committees.pdf）.

ては、タスクフォースやワーキンググループにタスクアウトされる場合もある。

(4)　サステナビリティ課題への対応上の留意点(注45)

ア　経営方針への反映と具体的な事業戦略への落とし込み

経営計画等において設定したサステナビリティを意識した目標が、将来の不透明性に対して合理的な方策で確かな成長につながることを示せるようにすることが重要である。前述の通り、自社を取り巻く環境変化に適応し、それを経営戦略・経営課題に反映していくことは、取締役会の基本的な機能・役割である。資本市場に対しても、資本コストを上回る経営実績を示していくことができる合理的な事業戦略・ビジネスモデルを明瞭に示すことが求められる。

そのためには、事業を行うに当たって社会的公正や環境等に配慮するといったCSR的な捉え方ではなく、自社の持続的な成長のためにサステナビリティ課題に経営戦略として取り組むという考え方をしていく必要があり、自社が長期的・持続的に社会にどのような価値を提供する存在であるのかというあるべき姿を明確化し、そのために取り組むべき課題は何かという観点でサステナビリティ課題に取り組むことが重要になる。

また、経営方針を推進し、サステナビリティ課題への対応を継続的に進めるため、また、社内外のステークホルダーに対して自社のサステナビリティへの取組みを説得力ある形で明瞭に示していくためには、具体的な事業戦略への落とし込みが1つの鍵となる。

イ　個別案件への組み込みと1人ひとりが自分ごととして取り組むこと

サステナビリティ課題への取組みを推進するためには、経営陣のリーダーシップとともに、従業員の意識改革や、事業戦略をいかにして個別の案件レベルまで落とし込んでいくかといった点も重要なポイントになる。決裁プロセス上でサステナビリティ課題を検討させるための工夫や、幅広いメンバーのサステナビリティ関連組織への関与等の工夫が考えられる。

(注45)　これらの留意点への具体的な対応例については、森田・前掲（注42）34頁～39頁を参照されたい。

ウ　マテリアリティの特定

事業目線を意識してマテリアリティ（重要課題）を特定することも継続的な取組みのために重要になる。マテリアリティの特定に当たっては、「ステークホルダーからの期待」と「事業との関連性」の２軸から自社として取り組むべき重要課題を特定していくことが考えられる。

エ　ミッションの明確化と共有

サステナビリティ課題に実効的に取り組んでいくには、リスクマネジメントや競争優位性の構築の観点からも、自社だけでなく、グループ会社やバリューチェーン、サプライチェーン全体で対応することが重要になる。ただし、さまざまな考え方・価値観があり得るサステナビリティ課題について、一方的な価値観や負担の押しつけとなっては、公正かつ適正な取引関係の構築というまた別のサステナビリティ課題の実現に反することになりかねない。取引先等関係者らとの対話により、考え方を共有して進めていくことが基本となる。ミッションの見える化は、社内外からサステナビリティ経営への理解を得た上で、着実に進めていくためのベースとなるものと考えられる。

オ　体制整備と見える化

サステナビリティについての取組みを推進していくための体制作りとして、サステナビリティ委員会は１つの重要な鍵になると考えられる。「ガバナンスは形式から実質へ」といわれるが、形式は実質のための第１ステップとなる。サステナビリティ委員会設置の意義については、⑶〔p.80〕を参照されたい。

カ　多様なステークホルダーの意見を採り入れるための工夫

サステナビリティ課題は、現時点において必ずしも正解があるわけではなく、ステークホルダーごとにさまざまな価値観・考え方があり得るものである。多様なステークホルダーの意見を受け止め、社内で骨太な議論をしておくことが、不確実性の減少や、説得力のある対外的説明を支えるものとなる。外部の声は、サステナビリティに関する最新の動向を把握し、自社の取組みが外部の視点からも方向性としてずれていないかといった点について確認するためにも役立つといえる。また、外部有識者等の社外の視点だけでなく、サステナビリティ関連部署のメンバーを社内・グループ会社内の幅広い層から組成することも考えられる。

キ　PDCA を回すための KPI の設定とモニタリング

サステナビリティ課題への取組みは長期間を要することが少なくない。会社としてのコミットメントを示すことのほか、持続的・継続的に取組みを推進していく観点や、執行側の取組み状況をモニタリングしていく観点からも、適切なKPIの設定は重要になる。KPIは、事業戦略や重要課題（マテリアリティ）と関連づけ、長期の時間軸で企業価値の向上を達成していくための見通しや、どのように価値の創造につながるかを示すことが、投資家等の理解を得ることに資することになる。

サステナビリティ活動のモニタリングは、取締役会や取締役会の機能強化を目的として監督側に位置づけられた委員会が行うケースも、執行側の委員会が具体的な計画の進捗状況等のモニタリングも行いつつ次期の計画の策定に活かしていくケースのいずれもあり得る。後者のケースでは、取締役会は、サステナビリティ委員会から活動状況の報告を受け、サステナビリティ活動が事業戦略に沿って推進され、PDCAが回されていることを含め、より広い視点で監督を行うことになると考えられる。

第2節　役員報酬

1　サステナビリティと役員報酬の関係

役員報酬のKPI（Key Performance Indicator：重要業績評価指標）として、サステナビリティに関連する指標を採用することが国際的な潮流となっている。

企業が長期的かつ持続的に成長原資を生み出す力（稼ぐ力）を向上させていく観点から、「企業のサステナビリティ」（企業の稼ぐ力の維持・強化）とESG/SDGs等の「社会のサステナビリティ」（持続可能な社会に対する要請への対応）を同期化させること、すなわち社会の持続可能性に資する長期的な価値提供を行うことを通じて、社会の持続可能性の向上を図るとともに、自社の長期的かつ持続的に成長原資を生み出す力（稼ぐ力）の向上とさらなる価値創出へとつなげていく取組みとして、サステナビリティ・トランスフォーメーションの重要性が指摘されている[注46]。

「企業のサステナビリティ」には、経営資源をどう配分していくかという観点から、適正な役員報酬制度を確立することが含まれる。そして、コーポレートガバナンス・コードにおいて、「経営陣の報酬については、中長期的な会社の業績や潜在的リスクを反映させ、健全な企業家精神の発揮に資するようなインセンティブ付けを行うべき」とされている。そのため、役員報酬のKPIにサステナビリティ関連指標を採用することは、まさに「企業のサステナビリティ」と「社会のサステナビリティ」を同期化する施策と位置づけることができる。

（注46）経済産業省「伊藤レポート3.0（SX版伊藤レポート）：サステナブルな企業価値創造のための長期経営・長期投資に資する対話研究会（SX研究会）報告書」（2022年8月30日）2頁等。

2　サステナビリティと役員報酬に関する国際的なイニシアティブ等

報酬に対するサステナビリティ指標の組入れの情報開示を求める国際的なイニシアティブとして、例えば、TCFD基準、世界経済フォーラムのホワイトペーパー、EUの企業サステナビリティ報告指令（CSRD）、OECDコーポレートガバナンスコード、GRタンダード、ISSB（国際サステナビリティ基準審議会）基準が存在する。PRIのガイダンスや、経済産業省のレポートでは、サステナビリティを踏まえた報酬制度設計に関する指針が示されている。また、著名なESG評価機関であるMSCIやCDPは、サステナビリティと報酬に関連するスコアリング基準を公表している。

(1)　報酬に対するサステナビリティ指標組入れの開示に関する提言

ア　TCFD（気候関連財務情報開示タスクフォース）最終報告書

G20の要請を受け金融安定理事会（FSB）により設立された「気候関連財務情報開示タスクフォース（Task Force on Climate-related Financial Disclosures）」による提言においては、組織が自らの戦略とリスク管理プロセスに即して、気候関連のリスクおよび機会を評価する際に用いる指標を開示することが求められているところ、役員報酬に関しては、気候関連リスクの重要性が高い場合に、関連のパフォーマンス指標が報酬規定に取り入れられているか、それがどのように取り入れられているか、記載することを検討すべきであるとされている。

また、TCFDの「指標、目標、移行計画に関するガイダンス」（2021年10月）では、気候考慮要素に関連する役員報酬の割合を開示することを推奨しており、具体例として、業務執行役員の長期インセンティブスコアカードにおける気候目標のウェイトや、報酬スコアカードにおける排出量ターゲット達成度のウェイトが挙げられている。

イ　世界経済フォーラムのホワイトペーパー

2020年9月22日に公表された世界経済フォーラムのホワイトペーパー「ステークホルダー資本主義の進捗の測定」においては、産業界自らが、人、繁栄、地球、ガバナンスの４つの側面から企業のパフォーマンスを測定し開示することを提唱しているところ、「ガバナンス」に関して、報酬ポリシーにおけるパフォーマンス基準が、経済的、環境的、社会的テーマに関する目標とどのように関しているか等の開示を求めている。

ウ　CSRD（企業サステナビリティ報告指令）および ESRS（欧州サステナビリティ報告基準）

CSRD が 2023 年に発効し、EU 加盟国は CSRD を国内法化することが義務づけられた。CSRD は一定の EU 域外企業にも適用される）。ESRS は、CSRD に基づく具体的な開示項目を定める基準であり、セクター共通の基準とセクター別の基準が定められている。セクター共通の ESRS は 2023 年 12 月から施行されている。

CSRD は、サステナビリティ事項に関連するインセンティブスキームが管理・経営・監督機関のメンバーに提供されていることに関する情報の簡易な記述をマネジメントレポートに含めることを求めている

ESRS では、インセンティブスキームにおいてサステナビリティ関連目標が考慮されているかどうか等、開示事項を具体化されている（詳細は〔図表 2-2-4〕）。

〔図表 2-2-4〕ESRS で求められる開示

基準	テーマ	開示事項
ESRS2 全般的開示	ガバナンス（開示要求事項 27 項～29 項、別紙 A 適用要求事項 7 項）	・企業は、インセンティブスキームに対するサステナビリティ関連パフォーマンスの組入れに関する情報を開示しなければならない。 ・その目的は、サステナビリティ事項にリンクしたインセンティブスキームが管理、経営および監督機関メンバーに対して提供されているかどうかの理解を提供する点にある。 ・企業は、管理、経営および監督機関メンバーに対するサステナビリティ事項にリンクしたインセンティブスキームや報酬ポリシーが存在する場合には、次の情報を開示しなければ

		ならない。 (a)インセンティブスキームの主要な特徴の記述。 (b)特定のサステナビリティ関連目標・インパクトに対するパフォーマンスが考慮されているかどうかおよび何が考慮されているか。 (c)サステナビリティ関連パフォーマンスの測定基準がベンチマークとして考慮されたり報酬ポリシーに含まれているかどうか、およびそれはどのようなものか。 (d)サステナビリティ関連・インパクトに基づく変動報酬の割合。 (e)インセンティブスキームの条件の承認・変更を行う社内レベル。 ・上場企業が本開示を行う場合、株主権利指令（2007/36/EC）9aおよび9b条に定める報酬報告と整合しなければならず、これを引用することもできる。
ESRS E1 気候変動	開示（13項）	企業は、管理、経営および監督機関メンバーの報酬において気候変動が考慮要素になっているか、それがどのようなものか開示しなければならない。これには、温室効果ガス目標に対するパフォーマンスが測定されているか、直近の報酬における気候変動要素の考慮割合、考慮内容の説明が含まれる。

＊ ESRSを基に筆者作成。

エ　G20/OECDコーポレートガバナンス原則2023

G20/OECDのコーポレートガバナンス原則2023では、「報酬におけるサステナビリティ指標を利用する場合、指標が重要なサステナビリティに関するリスクや機会と紐付いているかどうか、長期的な視点を持つことを奨励するものかどうかを投資家が評価できるような開示が必要となる場合もある。」との記載が新たに追加された。

オ　GSSBのGRIスタンダード

GSSB（グローバル・サステナビリティ・スタンダード・ボード）は、UNEP（国連環境計画）の公認団体であるGRI（グローバル・レポーティング・イニシアティブ）の諮問機関であり、GRIスタンダードの開発や改定を行っている。GRIスタンダードは2016年に初版が公表されたサステナビリティ報告のための最初のグローバルなフレームワークであり、2023年に改定されている。報酬方針の開示において、最高ガバナンス機関のメンバーと上級経営幹部に対する報酬方針が、経済、環境、人々に組織が与えるインパクトのマネジメントに関する目標やパフォーマンスとどのように関連しているかについての説明が求められている。

カ　ISSB（国際サステナビリティ基準審議会）のIFRS S1号および S2号

ISSB（国際サステナビリティ基準委員会）は、国際会計基準を策定しているIFRS財団が、ESG情報についてもグローバルスタンダードとなる開示基準を作るために、2011年に設立した団体である。気候変動開示基準委員会（CDSB：Climate Disclosure Standards Board）や価値報告財団（VRF：Value Reporting Foundation）といった、他の基準設置団体がISSBに統合された。

ISSBから2023年6月に公表されたIFRS S1号「サステナビリティ関連財務情報の開示に関する全般的要求事項」では、サステナビリティ関連の指標ないし気候関連の考慮要素が役員報酬にどのように組み込まれているかの開示が求められている。また、IFRS S2号「気候関連開示」では、気候関連の考慮事項が役員報酬にどのように組み込まれているかや、当期に認識された役員報酬のうち、気候関連の考慮事項と結びついているもののパーセンテージの開示が求められている（詳細は〔図表2-2-5〕の通り）。

〔図表2-2-5〕IFRS S1号および S2号で求められる開示

開示基準	テーマ	開示事項
サステナビリティ関連財務情報の開示（IFRS S1号）	ガバナンス	サステナビリティ関連のリスクと機会の監督の責任を負う機関または個人がサステナビリティ関連のリスクおよび機会に関連する目標の設定をどのように監督し、それらの目標に向けた進捗をどのようにモニタリングしているか（関連

		するパフォーマンス指標が報酬に関する方針に含まれているかどうか、また、含まれている場合、どのように含まれているかを含む）（27項(a)(v)）。 なお、サステナビリティ関連のリスクおよび機会を測定する指標の開示も求められている（45項以下）。
気候関連開示（IFRS S2号）	ガバナンス	その機関または個人が、気候関連のリスクおよび機会に関連する目標の設定をどのように監督し、それらの目標に向けた進捗をどのようにモニタリングしているのか（関連するパフォーマンス指標が報酬に関する方針に含まれているかどうか、また、含まれている場合、どのように含まれているのかを含む（6項(a)(5)）。
	指標および目標	(i)気候関連の考慮要素が役員報酬にどのように組み込まれているかについての記述。 (ii)当期に認識された役員報酬のうち、気候関連の考慮事項と結びついているもののパーセンテージ（29項(g)）。 なお、企業が設定した気候関連の目標の開示も求められている（33項以下）。

＊ IFRS S1号・S2号を基に筆者作成。

(2)　サステナビリティを踏まえた報酬制度設計に関する主な提言

ア　PRI（責任投資原則）の投資家及び企業のためのガイダンス「Integrating ESG issues into executive pay」

PRI（責任投資原則）は、国際連合が2006年に公表し、2023年3月時点の署名機関が5381、運用資産残高は121兆米ドルに上る（注47）。PRIが2012年に公表した、投資家および企業のためのガイダンス「Integrating ESG issues into executive pay」では、〔図表2-2-6〕の通り、適切なESG指標の特定、ESG指標と役員報酬の関連づけ、開示に関して、全15条のガイダンスが示されている。

（注47）https://www.unpri.org/signatories/signatory-resources/quarterly-signatory-update.

〔図表 2-2-6〕PRI のガイダンス

1　適切なESG 指標の特定	1.1	ESG 指標は株主価値の最適化に対して明確な関連性があり、長期的な事業戦略に沿ったものであるべきである。
	1.2	会社自身がサステナブルな価値創造の定義づけを行い、それを用いて適切な ESG 指標を選定することが奨励される。
	1.3	会社が ESG 指標を特定する際には、株主と協議し、ステークホルダーからも徹底した信認を得るよう試み、内部および外部のサポートを強化するべきである。
	1.4	会社がフォーカスする ESG 指標は、一般的に、予測的(forward-looking)、明確、達成可能、再現可能、比較可能かつ期限付きのものであるべきである。
	1.5	報酬に結び付けるためのキーとなる ESG 指標を選定する際は、バランス、多様性、関連性を確保すべきである。
2　ESG 指標と役員報酬の関連づけ	2.1	ESG 目標は、事業戦略に沿った適切なタイムホライズンに組み入れるべきである。
	2.2	ESG 目標は、アウトパフォーマンスの動機づけとなるよう、厳しくチャレンジングなものであるべきである。
	2.3	長期的な株主価値創出のため、インセンティブ報酬パッケージは適切なメカニズムとストラクチャーを選定するべきである。
	2.4	インセンティブ報酬は、非常事態または意図しない結果に対応するための報酬委員会による裁量的な減額調整規定や、クローバック規定を含むべきである。
	2.5	ESG 指標を定量化しパフォーマンスを計測する際、取締役会は明確な説明ができる限度で裁量を行使することができる。
3　開示	3.1	役員報酬にリンクされる ESG 指標の選定理由ならびに事業戦略および株主価値と整合的である証拠を明確に開示しなければならない。
	3.2	指標および目標をわかりやすく開示するとともに、

		ESG指標と報酬をリンクさせるストラクチャーとメカニズムの明瞭簡潔な説明を行うべきである。
	3.3	投資家がESG目標に対するパフォーマンスを評価できるような十分な情報を開示すべきである。
	3.4	ESG目標およびそれらと報酬との関係の開示は公的な報酬開示に組み込まれるべきである。

＊ PRI（Integrating ESG issues into executive pay）を基に筆者作成。

イ　ICGNのグローバル・ガバナンス原則

コーポレートガバナンスを推進する国際的な機関投資家の団体であるICGN（International Corporate Governance Network：国際コーポレートガバナンスネットワーク）の公表しているグローバル・ガバナンス原則の2021年の改訂版では、報酬に関して、企業の価値観、内部報酬体系、競争の推進要素のコンテクストの中で決定された、重要な持続可能性関連の指標を役員インセンティブ計画に組み込むべきであるとの考え方が示され、〔図表2-2-7〕の通り開示のみならず報酬設計に関しても詳細なガイドラインが示されている。

〔図表2-2-7〕ICGNのグローバル・ガバナンス原則における報酬に関する提言

原則：報酬は、最高経営責任者、執行役員および就業者の利益を、長期的に持続可能な価値の維持と創造を確実にするための企業の戦略と目的に公平かつ効果的に整合するよう設計すべきである。（中略） 2021年改訂内容の要約：取締役会は、企業の価値観、内部報酬体系、競争の推進要素のコンテクストの中で決定された、重要な持続可能性関連の指標を役員インセンティブ計画に組み込むべきである。	
指針	**内容**
5.3 業績の測定	業績指標（長期インセンティブプランなど）は、会社、株主および関連するステークホルダーを犠牲にして不適切なリスクをとることに対して報酬が支払われることのないように、リスクを考慮に入れるべきである。指標は厳密であるべきで、タイムスケールに従って、パフォーマンスの支払いが持続的な価値の創造と維持と直接相関していることを保証する方法論で測定されるべきである。財務実績の指標に加えて、人的資本や自然資

	本など、企業の持続可能な価値の創造と維持に重要な定量化可能な指標を検討すべきである。パフォーマンスの付与を導く指標は、監査済みの財務データ、および可能な場合は検証された持続可能性指標に基づくべきである。
5.5 開示	取締役会は、会社の目的および長期的な戦略目標に沿った、明確で理解しやすい報酬方針と報告書を開示すべきである。そのような開示は、比較可能性と説明責任を提供し、会社の基本的な業績と長期的な戦略目標の文脈で報酬がどのように適切とみなされたのか、その過程で報酬コンサルタントが参加したかどうかについても説明されるべきである。開示は、経営幹部、非業務執行取締役、および最高経営責任者（CEO）について個人ごとに報告すべきである。 また、人材戦略に対する会社の全体的な方針も考慮に入れるべきである。これには、会社役員賠償責任保険（D&O 保険）や年金、付加給付、雇用の解除に伴う支払契約などの非金銭的項目の開示も含まれることになる。
5.11 報酬委員会	取締役会は、独立した非業務執行取締役のみで構成される報酬委員会を設置すべきである。報酬委員会の委任事項は公に開示され、以下を含むべきである。 （中略） e）株主および関連するステークホルダーの利益を考慮した指標を使用して、報酬体系を開発する際に持続可能な資本配分を検討すること。 （後略）

＊ IGGN グローバル・ガバナンス原則を基に筆者作成。

ウ　人材版伊藤レポート 2.0

2020 年の経済産業省「持続的な企業価値の向上と人的資本に関する研究会」最終報告書（通称「人材版伊藤レポート」）の改訂版が、2022 年に「人的資本経営の実現に向けた検討会報告書～人材版伊藤レポート 2.0～」として公表された。同レポートでは、経営戦略と人材戦略を連動させるための取組みとして、役員報酬への人材に関する KPI の反映が提言されている（報告書 33 頁。詳細は〔図表 2-2-8〕）。

〔図表 2-2-8〕人材版伊藤レポート 2.0

取組みの概要	CEO・CHRO は、人的資本経営の推進を経営陣の最重要ミッションの1つと認識し、経営陣に対する報酬の支給額の一部が、人材に関する KPI に連動する制度の導入を検討した上で、取締役会・報酬委員会と連携する。
取組みの重要性	・役員報酬制度を活用し、人材に関する KPI の達成を経営陣共通の目標とすることで、人材戦略に関する経営陣のコミットメントが具体的に示される。 ・このような経営陣の責任が社員や投資家に明示されることで、社員にとっても人材戦略に関する取組みの説得力が高まり、また投資家が経営陣を評価する根拠ともなる。
取組みを進める上で有効な工夫	工夫1：企業価値における人的資本と他の無形資産の重要性の検討 ・無形資産が企業価値に大きな影響を与える中、無形資産の1つである人的資本について、関連指標を報酬と連動させる制度を導入するに当たっては、他の無形資産の重要性とのバランスを考慮しながら、設計をする。 工夫2：KPI の達成状況と報酬変動幅の関係（インセンティブカーブ）の開示 ・経営陣が人材に関する KPI の達成を経営陣共通の目標として認識するため、KPI の成果が報酬にどう結びつくのかということを、事前に明確にする。 ・また、投資家をはじめとするステークホルダーにとって透明性の高い制度運用を目指すため、KPI の達成状況と報酬変動幅の関係（インセンティブカーブ）を開示する。 工夫3：運用開始後の柔軟な制度改定（報酬が変動しすぎた場合等） ・人材に関する指標を役員報酬に反映する際には、各指標が将来どのような挙動を見せるか事前に読めず、指標の変動に合わせて報酬をどの程度変動させるべきか判断が難しいために、インセンティブカーブを適切に設定できないことがしばしば懸念される。 ・したがって、運用開始後、毎期の報酬委員会で、インセンティブカーブのあり方を検証し、次年度以降の制度改訂の議論につなげることも、あらかじめ織り込んで設計する。 ・また、一定期間は、当初定めたインセンティブカーブに過度にとらわれずに支給報酬を検討する観点から、取締役会や報酬委員会も積極的にレビューに関与する。

＊人材版伊藤レポート 2.0 を基に筆者作成。

エ　伊藤レポート 3.0（SX 版伊藤レポート）

経済産業書「サステナブルな企業価値創造のための長期経営・長期投資に資する対話研究会（SX 研究会）」報告書として「伊藤レポート 3.0（SX 版伊藤レポート）」も 2022 年に公表された。SX とはサステナビリティ・トランスフォーメーションの略で、持続可能性を重視した変革を指す。同レポートでは SX を実現するための具体的な取組みの１つとして、長期価値創造を実効的に推進するための KPI・ガバナンスと実質的な対話を通じたさらなる磨き上げが挙げられている。そして、KPI の設定に際しては、戦略のみならず、価値観や重要課題と関連づけることが有益であること、ガバナンスについては、自社の長期的な価値向上の観点から、なぜそのようなガバナンスの仕組みを構築しているのか、それがどのように自社固有の価値創造ストーリーの中に位置づけられ、機能するのかを併せて示すことが望ましく、その上で、取締役会と経営陣の役割・機能分担を明確化するとともに、重要課題および戦略に関する KPI と連動した役員報酬や、株式報酬をはじめとする中長期的なインセンティブ報酬を設計することも有益であることが指摘されている（報告書９頁）。

(3)　主な ESG 評価機関の報酬に関する基準（注48）

ア　MSCI

MSCI ESG Research LLC は、米国の ESG 評価機関であり、グローバルのアセットマネージャー上位 50 位中 46 社を含む 1,400 以上の顧客を擁しているとのことである（注49）。

「MSCI ESG Ratings Methodology: Pay Key Issue（December 2024）」では、報酬ポリシーにサステナビリティパフォーマンスとの関連づけを組み込んでいない場合に減点要素とされている（注50）。

（注48）なお本文記載以外の主な ESG 評価機関として FTSE Russel や Sustainalytics があるが、報酬に関する評価基準の詳細は公表されていない。

（注49）MSCI ESG Research LLC「企業向け FAQ（一般的な質問）」（March 2020）。

（注50）ガバナンスピラーのスコアは 10 点満点から開始し、コーポレートガバナンス（オーナシップと支配、取締役会構成、報酬および会計リスクをイシューとするテーマ）および企業行動（企業倫理および租税回避をイシューとするテーマ）に含まれるキーメトリックから算出した値を減算していく。MSCI ESG Research LLC「ESG 格付けメソドロジー」（2024 年４月）７頁・８頁。

イ　CDP（Carbon Disclosure Project）

CDPは2020年に英国で設立された国際環境NGOである。ESG情報開示の「E」に関するグローバルスタンダード2であり、2021年度は1万3,000社を超える企業がCDPに情報を開示し、世界中の機関投資家がCDPデータを意思決定に活用しているとのことである。

CDPの気候変動質問書では、気候関連問題の管理に対してインセンティブを提供しているかどうかをスコアリング基準に含めている。

⑷　議決権行使助言会社の動向

議決権行使助言会社大手ISSやグラスルイスの現時点の国別議決権行使助言基準には報酬とサステナビリティの関連性に関する項目は含まれていない。もっとも、グラスルイスは、環境・社会課題を重視する投資家やESGファンド向けに、ESG Thematic Voting Policyを定めており、報酬スキームで環境・社会課題が考慮されていない場合に反対推奨する等の基準を定めている。

〔図表2-2-9〕グラスルイスESG Thematic Voting Policy 2024

項目	基準
報酬と環境・社会課題との関連づけ	・報酬スキームで環境・社会課題が考慮されていない場合、ほとんどのマーケットにおいて反対推奨する。 ・環境や気候関連課題へのエクスポージャーが大きい会社（例えばクライメート・アクション100+のリストアップ企業や、温室効果ガス排出が財務的にマテリアルであるとSASBにみなされている会社）においては、役員に対し会社の気候インパクトを緩和するように十分インセンティブ付けできていない報酬提案には反対推奨する。 ・サステナビリティ指標を役員報酬プランに含めることを求める株主決議を支援する。

＊グラスルイスESG Thematic Voting Policy 2024を基に筆者作成。

3　サステナビリティ指標の組入れに関する実務上の留意点

(1)　サステナビリティ指標の主な類型と選定の視点

サステナビリティ指標の主な類型および留意点は〔図表 2-2-10〕の通りである。

〔図表 2-2-10〕サステナビリティ指標の主な類型

指標の類型	具体例	留意点
定量目標	・○年に炭素排出量 2013 年対比で○％削減 ・○年に女性管理職比率○％達成	マクロ要因の影響への対処が論点となる。
定性目標	・ダイバーシティ＆インクルージョンの推進	評価の客観性確保が論点となる。
第三者評価	・「FTSE4Good Index Series」、「Dow Jones Sustainability World Index」、「MSCI ジャパン ESG セレクト・リーダーズ指数」等の ESG インデックスに継続採用されること ・「MSCI ESG レーディング」等の ESG 格付けにおいて一定の等級を獲得すること	評価基準の詳細が公表されていない場合もあり、自社のマテリアリティ等との関連性が必ずしも高いとはいえない。
事後評価（具体的指標なし）	・ESG への取組み状況を報酬に反映	評価の客観性確保が論点となる。

＊筆者作成。

自社にとってのサステナビリティのマテリアリティ（重要課題）を特定し、会社戦略として目標と行動計画を定める段階に至ってから、その実施に向けたインセンティブとして、サステナビリティ指標を報酬に組み入れることが有益である。有価証券報告書では事業等のリスクやサステナビリティ情報の開示が求められているところ（記載事項の詳細は**第３節**〔p.103〕参照）、これらに記載されたサステナビリティ課題と整合したサステナビリティ指標を選定することが合理的である。

CGSガイドラインでも「非財務指標を用いる場合には、取締役会や報酬委員会において、経営戦略・経営計画を踏まえた議論を十分に行った上で、用いる指標や定量目標を明確に定め、当該指標を選択する理由や企業価値との関係性について、透明性の高い開示を行うことが望ましい」と指摘されている。

なお、サステナビリティ目標とその行動計画は、10年といった単位になるものもある一方、報酬に係る指標は短期インセンティブであれば毎年、中長期インセンティブの場合も3年から5年ごとに測定を行うことが一般的であるから、サステナビリティ目標について中間的な測定期間を設定することも必要になってくる。

⑵　スコアカードの作成

特定のサステナビリティ指標が自社にとってとりわけ重要である場合は、当該指標をスタンドアローンのKPIに設定し、当該指標単独の評価およびウェイトに応じて報酬額を増減することが考えられる。報酬額とサステナビリティ指標との関連性が明確であり、客観性に優れる。

一方、ネットゼロコミットメント、DE&I、従業員福祉、サプライチェーン管理、環境インパクト等、サステナビリティの多様な要素に多元的にアプローチを行おうとする場合には、複数の指標から構成されるスコアカードを作成し、スコアカードに基づく全体評価に応じて報酬額を増減することが考えられる。この場合、スコアカードを構成する個々の指標に評価ウェイトを割り当てるのではなく、スコアカードに基づく全体評価に対してウェイトが割り当てることが多い。

サステナビリティの視点だけでなく、財務の視点、事業の視点、顧客の視点といった非サステナビリティ要素も含むバランスドスコアカードの全体評価に応じて報酬額を増減することも考えられる。

⑶　指標を適用する対象者の範囲

報酬に対してサステナビリティ指標を適用する場合、インセンティブの観点から、当該指標に責任を負う役職員に適用することが合理的と考えられる。

その観点から、例えば、「炭素排出量削減」については、戦略的決定を要するため、CEOや業務執行取締役のみに対して適用するが、「顧客満足の向上」については、従業員業務の中心であるから、従業員に対しても適用するということも考えられよう。新しい目標を導入するとき最初は狭く始めて、徐々に広げていくという方法も考えられる。

(4)　組み入れた対象とする報酬の種類

サステナビリティ目標は、長期的な方向性を有することが多いため、長期インセンティブプランに組み入れることが考えられる。一方で、毎年の確実な改善を期すために、単年目標を設定して短期インセンティブに組み入れることも合理的である。また、総報酬に占める割合の多い報酬に組み入れるほうが強力なインセンティブになる。当然、両方に組み入れることも考えられる。なお、人事の考慮要素にしたり、スポットボーナスや表彰制度を導入することも考えられる。

(5)　報酬支払の必要最低条件とするか、報酬額計算の評価項目とするか、調整項目とするか

指標を報酬に組み入れる際、報酬支払の必要最低条件とする方法、報酬額計算の評価項目とする方法、報酬額の調整項目とする方法がある。

サステナビリティ指標を報酬支払の必要最低条件として用いる場合（underpin approach）、当該指標に係る要求水準が満たされれば報酬が支払われ、満たされなければ報酬はゼロまたは減額される。例えば、「安全衛生」、「汚職防止」、「人権尊重」等、適切な事業運営の観点から当然達成すべきものと考えられる指標については、この方法によることが考えられる。

一方、単にリスクを軽減するのではなく価値創出につながるサステナビリティ指標については、報酬額計算の独立の評価項目（weighted approach）としたり、財務指標等を用いて計算された報酬額に対する調整項目として用いること（modifier approach）も考えられる。これらの方法によれば、サステナビリティ指標に係る実績によっては、報酬が増額されるケースもあることになる。

(6)　サステナビリティ指標のウェイト

サステナビリティ指標のウェイトは、経営行動に影響を及ぼすように設定することが必要である。一方、サステナビリティ指標の導入により、既存の業績指標の重要性が相対的に低下することも考慮する必要がある。各種調査によると、欧米においては5%から25%が一般的であるようである(注51)。

機関投資家からは、財務業績の悪化による報酬低下を防ぐために濫用される懸念が示されているため、財務指標とサステナビリティ指標のバランスについては機関投資家と対話することが必要である。

(7)　報酬委員会等による裁量権の行使

定性的指標に関しては、その評価に裁量判断が必要になる。また、定量的指標に関しても、マクロ要因（例えばパンデミックやエネルギー政策の変更）の影響を踏まえて、報酬対象期間中に目標の修正が合理的と考えられる場合もある。これらの場合、独立した報酬委員会で議論する等、透明性のあるプロセスを経ることが重要である。特に報酬の増額要因になる場合には、お手盛りの疑念をもたれないよう、投資家に対する十分な説明が求められる。

(8)　株主総会決議の方法

会社法上は、①確定報酬について上限額、②不確定報酬について算定方法、③株式報酬に関しては、譲渡制限、無償取得事由、割当条件の概要（会社則98条の2等）を総会で決議した上で、総会決議された枠の範囲内での個別の報酬決定について取締役に一任することが認められている。また、報酬議案の相当性の理由として、報酬の決定方針を説明することが実務プラクティスとなっている(注52)。

既存の金銭報酬の上限額の範囲内で、サステナビリティ指標に連動させた金銭報酬を支給する場合、基本的には、再度の決議は不要となる。個人別の報酬決定の方針の変更のみ行う場合には総会再付議が必要とは解されない。

（注51）Mak Yuen Teen, Integrating ESG Factors Into Executive Remuneration, Sustainable Finance Institute Asia FORESIGHT, May 2022, at 22, https://www.sfinstitute.asia/wp-content/uploads/2024/07/integrating-esg-remuneration-final-version.pdf（2025年1月最終閲覧）。

既存の株式報酬にサステナビリティ指標をリンクさせようとする場合は、算定方法の決議や、割当条件の概要の決議等の範囲内といえるか慎重に検討する必要がある。

株主に対する説明の観点と、制度見直しの柔軟性の観点を踏まえて、どの程度具体的にKPIを付議するか考えていくことになろう。

(9)　報酬開示

事業報告および有価証券報告書においては、報酬等の決定方針の概要の記載が求められるところ（会社則121条1項6号・6号の2、開示府令第二号様式記載上の注意（57）a)、その中でサステナビリティ指標の組入れに言及することが考えられる。また、会社またはその関係会社の業績を示す指標を基礎として算定される報酬は、業績連動報酬とされ（会社則98条の5第2号、開示府令第二号様式記載上の注意（57）a)、指標の内容および選定理由、報酬額の算定方法、指標に関する実績の記載が求められる（会社法施行規則121条5号の2、開示府令第二号様式記載上の注意（57）a[(注53)]）。サステナビリティ指標も「業績」といい得る。業績連動報酬の決定方法を十分に説明可能な場合にはすべての業績連動報酬の要素を網羅的に記載する必要はないものと考えられるが[(注54)]、前記**2**(**1**)(**2**)〔p.86・p.90〕の通り国際的にもサステナビリティ指標の報酬組入れの開示が求められていることや、有価証券報告書においてサステナビリティ情報の開示が強化されているという状況を踏まえると、業績

(注52)「取締役が報酬等に関する議案を株主総会に提出し、当該議案の可決後に、取締役会が、当該議案による定めに基づいて、報酬等の決定方針を決定し、または変更することを想定しているような場合には、当該方針の内容は、株主が当該議案についての賛否を決定する上での重要な情報であり、また、当該議案の内容の合理性や相当性を基礎づけるものであると考えられる。したがって、取締役は、当該報酬等を相当とする理由の説明として、株主総会後に決定し、または変更することを想定している新しい報酬等の決定方針の内容についても必要な説明をすることが求められると考えられる」（竹林俊憲ほか「令和元年改正会社法の解説(3)」商事2224号〔2020〕6頁）

(注53) 開示府令においては、指標の目標の記載、業績連動報酬と非業績連動報酬の支給割合の決定方針を定めているときは当該方針の内容の記載も求められている。

(注54) 金融庁「『企業内容等の開示に関する内閣府令の一部を改正する内閣府令（案）』に対するパブリックコメントの概要及びコメントに対する金融庁の考え方」No.57（2019年1月31日）。

連動報酬の開示の枠内でもサステナビリティ指標の説明を行うことが適切と考えられる。

⑽　税務上の留意点

サステナビリティ指標に連動して報酬額を決定する場合、税務上は基本的には「業績連動給与」（法税34条5項）となると考えられる。そして、サステナビリティ指標は、損金算入が認められる指標に該当しないため（同条1項3号イ）、損金不算入となる。その場合であっても、損金算入が認められる財務指標に連動する部分について切り分けて損金算入とすることは可能と考えられる[(注55)]。また、サステナビリティ指標に連動する部分について、指標達成の有無により100％支給か0％支給かという制度設計にしたり[(注56)]、過年度の確定したサステナビリティ指標の達成度に応じて給与を支給する制度設計とすることで、事前確定届出給与の枠組みに乗せることは考えられる。

（注55）経済産業省産業組織課「『攻めの経営』を促す役員報酬～企業の持続的成長のためのインセンティブプラン導入の手引～（2023年3月時点版）」Q70。

（注56）法人がその役員に対して支給する給与について、業績指標その他の条件により、そのすべてを支給するか、またはそのすべてを支給しないかのいずれかとすることを定めた場合における当該定めに従って支給する給与は、同項に規定する業績連動給与に該当せず、同条1項2号（事前確定届出給与）に掲げる給与の対象となることとされている（法人税法基本通達9-2-15の5）。

第3節　サステナビリティ情報開示

1　サステナビリティ情報開示の意義と開示府令等の改正

第1節でも述べた通り、コーポレートガバナンス・コード（以下、「CGコード」という）〔p.63〕および投資家と企業の対話ガイドライン（以下、「対話ガイドライン」という）〔p.74〕の下、上場企業においては、中長期的な企業価値の向上の観点から、サステナビリティをめぐる課題に積極的・能動的に取り組むよう検討を深め、自社の取組みについて基本的な方針を策定することが求められているが（補充原則2-3①・4-2②前段）、そうした方針に基づいて具体的な取組みを進めていく際には、取組み全体を支えるガバナンス体制を整備しつつ、サステナビリティに関する情報開示を充実させることがあわせて求められており、特にプライム市場上場企業に対しては、気候関連財務情報開示タスクフォース（TCFD）またはそれと同等の枠組みに基づく開示の質と量の充実も求められている（補充原則3-1③、対話ガイドライン1-3後段）。また、人的資本への投資等についても実効的な監督や開示が求められ、多様性の確保に向けた人材育成方針や社内環境整備方針をその実施状況とあわせて開示すること等も求められている（補充原則2-4①・3-1③前段・4-2②後段）。

ESG投資の潮流（**第3部第2章**〔p.230～〕）がグローバルに広がる中で、上場企業におけるサステナビリティ課題への取組状況については国内外の機関投資家も強い関心を寄せており、サステナビリティへの取組みに関する情報開示を充実させて投資家との間の対話をより建設的なものとし、そうした対話を通じて自社の取組みの実効性を継続的に高めていくことが、上場企業にとって特に重要な課題となっている。

そうした中、2023年1月、企業内容等の開示に関する内閣府令（以下、「開示府令」という）の改正が公布・施行され、あわせて、「企業内容等の開示に関する留意事項について（企業内容等開示ガイドライン）」（以下、「開示ガイドライン」という）の改正およびプリンシプルベースのガイダンスである「記述情報の開示に関する原則（別添）――サステナビリティ情報の開示について」（以下、「開示原則（別添）」という）等が公表された(注57)。本改正は、2022年に公表された「金融審議会ディスクロージャーワーキング・グループ報告――中長期的な企業価値向上につながる資本市場の構築に向けて」の提言を踏まえて実施されたものであり、上記改正後の開示府令は2023年３月期の有価証券報告書から適用が開始されている。

本節では、開示府令等で求められている開示内容を概説するとともに、サステナビリティ情報開示への基本的な取組み方と、開示府令改正後の法制度整備の動向について解説する。

2　開示府令等で求められている開示内容

開示府令においては、有価証券報告書におけるサステナビリティ情報(注58)の開示の充実に向け、投資家に対して投資判断に必要な核となるサステナビリティ情報をわかりやすくまとめて提供する観点から、有価証券報告書の「第一部　企業情報」の「第２　事業の状況」の中に、「サステナビリティに関する考え方及び取組」という新たな記載欄が設けられた。

開示府令で求められているサステナビリティ情報開示の概観は〔図表2-2-11〕の通りであり、具体的には、最近日現在における連結会社について、直近の連結会計年度に係る次の情報の開示が求められている（開示府令第３号様式記載上の注意（10-2）、第２号様式記載上の注意（30-2）a・b）(注59)。

第１に、企業においては、サステナビリティに関する「ガバナンス」（サステナビリティ関連のリスクおよび機会を監視し、および管理するためのガバナンスの過程、統制および手続）および「リスク管理」（サステナビリティ関連の

(注57) 改正開示府令等の概要については、上利悟史ほか「企業内容等の開示に関する内閣府令等の改正」商事2320号（2023）４頁参照。

(注58)「サステナビリティ情報」の意義について、開示原則（別添）では、「環境、社会、従業員、人権の尊重、腐敗防止、贈収賄防止、ガバナンス、サイバーセキュリティ、データセキュリティなどに関する事項が含まれ得る」とされている。挙げられている項目はあくまで例示であり、**3**で述べる通り〔p.108〕、各企業においては、サステナビリティに関する内容が広く含まれ得るという前提の下で、自社にとっての重要課題（マテリアリティ）に関する情報の記載を検討する必要がある。

〔図表 2-2-11〕開示府令で求められているサステナビリティ情報開示の概観

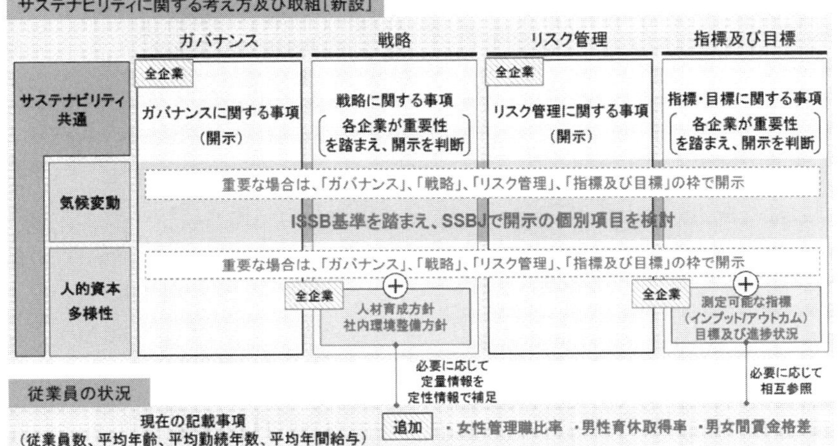

＊金融庁「企業内容等の開示に関する内閣府令等改正の解説」6頁。

リスクおよび機会を識別し、評価し、および管理するための過程）について、記載することが求められている。これらは、企業において自社の業態や経営環境、企業価値への影響等を踏まえながらサステナビリティ情報を認識し、その重要性を判断する枠組みがまずは必要であるという観点から、すべての有価証券報告書提出会社に対して開示が求められている。

第２に、サステナビリティに関する「戦略」（短期、中期および長期にわたり連結会社の経営方針・経営戦略等に影響を与える可能性があるサステナビリティ関連のリスクおよび機会に対処するための取組み）および「指標及び目標」

（注59）サステナビリティ情報の記載に際しては、記載が求められる事項を有価証券報告書に記載した上で、当該記載事項を補完する詳細な情報について、提出会社が公表した他の書類を参照する旨の記載を行うこともできるとされている（開示ガイドライン 5-16-4・24-10)。この点について、金融庁「『企業内容等の開示に関する内閣府令の一部を改正する内閣府令（案)』に対するパブリックコメントの概要及びコメントに対する金融庁の考え方」(2022 年 1 月 31 日)（以下、「パブリックコメント回答」という）では、参照する書類としては、統合報告書等の任意開示書類のほか、上場規則に基づいて公表されているコーポレート・ガバナンスに関する報告書（以下、「CG 報告書」という）等も含まれ得るとされている（パブリックコメント回答 No.234～No.237 参照)。その他の参照に際しての留意点等については、上利ほか・前掲（注 57）8 頁～9 頁参照。

(サステナビリティ関連のリスクおよび機会に関する連結会社の実績を長期的に評価し、管理し、および監視するために用いられる情報）については、各企業における「ガバナンス」・「リスク管理」の枠組みを通じた重要性判断の下で、開示が求められている。「ガバナンス」・「リスク管理」と異なり、「戦略」および「指標及び目標」については、開示が望ましいとされつつも、すべての有価証券報告書提出会社に対しては開示を求めない建付けとされているが、開示府令とあわせて公表された開示原則（別添）においては、望ましい開示に向けた取組みとして、「戦略」および「指標及び目標」について、各企業が重要性を判断した上で記載しないこととした場合でも、当該判断やその根拠の開示を行うことが期待されるとされている(注60)。

この点に関連して、サステナビリティ情報を開示する際の評価軸となる重要性（マテリアリティ）については、2019年に策定・公表された「記述情報の開示に関する原則」2-2において、「記述情報の開示の重要性は、投資家の投資判断にとって重要な否かにより判断すべきと考えられる」とされ、その重要性は「その事柄が企業価値や業績等に与える影響度を考慮して判断することが望ましい」という基本的な考え方が示されており、これを参考にすることが考えられるとされている(注61)。この点については、近年になり、国際的なサステナビリティ開示基準の策定を求める声が大きくなる中で、国際財務報告基準（IFRS）の設定主体であるIFRS財団に設置された国際サステナビリティ基準審議会（International Sustainability Standards Board。以下、「ISSB」という）において、2023年6月にIFRS S1号「サステナビリティ関連財務情報の開示に関する全般的要求事項」およびIFRS S2号「気候関連開示」（以下、あわせて「IFRSサステナビリティ開示基準」という）が策定・公表されたが、後述の通り、今後、IFRSサステナビリティ開示基準を下敷きとして、国内の法定開示ルールにおいてもさらに具体的な内容が定められていくことが想定されている。

第３に、気候変動対応に関する開示については、開示府令においては特別

(注60) 投資家に有用な情報を提供する観点から、例えば、各企業がその事業環境や事業内容を踏まえて、どのような検討を行い、重要性がないと判断するに至ったのか、その検討過程や結論を具体的に記載することが考えられるとされている（パブリックコメント回答No.99・No.100参照）。

(注61) パブリックコメント回答No.88～No.96参照。

な規定は設けられていないものの、サステナビリティ情報の１つとして、上記の記載枠組みに沿った開示が求められている。具体的には、各企業において「ガバナンス」・「リスク管理」に関する取組み・開示を行いつつ、そうした枠組みの下で、自社の業態や経営環境、企業価値への影響等を踏まえて気候変動対応が重要であると判断する場合には、「戦略」および「指標及び目標」についても開示が求められることとなる。

第４に、人的資本および多様性の確保等に関する開示については、各企業における重要性の判断にかかわらず、人材の多様性の確保を含む人材の育成に関する方針および社内環境整備に関する方針（例えば、人材の採用および維持ならびに従業員の安全および健康に関する方針等）を、「戦略」の項目で記載することが求められている。また、当該各方針に関する指標の内容ならびに当該指標を用いた目標および実績を、「指標及び目標」の項目において記載することが求められている（開示府令第３号様式記載上の注意（10-2)、第２号様式記載上の注意（30-2）c）[(注62)]。

加えて、女性管理職比率、男性の育児休業取得率および男女賃金の差異の３つが、中長期的な企業価値の判断に必要な項目として、有価証券報告書の「従業員の状況」の開示項目として追加されている（開示府令第３号様式記載上の注意(9)、第２号様式記載上の注意（29）d ないし f）[(注63)]。これらの各指標については、連結会社を構成する会社が女性活躍推進法または育児・介護休業法の下で当事業年度における女性管理職比率等の公表を行わなければならない会社に該当する場合に、当該会社に係る情報を有価証券報告書において

（注62）もっとも、開示ガイドライン 1-7(2)を踏まえれば、必ずしも投資判断上重要でない指標等を漏れなく開示することまでは求められていないものと解される（上利ほか・前掲（注 57）注 25 参照）。

（注63）女性管理職比率および男性の育児休業取得率については、「女性の職業生活における活躍の推進に関する法律」（以下、「女性活躍推進法」という）の下で、一定以上の労働者を常時雇用する事業主に対して公表が義務づけられている情報項目の選択肢と位置づけられており、このうち男性の育児休業取得率については、「育児休業、介護休業等育児又は家族介護を行う労働者の福祉に関する法律」（以下、「育児・介護休業法」という）の 2021 年改正により、労働者を 1,000 人超常時雇用する事業主においては、育児休業等の取得割合または育児休業等と育児目的休暇の取得割合のいずれかの公表が、2023 年から義務づけられている。また、男女賃金の差異についても、女性活躍推進法の省令等の 2022 年改正により、労働者を 300 人超常時雇用する事業主に対して、状況把握および開示が義務化されている。

も開示することが求められているが、投資者の理解が容易となるように、任意の追加的な情報を追記することも可能とされている(注64)。

3　サステナビリティ情報開示への基本的な取組み方

サステナビリティ情報開示の内容を検討する際には、開示府令等で採用された基本的なフレームワークである「ガバナンス」、「戦略」、「リスク管理」、「指標及び目標」という4つの構成要素に沿って、自社の取組みを整理することが有用である。

上場企業においては、CGコードの下、自社のサステナビリティをめぐる取組みについて基本的な方針を策定し、気候変動対応や人的資本・多様性の確保等について取組みを進めることが求められている。上場企業においては、上記の4つの構成要素を意識しながら取組みや開示を進め、投資家との対話を踏まえ、自社のサステナビリティに関する取組みをさらに進展させながら、開示内容についても漸進的に充実させていくことが考えられる。

その際、開示すべき主な内容は、各企業における自社のサステナビリティをめぐる取組みについての基本的な方針と、そうした方針の下で、自社が優先的に取り組んでいくべき課題として特定した重要課題（マテリアリティ）について進めている取組内容等が中心になるものと考えられるが、サステナビリティに関する取組みを自社の中長期的な企業価値の向上につなげていく観点からは、サステナビリティ課題を成長機会と捉える視点が重要になる。具体的には、自社が有する強みや競争優位性等を踏まえた成長戦略の策定に際して、事業に関連するサステナビリティ課題を把握し、そうした課題解決への貢献を通じて中長期的に自社の企業価値を向上させていくことができる成長機会を模索していくことが必要になる。他方、成長機会の面に着目した対応のみでは必ずしも十分ではなく、中長期的な重要リスクの視点からも検討が必要になる。自社が営む事業内容や展開地域、将来の規制強化リスクや対応を怠った場合に取引関係に及び得る影響等も念頭に、さまざまなサステナビリティ課題に関するリスク水準を的確に把握した上で、そうしたリスクを適切にコントロールしていく対応が必要になる。重要課題（マテリアリ

(注64) 開示ガイドライン5-16-3・24-10。

ティ）は、こうした観点からそれぞれの企業ごとに選別されるべきものであり、サステナビリティ情報開示を進めていくに当たっては、特に経営環境の変化や国内外における関連法規制の動向等も踏まえ、自社が取り組むべきサステナビリティ課題や具体的な取組内容を見定め、必要に応じて随時見直していくことが重要である[(注65)]。

開示原則（別添）では、有価証券報告書における「サステナビリティに関する考え方及び取組」の記載欄では、企業の中長期的な持続可能性に関する事項について、経営方針・経営戦略等との整合性を意識して説明すべきものであるとされている。ここでいう「経営方針・経営戦略等との整合性」が、まさに重要課題（マテリアリティ）の特定と個別課題に関する具体的な取組内容の検討に際して最も強く意識されるべきポイントであると考えられる。そうした観点からは、具体的な開示に際しても、有価証券報告書の「経営方針、経営環境及び対処すべき課題等」の欄で記載される自社の中長期の成長戦略との関連性を意識し、相互に参照しながら記載を行うことが有益である[(注66)]。

後記**4**および**5**では、「ガバナンス」・「リスク管理」と「戦略」・「指標及び目標」に関する具体的な取組みや関連する情報開示に際しての実務対応の基本的な考え方について、多くの企業にとって重要になると考えられる気候変動対応や人的資本・多様性の確保等に関する取組み・開示対応も念頭に置きながら、それぞれ解説する。

4　「ガバナンス」・「リスク管理」の取組みと情報開示

サステナビリティ課題への対応には長期間を要する場合が少なくないため、戦略的かつ継続的に対応を進めて自社の中長期的な企業価値の向上に結びつ

(注65) 重要課題（マテリアリティ）を特定する際の考慮要素等の詳細については、安井桂大「改訂コーポレートガバナンス・コードを踏まえたサステナビリティ対応に関する基本方針の策定とTCFDを含むサステナビリティ情報開示」資料版商事448号（2021）30頁〜32頁参照。

(注66) 改正開示府令第２号様式記載上の注意（30-2）では、「記載すべき事項の全部又は一部を届出書の他の箇所において記載した場合には、その旨を記載することによって、当該他の箇所において記載した事項の記載を省略することができる」とされている。

けていくためには、適切にリスク管理を行うことができるガバナンス体制を整備することが重要になる。**2**で述べた通り〔p.104～〕、開示府令においても、企業において自社の業態や経営環境、企業価値への影響等を踏まえながらサステナビリティ情報を認識し、その重要性を判断する枠組みがまずは必要であるという観点から、すべての有価証券報告書提出会社に対して「ガバナンス」・「リスク管理」の開示が求められている。

こうしたガバナンス体制の整備については、対話ガイドライン1-3後段において、「取締役会の下または経営陣の側に、サステナビリティに関する委員会を設置するなど、サステナビリティに関する取組みを全社的に検討・推進するための枠組みを整備しているか」との内容が盛り込まれている。自社のサステナビリティに関する方針や戦略については、最終的には経営陣・取締役会において決定されるべきものではあるが、例えばこうしたサステナビリティ委員会を設置することによって、事業分野を横断するサステナビリティ課題への対応について集中的に議論・検討を行い、より実効性の高い取組みにつなげていくことが考えられる。日本企業においては、サステナビリティに関する取組みの担当部門が従来のCSR部門等である場合も依然として少なくなく、結果としてサステナビリティに関連する取組みが経営戦略等と必ずしも一貫しないかたちで表面的に行われてしまっているケースも見られることが指摘されている。前述の通り、サステナビリティに関する取組みは、中長期的な企業価値の向上に向けた経営戦略等の一部として、他の関連する戦略等と統合的に進められていくことが極めて重要であり、そうでなければ、一時的なレピュテーション等のための表面的な対応に不相応なコストをかけるだけの結果に終わってしまうおそれがある。

サステナビリティに関する取組みについて効果的な「ガバナンス」・「リスク管理」体制の構築を目指す場合にも、具体的なアレンジにはさまざまなバリエーションがあり得るが、この点に関する詳細については、**第１節**〔p.55～〕を参照されたい。企業ごとに特定された重要課題（マテリアリティ）の内容によっては、例えば気候変動対応に特化した委員会を別途設置したり、人的資本に関する取組みを企業全体の経営戦略と紐づけてリードするCHROを設置するといったこと等も考えられる。

また、そうした「ガバナンス」・「リスク管理」体制の構築やそれらに関する開示内容を検討する際には、具体的な開示事例を参考にすることも有益である。金融庁においては、サステナビリティ情報等に関する開示の好事例をまとめた「記述情報の開示の好事例集」（以下、「好事例集」という）が2023年以降順次アップデートしながら公表されており、掲載事例の中には、「ガバナンス」・「リスク管理」について、サステナビリティ委員会を含む各機関・組織の役割を具体的に記載しつつ、リスク管理のプロセスについてもあわせて詳細に記載する例等が含まれている。そうした事例を参考にしながら、体制の見直しや具体的な開示内容の検討を進めていくことが考えられる。

5　「戦略」・「指標及び目標」の取組みと情報開示

「戦略」として具体的に取り組むべき内容や、設定すべき「指標及び目標」については、特定された重要課題（マテリアリティ）に関連する取組みを自社の中長期的な企業価値の向上に結びつけていく観点から、企業ごとに検討されるべきものである。したがって、各企業においては、それぞれの取組状況を踏まえて、開示府令で採用されたフレームワークに沿って開示していくことが考えられる。その際には、一般に投資家等の関心が高いと考えられる情報を開示し、一定の比較可能性を担保することも重要であるが、他方、自社の経営戦略や方針に密接に関連する独自の取組みを進め、そうした取組みについて自社として認識している課題や取組みの意図、これまでの成果等を含めて具体的に開示を行っていくことが、より重要になると考えられる。

この点、例えば気候変動対応に関する開示については、**2**〔p.104 ～〕で述べた通り、開示府令においては特別な規定は設けられていないが、まずはCGコードにおいて特にプライム市場上場会社に対して対応が求められているTCFDの枠組みをベースに、具体的な取組みや開示内容を検討することが考えられる。TCFDにおいては、「戦略」に関する情報開示としてシナリオ分析に基づく定量的な分析結果を示した上で、そうした分析結果を踏まえ、温室効果ガス排出量等を含めた「指標と目標」を開示することが求められている。この点、IFRSサステナビリティ開示基準においては、温室効果ガス排出量については、Scope 1・Scope 2のみならずScope 3の排出量まで開示が求められている。後述の通り、IFRSサステナビリティ開示基準の内容は、今後、国内の法定開示ルールにも取り込まれていくことが想定されており[(注67)]、特に気候変動対応が重要な課題であると認識している企業においては、そうしたルール整備の状況も踏まえながら、取組みや開示内容の拡充を検討していく必要がある。

他方、人的資本および多様性の確保等に関する開示については、**2**で述べた通り〔p.104 ～〕、開示府令においても、人材の育成に関する方針や社内環境整備に関する方針など、企業における重要性の判断にかかわらず開示が求められる事項が個別に定められている。もっとも、開示府令においても、それらの他にどのような内容を「戦略」および「指標及び目標」として開示するかは各企業の判断に委ねられており、自社の中長期的な企業価値の向上に結びつけていく観点から企業ごとに検討されるべきものである点は、他のサステナビリティに関する取組みと同様である。

人的資本や多様性の確保等に関する開示については、現状ではさまざまな枠組みが存在しており、TCFD のように事実上のスタンダードとして国際的に利用されている基準も必ずしも定まっていない。ISSB においては、2026 年までの活動計画（Work Plan）において、次のテーマとして人的資本に関する開示基準の開発を進めていく方針が示されており[注68]、今後に一定のベースラインとなる基準が確立されていくことが見込まれるが、現状では、企業ごとの戦略や事情に応じて取り組むべきと考える課題について、サステナビリティ情報開示全般に共通する機関投資家等が期待する基本的な開示のフレームワークを意識しながら、開示内容等を検討していくことが考え

(注67) なお、CG コードとの関係でも、補充原則 3-1 ③でプライム市場上場企業が気候関連開示を行う際に依拠することが求められている TCFD または「それと同等の枠組み」には、同補充原則の改訂当時から ISSB が策定する関連開示基準がこれに当たることが想定されており、IFRS サステナビリティ開示基準がこれに該当するものと考えられる。

(注68) ISSB が 2024 年 6 月に公表した "Feedback Statement on the Consultation on Agenda Priorities" 参照。この他、今後に開示基準の開発を進めていくテーマとして、生物多様性・生態系および生態系サービスが挙げられている。この点、生物多様性・生態系および生態系サービスについては、2023 年 9 月、「TCFD の生物多様性版」とも呼ばれる自然関連財務情報開示タスクフォース（TNFD）が策定されており、注目を集めているが、ISSB においては、同テーマに係る基準開発に際しては、TNFD のフレームワークを参照する方針が示されている。自然資本や生物多様性に関する近時の法政策の動向や TNFD に基づく情報開示・関連する取組み等については、安井桂大＝玄唯真「自然資本及び生物多様性を巡る近時の動向と TNFD フレームワーク」『企業法制の将来展望――資本市場制度の改革への提言〔2025 年度版〕』（財経詳報社、2024）参照。

られる。具体的には、〔図表 2-2-12〕に示された①〜④のプロセスを回し、各要素についてわかりやすく開示していくことが考えられる(注69)。

〔図表 2-2-12〕サステナビリティ情報開示の基本的なフレームワーク

①　取組方針の策定
②　取組方針に基づく計画および目標（KPI）の設定
③　定期的な各目標（KPI）の達成状況確認
④　目標達成状況に係る保証の取得

＊筆者作成。

取組方針の策定（①）について、日本企業においては「当たり前」のことをあえて取組方針として策定・開示することに違和感を感じる場合も少なくないが、特に機関投資家からは、そうした取組方針の策定は関連する具体的な取組みの土台となるものと捉えられており、そうした取組方針が明確に策定・開示されていない場合には、取組み自体が行われていないか、あるいは真剣に取り組んでいないのではないかという疑念を生じさせてしまうことになるため、まずはこうした取組方針を策定し、開示していくことが重要になる。その上で、取組方針に基づく具体的な計画および外部からもモニタリングが可能な目標（KPI）を設定し（②）、各目標の達成期限とあわせて開示しつつ、そうした目標（KPI）の達成状況について、定期的にその進捗度合いを測定して、具体的な数字を開示していくことが考えられる（③）。これらの①から③に加えて、自社の成長戦略等にとって特に重要性が高く、社会全体の関心も高いサステナビリティ課題への取組みについては、目標達成状況に係る第三者による保証の取得（④）も検討すべきであると考えられる。後述の通り、今後はこうした保証の取得を義務化していく方向性も示されており、第三者からの保証を得ることで、取組みに対する信頼を高めることができると考えられる(注70)。

人的資本に関する取組みに際しては、自社の経営戦略や方針と明確に紐づけながら進めていくことが特に重要であり、「人的資本」という言葉に表れている通り、人件費を単にコストとして捉えるのではなく、人を「資本」と

(注69)　武井一浩編著・井口譲二ほか『コーポレートガバナンス・コードの実践〔第3版〕』（日経 BP、2021）362 頁〜363 頁［三瓶裕喜発言］参照。

して捉え、それぞれの人材を磨いて価値を高めていくための「投資」を行うという視点が、取組みを進めていく際の基本的な視点になる。関連するさまざまな取組みを進めていく際には、そのベースとして、まずは従業員エンゲージメントをしっかりと継続的に実施・強化していくこと等が、特に重要となろう(注71)。

こうした「戦略」および「指標及び目標」に関する取組みや開示内容を検討する際にも、好事例集の掲載事例等を参考にすることが考えられる。

6　サステナビリティ情報開示と虚偽記載の責任

サステナビリティ情報の開示に際しては、例えば気候変動に関するシナリオ分析の結果に係る開示など、中長期の将来情報が含まれることが想定されるため、特に有価証券報告書等における開示に際しては、重要な事項について虚偽記載がないことを確保し、情報を利用する投資家等において誤解を生じさせる記載とならないよう留意する必要がある（金商21条の2・24条の4等参照)。

この点について、開示ガイドライン5-16-2では、有価証券報告書等における「企業情報」の「第2　事業の状況」の1ないし4までに記載される将来情報について、「一般的に合理的と考えられる範囲で具体的な説明が記載されている場合には、……記載した将来情報と実際に生じた結果が異なる場合であっても、直ちに虚偽記載等……の責任を負うものではないと考えられる」とし、「一般的に合理的と考えられる範囲で具体的な説明が記載されている場合」について、「例えば、当該将来情報について社内で合理的な根拠に基づく適切な検討を経たものである場合には、その旨を、検討された内容（例えば、当該将来情報を記載するに当たり前提とされた事実、仮定及び推論過

（注70）なお、2022年に公表された「金融審議会ディスクロージャーワーキング・グループ報告」では、法令上の保証制度が導入される前の段階で有価証券報告書において保証を受けている旨を記載する際には、投資家の判断を誤らせない観点から、例えば、保証業務の提供者の名称、準拠した基準や枠組み、保証水準、保証業務の結果、保証業務の提供者の独立性等について明記することが考えられるとされており、留意を要する。

（注71）人的資本に関する企業における取組みのあり方等については、井口譲二ほか「座談会・『人的資本改革元年』と企業の実務対応」MARR338号（2022）参照。

程）の概要とともに記載することが考えられる」とされている。

これにより、情報開示に際して適切な説明等を付すことで、虚偽記載の責任が発生することを回避できることが明確にされている(注72)。もっとも、「経営者が、……記載すべき重要な事項であるにもかかわらず、投資者の投資判断に影響を与える重要な将来情報を、……提出日現在において認識しながら敢えて記載しなかった場合や、重要であることを合理的な根拠なく認識せず記載しなかった場合には、虚偽記載等の責任を負う可能性があることに留意する」ともされており、サステナビリティ情報開示を充実させていく際には、こうした法的観点からの確認を適切に行うことができる体制についても、あわせて整備していくことが重要になる。

7　サステナビリティ情報開示のさらなる充実へ向けた法制度整備の動向

前述の通り、今後、2023年６月にISSBにおいて策定されたIFRSサステナビリティ開示基準の内容が、国内の法定開示ルールにも反映されていくことが想定されている。

2024年３月には、財務会計基準機構（FASF）の下に設置されたサステナビリティ基準委員会（SSBJ）において、IFRSサステナビリティ開示基準を踏まえた日本におけるサステナビリティ開示基準の公開草案が公表されている。具体的には、IFRSサステナビリティ開示基準を下敷きとしつつも全体の構成を整理し直し、「サステナビリティ開示ユニバーサル基準公開草案」（サステナビリティ開示基準の適用（案））、「サステナビリティ開示テーマ別基準公開草案第１号」（一般開示基準（案））、「サステナビリティ開示テーマ別基準公開草案第２号」（気候関連開示基準（案））の３つの開示基準案が公表

(注72) この他、有価証券報告書等において任意開示書類を参照する場合についても、「参照先の書類に虚偽の表示又は誤解を生ずるような表示があっても、当該書類に明らかに重要な虚偽の表示又は誤解を生ずるような表示があることを知りながら参照していた場合等当該書類を参照する旨を記載したこと自体が……虚偽記載等になり得る場合を除き、直ちに……虚偽記載等の責任を負うものではない」とされている（開示ガイドライン5-16-4・24-10）。この場合、参照先の書類内の情報は、基本的には有価証券報告書等の一部を構成しないものとされている（パブリックコメント回答No.281～No.283参照）。

されており、今後、2024年度中（遅くとも2025年3月31日まで）に国内開示基準として最終化されることが想定されている。かかる想定通りに国内開示基準が策定された場合、遅くとも2026年3月期に係る有価証券報告書から、日本法の下でも同基準に基づくサステナビリティ情報開示が可能となることが見込まれる。現在、具体的な適用開始時期や保証の義務化を前提とした保証制度の在り方等について、金融審議会「サステナビリティ情報の開示と保証のあり方に関するワーキング・グループ」で議論が進められており、今後に具体的な方針が確定されていくことが想定されている。

サステナビリティへの取組みや情報開示を強化していくことの重要性は、企業を取り巻く環境が不確実性を増す中でさらに高まっている。企業においては、既存の開示府令等の枠組みを前提としつつも、今後のIFRSサステナビリティ開示基準の内容を踏まえた国内における法定開示ルールの充実化や、欧米を中心としたサステナビリティ情報開示や保証等をめぐる国際的な法制度整備の動き(注73)等も参照し、具体的な取組みおよび開示内容について、随時アップデートしながら検討を重ねていくことが必要になる。サステナビリティ情報開示を進めていく前提として、サステナビリティへの取組みや体制それ自体を強化する必要性も高まっており、例えば、欧州においては、自社グループおよびサプライチェーンにおける人権・環境デューデリジェンスの実施を義務づける企業サステナビリティ・デューディリジェンス指令

（注73）サステナビリティ情報開示をめぐっては、開示基準や保証のあり方について欧米を中心に法制度の整備が継続して進展しており、特に欧州の企業サステナビリティ報告指令（Corporate Sustainability Reporting Directive: CSRD）や、その具体的な開示項目の詳細を定める欧州サステナビリティ報告基準（European Sustainable Reporting Standards: ESRS）、米国の証券取引委員会（SEC）登録企業による気候関連情報の開示を求める最終規則（SEC気候関連開示規則）等は、日本企業やその子会社等に対しても直接適用されうるため、留意が必要となる。また、特に欧州のCSRD及びESRSにおいては、いわゆるダブルマテリティの考え方に基づいて開示基準が策定されており、（今後にIFRSサステナビリティ開示基準を踏まえて充実化された後においても）国内ルールに沿った開示内容のままでは要件を満たすことができないことが想定されるため、特に欧州を含めて事業を展開している企業においては、グローバルに一元的なサステナビリティ情報開示を目指すかどうか等の対応方針についても併せて検討する必要がある。欧米における関連する法制度整備の動向については、安井桂大ほか「サステナビリティ情報開示と保証をめぐる国際動向──欧州CSRD・ESRSと米国SEC気候関連開示規則等の動向」商事2360号（2024）39頁参照。

（Corporate Sustainability Due Diligence Directive: CSDDD）も策定されているところ、企業においては、こうした枠組みも意識しながら、適切な取組みを進めていくための体制構築を進めていく必要があると考えられる。

第３章
ソーシャル・エンタープライズ

第１節　ベネフィットコーポレーション

1　はじめに(注1)

岸田政権が2022年６月に決定・公表した『新しい資本主義のグランドデザイン及び実行計画』および同月に決定・公表した『新しい資本主義のグランドデザイン及び実行計画2023改訂版』においては、これまで官が担ってきたサービスについても、民間の法人による主体的な関与が期待されており、このような「民間で公的役割を担う新たな法人形態」（日本版Public Benefit Corporation）の導入の検討について言及がなされ、その後2024年６月に決定・公表された2024年改訂版においても、民間で公的役割を担う新たな法人形態の制度について、中長期的に検討を進めることが示されている。

従来より、日本において民間の法人が何らかの公的役割を担おうとする場合、法人形態として、株式会社・合同会社といった会社法上の営利法人や、NPO法人・社団法人・財団法人等の非営利法人が選択されることが一般的である。しかしながら、これらの法人形態については、営利法人の場合には取締役の善管注意義務の問題も含め収益性を犠牲にして社会的事業を行うことに一定の制約があり得る点、非営利法人の場合にはリターンを求める投資家からの資金調達が困難である点、さらには営利法人／非営利法人間の移行が容易ではない点等が悩ましい問題となり得る。

（注１）本節の内容は、全体として、内閣官房新しい資本主義実現本部事務局からの委託事業において西村あさひ法律事務所が作成した、2023年３月31日付け「米国等における民間で公的役割を担う新たな法人形態に関する調査報告書」に依拠している。

この論点に関しては、海外諸国においてすでに導入が始まっている、営利性と非営利性の両立を認める新たな法人形態が注目に値する。例えば、米国では、2010年に一部の州において導入されたベネフィットコーポレーション（Benefit Corporation）という企業形態が、一定の公的役割を担うことを企図する法人形態として社会的注目を集めており、同様の法人形態を導入する州の数も年々増加している。ベネフィットコーポレーションは、経済的な利益の追求だけでなく、それに加えて公益（public benefit）も追求したいという経営者のニーズに答えるために創出された制度であり、取締役は必ずしも株主利益のみを最大化する義務を負わない（換言すれば、株主利益が最大にならないような経営判断であっても取締役のFiduciary Dutyに違反しないと整理することが可能となる）点に特徴がある。したがって、社会的事業を行うことを企図する経営者は、ベネフィットコーポレーションという法人形態を採用することによって、株主から経済的な利益が最大化されていないことを理由にFiduciary Dutyの違反を問われることを回避することができるとされている。

このように、社会的事業を推進する観点からそれに適した特殊な企業形態を用意することは、当該企業が志向する社会的に意義のある目的やミッションと、当該企業に資金を提供する者の目的・利益との間のミスマッチを防ぐ観点からもあり得べき解決策の１つであるといえる。本節では、前述の米国におけるベネフィットコーポレーションの制度を概観した上で、日本において公的役割を担う企業のあり方を考える際に、当該制度がどのような示唆を持ち得るかを検討する。

2　ベネフィットコーポレーション制度の概要

(1)　株主中心主義 vs ステークホルダー主義

一般に、会社（特に株式会社）は営利法人であり、株式会社の目的は、株式会社の利益ひいては株主利益の追求であると説明されることが多いが、この点に関連して、会社の経営者たる取締役は、株主の利益のみのために会社の経営を行う義務を負うのか（株主の利益を最優先することが求められるのか）、それとも、株主以外の者の利益を図ることもできるのか、という問題が存在している。この問題は、経済社会における会社の活動が株主だけでなく、債権者や従業員、取引先や顧客といった多様なステークホルダーの利害に影響を与えるようになったことにより、国内外でより活発に議論されるようになっている。この問題をめぐっては、古くから、「株主中心主義（shareholder primacy）」と「ステークホルダー主義（stakeholderism）」の対立軸で語られることが多い。

株主中心主義とは、取締役は株主の利益を最大化する義務を負うという考え方を採る。論者によってニュアンスに違いがあるものの、株主を取締役の信認義務（Fiduciary Duty）の唯一の受益者と捉えた上で、取締役は株主の利益のために会社を経営する義務を負うべきであり、債権者や従業員、取引先や顧客といったステークホルダーの利益は、法規制等の他の手段で保護されるべきである、といった内容が主張されることが多い[注2][注3]。

これに対して、ステークホルダー主義[注4]は、従業員・消費者・取引先・地域社会・一般公衆等の株主以外のステークホルダーの利益（すなわち公益）も各株式会社レベルで考慮されるべきであるという考え方を採る。ステークホルダー主義は、「手段としてのステークホルダー主義」と「多元的ステークホルダー主義」に大別され、このうち前者は、株主の利益を実現するために、従業員やコミュニティ等株主以外の利益についても配慮すべきであるとする立場を採る[注5]。これに対し、後者は、手段としてのステークホルダー主義からさらに進んで、経営者は、ステークホルダー相互間の利益調整役を担い、各ステークホルダーの利益・厚生を増進することそれ自体を目的とするべきであるという考え方である。こうした多元的ステークホルダー主義に立つ論者からは、経営者は公益のために株主の利益を一定程度犠牲にする裁量を持つことが望ましいとの主張がなされている[注6][注7]。

（注２）*See* Henry Hansmann & Reinier Kraakman, The End of History for Corporate Law, 89 Geo. L.J. 439 (2001).

（注３）この点に関し、長期的に見て株主利益の最大化につながるのであれば株主以外の者の利益を図ることは株主中心主義の下でも認められると解されるため、法的効果という観点からは、株主中心主義と、後述の手段としてのステークホルダー主義との間に大差はない旨を指摘するものとして、神作裕之「サステナビリティ・ガバナンスをめぐる動向」商事2296号（2022）９頁。

（注４）*See* Freeman, R. Edward, Strategic Management : A Stakeholder Approach., Cambridge University Press, 276 (2015).

下記(2)の通り、特に米国では伝統的に株主中心主義の考え方が主流であったが、近時は、各種の関連団体から株主以外のステークホルダーの利益をも重視すべきとする考え方が示される等、世界的に株主中心主義の見直しが進んでいるようにも思われる。例えば、米国の主要企業の経営者団体であるビジネス・ラウンドテーブル（Business Roundtable）は、2019年８月に、「企業の目的に関する声明（Statement on the Purpose of a Corporation）[注8]」を表明し、その声明の中で、会社の第１の目的は株主の利益を図ることであるという従来の宣言を改めて、消費者、取引先、従業員、地域社会といった他の利害関係者の利益をも重視するという方針を明らかにした。また、世界経済フォーラム（World Economic Forum）も、企業がすべてのステークホルダー、そして社会全体のニーズを考慮しながら長期的な価値創造を目指す「ステークホルダー資本主義（Stakeholder Capitalism）[注9]」を提唱してい

（注５）例えば、英国の現行会社法であるCompanies Act 2006においては、会社の取締役の一般的な義務の１つとして、会社の成功を促進すべき義務（duty to promote the success of the company）を規定しており、その義務の内容として、株主以外の従業員の利益、取引先との関係性、会社が地域社会等に及ぼすインパクト（the impact of the company's operations on the community and the environment）が考慮（have regard）される必要がある旨が明確に規定されている（172条１項）。これらの考慮はあくまで「株主全体の利益」のため（for the benefit of its members as a whole）に会社の成功を促進することを目的とする旨が規定されているため、取締役は、株主全体の利益と引替えに他のステークホルダーの利益を実現することはできず、コミュニティ等のステークホルダーの利益は、それが株主全体の利益に資するかどうかという観点から考慮されることになる。

（注６）*See* Einer Elhauge, Sacrificing Corporate Profits in the Public Interest, 80 N.Y.U. L.Rev. 733 (2005).

（注７）こうした多元的ステークホルダー主義に対しては、①経営者には株主以外のステークホルダーの利益を増進するインセンティブが存在しない、②経営者の裁量の幅が拡大する結果、経営者に対する株主のコントロールが脆弱化するおそれがある、③各ステークホルダーの利益が衝突し、容易に解決できない場合が想定される、④国や市場による規制と比較して、経営者に各ステークホルダー間の利益の調整を任せることがサステナビリティ促進の観点から優れた方策といえるのかについて疑問の余地がある、⑤ステークホルダーを真の意味で保護するための立法上、行政上、政策上の方策をかえって遅らせるおそれがある等の懸念も指摘されている（神作・前掲（注３）10頁）。

（注８）https://opportunity.businessroundtable.org/ourcommitment/ 参照。

（注９）*See* World Economic Forum, What is stakeholder capitalism?, January 22, 2021 (https://www.weforum.org/agenda/2021/01/klaus-schwab-on-what-is-stakeholder-capitalism-history-relevance/).

るところである。

もっとも、いずれの立場を採用すべきかについてはいまだにさまざまな見解が主張されているところであり、現在に至るまで、統一的な見解は存在しない状況である。

(2) 米国会社法における株主中心主義の影響

米国会社法ないし米国判例法においては、株主中心主義の考え方が伝統的に強い影響力を有してきた(注10)。米国法上の株主中心主義の考え方を厳格に適用すると、ある会社の取締役が株主のみならず債権者や従業員、取引先や顧客といった多様なステークホルダーの利益のために会社経営を行った場合には、株主の利益の最大化を図るという取締役の信認義務に抵触すると判断される可能性が否定できない。その結果、当該取締役は、(少なくとも理論的または潜在的には)代表訴訟等を通じて株主から損害賠償責任を追及されるリスクにさらされ、また、場合によって、会社による一定行為の差止めを請求されるおそれも否定できないと考えられる。このような点から、既存の米国の株式会社制度は、株主以外の多様なステークホルダーの利益を重視した会社経営や、社会における長期的利益の追求を目的とした会社経営を行うことに必ずしも適合しているとはいえないと評価されてきた。

なお、30を超える米国の州では、取締役が意思決定を行う際に、株主以外の利害関係者の利益(nonshareholder interests)をも考慮することを認める法律(constituency statutes。いわゆる利害関係者制定法)を定めている。これらの利害関係者制定法は、会社売却の局面における取締役の信認義務(株

(注10) これを示す先例として一般的に引用されるのが、Dodge v. Ford Motor Co. 事件(Dodge v. Ford Motor Co., 170 N.W. 668〔Mich. 1919〕)である。同事件では、Ford Motor社の支配株主であり社長でもあったヘンリー・フォード(Henry Ford)取締役が、一般大衆の需要に応じるための自動車価格の値下げおよび、株主への特別の利益配当を停止し通常の利益配当以外のすべての収益を会社の将来の事業拡張に再投資することによって、従業員の雇用拡大および人々の生活等への援助を図る方針を決定したことを受けて、同社の少数株主であったDodge氏が、同取締役の信認義務違反を理由に訴訟を提起した。同事件において、ミシガン州最高裁判所(Supreme Court of Michigan)は、会社は、第1に株主の利益のために組織、運営されるのであり、取締役の権限はその目的のために用いられるべきとし、取締役は、その目的を達成するための手段の選択に際して裁量を有するが、その目的自体を変更する権限は有しない旨を判示している。

主の利益のために最も高い買付価額を提示した相手方に売却する義務）[(注11)]を変容させることを目的として制定されたものと考えられている[(注12)]。したがって、これらの利害関係者制定法が制定されている州においては、取締役は、会社売却の局面において、自らの裁量で株主以外のステークホルダーの利益を考慮することが可能になるものと思われる（ただし、利害関係者制定法の下でも、他のステークホルダーの利益を考慮するか否かはあくまで取締役の任意であると解されている[(注13)]）。もっとも、米国の主要上場会社の設立準拠州として指定されることが多いデラウェア州やカリフォルニア州では、こうした利害関係者制定法は定められていない。

(3)　新たな企業形態としてのベネフィットコーポレーションの登場

このような背景の中で、株主の利益のみならず、株主以外のステークホルダーの利益、さらには一般公益の追求を目的とする法人として米国において新たに導入された企業形態がベネフィットコーポレーションである。ベネフィットコーポレーションは通常の株式会社と同じ営利法人である一方で、公益を追求・増進することをその目的とする。また、ベネフィットコーポレーションとなった会社において取締役は、株主の利益以外の利益を考慮することができるようになるだけでなく、こうした利益を考慮することを義務づけられており、株主利益の最大化を図らなければならないという株主中心主義における原則は、ベネフィットコーポレーションとなった会社およびその取締役には及ばない。

ベネフィットコーポレーションの法制化に当たっては、民間非営利団体であるB Labが大きな役割を果たしている。B Labは世界経済を

(注11）1986年のRevlon, Inc. v. MacAndrews & Forbes Holdings, Inc. 事件（いわゆるレブロン判決）をはじめとする判例の積重ねにより、米国法上、会社の取締役は、会社売却の局面では、競売人として、株主が受け取る買収対価の価値に関して、合理的に入手可能な最善の価格を入手する義務を負うことになると解されている（西村あさひ法律事務所編『M&A法大全（上）〔全訂版〕』〔商事法務、2019〕552頁）。

(注12）*See* Lyman Johnson & David Millon, Missing the Point About State Takeover Statutes, 87 Mich. L. Rev. 846, 848 (1989) ; Stephen M. Bainbridge, Interpreting Nonshareholder Constituency Statutes, 19 PEPP. L. REV. 971, 1015 (1992).

(注13）*See* Stephen M. Bainbridge, Why We Should Keep Teaching Dodge v. Ford Motor Co., 48 Journal of Corporation Law 77, 117 (2022).

stakeholder-driven model に変えていくことを目的として2006年に設立された非営利団体であり、その活動内容は、①社会・環境に関する成果（performance）、説明責任（accountability）、透明性（transparency）について高い水準を有している企業の認証（B Corp 認証）（詳細は**第2節**〔p.132〕）、および、②ベネフィットコーポレーション法制化のための立法運動に大別される。このうち、②の立法運動を展開するに当たり、B Lab は、ベネフィットコーポレーション法のあるべき姿を示した模範法案（Model Benefit Corporation Legislation。以下、「B Lab 模範法案」という）を作成し、各州に対して、B Lab 模範法案に即した内容のベネフィットコーポレーション法を策定するよう働きかけを行ってきた。

2010年にメリーランド州において初のベネフィットコーポレーション法が成立して以降、（導入を否決した州も一部存在するものの、）ベネフィットコーポレーションを導入する州／導入を検討する州は増加を続けており、2023年6月時点において、ベネフィットコーポレーションは合計40の州およびワシントン特別区で立法化されている(注14)。ベネフィットコーポレーションが登場した当初は、B Lab 模範法案にある程度則った建付けとする州が大半であったが、法制度の細部は、各州によって異なっている。また、下記(4)に述べるデラウェア州は、B Lab 模範法案の内容を離れて、独自のベネフィットコーポレーション法を成立させており、デラウェア州がベネフィットコーポレーションを導入して以降は、デラウェア州に倣った形でベネフィットコーポレーションを法制化する州の数が増加している。

(4)　デラウェア州 PBC 法の制定経緯

メリーランド州において初のベネフィットコーポレーション法が成立してから約3年後の2013年7月、デラウェア州においてもベネフィットコーポレーションが法制化された。

デラウェア州は米国の会社法実務において極めて重要な地位にあることから(注15)、デラウェア州がベネフィットコーポレーションの導入へと舵を切ったことは、その後のベネフィットコーポレーションの普及における大きな分水嶺であったと考えられている(注16)。

（注14）*See* Social Enterprise Law Tracker（https://socentlawtracker.org/#/bcorps）.

デラウェア州法下では、ベネフィットコーポレーションは、Public Benefit Corporation（以下、「PBC」という）と呼称されている（デラウェア州におけるベネフィットコーポレーション法を、以下、「デラウェア州PBC法」という）。

(5)　デラウェア州PBC法の制度内容

デラウェア州PBC法は、PBCのみを対象とする独立した法律として存在しているわけではなく、2013年にデラウェア会社法（Delaware General Corporation Law。以下、「DGCL」という）を改正し、PBCにのみ適用される章として“Subchapter XV Public Benefit Corporations”（361条～368条）を新設することによって制定されたものである。そのため、その性質上適用されるべきものについては、（PBC以外の）通常の株式会社に関するDGCLの条項がPBCにも適用される。

デラウェア州PBC法によって規定されている、PBCという企業形態の基本的な枠組みは以下の通りである[注17]。

ア　組織転換に関する決議要件

デラウェア州PBC法は、PBCへの転換／PBCとしての地位の終了に関して、特別な決議要件を定めていない。DGCLにおいては、通常の定款変更および合併その他の組織再編行為等について要求される決議要件は「発行済株式の総議決権の過半数」であるため、PBCへの転換／PBCとしての地位の終了も、「発行済株式の総議決権の過半数」の賛成によって実現可能である。

（注15）デラウェア州の会社法は、全米でも最も先進的かつ柔軟性に富むとされており、また、デラウェア州裁判所も、豊富な実務経験を有する判事によって構成され、豊富な判例法体系を有している。そのため、米国の会社法実務の中心は事実上デラウェア州にあると言っても過言ではなく、現に、2022年において『フォーチュン』誌が選ぶ全米上位500社のうち約68.2%がデラウェア州を設立準拠州に選んでおり、また、同年の新規上場企業の約79%をデラウェア法人が占めている（https://corp.delaware.gov/stats/）。

（注16）田村俊夫「日本版ベネフィットコーポレーションの課題――ステークホルダー主義と株主価値の関係」金融・資本市場リサーチ（2022）179頁～180頁。

（注17）参考日本語訳として、西村あさひ法律事務所・前掲（注1）別紙1「デラウェア州PBC法日本語参考訳」。

イ　PBCの取締役が負う義務の内容／公益の内容

PBCの取締役は、株主の経済的利益、当該PBCの行為により重大な影響を受ける者の利益、および定款で特定された公益（public benefit identified in its certificate of incorporation）を「比較衡量（balance)」してPBCを経営する義務（以下、「比較衡量義務」という）を負っている(注18)。

PBCの取締役が比較衡量（balance）すべき利益の１つである「公益」（public benefit）とは、「一または二以上の種類の個人、事業体、地域社会または利益集団（ただし、株主としての資格における株主を除く）に対するプラスの影響（またはマイナスの影響の減少）を意味し、芸術的、慈善的、文化的、経済的、教育的、環境的、文学的、医学的、宗教的、科学的または技術的性質の影響を含むが、これらに限られない」と定義されており(注19)、PBCは、定款において当該PBCが追求する１つまたは複数の公益を特定するものとされている(注20)。

ウ　公益報告書

PBCが定款で特定した公益を十分に促進していたか、および取締役が比較衡量義務を十分に果たしていたか等に関する情報を株主に提供するための制度として、デラウェア州PBC法は、PBCに対して、２年に１回の頻度で、公益報告書の作成および株主への送付を要求している(注21)。

当該公益報告書には、PBCがその定款において特定した公益を促進するために取締役会により定められた目標、当該公益の促進に関する進捗状況を測定するために取締役会が採用した基準、公益の促進に関する評価等を記載するものとされている。

エ　取締役の責任追及訴訟における原告適格

取締役が比較衡量義務の履行を怠った場合には、当該PBCの発行済株式の少なくとも２％に相当する株式の数（株式が上場されているPBCの場合は、上記割合に相当する株式の数、または、訴訟の提起日時点の市場価格にして総額200万ドルに相当する当該PBCの株式の数のいずれか少ないほう）を、個別にまたは原告全体として保有している株主に限り、取締役に対して比較衡量義

（注18）DGCL365条（a)。
（注19）DGCL362条（b)。
（注20）DGCL362条（a)。
（注21）DGCL366条（b)。

務を遵守させるための責任追及訴訟を提起することができる(注22)。

他方で、株主以外のステークホルダーには、取締役に対して比較衡量義務を遵守させるための責任追及訴訟を提起する原告適格は認められていない。

(6) デラウェア州 PBC の運用状況

2013 年にデラウェア州 PBC 法が成立して以降、PBC の数は増加を続けており、2023 年３月時点で合計 4,065 件の PBC が存在している。

また、2017 年２月に Laureate Education, Inc. が PBC として初の上場を果たして以降、上場する PBC は増加傾向にあり、確認できた範囲において、2023 年３月末日時点で 18 社の PBC が米国の証券取引所に上場している(注23)。

PBC という法人形態が選択される理由、PBC という法人形態がもたらす経営者にとってのメリットとしては、以下のような点が指摘されることが多い。

ア　公益の追求に対する法的な保護

株主中心主義の強い影響下にある米国の株式会社と異なり、PBC においては、取締役が株主以外の関係者の利益や公益を考慮することが正面から認められる（むしろ、取締役はかかる考慮を行うことを義務づけられる）。そのため、取締役は株主利益最大化原則への抵触について懸念することなく、社会的インパクトを追求することが可能となる。

イ　会社の価値観の継続

通常の株式会社の中にも、従業員や顧客、サプライヤー等の株主以外の関係者の利益や地域社会への貢献といった、株主利益最大化とは別の価値を重視して経営を行っている企業は相当数存在するものと考えられるが、通常の株式会社にはこうした価値への継続的なコミットメントを法的に担保する制度は存在しない。したがって、例えばこうした経営方針を定めた創業者が会社から去った場合等に、従前のような社会的インパクトを重視する経営が継続するか否かは不確実である。

(注22) DGCL367 条。

(注23) なお、確認できた限りにおいて、2023 年３月末日時点で米国の証券取引所で上場しているベネフィットコーポレーションは PBC のみであり、デラウェア州以外の州を設立準拠州とするベネフィットコーポレーションが上場している事例は不見当である。

PBCにおいては、当該会社が公益を追求する旨が定款に記載され、取締役は株主以外の関係者の利害関係も考慮した上で会社経営を行うことが法的に義務づけられる。そのため、創業者の在籍の有無や経営陣の交代の有無にかかわらず、従前の経営方針が維持されることが期待できる（かつ、従前の経営方針が継続されるであろうことを顧客や従業員その他の内外の関係者に示すことができる）[(注24)]。

ウ　ブランディング効果等

近年、多くの消費者の意識が変わり、商品／サービスの質や内容に加えて、当該企業が社会に貢献しているか否か、十分な社会的インパクトを示しているか否かといった要素をより重視して商品／サービスを選択するようになっている[(注25)]。社会的インパクトを重視する会社は、PBCというステータスを取得することで、自社を競合他社から差別化し、上記のような傾向をもった消費者を自社の商品／サービスにより引きつけることが可能となる。

（注24）近時、会社の価値観の継続に関連してPBCを利用することが検討されている例として、OpenAIの事例が挙げられる。OpenAIは2015年に公益性を理念とするNPOとして発足した後、2019年に営利部門（OpenAI LP）を分社化して設立し、NPO（OpenAI Nonprofit）が営利部門を監督するというハイブリッド構造を採用していたが、2024年、2年以内に営利企業に移行することを前提として66億ドルの資金調達を行うことが発表された（*See* OpenAI closes $6.6 billion funding haul with investment from Microsoft and Nvidia, October 3, 2024（https://www.reuters.com/technology/artificial-intelligence/openai-closes-66-billion-funding-haul-valuation-157-billion-with-investment-2024-10-02/））。営利企業への移行に際して、OpenAIは、既存投資家や第三者からの望ましくない買収やアクティビストからの経済的利益最大化の要求を退けることを可能とするべく、営利企業の経営形態としてPBCを採用することを計画していると報じられている（*See* OpenAI pursues public benefit structure to fend off hostile takeovers, October 10, 2024（https://www.ft.com/content/5649b66e-fdb3-46d3-84e0-23e33bdaf363））。

（注25）社会的責任に関連するマーケティング（Socially Responsible Marketing）を専門とするGood. Must. Growが2021年に公表した消費者の行動に関する調査結果（https://goodmustgrow.com/cms/resources/ccsi/2021-ccsindex-press-release.pdf）によれば、調査対象者のうち72％が、会社の目的やミッションといった要素を重視している旨を回答しているほか、83％が、会社が従業員をどのように取り扱っているかという点は今後当該会社を支持するか否かを決める上での重要なファクターであると回答している。また、組織として信頼できることや、社会・環境にポジティブなインパクトを及ぼす能力があることを重視すると回答した対象者はそれぞれ84％、76％であり、これらの数値はいずれも前年の調査結果に比して上昇傾向を示している。

また、2016年に米国のミレニアル世代を対象に行われた調査(注26)によれば、同世代の多くの割合が、社会的責任を果たしている企業に対してより高いシンパシーを感じていることが判明しており(注27)、PBCとしてのステータスにはこうした世代の人材の雇用と維持を促進する効果も期待できる。

3　日本の会社制度への示唆

(1)　日本における株主中心主義

前述の通り、岸田政権の発足に伴い、わが国においても、民間で公的役割を担う新たな法人形態として日本版Public Benefit Corporationの導入可否が検討が開始された。こうした動きについては、いきすぎた株主中心主義からの軌道修正として登場したステークホルダーモデルを部分的に導入するものであって、世界的潮流に合致した動きとして好意的に捉えられる面もある。

もっとも、日本においては、株式会社は「営利」を目的とする法人であることから、取締役の義務は株主の利益を最大化することにある（株主利益最大化原則）というのが確立した解釈ではあるものの(注28)、ここでいう「株主の利益」には「長期的利益」も含まれることは広く受け入れられており、また、取締役の意思決定にはいわゆる経営判断原則の適用があるため、広範な裁量が認められている。さらに、会社が相当な範囲で社会的に期待される行為を行うことは、たとえ株主利益の最大化につながらないとしても許容すべきである、という解釈が有力である(注29)。それゆえ、日本における株式会

(注26) 西村あさひ法律事務所・前掲（注１）56頁。

(注27) 具体的には、①同世代の75%は、社会的責任を果たしている企業で就労するために給与が減少することを受け入れる（全米平均は55%）、②同世代の83%は、彼らが社会問題や環境問題に貢献をすることを支援してくれるような会社に対しより忠誠心を持つ（全米平均は70%）、③同世代の88%は、社会問題や環境問題に対してプラスの影響を与える機会を得ることで仕事はより充実したものになると回答している（全米平均は74%）、④同世代の76%は、就業先を検討する際に当該企業の社会・環境へのコミットメントを考慮している（全米平均は58%）、⑤同世代の64%は、十分なCSRプラクティスを有していない企業で就労することを望まない（全米平均は51%）との調査結果が報告されている。

(注28) 例えば、江頭憲治郎『株式会社法〔第９版〕』（有斐閣、2024）22頁～24頁、落合誠一『会社法要説〔第２版〕』（有斐閣、2016）49頁～50頁・57頁～58頁。

社は、法制度それ自体は株主中心主義を前提として設計されているとしても、実際には株主以外のステークホルダーの利益も柔軟に取り込むことができる制度として運用されているということができ、だとすれば、日本版 Public Benefit Corporation の導入のいかんによって、日本の会社のあり方や、日本の会社が果たす公的役割といった点に大きな差異は生じないのではないか、という考えもあり得るところである。

⑵　会社の目的・存在意義

２⑸イの通り〔p.126〕、米国デラウェア州の PBC においては、当該 PBC が実現を目指す公益を定款によって特定することが要請されており、定期的に作成される公益報告書によって、当該 PBC が定款で特定された公益を十分に促進していたか否か等に関する情報が株主に提供される。そして、PBC が一度自社の目的として掲げた公益の内容を変更する（あるいは、PBC から通常の株式会社へと再転換し、公益の追求をやめる）ためには、定款変更の手続を経ることが必要となる。

他方、日本の会社法においては、企業として実現を目指す公益や、果たすべき責任といった、いわばその会社のミッション・存在意義に関する事項の受け皿となる法概念は規定されていない。しかしながら、わが国においても会社の社会的責任に関する議論がますますの高まりを見せ、公益に関与することに強い関心を持つ起業家層も登場しているという状況を踏まえると、日本版 Public Benefit Corporation の導入のいかんにかかわらず、現行の会社法の枠組みの中で、会社のミッション・存在意義に関する事項をどのように取り扱うことが可能かという点については、検討が必要になるであろう[注30]。

この点に関しては、「そもそも会社の存在意義に関する規定を会社法上誰がどのように定めるのか」という点が問題となる。**２⑹イ**に記載したように〔p.127〕、創業者等が去った後も一貫した公益の追求を一定程度担保するという PBC のメリットと同様の効果を望むのであれば、取締役会の決議によってではなく、株主総会の特別決議により定款でこれを定める必要がある、

（注29）田中亘『会社法〔第４版〕』（東京大学出版会、2023）282 頁。
（注30）会社のミッション・存在意義といった概念の会社法上の位置づけを検討する必要性を指摘するものとして、神作・前掲（注３）10 頁〜11 頁。

ということになろう。

また、会社の存在意義を定款に定めることになったとして、具体的な定め方も問題となる。近時、エーザイ株式会社や株式会社ユーグレナ、イオン株式会社といった企業が公益を意識した定款上の目的規定を導入して話題となったが、かかる規定を導入する際の指針となるものがあるわけではなく、現にこれらの会社の間でも、具体的な定款の記載ぶりは相当異なっている。法的観点および技術的観点からどのような定款の記載ぶりが適切なのかについては、会社法の解釈のみならず、登記実務も踏まえて、さらなる議論・実例の蓄積が必要となるだろう。

さらに、会社のミッション・存在意義を定款上の規定として取り込んだ場合に、当該規定に抵触する会社の行為（例えば、追求すべきとされている公益を顧みず、会社および株主の利益のみを追求する行為）の効力がどうなるのか、当該行為の実施を決定した取締役は会社に対してどのような責任を負うのか、といった点も検討すべき問題となる。

⑶　総　括

以上の通り、本節では、公的役割を担う民間の法人の具体例としての米国のベネフィットコーポレーション（特にデラウェア州 PBC）の概要、および、当該制度が日本の会社制度に対して有する示唆について検討してきたが、留意すべきは、米国のベネフィットコーポレーションは、あくまで株主中心主義が厳格に適用されてきた米国の状況を前提として導入されたものであり、他国における類似の制度もまた、各々の国が置かれている法的なバックグラウンドを前提に構築されている、という点である。日本版 Benefit Corporation を導入するべきか否か、それとも現行の会社法のより柔軟な運用により会社が公的役割を担うことを許容していくのかは引き続き検討されるべきだが、いずれの方法を採ったとしても、わが国の会社法制度や、実際の経営者や起業家の需要を踏まえた上で、これらに即した制度設計とすることが肝要であると考えられる。

第2節　B Corp 認証制度

1　B Corp 認証制度の概要

(1)　B Corp 認証制度の内容および目的

B Corp とは、B Corporation としての認証（B Corp 認証）を受けた企業の略称である。B Corp の「B」は、英語の「Benefit（ベネフィット：便益）」を意味し、株主だけではなく、従業員や顧客、社会や環境に対して等しく便益を生み出すことが企業の成功であるとの考えに基づく名称である。

B Corp 認証は、米国の非営利団体である B Lab(注31)が提供している国際的な民間認証制度であり、B Corp 認証の取得を申請した企業のうち、B Lab が提示する社会・環境に関する成果（performance）、説明責任（accountability）、透明性（transparency）について高い水準を有していると認められた企業に対して付与される。B Corp 認証は、第三者機関による客観的な審査を経て一定の基準に対して適格であることを認証する制度であるという点において、JIS 認証、ISO 認証、プライバシーマーク等の認証制度と似た面があるといえる。他方で、B Corp 認証の場合には、特定の製品やサービスといった事業の一面のみならず、労働者に対する取組み、コミュニティへの参加、環境、ガバナンス、顧客との関連性等、当該企業自身および当該企業の取組み全体を対象とする点においてこれらの認証制度と異なる。

(注31) B Lab は、2006 年に設立されたフィラデルフィアに本拠を有する非営利団体であり、社会を良くする力として、ビジネスの力を活用するグローバルムーブメントを支援することを目的としている。B Lab は、B Corp 認証の付与に加え、B インパクト・マネジメント・プログラムやソフトウェアの管理、州レベルでのベネフィットコーポレーション法の採択と改善のための政策提言活動等を行っている。B Lab の公表によれば、本書執筆時点において世界 14 の地域に B Global Network と呼ばれるグローバルパートナーが存在しており（https://www.bcorporation.net/en-us/movement/global-network）、地域レベルでの B Corp movement を支援している。

すなわち、B Corp 認証は、企業のステークホルダーやコミュニティに対する取組み全体を第三者機関である B Lab が評価し、企業そのものに対して、いわば「良い会社」であるとのラベルを貼る制度といえる。なお、B Corp は、あくまでも既存の組織形態（例えば、株式会社等）を利用している組織のうち認証を取得したものの呼称であり、法人格そのものの名称であるベネフィットコーポレーションとは異なる（B Corp とベネフィットコーポレーションの異同については(2)参照）（注32）（注33）。

諸外国における B Corp 認証取得企業のうち、日本国内でも知名度が高い企業としては、例えば、食料品を手がけるフランス企業のダノンのグループ会社（Danone）、フランスの高級ファッションブランドであるクロエ（Chloé）、コーヒーを中心とする飲料等を販売するスイス企業のネスレネスプレッソ（Nestlé Nespresso）、アウトドア用品を手がける米国企業のパタゴニア（Patagonia）、スノーボード製品を手がける米国企業のバートン（Burton Snowboards）、環境に配慮したスニーカーを手がける米国企業のオールバーズ（Allbirds）、スキンケア製品等を販売するフランス企業のロクシタン（L'Occitane）やオーストラリア企業のイソップ（Aēsop）等がある。

B Corp 認証を取得するためには、①社会的・環境的パフォーマンスに関する B Lab による審査に合格するとともに、②株主だけでなく、すべてのステークホルダーに対して説明責任を果たすよう、コーポレート・ガバナンスの構造を変更することで法的コミットメントを行うこと（地域によって要件は異なる）、③ B Lab の基準に照らして測定されたパフォーマンスに関する情報を、B Lab のウェブサイト上で一般公開することにより、透明性を示すこと等が求められる（取得プロセスについての詳細は**2**〔p.143〕）（注34）。審査のハードルは相応に高く、申請したにもかかわらず最終的に認証が取得できない企業も相当数存在する。もっとも、B Corp 認証は、企業の規模、業種、上場／非上場、社歴（スタートアップ～老舗企業まで）を問わず利用可能な制度であり、日本企業にとっても、マーケティング、ブランディング、リ

（注32）ベネフィットコーポレーションについての詳細は、**第1節**を参照されたい〔p.118～〕。
（注33）なお、便宜上、本節において、別段の記載がない場合、ベネフィットコーポレーションは、デラウェア州の Public Benefit Corporation を指すことを前提に議論をするものとする。
（注34）B Lab（https://www.bcorporation.net/en-us/certification/）.

クルーティング、ESG・SDGs対応等さまざまな観点から利用を積極的・戦略的に検討する価値のある制度である。

⑵　ベネフィットコーポレーションとの違い

ベネフィットコーポレーションとは、当該会社が自ら定めた公益目的に即した事業活動を行っていくことを対外的に明示するとともに、会社の経営陣が株主以外のステークホルダーの利益をも追及する事業運営を行うことに対して法的な保護を付与するために創出された法人形態である。これに対し、B Corp認証は、当該会社が株主を含むステークホルダーの利益の実現を実際に現時点で行っていることを第三者機関であるB Labによって客観的に審査してもらい認証するという形でいわばお墨付きをもらう制度である。したがって、設立手続や株主総会決議といった法定の要件を充足しさえすれば、当該時点において実際に行っている事業活動の内容やその実態にかかわらず利用することが可能であるベネフィットコーポレーションに比して、実際に行っている事業活動の内容が厳格な審査プロセスにより客観的に審査されるB Corp認証のほうが、利用のハードルが高いため、ステークホルダーに対してよりアピーリングであるという見方もある[(注35)][(注36)]。

他方で、会社の経営陣による事業運営に対する法的な保護が付与されるベネフィットコーポレーションと異なり、B Corp認証は、その取得によって何らかの法的な効果が生じるわけではなく、むしろ通常の株式会社において

（注35）筆者らが内閣官房新しい資本主義実現本部事務局委託事業として実施した調査（2023年３月31日に「米国等における民間で公的役割を担う新たな法人形態に関する調査報告書」を公表）においても、B Corp認証とベネフィットコーポレーションとの違いについて、ベネフィットコーポレーション法制化のための立法運動に深く関与した弁護士であるWilliam H. Clark氏は、ある会社がB Corp認証を取得しているということは、当該会社が実際に社会に対してポジティブなインパクトを創出してきたということが第三者機関であるB Labによって認定されているということを意味しているのであり、法定の要件を充足しさえすれば現実の活動内容にかかわらず取得することが可能であるベネフィットコーポレーションというステータスに比して、B Corp認証が持つ意味はより大きいと認識していると述べている。

（注36）なお、近時B LabからB Corp認証取得企業の財務パフォーマンスに関するポジティブな調査結果が公表されていることは注目に値する（https://www.bcorporation.net/en-us/news/blog/5-things-to-know-resilience-financial-performance-b-corps/）。

利用する場合には、公益の追求により株主利益が犠牲にされ得ることとの整理が必要になるという面もある。したがって、B Corp 認証の取得の要否については、B Corp 認証の取得のメリット（(4)〔p.140〕）、取得プロセスにおける負担（2〔p.143〕）、当該会社が所在する国や地域、業種において広く認知・使用されている認証制度が他にあるか等を総合的に考慮して、各社において判断することとなる。

〔図表 2-3-1〕B Corp とベネフィットコーポレーションの比較

項目	B Corp	ベネフィットコーポレーション
形態	認証	法人格
取得プロセス	B Lab による厳格な取得プロセス	設立時の形式手続または（株式会社から移行する場合には）株主総会決議での賛成（デラウェア州の PBC の場合には過半数の賛成）
法的効果	なし	株主以外のステークホルダーの利益をも追求する経営陣の事業運営に法的な保護を付与
更新	3年ごと(注37)	なし
費用	申請費用および年間の認証費用	設立費用

(3) B Corp 認証制度の利用状況

B Lab の公表(注38)によると、2025年1月14日時点において世界105か国、9,460の企業（160の産業）が B Corp 認証を取得しており、世界的に見ても、直近の数年間において、B Corp 認証取得企業の数は飛躍的に増大している。

(注37) なお、Change of Control（支配権の異動）や株式上場が生じた場合にも、あらためて B Impact Assessment を実施し、再認証を行うことが必要となる（https://www.bcorporation.net/en-us/certification/）。

(注38) B Lab（https://www.bcorporation.net/en-us/）.

〔図表 2-3-2〕全世界における B Corp 認証取得企業数の推移

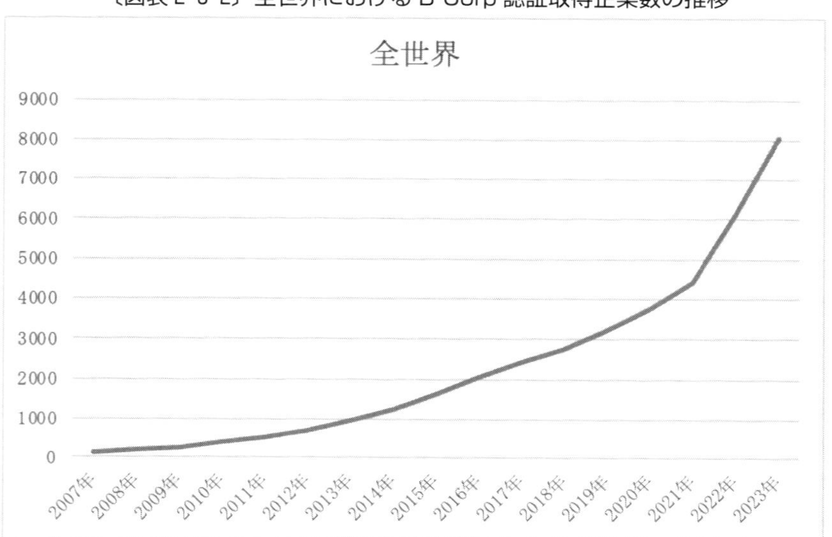

地域別の B Corp 認証取得企業の数の推移は〔図表 2-3-3〕の通りである。米国・カナダ、イギリス、欧州、ラテンアメリカで全体の9割近くを占めており、特にイギリスやラテンアメリカにおいて B Corp の数が近年飛躍的に増加している。アジア太平洋地域では、依然として絶対数は少ないものの、オーストラリア・ニュージーランド、シンガポール、台湾を中心に、B Corp 認証取得企業が徐々に増加している。

〔図表 2-3-3〕地域別の B Corp 認証取得企業数

地域	2018 年	2020 年	2022 年	2023 年
B Lab Global	2,744	3,735	6,123	8,051
Australia& NZ	252	315	505	662
Africa	31	47	54	62
China	12	20	39	45
Europe	324	563	1,160	1,644

Honk Kong & Macau	8	13	22	29
Japan	6	7	18	39
Korea	11	16	23	32
Singapore	7	13	24	40
Latin America	445	661	1,018	1,187
Southeast Asia	5	10	27	51
Taiwan	25	29	38	46
UK	165	361	1,139	1,815
US & Canada	1,433	1,668	2,057	2,385
その他	21	14	25	41

＊ B Lab の Annual Report（2023 年版）のデータより筆者作成。

日本においても、〔図表 2-3-4〕の通り、特に 2021 年以降 B Corp 認証取得企業数が急増しており、2024 年 10 月時点において 45 社（うち上場企業は２社）の B Corp が存在している。また、筆者らの認識する限りにおいても、現在、B Corp 認証の取得を検討・準備している日本企業は上場企業を含め相当数存在することから、今後も認証企業は大幅に増加することが期待されている。

このような流れを受けて、2024 年３月１日、日本における B Corp 認証普及の役割を担うオフィシャルパートナーとして、新たな体制による BMBJ の設置が公表された。BMBJ は、B Corp 認証企業・申請企業の創業者・役職員やコンサルタント等から構成され、外部専門家とも連携しながら B Corp 認証に関する問い合わせ業務や、B Corp に関する情報発信（SNS・BMBJ ダッシュボード等）、B Corp への関心を有する人々のコミュニティ（School of B Corp）の運営等を担っていくことが予定されている（注39）。

（注39）プレスリリースによれば、一般財団法人社会変革推進財団、一般財団法人社会的インパクト・マネジメント・イニシアチブおよび株式会社日本総合研究所がオフィシャルパートナーになっている。

〔図表 2-3-4〕日本における B Corp 認証取得企業数

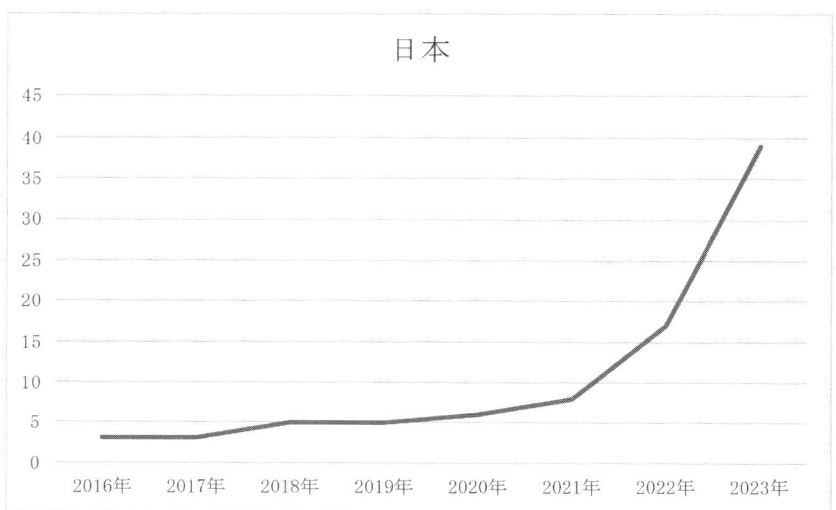

BMBJ の設置により、これまで日本における B Corp 認証利用の課題として挙げられることの多かった審査期間の長期化の問題は相当に改善されるであろう。また、審査基準の内容・運用において必ずしも日本特有の事情が考慮されてこなかったことについても、BMBJ を通じてローカルな利用者の声が B Lab Global に対してインップットされることで改善していくことが期待される。

なお、現時点での日本における B Corp の概要は〔図表 2-3-5〕の通りである。

〔図表 2-3-5〕日本における B Corp の概要

日本における B コープ認証取得企業一覧（2023 年 6 月現在）

会社概要						B Impact Assessment スコア					
会社名	設立日	認証取得	産業分類	上場/非上場	資本金	Overall（総合）	Governance（ガバナンス）	Workers（従業員）	Community（コミュニティ）	Environment（環境）	Customers（顧客）
㈱ ADORLINK	2020 年 11 月 2 日	2023 年 11 月	Apparel	非上場	1000 万円	83	9	26	19	26	2
㈱ネイチャーズウェイ	1974 年 6 月 11 日	2023 年 11 月	Personal care products	非上場	4500 万円	91	11	31	17	28	4
総武建設㈱	1982 年 10 月 14 日	2023 年 11 月	Real estate development	非上場	1500 万円	90	7	28	38	14	4

㈱andu amet	2012年2月1日	2023年7月	Leather & related products	非上場	500万円	87	8	43	17	16	3
㈱クラフ	2017年11月1日	2023年9月	Software publishing and SaaS platforms	非上場	1550万円	94	13	57	14	6	4
㈱エヌ・ケー	2009年6月18日	2023年7月	Leather & related products	非上場	500万円	86	8	24	23	27	4
imageMILL㈱	2007年12月11日	2023年7月	Film, TV & music production	非上場	600万円	85	12	27	23	10	14
㈱ファンドレックス	2008年7月1日	2023年7月	Management consultant - nonprofits	非上場	860万円	110	13	28	37	10	23
えそらフォレスト㈱	2010年11月24日	2023年6月	Personal care products	非上場	3305万円	85	9	28	19	27	2
㈱プチフィロゾフ	2016年11月1日	2023年6月	Personal care products	非上場	700万円	85	7	20	24	31	3
㈱わざわざ	2017年3月1日	2023年6月	General retail via Internet	非上場	1000万円	80	11	27	21	19	2
アークエルテクノロジーズ㈱	2018年8月1日	2023年6月	Computer programming services	非上場	3500万円	109	8	25	30	21	24
㈱パブリックグッド	2013年10月2日	2023年6月	Other personal services	非上場	300万円	83	16	33	20	10	4
㈱UMITO Partners	2021年6月1日	2023年4月	Environmental consulting	非上場	200万円	96	11	28	20	11	26
㈱ハーチ	2015年12月17日	2023年4月	Web portals	非上場	2,000万円	101	14	35	38	11	4
㈱ナイスコーポレーション	1990年11月1日	2023年4月	Apparel	非上場	1,000万円	95	11	27	32	21	4
㈱ピープルフォーカス・コンサルティング	1991年1月18日	2023年2月	Management consultant - for-profits	非上場	1,000万円	84	11	34	22	11	6
㈱ルイーダ	2011年1月21日	2023年1月	Computer programming services	非上場	1,000万円	86	14	36	17	14	4
㈱Colere	2020年10月30日	2023年1月	Management consultant - for-profits	非上場	1,200万円	86	12	31	26	13	4
㈱Innovation Design	2010年10月1日	2022年12月	Restaurants & food service	非上場	900万円	83	7	19	37	19	1
㈱ovgo	2020年5月15日	2022年12月	Food products	非上場	6,875万7,401円	81	9	29	20	19	3
ライフイズテック㈱	2010年7月6日	2022年9月	Education & training services	非上場	3,028万8,256円	94	15	26	20	4	29
㈱CFCL	2020年2月18日	2022年7月	Apparel	非上場	1,050万円	128	10	21	32	61	4
㈱クラダシ	2014年7月7日	2022年6月	Food products	非上場	3,500万12円	110	11	26	39	32	2
㈱オシンテック	2018年11月22日	2022年3月	Software publishing and SaaS platforms	非上場	600万円	87	11	28	17	10	21
㈱ファーメンステーション	2006年3月15日	2022年3月	Personal care products	非上場	1億円	82	8	23	22	28	1
合同会社mayunowa	2015年1月30日	2022年3月	Personal care products	非上場	74万円	83	13	–	33	32	5
㈱シグマクシス・ホールディングス	2008年5月9日	2022年1月	Management consultant - for-profits	上場（東証プライム）	30億円	81	13	35	17	10	7
合同会社レドリボング	2019年10月2日	2021年12月	Computer programming services	非上場	100万円	86	13	33	22	14	4
㈱エコリング	2001年5月30日	2021年6月	General retail via Internet	非上場	1,000万円	101	11	24	16	46	4

ダノンジャパン㈱	1992年11月24日	2020年５月	Food products	非上場（親会社はユーロネクスト上場）	３億円	85	11	29	17	25	4
㈱汨橋ラボ	2015年７月30日	2018年６月	Other human health	非上場	300万円	112	7	29	22	13	41
日産通信㈱	2009年11月11日	2018年１月	Other info service activities	非上場	100万円	93	11	31	39	8	3
フリージア㈱	2006年９月25日	2016年11月	Residential nursing care	非上場	700万円	81	12	22	22	5	20
石井造園㈱	1966年12月16日	2016年５月	Architecture design & planning	非上場	4,000万円	82	11	29	27	15	0
㈱シルクウェーブ産業	2008年２月25日	2016年３月	Textiles	非上場	1,000万円	94	7	26	27	34	0

＊山本晃久「サステナビリティ経営に優れた企業への認証　『B コープ』の概要と取得手続および普及の課題」旬刊経理情報1667号（2023）33頁掲載の表をベースに公表情報を利用して作成。

⑷　B Corp 認証取得のメリット

B Corp 認証取得のメリットは各社によって異なるが、有能かつサステナビリティ志向の強い人材の確保と維持（特にミレニアル世代への訴求）(注40)、メディアへの露出による認知度の向上、取引先を含むステークホルダーからの信頼の獲得、企業のミッションへの長期的なコミットメントの担保、B Corp 同士の関係性の構築を通じたビジネスコミュニティの形成等が考えられる。

これらのメリットについては、ベネフィットコーポレーションに相当する法人形態を利用した場合にも（程度の差こそあれ）同様に存在すると考えられるが、B Corp 認証は、ベネフィットコーポレーションに比して社会における認知度が高いということもあり、顧客や従業員の誘引という点からより効果的であると認識している企業も存在する。また、特に以下のメリットについては、B Corp 認証特有のものであると考えられる。

ア　ビジネス上のメリット

B Corp 認証を取得した場合、自社の製品のパッケージに認証印を付与することが可能になる。B Lab は15年以上にわたり B Corp 認証の認知度や

(注40) 特にミレニアル世代においては、社会的責任を果たしている企業への就職を重視しているとの調査結果も存在する（Cone Communications, Millennial Employee Engagement Study, 1〔2016〕）。

ブランド力の向上に取り組んできており、特に欧米においては、一般消費者を含めB Corp 認証の認知が広まってきている。当該認証印は、企業のサステナビリティと社会的責任を重視する顧客に対してのブランドの差別化やロイヤリティを高めるなどブランディング・マーケティング上のメリットが存在する。

また、B Corp 認証を取得することで、認証を受けた企業はサステナブルなビジネスモデル・社内体制を有していると認識され、グローバルなサプライチェーンにおける評価の向上につながる。特に近時、ESG をめぐる規制の強化等も背景にサプライチェーンマネージメントが多くのグローバル企業における課題となっている中で、B Corp 認証を取得することで、そのような企業との取引のチャンスの拡大にもつながる可能性がある。

さらに、B Corp 同士のビジネス上の協働も行われている。例えば、国内においても、ファーメンステーションとシグマクシス・グループ（ともにB Corp 認証企業）が共同プロジェクトを実施し、ワイン残渣由来のアップサイクルエタノールを配合したアロマスプレー・除菌スプレーを開発するなどの取組みが始まっている(注41)。

イ　B Impact Assessment による継続的な社内体制の見直し

B Impact Assessment はB Corp 認証取得・更新のために必要となるプロセスであるが（**2**(2)〔p.145〕）、それのみにとどまらず、企業の社会的・環境的な取組みについての継続的な改善のために利用できるオンラインアセスメントツールでもある。B Impact Assessment は企業の規模にかかわらず有意義な比較ができるように設計されており、自社の取組みが他社と比較して優れている点や改善点を把握できるようになっている。いわば自社に対するデューデリジェンスを効果的に行うことができるツールである。B Impact Assessment の結果は項目別に数値として現れるため、各項目について KPI を設定し、継続的に社内体制を見直していくことで、自社のサステナビリティ課題等の改善に活かしていくという利用方法も想定される。なお、このツールはB Corp 認証の取得を目指していない企業においても無料で利用可能であり、これまで利用企業数は累計28万社以上に上る(注42)。

（注41）2022年12月12日付けプレスリリース「ファーメンステーションがシグマクシス・グループとB Corp 認証企業同士の共同プロジェクトを実現」参照。

ウ　B Corp コミュニティへの参加を通じた集団的な取組み

B Corp の中には、B Corp コミュニティの一員になることを認証取得のメリットとして挙げる企業も存在する。B Lab においても、B Corp Peer Circles という認証企業同士の集まりを企画したり、後述の B Movement Builder Program 等を通じて認証企業同士の交流や知見の共有がなされたりすることを推奨している。また、地域ごとに、それぞれ独自の B Corp Movement が形成されている(注43)。

また、B Corp 間での主体的な連携も進んでおり、例えば、気候変動に関しては、B Corp Climate Collective という政策提言を含めた気候変動に関する分野横断的な連携を行うグループが存在する。業界別に見ても、美容業界においては、B Corp 認証を取得している化粧品会社等が B Corp Beauty Coalition という連合を組成して、勉強会を実施したり、共同原料調達、責任ある持続可能なパッケージング、ロジスティクスといった主要な業務分野に関するベストプラクティスのガイダンスとしての B Beauty Navigator を公表したりする等している(注44)。

アカデミアとの連携を通じた取組みも各国で積極的に行われている。例えば、日本でも、2024 年２月に株式会社日本総合研究所が早稲田大学ビジネススクールと共同で「B Corp を活用した SX 人材育成」といった講座を開設し、日本で働くビジネスパーソンを対象とした B Corp の普及・啓蒙活動を行うなど、活発な動きが見られる。

なお、BMBJ は、B Corp に関する国内外の情報が集まる「BMBJ ダッシュボード」や、B Corp に関心のある人々が集まるコミュニティ「School of B Corp」を設置するなど、日本におけるこのようなコミュニティの醸成にも注力しており、今後のさらなるコミュニティの発展が期待される。

（注42）B Lab の Annual Report（2022 年版）（https://blab.infogram.com/1tqq4oled29lzdc4omkggkpk2eu8k7y0e1x）。

（注43）ライアン・ハニーマン＝ティファニー・ジャナ（監訳者・鳥居希ほか）『B Corp ハンドブック：よいビジネスの計測・実践・改善』（バリューブックス・パブリッシング、2022）51 頁以降に地域別の B Corp Movement の概要が記載されている。

（注44）2023 年３月 29 日付けリリース（https://www.bcorpbeauty.org/wp-content/uploads/2023/03/Press-Release_B-Beauty-Navigator_-B-Corp-Beauty-Coalition.pdf）参照。

2　B Corp 認証の取得プロセス

(1)　取得プロセスの概要(注45)

B Corp 認証を取得しようとする企業は、産業、売上、従業員数、グループ資本構成等に応じて多少は異なり得るものの、概ね以下の手続を経てB Corp 認証を取得する。日本企業の場合であっても、手続は基本的に英語で行う必要があり、（一部のプロセスを除き）日本語には対応していない。

① オンラインのB Impact Assessment（positive impactを測定、管理、改善するための評価であり「BIA」と呼ばれる）に登録し、自社に関するガバナンス、従業員、コミュニティ、環境、顧客の5領域についての平均200の質問に回答する。

② オンラインのBIA（200点満点）で80点以上のスコアを取得したら、その結果を提出することで正式なBIA Reviewを申請する。もっとも、認証を実際に取得した企業においても、初回のBIAで80点以上が取得できていないケースも多く、その場合、社内でチームを組成した上で、スコア取得のために必要な社内の改善策に取り組むというプロセスを経ることが一般的である。

③ 申請が受け付けられると、B Labのアナリストが割り当てられ、B Corp 認証の適正審査（Review Process）を受ける。審査においては、Legal Requirementの確認(注46)、BIAの対象である平均200問の質問からランダムに選ばれた質問に対する証憑提出が求められることが多い。申請者は、必要な説明をし、オンラインで根拠資料やデータ等のアップロード等を行った上で、割り当てられた特定のアナリストとの間で口頭

(注45) B Corp 認証の取得に関する留意事項等については、Ryan Honeyman and Tiffany Jana, The B Corp Handbook, Second Edition (2019)が詳しい。なお、ライアン・前掲（注43）は、当該書籍のB Lab 公認の日本語訳として刊行されている。

(注46) 自社の法的組織（legal entity）を前提に、B Corp としての法的要請事項であるStakeholder Governanceを組み込むための方法を確認する。なお、各国の企業における要対応事項はLegal Requirement Toolで確認ができ、日本の企業に関しては、認証プロセスで一定の誓約をすることを前提に定款等の変更は不要と整理されている。

での質疑や追加の資料提出等が行われる。

④　最終的に審査が完了し、80点以上のスコアを取得できていることが確認されると、所定の宣誓（B Corp Declaration of Interdependence）やB Labのロゴ等の知的財産権の使用ライセンス等を定めたB Corp Agreementにサインし、自社の地域と年間売上げに応じた所定の年間認証費用を支払うことでB Corp認証を取得する。

B Corp認証を取得した企業は、B Labのホームページ上からアクセス可能なB Corp Directoryに自社のBIAのスコアとインパクトレポートを公開する必要がある。また、B Corp認証を取得した企業は、３年に一度認証手続の更新が必要となる。更新の際には、再びBIAを受け、インパクトレポートを提出する必要がある。

このような厳格な認証プロセスと継続的な対外情報開示によって、いわゆるインパクトウォッシュの問題を防ぐことが担保されている。

なお、B Corp認証の申請に際して留意すべき点として、B Labは特定の業種や業界慣行に関する特別のリスク基準（Risk Standards）を設けていることが挙げられる。Risk Standardsとは、潜在的な悪影響を及ぼす可能性のある問題（Controversial Issues[注47]）としてB Labが指定する問題に関連する業種に属する企業が、B Corp認証の資格を得るために満たさなければならない追加的な基準である。申請企業がControversial Issueとして指定を受けるビジネスを行っている場合には、①そもそも認証を受ける資格を有しないと判断される可能性や、②B Labの定めるリスク基準に適合していることを開示するまたは基準に適合するような是正措置を行う必要性が生じることとなる。また、B Labにおいてそのような追加的な基準の作成が完了していないまたは基準開発の目処の立っていない業種については、実質認証プロセスを進めることができないことになる[注48]。

さらに、ある企業がどのような業種に属するかということは、当該企業の分野別の売上げやビジネスの実態等を踏まえてB Labの裁量判断によって決定されることから、必ずしも自社の希望する業種のまま申請を行えない

(注47)　Controversial Issueについては、B Labのホームページに詳細が記載されていることから当該記載も参照されたい（https://www.bcorporation.net/en-us/standards/controversial-issues/）。

ケースも存在するようである。この点、必ずしも日本特有の事情・慣行等が考慮されていない硬直的な運用が行われる場合があるとの声も聞くところであり、今後 BMBJ を通じて B Lab Global に対してローカルの視点をインップットして行くことが期待される。なお、当該企業の申請が Controversial Issue の審査対象となった場合は申請プロセスが難航することが想定されることから、自身のビジネスが B Lab の指定する Controversial Issue に該当しないか、該当する懸念がある場合にはどのように B Lab に説明するかについて事前の確認・準備が重要である。

(2)　B Impact Assessment の概要

(1)の通り、B Corp 認証を取得するためには、BIA（200 点満点）で 80 点以上のスコアを取得する必要がある。現行の BIA はガバナンス、従業員、コミュニティ、環境、顧客の5つの大項目からなる平均 200 項目の質問から構成され、そのすべての質問に点数が割り振られている。

ア　ガバナンス

ガバナンスに関しては、社会・環境へのポジティブなインパクトを創出することについて、自社のミッションが定款等の社内規程等にどのように組み込まれているか、また、役員構成や委員会といった会社の意思決定プロセスや内部統制の観点からそれがどのように担保されているのかが確認される。

上記 Legal Requirement にも関連するが、ガバナンスにおいては、会社が任意に策定し特段の法的効果を有さないミッションステートメントとは別に、環境や社会への配慮が意思決定の一部であることを法的に示したものの有無に関する質問事項が存在する。典型的には定款にステークホルダーの利益を図る旨の規定を設けているかや、ベネフィットコーポレーションといったステークホルダーの利益をも加味する法人形態が採用されているかに関する質問である。日本では、現時点でベネフィットコーポレーションに相当す

（注48）現時点では、B Lab はライドシェアやフードデリバリーなどを想定した位置情報プラットフォームおよび戦争行為および／または紛争地域で活動する企業についてのリスク基準の開発を進める旨を公表している。また、自動車・機械産業や、ブロックチェーン、建設、水産業、農薬産業、ソーシャルメディア関連産業等が特定のリスク基準が必要であるものの、いまだ策定が予定されていない業種であるとされている。

る法人形態は存在しないことから、自国にベネフィットコーポレーションと同等の制度ができた暁には速やかにそれを利用することを誓約した上でB Corp 認証を取得するという運用となっている。

上記の定款規定に関連して、近時、サステナビリティ経営の注目の高まりから、日本の上場企業においても、定款にステークホルダーの利益に配慮した記載を設ける企業が増加していることは注目すべきである。具体的には、定款の絶対的記載事項である目的条項自体に新たな事業目的を追加する方法（株式会社ユーグレナ[(注49)]）と、定款における任意的記載事項として、目的条項とは別途、企業理念に関する条項を新設する方法（エーザイ株式会社、ロート製薬株式会社、イオン株式会社、株式会社丸井グループ、株式会社良品計画等[(注50)]）とが存在する。また、定款の事業目的の変更理由においてSDGsへの対応に言及する企業（テレビ朝日ホールディングス）も存在する。

このように定款において一定のミッションやステークホルダーの配慮に関する規定を設けることの法的意義については各国において異なる。もっとも、日本においては、そのような規定を設け、これを株主総会の決議で承認した場合の法的効果として、日本法上、取締役は、定款に記載された事項および株主総会の決議事項を遵守すべき義務を負っている（会社355条）ことから、

(注49) 絶対的記載事項としての目的条項にステークホルダーの利益に配慮した規定を設けることが可能か、また、その場合、どの程度の記載が可能であるかについて、株式会社の営利法人性（会社105条2項参照）との関係が問題になる。この点については、例えば政治献金のように、当該会社において利益を得る可能性がまったくない事業はこれを会社の目的として掲げる適格性を欠くものと解されているが（昭和40・7・22民四242号回答）、株主以外の利益を図る内容の定款規定を定めることも営利法人たる会社の本質に反しなければ有効であると解されている（松元暢子「会社の目的」法教493号〔2021〕14頁）。日本の株式会社は「営利」を目的とする法人であることから、取締役の義務は株主の利益を最大化することにあること（株主利益最大化原則）は確立した解釈であるものの、株主の利益には「長期的利益」も含まれることは広く受け入れられており、また、取締役の意思決定にはいわゆる経営判断原則の適用があり広範な裁量が認められている。さらに、従前から企業のCSR活動に代表されるように、会社が相当な範囲で社会的に期待される行為を行うことは、たとえ株主利益の最大化につながらないとしても許容されるとの解釈が有力である（田中亘『会社法〔第4版〕』〔東京大学出版会、2023〕282頁）。したがって、完全に公益のみを追求するような目的条項は株式会社の営利性と正面から抵触してしまうためその有効性に問題があると考えられるが、当該営利性に反しない範囲でステークホルダーの利益に配慮した記載を設けることは可能であると考えられる。

理論的には、当該定款の規定を遵守しない取締役がいた場合に、同条を根拠に、当該取締役の個人的責任が追及される可能性がある(注51)。さらに、同法 360 条１項においては、株主による取締役の行為の差止事由として、株式会社の目的の範囲外の行為その他法令もしくは定款に違反する行為を挙げていることから、このような定款の規定を設けた場合、理論的には、当該定款に記載したミッションに反する行為が差止請求の対象になり得る(注52)。

もっとも、株式会社がこのような定款の規定を設けた場合でも、B Lab は、日本においてはベネフィットコーポレーションに相当する企業形態は存在しないことを理由に、ステークホルダーの利益を加味する法人形態を採用しているのと実質的に同等であるとは認めていない。しかしながら米国のベネフィットコーポレーションのうち、例えばデラウェア州の PBC では、①定

(注50) 定款の任意的記載事項として企業理念等に関する規定を定め、そのような規定の中でステークホルダーの利益に言及することについては可能であり、その内容についても法律の規定に反しない内容であれば、会社が任意に決めた事項を記載することができるため、より柔軟性が認められ、実際各社によってその記載内容や記載ぶりは大きく異なる。もっとも、このような記載をした場合、その記載内容は一般論として抽象的かつ理念的なものになることが多く、必ずしも法的な位置づけが明らかでないことが多い。そのような規定も定款規定である以上、その内容によっては、定款遵守義務の対象となるとは考えられる。また、会社法 360 条１項は差止事由として、株式会社の目的の範囲外の行為その他法令もしくは定款に違反する行為を挙げているところ、当該差止めの対象となる定款違反行為の範囲については議論があるものの、第三者等を不当に害さず、取締役の権限への不当な干渉とならない限り、広く認められるべきと解されている（落合誠一編『会社法コンメンタール(8)機関(2)』〔商事法務、2009〕135 頁［岩原紳作］）ため、取締役の権限への不当な干渉とならない限り差止事由の対象にもなり得ると考えられる。もっとも、現時点の日本企業の対応としては、このような法的な効果を意識した規定というよりは、従業員を含めた社内や社外のステークホルダーへのメッセージとして定款に企業理念を記載をしているという位置づけと整理している会社が多いであろう。

(注51) オックスフォード持続可能金融プログラム「日本における気候変動に関する取締役の義務」（2021 年２月）（https://japan-clp.jp/wp-content/uploads/2021/02/Directors-Duties-Regarding-Climate-Change-in-Japan_JP.pdf）28 頁も参照。もっとも、実際に取締役の個人責任が追及される場面において、どのような事情があった場合に個人責任が認められるかについては今後の議論の積重ねが必要になろう。

(注52) ただし、現実的には、定款に規定されるミッションが抽象的・理念的なものである限り、ある取締役の意思決定・業務執行が会社が定款に定めたミッションに反するか否かは一義的に判断しがたい場合が通常であると想定され、法的に差止めをエンフォースするにはハードルが高いと思われる。

款において当該会社が追求する一定の公益を特定するような記載を行うことが求められており、また、②取締役が株主の利益と定款で特定された公益とを比較衡量（balance）することが求められているところ、日本の株式会社においても、定款において一定のミッションやステークホルダーの配慮に関する規定を設けることは上記の通り可能であり、また、理論的には、定款遵守義務や違反行為が差止請求の対象になり得ることを踏まえれば、日本の株式会社がそのような定款規定を設けた場合には、実質的にはベネフィットコーポレーションと同程度にステークホルダーの利益を加味する法人形態を採用していると評価する余地はあると考えられる。B Corp 認証の申請をする各企業が、このような法的観点からの整理も踏まえて日本の制度内容やプラクティスを正確に B Lab に説明し理解を求めていくことも重要であると思われる。

イ　従業員

従業員の項目においては、従業員にとっての企業に対する満足度やエンゲージメントが評価される。評価項目としては、従業員と会社のオーナーシップ（ストックオプションや持株会等）、給与体系等、心身の安全と健康の確保、キャリア形成・スキルアップのサポート、従業員からみた財務データ等へのアクセス可能性、育休・有給の有無、匿名の満足度調査やエンゲージメント調査の実施の有無等である。

日本の B Corp 間の得点分布を比較すると、相対的に点数の開きが少ない分野が従業員である［→〔図表 2-3-5〕］。従業員分野において要求される事項は、日本の労働法制・労使慣行に基づく制約は一定程度あるものの、取引先やサプライチェーンを巻き込まずに社内の仕組みを整えることで対応できるものが多く、企業としても改善がしやすい項目であると思われる。

ウ　コミュニティ

コミュニティの項目においては、当該会社が地域社会の一員としてどのように多様なコミュニティとつながり、貢献しているのかが評価される。具体的には職場環境において女性や有色人種、LGBT、障がい者、低所得者等のマイノリティのダイバーシティ・公平性・インクルージョンに関する取組み（採用・管理職割合・賃金差等を含む）や、従業員によるボランティアやプロボノの取組み状況、寄付等の社会奉仕活動その他の地域社会への貢献に関する取組みについての質問に回答する必要がある。また、サプライチェーンにおけるダイバーシティとして、サプライチェーンに対するダイバーシティポリシーの有無や、地域ベンダーからの調達料、サプライヤーの社会的・環境的影響についての評価を行っているかといった質問も存在する。

もっとも、伝統的な日本企業における職場環境を前提とした場合には、B Lab の要求事項を遵守することに困難を感じる日本企業も少なくないようである。例えば、国際的な潮流としては、企業に対して、社会問題への対応について積極的な対応や対外的な説明を求める傾向にあり(注53)、従業員のプロボノを業務として認めて支援するといった制度や、差別や不平等といった問題を解消するための積極的な措置を求める B Lab の基準はこのような流れと整合的である。しかしながら、日本企業においては伝統的に、LGBT といったプライバシーに関わるトピックや、従業員によるボランティアやプロボノへの参加状況といった業務外のプライベートな事項には会社として関与しないといった対応をしている企業も多いように思われるし、職場におけるマイノリティの捉え方も日本の文化的・歴史的経緯に照らして必ずしも欧米諸国と同じ問題意識であるとはいえないだろう。

エ　環　境

環境の項目においては、環境に対するマネジメントシステムとその内容についての質問に回答をする。Scope 1 から Scope 3 のサプライチェーン排出量や廃棄物量のモニタリングを行っているかといった典型的な環境問題に対する質問のほかにも、オフィスにおける節水対策や従業員のリモートワーク環境における環境管理、製造業においてはサプライチェーンや製品梱包における環境問題への取組み等が評価される。サプライチェーンに踏み込んで、改善可能な環境問題への対応を検討していくに際しては、専門的な知識・知見も必要になり得るため、外部のコンサルタント等の専門家との協同が効果的な場合もあろう。

(注53) 例えば、2023 年４月、TIFD（不平等関連財務情報開示タスクフォース：Task force on Inequality-related Financial Disclosures）と TSFD（社会関連財務情報開示タスクフォース：Task force on Social-related Financial Disclosures）の統合が発表され、不平等や格差といった社会課題に関する情報開示枠組みが形成される機運にあることや、ISSB が公表している「情報要請：アジェンダの優先度に関する協議」において、今後の２年間の作業計画に追加する可能性がある新たなリサーチおよび基準設定のプロジェクトとして人的資本、人権が含まれていること等が挙げられる。

オ　顧　客

顧客の項目においては、自社の製品やサービスにおける顧客への影響や提供価値をどのように提供し、また、顧客からのフィードバックをどのように確認・モニターしているかについての質問がなされる。例えば、ISO 9001の取得やプライバシーポリシー、エシカルマーケティングポリシー等の制定、カスタマーサービスのコンタクト先の提供等は有効な取組みとして評価される。

日本のB CorpのBIAのスコアを見ると、環境と顧客の得点の開きが目立つ［→〔図表2-3-5〕］。業種、ビジネスモデル、企業規模等によってポジティブなインパクトを出しやすい会社とそうでない会社があるため一概に比較はできないものの、同じ事実であっても、どのように自社のビジネスモデルとうまく結びつけて表現するか等といった記載・説明上の工夫の余地もあるようであり、すでにB Corp認証を取得している企業と情報交換をしたり、B Corp認証の取得を支援するコンサルタント等のアドバイザーに協力を求めることも有益であろう。

⑶　B Corp認証基準の改定

B Labでは、ベストプラクティス、ステークホルダーからのインプット、研究結果等を踏まえ、B Labのガバナンスからは独立したStandards Advisory Councilと共同してB Corp認証基準を継続的に見直している(注54)。現在の最新のBIAは2019年1月に改定されたVersion 6だが、2020年以降、BIAの改定を含め認証基準の抜本的改定が進められている。

新基準の草案は、2022年9月26日から11月30日までの間、第1回パブリックコメントに付され、2024年1月16日から3月26日まで第2回パブリックコメントが実施された。

パブリックコメントに付された新基準の草案における重要な変更としては、BIAで80点以上を取得することを必要条件とする基準を廃止し、企業のB Corp認証取得のための基礎要件（Foundation Requirements）と、企業がB

(注54)　さらに、地域的な文脈を基準に反映する観点から、Regional Standards Advisory Groupが Asia、Australasia、East Africa、Europe、Latin America、UKの6つの地域に組成されている。

Corp 認証を達成および維持するために管理し、継続的に改善する必要があるパフォーマンスに関する要件（Performance Requirements）の２段階の基準の充足を求めることとされることである(注55)。また、企業規模の定義が追加され、申請企業の企業規模と業種によって要求事項が変わることになる予定である。

パブリックコメントに付された新基準の草案において示された Foundation Requirements と Performance Requirements の項目は〔図表 2-3-6〕の通りである。

〔図表 2−3−6〕新たなパフォーマンス要件案

Foundation Requirements	Performance Requirements
➢ Eligibility Requirements ✓ 少なくとも 12 か月間運営されていることや B Corp の使命に著しく反する行為をしていると考えられる業界で活動していないこと等 ➢ Legal Requirement（前述） ➢ Risk Assessment（前述。上記 Controversial Issues に関連する業界に属する企業の場合には追加要件あり） ➢ Impact Business Model Assessment ✓ 既存の BIA における Impact Business Model に関する質問への回答による事業の社会・環境に対するインパクトの評価	➢ パーパス・ステークホルダーガバナンス（Purpose & Stakeholder Governance） ➢ 職場環境（Workplace Culture） ➢ 公正な賃金（Fair Wages） ➢ JEDI（Justice Equity Diversity & Inclusion） ➢ 人権（Human Rights） ➢ 気候変動対策（Climate Action） ➢ 環境保護と循環社会（Environmental Stewardship & Circularity） ➢ 政府政策と集団行動（Government Affairs & Collective Action） ➢ 補完的トピック（Complementary Impact Topics）

（注55）パブリックコメントに付された新基準（https://standards.bcorporation.net/en-us/draft/overview）および B Lab が 2024 年１月 16 日に公表した（https://standards.bcorporation.net/en-us/draft/standards/what-are-the-requirements-for-b-corp-certification）参照。

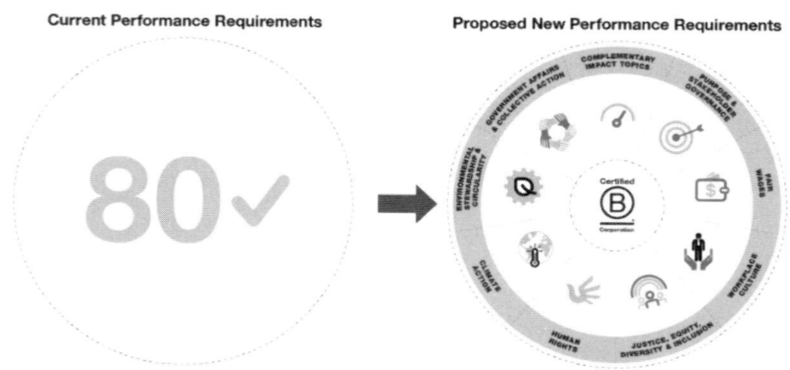

＊ B Lab のウェブサイト。

このように、従前は、BIA の総合点（overall score）が 80 点以上であれば、その内訳は問われなかったのに対して、新基準では Impact Topics として定められたパフォーマンス要件それぞれに対して充足すべき事項が定められることが想定されている。

なお、上記パブリックコメントに際して、B Lab は今後の具体的なプロセスの予定を示してはおらず、少なくとも 2025 年までにこの新基準が適用されることはないと説明されているが(注56)、今後の動向に注視する必要がある。

3　多国籍企業・大企業による B Corp の利用

(1)　多国籍企業・大企業に適用される B Corp 認証基準

B Lab によれば、2023 年末時点の上場 B Corp 数は 65 社であり、以下の通り、2017 年以降、その数は増加傾向にある。

(注56) B Lab の公表資料（https://standards.bcorporation.net/en-us/draft）参照。

〔図表 2−3−7〕上場 B Corp 数の推移

＊ B Lab の Annual Report（2023 年版）のデータより筆者作成。

また、B Lab のデータベース（注57）に公表されている上場 B Corp の内訳を見ると、当初は米国、カナダ、オーストラリアの企業が中心であったものの、2021 年以降はベルギー、スペイン、スイス、イタリア等の欧州諸国や、ブラジル、ペルー、チリ、アルゼンチン等の南米諸国からも上場 B Corp が誕生している。

日本の上場企業で上場後に B Corp 認証を取得した企業としては、コンサルタント事業等を営む株式会社シグマクシス・ホールディングスが存在する。また、上記統計には反映されていないものの、食品ロス削減に取り組む企業として B Corp 認証を取得していた株式会社クラダシが、2023 年 6 月 30 日に、日本の B Corp として初めて上場を果たしている。

もっとも、B Corp 認証取得企業を世界的に見ても、全体としては中小企業が多く、上場会社に代表されるような多国籍企業・大企業における利用は限定的であるといわざるを得ない。その理由としては、多国籍企業・大企業

（注57）https://data.world/blab/public-b-corps.

〔図表 2-3-8〕国別の上場 B Corp の内訳（2023 年末時点）

国	上場 B Corp 数	%
US	12	26.09
Australia	5	10.87
UK	4	8.70
New Zealand	4	8.70
Brazil	4	8.70
Spain	3	6.52
Italy	2	4.35
Belgium	2	4.35
Taiwan	1	2.17
Switzerland	1	2.17
Sweden	1	2.17
Poland	1	2.17
Peru	1	2.17
Japan	1	2.17
France	1	2.17
Chile	1	2.17
Canada	1	2.17
Argentina	1	2.17

＊ B Lab の Annual report（2023 年版）より筆者作成。

の規模の大きさや事業内容・社内構造の複雑性のため、① BIA を含めた審査プロセスを進める際にグループ全体での情報の収集に多大な工数を要する、②複数のビジネスモデルに基づく事業を行っている場合には、複数の BIA が必要になる場合がある、③後述の通り売上規模に応じて B Corp 認証のための申請要件が加重されることがあるといった理由により利用に消極的な会社が多いことが挙げられる。

B Lab は B Corp 認証に際して、申請企業の売上高と従業員数に応じて〔図表 2-3-9〕のカテゴリーに区分し、それぞれの分類に応じた認証プロセスについてのガイドラインを公表している(注58)。

〔図表 2-3-9〕申請企業の区分

カテゴリー	要件
Pending B Corporation	新興企業や小規模企業
Small Enterprise	年間売上高が 500 万米ドル未満で、従業員数が 50 人未満の企業
Small-Medium Enterprise	年間売上高が 500 万米ドル以上 1 億米ドル未満、または従業員数が 50～250 名の企業
Medium Enterprise	年間売上高が 1 億米ドル以上、または従業員数が 250 名以上の企業
Large Enterprise	年間売上高が 1 億米ドル以上で複数の国で事業を展開する子会社が 10 社以上ある企業、または年間売上高が 10 億米ドル以上の企業

B Lab によれば、Large Enterprise は、カルチャーシフト、すなわち、会社内においてサステナビリティ担当部署のみでなく、CEO や CFO といった C レベルの経営陣も巻き込む必要があると位置づけられているため、これが大企業が B Corp 認証を取得するためのハードルの１つとなっている可能性があるとのことである。

実際、ガイドラインにおいても、B Corp のチームとして割くべき社内リソースに関して、Small、Small-Medium、Medium Enterprise に対しては、プロジェクト・マネージャー１名がすべての役割を管理できるとしているのに対し、Large Enterprise については、CEO が責任者となり、取締役会、

（注58）B Lab "Learn more about the B Corp movement."（https://www.bcorporation.net/en-us/resources/）において、Certification Guides が公表されている。

株主（特に支配株主）に対して明確に説明する必要があると位置づけている。また、認証にかかる期間についても、Large Enterprise については、数年単位の長期の期間となることを見込んでおく必要があろう。

加えて、Large Enterprise のうち、売上高50億ドル以上の親会社については、他の認証要件に加えて、一定の Baseline Requirements の遵守および B Movement Builders（BMB）プログラム［→(2)］への参加が義務づけられている。

Baseline Requirements の詳細については、B Lab がガイドラインを公表（注59）しており、概要、① GRI 基準等に依拠したサステナビリティ・インパクトレポート等の透明性のある年次の包括的な報告書の公表、②外部関係者を巻き込んだ透明性のあるマテリアリティ評価とステークホルダー参画プロセスの実施、③マテリアリティイシューの管理（経営者による明確な経営戦略と意欲的な目標の作成）、④国際的な税務に関する理念・アプローチや、ロビー活動等に関する情報開示、⑤取締役会が監督する人権方針の策定と主要な人権規約へのコミットメントから構成される。

Baseline Requirements を満たすためのステップとしては、下記の B Movement Builders（BMB）の Public Phase において、6～8週間のコンサルテーションを経た後、Multinational Company Standards Advisory Council（MNC SAC）による審査を受けるか、達成の見込みが立っていないと判断された場合には、Baseline Requirements の充足に向けたさらなるステップを実施することが想定されている。

(2)　B Movement Builders（BMB）プログラムの概要

上記の通り、多国籍大企業の場合、B Corp 認証を取得するために多くの年月がかかるとともに、B Corp 認証に係る各要件を充足すること自体のハードルが高いため、認証取得を目指す大企業はこれまで限定的であった。そこで、2020年、B Lab は、年間売上高10億ドル以上の多国籍企業（MNC）を対象に「B Movement Builders（BMB）program」という取組み

（注59）B Lab “Guidance on Baseline Requirements”（https://assets.ctfassets.net/l575jm7617lt/6vRUHGyJozNIMh89kVAB46/05d85413118b10a3a1a06b182093f69b/B_Lab_Global_Baseline_Requirements_Guidelines_for_Acceptance_2021__1_.pdf）.

を開始した。BMB は、すべてのステークホルダーの長期的な価値創造を支援するために、グローバルなシステム変革を拡大・加速するというビジョンを持つ主要な多国籍企業の共同連合体であると位置づけられている。なお、B Corp 認証の取得に際して、年間売上高10億ドル以上の企業は事前に BMB プログラムへの参加が推奨されており、年間売上高50億ドル以上の企業については、事前の BMB プログラムへの参加が義務づけられている。

BMB プログラムへ参加した場合、通常の申請プロセスと同様に BIA の実施自体は要求されるが、B Corp 認証の基準（80点）を満たすことまでは要求されていない。また、上記の通り、BMB プログラムの中で、Baseline Requirements の要件を充足することが想定されていることから、BMB 申請時点で Baseline Requirements の要件を充足している必要はない。

BMB プログラムは、多国籍大企業の B Corp 認証取得は長期的なプロセスになることから、認証プロセスを効果的に進めるために設計された特別の審査プロセスという面はあるが、他方で、B Corp 認証の取得自体が難しい企業（すなわち将来的な B Corp 認証までは目指さない企業）であっても、BMB としての活動自体を目的として参加することも想定されている。

BMB プログラムは、ミーティング、セッション、進捗状況のモニタリング、さまざまな価値提案に基づく個別サポートで構成されるコラボレーションフレームワークを中心に構成されており、参加企業は、自社におけるステークホルダーに対する取組みに加えて、他の参加企業と共同して集団的なインパクトを創造するための活動にコミットすることが求められる（〔図表2-3-10〕）。

〔図表 2-3-10〕BMB に要求される注力エリアおよびアクション

当該企業レベルのアクション	集団的アクション
・CEO が相互依存宣言に署名 ・B Corp Movement への信頼できるコミットメントを行う ・BIA を活用して社会・環境への影響を測定・管理する ・目標を設定し、SDG s に関連する3つ以上の目標達成に向けた	・B Corp Movement の原則に対する企業としてのコミットメントを公表する ・B Corp Movement を支援する ・SDG s に取り組む他の企業やステークホルダーと協力する ・ステークホルダーガバナンスに関する他の BMB 企業との共同声明への署名

進捗を示す（マテリアリティ評価を使用） ・ステークホルダーガバナンスを促進するために社内に働きかける	・ステークホルダーガバナンスについて、主要株主や政策立案者に働きかける

BMB プログラムは、〔図表 2-3-11〕のようにいくつかのフェーズに分かれたプロセスを経て、最終的なゴールとしては、BMB として活動をする、BMB Mentor となって活動する、B Corp 認証を取得するといった複数の選択肢が想定されている。

〔図表 2-3-11〕BMB プログラムのプロセス

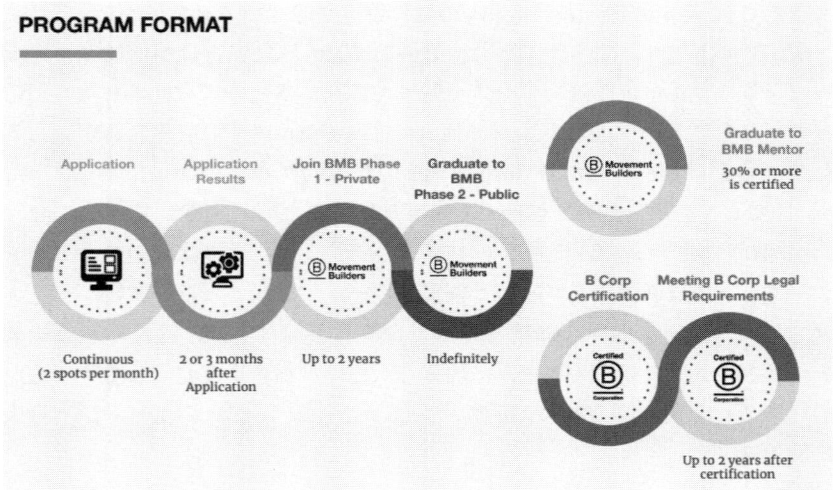

＊ One Pager（注60）。

B Lab の BMB プログラムの担当者である Anna Cogo 氏（MNC & B Movement Builders Engagement Manager）によれば、BMB プログラムについては引き続き流動的な運用が想定されるものの、現時点では〔図表 2-3-12〕のような取組みが各段階で想定されているとのことである。

（注60）One Pager "Movement Builders"（https://assets.ctfassets.net/l575jm7617lt/6JxWUeWi8cvPWOVrPHRCKO/c25ee0b4636bdad9669fae61cb3d6b84/BMB_One_Pager_-_2022_for_website.pdf）.

〔図表 2-3-12〕BMB プログラムの概要

項目	概要
申請および予備的リスク審査	・B Movement Builders Phase 1 に進むための予備的リスク審査が実施される。 ・予備的リスク審査の結果、以下の内容を含む Application Review Memo が交付される。 ①　予備的リスク審査で特定されたリスクの詳細の確認 ②　B Corp 認証を受ける前に、適格性審査（Eligibility Review）を受ける必要があるかどうかの確認 ③　個社別にカスタマイズされた BMB、B Corp 認証および子会社の認証に向けた推奨事項
Phase 1 Private（6～24 か月）	・B Corp Movement への関与を深め、対外的な連携を準備するための非公式段階であり、以下のようなアウトプットが想定される。 ①　BMB 要件を満たすためのカスタマイズされた道筋が示される。 ②　B Corp 認証の取得をできる子会社の特定がなされる。 ③　申請段階で特定されたリスク要因について、B Corp の適格性に関するリスクスクリーンでさらに検討し、必要に応じて適格性の見直しを行う。 ④　投資家とのエンゲージメントとコミュニケーションのためのツールキットが提供される。
Phase 2 Public 期間無制限	・BMB として対外的に活動し、B Corp 認証取得に向けて前進することを目的とする段階であり、以下のようなアウトプットが想定される ①　Standards Advisory Council からの継続的なフィードバックと指導 ②　BMB 要件を満たすための支援 ③　B Impact Assessment に関するコンサルテーション ④　（もし当該時点で可能である場合には）子会社の認証 ⑤　グループ全体の認証に関するスコーピング・メモ ⑥　Baseline Requirements に関するコンサルテーション
B Movement Builders Mentors 期間無制限	・先進的な企業として、グループ全体での認証に向けて子会社の認証を継続する段階 ①　ベストプラクティスを共有し、学ぶための同業者とのつながりの機会を得る

	②　グローバルな運動の拡大を支援する ③　共通の目標に向けた進捗状況について協力し、イノベーションを拡大し、集団行動に参加する ④　グループ認証のタイムラインの確認と認証可能な子会社の認証

日本において諸外国と比べてもB Corp認証の利用が普及していない要因として、社会における認知度が低いという点が存在することは否めない。日本において本書執筆時点でBMBとなっている企業は存在しないものの、今後、BMBとなり、日本におけるB Corp認証企業のアイコンになるような多国籍大企業が現れれば、一般消費者・投資家等のステークホルダーが制度の有用性を十分に認知するようになり、多くの企業においてB Corp認証を取得するインセンティブが働くと考えられる。BMBは、今後、日本の大企業による積極的な利用が期待されるプログラムである。

(3)　多国籍企業・大企業におけるB Corp認証の利用方法の多様性

もっとも、多国籍企業や大企業においてB Corp認証を活用する方法は、必ずしも自社がB Corp認証を取得したり、BMBプログラムに参加することにとどまるものではない。

例えば、B Corpを買収することによってB Corp Movementに関与することや、自社自身で取得するのではなく自社の子会社のうちB Corp認証の取得の準備が整っている会社から順次認証を取得をしていくという方法も考えられるだろう。

例えば、消費財の大手であるUnileverは近年、複数のB Corpを買収したり、買収したBen & Jerry'sでB Corp認証の取得を行う等の方法によりB Corpをグループサステナビリティ戦略に積極的に取り入れていっている。

日本企業においても、株式会社博報堂DYホールディングスの戦略事業組織「kyu」が出資するATÖLYE社等がB Corp認証を取得している。また、2023年12月にB Corp認証を取得した株式会社ADOORLINKは上場会社である株式会社アダストリアの子会社である。さらに海外を見ると、例えば、上場多国籍企業としてB Corp Movementに深く関わっているフランスの Danone S.A. は、子会社での B Corp 認証取得を進め、2024 年 10 月時点において世界の売上げの 82.5% を B Corp 認証エンティティで売り上げていること、および、2025 年までに世界中のすべての子会社が B Corp 認証を取得することを目指すことを公表している（注61）。

また、日本の上場企業の中には、BIA の利用について好意的に捉えている企業も少なくないようである。すなわち、（現行の）BIA においては、各分野について点数で結果が表示されるため、B Corp 認証取得のためのみならず、自社におけるサステナビリティ課題の発見や継続的な向上のための定量的な指標として有用であり、BIA を利用しながら、自社のサステナビリティ課題についての PDCA サイクルを回して改善を進める企業もある。

このように、日本の多国籍企業や大企業における B Corp 認証の潮流は依然として発展段階であるものの、各社において有用性を確認の上、認証の取得の有無にかかわらず自社にあった形で利用を検討していくことが期待される。

（注61）Danone のホームページ（https://www.danone.com/about-danone/sustainable-value-creation/BCorpAmbition.html）。

第3節　公益法人

1　公益法人とは

(1)　公益法人の役割

公益法人とは、一般に、公益の増進を図ることを目的として法人の設立理念に則って活動する民間の法人のことをいう。例えば、公益社団法人、公益財団法人、NPO 法人、社会福祉法人、学校法人等がこれに該当する。

サステナブルな社会を実現するためには、環境問題・人権問題を含むさまざまな社会課題を解決する必要がある。これまで、政府・行政や企業が中心になって社会課題の解決に取り組んできたことが多かったが、個人の価値観が多様化し、また、社会問題の多様化・複雑化も進む中で、行政や企業だけでは、社会のニーズを満たし、社会課題を解決することが難しくなってきている。

例えば、きれいな空気、安全性といった、共同で消費されるものは、生産コストを負担していない人も含めて、すべての人がその利益を享受している。このような公共財の生産コストを負担せずにその利益を享受することができるのであれば、他者にその生産コストを負担させてしまおうというインセンティブが働く。多くの人がそのように行動してしまうと、公共財の生産が少なくなり、社会全体が劣悪な状況になってしまうことになるため、これを是正するための役割をこれまで主に政府・行政が担ってきた。また、社会的弱者に対する救済、援助等を目的とする事業は、福祉国家において国家の役割として期待されていた。具体的には、個人に課税することによって、公共財の生産コストや福祉事業を実施するためのコストの負担を幅広い人に負担させてきた。しかしながら、民主主義においては、政府・行政が行動を起こすためには、原則として国民の多数の支持が必要であり、影響を受ける国民が多くない問題等政府・行政が是正のための行動を起こすことが容易ではない問題も存在する。また、公平性を基本とする政府・行政が、多様化・複雑化するニーズに対して臨機応変に細やかなサービスを提供することは難しいし、政府・行政は年単位で予算が決まっているため、早急な支援が必要になった課題に対して迅速に対応することが難しい場合も少なくない。

次に、企業も事業や寄附等を通じて社会課題の解決を行ってきた。もっとも、営利団体である企業は、構成員に対する利益配当を目指す必要があるため、十分な収益性を見込めない活動に携わることには一定の限界があるのが実情である。

これに対して、公益法人は、民間の組織であるため国民の多数の支持を受ける必要がなく(注62)、構成員に対する利益配当を行うことができないため収益性を重視する必要がなく、また、組織が重厚ではないため迅速な意思決定・行動が可能であることから、政府・行政や企業が対応することが難しい社会課題の解決への対応が可能である。政府・行政や企業が対応することが難しい社会課題が増えている昨今において、サステナブルな社会の実現のために公益法人が果たす役割は高まっているといえる。

(2)　企業による公益事業支援

公益法人の役割は(1)の通りであるが、営利団体である企業が公益法人と関わることにより、公益の増進を図ることは広く一般に行われている。

まず、企業が財団（一般財団法人、公益財団法人等）を設立し、その財団が行う公益事業を支援することを通じて、公益の増進に携わっている(注63)。なお、公益法人には持分が存在しないため、企業が財団を設立した場合であっても、企業と財団は支配関係にはない。

また、企業は、その企業が重要と考える社会的課題の解決に有用な活動をしている公益法人に寄附を行っている。企業からの寄附が重要な財源となっている公益法人も少なくなく、公益法人の存続・運営において企業が果たしている役割は小さくない。

(注62) 例えば、ある特定の個人・団体が解決したい特定の社会課題が国民全体にとっては共通の価値観・関心ではない場合には、公益法人を設立し、公益法人に必要な資金を拠出して活動を行うことにより、当該社会課題の解決に取り組むことが可能になる。

(注63) 財団の名称に企業名の一部が使われていることも多い。

(3) 本節の概要

公益法人には、政府・行政や企業が対応することが難しい社会課題に取り組む主体として、サステナブルな社会の実現に向けて重要な役割を果たすことが期待されており、そのような活動を実現するための基盤の１つが、税制優遇であるため、**2**において税制優遇について概説する。

次に、公益法人にはさまざまな法人格が用意されているため、**3**において、主要な法人格について概説した上で、法改正等の近時の問題について取り上げる。

また、**4**〔p.183〕において、公益法人法制の課題について検討する。サステナブルな社会の実現に向けては公益法人の成長が重要であるが、そのための課題として、法制度によるサポートのほか、コンプライアンスの確保や法人格変更における問題点について取り上げる。

2　公益法人の税制優遇

(1) 概　要

公益事業の中には、大学、高等学校、中学校等の学校事業や、児童養護施設、特別養護老人ホーム等を経営する事業等の第一種社会福祉事業のように、事業を運営する主体が公益法人であることを原則とするものもあるが(注64)、大多数の公益事業は、公益法人でなくとも運営主体となり得る。公益事業を行おうとする際に、運営主体となる法人格を選択するに当たっての重要な要素の１つが、公益法人に対する税制優遇である。公益法人に対する主な税制

(注64) 学校教育法上、同法１条に定める学校について、国、国立大学法人、独立行政法人国立高等専門学校機構、地方公共団体、公立大学法人および学校法人のみが設置できると規定する（同法２条２項）。ただし、構造改革特別区域においては、一定の要件を充足する株式会社およびNPO法人が設置することも可能であり（構造改革特別区域法12条１項・13条１項）、幼稚園については、他の設置主体も認められている（学校教育法附則６条）。また、社会福祉法上、第１種社会福祉事業について、国、地方公共団体または社会福祉法人が経営することが原則であると規定しており（同法60条）、それ以外の者が経営しようとするときは、事業開始前に都道府県知事の許可が必要となる（同法62条２項・67条２項）。

優遇としては、①法人税の課税範囲が収益事業に限定されること（収益事業課税）、②預貯金の利子、保有株式の配当等について源泉徴収される所得税が課されないこと（配当非課税）、③公益法人に対する寄附者への控除（寄附金控除）の３つがある（注65）。

それぞれの法制度の概要は〔図表 2-3-13〕の通りであり、それぞれに該当する公益法人については〔図表 2-3-14〕の通りである。なお、後記の通り、認定 NPO 法人および特例認定 NPO 法人は特定公益増進法人には含まれないものの、これらの法人に対する寄附については特定公益増進法人に対する寄附とほぼ同様の税制優遇が認められている。

〔図表 2-3-13〕非営利法人税制の概要

①収益事業課税となる法人	法人税法２条６号において定義される「公益法人等」
②配当非課税となる法人	所得税法別表第１に掲げる「公共法人等」
③寄附金控除の対象となる法人	特定公益増進法人（法税 37 条４項、所税 78 条２項３号、租特 70 条１項）

〔図表 2-3-14〕税制優遇のある公益法人（注66）

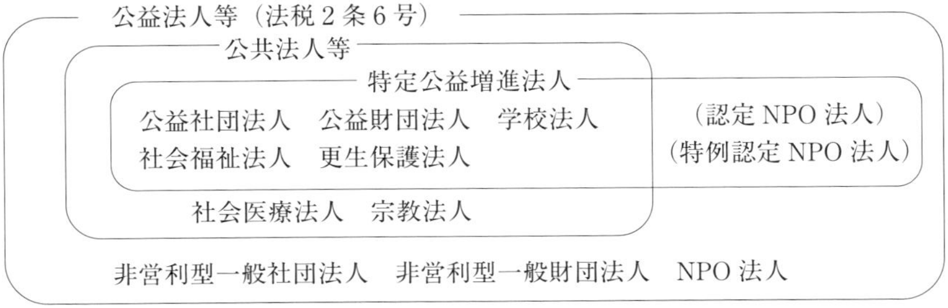

公益法人等（法税２条６号）
公共法人等
特定公益増進法人
公益社団法人　公益財団法人　学校法人
社会福祉法人　更生保護法人
（認定 NPO 法人）
（特例認定 NPO 法人）
社会医療法人　宗教法人
非営利型一般社団法人　非営利型一般財団法人　NPO 法人

（注65）このほか、個人が公益法人に対して資産を贈与または遺贈した際に、寄附者に課せられるキャピタルゲイン課税（取得時から寄附時までの値上がり益に対して課せられる所得税）について、国税庁長官の承認を受けることにより寄附者に課されないという非課税承認の制度が設けられている（租特 40 条１項後段）。詳細は、大野憲太郎『税理士のための非営利法人の実務』（第一法規、2022）（以下、『大野・税理士』という）148 頁〜173 頁、大野憲太郎『「みなし譲渡所得非課税特例」と株式贈与の実務』（第一法規、2024）（以下、『大野・みなし譲渡』という）１頁〜40 頁参照。

(2) 収益事業課税（公益法人等）

内国法人は、各事業年度の所得について、各事業年度の所得に対する法人税を課されるのが原則である（法税5条）。しかし、「公益法人等」に該当する内国法人は、各事業年度の所得のうち法人税法上の「収益事業」から生じた所得以外の所得については、各事業年度の所得に対する法人税を課されない（同法6条）。

法人税法上の「収益事業」とは、以下の3つの要件を満たすものをいう（法税2条13号）。

① 法人税法施行令5条に定める事業であること（〔図表2-3-15〕参照(注67)）
② 継続して行われるものであること
③ 事業場を設けて行われるものであること

〔図表2-3-15〕法人税法施行令5条1項記載の「収益事業」

①物品販売業	②不動産販売業	③金銭貸付業	④物品貸付業
⑤不動産貸付業	⑥製造業	⑦通信業	⑧運送業
⑨倉庫業	⑩請負業	⑪印刷業	⑫出版業
⑬写真業	⑭席貸業	⑮旅館業	⑯料理店業その他の飲食店業
⑰周旋業	⑱代理業	⑲仲立業	⑳問屋業
㉑鉱業	㉒土石採取業	㉓浴場業	㉔理容業
㉕美容業	㉖興行業	㉗遊技所業	㉘遊覧所業
㉙医療保健業	㉚技芸の教授等	㉛駐車場業	㉜信用保証業
㉝無体財産権の提供等を行う事業	㉞労働者派遣業		

(注66) 大野・みなし譲渡3頁。
(注67) 各事業の詳細については、大野・税理士117頁～138頁参照。

ただし、以下の事業は「収益事業」に該当しない[注68]（法税令５条２項）。

① 公益社団法人または公益財団法人が行う事業のうち、公益目的事業に該当するもの

② その事業に従事する次に掲げる者が、その事業に従事する者の総数の半数以上を占め、かつ、その事業がこれらの者の生活の保護に寄与しているもの

・身体障害者福祉法４条に規定する身体障害者

・生活保護法の規定により生活扶助を受ける者

・児童相談所、知的障害者更生相談所、精神保健福祉センターまたは精神保健指定医により知的障害者として判定された者

・精神障害者保健福祉手帳の交付を受けている者

・年齢 65 歳以上の者

・配偶者のない女子（母子父子寡婦福祉法６条１項）であって民法 877 条の規定により 20 歳に満たない者（児童）を扶養しているものまたはかつて扶養していたことのあるもの

③ 母子・父子福祉団体（母子父子寡婦福祉法６条６項）が行う次に掲げる事業

・都道府県が母子父子寡婦福祉法 14 条に基づき貸付けを行った事業のうち、その貸付けの日から当該貸付金の最終の償還日までの期間内の日の属する各事業年度において行われる事業

・公共的施設内において行われている事業

なお、多くの公益法人は、それぞれの設立根拠法に基づいて、その作成する計算書類において事業区分が求められる。それぞれの設立根拠法においても、「収益事業」、「収益事業等」、「収益業務」という用語が用いられているが、これらは、必ずしも法人税法上の「収益事業」とは一致しない[注69]。そのため、設立根拠法上の「収益事業」に該当しない事業、例えば、非営利法人がその本来業務として行っている事業であっても、法人税法上「収益事業」に該当する事業から生じた所得については、法人税が課されることとな

（注68）他に、保険契約者保険機構が実施する破綻保険会社に係る保険契約の引受けならびに当該保険契約の引受けに係る保険契約の管理および処分（保険業 265 条の 28 第１項５号）も収益事業に該当しない（法税令５条２項４号）。

（注69）各設立根拠法に基づく事業区分については、大野・税理士 65 頁〜117 頁参照。

る（法税基15-1-1参照）。ただし、公益社団法人および公益財団法人については、公益目的事業に該当する事業は法人税法における「収益事業」に該当しないこととされているため（法税令5条2項1号）、公益目的事業に法人税法上の「収益事業」が含まれることはない。

公益法人が行う事業の多くは、法人税法上の「収益事業」に該当すると思われる。非営利法人の収入のうち、法人税法上の「収益事業」に含まれないものとして、代表的なものは、会員から受け取る会費、寄附者から受け取る寄附金、国や他の公益法人から受け取る補助金等である。これらの収入について法人税法の対象とならないことは、公益法人を選択する理由の1つとなるものである。

⑶　配当非課税（公共法人等）

内国法人は、国内において支払われる、預貯金の利子、保有株式の配当等所得税法174条各号に定める所得について、所得税が課されるのが原則である（所税7条1項4号・174条）。これらは、源泉徴収により課税される（例えば、利子所得および配当所得については、同法181条1項参照）。しかし、公共法人等に該当する内国法人は、これらの所得の大部分について、所得税が課されない（同法11条）[注70][注71]。

一般社団法人または一般財団法人の場合、非営利型法人であれば法人税法上の「公益法人等」には該当するが、所得税法上の「公共法人等」には該当しない。そのため、一般社団法人または一般財団法人が公益認定を受けるか否かの判断基準の1つとなるのが、公共法人等になることによる税務メリットを受ける必要性の有無である。特に、一般社団法人または一般財団法人の保有財産に大量の株式が含まれる場合には、公益認定を受けることによりそ

（注70）馬主が受ける競馬の賞金（所税174条10号）については所得税が課されるが、これは、公共法人等が馬主になることが想定されていないためと考えられている（武田昌輔監修『DHCコンメンタール所得税法⑵』〔第一法規、1983〕〔最終加除：2024〕1001頁）。また、貸付信託の受益権の収益の分配については、当該受益権を引き続き所有していた期間に対応する部分の金額についてのみ非課税となる（所税令51条）。

（注71）昭和63年4月1日以後に発行された割引債につき支払を受けるべき償還差益については、公共法人等についても所得税が課税されるが、償還の際に発行者により還付されることとなる（租特41条の12第6項）。

の配当に源泉徴収課税がされないことによるメリットは大きい。

(4) 寄附金控除（特定公益増進法人）

法人が第三者に寄附を行った場合、寄附金のうち、どの程度が費用の性質を持ち、どの程度が利益処分の性質を持つかを客観的に判定することが困難であるため、行政的便宜および公平の維持の観点から、損金算入限度額を設け、寄附金のうちその範囲内の金額は費用として損金算入を認めるが、それを超える部分の金額は損金に算入しないこととなる(注72)(法税 37 条１項)。しかし、公益事業への寄附を奨励する観点から、特定公益増進法人または認定 NPO 法人もしくは特例認定 NPO 法人に対する寄附については、上記とは別枠で損金算入限度額が設けられている（同条４項、租特 66 条の 11 の３第２項)。

他方、個人が第三者に寄附を行った場合、所得の任意処分性が強いことから、所得から控除されるべきものではないとするのが日本の所得税法の原則的な考え方である(注73)。しかし、公益事業への寄附を奨励する観点から、特定公益増進法人または認定 NPO 法人もしくは特例認定 NPO 法人に対する寄附については、寄附金控除が認められている（所税 78 条、租特 41 条の 18 の２第１項)。

また、相続または遺贈により取得した財産を特定公益増進法人または認定 NPO 法人に寄附した場合、寄附をした財産の価額は相続税の課税価格の計算の基礎に算入されない(注74)(租特 70 条１項)。

多くの公益法人にとって、寄附は公益事業を継続するために不可欠な資金源の１つとなっている(注75)。一般に、寄附者の心理としては、寄附金控除を受けられるか否かよりも、公益事業の背景にある社会課題の解決への共感、

(注72) 金子宏『租税法〔第 24 版〕』(弘文堂、2021) 416 頁。

(注73) 武田昌輔監修『DHC コンメンタール所得税法(3)』(第一法規、1983)（最終加除：2024) 4782 頁。なお、現実には、「必ずしも任意の処分ではなく、互酬関係の網の中で社会的な義務とされているものとありうる」と指摘するものとして、増井良啓「所得税法からみた日本の官と民」江頭憲治郎＝増井良啓編『市場と組織』(東京大学出版会、2005) 37 頁参照。

(注74) 特例認定 NPO 法人には、相続または遺贈により取得した財産の寄附に関する税制優遇措置は設けられていない。

公益法人における当該社会課題に対する取組みへの納得、そして、当該公益法人への信頼が重要であることはいうまでもないが、寄附金控除を受けられることは、寄附という行動に出る際の最後の一押しになる可能性があると思われる。そのため、法人が寄附を受けることを中心とした運営を考える場合は、事業を運営する主体として、寄附金控除を受けられるようにすること（具体的には、一般社団法人または一般財団法人においては公益認定を受けること、NPO 法人においては認定を受けること）も検討する必要がある。

3　公益法人各論

政府・行政や企業が対応することが難しい社会課題に取り組むことのできる公益法人として、さまざまな法人格が認められている。以下で取り上げる法人格のうち、公益社団法人・公益財団法人および NPO 法人・認定 NPO 法人は、目的とする事業の範囲が広い法人であるのに対し、社会福祉法人および学校法人は、目的とする事業がそれぞれ社会福祉事業、私立学校の設置に限定されている。

公益社団法人・公益財団法人については、2024 年改正公益認定法のうち、中期的な経営戦略に基づく資金活用を阻害していた収支相償の原則の改正について取り上げる。NPO 法人・認定 NPO 法人については、認定 NPO 法人の認定基準のうち、その法人が多くの者から寄附を受けていることの指標であるパブリック・サポート・テストを取り上げる。社会福祉法人については、経営主体が限定されない第二種社会福祉事業に関する法人格の選択について、学校法人については、2023 年改正私立学校法についてそれぞれ取り上げる。

（注75）内閣府「令和元年度公益法人の寄附金収入に関する実態調査」（2020 年 7 月）（https://www.koeki-info.go.jp/pictis_portal/other/pdf/02_Houkoku_R1.pdf）によれば、同調査に回答した公益社団法人および公益財団法人の 45.6％が定期的な寄附金収入について「必要である」と回答している。

(1) 公益社団法人・公益財団法人

ア　概　要

公益社団法人とは、公益認定を受けた一般社団法人であり（公益法人２条１号）、公益財団法人とは、公益認定を受けた一般財団法人である（同条２号）。法人の設立当初から公益社団法人または公益財団法人となることはできず、まずは一般社団法人または一般財団法人として設立し、内閣総理大臣または都道府県知事の認定（公益認定）を受けることにより、公益社団法人または公益財団法人となる（同法４条）。

一般社団法人は、２人以上の設立時社員が共同して定款を作成し（一般法人10条）、公証人の認証を受けた上で（同法13条）、その主たる事務所の所在地において設立の登記をすれば設立できる（同法22条）。また、一般財団法人は、設立者が定款を作成し（同法152条）、公証人の認証を受けた上で（同法155条）、設立者が300万円以上の財産を拠出し（同法157条・153条２項）、その主たる事務所の所在地において設立の登記をすれば設立できる（同法163条）[注76]。一般社団法人または一般財団法人は、非営利型法人の要件[注77]を満たせば「公益法人等」に該当し、収益事業課税となるが、それ以外の税制優遇はない。

公益認定の申請は、その活動範囲が２以上の都道府県にまたがる場合には内閣総理大臣に対して、１つの都道府県内に収まる場合には当該都道府県知事に対して行う（公益法人７条・３条）。内閣総理大臣および都道府県知事は、公益認定の申請をした一般社団法人または一般財団法人が、公益目的事業を行うのに必要な経理的基礎および技術的能力を有するものであること等同法５条各号の基準に適合すると認めれば、公益認定を行うことになる（同条）。

公益認定に関する標準処理期間は４か月である[注78]。一般に、申請書類の作成等、申請の準備の期間も考慮すると、申請の検討を開始してから公益認定を受けるまでの期間は、１年程度が見込まれる[注79]。

（注76）このように、法律の要件を充足し、一定の手続によって公示したときに法人の成立が認められる方式を準則主義という。

（注77）非営利型法人の要件等については、大野・税理士184頁〜188頁参照。

（注78）内閣府大臣官房公益法人行政担当室「公益認定等に関する標準処理期間について」（2011年８月１日）。

イ　収支相償原則の見直し

2024年改正前公益認定法には、制定時から現在に至るまで、「当該公益目的事業に係る収入がその実施に要する適正な費用を償う額を超えないと見込まれるもの」でなければならない（公益法人5条6号）、「当該公益目的事業の実施に要する適正な費用を償う額を超える収入を得てはならない」（同法14条）との規定があった。これらの原則は「収支相償原則」と呼ばれていた。

収支相償原則については、条文の文言から、「公益目的事業は黒字になってはいけない」「毎年度赤字でなければならない」との誤解が生じやすい(注80)。そのような誤解に基づき公益社団法人または公益財団法人を運用していけば、中期的な経営戦略に基づく資金活用が困難となり、ひいては公益目的事業の縮小を招きかねない。公益社団法人または公益財団法人が、政府・行政や企業が対応することが難しい社会課題に対応するための活動をしていても、事業の縮小を余儀なくされるのであれば、結局当該事業は継続できず、サステナブルな社会の実現を阻害しかねない。

そもそも、収支相償原則の趣旨は、収益事業等から生じた収益の公益目的事業財産への繰入限度額を示すことにあるとの指摘がある(注81)。公益社団法人および公益財団法人の収益事業等から生じた収益の公益目的事業財産への繰入れについて全額損金算入を認める結果、収益事業等に対する法人税との関係から、繰入額の上限を定める必要がある。収支相償の原則は、この上限の根拠として公益認定法に規定されたと考えられていた(注82)。この考えに基づけば、そもそも、収支相償原則は、税務との整合性を意図した技術的

(注79) 例えば、岡部亮ほか『ここだけは知りたい！公益認定申請はやわかり』（公益法人協会、2016）63頁〜71頁は、申請スケジュール例として、公益認定申請検討開始から公益認定を受けるまで9〜10か月程度を見込んでいる。

(注80) 立案担当者が、「公益目的事業の遂行にあたっては、動員可能な資源を最大限に活用し、無償または低廉な対価を設定することなどにより受益者の範囲を可能な限り拡大することが求められる」と述べていることも（新公益法人制度研究会編『一問一答公益法人関連三法』〔商事法務、2006〕204頁）、誤解の蔓延に拍車をかけた可能性がある。

(注81) 出口正之『公益認定の判断基準と実務』（全国公益法人協会、2018）103頁〜121頁、出口正之「『理念の制度』としての財務三基準の有機的連関性の中の収支相償論」非営利法人研究学会誌20号（2018）1頁〜13頁。

な制度であり、短期的な収支の均衡を求めるものではない。しかし、条文の文言は制度設計の思想を反映したものとは必ずしもいえず、混乱を招いていた（注83）。

このような現状を踏まえ、2023年６月２日付けで公表された「新しい時代の公益法人制度の在り方に関する有識者会議」の最終報告においては、「『収支相償原則』について、呼称（ガイドライン）も含め抜本的に見直す」こととされた。具体的には、①公益認定法の規定を改正し、「公益目的事業の収入と適正な費用について中期的に均衡を図る趣旨が明確になるよう見直す」こと、②内閣府令・ガイドラインにおいて、「『中期的な収支均衡』の判定は、公益目的事業全体について、過去に発生した『赤字』も通算した収支差額に着目して行う」こととすること、③公益認定法を改正し、「将来の公益目的事業の発展・拡充を積極的に肯定する観点から、『公益充実資金（仮称）』を創設」し、「当該基金の積立ては、『中期的な収支均衡』の判定において費用とみなす」こと、④内閣府令・ガイドライン・会計基準において、「公益充実資金（仮称）」の設定においては、「細かな事業単位ではなく大括りな設定」を可能とするとともに、「いまだ認定されていない将来の新規事業のための資金の積立て」も可能とすること、⑤ガイドライン・会計基準において、「『指定正味財産』に繰入れられる寄附金の使途について、最大で『法人の公益目的事業全体』とする指定も可能とし、寄附者の意思確認を容易化すること」が明記された。

上記有識者会議の最終報告を受け、2024年５月22日、「公益社団法人及び公益財団法人の認定等に関する法律の一部を改正する法律」（令和６年法律第29号）が公布された。同法は2025年４月１日に施行される（同法附則１条、公益社団法人及び公益財団法人の認定等に関する法律の一部を改正する法律の施行期日を定める政令）。2024年改正公益認定法では、公益認定法５条６号および14条が改正され、「当該公益目的事業に係る収入がその実施に要する適正な費用を償う額を超えない」との文言が削除された。2024年改正

（注82）出口・前掲（注81）非営利法人研究学会誌20号７頁は、「理詰めの法制度と理詰めの税制改正の必然の結果として、上記のように規制を合理的に説明することによって、認定法と税法の意図をつなぐことが可能となる」と述べる。

（注83）2024年改正前公益認定法における収支相償の理解とその実務については、大野・税理士78頁〜87頁参照。

後の公益認定法14条は、「当該公益目的事業に係る収入をその実施に要する適正な費用（当該公益目的事業を充実させるため将来において必要となる資金として内閣府令で定める方法により積み立てる資金を含む。）に充てることにより、内閣府令で定める期間において、その収支の均衡が図られるようにしなければならない」と定め、中期的な収支の均衡を求める趣旨であることが条文の文言からも明白となった。なお、内閣府令で定める期間は、5年間である（2024年改正後公益認定法施行規則15条）。

今後は、公益社団法人および公益財団法人は、ある年度において黒字が出ることが想定される場合には、公益充実資金という名目で、新規事業も含めた将来の公益目的事業のための資金を積み立てることが可能になる。これにより、中長期的な戦略に基づいた資金活用が可能となり、中長期的な視点から、政府・行政や企業が対応することが難しい社会課題に対応することができ、サステナブルな社会の実現により寄与しやすくなると考えられる。例えば、篤志家から多額の寄附を受ける機会に、収支相償原則の観点から、当年度の赤字を補填する程度に寄附額を減縮させるような本末転倒の対応を検討する必要はなく、公益充実資金として積み立て、既存の公益事業の発展のために中期的な視点による資金活用が可能となり、場合によっては新規の公益事業の検討を行う余裕を生じさせることになる。2024年公益認定法改正は、公益事業の持続的な発展を促し、サステナブルな社会の実現への第一歩となる可能性を有するものと考えられる。

(2)　NPO法人・認定NPO法人

ア　概　要

NPO法人は、都道府県知事または指定都市の長に対し、定款、設立趣旨書、役員名簿、社員10人以上の氏名および住所または居所を記載した書面等を添付して申請書を提出し、都道府県知事または指定都市の長から設立の認証を受けた上で（NPO法10条1項）、その主たる事務所の所在地において設立の登記をすることで成立する（同法13条1項）。都道府県知事または指定都市の長は、認証の申請が、10人以上の社員を有すること、社員の資格の得喪に関して不当な条件を付さないこと等同法12条1項各号に適合すると認めるときは、認証しなければならない（同項）[注84]。

NPO法人のうち、その運営組織および事業活動が適正であって公益の増進に資するものは、都道府県知事または指定都市の長の認定を受けることにより、認定NPO法人になることができる（NPO法44条1項）。認定NPO法人になるには、都道府県知事または指定都市の長に対し、必要書類を添付して申請書を提出する必要がある（同条2項）。都道府県知事および指定都市の長は、認定の申請をしたNPO法人が、パブリック・サポート・テストを充足すること、事業活動において共益的活動の占める割合が50%未満であること、役員の親族等が役員総数の3分の1以下であること等NPO法45条1項各号の基準に適合すると認めれば、認定を行うことになる（同法45条）。なお、認定基準の判定対象となるのは、直前に終了した事業年度の末日以前5年（初めて認定を受ける法人については2年）内に終了した各事業年度のうち最も早い事業年度の初日から当該末日までの期間である（同法44条3項）。

なお、設立後5年を経過しないNPO法人については、パブリック・サポート・テスト以外の基準に適合していれば、都道府県知事または指定都市の長の認定を受けることにより、特例認定NPO法人になることができる（NPO法59条）。

イ　パブリック・サポート・テスト

パブリック・サポート・テストとは、その法人が多くの者からサポートを受けているかどうかを判断する基準である。

現在の認定NPO法人の認定基準としてのパブリック・サポート・テストは、相対値基準、絶対値基準、条例個別指定基準の3つの基準のうち、いずれかを満たせばよいとされている（NPO法45条1項1号・2項、同法施行令1条〜5条、同法施行規則4条〜9条）。

〔図表2-3-16〕認定NPO法人におけるパブリック・サポート・テスト

1	相対値基準 ・実績判定期間における経常収入金額(注85)のうちに占める寄附金等収入金額(注86)の割合が5分の1以上であること(注87)

(注84)　このように、法人の成立に、法律の要件を充足していることについての所管庁の確認行為（認証）を必要とする方式を認証主義という。

2	絶対値基準 ・実績判定期間内の各事業年度において3,000円（休眠預金等交付金関係助成金の額がある場合は3,000円に休眠預金等交付金関係助成金の額の総額を加算した額）以上寄附した氏名（法人の場合は名称）および住所が明らかな寄附者数[注88][注89]が年平均100人以上であること
3	条例個別基準 ・NPO法人の事務所の所在する都道府県または市区町村の条例において個人住民税の寄附金税額控除の対象法人として指定されていること

(注85) 総収入金額から以下の①～⑧の額を控除した金額（NPO法45条1項1号イ⑴、同法施行規則5条)。
① 国の補助金等
② 委託の対価としての収入で国等から支払われるもの
③ 法律または政令の規定に基づき行われる事業でその対価の全部または一部につき、その対価を支払うべき者に代わり国または地方公共団体が負担することとされている場合のその負担部分
④ 資産の売却による収入で臨時的なもの
⑤ 遺贈もしくは死因贈与により受け入れた寄附金または贈与者の被相続人に係る相続の開始があったことを知った日の翌日から10月以内に当該相続により当該贈与者が取得した財産の全部もしくは一部を当該贈与者からの贈与により受け入れた寄附金のうち、一者当たり基準限度超過額に相当する部分
⑥ 実績判定期間における同一の者から受け入れた寄附金の額の合計額が1,000円に満たないもの
⑦ 寄附者の氏名（法人にあっては、その名称）およびその住所が明らかな寄附金以外の寄附金
⑧ 休眠預金等交付金関係助成金

(注86) 受入寄附金総額から以下の①～④の額を控除した金額（NPO法45条1項1号イ⑵、同法施行規則7条)。ただし、社員の会費の額が合理的と認められる基準により定められており、かつ、社員（役員ならびに役員の配偶者、役員の3親等以内の親族および役員と特殊の関係のある者を除く）が20人以上の法人については、社員から受け入れた会費の合計額から共益的活動に係る部分の金額を控除した金額についても控除できる（同法45条1項1号イ⑶、同法施行規則4条・10条)。
① 受け入れた寄附金の額のうち一者当たり基準限度超過額
② 実績判定期間における同一の者から受け入れた寄附金の額の合計額が1,000円に満たない場合の当該合計額
③ 寄附者の氏名（法人にあっては、その名称）およびその住所が明らかな寄附金以外の寄附金の額
④ 休眠預金等交付金関係助成金の額の総額

なお、認定NPO法人の制度が設けられた2001（平成13）年当時(注90)のパブリック・サポート・テストは、相対値基準のみであり、割合も現在の5分の1以上ではなく、3分の1以上であった(注91)。制度創設時のパブリック・サポート・テストは、米国において課税の優遇を受ける団体である内国歳入法501条c項3号に規定する団体のうち、パブリック・チャリティに求められる要件と同等のものであった。

しかし、上記基準では認定を取得するNPO法人は少数にとどまっていたため、パブリック・サポート・テストの基準は徐々に緩和され、2011年NPO法改正では、相対値基準に加え、絶対値基準および条例個別基準が追加されることとなり、現在の制度となった。

なお、2011年NPO法改正に合わせて行われた税制改正において、認定NPO法人への寄附について税額控除が導入された。その際、公益社団法人、公益財団法人、学校法人、準学校法人、社会福祉法人および更生保護法人のうち、パブリック・サポート・テストを含む基準を充足する法人への寄附についても、税額控除が導入されることとなった(注92)(租特41条の18の3第1項、同法施行令26条の28の2第1項、同法施行規則19条の10の5)。〔図表2-3-17〕の通り、相対値基準または絶対値基準のいずれかを満たせばよいとされている。

(注87) 実績判定期間における総収入金額が年800万円未満であり、受け入れた寄附金の額の総額が3,000円以上である寄附者（当該NPO法人の役員または社員を除く）の数が50人以上であるNPO法人については、1,000円未満の寄付や氏名および住所が明らかではない寄附金を差し引く必要がない等の特例がある（NPO法45条2項、同法施行令3条・5条2項・3項、同法施行規則25条)。

(注88) 当該NPO法人の役員である者および当該役員と生計を一にする者を除く。また、当該事業年度において個人である寄附者と生計を一にする他の寄附者がいる場合には、当該寄附者と当該他の寄附者を1人とみなす。

(注89) 正確には、寄附者数に12を乗じて当該実績判定期間の月数で除して得た数である。事業年度を1年間としている多くの法人では、12を乗じて12で除すことになるため、〔図表2-3-16〕記載の通りとなる。

(注90) 平成23年改正前NPO法においては、国税庁長官による認定であった。

(注91) 経常収入金額、寄附金等収入金額の算定式も現在よりも厳格であった。算定式の変容については、内閣府NPOホームページ「認定NPO法人制度の主な改正の経緯」(https://www.npo-homepage.go.jp/about/seidokaisei-keii/ninteiseido-keii) 参照。

〔図表 2-3-17〕税額控除の対象となるためのパブリック・サポート・テスト

1	相対値基準 ・実績判定期間における経常収入金額のうちに占める寄附金等収入金額(注93)(注94)の割合が5分の1以上であること
2	絶対値基準 ・実績判定期間内の各事業年度において3,000円以上寄附した氏名（法人の場合は名称）および住所が明らかな寄附者数(注95)(注96)(注97)が年平均100人以上であること ・実績判定期間内の各事業年度において3,000円以上寄附した氏名（法人の場合は名称）および住所が明らかな寄附者からの寄附金の額(注98)(注99)が30万円以上であること

(注92) その後、2016年度税制改正において、国立大学法人、公立大学法人、独立行政法人国立高等専門学校機構および独立行政法人日本学生支援機構のうち、パブリック・サポート・テストを含む基準を充足する法人への学生等に対する就学の支援のための事業に充てられることが確実であるものについても、税額控除が導入された。また、2020年度税制改正において、国立大学法人、大学共同利用機関法人、公立大学法人および独立行政法人国立高等専門学校機構のうち、パブリック・サポート・テストを含む基準を充足する法人への学生または不安定な雇用状態にある研究者に対するこれらの者が行う研究への助成または研究者としての能力の向上のための事業に充てられることが確実であるものについても、税額控除が導入された。

(注93) 社員の会費の額が合理的と認められる基準により定められており、社員の議決権が平等であり、かつ、社員（役員ならびに役員の配偶者、役員の3親等以内の親族および役員と特殊の関係のある者を除く）が20人以上の公益社団法人については、社員から受け入れた会費の額に公益目的事業比率を乗じて計算した額のうち寄附金収入金額に達するまでの金額を加えることができる。

(注94) 学校法人および準学校法人については、学校の入学に関する寄附金の額を除く。

(注95) 当該法人の役員である者および当該役員と生計を一にする者を除く。また、当該事業年度において個人である寄附者と生計を一にする他の寄附者がいる場合には、当該寄附者と当該他の寄附者を1人とみなす。

(注96) 学校法人および準学校法人においては、設置する学校の定員等の総数が5,000に満たない事業年度について、寄附者の数に5,000を乗じてこれを定員等の総数（500に満たない場合には、500）で除して得た数となる。

(注97) 正確には、寄附者数に12を乗じて当該実績判定期間の月数で除して得た数である。事業年度を1年間としている多くの法人では、12を乗じて12で除すことになるため、〔図表2-3-17〕記載の通りとなる。

(注98) 公益社団法人、公益財団法人、学校法人および準学校法人においては、公益目的事業費用等の額の合計額が1億円に満たない事業年度については、当該事業年度における寄附者の数に1億を乗じてこれを公益目的事業費用等の額の合計額（当該合計額が1,000万円に満たない場合には、1,000万）で除して得た数。

(3) 社会福祉法人

ア　概　要

社会福祉法人は、都道府県知事または市長もしくは区長から定款の認可を受けた上で（社会福祉法32条）、その主たる事務所の所在地において設立の登記をすることで成立する（同法34条）。都道府県知事または市長もしくは区長は、定款の認可に際し、社会福祉事業を行うに必要な資産を備えているかどうか、定款の内容および設立の手続が、法令の規定に違反していないかどうか等を審査する（同法32条）。審査の内容や基準については、法令ではこれ以上の記載はない。実務においては、通達に基づいて審査がなされている(注100)。

社会福祉法人は、社会福祉事業を行うことを目的とする必要がある（社会福祉法22条）。社会福祉法人は、社会福祉事業を行うに当たって、日常生活または社会生活上の支援を必要とする者に対して、無料または低額な料金で、福祉サービスを積極的に提供するよう努めなければならない（同法24条２項）。社会福祉事業は、第１種社会福祉事業および第２種社会福祉事業に分けられる。

第１種社会福祉事業とは、障害児入所施設、特別養護老人ホームを経営する事業等社会福祉法２条２項に列挙された入所施設サービスを中心とする事業である。第１種社会福祉事業は、利用者への影響が大きいため、経営安定を通じた利用者の保護の必要性が高いことから、国、地方公共団体または社会福祉法人が経営することが原則であり（同法60条）、それ以外の者が経

（注99）正確には、寄附金の総額に12を乗じて当該実績判定期間の月数で除して得た額である。事業年度を１年間としている多くの法人では、12を乗じて12で除すことになるため、〔図表2-3-17〕記載の通りとなる。

（注100）平成12年12月１日付け障第890号・社援第2618号・老発第794号・児発第908号厚生省大臣官房障害保健福祉部長・厚生省社会・援護局長・厚生省老人保健福祉局長・厚生省児童家庭局長通知「社会福祉法人の認可について（通知）」別紙１「社会福祉法人審査基準」および平成12年12月１日付け障企第59号・社援企第35号・老計第52号・児企第33号厚生省大臣官房障害保健福祉部企画課長・厚生省社会・援護局企画課長・厚生省老人保健福祉局計画課長・厚生省児童家庭局企画課長通知「社会福祉法人の認可について（通知）」別紙「社会福祉法人審査要領」。これらは、地方自治法245条の９第１項および３項に基づく法定受託事務の処理基準として発出されたものである。

営しようとするときは、事業開始前に都道府県知事の許可が必要となる（同法62条2項・67条2項）。他方、第2種社会福祉事業とは、障害児通所支援事業、老人デイサービス事業等社会福祉法2条3項に列挙された在宅サービスを中心とする事業である。第2種社会福祉事業は、比較的利用者への影響が小さいため、公的規制の必要性が低いことから、経営主体の限定がない。そのため、事業によっては、社会福祉法人のほか、株式会社、医療法人、NPO法人等さまざまな主体が事業を行っている。

イ　第2種社会福祉事業を経営する際の法人格の選択

上記の通り、第2種社会福祉事業には経営主体の限定がない。そのため、第2種社会福祉事業を経営するに当たっては、営利法人（株式会社）を選ぶか非営利法人を選ぶかの選択、また、非営利法人を選ぶ場合にはどの法人格を選ぶかの選択が重要である。

株式会社においては、その営利性から、その経営指針の前提に、株主利益の最大化を意識する必要がある。他方、非営利法人においては、構成員への利益分配はそもそもできないので、その経営において構成員の利益を考慮する必要はない。非営利法人の経営指針の前提にあるのは、その法人が設置された目的に適うよう、その法人の事業を継続し、発展させていくことにある。これらの性格の違いから、株式会社は利益拡大が望める事業を中心に運営していく必要があるのに対し、非営利法人は事業継続に支障を来さない範囲において、必ずしも利益につながらない事業を展開しやすいといえる。

(4)　学校法人

ア　概　要

学校法人とは、幼稚園(注101)、小学校、中学校、義務教育学校、高等学校、中等教育学校、特別支援学校、大学、高等専門学校(注102)および幼保連携型

(注101) 幼稚園は学校法人以外が設置することも可能である（学校教育法附則6条）。

(注102) 小学校、中学校、義務教育学校、高等学校、中等教育学校、特別支援学校、大学および高等専門学校の設置主体は、原則として国、国立大学法人、独立行政法人国立高等専門学校機構、地方公共団体、公立大学法人および学校法人に限られる（学校教育法2条2項）。ただし、構造改革特別区域においては、一定の要件を充足する株式会社およびNPO法人が設置することも可能である（構造改革特別区域法12条1項・13条1項）。

認定こども園[注103]の設置を目的として私立学校法に基づき設立された法人である（私立学校法3条）。これらの設置を目的とせず、専修学校[注104]または各種学校の設置のみを目的とする法人を私立学校法に基づき設立することも可能であり、そのような法人を準学校法人という（同法64条4項、同法施行規則3条の3第1号）。準学校法人には私立学校法第3章の規定が準用されるため（同法64条5項）、私立学校法の適用に当たっては学校法人との違いはほぼない。以下では学校法人について述べるが、以下の記載は準学校法人においても同様である。

学校法人は、文部科学大臣または都道府県知事から寄附行為の認可を受けた上で（私立学校法30条）、その主たる事務所の所在地において設立の登記をすることで成立する（同法33条）。文部科学大臣または都道府県知事は、寄附行為の認可に際し、学校法人がその設置する私立学校に必要な施設および設備またはこれらに要する資金ならびにその設置する私立学校の経営に必要な財産を有しているかどうか、寄附行為の内容が法令の規定に違反していないかどうか等を審査する（同法32条）。具体的な審査基準については、法令ではこれ以上の記載はない。実務においては、文部科学大臣が所管する法人について「学校法人の寄附行為及び寄附行為の変更の認可に関する審査基準」（平成19年文部科学省告示第41号）に基づいて、都道府県知事が所管する法人については各都道府県が定める基準に基づいて審査がなされている。

イ　2023年私立学校法改正

2023年5月8日、私立学校法の一部を改正する法律（令和5年法律第21号）が公布された。同法は2025年4月1日から施行される[注105]（同法附則1条）。改正の内容は多岐にわたり[注106]、条文数も大幅に増加する。この改正の趣旨としては、「『執行と監視・監督の役割の明確化・分離』の考え方から、

（注103）幼保連携型認定こども園の設置主体は、国、国立大学法人、地方公共団体、公立大学法人、学校法人および社会福祉法人に限られる（就学前の子どもに関する教育、保育等の総合的な提供の推進に関する法律12条）。

（注104）典型的には専門学校が該当する。

（注105）役員および評議員の資格、構成、任期等、会計帳簿等についての経過措置が設けられている（同法附則2条～10条）。

（注106）文部科学省により、「私立学校法の改正について」と題する説明資料が以下のホームページに公開されており、改正の全体像の詳細が説明されている（https://www.mext.go.jp/a_menu/koutou/shiritsu/mext_00001.html）。

理事・理事会、監事及び評議員・評議員会の権限分配を整理し、私立学校の特性に応じた形で『建設的な協働と相互けん制』を確立」することにあると指摘されている(注107)。この改正により、学校法人のガバナンスは大きく変容すると考えられる。特に、評議員会の位置づけが見直されている。

具体的には、理事と評議員の兼職が禁止され（改正私立学校法31条3項）、評議員の定数も理事の定数を超える数であればよいこととなる（同法18条3項）。また、文部科学大臣が所轄庁である学校法人等においては、寄附行為の変更、解散および合併の決定については、評議員会への諮問だけでは足らず、評議員会の決議が必要とされる（同法150条）。さらに、評議員会に、以下の権限が付与される。

① 理事に解任事由が認められる場合に理事選任機関に対して理事の解任を求める権限（改正私立学校法33条2項）

② 理事が学校法人の目的の範囲外の行為その他法令もしくは寄附行為に違反する行為をし、またはこれらの行為をするおそれがある場合において、当該理事の行為によって当該学校法人に回復することができない損害が生ずるおそれがあるときに、監事に対して理事の行為の差止請求訴訟の提起を求める権限（同法67条1項）

③ 学校法人に対し、役員、会計監査人または清算人の責任を追及する訴訟の提起を求める権限（同法140条1項）

現行法では、少なくとも1名以上は理事と評議員を兼職しなければならず（私立学校法38条1項2号）、理事全員が評議員を兼職することも可能であった。評議員の定数は理事の定数の2倍を超える数とされていたこともあり（同法41条2項）、理事全員が評議員を兼職する事例も多かった。その場合、評議員会の構成員に理事会の構成員が全員含まれることになるため、理事会と評議員会とが事実上一体として運営されていた事例も見受けられた。

2023年改正により、理事会と評議員会の両方の構成員となる者は存在しなくなり、一体として運営する必要性もなくなるものと考えられる(注108)。

(注107)「私立学校法の一部を改正する法律案の概要」(https://www.mext.go.jp/content/230426-mxt_hourei-000029493_1.pdf)。

(注108) もちろん、理事は、評議員会において説明義務を負うため（2023年改正後の私立学校法39条2項）、理事は評議員会に出席する必要がある。しかし、理事は説明のために出席するものであって、評議員会の構成員ではない。

また、評議員会に上記①から③のような権限が付与されることにより、理事会への牽制機能を持つこととなった。

日本の非営利法人法制は、複数の法人格が用意されており、それぞれ根拠法も所轄庁も異なっていることから、統一的な理解は困難であったところ、2015年医療法改正、2016年社会福祉法改正、2019年私立学校法改正により、各根拠法において一般法人法を準用する旨の規定が増加し、非営利法人法制を統一的理解の必要性が高まっていた[注109]。2023年私立学校法改正は、学校法人の特殊性を強調する側面がある一方、一般法人法の考え方を取り入れる内容も多く存在する。日本の非営利法人法制を理解するための軸としての一般法人法に基づいた上で、各法人の特殊性を踏まえた改正であり、日本の非営利法人法制の今後を示す重要な改正であると考えられる。

4　公益法人法制の課題

(1)　公益法人の成長促進

公益法人がサステナブルな社会の実現のための役割を果たすには、公益法人自体が成長できる環境が必要になると考えられる。しかし、日本における公益法人法制に関する議論は、法令遵守を強調したガバナンス論が中心であり、それと両輪をなすべき公益法人の成長という観点が弱く、ガバナンスの意識を、法令遵守から成長戦略を伴う説明責任へと転換することも必要であると思われる[注110]。

非営利法人である公益法人は、構成員への利益分配がなく、構成員の利益の最大化は目的たり得ない。しかし、構成員の利益の最大化を目的としないからといって、公益法人自体が利益を上げることが否定されるものではない。公益法人の目的たる事業を続けるためには、一定の利益を確保することが必要な場合も多いのではなかろうか。にもかかわらず、公益認定法に規定された収支相償原則への誤解もあって[注111]、公益事業での黒字を避けようとす

(注109) 大野・税理士「はじめに」(2頁～6頁) 参照。

(注110) 溜箭将之「公益団体のガバナンスと成長（上）――日米比較からの問題提起」法時94巻2号 (2022) 92頁～94頁、同「公益団体のガバナンスと成長（下）」法時94巻3号 (2022) 87頁参照。

る公益法人も少なくないように思われる。もちろん、公益事業において、長期にわたる過度な黒字は必ずしも適切ではないと思われるが、黒字一般が否定されるべきではない。収支相償原則の見直しは、公益法人の「成長」についての法制度からの強いサポートになると考えられる。

また、公益事業の中には、そもそも利益を見込むべきではないものも多い。そのような事業を発展、継続させていくには、収益事業から得られた収益による補填や、補助金や寄附によるサポートが不可欠である。このうち、寄附については、欧米諸国と比較して日本には寄附文化が定着していないとの指摘がある(注112)。確かに、調査結果によれば、2020年における日本の個人寄附総額は約1兆2,126億円で、名目GDPの0.23%である(注113)。同年における米国の個人寄附総額が約3,241億ドル（約34兆5,948億円）で、名目GDPの1.55%であるが、同年1月から6月における英国の個人寄附総額は約54億ポンド（約7,393億円）であり、名目GDPの0.26%であることと比較すると、米国は突出しているものの、英国と比較すれば、日本の個人寄附が低調とまではいえないようにも見える。しかし、日本の個人寄附のうち総額の55.5%に当たる約6,725億円はふるさと納税である。寄附文化を検討するに当たっては、実質2,000円の負担で返礼品を取得できるふるさと納税を他の寄附と同列に論ずるのは適切ではないように思われ、やはり日本に寄附文化は定着していないといわざるを得ない。

公益法人の成長を考えるに当たっては、寄附文化の定着という課題を避けて通ることは難しい。日本に寄附文化が定着しない原因として、寄附に対する不安感、慈善団体や宗教組織に対する不安感が指摘されている(注114)。寄附文化の定着のためには、寄附自体に対する、そして公益法人に対する不安感を払拭する必要があるように思われる。公益法人の信頼を高めるためには、

（注111）非営利性や収支相償に対する誤解について、大野・税理士12頁～13頁・78頁～80頁参照。

（注112）例えば、坂本治也「日本人はどれくらい寄付をしているのか？」同編著『日本の寄付を科学する』（明石書店、2023）15頁～33頁は、他国と比較して日本人の寄附を低調と評価している。

（注113）日本ファンドレイジング協会『寄付白書2021』（日本ファンドレイジング協会、2021）。なお、同書は、円換算における為替レートについて、国際決済銀行公表のBroadベースの実効為替レートを利用し、1ドル＝106.7円、1ポンド＝136.9円で換算している。

透明性の確保が不可欠であろう。そのためには、公益法人自体が、自らの活動内容等に関する情報を適切に公開することが重要と思われる。政府・行政や企業が対応することが難しい社会課題に対してどのような活動を行っているか、寄附金を受け取った場合に具体的にどのような使途に用いるのか等、寄附者の不安感を払拭するための対応が必要であると考えられる。また、寄附者にわかりやすい情報公開のあり方等、寄附者の不安の払拭を後押しするような法制度の構築も引き続き検討する必要もあると思われる。

(2)　公益法人のコンプライアンス確保

近年、公益法人の不祥事は社会問題となっている(注115)。公益法人においてコンプライアンスを確保し、不祥事を防止することは急務である。その一環として、株式会社における実践を踏まえた諸制度の導入が公益法人においても検討されている。しかし、営利性を前提とした制度は、非営利法人において必ずしも同様の効果が得られるとは限らない。

株式会社においては、株主は、取締役の責任を追及する手段として、株主代表訴訟を提起する権限を有している。一般社団法人においても、株式会社と同様に、社員代表訴訟の制度が設けられているが、実例は必ずしも多くない(注116)。一般社団法人の社員には、株式会社における株主と異なり、配当という直接の利益が想定できず、監督のインセンティブを有しているのか疑問が残る(注117)。学校法人の評議員会に、役員等に対する責任追及訴訟を提

(注114)　坂本治也「なぜ日本人は寄付しないのか？」同編著・前掲（注112）35頁～48頁。同論文は、本文に挙げた点に加え、「自分が抱える問題はできるだけ自助努力と自己責任で解決すべき」という自己責任意識が強いことも指摘する。

(注115)　公益法人の不祥事に言及する報告書として、2020年12月25日に公表された公益法人のガバナンスの更なる強化等に関する有識者会議報告書「公益法人のガバナンスの更なる強化等のために」、2021年3月19日に公表された学校法人のガバナンスに関する有識者会議報告書「学校法人のガバナンスの発揮に向けた今後の取組の基本的な方向性について」等がある。また、公益法人の不祥事に関する文献として、濱本明編『非営利組織の内部統制と不正事例』（同文舘出版、2023）がある。

(注116)　東京地判平成28・4・20判例集未登載等の実例がある。

(注117)　ただし、そもそも株式会社においても、株主代表訴訟提起の動機は金銭的動機だけではないと考えられることからすると（大杉謙一「株主代表訴訟はわが国でどのように機能しているか」『江頭憲治郎先生古稀記念・企業法の進路』〔有斐閣、2017〕291頁～317頁）、経済的インセンティブのみで議論するのが実態にそぐわないのかもしれない。

起することができる権限を付与し（改正私立学校法140条1項）、公益財団法人の評議員にも、役員等の責任追及訴訟を提起することができる権限の付与が検討されているが(注118)、評議員が株主と同様の意味で役員等の監督ができるのかについては課題も多いように思われる。

インセンティブという観点からは、むしろ設立者および寄附者のほうが、監督者として適切にも思える。自らが支出した金員の使い道を確認するという観点からは、設立者や寄附者は、住民訴訟（地方自治法242条の2）における住民に近い性質を有するともいえる(注119)。実際、公益法人制度改革に関する有識者会議においては、寄附者や国民一般も広く受益者と捉え、寄附者および国民一般に対して責任・義務を負うべきであるとの考えから、寄附者および国民一般に代表訴訟類似の制度の訴権を認めるべきとの意見も検討されていた(注120)。しかし、現行法においては、設立者や寄附者には何らの権限も与えられておらず(注121)、むしろ、特別の利益供与の禁止において、設立者は各法人において対象者とされており、寄附者もNPO法人において対象者とされている(注122)。もちろん、設立者や寄附者が監督の名目で実態としては法人を支配するのは適切ではなく、現行法の立場も理解できるところであるが、実効的な監督を確保するとともに、公益法人の設立や寄附を促進

(注118) 公益法人のガバナンスの更なる強化等に関する有識者会議報告書「公益法人のガバナンスの更なる強化等のために（最終とりまとめ）」(2020年12月25日)。

(注119) 日本の住民訴訟は、米国のtaxpayer's suit（納税者訴訟）を参考に設けられた制度であるが、納税者であることは要件となっていない。最判昭和53・3・30民集32巻2号485頁は、住民訴訟について、「地方公共団体の構成員である住民全体の利益を保証するために法律によつて特別に認められた参政権の一種であり、その訴訟の原告は、自己の個人的利益のためや地方公共団体そのものの利益のためにではなく、専ら原告を含む住民全体の利益のために、いわば公益の代表者として地方財務行政の適正化を主張するものであるということができる」と判示している。

(注120) 第19回有識者会議（2004年9月15日開催）資料1の4頁～7頁参照。なお、公益法人制度改革に関する有識者会議の議事録や資料は、下記ウェブサイトで公開されている（http://www.gyoukaku.go.jp/jimukyoku/koueki-bappon/yushiki/yushiki.html）。

(注121) 一般財団法人について、大野憲太郎「一般財団法人における設立者の地位」西村あさひのリーガル・アウトルック（朝日新聞社Website「法と経済のジャーナルAsahi Judiciary」）(2018年1月)。

(注122) 大野憲太郎「『特別の利益供与の禁止』の考え方と留意点（前編）」公益・一般法人1069号（2023）29頁～32頁。

する観点から、設立者や寄附者の役割を見直す必要もあるのではなかろうか。

⑶　法人格変更の困難性

日本法上、公益法人の法人格は１つではない。根拠法も所轄庁も異なる複数の法人格が存在する。第１種社会福祉事業や私立学校の設置を目的とする場合は、経営主体が制限されていることから、法人格が必然的に決まることになる。しかし、ほとんどの公益事業は、経営主体の制限がなく、特に、公益社団法人、公益財団法人およびNPO法人は、その本来事業が広く、事業内容から法人格が必然的に決まることはない。そのため、ある法人格で設立し、事業を行っていたところ、別の法人格のほうが適切となったため、法人格を変更したいとの希望が生じることがある。例えば、NPO法人として設立したものの、認定を取得するに当たって、パブリック・サポート・テストの要件の充足が困難であるため、一般社団法人に変更して公益認定を目指すことを希望する場合等が考えられる。

しかし、現行法上、法人格の変更は容易ではない。根拠法も所轄庁も異なることから、法人格の変更手続はなく、原則として異なる法人同士の合併等の組織変更もできない[(注123)]。そのため、法人格を変更するには、変更したい法人格の法人を新たに設立し、当該法人に事業譲渡する方法をとることになるが、事業を既存の法人で継続しながら新たな公益法人を設立することには困難も多い。そのため、最初に選択した法人格に縛られる結果、本来の戦略が実現できず、中長期的な視点における公益活動の継続性に影響を及ぼす自体も生じ得る。

設立時に選択した法人格に縛られるよりも、公益法人の状況に合わせて、より適切な法人格を選択できるほうが、公益法人の成長の観点からも適切であろう。社会課題は変容するものであり、変容する社会課題に合わせた柔軟な対応が、サステナブルな社会の実現に向けて必要であると考えられる。各法人格において法改正が進み、統一的理解が可能になりつつある現在、別の法人格への変更手続を設けることも検討すべきではなかろうか。

(注123)　一般社団法人（公益社団法人を含む）と一般財団法人（公益財団法人を含む）との合併は可能である。

第4章
M&AとESG

中長期的な企業価値の向上に向けて、ESG（本章では、サステナビリティ、すなわちESG要素を含む中長期的な持続可能性を総称して用いる）への対応が、リスクとしてのみならず収益機会としても重要性を増す中、M&Aを実施する際にも、ESGの観点からの検討や対応の必要性が高まっている。

近年、ESGに関連するリスクがビジネスに深刻な影響をもたらす場面が多く見られるようになってきており、その一方で、ESGに関連する事業機会に着目したESGドリヴンの取引も増加傾向にある（注1）。ESGに関連したリスクへの対応や事業機会の獲得に向けては、自社だけでは十分な対応が難しい場合も想定され、例えば、自社が掲げるESGに関する目標や戦略を達成するために必要だが自社にはない技術やノウハウ等を有している他社との資本業務提携等を通じたコラボレーションは、今後さらに重要な経営上の選択肢になっていくことが見込まれる。

本章では、M&Aを実施する際のESGを考慮した対応について取り上げる。具体的には、ESGデューデリジェンス（**第1節**〔p.189〕）それを踏まえたM&A契約での手当て（**第2節**〔p.198〕）、さらには取引実行後（PMI）における対応（**第3節**〔p.205〕）について、それぞれ解説する。

（注1）例えば、KPMGがグローバルの事業会社やプライベート・エクイティファンド等を対象に実施した調査結果によれば、全体の82％がESG要素がM&Aにおける検討事項となっていると回答している（KPMG「グローバルESGデューデリジェンス⁺調査2024」6頁）。

第1節　ESGデューデリジェンス

1　ESG DDの意義

M&Aにおいて対象会社の株式等を取得する場合、対象会社や取引に固有のリスクを検出し、M&A契約への反映を検討するとともに、当該M&Aにおいて企図しているシナジー達成の確度等を確認するため、ビジネス・法務・財務・税務等の観点から一定の範囲のデューデリジェンス（以下、「DD」という）が行われる。

近時になってESGドリヴンの取引が増加しており、事業会社がESG戦略の一環としてM&Aを推進したり、また、プライベート・エクイティファンドのLP出資者である金融機関等が、ESG投資の観点からESG関連のリスク・機会の精査を促す等の傾向が強まった結果、ビジネス・法務・財務・税務に加えて、ESGの観点からデューデリジェンス（以下、「ESG DD」という）を実践するケースが増えている(注2)。例えば、再生可能エネルギー市場の拡大を見越した新規事業創出のための投資案件では、グローバルな環境法規制に関する重点的な調査が投資判断・事業計画に影響し得る。また、特にESGフレンドリーであることが重要視されるアパレル企業への投資であれば、原材料の輸入や衣類等の製造を東アジア・東南アジアのサプライチェーンに依存している場合、そうした地域における製造工程等の調査を通じて、ESGの観点から改善点の有無を検討することが必要になると考えられる。

こうしたESG DDの必要性・重要性は、今後も高まっていくことが予想され、現在では効果的なESG DDの実践を積み重ね、プラクティスとして定着させるフェーズに移りつつある。

（注2）PwCグループがプライベート・エクイティファンドを対象に実施した調査によれば、調査対象となった166社のPEファンドのうち、90%が買収に際してESG関連のリスクと機会を考慮しているとされている（PwC「Generating upside from ESG：Opportunities for private equity」6頁）。

2　ESG DD の特徴と留意点

ESG の観点からのリスクアセスメントは、サプライチェーンにおける労働者、人権、環境、贈収賄、消費者およびコーポレートガバナンス等に対する負の影響を広く対象とする。すなわち、対象会社グループ自身の関連法令の遵守状況はもちろんのこと、①いわゆるサプライチェーンを対象にしている点、②ハードローのみならずソフトローの遵守状況も問題となる点において、ESG DD は法務 DD と強い連続性を有しつつも、法務 DD からさらにスコープが拡張されている関係にある。また、対象範囲を合理的に限定する観点からリスクベースでの DD となる場合が少なくなく、そうした場合には対象企業の属性・規模等に応じてテーラーメイドの DD が必要となる点に留意が必要である。

また、ESG DD も他の DD のように資料請求・書面ベースでの QA やインタビューによって実施されることになるが、対象会社側の対応にも一定の制約がある DD のプロセスの中で関連するリスク等を発見していくためには、専門家による知見等を活かして質問内容を多角的かつ可能な限り具体化していく工夫等が重要になる。例えば、後述する M&A 契約への反映に関連して、ESG 関連のリスクについてもカバーした表明保証保険を利用することを検討する場合などには、インタビュー等を通じてある程度踏み込んだ DD の実施が必要になる。

3　ESG DD の調査項目とフレームワーク

ESG DD の調査項目は、従来の法務 DD でも一定程度カバーされているが、現在の ESG DD の実務水準においては、法務 DD ほど定型的な調査項目が固まっているわけではない。むしろ、一般的な調査項目をベースに（→⑴⑶⑷⑸）、対象会社の属性・規模等に応じて重要なリスク・機会に関するポイントを絞り込み（→⑵）、対象会社グループの属する産業や個別の事業内容等に則して、メリハリをつけて深堀りしていく対応が望ましいケースが多いと考えられる。そこで、以下では ESG DD のプロセスの一例を示す。

⑴　Exclusion

ESG DD においては、バリュエーションへの反映や M&A 契約において対応可能なリスクと、そもそも投資自体を再考しなければならないリスクの２段階に分けて検討を行うことが考えられ、後者は Exclusion と呼ばれている(注3)。Exclusion の対象は多岐にわたるが、例えば、①産業レベルで公序良俗に反する事業、各法域において違法な行為または製品の製造・販売等、②環境（E）に関しては、有害化学物質の製造・販売等、③社会（S）に関しては、反社会的勢力との関係や、強制労働・児童労働等が挙げられる。もっとも、Divestment（投資撤退）の範囲は各社の ESG ポリシーや ESG への取組み状況等に左右されるため、あらかじめ各社の方針等に応じて整理しておくことが望ましい(注4)。

なお、仮に Exclusion リストへの該当が確認された場合、対応方針としては、①投資自体を中止する、② Exclusion の対象となる事業・取引について、部分的に M&A の実行前に中止あるいは譲渡等するよう求めていく、③ Exclusion の対象となる事業・取引について、M&A の実行後に漸次的に撤退することを許容する等が考えられ、リスクの性質・重要性と各社における当該リスクの許容度に応じて、対応を検討していくこととなる(注5)。

⑵　ESG 方針の確認と重要課題（マテリアリティ）の特定

次のレイヤーとしては、対象会社における ESG に関する概括的な方針を確認し、対象会社グループにおける重要課題（マテリアリティ）、すなわち、重要な ESG リスク・機会を絞り込むことが考えられる。

その際には、ESG に関する個々の対応状況ではなく、対象会社グループ全体としての ESG 関連のポリシー、ESG 要素をビジネス戦略に統合する際

（注３）International Finence Corporation（IFC）は Exclusion リストのサンプルを公開しており、参考にすることも考えられる。

（注４）例えば、タバコ事業への投資を許容している企業も存在する一方で、脱炭素化の観点等から幅広く投資対象を制限している企業もあるため、各社ごとの投資方針に沿って整理する必要がある。

（注５）買収案件であれば、Exclusion リストに該当する事業や、当該事業を営む対象会社子会社を取引の対象外にするスキームを組成すること等も考えられる。

のアプローチ方針、組織体制（ESG関連の委員会設置の有無等(注6)）や内部システムの整備状況、苦情処理メカニズムの有無等を確認し、対象会社グループのESGリスクや機会に対するマネジメント体制を評価することとなる。

また、対象会社が上場会社である場合等には、ESGに関する具体的な方針や行動規範を策定している事例も少なくなく(注7)、当該方針を確認することによって、対象会社が認識しているESG関連のリスクや機会に「当たり」をつけることも可能となる。特に、前述の通りESG DDに際してはソフトローを参照することもあるため、依拠すべき基準が曖昧な場合も少なくない。そのような場合には、対象会社におけるESGに関連する社内規則や方針等の遵守状況は重要な観点となるため、通常の法務DD以上に社内規則等の開示を請求する重要性が高い(注8)。重要課題（マテリアリティ）の特定に関する質問例は、〔図表2-4-1〕の通りである。

〔図表2-4-1〕重要課題（マテリアリティ）の特定に関する質問例

1. 貴社グループの環境・社会を含むESGに関する各方針をご教示ください。
2. 貴社グループにおけるESG要素をビジネス戦略に統合するアプローチをご教示ください。
3. 貴社グループが営む事業がもたらし得る環境・社会へのポジティブ・ネガティブな影響としては、どのようなものを想定されているか、ネガティブな影響が想定される場合には、そうした影響の低減へ向けた取組状況とあわせてご教示ください。
4. 貴社グループのESGに関する各方針について、貴社グループおよびそのサプライチェーンにおける適切な実施を確保するための体制・システムの整備状況をご教示ください。

（注6）ESG関連の委員会に関する実務対応については、武井一浩ほか責任編集『成長戦略と企業法制――サステナビリティ委員会の実務』（商事法務、2022）。

（注7）例えば、経済産業省および外務省によって2021年に実施された人権に関する取組状況のアンケート調査結果によれば、回答した760社の日本企業のうち、当時においても約7割において人権方針が策定されていた（経済産業省＝外務省「『日本企業のサプライチェーンにおける人権に関する取組状況のアンケート調査』集計結果」）。

（注8）なお、後記の通り、ESG DDにおいてESG関連のポリシーの存在および遵守状況が確認されている場合、DDの結果を踏まえて、M&A契約においてESGポリシーの遵守を表明保証させることも考えられる。

企業における ESG をめぐる取組みに際しては、企業価値の向上の観点から優先的に取り組む課題を特定することが、まずもって重要になる。社会全体が抱えている ESG 課題は多岐にわたっているところ、戦略的な観点から取り組む重要課題（マテリアリティ）を見極めることが必要であり、その際には、リスクと機会の視点が軸になる。

取組みを企業価値の向上につなげていく観点からは、まずは ESG 課題を成長機会と捉える視点が重要となり、各企業においては、自社が有する強みや競争優位性等を踏まえた成長戦略の策定に際して、事業に関連する ESG 課題を踏まえ、そうした課題解決への貢献を通じて中長期的に企業価値を向上させていくことができる機会を探索する必要がある。他方、機会の面に着目した対応のみでは十分ではなく、中長期的なリスクの視点からも検討が必要となる。具体的には、営む事業内容や展開地域、将来の規制強化リスクや対応を怠った場合に取引関係に及び得る影響等を念頭に、各 ESG 課題に関するリスク水準を把握し、適切にコントロールしていく観点からの対応が必要になると考えられる。

以上を踏まえ、対象会社グループにおける ESG への取組みや重要な ESG リスク・機会を分析・把握した上で、(3)以下で紹介する個々の調査項目を深掘りしていくことになる。

(3)　環境（E）に関する調査項目

ESG の「E」に関しては、対象会社グループが事業を展開し、あるいは将来に展開する可能性のある地域を念頭に、関連法令等の遵守状況のほか、その他重要なイシューへの対応状況等を確認していくことになる。具体的には、公害・土壌汚染・有害物質の取扱い等に関する法令遵守状況や公共団体その他の第三者との関係、エネルギー・水資源の効率的利用、気候変動対応や生物多様性に関するリスクアセスメント等が挙げられる。

もっとも、「E」が深刻なイシューとなり得る業界に属する企業を対象として DD を実施する場合には、環境問題に関する専門的な知見が必要となる場合が少なくないため、環境関連法を専門とする弁護士はもとより、別途環境アドバイザーをリテインして、「E」分野については当該環境アドバイザーに主として調査を依頼することも考えられる(注9)。

(4) 社会（S）に関する調査項目

ESGの「S」に関しては、調査対象項目によるが、対象会社グループおよびそのサプライチェーンを対象に、労働者の権利（取引先における児童労働・強制労働の有無を含む）や、従業員の労働環境・ウエルネス等を確認することが考えられる。

特に、サプライチェーンにおける労働者の権利に関する調査については、PMIにおける取組みの連続性も考慮して、2022年に日本政府により策定された「責任あるサプライチェーン等における人権尊重のためのガイドライン」を参考にすることも考えられる(注10)。また、繊維、食料品や鉱物の輸入を伴う産業に属する企業等を対象とする場合には、海外子会社はもちろんのこと、サプライチェーンにおける人権侵害が特に問題となりやすいため、留意が必要となる(注11)。

もっとも、ESG DDを実施するタイミングでは、海外の子会社・サプライチェーンの調査には制約があるため、①児童労働や意思に反した強制労働の有無等(注12)について書面やインタビューで質問する、②特に海外に工場その他の製造施設が存在する場合には、当該製造施設の立地・操業年数・従業員数等の客観的情報を収集して、リスクの規模感を把握する、③近時は人

(注9) 他方、対象会社の営む事業内容等に鑑みて「E」のリスクが限定的と推測される場合には、そもそも「E」に関する調査自体を実施しないか、あるいは、弁護士による包括的な質問・インタビューによって、まずは顕在化する可能性のあるリスクがないかどうかを簡易に調査することも考えられる。

(注10)「責任あるサプライチェーン等における人権尊重のためのガイドライン」の内容を含めた企業における人権尊重の取組みの実務対応等については、西村あさひ法律事務所「ビジネスと人権」プラクティスグループ編著『「ビジネスと人権」の実務』（商事法務、2023）。

(注11) 衣類・履物、鉱物等の一部セクターについては、産業特有のリスクを踏まえた人権DDのガイドラインが存在しており（例えば、OECD「衣類・履物セクターにおける責任あるサプライチェーンのためのデュー・ディリジェンス・ガイダンス」）、ESG DDの実施に際しても参考になる。

(注12) 強制労働については強制労働の廃止に関する条約（ILO第105号条約）において定義されており、児童の定義については、各国の法制度に従うか、就業が認められるための最低年齢に関する条約（ILO第138号条約）に定める基準等を参照することが考えられる。これらの調査・検討に当たっては、国際人権法・国際労働法の知見を有する弁護士に相談することが望ましい。

権方針を策定するとともに取引先に対して監査を実施している企業が少なくない(注13)ため、当該人権方針や監査報告書等、あるいは監査報告書等が存在しない場合には、従業員との契約内容等を含めた人権方針の実施状況に関するその他のエビデンスを確認すること等が考えられるほか、リスクが高いと考えられる場合には、必要に応じて④国際機関や NGO 等の第三者機関に対して聞取調査等を行うことも考えられる。

また、欧州等では ESG に関する規範のハードロー化が進展しているため(注14)、特に ESG ドリヴンの案件等においては、適用される可能性がある各国の法制度をあらかじめ調査の上、対象会社における遵守状況を個別に確認することが考えられる。例えば、イギリスにおいては、現代における奴隷労働や人身取引等を防ぐことを目的として英国現代奴隷法が制定されており、設立地・所在地や業種にかかわらず、ⅰ英国において事業のすべてまたは一部を行っており、ⅱ商品やサービスを提供している企業のうち、ⅲ年間の売上高が 3,600 万ポンド以上の組織が適用対象とされているところ、対象会社グループが英国において事業を営む場合には、同法が適用される可能性があるため、必要に応じて現地法律事務所と連携することが考えられる。

なお、現地の法令等においては許容されていたとしても、例えば日本法の下では許容されていないような労働慣行が存在する場合、法務 DD の観点では特段の指摘事項なしという整理となるが、ESG DD の観点からは、（日本法を前提とした）買主側グループ全体のポリシーに抵触している可能性がある等の悩ましい問題が生じ得るため、ケースバイケースでさらに深掘りすることも考えられる。

（注13）例えば、株式会社良品計画は、サプライチェーンのデューデリジェンス・プロセスとして、「製造委託先工場が本行動規範を遵守し、継続的な取組を実施しているかどうか確認するため、第三者専門機関が現地訪問し、製造現場の労働環境モニタリングを定期的に行っています。監査結果は、製造委託先工場にフィードバックし、不適事項に関しては、工場のマネジメントに改善を求めるとともに、改善のための支援を行っています」としている。

（注14）EU 加盟国においては、Corporate Sustainability Due Diligence Directive の発効を受けて、2026 年 6 月までに対応する国内法の制定が義務づけられている（詳細については、**第 4 部第 2 章第 2 節**〔p.397〕）。

⑸　ガバナンス（G）に関する調査項目

ESGの「G」に関する調査項目としては、贈収賄の有無、反競争的ビジネス慣行の有無、政治との関わり方、税務戦略(注15)のほか、役員報酬の設計、苦情処理メカニズム、ステークホルダーエンゲージメント等が挙げられる。

ガバナンス（G）の観点については、もとより法務DDでカバーされてきた領域であり、顕在化した場合のインパクトが深刻である項目が多い点に特徴があるが、ESGへの意識の高まりとともに焦点が当たる例が増えている。

贈収賄に関していえば、アジア各国におけるビジネス上の慣行（地域・業種によっては、贈収賄なしにビジネスが成立しない可能性があるというジレンマ）との向き合い方は、もともと論点としては存在していた。もっとも、近時では、法令等のみならず、子会社や投資先における贈収賄に対するステークホルダーの態度も厳しくなってきているため、法務DDまたはESG DDにおいてそうした状況が確認された場合には、個々の案件に応じた適切な対応が必要になると考えられる(注16)。

また、競争法への違反に関しては巨額の課徴金が課される事例も珍しくないため、法務DDまたはESG DDにおいて可能な限りリスクを精査することが求められる一方で、特に当局による調査が現在進行形で進んでいる場合等には、対象会社としても（当局対応との関係で）開示できる情報の範囲に限度があるため、競争法を専門とする弁護士を交えた慎重な検討が必要となる。その他、北朝鮮、キューバ、アフガニスタン（また、直近ではロシア）等の特定の地域における事業の展開や取引は、一般的に金融機関等(注17)が強く嫌う傾向にあり、また、事実関係に応じて米国等の各国の法規制を確認する必要性も生じ得るため、当該地域における事業・取引等が確認された場

(注15)「G」の調査項目の中には租税に関する観点も含まれる場合が多いが、通常のDDであれば税務アドバイザーによる税務DDが別途行われることが通例であるため、そうした場合には、税務DDを担当している税務アドバイザーにも関与を依頼することが望ましい。

(注16) 詳細については、木目田裕監修・西村あさひ法律事務所危機管理グループ編『危機管理法大全』（商事法務、2016）351頁以下［森本大介］。

(注17) 仮に表明保証保険会社をリテインする場合、表明保証保険の付保対象外となる可能性も高い。

合には、M&Aの実施そのものに影響が生じないよう、贈収賄や反競争的ビジネス慣行と同様に慎重な対応が求められる。

(6) その他の DD への示唆

ESG が企業活動に浸透するにつれて、法務 DD についても ESG の観点からアップデートする余地が生じている。

例えば、法務 DD においては、対象会社が当事者となる重要な契約について、債務不履行事由等(注18)の有無の確認が定型的に行われているところ、近年、ESG の観点からの一定の遵守義務が課されている契約が増えてきているため、当該義務の遵守状況の確認を追加することが考えられる。

また、合弁会社の設立案件においては、合弁会社と株主の機能・役割分担を検討する必要があるところ、合弁会社において ESG の遵守体制を構築するのか（構築する場合には、ESG 対応関連の人材を出向または外部から登用するのか）、それとも株主が ESG 対応関連の機能を提供するのかといったスタンドアローン・イシューが生じるため、これらを検討するために、法務 DD または ESG DD において関連する情報を収集することが考えられる。

（注18）対象となる契約等に係る解除、解約、取消し、無効もしくは終了の原因となる事由、期限の利益喪失事由もしくは債務不履行事由、または当該契約等の相手方による通知、時間の経過もしくはその双方によりこれらの事由に該当することとなる事由等。

第2節　M&A契約とESG

DDで発見されたリスクについては、バリュエーション（価値算定）に反映するか、株式譲渡契約その他のM&A契約で手当てすることが考えられる。ESGリスクについても同様であり、発見されたリスクの性質に応じて、クロージング前の誓約事項で解決させる、ESGリスクの不存在を表明保証させ、かかる表明保証の違反をクロージングの前提条件および／または補償に紐づける、バリュエーションへの反映は難しいが金銭的損失が見込まれる場合には特別補償とする、または、ケースによって売主の協力が得られるようであれば、クロージング後の誓約事項として継続的な改善に向けて協力義務を課す等の対応が考えられる。

完全買収の場合、クロージング後は対象会社の支配権を獲得するため、クロージング前までにESGリスクを是正する喫緊の必要がなければ、クロージング後のPMIとして是正を図ることも考えられる（特に、Bid案件ではこの傾向が強くなるものと思われる）。ただし、特に買主側においても人権DDを実施しているような場合において、新たに買主グループに加わることとなる対象会社において一定のESGリスクが存在するにもかかわらずクロージングを優先する際には、買主のステークホルダーに対して（あるいは、買主における機関決定の際に取締役会のメンバーに対して）、当該ESGリスクへの対処方針・ロードマップ・関連する開示方針等を説明ができるよう準備しておく必要があろう。

他方、資本業務提携や合弁会社の設立等の場合には、売主との関係がワンショットで終わる買収案件とは異なる考慮が必要である。すなわち、クロージング後も対象会社との関係が継続するところ、サプライチェーンのレベルで負の影響の是正が求められるESGの観点からは、資本業務提携・合弁関係を継続中の対象会社におけるESG対応状況のモニタリング、ESGリスクが検出された場合の是正はもちろんのこと、治癒できない深刻なESGリスクについては、そうしたリスクを遮断するための解除事由を設けること等も検討しなければならない点に留意が必要である。

1　クロージング前の遵守義務

ESG DD において具体的な ESG リスクが発見された場合、リスクの程度・是正にかかる期間・ディール環境等を考慮して、契約締結後クロージングまでに是正させることが考えられる。ESG リスクの是正を義務づける条項例は、〔図表 2-4-2〕の通りである。

重大な人権侵害等の場合にはクロージング前に是正を求める必要性が高い一方で、慎重な対応が必要となるため是正に要する時間も長期化しやすい可能性があり、クロージング前の遵守義務に位置づけるか否かはケースバイケースで検討する必要がある（なお、資本業務提携や合弁会社の設立等、必ずしも対象会社の支配権を獲得できるディールではない場合、重要な ESG リスクについては、クロージング前に是正しておく必要性が高まりやすいだろう）。

〔図表 2-4-2〕ESG リスクの是正を義務づける条項例

対象会社は、本契約締結後クロージング前日までの間に、自らまたは海外子会社をして、〇工場における強制労働、児童労働、本人の意思に反した労働その他違法ないし不当な雇用を是正しまたは是正させるものとし、かつ、是正状況の概要を買主に対して書面により報告するものとする。

また、そもそも対象会社の ESG に関する法令や方針等の遵守状況が不透明、または、そうした遵守に向けた体制が整っていない状況も想定されるところ、その場合には、ESG に関する法令や方針等に係る遵守体制の導入自体を義務づけることも考えられる。もっとも、そうした遵守体制の導入には時間を要することが想定されるため、状況次第では、クロージング後の誓約事項として規定することも考えられる。また、特に完全買収の場合には、クロージング後に PMI の一貫として買主側の遵守体制に組み込むことが想定されるため、特段の対応は求めないことも十分あり得る。ESG に関する法令や方針等に係る遵守体制の構築を義務づける条項例は、〔図表 2-4-3〕の通りである。

〔図表2-4-3〕ESGに関する法令や方針等に係る遵守体制の構築を義務づける条項例

> 対象会社は、本契約締結後クロージング前日までの間に、対象会社グループをして、対象会社グループおよびサプライチェーンにおいてESG関連法令等の遵守状況を監督するために必要なデューデリジェンスを実施し、かつ、ESG関連法令等を遵守するために合理的に必要な体制を構築（ESG関連法令等を遵守するために必要なESGポリシーの制定および従業員に対する研修の導入を含む）するものとする。また、対象会社は、対象会社のサプライチェーンに対しても合理的に可能な範囲でESG関連法令等の遵守を要請し、その遵守状況を把握するために必要かつ適切な措置を講じるものとする。

加えて、対象会社が上場会社である場合やBid案件等では、必ずしも詳細なDDを行わずに取引を進める例も少なくなく、そのような場合には、契約締結後クロージングまでの間の継続的な調査を前提として取引を実行することも考えられる。かかる追加調査権を定める条項例は、〔図表2-4-4〕の通りである。

〔図表2-4-4〕追加調査権を定める条項例

> 買主は、ESG関連法令等の遵守状況を確認することを目的として、自らまたはその指定するアドバイザー等をして、対象会社グループに関する追加のデューデリジェンスを行う権利を有し、売主は、自らおよび対象会社グループをして、買主によるかかるデューデリジェンスの要請に対して、実務上合理的な範囲で協力を行い、または行わせるものとする。

2　表明保証

M&A契約における表明保証は、一般的に、対象会社に係るリスクの分配機能および表明保証への該当性への調査を通じた「炙り出し」機能があると考えられており、ESGリスクについても同様である。もっとも、ESGに関する表明保証は発展途上にあるため、他の表明保証条項と比較すると、その内容について固まった実務上のコンセンサスは現時点で存在していない。しかし、買主の立場からすると、ESG に関する表明保証を通じて、売主・対象会社の ESG に関するコミットメントを確認できるとともに、買主自身のステークホルダー（特に機関投資家をはじめとする株主）に対して、ESG の観点からも適切な手続を履践して投資判断に至っていることを説明しやすくなるため、今後、ESG に関する表明保証を取得する例は増加していくものと思われる(注19)。

ESG に関する表明保証は対象会社の状況や ESG DD における検出事項に則して調整する必要があるものの、一例としては〔図表 2-4-5〕の内容が考えられる。

〔図表 2-4-5〕ESG に関する表明保証の条項例

① 対象会社は、自らおよび対象会社グループならびにその取引先および下請先（以下、「サプライチェーン」という）にかかる環境、人権およびガバナンスに関する ESG ポリシーを別添○のとおり制定しており、かつ、かかる ESG ポリシーに従ってその事業を行っている。
② 対象会社グループおよびそのサプライチェーンは、対象会社が定めた行動規範その他適用のある法令等（環境、人権、贈収賄に関するものを含むが、これらに限られない。以下、「ESG 関連法令等」という）を遵守しており、対象会社の知り得る限り、その違反のおそれもない。
③ 対象会社は、（i）対象会社グループおよびサプライチェーンにおいて ESG 関連法令等の遵守状況を監督するために必要なデューデリジェンスを適切に実施しており、（ii）対象会社グループにおける ESG 関連法令等の遵守状況を継続的に監督するために必要かつ適切な体制を構築しており、（iii）その役職員に対して ESG 関連法令等を遵守するために必要な継続的な研修または指導を実施しており、かつ、（iv）サプライチェーンに対して、対象会社の定める ESG ポリシーおよび ESG 関連法令等を遵守することを要請し、継続的に監督している。
④ 対象会社グループおよびそのサプライチェーンにおいて、製品の開発、製造または保守等に関連して、国際労働法または各国の法令上の児童労働、強制労働、奴隷的取扱い、その他自由意思によらない労働

(注19) なお、ESG リスクについては売主・対象会社の認識・知見が十分でないことが往々にして予想され、そうであるからこそ、包括的な表明保証ではなく、個別具体的に ESG リスクの不存在を表明保証させることで「炙り出し」機能を期待しやすくなるであろう。

が行われたことはなく、そのおそれもない。
⑤　対象会社のサプライチェーンにおいて、各国の法令等に基づき最低賃金の適用を受ける労働者に対し、その最低賃金額以上の賃金が支払われている。
⑥　対象会社グループまたはそのサプライチェーンが所有または使用する不動産については、その所有権または占有権の取得の過程において、先住民族の権利に関する国際連合宣言を含む国際人権基準または各国の法令等に基づき保護される先住民の権利が侵害されていない。

なお、やや技術的にはなるが、M&A契約においては通例的に表明保証の真実性・正確性が前提条件として規定される。ESG DDが十分に実施できず、ESGリスクの存否が明らかでないような場合には、上記のようなESGリスクの不存在に係る表明保証を規定しておくことで、契約締結後クロージングまでにESGリスクが発覚した場合にも、当該表明保証の違反として前提条件不充足を主張する余地を残しておくことも期待できる(注20)。

3　補償・特別補償

クロージング後にあらためて対象会社の監査を実施したところESGリスクが判明し、表明保証違反が成立するような場合（ESGリスクの不存在のみならず、法令違反や第三者との紛争の不存在等に係る表明保証も問題となり得る）、補償請求を検討する余地がある。もっとも、ESGリスクは依拠すべき基準が必ずしも明確でなく、実際に買主が売主に対して補償請求する場合や、表明保証保険を購入の上保険会社に対して保険金を請求するような場合、必ずしも表明保証違反を立証することが容易でないことも少なくないと思われる。

そこで、ESG DDを通じて具体的なESGリスクが検出されており、かつ、契約交渉上の状況や金銭換算が難しい等の理由によりバリュエーションへの反映が困難な場合には、あらかじめ特別補償として手当規定しておくことも

(注20)　特に、M&Aは公表までは秘密裡に進められるため、現場にアクセスすることが困難である一方で、公表後は、現場へのアクセスが比較的容易になるのみならず、いわゆる「タレコミ」等を通じて新たな事実が発覚することも少なくない。

考えられる。ESG イシューに関する特別補償の条項例は、〔図表 2-4-6〕の通りである。

〔図表 2-4-6〕ESG イシューに関する特別補償の条項例

> 売主は、以下の各号に定める事項に起因してまたは関連して損害等が買主に発生した場合には、買主に対してかかる損害等を補償する。
> ①　海外子会社Aにおける児童労働・強制労働その他自由意思によらない労働に起因または関連する事由
> ②　アスベストまたはPCB の除去債務に起因または関連する事由
> ③　海外子会社Bにおける競争法への違反に起因または関連する事由（欧州委員会およびイギリス競争当局のカルテル調査の原因となる事由を含むが、これに限られない）。

4　資本業務提携や合弁会社案件におけるクロージング後の継続的義務と解除・サンクションの検討

ESG DD において ESG リスクが検出されたり、ESG 関連法令等への遵守状況に脆弱性が確認された場合はもちろん、その他の場合においても、資本業務提携や合弁会社案件においては、（補償・特別補償等の金銭的解決のみならず）クロージング後の対象会社グループにおける ESG に関する継続的な取組みが問題となり得る。

また、昨今の ESG リスクは、アメリカが中国新疆産の原材料を使用した製品の輸入を禁止したように、単なるコンプライアンスイシューやレピュテーションリスクを超えて、経営上の致命的なリスクとなり得る可能性も秘めている。

そこで、資本業務提携や合弁会社案件においては、対象会社グループに対して継続的な ESG 関連法令等の遵守義務を課しつつ、特に深刻な ESG 関連問題等が生じた場合には、（反社条項等を参考に）即時解約まで規定することも考えられる。合弁会社におけるクロージング後の継続的義務と解除に関する条項例は、〔図表 2-4-7〕の通りである。

なお、マイノリティ出資にとどまるディールの場合、資本業務提携関係のない中で対象会社グループのマイノリティ株主として残ることが適切かにつ

〔図表2-4-7〕合弁会社におけるクロージング後の継続的義務と解除に関する条項例

① 対象会社は、自らまたは取引製品の開発、製造または保守等に関連する取引先、委託先もしくは下請先その他関連契約者をして、それぞれの従業員の人権に十分に配慮し、安全かつ適切な職場環境を整え、または整えさせるものとし、取引製品の開発、製造または保守等に関連して、児童労働、強制労働、奴隷的取扱い、その他自由意思によらない労働を行わず、または行わせないものとする。
② 対象会社は、出資者により随時策定される行動規範または同様の企業方針を遵守するものとし、また、取引先、委託先または下請先その他関連契約者にこれを遵守させるものとする。
③ 対象会社は、（ｉ）出資者が対象会社およびそのサプライチェーンに対して人権デューデリジェンスが行う場合もしくは行うよう要請した場合、または（ⅱ）出資者が前各項に関して調査実施その他必要な措置を要請した場合には、これに協力するものとする。また、出資者より対象会社が前各項の定めに違反する疑いがあるとしてその旨を通知した場合、出資者に対し、相当期間内に当該通知に対して回答するものとする。
④ 出資者は、対象会社が前各項に違反したとき（前項の回答が合理的な内容でない場合を含む）は、対象会社に対して損害賠償義務を負うことなく、何らの催告なしに直ちに本契約の全部または一部を解除することができる。

いては、さらなる検討の余地がある。そこで、深刻なESG関連問題等に伴い資本業務提携契約を解除する場合には、例えば、保有する対象会社株式を対象会社や対象会社経営陣に対してプレミアム付きで買い取るよう義務づけること等も考えられる。

第3節　PMI と ESG

クロージング後は対象会社のPMIが問題となるところ、これまでの各社におけるPMIプラクティスに加え、今後は、人権DDを含めたクロージング後の継続的なESGに関する取組みも重要となる。すなわち、対象会社が買主の子会社となる場合はもちろん、マイノリティ出資であってもサプライチェーンに組み込まれる場合には、前述の「責任あるサプライチェーン等における人権尊重のためのガイドライン」等も踏まえると、対象会社グループやその取引先におけるESG関連のガバナンス体制の構築を意識する必要があると考えられる。具体的には、買主のESGポリシーや行動指針を対象会社に対して導入する、あるいは、場合によっては対象会社のESGポリシー等に反映させること等についても検討を要する。

また、「責任あるサプライチェーン等における人権尊重のためのガイドライン」等に従い対象会社に対して継続的にDDを実施し、負の影響を特定し、軽減または是正することも考えられる。もちろん、買主がマイノリティ出資にとどまるような場合に、対象会社グループのすべてを把握することには限界があるところ、対象会社の経営陣にESGに関する取組みを促すインセンティブを働かせるために、対象会社の取締役・経営陣に対して、ESG要素を反映した業績連動報酬制度を導入させることも考えられる（そのような場合には、あらかじめ合弁契約等において、対象会社役員の報酬システムについても合意しておくことが望ましい）。

さらに、ESG DDにおいて検出された事項によってはクロージング前に是正せずにクロージング後に処理する方針もあり得るものと思われる。そのような場合には、クロージング後に買主側のコントロール下において、関係者の処分、原因分析・再発防止策の策定、人事改革等を実施することも考えられる。

なお、特にESGへの取組みに慣れていない対象会社に関して、ESGの観点を対象会社のガバナンスに組み込む場合には、ハイレベルでESGの観点を重視した投資案件であることについてあらかじめ目線を揃えておき、ディールチームやPMIチームの実務レベルにまで意識を浸透させておくことが重要になると考えられる。すなわち、案件の開始から一貫したESG目線での取組みが、クロージング後の効果的なPMIにつながるとも言い換えられよう。

第3部

ファイナンス

第1章
総　論

第1節　金融・金融機関とサステナビリティ

1　はじめに

近年、サステナビリティ、SDGsあるいはESGという視点は、金融取引や金融機関の業務運営においても、その重要性が増しており考慮することが避けられない状況となっている。この点、金融機関も一企業として他の事業会社と同様にサステナビリティやSDGsの取組みが求められるようになってきている。もっとも、金融機関や金融取引に対するサステナビリティの要請はこれにとどまるものではなく、金融機関の特性からサステナビリティやSDGsの促進の担い手となることが求められたり、機関投資家を含む広い意味での金融機関による投融資活動においてサステナビリティに関する社会課題を改善する効果が求められたりするようになってきている。近年のサステナビリティの潮流は、ESG投資など金融分野での動きが端緒となった面もあり、今後も金融による取組みが経済社会全般でのサステナビリティの牽引役となることが予想される。

第3部では、主に投融資活動におけるサステナビリティに関する動きを中心に解説を行う。その総論の位置づけである本節では、まず、サステナビリティやSDGsの文脈で、直接的な投融資以外の活動として金融機関に求められる役割について解説を行った上で、次節以下の導入として投融資活動におけるサステナビリティに関する取組み（サステナブル・ファイナンス）を鳥瞰することとしたい。

2　金融機関の公共性とサステナビリティの促進

金融機関も基本的には私企業であり(注1)、公的な主体ではない。もっとも、金融機関の中には一般の事業会社とは異なる公共的な役割が期待されている場合がある。例えば、銀行法1条1項では「銀行の業務の公共性にかんがみ」という表現が用いられており(注2)、銀行には公共的な役割が期待されている面があるということができる(注3)。その上で、そのような役割において、銀行には、投融資などによる直接的な金融の取組みだけではなく、高度な専門性や蓄積した情報を裏づけとしたコンサルティング機能などを発揮して、多様な面で取引先を支援することが求められていると考えられる。そして、金融機関による取引先の支援活動の中にはサステナビリティの取組みの支援も含まれると考えられよう。

近年、このような取組みを促進するための金融規制の見直しも進められている。例えば、銀行には業務範囲規制が適用されており、銀行の固有業務である預金の受入れ・貸付けや為替取引のほか一定の範囲の業務しか行うことが認められておらず（銀行12条）、かつ、子会社の保有や他の会社への出資が制限されている（同法16条の2第1項・16条の4第1項、独禁11条1項）。もっとも、これらの規制は緩和方向での見直しが続いており、その流れの一

（注1）公的な金融機関も存在するが、以下では民間の金融機関を念頭に置いて記述する。

（注2）銀行の業務の公共性とは、「銀行業務が国民経済・国民生活上、重要な役割を担っており、広く社会一般の利害にかかわる性質を有することを表現したものと解される」と説明されている（池田唯一＝中島淳一監修・佐藤則夫編著『銀行法』〔金融財政事情研究会、2017〕15頁）。

（注3）銀行が公共性を有するといわれる根拠については、①「銀行業務が複数の、かつ膨大な信用組織で結ばれているため、そのどこかで破綻が起きると連鎖反応により影響が広範に及ぶという点で、その制度ならびに業務運営の適否は、一国の信用秩序の維持、ひいては一国の経済運営に重大な影響があること」、②「銀行の主たる債権者が預金者、つまり一般公衆である」こと、③「銀行の資金供給面における機能が一国の経済活動全体にとって大きな意義を有している」ことが挙げられている（小山嘉昭『銀行法精義』〔金融財政事情研究会、2018〕53頁）。本節で述べるサステナビリティの取組みの支援は、主に③の観点から（特に地域の）経済活動に対する資金供給にとどまらない公共的な役割が銀行に期待されていると評価できるのではないかと考えられる。

環として、2021年５月19日に成立した「新型コロナウイルス感染症等の影響による社会経済情勢の変化に対応して金融の機能の強化及び安定の確保を図るための銀行法等の一部を改正する法律」による銀行法の改正では、銀行が保有するノウハウや人材、技術などを活用したデジタル化や地方創生など持続可能な社会の構築への貢献を目的として、銀行本体や銀行の子会社・兄弟会社が行うことのできる業務を追加することなどの見直しが行われている(注4)。

このように、業務に公共性が認められ、かつ、高度な専門性や情報を有する銀行には、社会経済のサステナビリティを推進し、持続可能な社会を構築する役割を果たすことが期待されている。特に地域金融機関においては、地域密着型金融の取組みの一環として、中小企業をはじめとした利用者から、経営課題への適切な助言や販路拡大などの経営支援を行うことが期待されている(注5)。コンサルティング業務などを通じてこのような役割を果たすことは、地域金融機関にとってビジネス機会になるだけでなく、これにより地域経済が活性化することは、その地域で活動する地域金融機関自体の発展にもつながることになると考えられよう(注6)。一方で、地域金融機関が期待された役割を果たせず地域経済が低迷することは、地域金融機関自身の存続基盤を揺るがすことにつながってしまうものと考えられる。この点、このようなコンサルティング業務などを通じた支援と併せて、サステナビリティに関する要素を取り入れた投融資活動を行うことにより、地域経済におけるサステナビリティの取組みを一層促進することが期待される。

もちろん、取引先に対するサステナビリティの支援が期待されるのは必ずしも地域金融機関に限られるものではない。主要行などのグローバルに展開する金融機関においては、グローバル水準のサステナビリティの取組みを取引先に対して支援することで、社会全体のサステナビリティを推進していくことが期待されている(注7)。

(注４)　この銀行法の改正の詳細については、荒井伴介ほか「2021年銀行法等の一部を改正する法律の概要」NBL1201号（2021）26頁～30頁参照。

(注５)　中小・地域金融機関向けの総合的な監督指針Ⅱ－５－１⑴参照。

(注６)　池田眞朗「今後の金融法務の展望――SDGsとESGの発想を入れて」銀法872号（2021）１頁は「地域金融機関は、残すべき地場産業を支援することによって、地域経済を維持し発展させることが、結局自らの経営維持につながる」と述べる。

3　投融資活動におけるサステナビリティに関する取組み

(1) 総　論

近年、さまざまな社会課題を改善することを目指して、サステナビリティの要素を考慮した投融資活動が（広い意味での）金融機関によって行われるようになっている。そのような投融資活動の意義・効果について、例えば、サステナブルファイナンス有識者会議が2021年6月18日付けで公表した「サステナブル・ファイナンス有識者会議報告書――持続可能な社会を支える金融システムの構築」3頁では、「個々の経済活動にともなう正や負の外部性を金融資本市場が適正に織り込み、環境や社会課題を考慮した投融資等を行うことで、環境や社会の課題が改善するなど、それらの経済活動が全体として拠って立つ基盤を保持し強化する効果を持つ」と説明されている。そして、金融庁のウェブサイト上でも、「新たな産業・社会構造への転換を促し、持続可能な社会を実現するための金融（サステナブル・ファイナンス）の重要性」が高まっていることが述べられている。

この点、投融資活動においてサステナビリティの要素を考慮するといっても、考慮の仕方には多様な次元のものがあり得る。投資方針においてサステナビリティの項目を考慮要素に加えるもの、投融資先の資金使途にサステナビリティの促進に資することを求めるもの、取引条件にサステナビリティの要素を組み込むものなど、サステナブル・ファイナンス(注8)の範疇には多様な類型のものがある。もちろん、個々の取組みで考慮される「サステナビリティ」の要素自体も、当事者や取引の状況など個別事情に応じて千差万別である。

(注7) 全国銀行協会は、2018年度以降、毎年、SDGsの主な取組項目と、全国銀行協会の主な活動状況や会員銀行のSDGsに関する取組事例等を取りまとめた「全銀協SDGsレポート」を公表している。その中では、全国銀行協会の会員銀行の多様な観点からのSDGsに関する取組事例等が紹介されている。

(注8)「サステナブル・ファイナンス」の用語は多義的なものと思われるが、ここではサステナビリティの要素を考慮する投融資活動や金融商品・金融取引を幅広く包含する概念として用いることとする。

主なサステナブル・ファイナンスの取組みの各論については、次章以降を参照していただきたいが、以下ではその導入としてサステナブル・ファイナンスに関する状況を鳥瞰する。

(2)　サステナブル・ファイナンスの推進のための政策的な取組み

金融機関によるサステナブル・ファイナンスの取組みを概観する前に、まず、わが国における制度面の状況を見ると、近年、サステナブル・ファイナンスを推進するための法令改正・指針の策定などの政策的な取組みが盛んに進められている。その中には、サステナビリティに関する非財務情報の開示を充実させるための開示規制の見直しや、各種SDGs債[注9]などのサステナビリティの要素を盛り込んだ金融商品・金融取引に関して、期待される事項や具体的な対応方法などをまとめたガイドラインの策定などが含まれる。わが国におけるサステナブル・ファイナンスに関する近年の制度整備の具体的な状況については、**第2節**〔p.215〕において解説する。

なお、金融市場・金融機関を監督する金融庁においても、サステナビリティを意識した行政運営が進められており、2018年6月11日に「金融行政とSDGs」を公表し（2020年1月28日には取組状況を更新したものが公表されている）、SDGsの推進に積極的に取り組むことを表明している。

(3)　ESG投資

ESG投資（非財務情報である環境〔Environment〕・社会〔Social〕・ガバナンス〔Governance〕の要素を考慮して投資運用を行うこと）は、近年、グローバルの潮流となっている。ESG投資の投資額は引き続き増加傾向にあり、その対象資産の範囲も拡大している。

一概にESG投資といっても、その視点や手法には多様なものが存在する。また、いわゆるグリーンウォッシュのようにESG投資と称していながらその実態が伴っていない事態を防止するための手立てや、ESG投資と受託者

（注9）グリーンボンド、ソーシャルボンド、サステナビリティボンド、サステナビリティ・リンク・ボンド、トランジションボンドなどのSDGsに貢献する金融商品（日本証券業協会のウェブサイト参照）。なお、「SDGs債」という呼称は主に国内市場で用いられており、海外市場についてはその限りではないと説明されていることに留意が必要である。

責任の関係(注10)など、法的な責任・効果に関わる議論も増えてきている。

ESG 投資の状況や法的側面については、**第２章**において解説する。

(4)　サステナブル・ファイナンスの金融商品・金融取引

サステナビリティの要素を盛り込んだ金融商品・金融取引が組成・実行される事例も増えてきている。そのような商品・取引の中には、多様な性質・内容のものが含まれる。例えば、法的な形式としては、各種 SDGs 債などの債券（社債）のほか、融資（ローン）やデリバティブ取引にサステナビリティの要素が組み込まれることが見受けられる。また、資金使途を環境や社会などのサステナビリティの要素にポジティブな影響を与える事業・プロジェクトに限定する金融商品・金融取引もあれば、サステナビリティ・リンク・ボンドやサステナビリティ・リンク・ローンなど、金利などの経済的条件を、事前に設定したサステナビリティ目標の達成度と連動させる仕組みの利用も広がっている。対象とするサステナビリティの要素も多様である。個別のサステナブル・ファイナンスの金融商品・金融取引の類型については、**第３章**〔p.247 ～〕において解説する。

さらに、ESG 投資ないしサステナブル・ファイナンスの一類型として、インパクト投資という概念も広まってきている。インパクト投資とは、「『社会・環境的効果』と『収益性』の双方の実現を企図する投資」であり、「一定の『収益』を生み出すことを前提としつつ、個別の投資を通じて実現を図る具体的な社会・環境面での『効果』と、これを実現する戦略・因果関係等を特定する点で特徴がある」と説明されている(注11)。インパクト投資については、**第５章**において解説する。

(5)　サステナブル・ファイナンスと親和性の高い領域

サステナブル・ファイナンスと親和性のある金融手法の１つとして、プロ

(注10) 日本法の下での ESG 投資と受託者責任の関係を論じるものとして、有吉尚哉「日本法の下での ESG／SDGs を考慮した投資と法的責任」神作裕之＝三菱 UFJ 信託銀行フィデューシャリー・デューティー研究会編『フィデューシャリー・デューティーの最前線』（有斐閣、2023）170 頁～199 頁参照。

(注11) インパクト投資等に関する検討会が 2023 年６月 30 日付けで公表した「インパクト投資等に関する検討会報告書」15 頁。

ジェクト・ファイナンスが挙げられる。サステナビリティの実現のためにプロジェクト・ファイナンスが利用される一例は、太陽光発電事業などの再生可能エネルギー発電事業を対象とするプロジェクト・ファイナンスである。このようなファイナンスの取組みにおいて、金融機関には、対象となるプロジェクトが環境や社会に与える正の影響と負の影響の双方を考慮して、実行の当否を判断することが求められる。サステナブル・ファイナンスという視点から見たプロジェクト・ファイナンスの意義や役割については、**第４章**〔p.279〕において解説する。

また、**2**で述べた通り〔p.209〕、地域金融機関を中心に、金融機関には地域経済におけるサステナビリティの取組みを促進することが期待されており、サステナブル・ファイナンスは地方再生や地方創生との親和性も高いと評価できる。地方再生や地方創生の文脈におけるサステナブル・ファイナンスについては、**第４部第４章**〔p.556〕を参照されたい。

第２節　わが国の制度整備の動向

1　はじめに／サステナブル・ファイナンスに関する制度整備の概観

(1)　はじめに

持続可能な社会の実現に向け、新たな産業・社会構造への転換を促すには、社会的課題や環境問題の解決に資する企業やプロジェクトに対する一層の資金の供給が必要となる。わが国でも、例えばGX（グリーントランスフォーメーション）(注12)の実現には今後10年で150兆円を超える脱炭素分野への投資が必要であるとされ、グリーン・ファイナンス、トランジション・ファイナンス等を活用した民間資金の呼び込みや、これらを含む持続可能な社会を実現するための金融（サステナブル・ファイナンス）全体を推進するための環境整備が政策課題となってきた(注13)。

金融庁が2020年12月に設置したサステナブルファイナンス有識者会議は、サステナブル・ファイナンスを「持続可能な経済社会システムの実現に向けた広範な課題に対する意思決定や行動への反映を通じて、経済・産業・社会が望ましいあり方に向けて発展していくことを支える金融メカニズム、すなわち、持続可能な経済社会システムを支えるインフラ」と位置づけ(注14)、

(注12)　GX（グリーントランスフォーメーション）とは、2023年２月10日付けで閣議決定された「GX実現に向けた基本方針」１頁では、「産業革命以来の化石エネルギー中心の産業構造・社会構造をクリーンエネルギー中心へ転換する」こととされている。

(注13)　前掲（注12）の「GX実現に向けた基本方針」20頁～23頁および2023年６月16日付けで閣議決定された「新しい資本主義のグランドデザイン及び実行計画2023改訂版」24頁。

(注14)　サステナブルファイナンス有識者会議が2021年６月18日付けで公表した「サステナブルファイナンス有識者会議報告書・持続可能な社会を支える金融システムの構築」４頁。

これを推進する観点から、その課題や施策について提言を行っている。

本節では、近時、このような提言等を踏まえて行われたわが国のサステナブル・ファイナンスに関する制度整備（市場関係者や金融機関等の行為を規律するわが国の法令、ガイドラインの改正・策定等）(注15)について解説する。

⑵　サステナブル・ファイナンスに関する制度整備の概観

サステナブル・ファイナンス有識者会議は、サステナブル・ファイナンスを推進する上での課題や施策について、①「市場制度の整備」、②「幅広いステークホルダーへの浸透」、③「分野別の投資環境整備」および④「脱炭素に係る取組み」に整理している(注16)。この整理に沿って、近年実施された主な制度整備を概観すると、以下の通りである。

①　「市場制度の整備」では、持続可能性に係る取組みの中心的なアクターである企業による自主的取組みを促し、また、投資家や金融機関等、取引先、働き手等の多様なステークホルダーとの有効な対話の前提となるものとして、サステナビリティ情報に関する企業開示の充実を図るため、企業内容等の開示に関する内閣府令、特定有価証券の内容等の開示に関する内閣府令および「企業内容等の開示に関する留意事項について（企業内容等開示ガイドライン）」の改正が行われている(注17)。また、企業のサステナビリティに係る取組みを分析した「ESG評価」についても、投資判断等に幅広く利用される情報であることから、その提供主体

(注15) なお、前掲（注12）の「GX実現に向けた基本方針」に基づき2023年５月に成立した「脱炭素成長型経済構造への円滑な移行の推進に関する法律」における政府によるGX先行投資支援のためのGX経済移行債の発行（同法７条）や経済産業大臣の認可により設立されたGX推進機構による民間GX投資に対する債務保証等の金融支援（同法54条）のような、政府等が主体となってサステナブル・ファイナンスに係る政策を実行するための制度整備は、本稿では、解説の対象としていない。

(注16) このような整理の全体像をまとめたものとして、サステナブルファイナンス有識者会議が2024年７月９日付けで公表した「金融庁サステナブル・ファイナンス有識者会議第四次報告書」６頁～７頁。かかる整理は、今後、時々の課題や施策の進捗に応じ修正・追加されるものと考えられる。金融庁ウェブサイト（https://www.fsa.go.jp/policy/sustainable-finance/index.html）も参照。

(注17) このほかにも、投資家の投資判断や、企業と投資家の間の対話の基礎として、サステナビリティに関する企業の取組み等の開示の拡充を図るべく、「コーポレートガバナンス・コード」および「投資家と企業の対話ガイドライン」の改訂も行われている。

である「ESG 評価・データ提供機関」の適切な機能発揮のため、「ESG 評価・データ提供機関に係る行動規範」の策定が行われている。

② 「幅広いステークホルダーへの浸透」では、機関投資家・個人投資家等の幅広い市場参加者に投資機会の拡充を図る観点から、特に個人が投資を行いやすい投資信託について情報報開示項目等を明確化するため、ESG 投信に関する金融商品取引業者等向けの総合的な監督指針（以下、「監督指針」という）の改正が行われている(注18)。

③ 「分野別の投資環境整備」では、サステナブル・ファイナンスの分野別に、それぞれのファイナンスに関する具体的対応の検討に資するよう、「ソーシャルボンドガイドライン」、「グリーンボンドガイドライン」、「クライメート・トランジション・ファイナンスに関する基本指針」といったガイドライン等の整備が行われている(注19)。

④ 「脱炭素に係る取組み」では、金融機関がサステナブル・ファイナンスの分野においてその機能を発揮できるよう、金融機関の気候変動対応についての検査・監督の考え方・着眼点を示した「金融機関における気候変動への対応についての基本的な考え方」が公表されている(注20)。

以下では、上記①から④に挙げた制度整備について、それぞれの概要を述べる。

(注18) このほかにも、内閣官房新しい資本主義実現本部事務局が 2024 年 8 月 28 日付けで公表した「アセットオーナー・プリンシプル」では、アセット・オーナーに関して、ステークホルダーの考えや自らの運用目的に照らして必要な場合には、サステナビリティ投資を行うこと、例えば、運用委託に当たりサステナビリティに配慮した運用を行うことを求めることや、サステナビリティ投資方針を策定すること等が示されている。

(注19) このほかにも、金融庁は、2024 年 3 月に公表した「インパクト投資（インパクトファイナンス）に関する基本的指針」において、投資として一定の投資収益確保を図りつつ、社会・環境的効果の実現を企図する投資である「インパクト投資」についても、その基本的要素や考え方を示している。

(注20) このほかにも、金融庁は、個別のカーボン・クレジットについて、関連する業範囲規制のもとで取り扱うことができるか（銀行 10 条 2 項 14 号、金商業等府令 68 条 16 号、保険業 98 条 1 項 8 号等の「その他これに類似するもの」に該当するか）に関する金融機関の判断に資するよう、2022 年 12 月に「カーボン・クレジットの取扱いに関する Q&A」を公表している。

2　「市場制度の整備」に関する制度整備（「ESG 評価・データ提供機関に係る行動規範」の策定）[注21]

(1) 背　景

ESG 評価・データ提供機関は、一般に、①株式の発行体である企業のESG に関する取組状況について、公開情報等を利用して情報収集し、機関投資家等にこれに基づくESG データやESG 評価を提供する業務や、②グリーンボンドをはじめとするESG 関連債券・融資について、国内外の基準との整合性やESG 関連債券・融資としての適格性等の外部評価を提供する業務を行う。ESG 評価・データ提供機関が提供する評価・データは、投資家の投資判断や、機関投資家と株式や債券の発行体（または金融機関と融資先企業）の間の対話の前提として利用されるものであり、サステナブル・ファイナンスが拡大する中で、ESG に関する情報の媒介役としてのESG 評価・データ提供機関の果たす役割も大きくなっている。

他方、ESG 評価・データ提供機関のサービスのあり方については、①評価の透明性・公平性、②ガバナンスと中立性、③適した人材の登用および④企業の負担といった観点から課題が指摘されてきた[注22]。金融庁は、2022 年２月に設置した「ESG 評価・データ提供機関等に係る専門分科会」の議論を踏まえ、同年 12 月、「ESG 評価・データ提供機関に係る行動規範」（以下、「行動規範」という）を策定した[注23]。

（注21）①「市場制度の整備」のうち、企業開示の充実に係る制度については、**第２部第２章第３節**〔p.103 ～〕参照。

（注22）サステナブルファイナンス有識者会議が 2023 年６月 30 日付けで公表した「金融庁サステナブルファイナンス有識者会議第三次報告書――サステナブル・ファイナンスの深化」16 頁。

（注23）IOSCO（証券監督者国際機構）が報告書「ESG 格付け及びデータ提供者」（2021 年 11 月）を公表するなど、国際的にも、同様の観点での議論が行われており、行動規範は、かかる IOSCO の報告書を基にしつつ、専門分科会で議論を行いとりまとめられた提言に沿ったものとなっている。

⑵　行動規範の具体的内容

ア　行動規範の受入れ・実施

行動規範の受入れ・実施は法令上の義務ではなく、行為規範に賛同し、受入れを表明したESG評価・データ提供機関において、行動規範の各原則・指針を実施するか、実施しない場合にはその理由を説明する、いわゆるコンプライ・オア・エクスプレインの手法をとっている。

イ　原則主義

ESG評価・データ提供に係るサービスの態様・手法や、前提となるESGの考え方については、今後の発展・変化が予想されることから、行動規範は、ビジネスモデル等の変化に応じた柔軟性を確保し、また、各ESG評価・データ提供機関の創意工夫によるさらなる改善を促す観点から、(細かなルールを定める代わりに) 原則主義を採用し、基本的な柱となる以下の6つの「原則」、各原則を実施する上での留意点・方法論である「指針」およびこれらの背景・理由等をまとめた「考え方」を記載したものとなっている(注24)。

ウ　行動規範の対象となる範囲

行為規範の対象となるESG評価・データ提供機関の範囲は、現時点で一律に定義されていないが、行動規範の前文において、以下の通り、そのサービスに着目して、基本的な考え方が示されている。

A.　わが国の金融市場に参加し、又は当該参加者に直接に、事業の一環として、投資判断に資するものとして、企業に関するESG評価・データを提供するサービスを行っていること
B.　当該サービス提供については、業として、すなわち、自らの事業の一環として反復・継続して行っているものであること
C.　上記のようにサービス提供を行う場合には、営利法人・非営利法人、内国会社・外国会社等、サービス提供の主体の属性に拘らず、基本的に対象となること
D.　ESGデータの提供についても、上記をA.からC.までを満たし、企

(注24)　なお、ESG評価・データ提供機関を対象とした「原則」のほか、行為規範の末尾において、ESGに関する情報を開示する企業や、これを用いる投資家を対象とした提言も参考として示されており、インベストメントチェーン全体にわたる建設的な取組み・対話を促している。

業データの試算・推計・その他の情報の付加を行う場合には、基本的に対象となること

〔図表 3-1-1〕行動規範が示す「原則」

原則１ （品質の確保）	・ESG 評価・データ提供機関は、提供する ESG 評価・データの品質確保を図るべきであり、このために必要な基本的手続等を定めるべきである。
原則２ （人材の育成）	・ESG 評価・データ提供機関は、自らが提供する評価・データ提供サービスの品質を確保するために必要な専門人材等を確保し、また、自社において、専門的能力の育成等を図るべきである。
原則３ （独立性の確保 ・利益相反の管理）	・ESG 評価・データ提供機関は、独立して意思決定を行い、自らの組織・オーナーシップ、事業、投資や資金調達、その他役職員の報酬等から生じ得る利益相反に適切に対処できるよう、実効的な方針を定めるべきである。利益相反については、自ら、業務の独立性・客観性・中立性を損なう可能性のある業務・場面を特定し、潜在的な利益相反を回避し、またはリスクを適切に管理・低減するべきである。
原則４ （透明性の確保）	・ESG 評価・データ提供機関は、透明性の確保を本質的かつ優先的な課題と認識して、評価等の目的・基本的方法論等、サービス提供に当たっての基本的考え方を一般に明らかにするべきである。また、提供するサービスの策定方法・プロセス等について、十分な開示を行うべきである。
原則５ （守秘義務）	・ESG 評価・データ提供機関は、業務に際して非公開情報を取得する場合には、これを適切に保護するための方針・手続を定めるべきである。
原則６ （企業とのコミュニケーション）	・ESG 評価・データ提供機関は、企業からの情報収集が評価機関・企業双方にとって効率的となり、また必要な情報が十分に得られるよう、工夫・改善すべきである。評価等の対象企業から開示される評価等の情報源に重要または合理的な問題提起があった場合には、ESG 評価・データ提供機関は、これに適切に対処すべきである。

＊金融庁「ESG 評価・データ提供機関に係る行動規範」を基に筆者作成。

3　「幅広いステークホルダーへの浸透」に関する制度整備（ESG投信に関する監督指針の改正）

⑴　背　景

ESGやSDGsに対する関心の高まりから、名称や投資戦略にESGを掲げる投資信託（ファンド）が国内外で増加してきた。このような投資信託については、これを通じた個人投資家のESG投資への参加の拡大に資する一方、「環境配慮をうたいながら、実際の運用プロセスは異なっており、投資家の誤解を招いているのではないか」という、いわゆるグリーンウォッシュの懸念も指摘されている(注25)。

金融庁は、2022年５月に公表した「資産運用業高度化プログレスレポート2022」の中で、適切なESG投資を実行するための体制整備や、顧客の投資判断に資する情報提供等、ESG投資に取り組む運用会社において改善・向上を図ることが期待される事項をとりまとめ、これを踏まえ、2023年３月、監督指針を改正し、「投資信託委託業等に係る業務の適切性」の検証項目として、以下のESG考慮に関する留意事項を追加した(注26)。

⑵　監督指針における具体的留意事項

ア　ESG投信の範囲

監督指針上、ESG投信とは、公募投資信託であって、①ESGを投資対象選定の主要な要素としており、かつ、②交付目論見書の「ファンドの目的・特色」に①の内容を記載しているものとされた（監督指針Ⅵ２－３－５⑵）。

（注25）金融庁「資産運用業高度化プログレスレポート2022」（2022年５月）18頁。

（注26）監督指針Ⅵ２－３－５⑴では、意義として、「名称や投資戦略にESGを掲げる我が国の公募投資信託について、市場の信頼性を確保し、ESG投資の促進を通じた持続可能な社会構築を図る必要がある。このため、投資家の投資判断に資するよう、ESGに関する公募投資信託の情報開示や投資信託委託会社の態勢整備について、以下の点に留意して検証することとする」とされている。IOSCO（証券監督者国際機構）が「資産運用におけるサステナビリティに関連した実務、方針、手続及び開示に関する提言」（2021年11月）を公表するなど、国際的にも、同様の観点での議論が行われている。

ESGの要素を考慮して投資運用を行う公募投資信託であっても、投資対象選定のプロセスにおいて財務指標やESG等の複数の要素を総合的に勘案する（財務指標等の他の要素と並ぶ一要素としてESGを考慮する）ものは、①を満たさないためESG投信に当たらず、例えば、設定したESG基準を満たさない銘柄は投資対象に含まれない、設定したESG基準に応じて投資割合が決定されるなど、ESGが投資対象選定の「決定的に重要な要素」となっているものがESG投信に当たる（注27）。

イ　ESG投信に関する開示

ESG投信に当たらない公募投資信託については、投資家に誤解を与えることのないよう、その名称・愛称にESGに関連する用語を含めることはできず、また、投資対象選定のプロセスにおいて財務指標等の他の要素と並ぶ要素としてESGを考慮する公募投資信託の交付目論見書や販売用資料、広告等の記載が、ESGを投資対象選定の主要な要素としていると投資家に誤認されるような説明となっていないことが求められる（監督指針Ⅵ－2－3－5(3)①）。

また、ESG投信の交付目論見書には、「ファンドの目的・特色」または「投資のリスク」として、その投資戦略（投資対象選定の主要な要素となるESGの具体的内容や運用プロセスにおける勘案方法等）、ポートフォリオ構成（ESG投信の純資産額のうち、ESGを主要な要素として選定する投資対象への投資額〔時価ベース〕の比率等）の目標や目安、運用においてESG指数への連動を目指す場合は当該指数におけるESGの勘案方法や当該指数を選定した理由の記載が求められる（監督指針Ⅵ－2－3－5(3)②～④）。加えて、ESG投信の交付運用報告書（上場投資信託の場合には継続的な開示書類）において、ポートフォリオ構成の目標や目安の達成状況等、継続的な情報提供が求められる（監督指針Ⅵ－2－3－5(3)⑤）。

さらに、ESG投信の運用を外部委託する場合、外部委託先に対する適切なデューデリジェンスや運用状況の確認を行い、外部委託先における運用についても上記の内容を反映した開示がされていること、また、これらの開示が困難な場合にはその理由を説明することが求められる（監督指針Ⅵ－2－3－5(3)⑥）。

（注27）金融庁パブコメ回答〔令5.3.31〕4頁20番～21番。

ウ　投資信託委託会社の態勢整備等(注28)

投資信託委託会社は、ESGに関連するデータやITインフラ整備、人材の確保等、投資戦略に沿った運用を適切に実施し、実施状況を継続的にモニタリングするためのリソースを確保し、また、運用を外部委託する場合、外部委託先におけるこれらのリソースの状況を把握する等、外部委託先に対するデューデリジェンスや外部委託運用に係る上記**イ**の開示内容の確認を行うための体制整備が求められる（監督指針Ⅵ－2－3－5(4)①）。

また、公募投資信託の運用プロセスにおいて第三者が提供するESG評価を利用する場合や自社のESG評価に第三者が提供するデータを利用する場合、ESG評価・データ提供機関のデューデリジェンスを適切に実施することが求められる（監督指針Ⅵ－2－3－5(4)②）。

4　「分野別の投資環境整備」に関する制度整備

(1)　「ソーシャルボンドガイドライン」の策定

ア　背　景

ソーシャルボンドとは、調達資金の使途をソーシャルプロジェクト（社会的課題の解決に貢献し、ポジティブな社会的効果をもたらすことを目的とするプロジェクト）に限定した債券をいう。金融庁は、2021年3月に設置した「ソーシャルボンド検討会議」における議論を踏まえ、主に民間企業が発行するソーシャルボンドに関する実務指針として、同年10月「ソーシャルボンドガイドライン」を策定した(注29)。

イ　国際的な基準／グリーンボンドガイドラインとの関係

ソーシャルボンドについては、国際的な基準として、国際資本市場協会（International Capital Market Association。以下、「ICMA」という）が公表する「Social Bond Principles」（以下、「ICMA原則」という）が認知されており、ソーシャルボンドガイドラインは、ICMA原則との整合に配慮して策

(注28)　態勢整備等に係る留意事項は、ESG投信に該当しないESGを考慮する公募投資信託を組成・提供する運用会社にも適用される（金融庁パブコメ回答〔令5.3.31〕20頁209番）。

定されている。

また、ソーシャルボンドガイドラインの策定に先駆けて、環境省が、グリーンボンド（調達資金の使途をグリーンプロジェクト〔環境改善効果のある事業〕に限定した債券）について、ICMAが公表する「Green Bond Principles」等[(注30)]との整合に配慮した「グリーンボンドガイドライン」（2017年3月策定。2020年3月に「グリーンボンドガイドライン及びサステナビリティ・リンク・ボンドガイドライン」および「グリーンローン及びサステナビリティ・リンク・ローンガイドライン」として改訂され、さらに、2022年7月に改訂されている）を策定しており、ソーシャルボンドガイドラインは、これと基本的な構成を共通とし、実務上同様とすることが望ましい手続については同様として策定されている。

ウ　ソーシャルボンドガイドラインの具体的内容

ソーシャルボンドガイドラインは、ソーシャルボンドに期待される事項として、〔図表3-1-2〕の4つの「核となる要素」および〔図表3-1-3〕の2つの「重要な推奨項目」を示している。それぞれの「核となる要素」、「重要な推奨項目」において、「べきである」「望ましい」「考えられる」と記述されている事項があるが、特に、4つの「核となる要素」において、以下を含む「べきである」とされている事項のすべてに対応した債券は、ICMA原則とも整合し、国際的にもソーシャルボンドとして認められ得るものと考えられている。

（注29）ソーシャルボンドガイドラインは、法的拘束力を有するものではないが、ソーシャルボンドに期待される事項をあらかじめ整理しておくことが、発行体と投資家との間の対話の基礎となることに加え、ステークホルダーに対してソーシャルプロジェクトに関する資金調達であることを説明する上でも有用であること、また、ソーシャルボンド一般の「ソーシャル性」に対する社会的信頼が維持されること、特に、ソーシャルボンドとしての実質を欠く債券がソーシャルボンドとして市場に出回ること（いわゆる「ウォッシュ」）を防止することは、投資家の保護の観点からも極めて重要であることが述べられている（ソーシャルボンドガイドライン5頁）。

（注30）ICMAが公表する「Green Bond Principles」および「Sustainability-Linked Bond Principles」のほか、「グリーンローン及びサステナビリティ・リンク・ローンガイドライン」との関係では、ローン・マーケット・アソシエーション（LMA）、アジア太平洋ローン・マーケット・アソシエーション（APLMA）、ローン・シンジケーション＆トレーディング・アソシエーション（LSTA）が公表する「Green Loan Principles」および「Sustainability Linked Loan Principles」との整合にも配慮されている。

〔図表3-1-2〕4つの「核となる要素」

	「べきである」とされている事項の例
①調達資金の使途	・ソーシャルボンドによる調達資金は、ソーシャルプロジェクトに充当されるべきである ・調達資金の充当先となる適格なソーシャルプロジェクトは、特定の社会的課題に対し、明確な社会的効果を有するべきである。当該社会的な効果は、発行体が評価すべきである等
②プロジェクトの評価および選定のプロセス	・発行体は、プロジェクトの評価・選定に関して、ソーシャルボンドを通じて実現する「社会的な目標」およびソーシャルプロジェクトが社会的な目標に合致すると判断する際の「プロセス」の概要を、事前に投資家に説明すべきである等
③調達資金の管理	・発行体は、調達資金が確実にソーシャルプロジェクトに充当されるよう、適切な方法により調達資金の追跡管理を行うべきである等
④レポーティング	・発行体は、ソーシャルボンドの発行後、「調達資金の使用状況に関する最新の情報」および「ソーシャルプロジェクトの社会的効果」を、一般に開示すべきである ・具体的な開示項目として、①プロジェクトのリスト、②各プロジェクトの概要（進捗状況を含む）・充当金額、③各プロジェクトがもたらすことが期待される社会的な効果、④未充当資金に係る情報、が含まれるべきである ・ソーシャルプロジェクトの社会的な効果の開示は、適切な指標を用いて行われるべきである(注31)等

＊金融庁「ソーシャルボンドガイドライン」を基に筆者作成。

〔図表3-1-3〕2つの「重要な推奨項目」

	「べきである」とされている事項の例
①ソーシャルボンド発行のためのフレームワーク	・発行体は、ソーシャルボンド発行のためのフレームワークを作成する等により、ソーシャルボンドが4つの「核となる要素」に適合していることを投資家に説明すべきである等
②外部機関によるレビュー	・発行体は、（4つの「核となる要素」に係る自らの対応について、外部機関によるレビューを活用することが望ましく）外部機関によるレビューを受けた場合には、結果に係る文書等を開示すべきである等

＊金融庁「ソーシャルボンドガイドライン」を基に筆者作成。

(2)　「クライメート・トランジション・ファイナンスに関する基本指針」の策定

ア　背　景

トランジション・ファイナンス(注32)について、金融庁、経済産業省および環境省は、2020年12月に設置した「トランジション・ファイナンス環境整備検討会」の議論を踏まえ、2021年5月「クライメート・トランジション・ファイナンスに関する基本指針」（以下、「基本指針」という）を策定している(注33)。基本指針は、ICMAが公表する「Climate Transition Finance Handbook」との整合に配慮して策定されている。

イ　基本指針の具体的内容

基本指針は、トランジションに向けた資金調達を目的とした債券の発行に際して、資金調達者による開示が推奨されている以下の要素について、具体的対応方法を示している。基本指針においては、これらの要素を有し、かつ、これらの要素の開示において基本指針で求められる内容に対応した資金調達は、国際的にもトランジション・ファイナンスの対象として認められ得るものと考えられている。

(注31)　金融庁は、発行体による社会的な効果の適切な開示の参考となるよう、2022年7月、ソーシャルボンドガイドラインの付属書に当たる「ソーシャルプロジェクトの社会的な効果に係る指標等の例」を公表している。

(注32)　後掲基本指針では、「トランジション・ファイナンス」とは、気候変動への対策を検討している企業が、脱炭素社会の実現に向けて、長期的な戦略に則った温室効果ガスの削減の取組みを行っている場合に、その取組みを支援することを目的とした金融手法とされている。

(注33)　トランジション・ファイナンスについては、このほか、2023年6月に金融庁、経済産業省および環境省が公表した「トランジション・ファイナンスにかかるフォローアップガイダンス～資金調達者とのより良い対話に向けて～」において、トランジション・ファイナンス実行後の事後的な環境変化を踏まえた資金調達者と資金供給者の対話（フォローアップ）のポイント（資金供給者における確認事項や留意点）が示され、また、トランジション・ファイナンス環境整備検討会の下に設置された「官民でトランジション・ファイナンスを推進するためのファイナンスド・エミッションに関するサブワーキング」が2023年10月に公表した「ファイナンスド・エミッションの課題解決に向けた考え方について」において、ファイナンスド・エミッション（投融資先の排出量）の具体的な算定・開示のあり方等についての考え方が示されている。

要素１：資金調達者のクライメート・トランジション戦略とガバナンス
要素２：ビジネスモデルにおける環境面のマテリアリティ（重要度）
要素３：科学的根拠のあるクライメート・トランジション戦略（目標と経路を含む）
要素４：実施の透明性

5　「脱炭素に係る取組み」に関する制度整備（「金融機関における気候変動への対応についての基本的な考え方」の公表）

⑴　背　景

金融機関は、顧客企業の気候変動対応（企業自身の脱炭素化の実現に向けた取組みや他企業等の脱炭素化に資する事業の構築を含む気候変動への対応をいう。以下同じ）を支援することによって、変化に強靱な事業基盤を構築し、また、気候変動に関するリスクを管理して、金融機関自身の持続可能な経営につなげることが重要とされ、金融庁は、2022年７月、金融機関の気候変動対応に係る検査・監督の考え方や対話の着眼点を整理した「金融機関における気候変動への対応についての基本的な考え方」（以下、「ガイダンス」という）を公表した(注34)。

⑵　ガイダンスの具体的内容

ガイダンスでは、以下を含む、金融庁の考え方および対話の着眼点が示されたほか、顧客企業の気候変動対応の支援の進め方や具体的な事例等が紹介されている。

(注34)　このほか、ガイダンスを基礎としつつ、金融機関が脱炭素等の企業支援を図っていくに当たって現時点で存在する実務的な課題・論点や、これに対して考えられる対応についての実践的な提言（ガイド）として、2023年６月、金融庁より「脱炭素等に向けた金融機関等の取組みに関する検討会報告書（ネットゼロに向けた金融機関等の取組に対する提言（ガイド）」が公表されている。

〔図表 3-1-4〕ガイダンスが示す金融庁の考え方・対話の着眼点

	金融庁の考え方・対話の着眼点の例
①気候変動対応に係る戦略の策定・ガバナンス	・金融機関は、気候変動対応を経営上の課題として認識した上で、中長期的な視点から、全社的に取り組むための戦略を策定し、これに合わせた適切な態勢を構築することが重要である。
②気候変動に関連する機会およびリスクの認識と評価	・気候変動への対応に係る戦略の策定および実行にあたって、金融機関は、気候変動に関連するさまざまな変化（物理的な変化、技術の変化、政策・規制の変化、市場の変化、製品・サービスの変化、金融機関に対するステークホルダーからの期待水準の変化等）について十分な情報収集・分析を行うことが重要である。 ・金融機関は、こうした変化がどのような波及効果で金融機関に影響するか、一定の手順を通じ、気候変動に関連する変化が財務や業務運営にもたらす機会・リスクの重要性を少なくとも定性的に評価することが重要である。 ・こうした機会・リスクの評価を定量的に実施するには、シナリオ分析の手法が有効であると考えられ、金融機関は、将来的には、シナリオ分析を活用し、戦略を発展させることが望ましい（注35）。
③気候変動に関連する機会およびリスクへの対応	・金融機関においては、②で認識した機会およびリスクの評価に基づき、顧客企業の気候変動対応の支援を通じ、顧客企業の事業の成長・持続可能性の向上に積極的に関与していくことが重要である。 ・顧客企業の気候変動対応を支援するに当たっては、顧客企業との対話等を通じて、機会およびリスクを把握・分析し、顧客企業の置かれた状況に関する共通認識を醸成すること、かかる共通認識に基づき、

（注35）シナリオ分析については、金融庁、文部科学省、国土交通省および環境省は、2022年12月に設置した「気候変動リスク・機会の評価等に向けたシナリオ・データ関係機関懇談会」の議論を踏まえ、2023年6月に「気候変動リスク・機会の評価等に向けたシナリオ・データ関係機関懇談会 論点整理」を、2024年7月に「気候変動リスク・機会の評価等に向けたシナリオ・データ関係機関懇談会 課題と関係者の今後の取組みへの期待」を公表している。

	顧客企業における事業の成長・持続可能性向上に向けた着実な道筋を顧客企業とともに検討し、必要な支援を提供することが重要である。 ・気候変動リスクのうち、顧客企業を通じて金融機関に波及するリスクへの対応については、こうした顧客企業の気候変動対応の支援を積極的に行うことを通じて、中長期的に金融機関自身の気候変動リスクの低減を図ることが中心となる。
④ステークホルダーとのコミュニケーション	・金融機関は、気候変動への対応に係る戦略等について積極的に情報を発信し、自らの戦略・方針について、国内外のステークホルダーの的確な理解を得ていくことが重要である。

＊金融庁「金融機関における気候変動への対応についての基本的な考え方」を基に筆者作成。

第2章
ESG 投資

第1節　ESG 投資の意義と背景

1　ESG 投資のグローバルな潮流

近年になって、グローバルに ESG 投資の潮流が拡大している。2006 年に国連責任投資原則（PRI）によって提唱されたことを契機としてグローバルに拡大した ESG 投資（サステナビリティ要素を考慮した投資）は、2022 年には主要 5 市場における統計で総額約 30.3 兆ドルに達し、グローバル投資市場の約 24%を占めている（注1）。

ESG 投資の増加傾向は、欧州やオーストラリア、日本などでは、2020 年から 2023 年にかけての新型コロナウイルス感染症のパンデミックの中でもさらに加速化した。新型コロナウイルス感染症のパンデミックによって各企業における短期的な業績見通しの不確実性が高まり、その結果、多くの投資家がコロナ後を見据えた中長期的な目線で投資先企業を評価するようになったことが 1 つの要因と考えられるが、そうした状況が、それまで年金基金等の長期投資家がリードしてきた持続可能な社会・資本市場の構築へ向けた ESG 投資を、結果としてさらに強化する流れにつながった。

他方、特に米国では、党派対立の中で（広義の）ESG 投資の是非について

（注 1）Global Sustainable Investment Alliance（GSIA）の調査結果によれば、米国を除く主要 4 市場（欧州、日本、カナダ、オーストラリア）における 2022 年時点の ESG 投資額は計 21 兆 9,210 億ドルに達し、2020 年と比べて約 20%増加している。他方、米国においては、2020 年の時点では ESG 投資額は 17 兆 810 億ドルに及んでいたが、2022 年時点では 8 兆 4,000 億ドルまで減少している（GSIA 'Global Sustainable Investment Review 2022', 10〔2023〕）。

も議論が二分されるような状況が生じており、また、ESG 投資の拡大傾向が続いている欧州でも、2022 年のロシアによるウクライナへの軍事侵攻後には、ロシアからの天然ガスの供給が途絶された中でエネルギー安全保障の問題がクローズアップされ、資源価格も上昇する中で、気候変動問題への対応に関して、短期的に温室効果ガス排出量の増加につながるエネルギー政策の転換等も見られるなど、ESG 投資に逆風が吹きつつあるとする見方もある。もっとも、そうした中でも、グローバル全体として見れば ESG 投資から資金が大きく流出するような事態は 2024 年時点においても生じていない。

ESG 投資の対象資産も広がりを見せており、株式市場に限らず、債券市場も、拡大している（〔図表 3-2-1〕参照）。

2　日本における ESG 投資の拡大と背景にあるルール改正等

日本においても、年金積立金管理運用独立行政法人（GPIF）が旗振り役となって積極的に ESG 投資を推進しており、ESG 投資が拡大している(注2)。

そうした動きの背景には、ESG 投資を促進するルール改正等があり、具体的には、2020 年に積立金基本指針が改正され、従前まで「個別に検討する」とされていた公的年金による ESG 要素の考慮について、「必要な取組みを行う」との文言が加えられている(注3)。また、同年に公表されたスチュワードシップ・コードの再改訂版においても、機関投資家の「スチュワードシップ責任」の定義に、「サステナビリティ（ESG 要素を含む中長期的な持続可能性）の考慮」が新たに明記され(注4)、そうしたルールの動きを反映しな

（注２）日本における 2022 年時点の ESG 投資額は４兆 2,890 億ドルとなり、2020 年と比べて約 59％増加したが、同期間における伸び率は主要５市場（欧州、米国、日本、カナダ、オーストラリア）の中でトップとなっている（GSIA ‘Global Sustainable Investment Review 2022’, 11〔2023〕）。

（注３）「積立金の管理及び運用が長期的な観点から安全かつ効率的に行われるようにするための基本的な指針」第３の 12。

（注４）「『責任ある機関投資家』の諸原則《日本版スチュワードシップ・コード》」前文。その他、指針１−１、１−２、４−２、原則７および指針７−１においても、関連する内容が盛り込まれている。詳細については、井上俊剛ほか「スチュワードシップ・コードの再改訂の解説」商事 2228 号（2020）16 頁〜18 頁参照。

〔図表3-2-1〕国内機関投資家の運用資産クラス別の投資残高（兆円）

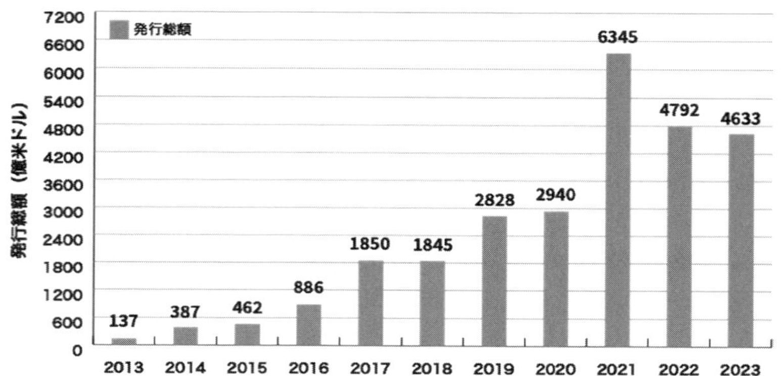

＊サステナブル有識者会議（第25回）事務局説明資料7頁（日本サステナブル投資フォーラム「サステナブル投資残高調査2023」）に基づき作成。

がら、近年になって日本においてもESG投資の潮流が加速してきた。

2021年以降は、金融庁に設定された「サステナブルファイナンス有識者会議」（座長：水口剛高崎経済大学学長）が継続的に開催されており、これまでに4つの報告書が公表されている。

第2節　ESG投資の視点・手法

本節(注5)では、機関投資家ごとに異なるさまざまなESG投資の視点と手法について、それぞれ主要なものを紹介する。

1　ESG投資の視点

一口にESG投資といっても、機関投資家におけるESG投資の視点は一様ではなく、インベストメントチェーンにおけるそれぞれの立ち位置や採用する運用戦略によって、重視する視点は異なっている。

近年ではアクティビスト・ファンド等もサステナビリティ要素に着目した動きを見せているが、インベストメントチェーンにおける主要なプレーヤー、すなわち、資金の出し手としてインベストメントチェーンの最上位に位置する年金基金等のアセットオーナー、ならびにそうしたアセットオーナーから委託を受けて実際に資金運用を行う運用機関（パッシブ運用機関および長期アクティブ運用機関）が重視していると考えられるESG投資の視点は、それぞれ以下の通りである。

(1)　年金基金等のアセットオーナーの視点

年金基金等のアセットオーナーは、資産規模が大きく、グローバル資本市場全体に幅広く分散して投資を行うため、「ユニバーサル・オーナー」と捉えられる立ち位置にあり、そうした立場上、資金運用を通じて年金受給者等のために長期にわたって収益を得ていくためには、資本市場全体が持続的・安定的に成長していくことが不可欠な条件となる。資本市場全体を広くカバーするポートフォリオは、それぞれの企業活動から生じる環境や社会に対する負の外部性の影響から逃れることができないため、長期的にリスク調整

（注5）本節は、山本俊之＝安井桂大「ESG投資の視点・手法と日本法における受託者責任」NBL1189号（2021）21頁のⅢ［安井桂大］を基にしている。

後リターンを最大化する観点からサステナビリティ要素に配慮して投資を行うことは、適切な手法による限り、**第3節**〔p.238〕で述べられる受託者責任の観点からも理に適っていると考えられ、こうした視点に基づく年金基金等のアセットオーナーによる運用方針が、近年における ESG 投資拡大のドライバーになっている。

このような視点から行われる ESG 投資に際しては、幅広いサステナビリティ要素の中でも、資本市場全体の持続性・安定性に関わるシステミック・リスクが特に重視される。このようなシステミック・リスクに結びつく要因としてグローバルで最も意識されているのが気候変動問題であり、新型コロナウイルス感染症のパンデミックによって世界経済全体の基盤が揺らいだ経験も経て、気候変動問題は中長期的にそれと同等またはそれを超えるインパクトを及ぼし得る要因として捉えられている(注6)。

(2)　パッシブ運用機関の視点

資本市場全体の持続性・安定性に重点を置く ESG 投資の考え方は、年金基金等のアセットオーナーが運用委託先として多く採用しているパッシブ運用機関にとっても馴染みやすいものである。パッシブ運用に際しては、それぞれカバーする地域等が限定される場合はあるものの、TOPIX 等のベンチマークに連動する運用成果を目指して長期にわたって幅広く分散して投資を行うため、特に個別銘柄のリスクより市場全体のリスクに着目せざるを得ない大規模なパッシブ運用機関は、前述の「ユニバーサル・オーナー」と類似の立ち位置にあるといえる。

パッシブ運用機関は、機械的にベンチマークに連動した運用を行うことを前提に運用手数料を低額に抑えるビジネスモデルを一般に採用しており、従来はエンゲージメントや議決権行使等に追加的なコストをかけることには消極的であった。しかし、長期にわたって幅広い投資先企業の株式を保有し続ける運用手法であるため、気候変動問題を含むさまざまなシステミッ

（注6）2020 年に国際決済銀行（BIS）とフランス銀行（Banque de France）が公表したレポートにおいては、気候変動が金融のシステミック・リスクを招く可能性が指摘され、「グリーン・スワン」への警戒が促された。Patrick Bolton et al., The Green Swan: Central Banking and Financial Stability in the Age of Climate Change（2020）参照。

ク・リスクへの意識が高まる中で、運用委託元である年金基金等のアセットオーナーからの期待も受け、近年ではこうした取組みを積極化させてきている。

(3) 長期アクティブ運用機関の視点

他方、調査を通じて投資先企業を厳選し、ベンチマークを上回る運用成果を上げることを目指すアクティブ運用機関は、年金基金等のアセットオーナーやパッシブ運用機関とは立ち位置が異なっている。

アクティブ運用機関にとっては、選別された投資先企業が事業を通じて企業価値を向上させていくことが超過リターン（アルファ）の源泉であるため、サステナビリティ要素も、個別の投資先企業が営む事業内容等を踏まえ、それぞれにとっての中長期的なリスク・収益機会の視点から捉えられる(注7)。このようなアプローチの下では、システミック・リスクに関する課題も含め、まずは収益機会の面に着目し、投資先企業に対しては、それぞれが有する強みや競争優位性を活かし、そうした課題解決に貢献しながら、中長期的に企業価値を向上させていく取組みを期待する。

他方、リスク面についても、それぞれの企業が営む事業内容等を踏まえたリスクの程度や対応コストとの見合いも踏まえ、中長期的な企業価値の維持・向上につながる取組みを求める。関連する既存の法規制を遵守することはもちろん、気候変動問題をはじめとする環境問題、さらにはサプライチェーンにおける人権への配慮など、企業として一定の貢献・対応を示すことが社会全体から受容され続けるために必要な条件となってきている重要なサステナビリティ課題については、将来の規制強化リスク、さらには対応を怠った場合に取引関係に及び得る影響等も踏まえ、それぞれのリスク水準を的確に把握しつつ、そうしたリスクを適切にコントロールしていくことを期待する。長期アクティブ運用機関においても、運用委託元である年金基金等のアセットオーナーからの期待の高まりもあり、近年になってこうしたサステナビリティ課題への対応が強く意識されるようになっている。

（注７）アクティブ運用機関におけるエンゲージメントの視点については、三瓶裕喜「『対話』からエンゲージメントへの深化」証券アナリストジャーナル 54 巻８号（2016）29 頁～30 頁参照。

2　ESG 投資の手法

1のような多様な視点の下、各機関投資家において採用されているESG投資の手法もさまざまであるが、グローバルに比較的多く採用されている代表的な手法としては、①サステナビリティ要素に着目したダイベストメント（投資撤退）等を含むネガティブスクリーニング、②サステナビリティ要素を採用基準としたインデックスへの組入れ等によるポジティブスクリーニング、③個別の投資判断に際してサステナビリティ要素を総合考慮するESGインテグレーション、および④投資先企業との対話や議決権行使を通じてサステナビリティ課題への対応を促すESGエンゲージメントの４つの手法がある[注8]。

年金基金等のアセットオーナーにおいては、委託先運用機関を使い分けることでこれらのすべての手法を採用し得るが、上記の各手法のうち、パッシブ運用機関において主に採用し得るのは②および④であり、また、長期アクティブ運用機関において主に採用し得るのは③、④および①であると考えられる。

従前は、欧米の各市場では一定の事業等に関わる企業からのダイベストメント（投資撤退）等の①ネガティブスクリーニングが特に目立っていた時期もあるが、他方、日本市場においては、GPIFがサステナビリティ要素を採用基準とする複数のインデックスに対して大規模な投資を行っているため[注9]、②ポジティブスクリーニングの影響も比較的大きくなっている。これらはい

（注８）Global Sustainable Investment Alliance（GSIA）の調査結果によれば、主要５市場（欧州、米国、日本、カナダ、オーストラリア）における2022年時点の手法別ESG投資額は、それぞれ①ネガティブスクリーニングが約３兆8,400億ドル、②ポジティブスクリーニングが約5,740億ドル、③ESGインテグレーションが約５兆5,880億ドル、④ESGエンゲージメント（ESGアクティビズムを含む）が約８兆530億ドルとなっている（GSIA 'Global Sustainable Investment Review 2022', 13〔2023〕）。

（注９）GPIFにおいては、2017年以降、サステナビリティ要素を採用基準とするインデックス（指数）に投資を行っており、開始当初計2.2兆円であった投資額は、2024年３月末時点で、国内株式・外国株式を合わせて計約17.8兆円まで増加している（GPIF「2023年度ESG活動報告」〔2024〕21頁）。

ずれもESG評価機関による格付け等に依拠して行われている場合が多く、その結果、資本市場ではやや形式的な要因が注目されやすくなっていたが、近年においては、個別の投資先企業におけるリスク・収益機会に結びつくサステナビリティ課題に着目した③ESGインテグレーションや④ESGエンゲージメントの各手法も着実に拡大・深化してきており、今後はこうした手法がさらに広がっていくことが予想される(注10)(注11)。

この点、特に上記①ネガティブスクリーニングの手法については、以下の理由からそもそもの合理性にやや疑問があり、今後漸進的に他の手法に代替されていく可能性があると考えられ、実際に足もとでは減少傾向にある。すなわち、長期アクティブ運用機関の視点で見れば、投資対象となり得るユニバース自体を狭めてしまうことについては一般に合理性は見出しがたく、また、年金基金等のアセットオーナーの視点から見ても、仮にある企業をダイベストメント（投資撤退）の対象とした場合でも当該企業が存在し続ける限り何らの問題解決には至らないため、こうした手法を採用する合理性は必ずしも判然としないように思われる。さらに、仮にそうした対応が一定の功を奏して対象企業における資金調達が困難になった場合には、対象企業が有している高度な技術やノウハウ等をさまざまな社会課題の解決のために役立てることができる可能性を潰してしまうことにもなりかねない。そうした企業に対しては、④ESGエンゲージメントを通じて、社会課題の解決に寄与する付加価値の高い製品開発等を促していくことで、当該企業が中長期的に企業価値を向上させていくことを後押ししていくことが、本来的には期待されているものと思われる。

(注10) ESGインテグレーションの手法について、近い将来にはサステナビリティ情報が企業の持続可能性を判断する際の材料として企業価値評価（相対的にプレミアムかディスカウントか）に影響を与えることが考えられ、具体的な手法については現時点では各機関投資家において試行錯誤中であるものの、特にアクティブ運用機関においては統計的な検証を待たずに先進性を重視してトライ・アンド・エラーで経験値を積み重ねていくため、数年以内にさまざまな手法が実際に運用されていくようになる可能性があると指摘するものとして、三瓶裕喜「ROEストーリーの『その次』」コーポレートガバナンス12号（2023）34頁〜35頁。

(注11) ESGエンゲージメントの手法については、活動に要するコストを抑制する観点も相俟って、気候変動問題に関する「Climate Action 100＋」など、特に市場全体のリスク等に関わるサステナビリティ課題への対応をテーマとした協働エンゲージメントも近年では盛んに行われている。

第３節　ESG投資と日本法における受託者責任 ――「科学的」な議論へ向けて[注12]

1　問題意識

環境・社会・ガバナンスといったESGの理念そのものに抽象的・一般的に反対する者は少ないと思われるが、ESG投資は、とりわけ投資リターンを犠牲にし得ることや投資リターンとの関係が不明瞭であることから、受託者責任に反するという文脈での議論が多いように思われる。この点、ESG投資のパフォーマンスに係る実証分析では、どちらかというとポジティブとする研究が多いものの、通常投資の場合と比較して、有意な差はない、あるいはネガティブとする結果もあるようである[注13]。つまり、その結論は明らかではない。

もっとも、上記３つのESG理念と関係があるのだと思われるが、ESG投資における受託者責任の議論については、「信念」や「理念」的なものを感じることがある。しかし、各人の信念・理念に基づき「抽象的」に受託者責任に反すると唱えることには、**第１節**で見たように〔p.230～〕ESG投資がこれだけ拡大する中で、もはや生産性が乏しいといえるかもしれない。

そこで以下では、より具体的に「科学的」な議論ができないのかについて、いくつかの考察を試みた。この点、最後にあらためて整理するが、①議論の前提として、「ESG投資」や「日本法における受託者責任の意味」を明らかにしようとする姿勢が重要であり、さらに、②契約・法的アプローチのみならず、ファイナンス理論的アプローチも加味することで、法的な意味でのESG投資における受託者責任に係る議論をより生産的・発展的なものとすることができないかと考えた次第である。

(注12)　本節は、山本俊之＝安井桂大「ESG投資の視点・手法と日本法における受託者責任」NBL1189号（2021）21頁のⅣ［山本俊之］を基にしている。
(注13)　湯山智教編著『ESG投資とパフォーマンス』（金融財政事情研究会、2020）116頁。

2　投資運用業者や公的年金における日本法下の受託者責任

「受託者責任」について議論する以上、まずはその日本法における意義について確認したい。いわゆる受託者責任（fiduciary duty）については、①注意義務（duty of care）、②忠実義務（duty of loyalty）、③自己執行義務（duty not to delegate）、④分別管理義務（segregation）が中心的な義務とされる(注14)。

ESG投資を検討する上で問題となるのはこのうち注意義務と忠実義務である。この点、金融商品取引法において「受託者責任」という用語自体は用いられていないが、投資運用業者については、顧客との高い信認関係を前提として当該顧客の財産形成に継続的に関与するものであり、利益相反の防止をはじめとする高度の受託者責任を負うべきものであることから、受託者責任を明確化する観点で、忠実義務（金商42条1項）および善管注意義務（同条2項）が定められている(注15)。ここで、忠実義務とは顧客の利益と自己または第三者の利益との抵触を起こさず顧客のために忠実に業務を行う義務、善管注意義務とは専門家としての注意を払って業務を行う義務と解される(注16)。

また、公的年金につき、「管理運用主体は、受託者責任（忠実義務及び善良なる管理者としての注意義務を遵守することをいう。）を徹底するための機能を確保するとともに、業務を的確に遂行する上で必要となる人材の確保に努めること」（積立金基本指針(注17)第四・四。下線は筆者）として、受託者責任の意義を明らかにするものがある。

本章との関係では、例えば、ESGという考え方が純粋に好きなので、それ以上の特段の考慮なく、ESG投資を行うことで自己の利益を追求するといった、実務上、投資運用業者や年金基金がそのような追求を行うとは容易に想定しがたい場合を除き（もっとも、**4**〔p.243〕で論じる社会的リターンと

(注14)　神田秀樹「いわゆる受託者責任について：金融サービス法への構想」フィナンシャル・レビュー56号（2001）99頁。

(注15)　松本圭介ほか「投資運用業の規制」商事1779号（2006）72頁・74頁。

(注16)　岸田雅雄監修『注釈金融商品取引法〔改訂版〕〔第2巻〕業者規制』（金融財政事情研究会、2022）685頁［掘弘］。

(注17)　前掲（注5）参照。

の関係では緊張関係が生じ得るかもしれない)、主に、善管注意義務が問題になると考えられる。

そして、投資運用業者の善管注意義務については、投資運用の専門家としての技能を発揮することができるよう、投資判断に関する合理的な裁量を有するとされており(注18)、法令や個別の投資運用ガイドラインに違反しない限り、その運用における裁量の幅は一般に広いと考えられる。なお、公的年金の場合、委託運用が中心となることから、その善管注意義務の内容や着目すべき観点は異なるが(注19)(注20)、その選定した投資運用業者が最終的に運用を行う点は変わらないため、本章では投資運用業者における善管注意義務を中心に検討していく(注21)。

3　海外における ESG 投資と受託者責任に係る議論

日本よりはむしろ海外において、ESG 投資における受託者責任の議論が盛んである。ここでは多数存在する議論のうちいくつかを、本章の検討に当たり参考とするため、簡潔に紹介する。

まず、欧州委員会のレポート(注22)では、財務リターンおよびリスク管理に関連している限り、機関投資家の投資方針や意思決定プロセスに環境要素を統合することは EU 各国の受託者責任に関する既存の法的枠組みと両立

(注18) 神田秀樹ほか編著『金融商品取引法コンメンタール(2)業規制』(商事法務、2014) 419 頁～420 頁［石田眞得］。

(注19) 例えば、企業年金連合会『企業年金 受託者責任ハンドブック〔改訂版〕』(2018) では、委託運用先の選定や管理の観点から、善管注意義務の内容が論じられている。

(注20) 厚生労働省の通知において、運用受託機関の選任について、「運用受託機関の……ESG（環境、社会、ガバナンス）に対する考え方を定性評価項目とすることを検討することが望ましい」とするものがある（「確定給付企業年金に係る資産運用関係者の役割及び責任に関するガイドラインについて（通知）（平成 14 年 3 月 29 日年発 0329009 号）」)。

(注21) なお、神田秀樹「コメント」NBL1189 号（2021）29 頁において、例えば、金融商品取引法上の善管注意義務違反に違反したからといって、当然に私法上の義務違反となるわけではないといった観点から、公法私法二元論に言及されていることには注意が必要であろう。

(注22) European Commission (produced by Ernst & Young Cleantech and Sustainability Services (France)) , Resource Efficiency and Fiduciary Duties of Investors (2015).

できることは明らかである、と結論づけられている。

また英国では、2014年、法律委員会（Law Commission）により、ESG要素が財務要素（financial factors）にも非財務要素（non-financial factors）にもなり得ること、また、年金基金がそれぞれの要素を投資判断に組み込む際に、受託者責任との関係で問題がないかテストするアプローチが提示されている。ここで財務要素とは、投資に当たり、リスクとリターンのバランスを図るという、年金基金の基本的な投資義務に関するものを指し、非財務要素とは財務要素以外の要素に動機づけられたもの（例えば、年金加入者の生活の質の向上や特定の産業への反対意思の表明）を指している。そして、ESG要素が財務要素に当たる場合に考慮に入れることは、法的に何ら問題ないと結論づける。他方、非財務要素については、一般的に、①年金加入者が同様の問題意識を有していると、年金基金が考える相応の理由があること、②財務的に大きく毀損が生じるリスクを伴わないこと、という基準に適合すれば考慮に入れることが許容される（注23）。

そして米国では、従業員の退職年金を規律する従業員退職所得保障法（Employee Retirement Income Security Act：ERISA）に係る米国労働省の解釈において、従業員退職年金のプラン・フィデューシャリーは、付随的な社会政策的な目標を促進するために投資リターンを犠牲にしたり追加的な投資リスクを負担したりする投資手法をとることは許されない、という大原則が存在する（注24）。もっとも、米国労働省は、1994年以降の４つの実務支援通知（Field Assistance Bulletin）において、リスク・リターンが類似している場合（All Things Being Equal／Tie Breaker Test）やESG要素が特に財務リスク・リターンに影響する場合（ESG as a Financial Factor）には、ESGを含む非財務要素を適切に考慮可能という限定的な認識を示してきたとされている（注25）。

（注23）以上につき、小薗めぐみ「ESG投資と機関投資家の受託者責任の関係についての一考察：英国における取締役の義務の捉え方を足掛かりとして」日本銀行金融研究所ディスカッションペーパーシリーズ（2020）９頁～11頁。

（注24）神作裕之編『フィデューシャリー・デューティーと利益相反』（岩波書店、2019）275頁。

（注25）Simpson Thacher & Bartlett LLP, DOL Proposed Rule Would Impose Significant Limitations on the Use of ESG Considerations in Selecting ERISA Plan Investments (2020)（https://www.stblaw.com/docs/default-source/memos/firmmemo2_06_30_20.pd）.

しかし、2021年１月12日に発効した米国労働省によるERISAに係る最終規則「Financial Factors in Selecting Plan Investments」(注26)では、フィデューシャリーが慎重に決定し、リスク・リターンに重要な影響を及ぼす金銭的要素（pecuniary factor）にのみ基づいて投資を行うことが求められ、非金銭的便益（non-pecuniary benefit）を促進するために、リターンを犠牲にしたり追加的なリスクをとることはできないとされた。例外的に、金銭的要素のみでは投資を区別できないときにのみ、非金銭的要素（non-pecuniary factor）を考慮することができるものの、金銭的要素では不十分な理由、選択された投資と代替投資案との比較、選択された非金銭的要素がプランの参加者・受益者の利益とどのように合致しているかという点の文書化が求められる。

もっとも、当該最終規則はトランプ政権からバイデン政権への移行により見直しが示唆されていたところ(注27)、新たな規則「Prudence and Loyalty in Selecting Plan Investments and Exercising Shareholder Rights」が発効している(注28)。ここでは、リスク・リターンの要素において気候変動およびその他のESG要素の経済的効果を含むことが可能であること、プランの参加者・受益者の利益に関連しない便益や目標を促進するためにリターンを犠牲にしたり、追加的なリスクをとることは許されないこと、他方で、フィデューシャリーが、適切な時間軸において、競合する投資がプランの財務的利益の目的を同等に果たすと慎重に結論づける場合には、投資リターン以外の付随的な便益（collateral benefits）に基づいて投資を選択することも

(注26) 米国Federal Register（官報）のウェブサイト（https://www.federalregister.gov/documents/2020/11/13/2020-24515/financial-factors-in-selecting-plan-investments）参照。日本語による解説として、福山圭一「ESG投資をめぐる米国労働省の規制スタンスについて」年金調査研究レポート（2021）参照。

(注27) 米国ホワイトハウスのウェブサイト（https://www.whitehouse.gov/briefing-room/statements-releases/2021/01/20/fact-sheet-list-of-agency-actions-for-review/）参照。

(注28) 米国Federal Register（官報）のウェブサイト（https://www.federalregister.gov/documents/2022/12/01/2022-25783/prudence-and-loyalty-in-selecting-plan-investments-and-exercising-shareholder-rights）参照。日本語による解説として、福山圭一「米国企業年金に対するESG投資及び株主権行使に関する規則の改正」年金調査研究レポート（2022）、ローラーミカ「【アメリカ】企業年金運用とESG投資――新規則制定と関連動向」外国の立法No.295-2（2023）２頁参照。

禁じられないこと、しかしながらその場合であっても、当該付随的な便益を確保するために、期待リターンの減少やより大きなリスクを受け入れることはできないこと、といった事項が規定されている。

いずれにしても、ESG 要素を考慮した投資を行う際には、受託者責任との関係で一定の緊張関係があることが見てとれる。また濃淡はあるが、ESG 要素を加味することで、いずれにしても（期待）リターンを犠牲にしたり、リスクを過大にとることは許容されない建付けになっていると整理できよう。

４　ESG 投資手法と受託者責任の関係（注29）

ESG 投資については、**第２節１(3)**〔p.235〕で述べた長期アクティブ運用機関のように、ESG 要素を加味して投資先企業の企業価値を評価すること（ESG インテグレーション）で、超過リターンであるアルファを獲得するという戦略が考えられる。この場合、通常のアクティブ運用と同様の手法であることから、当該戦略の分析等に当たりプロの運用者として明らかに合理性を欠くといった事情でもない限り、投資判断に関する合理的な裁量の範囲内に収まると考えられる。つまり、善管注意義務違反、すなわち受託者責任が生じる蓋然性は低いと考えられる。

ところで、ESG 投資については、経済的リターンのみならず、社会的リターン（社会的インパクト）を求める場合があるとの指摘がされる。これは「ESG 投資」をどの範囲で捉えるのかの問題ではあるが、「社会的リターン」測定についてのコンセンサスがまだ確立していないと思われる点も含め、**1** の問題意識〔p.238〕に記載した「信念」「理念」的な感覚が最も先鋭化する分野であると考えられる。

もちろん、このような社会的リターン・社会的インパクトを目指すことをあらかじめ謳った投資機会であれば、そのような投資を行うこと自体について投資家内部での事前検討・整理が必要かもしれないが、当該投資家もそれを理解・了承した上で投資を行うことから特段の問題は生じない。

（注29）本節の執筆に当たっては、加藤康之「ESG 投資とパフォーマンス評価」証券アナリストジャーナル 58 巻 4 号（2020）47 頁を大いに参考としている。

他方で、一般のファンドや年金基金の文脈においては、社会的リターンを得ることは最終目標ではなく、それが最終的に経済的リターンにつながるのかどうかについてが関心事となろう。もっとも、社会的リターン（さらにそれに伴う経済的リターン）の検証には長期のデータが必要となるところ、現状ではデータ不足である点が指摘されている(注30)。したがって、社会的リターンも求めるESG投資については、前述の長期アクティブ運用の場合と比較して、投資判断に関する合理的な裁量の範囲内といえるのかについて、より慎重な検討が必要となる。また、社会的リターンを求める動機や理由によっては、忠実義務が問題となり得る場合もあるかもしれない。つまり、結果として、相対的に受託者責任の議論が生じやすいと考えられる。この点、ESG情報の充実と企業調査アナリストのESG評価進展により、アクティブ型ESG投資のうち、特定の社会的インパクトに重点を置いた投資スタイルとして、上場株式においてもインパクト投資の拡大可能性を示唆する実務家もいることから(注31)、社会的リターンと受託者責任の関係に関する議論は今後も注目を浴びることが想定される。

最後に、**第2節1(1)(2)**〔p.233～〕で述べた年金基金等のユニバーサル・オーナーや大規模なパッシブ運用機関が、とりわけパッシブ投資においてESG投資を行うことについてはどう考えるべきか。この点、ESG投資の目的として従来より投資リスク管理・低減が挙げられている(注32)。したがって、パッシブ投資におけるポジティブスクリーニングやESGエンゲージメントを通じて、インデックス組入先企業・ポートフォリオの投資リスクが結果として本当に小さくなる場合（あるいは、別の考え方として市場全体のリターン向上がなされる場合(注33)）には、リスク調整後リターンの向上に結びつくといえる。そのような場合には、追加的コストとの比較考量にはなろうが、投資運用業者や年金基金の受託者責任の観点からも合理性は見い出せる

(注30) 加藤・前掲（注29）49頁～50頁。

(注31) 渡辺勇仁「バイサイドアナリストによるESG評価——取り組みの現状と課題・展望」証券アナリストジャーナル59巻2号（2021）68頁。

(注32) CFA Instituteによる2017年調査（https://www.cfainstitute.org/-/media/documents/survey/esg-survey-report-2017.ashx）では、ESG要素を考慮する理由として、投資リスク管理に役立つからという回答が最上位（65%）となっている。また、加藤康之編著『ESG投資の研究 理論と実践の最前線』（一灯舎、2018）6頁も参照。

(注33) 加藤・前掲（注29）50頁～51頁。

ように思われる。

5　小括――「科学的」な議論へ向けて

以上の検討をまとめると、以下の通りとなる。

① 日本法における受託者責任の意味を明らかにすることが議論の出発点となる。それは善管注意義務と忠実義務で構成されるが、プロの運用者や年金基金が行う ESG 投資の文脈で主に検討すべきは善管注意義務になると思われる。この作業によって、受託者責任を検討するモノサシを１つにすることができる。そしてこのとき、投資を行う運用者における善管注意義務との関係で、投資判断に関する合理的な裁量が認められる点が１つのポイントとなる。

② ESG 投資は、その概念・裾野が広いことから、ESG インテグレーションによりアルファの獲得を目指す長期アクティブ運用機関もあれば、経済的リターンと併存して社会的リターンを求める投資もあり得る。いずれにしても、抽象的・概念的な１つの「ESG 投資」を議論の前提とせず、アクティブ投資あるいはパッシブ投資の文脈において、個別の ESG 投資手法ごとにより具体的に受託者責任を論じ、検討することが重要である。この作業によって、「信念」・「理念」的に流れがちな受託者責任に関する議論を生産的なものへと転じることができると考える。

③ 海外の議論（**3**〔p.240〕）でも、リターンについてはそれ単独で見るわけではなく、リスクとのバランスで受託者責任の検討がなされている。このような考え方は日本法における検討でも妥当してよいと考える。この点、ファイナンス理論的アプローチとして、運用パフォーマンス評価では、リスク調整後リターンに基づく評価も行われており、ESG 投資の目的として挙げられている投資リスクの低減効果が実際にあるのであれば、リスク調整後リターンはむしろ向上する場合もあると考えられる(注34)。

さらに、契約・法的なアプローチとしては、以下のものが想定される。前述の通り、善管注意義務との関係において、投資運用業者は投資判断に関する合理的な裁量を有することになる。そこで、とりわけ通常のファンドであれば、投資一任契約や投資信託約款の運用方針に当該ファンドにおける ESG 要素の考慮方法を記載の上、投資家に示すことを行えば、それを前提に投資家が投資を行う以上、善管注意義務違反と主張されるリスクが小さくなるように思われる。もちろん、この前提として、ESG投資手法をどの程度文書化できるのかという問題は存在する。例えば、**4**〔p.243〕で述べた投資手法の中でいえば、ESGインテグレーションについてどの程度具体的に定義・記載の上、投資家に示すことができるかという問題が残されよう。

6　おわりに

本章では、資本市場や資産運用ビジネスに大きな影響を及ぼしているESG投資について、近年における拡大状況を紹介した上で、機関投資家におけるESG投資の視点・手法と日本法における受託者責任について述べた。

ESG投資をめぐっては、本稿ではふれなかったESGのいわゆるグリーンウォッシング問題(注35)等、残された課題も少なくないと思われるが、本章では、ESG投資の潮流が拡大する中で、まずもって重要と考えられるESG投資の基本的な視点やさまざまな手法、さらには、そうした視点・手法を踏まえたESG投資と日本法における受託者責任について、いくつかの考察を提示している。今後のESG投資における議論の発展に向けて、その一助となれば幸いである。

(注34)　湯山智教「ESG投資と受託者責任に関する議論」神作裕之ほか編著『金融資本市場と公共政策――進化するテクノロジーとガバナンス』(金融財政事情研究会、2020) 320頁において、法と経済学の観点からの議論として、リスク調整後リターンを改善させるESG投資の意義につき紹介されている。同議論に係る論文では、「We show that ESG investing is permissible under American trust fiduciary law if two conditions are satisfied: (1) the trustee reasonably concludes that ESG investing will benefit the beneficiary directly by improving risk-adjusted return; and (2) the trustee's exclusive motive for ESG investing is to obtain this direct benefit.」と述べられている(Max M. Schanzenbach & Robert H. Sitkoff, Reconciling Fiduciary Duty and Social Conscience: The Law and Economics of ESG investing by a Trustee, 72 STAN. L. REV. 381, 382 (2020))。

(注35)　日本では、金融庁が2023年3月31日に公募投資信託に関する監督指針の改正・適用を行っている。その概要については、山本俊之＝京藤充央「公募ESG投信に関する金融庁の監督指針」西村あさひ法律事務所・外国法共同事業金融ニューズレター2023年4月12日号参照。

第3章 サステナブル・ファイナンスと金融商品

第1節　サステナブル・ファイナンス商品の類型

近年、世界は持続可能な社会の構築に向けて大きく舵を切っており、その傾向は2015年に持続可能な開発目標（SDGs）およびパリ協定が採択されて以降、特に強くなっている。その潮流は金融分野にも及んでおり、サステナブル・ファイナンスという用語も広く定着しつつある。同用語は法令上のものではなく、厳密な定義は存しないが、金融庁により設置された「サステナブルファイナンス有識者会議」より公表された報告書では、「新たな産業・社会構造への転換を促し、持続可能な社会を実現するための金融」と説明されている。

サステナブル・ファイナンスは、債券（ボンド）、ローン（融資）、出資（エクイティ）またはデリバティブ等、さまざまな形態をとる。また、一口に債券やローンといっても、資金調達主体がサステナブル・ファイナンスに該当する債券を発行するまたはローンを借り入れるといったシンプルなものから、証券化の手法と組み合わせたような複雑なものもある(注1)。以下では、**第1節**から**第3節**にかけて、債券およびローンを念頭に説明することとし、デリバティブについては、**第4節**を参照されたい。

（注1）例えば、グリーンローン及びサステナビリティ・リンク・ローンガイドライン2024年11月改訂版の脚注3でも、グリーンボンドには債券のみならず、一定の証券化商品が含まれるとされている。

1　ガイドラインへの準拠

サステナブル・ファイナンスに関する制度整備の状況については、**第1章第2節**（わが国の制度整備の動向〔p.216〕）を参照されたいが、特に金融商品の組成という観点からは、国内外の機関より数多くのガイドライン等が公表されている（主なものは、〔図表3-3-1〕を参照されたい）。かかるガイドライン等はいずれも法令ではなく法的拘束力を有しないものの、マーケットにおいて広く認知されており、事実上、それらのガイドライン等を踏まえる形で、サステナブル・ファイナンスに該当する金融商品を組成することになる。

〔図表3-3-1〕サステナブル・ファイナンスに関する各種ガイドライン

類型	名称	公表時期（最新改訂時期）	公表主体	概要
ローン	Green Loan Principles（以下、「GLP」という）	2023年2月	LMA（注2）、LSTA（注3）およびAPLMA（注4）の連名	グリーンローンに関する諸原則をまとめたもの。
ローン	Guidance on Green Loan Principles（以下、「GLPガイダンス」という）	2023年2月	LMA、LSTAおよびAPLMAの連名	GLPに関するガイダンス。
ローン	Sustainability Linked Loan Principles（以下、「SLLP」という）	2023年2月	LMA、LSTAおよびAPLMAの連名	サステナビリティ・リンク・ローン（以下、「SLL」という場合がある）に関する諸原則をまとめたもの。

（注2）英国に本拠を置くLoan Market Association（国際ローン市場協会）の通称。
（注3）米国に本拠を置く業界団体であるLoan Syndications & Trading Associationの通称。

ローン	Guidance on Sustainability Linked Loan Principles（以下、「SLLP ガイダンス」という）	2023 年 2 月	LMA、LSTA および APLMA の連名	SLLP に関するガイダンス。
ローン	Best Practice Guide to Sustainability Linked Leveraged Loans（以下、「SLLL ガイド」という）	2023 年 10 月	ELFA（注5）および LMA の連名	SLLP をレバレジッド・ローンに適用する場合の留意点について述べたもの。
ローン	Guidance for Green, Social, and Sustainability-Linked Loans External Reviews	2022 年 3 月	LMA、LSTA および APLMA の連名	グリーンローンや SLL に関する外部レビューに係るガイダンス。
ローン	Best Practice Guide for Term Sheet Completeness	2021 年 12 月	ELFA および LMA の連名	その 22 項で、シンジケートローンに SLL を組み込む場合に検討すべき事項が列挙されている。
ローン	Guidance on the application of the Green Loans Principles in the real estate finance（REF）investment lending context Green Buildings	2020 年 11 月	LMA	GLP を不動産セクターで適用するに当たってのガイダンス。特に、グリーンビルディングへの投融資に関する内容となっている。
ローン	Guidance on the application	2020 年 11 月	LMA	GLP を不動産セクターで適用する

（注 4）香港に拠点を置く業界団体である Asia Pacific Loan Market Association の通称。
（注 5）英国に本拠を置く業界団体である European Leveraged Finance Association の通称。

	of the Green Loan Principles in the real estate finance (REF) lending context Retrofit projects			に当たってのガイダンス。特に、改修プロジェクトへの融資に関する内容となっている。
ローン	グリーンローン及びサステナビリティ・リンク・ローンガイドライン 2024 年版（以下、「環境省 GL（ローン）」という）	2024 年 11 月	環境省	グリーンローン、SLL に関するガイドライン。当初は 2017 年 3 月に公表されているが、その後の GLP や SLLP 等のアップデートにあわせて、本ガイドラインも改訂されている。
債券	Green Bond Principles（以下、「GBP」という）	2021 年 6 月（2022 年 6 月別表 I 改訂）	ICMA	グリーンボンドに関する諸原則をまとめたもの。
債券	Sustainability-Linked Bond Principles（以下、「SLBP」という）	2023 年 6 月	ICMA（注6）	サステナビリティ・リンク・ボンド（以下、「SLB」という）に関する諸原則をまとめたもの。
債券	グリーンボンド及びサステナビリティ・リンク・ボンドガイドライン 2024 年版（以下、「環境省 GL（ボンド）」という）	2024 年 11 月	環境省	グリーンボンドおよび SLB に関するガイドライン。当初は 2017 年 3 月に公表されているが、その後の GBP や SLBP 等のアップデートに

（注 6）スイスに本拠を置く自主規制団体である International Capital Market Association（国際資本市場協会）の通称。

				合わせて、本ガイドラインも改訂されている。
債券	Social Bond Principles（以下、「SBP」という）	2023年6月	ICMA	ソーシャルボンドに関する諸原則をまとめたもの。
債券	ソーシャルボンドガイドライン（以下、「金融庁SBG」という）	2021年10月	金融庁	ソーシャルボンドに関するガイドライン。なお、ボンド（債券）に関するガイドラインであるが、ソーシャルローンについても、基本的に妥当するものである。
―	クライメート・トランジション・ファイナンスに関する基本指針（以下、「CTF基本指針」という）	2021年5月	金融庁・経済産業省・環境省	クライメート・トランジション・ファイナンスに関するガイドライン。
―	インパクトファイナンスの基本的考え方（以下、「IF基本指針」という）	2020年7月	環境省	インパクトファイナンスに関するガイドライン。

サステナブル・ファイナンスに該当する金融商品が備えるべき特性は、従前、グリーン・ファイナンスや、サステナビリティ・リンク・ファイナンスを中心に、議論がされてきた。そして、国際的には、著名なローンマーケットの業界団体が連名で策定したGLPおよびSLLPが広く認知されており、グリーンローンやSLLを組成するに際しては、同ガイドラインおよびそのガイダンスであるGLPガイダンスやSLLPガイダンス（ならびにそれらを補足する形で公表されている各種参考資料等）を参照することになる。債券についても同様に、グリーンボンドやサステナビリティ・リンク・ボンドを組成するに際しては、キャピタルマーケットに関する国際的な自主規制団体であるICMAが策定したGBPやSLBPが広く認知されており、同ガイドライ

ンを参照することになる。

本邦においてグリーンローンやSLL、グリーンボンドやSLBを組成するに際してもその点は同様であるが、本邦においては、それらの内容を取り込む形で、環境省より、環境省GL（ローン）および環境省GL（ボンド）が公表されており、それらのガイドラインを参照することになる。環境省GL（ローン）は、「GLP及びSLLPとの整合性に配慮しつつ、……具体的対応の例や我が国の特性に即した解釈を示すことで、グリーン性に関する信頼性の確保と、借り手のコストや事務的負担の軽減との両立につなげ、もって我が国におけるグリーンローン及びサステナビリティ・リンク・ローンの普及を図るもの」とされており、GLPおよびSLLPとの整合性に配慮しつつ、わが国の特性に即した解釈が示されている（なお、環境省GL〔ボンド〕とGBPおよびSLBPとの関係についても、環境省GL〔ボンド〕においてほぼ同様の説明が行われている）。

また、グリーンローン・SLL・グリーンボンド・SLB以外のサステナブル・ファイナンスに該当する金融商品、例えば、クライメート・トランジション・ファイナンス、インパクトファイナンス、ソーシャルボンド等に関するガイドラインも公表されているが、着目されるサステナビリティの側面に応じた相違点はあるものの、基本的な着眼点／留意点等は類似する面も多い。そのため、それらの金融商品を組成する際には、対応するガイドラインのほか、グリーンローン・SLL・グリーンボンド・SLBに関するガイドラインも参考になろう。

2　債券とローン

サステナブル・ファイナンスに該当する金融商品は、債券やローンの形で組成されることが多い。この点、さまざまな商品性があり得るものの、債券（ボンド）は、典型的には、不特定多数の投資家からの資金調達である一方、ローンは、特定かつ専門性を有する金融機関からの資金調達であり、諸条件も相対の交渉により決定されることが多い。

そのため、債券またはローンのいずれの形態をとるにせよ、サステナブル・ファイナンスという観点から両者において用いられる手法・遵守すべき点に、本質的な相違はないが、上記の通り、ローンは相対の交渉により諸条件を柔軟に設定することに馴染みやすく、資金提供者による期中の実効的なモニタリング等も期待できることから、債券よりも、より柔軟かつ複雑な内容のサステナブル・ファイナンスを組成しやすい面もある。

3　資金使途の特定の有無・内容による分類

サステナブル・ファイナンスに該当する金融商品にはさまざまな種類／呼称がある。確立した使い分けがあるわけではないが、資金使途の特定・不特定や、その目的等に応じて、分類されている（〔図表3-3-2〕参照）。

ごく概略的にいえば、グリーン・ファイナンスやソーシャル・ファイナンスは、調達資金が、それぞれ、グリーンプロジェクトやソーシャルプロジェクトに充当され、そのことによりサステナビリティの促進を図るものであり、充当されるプロジェクトに性質の相違があるものの、資金使途が特定される点で共通する。

他方、SLLおよびSLBは、資金使途に特段の制約はなく、ローンおよびボンドに関する経済条件の設定を通じて、借入先のサステナビリティの促進を図るものである。

クライメート・トランジション・ファイナンスは、資金使途という面では特定型も不特定型の双方もあるが、同ファイナンスは、現時点においてグリーンでなくとも、気候変動への対策を検討している企業の脱炭素に向けた取組みを支援することを目的とした金融手法である。

(1)　サステナビリティ・リンク・ファイナンス

SLLは、「借り手が野心的なサステナビリティ・パフォーマンス・ターゲット（SPTs）を達成することを奨励するローン」である（環境省GL〔ローン〕第3章第1節1)。例えば、借入人のESGスコアや温室効果ガスの排出削減量に応じて金利のスプレッドが変動するローンが、SLLの典型的なものになる。また、SLBは「企業や自治体等の発行体が、事前に設定した将来的なサステナビリティ/ESGに関連する目的の達成状況に応じて、財務的・構造的な特徴が変化する可能性のある債券の総称」である（環境省GL〔ボンド〕第3章第1節1)。

SLBおよびSLLともに、事前に設定された指標（KPI：Key Performance

〔図表 3-3-2〕サステナブル・ファイナンスの分類

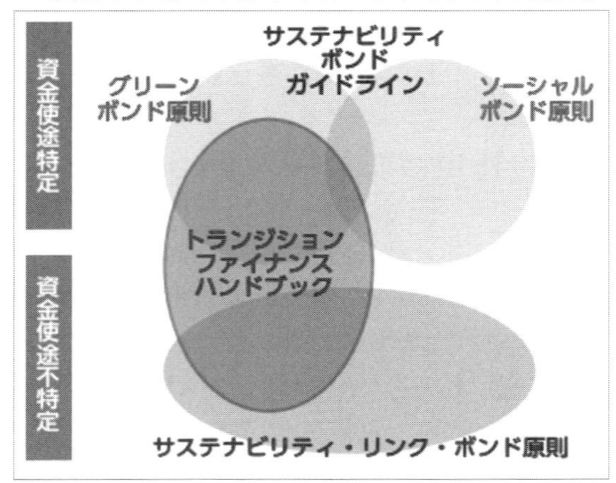

＊金融庁＝経済産業省＝環境省「クライメート・トランジション・ファイナンスに関する基本指針」(2021年5月)（CTF基本方針）より抜粋。

Indicator）において、事前に設定された一定の水準（SPTs：Sustainability Performance Targets）が達せられたかどうかを評価し、その結果によって適用される経済条件等が変化する仕組みとする一方、調達資金の使途については限定がない点に特徴がある。

環境省のグリーン・ファイナンスポータルサイトによれば、本邦におけるSLLの組成額(注7)は2020年が9件／695億円、2021年が61件／3,581億円、2022年が240件／6,698億円、2023年が667件／7,111億円、SLBの発行額(注8)は2020年が2件／200億円、2021年が9件／1,260億円、2022年が18件／3,150億円、2023年が25件／4602億円とされ、急速に普及しつつあることがうかがわれる。

(2)　グリーン・ファイナンス

グリーンローンとは、「企業や地方自治体等が、国内外のグリーンプロジェクトに要する資金を調達する際に用いられる融資」であり（環境省GL〔ローン〕第2章第1節1)、グリーンボンドも同様に「企業や地方自治体等の

(注7) https://greenfinanceportal.env.go.jp/loan/sll_issuance_data/sll_market_status.html.
(注8) https://greenfinanceportal.env.go.jp/bond/slb_issuance_data/market_status.html.

発行体が、国内外の適格なグリーンプロジェクトに要する資金を調達するために発行する債券」である（環境省GL〔ボンド〕第2章第1節1）。

環境省のグリーン・ファイナンスポータルサイトによれば、本邦におけるグリーンローンの組成額（注9）は2020年が12件／806億円、2021年が46件／1,628億円、2022年が196件／8,034億円、2023年が250件／9,474億円、グリーンボンドの発行額（注10）は2020年が79件／1兆0,330億円、2021年が99件／1兆8,651億円、2022年が97件／2兆0,427億円、2023年が126件／3兆2,759億円とされ、急速に普及しつつあることがうかがわれる。

グリーンボンド／グリーンローンにより調達される資金は、明確な環境改善効果をもたらす適格なグリーンプロジェクトに充当されるべきであるとされている（環境省GL〔ボンド〕第2章第2節1.1-1および環境省GL〔ローン〕第2章第2節1）。そして、明確な環境改善効果をもたらすグリーンプロジェクトの具体例は、環境省GLの「付属書I」に列挙されており、その大分類は**〔図表3-3-3〕**の通りである（なお、これらの事業に係る資産、投融資や研究開発費、人材教育費、モニタリング費用のような関連費用や付随費用を含むとされている）。この中でも、再生可能エネルギーに関する事業やグリーンビルディングに関する事業については、発行例・組成例が多いようである。

〔図表3-3-3〕グリーンプロジェクトの具体例

1.	再生可能エネルギーに関する事業（発電、送電、機器を含む）
2.	省エネルギーに関する事業（省エネ性能の高い建築物の新築、建築物の省エネ改修、エネルギー貯蔵、地域冷暖房、スマートグリッド、機器を含む）
3.	汚染の防止と管理に関する事業（排水処理、温室効果ガスの排出抑制、土壌汚染対策、廃棄物の3Rや熱回収、これらに関連する環境モニタリングを含む）
4.	自然資源・土地利用の持続可能な管理に関する事業（持続可能な農業・漁業・水産養殖業・林業、総合的病害虫・雑草管理（IPM）、点滴灌漑を含む）

（注9）https://greenfinanceportal.env.go.jp/loan/issuance_data/market_status.html.
（注10）https://greenfinanceportal.env.go.jp/bond/issuance_data/market_status.html.

5.	生物多様性保全に関する事業（沿岸・海洋・河川流域環境の保護を含む）
6.	クリーンな運輸に関する事業（電動車、公共交通機関、鉄道、自転車、複合輸送、クリーンエネルギーを利用する輸送手段や有害物質の発生抑制のためのインフラの整備を含む）
7.	持続可能な水資源管理に関する事業（清浄な水や飲用水の確保のためのインフラ、都市排水システム、河川改修その他の洪水緩和対策を含む）
8.	気候変動に対する適応に関する事業（気候変動の観測や早期警報システム等の情報サポートシステムを含む）
9.	サーキュラーエコノミーに対応した製品、製造技術・プロセス、環境配慮製品に関する事業（環境配慮型製品やエコラベルや認証を取得した製品の開発および導入、再生材や再生可能資源等の環境負荷低減効果のある素材による包装、サーキュラーエコノミーに関するツールやサービスを含む）
10.	グリーンビルディングに関する事業

＊環境省 GL の付属書Ⅰの別表より抜粋。

なお、グリーンプロジェクトが、本来の環境改善効果とは別に、付随的に、環境・社会に対しネガティブな効果をもたらす場合がある。その場合、そのようなネガティブな効果が本来の環境改善効果と比べ過大とならないと借り手が評価することが重要であるとされている（環境省 GL〔ボンド〕第２章第２節 1.1-1 および環境省 GL〔ローン〕第２章第２節 1）。

(3)　ソーシャル・ファイナンス

ソーシャル・ファイナンスとは、ソーシャルプロジェクトへの充当を資金使途とするファイナンスである。

ソーシャル・ファイナンスについても、理論的には債券とローンの両方の形態が考えられるが、このうちソーシャルボンドについては、ICMA が策定した SBP のほか、金融庁がソーシャルボンドガイドライン（金融庁 SBG）を策定しており、金融庁 SBG において、ソーシャルプロジェクトとは、「特定の社会的課題（social issue）の解決への貢献を目指すプロジェクトであって、かつ、当該プロジェクトにより、対象となる特定の人々に対してポジティブな社会的な効果をもたらすこと（ただし、当該効果は必ずしもこれらの人々だけにもたらされるものに限られない。）を目的とするものをいう」と定義されている。

ソーシャルプロジェクトに該当する事業の具体的な事業区分とその細目についてはSBPにおいて例示があるが、金融庁SBガイドラインはさらにこれを敷衍する形で、〔図表3-3-4〕における追加的細目を例示している。

〔図表3-3-4〕ソーシャルプロジェクトに該当する事業例

①事業区分	②細目	③追加的細目
1.　手ごろな価格の基本的インフラ設備	・クリーンな飲料水 ・下水道 ・衛生設備 ・輸送機関 ・エネルギー	・防災 ・減災対策 ・老朽化対策 ・災害復興 ・ICTインフラ
2.　必要不可欠なサービスへのアクセス	・健康 ・教育および職業訓練 ・健康管理 ・資金調達と金融サービス	・子育て支援 ・介護支援 ・高齢者福祉 ・高齢者の必要不可欠なサービスへのアクセス支援 ・ICT
3.　手ごろな価格の住宅	（例示なし）	
4.　（中小企業向け資金供給とマイクロファイナンスによる潜在的効果等を通じた）雇用創出（社会経済的な危機に起因する失業の防止または軽減するために設計されたプログラムを含む）	（例示なし）	・感染症拡大による社会経済危機への対応 ・地方創生・地域活性化

5. 食料の安全保障と持続可能な食料システム	・食料必要要件を満たす、安全で栄養価の高い十分な食品への物理的、社会的、経済的なアクセス ・回復力ある農業慣行 ・フードロスと廃棄物の削減 ・小規模生産者の生産性向上	・先端技術を活用した食料システムの向上 ・食生活改善・未病対策
6. 社会経済的向上とエンパワーメント	・資産、サービス、リソースおよび機会への公平なアクセスとコントロール ・所得格差の縮小を含む、市場と社会への公平な参加と統合	※左記の細目をさらにブレークダウンした例示) ・ダイバーシティ推進 ・女性活躍推進 ・働き方改革 ・バリアフリー・ユニバーサルデザイン推進 ・介護予防

＊金融庁 SB ガイドラインの付属書1より抜粋。

⑷　クライメート・トランジション・ファイナンス

クライメート・トランジション・ファイナンス（以下、「トランジション・ファイナンス」という）とは、「気候変動への対策を検討している企業が、脱炭素社会の実現に向けて、長期的な戦略に則った温室効果ガス削減の取組を行っている場合にその取組を支援することを目的とした金融手法をいう」(CTF 基本指針第2章1)。

トランジション・ファイナンスとされるためには、後述の4つの開示要素を満たすとともに、それ以外の発行プロセスなどについては既存の原則やガイドラインで定められている要素を満たすことが求められる。

すなわち、資金使途を特定したものについては、グリーンローンに関する4つの核となる要素（調達資金の使途、プロジェクトの評価と選定プロセス、調達資金の管理、レポーティング）を満たすことが求められる。なお、資金使途を特定したものの場合、対象事業がいわゆるグリーンプロジェクトに当たらない場合でも、トランジション・ファイナンスの対象となり得る。加えて、グリーンボンドとして発行されるものであっても、市場関係者によって意見が分かれるセクターや技術へのエクスポージャーを持つ企業による資金調達である場合に、トランジション・ファイナンスの要素を市場から求められる場合もある。他方、資金使途を特定しない場合は、SLLに関する5つの核となる要素（KPIの選定、SPTsの測定、ローンの特性、レポーティング、検証）を満たすことが求められる。なお、以上に限らず、トランジション・ファイナンスの4つの開示要素を満たす金融商品はトランジション・ファイナンスになり得るとされる（CTF基本指針第2章2）。

トランジション・ファイナンスに係る重要な開示要素として以下の4要素があるとされる（CTF基本指針第3章1）。

・要素1：資金調達者のクライメート・トランジション戦略とガバナンス
・要素2：ビジネスモデルにおける環境面のマテリアリティ
・要素3：科学的根拠のあるクライメート・トランジション戦略（目標と経路を含む）
・要素4：実施の透明性

そのため、トランジション・ファイナンスの組成に際しては、対応するサステナブル・ファイナンスに係る各種ガイドライン（もしあれば）を参照しつつ、上記の開示要素が満たされるように組成する必要がある。

(5)　インパクト・ファイナンス

「インパクト・ファイナンス」とは、投融資において環境・社会・経済へのインパクトを追求する多様な動きのうち、ESG金融の発展形として適切なリスク・リターンを追求するものをいう（IF基本指針1(1)）。インパクト・ファイナンスの詳細については、後記**第5章**〔p.288～〕を参照されたい。

4　返済原資による分類

(1)　コーポレート・ファイナンス

資金使途が限定されないサステナビリティ・リンク・ファイナンスの場合、

本邦の組成例においては、事業会社や地方自治体によって、一般事業資金を使途とするコーポレート・ファイナンスに取り入れる形で利用されることが多い(注11)。

(2) ノンリコース・ファイナンス／リミテッドリコース・ファイナンス

資金使途が限定されるグリーン・ファイナンスにおいては、事業会社における利用のほか、投資法人や、TK-GK スキームにおける合同会社などが資金調達主体となるケースも多数公表されている(注12)。

また、欧州では、いわゆるレバレッジドバイアウト（LBO）(注13)における金融機関から買収受皿会社への融資（レバレッジドローン）の取引条件としてSLL を導入する、サステナビリティ・リンク・レバレッジドローンが近時増加している(注14)。背景として、PE ファンドに投資を行う投資家において、ESG 投資基準に沿った投資ニーズが存することがあるようである。

(注11) サステナビリティ・リンク・ボンドおよびサステナビリティ・リンク・ローンの主な発行事例・組成事例は、環境省のグリーン・ファイナンスポータルにおいて公表されている。（サステナビリティ・リンク・ボンド）https://greenfinanceportal.env.go.jp/bond/slb_issuance_data/issuance_list.html（サステナビリティ・リンク・ローン）https://greenfinanceportal.env.go.jp/loan/sll_issuance_data/sll_issuance_list.html.

(注12) グリーンボンドおよびグリーンローンの主な発行事例・組成事例は、環境省のグリーン・ファイナンスポータルにおいて公表されている。（グリーンボンド）https://greenfinanceportal.env.go.jp/bond/issuance_data/issuance_list.html（グリーンローン）https://greenfinanceportal.env.go.jp/loan/issuance_data/issuance_list.html.

(注13) レバレッジドバイアウト（LBO）とは、企業買収（M&A）において、PE ファンド等のスポンサーが買収受皿会社を設立し、自らの出資資金と共に金融機関等からの融資資金（レバレッジドローン）を元手に、買収対象となる会社の買収を行う取引のことをいう。

(注14) 欧州のレバレッジド・ファイナンスの業界団体である European Leveraged Finance Association（以下、「ELFA」という）のレポート「The Emergence of ESG Provisions in Leveraged Finance Transactions」（2021年７月７日）（https://elfainvestors.com/wp-content/uploads/2021/07/ELFA-Insights-17-The-Emergence-of-ESG-Provisions-in-Leveraged-Finance-Transactions.pdf）１頁参照。

第2節　サステナブル・ファイナンスの経済的メリット

1　発行体・借り手の経済的メリット

サステナブル・ファイナンスにより資金を調達することによる債券の発行体・ローンの借り手にとってのメリットとして、以下の各点が指摘されている（環境省GL〔ボンド〕第2章第1節2(1)・第3章第1節2(1)、環境省GL〔ローン〕第2章第1節2(1)・第3章第1節2(1)）。

① サステナビリティ経営の高度化
② 新たな投資家層の獲得・貸し手との関係構築による資金調達基盤の強化
③ 社会的な支持の獲得
④ 比較的好条件での資金調達の可能性／（サステナビリティ・パフォーマンスを向上することによる）金利条件等におけるインセンティブ

2　投資家・貸し手にとっての経済的メリット

サステナブル・ファイナンスに投融資を行う投資家・貸し手にとっての経済的メリットとしては、以下の各点が指摘されている（環境省GL〔ボンド〕第2章第1節2(1)・第3章第1節2(1)、環境省GL〔ローン〕第2章第1節2(1)・第3章第1節2(1)）。

① ESG投資の1つとしての投資・ESG融資の1つとしての融資
② 投融資を通じた経済的利益と環境・社会面からのメリットの両立
③ （グリーン・ファイナンスに関して）グリーンプロジェクトへの投融資
④ （グリーンボンドに関して）通常の債券等と比較してボラティリティが低い可能性が指摘されており、リスクヘッジとなる。
⑤ （サステナビティ・リンク・ファイナンスに関して）発行体のサステナビリティ・パフォーマンスの向上による企業価値の維持向上
⑥ 発行体・借り手へのエンゲージメントの実施

第3節　サステナブル・ファイナンスに用いられる発行条件／契約条件

本節では、サステナビリティ・リンク・ボンドにおける債券の発行要項や、サステナビリティ・リンク・ローンにおけるローン契約、あるいは、発行体において制定するサステナビリティ・ファイナンスフレームワーク等において、ガイドライン上の要請や実務上の工夫に基づき、どのような条件が用いられるかを概説する。

1　サステナビリティ・リンク・ファイナンスの発行条件／契約条件

⑴　資金使途

前述したサステナビリティ・リンク・ボンド（SLB）およびサステナビリティ・リンク・ローン（SLL）の各定義からも示唆される通り、サステナビリティ・リンク・ファイナンスにおいて、調達資金の資金使途は限定されないことが通常である。

⑵　KPI および SPTs の設定

SLL・SLB においては、借入人・発行体の中核となるサステナビリティおよび事業戦略にとって重要であり、借入人・発行体が属するセクターに関係する ESG に係る課題解決に貢献する指標を KPI（Key Performance Indicator：重要業績評価指標）として選定した上、さらに、KPI に関して達成すべき目標値として、野心的な SPTs（Sustainability Performance Targets）を設定することが求められる。KPI は、温室効果ガスの排出削減、再生可能エネルギーの使用割合の増加などの ESG の環境（Environment）に関するものも多いが、例えば、取締役会に占める女性および人種的マイノリティーの割合等の、社会（Social）およびガバナンス（Governance）に関するものも見られる。また、KPI は１つとは限らず、複数の KPI を設定している例も多く見られる。

SLLの実務において、KPIおよびSPTsは、ローンの金利などの主要な経済条件に関する定めであり、契約締結前には選定し、ローン契約締結時よりその内容を規定することが通常である。もっとも、SLLLガイドは、一定の柔軟性が求められる局面があるとする。例えば、会社の買収案件（M&A）において複数の買い手候補が競っているような状況下において、その買収資金に関する融資条件の交渉がなされることがある。そのような融資（いわゆるLBOローン）においてSLLを取り込もうとする場合、買収対象となる企業（対象会社）より、そのサステナビリティに関する戦略や現状について詳細な情報を得た上で、KPIやSPTsを設定する必要があるが、現実問題として、買い手が確定するまでは、具体的なKPIなどの選定のための情報を収集・提供し協議することに多くの労力を費やすことを対象会社に期待することが難しい場合もある。また、企業買収のプロセスは非常に限られた時間軸の中で迅速に進められることも多く、KPIやSPTsの設定を行うことは、必ずしも容易ではない。そのため、例えば、買収当初のローン契約上は、サステナビリティに関する条項は組み込まないものの、ローン契約締結後においても組込みを容易にするための仕組みをあらかじめ規定することや、あるいは、後のリファイナンス（借換え）に際して、サステナビリティに関する条項を追加することも考えられる。前者について若干敷衍すると、ローン契約上、金利の変更については、全貸付人の合意が必要とされることが一般的であるが、一定の要件を満たすSLLに関する条項については、例えば、借入人がエージェントと協議の上で提案したKPIおよびSPTsならびにそれに伴う関連条項の変更につき、多数貸付人の異議がない限り有効になるとする条項を設けることも考えられる。

なお、ローン期間にわたりSPTsを意義のあるものとするべく、達成すべき基準であるSPTsに関し、各年ごとにその水準を徐々に厳しくしているものが多く見受けられる（そのような基準を図表形式にまとめたものは、Sustainability Tableなどといわれる）。また、この点に関連して、サステナビリティ関連の条項の事後的な変更に柔軟性を持たせる観点から、前述の通り事後的にサステナビリティ関連の条項を新たに組み込む場合と同様に、一般的な変更要件（その重要性に鑑み、全貸付人の合意が必要とされることが多い）より緩やかな要件で、例えば、3分の2以上の多数貸付人の合意により、

KPIsやSPTsの変更を認める仕組みとされる例もある。

(3)　スプレッドの変動メカニズム

前述の通り、借入人のサステナビリティに関する取組みを動機づける観点から、SLL・SLBにおいては、スプレッド等の変動メカニズムが組み込まれることが通常である。そのため、少なくとも以下の点について検討を要する。

①　スプレッド調整のトリガー（すなわち、SPTs。例えば、ESGスコアや、一定年度における温室効果ガスの排出削減量など）

②　調整対象とする経済条件やファシリティ、調整する水準

③　SPTsの達成有無の確認方法（例えば、外部機関によるレポートなど。なお、サステナビリティ・コンプライアンス・サーティフィケートといった形で、借入人・発行体から外部機関に対して、SPTsの達成状況につき報告させることも多い）

④　変更後のスプレッドが適用されるタイミング（例えば、サステナビリティ・コンプライアンス・サーティフィケート提出後、一定の営業日以後に到来する利息計算期間からなど）

⑤　SPTsの達成有無を確認できなかった場合（例えば、所定のレポートが期限までに提出されなかった場合）におけるスプレッドの取扱い

⑥　当初想定していなかった事象が生じた場合（例えば、利用している外部機関によるESGの格付手法が変更された場合）の取扱いなど

なお、②に関し、SPTsが一定の目標値に届かなかった場合にはスプレッドが上昇する仕組みも法的には可能である。もっとも、借入人のサステナビリティに関する取組みがうまくいかない場合に貸付人の収益が増加するという仕組みが妥当かという観点もあり、他の方法による動機づけも検討に値する（例えば、サステナビリティ・リンク・デリバティブの事例であるが、「判定年度においてSPTを達成できなかった場合、事前に合意された内容で寄付を実施する」とする事例(注15)がある）。

（注15）株式会社アシックスによるサステナビリティ・リンク・為替予約（https://www.r-i.co.jp/news_release_suf/2021/08/news_release_suf_20210806_jpn.pdf）。

⑷　調整対象とする経済条件・ファシリティ

SLLは、一括実行型のタームローンのほか、分割実行型のタームローンや、一定の極度額の範囲内で借入れ・返済が繰り返されるコミットメントラインと組み合わせることも可能である。後二者の場合には、金利のスプレッドのほか、コミットメントフィーの料率についても、SPTsの達成度合と連動させる指標とすることがある。

また、SLBの場合も含め、その他変動する経済条件については、返済（償還）期間の延長、貸付金額の上限額増加など、さまざまにあり得る。

⑸　貸付実行前提条件

SLLについては、「KPIとSPTsは客観性が重要であり、その内容の適切性について、借り手は第三者のレビューを求めることが望ましい」とされている（環境省GL〔ローン〕第3章第2節2⑧）。外部レビューによりSPTsの適切等を確認する場合には、かかるレビューの取得（レビュー結果を記した書面の提出）を貸付実行前提条件とすることが考えられる。

⑹　コベナンツ

SLLについて、借入人は、「SPTsの達成状況に関する最新情報を入手できるように、少なくとも1年に1回以上、貸し手に報告するべきである」とされる（環境省GL〔ローン〕第3章第2節4①）。そこで、SPTsの達成状況について、定期的に（少なくとも1年に1回以上）の報告義務を設け、また、SPTsの達成状況を外部機関のレポートにより確認する場合には、当該レポートの提出義務を借入人に課すことが考えられる。さらに、場合によっては、外部機関が評価を行うために必要な情報を提出するよう、借入人に義務づけることも考えられる。SPTsの種類・内容やその達成状況を図る方法等を踏まえて、借入人の報告義務の内容を検討することになる。

2　グリーン・ファイナンスの発行条件／契約条件

(1)　調達資金の使途

グリーン・ファイナンスを調達するに当たり、発行体・借入人において、グリーン・ファイナンスの発行条件／契約条件のうち主要なポイントをまとめたフレームワークを策定して公表する場合がある（以下、「GF フレームワーク」という）。GF フレームワークにおいては、通常、資金使途に関する規定（Use of Proceeds）に関する規定が置かれる。

ア　充当対象となるグリーンプロジェクトの種類・詳細

「風力発電事業のための設備建設」、「バイオマス発電事業に係る融資」等のように、一定の事業区分を示して行うべきとされる（環境省 GL〔ボンド〕第2章第2節 1.1-1 ⑤）。

また、特定の資金使途には用いない旨を明記することも考えられる。例えば、マッコーリー・グループが2020年6月に公表した「Green Finance Framework」においては、以下のような規定が設けられている。

> Exclusionary Criteria:
> Activities and lending to an industry or technology which directly involves:
> — Fossil fuel
> — Nuclear
> — Biomass suitable for food production

一方、債券の発行時点・ローン契約締結時点で充当先となる個別のグリーンプロジェクトが確定していない場合もあり得る[注16]。そのような場合には、充当すべきグリーンプロジェクトを評価・選定するための規準・プロセスを債券の関連規定に設けることを前提に、当該規定に従って選定される

（注16）例えば、一般事業者、地方自治体等が自らの一定の事業区分に属するグリーンプロジェクトに係る資金調達をするためグリーン・ファイナンスを調達する場合や、金融機関等が多数のグリーンプロジェクトに対する投資・融資の原資を調達する場合（いわゆる2ステップローン）等。

（または選定された）グリーンプロジェクトへの充当を資金使途として記載することが考えられる。

イ　グリーンプロジェクトが環境に対してネガティブな効果も持つ場合

この場合、そのネガティブな効果に対する評価や、対応の考え方等を、資金提供者に対して併せて説明すべきであるとされている（環境省GL〔ボンド〕第2章第2節1.1-1⑥）。

加えて、環境に対するネガティブな効果を排除するための要件を設定することが望ましいとされている。

ウ　グリーン・ファイナンスによる調達資金をグリーンプロジェクトのリファイナンス資金に充当する場合

リファイナンス資金への充当は、すでに開始されているグリーンプロジェクトの維持という効果を有する一方で、すでに開始されているプロジェクトに対するものであり、新規のグリーンプロジェクトへの融資とは環境上の意義が異なるとされている。このため、どのようなプロジェクトがリファイナンスの対象になり得るのかを、例えば下記のような観点から明らかにすることが考えられる。

・リファイナンスに充当される概算額（または割合）
・リファイナンス対象となるグリーンプロジェクト（または事業区分）
・リファイナンス対象となるグリーンプロジェクトの対象期間（ルックバック期間）

(2)　ファシリティの種類・ドローダウンメカニズム

グリーンボンドの場合には一括実行型の資金調達が中心となると思われるが、グリーンローンの場合、一括実行型のタームローンのほか、分割実行型のタームローンや、コミットメントライン（リボルビング・ファシリティといわれることもある）により実行することも可能である。

グリーンローンの借入人において、1つまたは複数のグリーンプロジェクトに対して複数回に分けて資金充当するような場合、実際に資金需要が生じた段階でグリーンローンを実行することで、その調達資金がグリーンプロジェクトに充当されることをより確保しやすいということができる。そこで、そのような場合には、分割実行型とすることも考えられ（注17）、さらに、より手堅くする観点からは、ドローダウンに際して、GFフレームワークに従い充当すべきグリーンプロジェクトが具体的に確定したことや、具体的な資金需要が生じたことについて、借入人において一定の証憑の提出や、表明保証を要する仕組みとすることも考えられる。

また、コミットメントラインの場合、借入金を返済した場合に借入枠が復活し、ローン期間中に繰り返し借入れを行うことが可能であるため、資金使途確認の必要性・重要性が増すという面がある。かかる観点からは、例えば、コミットメントラインの引出しに際して、具体的な資金使途の証憑等を提出する義務を借入人に課すこと等も考えられる。また、コミットメントラインについて、一般的な運転資金での利用と、グリーンプロジェクトへの充当の双方が想定される場合には、両者のトランシェを分けて、２つのコミットメントラインを設定することが簡明と思われる。

(3)　調達資金の管理

GBPおよびGLPにおいて、調達資金がグリーンプロジェクトに充当されることにつき、追跡管理を行う必要があるとされており、借入人のGFフレームワークには、例えば、以下のような事項について規定することが考えられる。

ア　調達資金の追跡管理の方法

例えば、以下のような方法が考えられる。

① グリーン・ファイナンスにより調達した資金を特定の専用口座で管理する方法

② 口座自体は分けずに、一般の資金等も入っている口座で管理するものの、会計上区別された勘定を設けて管理する方法

③ 口座も勘定も分けずに、社内システム等により計算で管理する方法

イ　未充当資金の運用方法

グリーン・ファイナンスによる調達資金が実際にグリーンプロジェクトに充当されるまでの間における、未充当資金の取扱いとして、例えば、グリーンプロジェクトに一定期間充当されない場合や、充当されないことが確定し

（注17）（ローンは社債よりも柔軟な運用に馴染み易いという特性を活かし、グリーンローンの調達資金がグリーンプロジェクトに充当されることをより確保する観点から）充当先となるグリーンプロジェクトが具体的に確定した段階、かつ、充当する金額を限度として、グリーンローンの引出しを認める仕組みとすることも考えられる。

た場合には、グリーン・ファイナンスの強制期限前弁済に充当する仕組みとすることも考えられる。

ウ　金融機関等が多数のグリーンプロジェクトに対する債券投資・融資の原資を調達するケース

このようなケースでは、グリーン・ファイナンスの調達資金を基に発行体・借入人が行った債券投資・融資の返済金の取扱いについても考慮が必要になる。例えば、当該回収金をさらに他のグリーンプロジェクトに充当する方針等について記載することが考えられる。

⑷　貸付実行前提条件

借入人のGFフレームワークをリファーする形でグリーン・ファイナンスを組成する場合、当該GFフレームワーク（の写し）の提出を貸付実行前提条件の１つとすることが考えられる。

また、借入人のGFフレームワークにおける自らの対応については、「客観的評価が必要と判断する場合には、必要に応じ、外部機関によるレビューを活用することが望ましい」とされる。そこで、そのような外部機関によるレビュー等を取得する場合には、当該レビューの取得（を証する書面の提出）を貸付実行前提条件として規定することも考えられる。

⑸　表明保証

⑹で言及する資金調達者の報告（レポート）について、資金調達者の表明保証等により、その正確性を担保することが考えられる。

⑹　コベナンツ

グリーンローンにおいては、個別の案件に応じてさまざまなコベナンツが考えられるが、借入人のGFフレームワークをリファーする形でグリーンローンを組成する場合、その内容は貸付人の利害にも関係することから、例えば、ローン期間中、貸付人の承諾（ただし、不合理拒絶不可）なくGFフレームワークを変更しない義務を課すことや、あるいは、GFフレームワークのアップデートがあり得ることを踏まえて、（多数）貸付人が合理的に満足する外部機関のレビューを経た変更については許容する仕組みとすること等も考えられる。

また、グリーンローンによるすべての調達資金が充当されるまでは少なくとも１年に１回、さらに、その後も大きな状況の変化があった場合（例えば、資金使途となる資産やプロジェクトの売却、プロジェクトにおける重大な事故等）、GF フレームワークに従って貸付人に報告を行う義務を課すことが考えられる。かかる報告の内容としては、例えば、以下があり得る。

・調達資金を充当したグリーンプロジェクトのリスト
・各グリーンプロジェクトの概要（進捗状況を含む）
・各グリーンプロジェクトに充当した資金の額
・各グリーンプロジェクトがもたらすことが期待される環境改善効果
・未充当資金がある場合には、その金額または割合、充当予定時期
・リファイナンス資金として利用した場合には、調達資金のうちリファイナンスに充当された部分の概算額（または割合）や、リファイナンスに充当されたグリーンプロジェクト（または事業区分）

なお、グリーン・ファイナンスによる調達資金がグリーンプロジェクトに充当されることを確保される観点から、企図される資金使途にグリーン・ファイナンスの調達資金を利用したことを示す証憑を（貸付人が要請した場合には）提出する義務を借入人に課すことも考えられる。また、グリーン・ファイナンスとしての性質を確保・強化する観点から、調達した資金を用いて対象となるグリーンプロジェクトを適正に遂行する義務や、対象となるグリーンプロジェクトのグリーン性を維持すべき（努力）義務（関連する認証等を取得・維持する義務を含む）等を課すことも考えられる。

⑷の通り、借入人の GF フレームワークにおける自らの対応については、外部機関によるレビューを活用することが望ましいとされているが、融資取引は、「伝統的に、貸し手と借り手の関係性に基づいており、貸し手は借り手とその活動について幅広い実際的な知識を持つ」ことから、外部機関によるレビューによらずとも、「借り手の対応について確認する借り手の内部的な専門性を確立し、その確認の有効性を実証していれば、借り手による自己評価で足りる場合もある」とされている。仮に、借入人の内部レビューによる場合には、借入人の専門性等について担保する観点から、その十分性を借入人が表明保証することや、（文書化した上で）その専門性や自己評価結果を貸付人に報告する義務を課すことも考えられる。

(7)　グリーン・ファイナンス関連条項への違反

何が「グリーン」違反になるのかや、その場合の取扱いについて、現状、確立した実務等があるとはいえない。もっとも、調達資金をグリーンプロジェクトに充当することがグリーン・ファイナンスの中核的な要素となるため、その点への違反は重大であり、少なくとも、そのような違反があ（り、治癒されなか）った場合には、それ以後、当該資金調達をグリーン・ファイナンスと取り扱うべきではないと思われる。個別案件によっては、かかる違反を期限の利益喪失事由と位置づけることも考えられる。

また、グリーン・ファイナンスに関連する義務、例えば、(6)に記載したような、GF フレームワークの維持・変更に係る義務や、投資家・貸付人への報告義務に違反したような場合については、それ以後は、例えば、グリーン・ファイナンスによる資金調達であること等を対外的に開示することを禁止する義務を借入人に課すことも考えられるし、義務違反に関する一般的な期限の利益喪失事由（重大な違反に限られる場合や、一定の治癒期間が設けられていることが多くある）を通じて、期限の利益喪失事由になり得る仕組みとすることも考えられる。

他方で、グリーン・ファイナンスに関連する義務に違反したことのみをもって期限の利益喪失事由としない場合には、その旨、明確化しておくことが考えられる。

第4節　サステナビリティ・リンク・デリバティブ (Sustainability-linked Derivatives)

1　商品概要

サステナビリティ・リンク・デリバティブ（Sustainability-linked Derivatives。以下、「SLD」という）とは、金利や外国為替（FX）に関する通常のデリバティブ取引に、ESG要素に係る一定のキー・パフォーマンス・インディケーター（KPI）を特定し、サステナビリティ・パフォーマンス・ターゲット（SPTs）を設定した上で、KPIやSPTsを達成した場合、あるいは、それらを未達成の場合に、例えば、金利を優遇したり、逆に金利が上昇するペナルティを課したり、あるいは第三者への寄付を行ったりすることにより、ESG目標の推進を図ろうとするデリバティブ取引のことである。

ESG目標の推進に当たっては、いわゆるグリーンウォッシング防止の観点から、適切なKPIやSPTsを設定する必要があると考えられるし、それらを適切に契約書に反映・規定する必要があることから、ドキュメンテーションが重要となる。また、デリバティブ取引を業として行うことは一般に金融規制に服することから、金融規制上の整理を行うことも必要であろう。デリバティブ取引で検討が必要な一括清算（クローズアウト・ネッティング）についても着目する必要がある。さらに、SLDを行うに当たっては、金融機関側・事業会社（顧客）側双方において、例えば、寄付部分のキャッシュフローについて、会計上やリスク管理上の取扱いについても整理をすることが必要となってくるようである。

上記からすれば、SLDは一定の類型化は可能であろうが、他方で、ESG目標は各社で異なるため、既製品というよりは、テーラーメイド的な商品にならざるを得ないと考えられる。すなわち、上場デリバティブ取引ではなく、当事者間の相対取引である店頭デリバティブ取引の形態が主流となろう。取引組成の流れとしても、金融機関側が、ESG目標を達成したい事業会社側にSLDの取引提案を持ちかける、というのが主流であるように見受けられる。

2　市場動向

日本においては、外国為替予約に関するSLDの公表案件が存在する（注18）。この公表案件では、サプライチェーン排出量の中でも自社グループの外側にあるScope3排出量の削減に焦点をあて、KPIをCDPサプライヤーエンゲージメント評価（SER）のスコアとした上で、SPTsを2023年のSERでリーダーボードに選出されること（Aスコアの維持）としている。そして、判定年度においてSPTsを達成できなかった場合、事前に合意された内容で寄付を実施するという仕組みの外国為替予約である。これらの仕組みは、取引先銀行であるカウンターパーティーとの合意事項として先物外国為替取引約定書（付随契約を含む）に組み込まれているとのことである。

海外に目を向けると、デリバティブの国際的な業界団体であるInternational Swaps and Derivatives Association, Inc.（ISDA）が公表するレポートが市場動向をつかむ上で参考になろう（注19）。同レポートによれば、SLDは2019年8月に初めての案件が組成されたとされており、非常に新しい分野といえる。

また、2022年4月にSLDのドキュメンテーションに関する調査が行われており、以下の事項が判明したとのことである（同調査の回答数は69で、その半数は銀行・証券会社）。

① SLDの対象となっているデリバティブ取引の多くは金利スワップ。次に多いのが、外国為替スワップやクロスカレンシースワップ。

② KPIとして最も多いのは温室効果ガスの排出量の削減、次に続くのはESG格付けに関連する指標。再生可能エネルギーの利用割合に関するものもあるとのことである。

③ KPIやSPTs達成・未達成時の効果として多いのは、変動金利の支払額の増減といったスプレッド調整。その他、特定のプレミアム（サステ

（注18）株式会社格付投資情報センター「株式会社アシックス　サステナビリティ・リンク・為替予約」セカンドオピニオン（2021年7月21日）。以下の説明はこちらのレポートに基づく。

（注19）ISDA「The Way Forward For Sustainability-linked Derivatives」（2022年11月）。以下の説明はこのレポートに基づく。

イナビリティ・プレミアム、あるいは「greenium」と呼ばれる）の支払に関するもの、さらには未達成時に固定金利の支払額が増加するものも存在する（達成時には固定金利の支払額は変動しない）。

サステイナビリティ・プレミアムや「greenium」については、過半数の市場参加者において、認知されているわけではないようだが、デリバティブ取引の想定元本の一定割合をプレミアムとするのが典型的な決定方法とのことである。

④　ほとんどの場合、上記のスプレッド調整は、デリバティブ取引のもともとの支払日・支払頻度と連動している。また、第三者へ寄付する類型は必ずしも多くない模様。

⑤　デリバティブ取引自体の支払に債務不履行はないが、KPIやSPTs達成・未達成に係る支払について債務不履行がある場合において、契約上の債務不履行と構成できる可能性がある、というのがほとんどの回答とのことである。具体的には、少なくとも2002年版ISDAマスター契約5条（a）の期限の利益喪失事由に該当すると考える者もいるとのことである。他方で、その非重要性（non-material）に照らして、影響しないと考える者もいる。また中には、以下のような類型化の提案があり、ドキュメンテーション上も規定されていたとのことである。

・KPIの債務不履行：期限の利益喪失事由を構成しない。未達成時の支払が生じるのみ。
・KPIに係る通知の不履行：期限の利益喪失事由を構成しない。KPIが未達成とみなされる。
・KPI達成・不達成時の支払に係る債務不履行：期限の利益喪失事由、具体的には2002年版ISDAマスター契約の5条（a）（i）の支払不履行を構成する。

⑥　期限前終了時において、KPIに係る支払に影響があるかについては明らかでない、とする声が多いとのことである。クローズアウト金額の計算との関係においては、KPI不達成とみなすと整理する考えがあるようである。また、期限前終了時においてKPIに係る支払が影響を受けない設計とした場合、モラルハザードの可能性を指摘する声もあるようである。

⑦　KPI達成・未達成の検証を行う独立の第三者機関やESG格付けとの

関係で、契約書において各種の規定が設けられること、また、2002年版ISDAマスター契約上のその他の終了事由（Additional Termination Event）との関係について言及がなされている。

3　法的論点

(1)　商品設計とドキュメンテーション

SLDでは、その大目標がESG目標の推進であるため、まずはどのようなKPIやSPTsを設定する商品とするのか、また、裏付けとなるデリバティブ取引はどういったものになるのかといった点について、商品を組成する金融機関と事業会社間で話し合いが行われることになると思われる。上記で見たように、KPI・SPTsの達成・未達成がデリバティブ取引のキャッシュフローに影響するため、ESG目標の推進にとって適切なインセンティブを見い出し、それが契約当事者、とりわけ事業会社側にとって意味のある設計とする必要がある。

KPI・SPTsの設定自体は相対で決定されるものであるが、この点、ISDAにより、5つの包括的原則が提示されている(注20)。これらの5原則はどれも重要な要素と思われるが、ドキュメンテーションという観点からは、特定性に記載されている通り、KPIやSPTsが明確かつ正確に定義される必要がある。KPIやSPTsが明確かつ正確に特定されない限り、その達成・不達成の判定が困難となり得るし、そもそもESG目標の推進に資することも困難になると考えられるためである。

①　Specific（特定性）：KPIは、当事者間での紛争を避けるため、明確かつ正確に定義されるべき。

②　Measurable（測定可能性）：KPIは、計量可能で、客観的、かつ、相手方が達成をコントロールできる範疇のものとすべき。

③　Verifiable（検証可能性）：KPIが適用される期間内に達成されたか否かが、当事者の一方または独立した第三者によって検証されなければならない。

（注20）ISDA「Sustainability-linked Derivatives: KPI Guidelines」（2021年9月）。

④　Transparent（透明性）：当事者は、SLD締結後、情報が関連当事者に利用可能となるような手続を確立すべきである。

⑤　Suitable（適切性）：グリーンウォッシングの懸念を避けるため、KPIは関連する相手方およびデリバティブの構造にとって適切なものとすることが推奨される。選択されたKPIは、意味がありかつ積極的な方法で、サステナビリティ目標を支援すべきであるが、これが実際に何を意味するかは当事者によって異なる。

より具体的には、KPIについて、①関連当事者のビジネスにとって重要かつ戦略的に意義があるものか、②関連当事者のESG戦略と整合的か、③関連当事者が成果をコントロールできる範疇のものを含んでいるか、④十分に野心的なものとなっており、単に通常業務を示すものとなっていないか、⑤関連当事者にとって有意義なサステナビリティ問題に取り組んでいるか、といった視点が示されている。

その他の要素として、KPIやSPTsの判定日、さらには当該判定日におけるKPIやSPTs達成・未達成の判定手法といった各種諸手続も契約書に規定する必要があると考えられる。また、達成・未達成時のキャッシュフローの修正方法（第三者への寄付型であれば寄付方法）を規定することも必要となる。

さらに、**2**で見たように〔p.273〕、KPIやSPTsに係る支払が期限の利益喪失事由を構成するのか否か、また、期限前終了時において一括清算（クローズアウト・ネッティング）との関係でKPIやSPTsに係る支払をどのように取り扱うか、といった点についても、契約書において明確化することがよいと考えられる。後者については、一括清算（クローズアウト・ネッティング）の倒産法上の有効性との関係に係る議論についても配慮することが必要となろう。

(2)　金融規制上の整理（注21）

デリバティブ取引を金融規制の観点から規制する法律として、日本におい

（注21）ISDAにおいて「Regulatory Framework for Sustainability-linked Derivatives: Japan Analysis」（2022年11月）が公表されている。ここでは、SLDを2つの類型に分けて、日本法上の分析がなされている。とりわけ、「Category 2 SLD」においては、店頭デリバティブ取引とは別個の契約としてKPIの達成・未達成にキャッシュフローがリンクする取引を想定した場合の考察が行われている。

ては、金融商品取引法（以下、「金商法」という）と商品先物取引法が挙げられる。原資産の違いによって、どちらの法律が適用されるかが異なるが、現状SLDとして多い取引とされる金利や外国為替に係る店頭デリバティブ取引は金商法で規律されているため、以下では、金商法を例にとって考察を行う。

金商法上の店頭デリバティブ取引（同法2条22項）に該当するには、大要、二当事者間における先渡、オプション、スワップといった取引の形態に加えて、参照される原資産・原指標が「金融商品」（同条24項）や「金融指標」（同条25項）に該当する必要がある。

なお、仮に「店頭デリバティブ取引」に該当しない場合、銀行や証券会社（第一種金融商品取引業者）はその行える業務の範囲に制限があるため（業務範囲規制）、そもそもSLDを適法に行えるのかといった問題が生じ得る。加えて、デリバティブ取引を行うことが賭博罪（刑185条）や常習賭博罪（同法186条1項）に該当するのではないか、といった古くからの論点も存在するところ、デリバティブ取引に該当する場合には、仮に賭博罪の構成要件に該当したとしても、一般的には違法性が阻却されると考えられているように思われる(注22)。

もっとも、ESGに関連するKPIやSPTsについては、もちろんその内容次第ではあるが、通常、その定義からして上記「金融商品」や「金融指標」に該当することはないと考えられる(注23)。したがって、SLDが店頭デリバティブ取引に該当すると整理するためには、金利や外国為替といった店頭デリバティブ取引（いわば本体部分）に加えて、KPIやSPTsの達成・未達成に係るキャッシュフローの変動を金融規制の観点からどのように整理するかといった問題が生じることとなる。

KPIやSPTs達成・未達成時に、例えば、当事者間の金利スワップ取引の固定金利・変動金利の支払額が増減するだけであれば、それは金利スワップ取引の付随的な特約にすぎないと考えることが想定される。すなわち、本体部分とは別個の取引であるという必要はなく、それらは一体として金利ス

(注22) 三井秀範＝池田唯一監修・松尾直彦編著『一問一答金融商品取引法〔改訂版〕』（商事法務、2008）120頁。

(注23) なお、金融指標の中には、統計法に基づく一定の数値やそれらに相当する外国の統計の数値が含まれている（金商2条25項3号、金商令1条の18第2号・3号）。

ワップ取引であるから、全体が金商法上の店頭デリバティブ取引であると整理する方向性が考えられる。

他方で、KPI や SPTs 未達成時に第三者に寄付を行う SLD の場合、金利スワップ取引と寄付部分を別個の取引と考えると、上記の通り、ESG に関連する KPI や SPTs については、通常、「金融商品」や「金融指標」に該当することはないと考えられる。さらに、寄付部分だけを取り出すと、そもそも二当事者間のスワップ取引の形態でもないことから、一見して、店頭デリバティブ取引と整理することは難しいようにも思われる。したがって、本体部分である金利スワップ取引を主、寄付部分を従と考えることにより、両者を一体として金利スワップ取引と整理できないのか、あるいは、寄付部分は切り離して考えた上で、業務範囲規制の点を別途検討すべきかといった思考方法があるように思われる。

いずれにしても、冒頭記載の通り、SLD 自体がテーラーメイド的な商品である以上、金融規制上の整理についても、上記のような一定の考え方・思考方法の筋道は示せても、個別の商品ごとにその都度具体的に考えざるを得ないと思われる。

4　おわりに

SLD はまだ黎明期にあるデリバティブ取引である。他方で、適切な KPI や SPTs を設定することで、取引当事者の ESG 目標の推進に役立つ商品ということもできる。また、役立つ商品とするためには、法的な観点からは、契約書をどのように作り込むかといったドキュメンテーション上の課題、さらには、金融規制上の整理をどのように行うべきかといった視点が必要となってこよう。

第4章 サステナブル・ファイナンスとしてのプロジェクト・ファイナンス

1　サステナブル・ファイナンスとしてのプロジェクト・ファイナンスの役割

(1)　「サステナブル・ファイナンス」と「プロジェクト・ファイナンス」の関係

サステナビリティの実現において、金融機関がプロジェクト・ファイナンスを通じて果たしている役割は大きい。金融機関におけるサステナビリティへの取組み例として、太陽光発電等の再生可能エネルギー発電事業に対するプロジェクト・ファイナンスを通じた資金提供が紹介されることがある。

もっとも、サステナブル・ファイナンスとプロジェクト・ファイナンスの関係については、必ずしも明確に議論されているわけではないように思われる。

この点、「サステナブル・ファイナンス」とは、例えば「持続可能な経済社会システムの実現に向けた広範な課題に対する意思決定や行動への反映を通じて、経済・産業・社会が望ましいあり方に向けて発展していくことを支える金融メカニズム」(注1)という説明がなされている。ここでは、サステナビリティの実現という機能ないし目的の面に着目した呼称が付されている。

一方、「プロジェクト・ファイナンス」という用語については、必ずしも確立した定義があるわけではないが、例えば「特定のプロジェクト（事業）に対するファイナンスであって、そのファイナンスの利払いおよび返済の原

(注1) サステナブルファイナンス有識者会議報告書「持続可能な社会を支える金融システムの構築」(2021年6月18日) 4頁 (https://www.fsa.go.jp/news/r2/singi/20210618-2/01.pdf)。

資を原則として当該プロジェクト（事業）から生み出されるキャッシュフロー／収益に限定し、またそのファイナンスの担保をもっぱら当該プロジェクトの資産に依存して行う金融手法」(注2)と定義され、①特定のプロジェクト（事業）に対するファイナンスであること、および、②そのファイナンスの返済原資を原則として当該プロジェクト（事業）からの収益（キャッシュフロー）に限定することが、最大公約数としてプロジェクト・ファイナンスに共通する要素であるとされる(注3)。すなわち、プロジェクト・ファイナンスは、ファイナンスの手法に着目した呼称である。そのため、サステナブル・ファイナンスとプロジェクト・ファイナンスとは、「ファイナンス」という名称こそ共通するものの、それぞれ切り口の異なる別概念であって、相互に直接関係するものではない。

もっとも、後に述べるように、今日のわが国においてプロジェクト・ファイナンスが多く用いられている再生可能エネルギー発電事業はサステナビリティの実現と深く関わっている。また、サステナビリティとの関係でプロジェクト・ファイナンスの対象となる事業内容について検証が必要となる場面がある。

(2)　サステナブル・ファイナンスにおいてプロジェクト・ファイナンスが担う役割

プロジェクト・ファイナンスは、プロジェクトの生み出すキャッシュフローに依拠するファイナンス手法であり、プロジェクトを実質的に実施する主体（スポンサー）自身が貸付金の返済について責任を負うことは想定されていない。スポンサーにとって、責任を遡及（リコース）されないという意味でノンリコース、あるいは、特定のリスクが顕在化した場合等にのみ限定的に責任を負うという意味でリミテッド・リコースと呼ばれる。スポンサーにとっては、プロジェクトに係るリスクを限定することができる点に意味がある。

もっとも、すべてのプロジェクトがプロジェクト・ファイナンスによる資

(注2)　小原克馬『プロジェクト・ファイナンス』（金融財政事情研究会、1997）2頁。
(注3)　西村あさひ法律事務所『ファイナンス法大全（下）〔全訂版〕』（商事法務、2017）137頁。

金調達を実現できるわけではない。貸付人から見ると、貸付金の回収原資がプロジェクトからのキャッシュフローに限定されること（すなわち、プロジェクトリスクを負担することになること）から、プロジェクト・ファイナンスを実現するためには、プロジェクトに関するリスクが特定された上で、それらのリスクを極力他の主体に転嫁し、借入人に残るリスクが十分に限定された状態を構築する必要がある。このように、適切なリスクの転嫁が行われ、貸付人にとってプロジェクト・ファイナンスによる融資が可能な状況であることをbankable／バンカブルという。

そのため、サステナビリティを実現するプロジェクトのうち、バンカブルなものについてはプロジェクト・ファイナンスによる資金調達が可能となるが、バンカブルとなるための条件が整わない場合は、プロジェクト・ファイナンスの利用は困難であり、借入人自身の信用に依拠するコーポレート・ファイナンスなど、他のファイナンス手法の利用が模索されることとなる(注4)。ここでは、①オフテイクリスクと②技術リスクを例に、バンカビリティの問題を紹介しよう。

①プロジェクト・ファイナンスの対象となる事業については、事業から生じる財・サービスを引き取るオフテイカー（発電事業の場合は電力の購入者）が存在し、財・サービスの売却・提供による収入が市場動向に左右されずに確保されることが望ましい。貸付人が市場動向のリスクをとることが難しい状況においては、信用力あるオフテイカーが存在するか、制度的な収入確保の手当てがないと、プロジェクト・ファイナンスによる資金調達は難しい。この点、2012年に施行された再エネ特措法(注5)における固定価格買取（FIT）制度は、所定の認定を受けた再生可能エネルギー発電事業については、発電された電力をあらかじめ定められた単価で長期間にわたって電力会社が買い取るものであって、オフテイクリスクを制度的に手当てしたものといえる(注6)。

②プロジェクト・ファイナンスを実現するには、事業において用いる技術

（注4）グリーンローンやサステナビリティ・リンク・ローンは、コーポレート・ファイナンスに位置づけられる。

（注5）正式な名称は「再生可能エネルギー電気の利用の促進に関する特別措置法」であり、2022年施行の法改正までは「電気事業者による再生可能エネルギー電気の調達に関する特別措置法」という名称であった。

に起因するリスクが、借入人のコントロールの範囲を超えないよう、実績のある確立した技術（proven technology）であることが必要となる。例えば、再生可能エネルギー発電のうちでも、太陽光、陸上風力、着床式洋上風力については技術が比較的確立した状況にあり、プロジェクト・ファイナンスの例も多い。一方、浮体式洋上風力、水素（混焼・専焼）発電、CCS／CCUSといった技術は、過渡期の段階にあるように思われる。サステナビリティの実現には、未確立の技術を用いる事業に対しても積極的な資金提供が望まれるところではあるが、かかる事業への資金提供は、プロジェクト・ファイナンスは必ずしも最適な手法とはならず、グリーンローンやサステナビリティ・リンク・ローン等を含む他の金融手法による資金提供が検討されることとなる[注7]。

2　サステナブル・ファイナンスとしてのプロジェクト・ファイナンス

プロジェクト・ファイナンスにおけるサステナビリティという観点においては、融資対象となるプロジェクトの内容や環境・社会への影響が検証され

（注6）2023年度に容量市場制度におけるオークションの1つとして、「長期脱炭素電源オークション」という制度が開始し、2024年4月に第1回オークションの約定結果が公表された。同制度は、中長期的な新規電源投資を促進するため、原則20年間にわたる固定費相当の収入を付与するものであって、再生可能エネルギーにおける固定価格買取（FIT）制度と同様に制度的なオフテイクを一部導入したものと評価できる。同制度による収入の確保によって、将来の電力市場の見通しが不透明な状況であっても新規の脱炭素電源投資に対するプロジェクト・ファイナンスが組成しやすくなることが期待される。

（注7）なお、2024年の通常国会において、脱炭素成長型経済構造への円滑な移行のための低炭素水素等の供給及び利用の促進に関する法律（令和6年法律第37号。以下、「水素社会推進法」という）ならびに、二酸化炭素の貯留事業に関する法律（令和6年法律第38号。以下、「CCS事業法」という）が成立し、いずれの法律も2024年5月24日付けで公布されている。水素社会推進法の施行日は2024年10月23日であり、CCS事業法は3段階に分けて施行されるが第1段階（貯留層の探査に係る規定）は2024年8月5日から、第2段階（試掘に係る規定）は2024年11月18日から、それぞれ施行されている。水素社会推進法およびCCS事業法によって導入される水素等関連事業やCCS事業を支援する仕組みにより、資金提供が活性化することが期待される。

るべきと考えられる。すなわち、プロジェクト・ファイナンスにより支援するプロジェクトが環境・社会に重大な悪影響を与える場合、当該プロジェクト・ファイナンスはサステナブル・ファイナンスとはいえないであろう。この点、再生可能エネルギーについては、地球温暖化対策・脱炭素化の観点から極めて重要であり、日本政府も「温室効果ガスを排出しない脱炭素エネルギー源であるとともに、国内で生産可能なことからエネルギー安全保障にも寄与できる有望かつ多様で、重要な国産エネルギー源」(注8)として主力電源化を徹底する方針を示しており、再生可能エネルギー発電事業向けのプロジェクト・ファイナンスは、引き続きサステナビリティの観点からも重要な意味を持つと考えられる。

わが国では、再エネ特措法による固定価格買取（FIT）制度の導入以降、太陽光発電事業を中心として再生可能エネルギー発電事業に対するプロジェクト・ファイナンスが急激に増加した。上述の通り、固定価格買取（FIT）制度により、発電量単位の売電価格が固定された上、長期間にわたる電力の全量買取が保証され、オフテイクリスクが制度的に手当てされたためである。固定価格買取（FIT）制度の導入から本書執筆時現在に至るまでの約12年間、太陽光発電に限らず、陸上・洋上風力発電、バイオマス発電等、新たな再生可能エネルギー発電事業の資金調達においてプロジェクト・ファイナンスが幅広く活用されている。その結果、現時点においては、わが国で組成されているプロジェクト・ファイナンスの大半を再生可能エネルギー発電事業へのファイナンスが占めている状況と考えられる。

加えて、再生可能エネルギー発電事業以外に目を向けると、老朽化したインフラの再整備や途上国におけるインフラ整備等を含む、社会インフラプロジェクト向けのプロジェクト・ファイナンスが存在するが、これらについても、持続可能な社会の実現という観点から取り組む意義が大きいと考えられ、サステナブル・ファイナンスとしてのプロジェクト・ファイナンスと位置づけ得るものと考えられる。

他方で、脱炭素の観点から、CO2排出量の多い石炭火力発電所向けのプロジェクト・ファイナンスについては逆風が強まっている。新設の石炭火力

(注8)「第6次エネルギー基本計画」(2021年10月)（https://www.meti.go.jp/press/2021/10/20211022005/20211022005-1.pdf）34頁。

発電所への融資には取り組まないことを発表し、また、既存の石炭火力発電所向けプロジェクト・ファイナンスの融資残高についても徐々に削減し、一定時期までになくすことを目標として掲げている金融機関が多く見られる状況である。このように、融資対象となるプロジェクトの内容についてサステナビリティの観点から懸念がある場合は、プロジェクト・ファイナンスを用いることは難しい可能性がある（注9）。

プロジェクト・ファイナンスを行う場合、対象となるプロジェクトの実施を単一の事業として行う特別目的会社（プロジェクトSPC）を設立して、当該プロジェクトSPCが事業に必要な資金を借り入れるのが典型である。すなわち、プロジェクト・ファイナンスの借入人は、特定のプロジェクトの実施のみを行う法人となるようアレンジされる。そのため、プロジェクト・ファイナンスの対象となる事業がサステナビリティの実現に資する事業（例えば再生可能エネルギー発電事業）である場合、そのプロジェクト・ファイナンスは、サステナブル・ファイナンスと位置づけ得ると考えられる。もっとも、後述のエクエーター原則／赤道原則の適用に当たって検討されているように、一般的にサステナビリティの観点から望ましいと考えられるプロジェクトであっても、プロジェクトごとに固有の事情があり、環境・社会に関するリスクもそれぞれ異なるため、当該観点からの個別の分析も必要となる点に留意を要する。

3　エクエーター原則／赤道原則

プロジェクト・ファイナンスにおける環境・社会に対するリスクに対する重要な取組みとして、Equator Principles（以下、「EP」という。国内では「エクエーター原則」または「赤道原則」と呼ばれている）（注10）に基づく対応が挙げられる。

EPは、大規模なプロジェクトの開発はその地域の人々や環境に悪影響を及ぼし得ることを踏まえ、金融機関がそれらのプロジェクトへの融資を行う

（注9）**3**も参照。

（注10）EPの内容はEPのウェブサイト（https://equator-principles.com）で公開されている。正本は英語版であるが、日本語版を含む翻訳版も作成されている。

に当たって、プロジェクトの環境・社会に関するリスクを特定し、評価し、管理するための共通のベースラインおよびリスク管理の枠組みとして制定されたものである。2003年の制定以降、３回改訂がなされ、本書執筆時現在においては、2020年10月１日から有効となった第４版（EP4）となっている。EPのウェブサイトによれば、本書執筆時現在において、129の金融機関がEPを採択しており、日本からも複数の金融機関が採択している。EPにおいては、EPを採択している金融機関をEquator Principles Financial Institution（以下、「EPFI」という）と定義している。

EPの適用対象は、すべての国・地域、かつすべての産業セクターにおける、プロジェクト・ファイナンスを含む５つの金融商品・業務(注11)とされている。プロジェクト・ファイナンスについては総額1,000万米ドル以上のすべての新規案件に適用され、EPFIは、EPに規定される以下の10の原則のうち、該当する要件を満たす案件に対してのみ、プロジェクト・ファイナンスを提供することとされている。なお、EPは遡及適用はされないが、既存プロジェクトの拡張・改修向けの融資の際には適用対象となる。また、EPFIは、自らの裁量で、EPの適用対象とならない金融商品に対してもEPの枠組みを用いることができるとされている。

＜10の原則(注12)＞

原則１：レビューおよびカテゴリー付与

原則２：環境・社会アセスメント

原則３：適用される環境・社会基準

原則４：環境・社会マネジメントシステムとEPアクションプラン

原則５：ステークホルダー・エンゲージメント

原則６：苦情処理メカニズム

原則７：独立した環境・社会コンサルタントによるレビュー

(注11) プロジェクト・ファイナンスのほか、①総額1,000万米ドル以上のプロジェクト・ファイナンスアドバイザリーサービス（FA業務）、②一定の条件を満たすプロジェクト紐付きコーポレートローン、③貸付期間２年未満でプロジェクト・ファイナンスまたは②のコーポレートローンでリファイナンスされるブリッジローン、ならびに、④一定の条件を満たすプロジェクト紐付きリファイナンスおよびプロジェクト紐付き買収ファイナンスが適用対象とされている。

(注12) 各原則の具体的内容についてはここでは立ち入らないが、詳細についてはEP本文や後述の参考文献を参照されたい。

原則8：誓約事項（コベナンツ）

原則9：独立した環境・社会コンサルタントによるモニタリングと報告の検証

原則10：情報開示と透明性

EPFIは、原則1に従い、対象プロジェクトについて、人権、気候変動、生物多様性関連も含めた潜在的な環境・社会に対するリスクと影響の大きさに従い、その大きい順にA、BまたはCにカテゴリー分けを行う。カテゴリーの付与はInternational Finance Corporationの環境・社会カテゴリー付与のプロセスに基づき行われる。原則2以下については、対象プロジェクトに付与されたカテゴリーごとに要請事項が異なるものもあり、カテゴリーに応じて必要な対応を実施することになる。なお、カテゴリーBに分類されるプロジェクトについては、カテゴリーAに近いものからカテゴリーCに近いものまで、環境・社会に対するリスクおよび影響の大きさに幅があり得るところ、原則2以下では、「必要に応じて」カテゴリーBに適用される、とされているものもあり、プロジェクトごとのリスクおよび影響の度合いによって各原則の適用の有無が判断されることになる。

EPは、その制定以降、数次の改訂を経てその適用範囲を拡大してきたが、近年、SDGsやESGへの注目が急速に高まる中で、プロジェクトの環境・社会に対するリスクへの対応はより一層重要視されていると考えられる。EPの前文にもある通り、EPの適用はSDGsの達成と成果の実現に貢献できるものと認識されており、今後も必要な改訂を重ねながら、EPFIの行動指針として重要な意味を持ち続けるものと考えられる（注13）。

4　今後の展望

以上のように、再生可能エネルギー発電事業や社会インフラプロジェクト向けのプロジェクト・ファイナンスを中心に、プロジェクト・ファイナンス

（注13）EPに関する主要な参考文献として、①みずほ銀行＝三菱東京UFJ銀行＝三井住友銀行『実務解説エクエーター原則／赤道原則――プロジェクト融資の環境・社会リスク管理』（金融財政事情研究会、2016）、②掘越秀郎＝鶴岡勇誠「エクエーター原則／赤道原則〔第4版〕の概要とその意義」国際商事法務48巻8号（2020）1043頁がある。

はサステナブル・ファイナンスとしての側面も有している。プロジェクトの環境・社会に対するリスクへの意識の高まりにより、エクエーター原則／赤道原則の考え方は重要性を増していくことが予想され、環境・社会への影響とのバランスを前提として、サステナブル・ファイナンスとしてのプロジェクト・ファイナンスは今後も大いに活用されていくものと考えられる。

最後に、主に国内太陽光発電事業において見られる、従来型のプロジェクト・ファイナンスの派生型ともいえるストラクチャーによる資金調達方法について紹介する。プロジェクト・ファイナンスは、アレンジャーに選定された金融機関が他の金融機関の参加を募り、複数の金融機関によるシンジケートローンの方式で行われることが典型的であるが、プロジェクトSPCへの貸付債権を裏付けとする信託受益権の売買や信託ABLにより投資家から調達された資金を用いてプロジェクト・ファイナンスが行われている事例がある（プロジェクトボンドと呼ばれていることもある）。これらの事例においては、案件組成を担う証券会社が信託の受託者との間で信託契約を締結し、その信託受益権を投資家に販売し、また、信託の受託者が信託ABLにより投資家から貸付を受け、信託の受託者が信託契約に従ってプロジェクトSPCに対してプロジェクト・ファイナンスの形式で貸付を行う形のストラクチャーが採用されていることが多い。そして、上述の信託受益権や信託ABLには、格付機関によって信用格付が付与され、また、信用格付とは別途、格付機関からグリーンボンドやグリーンローンの評価が付与されているものもあり、投資家はこれらの信用格付やグリーン評価を踏まえて投資判断を行うものと考えられる。プロジェクト・ファイナンスに証券化の手法を取り入れたストラクチャーと考えられ、プロジェクトSPCに対するプロジェクト・ファイナンスの貸付人側の資金調達の部分でグリーンボンド・グリーンローンの評価が用いられている点が興味深く、再生可能エネルギー発電事業における資金調達および投資の選択肢として、今後も活用されることが期待される。

第5章
インパクト投資

1　インパクト投資の概要

(1)　インパクト投資とは

持続可能な社会を実現するための金融（サステナブル・ファイナンス）の1分野として、持続可能な社会・経済基盤の構築といった基本的な意義を共有しつつも、個々の企業・事業に対する投資を通じた改善効果を把握・勘案して投資を行うことへのニーズを踏まえて、投資の「効果」（インパクト）に着目するファイナンス手法であるインパクト投資が注目されている。事実、内閣官房新しい資本主義実現会議「新しい資本主義のグランドデザイン及び実行計画（2024改訂版）」（2024年6月21日）においてインパクト投資の普及促進が政策目標として明記されるなど、日本においても近時インパクト投資に関する期待が高まっている。

「インパクト投資（Impact Investments／Impact Investing）」という用語は法令上の定義が存在するわけではないが、国内外におけるインパクト投資の推進団体がそれぞれに定義を公表しており、概ね共通理解が形成されているといえる[注1]。

例えば、インパクト投資の拡大と成果向上を目的として米国で2009年に設立された非営利組織であるGlobal Impact Investing Network（GIIN）は、インパクト投資を「財務的リターンと並行して、ポジティブで測定可能な社会的及び環境的インパクトを同時に生み出すことを意図する投資行動」と定義した上で、ある投資活動がインパクト投資といえるための要素として、①

（注1）なお、インパクト投資をさらに細分化して個別の領域に特化した投資に着目をすることもある。例えば、女性の活躍推進等に着目した投資であるジェンダー投資なども広い意味でインパクト投資に含まれる（ジェンダー投資の詳細は、**第4部第1章第3節**〔p.364〕参照）。

インパクトを実現する意図を持つこと、②投資により収益を得ること、③多様な資産クラスで実行されること、④インパクトを管理・測定することを掲げている(注2)。G8インパクト投資タスクフォースが改組して設立されたThe Global Steering Group for Impact Investment（GSG）も基本的にはGIINと概ね同じ整理であると考えられる。

日本の公的機関によるインパクト投資の定義としては、金融庁インパクト投資等に関する検討会「インパクト投資（インパクトファイナンス）に関する基本的指針」（2024年３月29日）における整理が重要である。そこでは、インパクト投資の基本的な要素として、①実現を「意図」する「社会・環境的効果」が明確であること（intention）、②投資の実施により、効果の実現に貢献すること（contribution）、③効果の「特定・測定・管理」を行うこと（identification／measurement／management）、④市場や顧客に変革をもたらしまたは加速し得るよう支援すること（innovation/transformation/acceleration）を掲げている(注3)。

⑵　インパクト投資と他の類似する投資類型の差異

インパクト投資も資金提供を目的とした行為であるため、その他の資金提供行為との関係性を整理しておく必要がある。とりわけ、あらゆる投資手法が少なからず社会・環境課題に一定の効果・影響を有すると考えられるため、インパクト投資の特徴を理解するためには、他の資金提供行為との差異を理

（注２）金融庁「インパクト投資等に関する検討会報告書――社会・環境課題の解決を通じた成長と持続性向上に向けて」（2023年６月30日）39頁。

（注３）当該指針のドラフトでは当初、インパクト投資に必要な要件（Principles）という表現をしていたが、日本においては十分な投資実務が積み上がっていないことを踏まえて、インパクト投資に必要な要件（Principles）は、インパクト投資の基本的要素（element）に修正された。したがって、いわゆるソフトローとしての公的機関のガイドラインとも異なり、インパクト投資に該当するために充足が必要となる条件を示すものではない。また、当該ガイドラインは、EUのSFDR（Sustainable Finance Disclosure Regulation）といった規制とは性質を異にすることが示されており、そのため、この指針に照らして第三者機関がインパクト投資への該当性を評価するといった活用は必ずしも想定されていないことも明記されている（指針１頁）。金融庁は、当該基本的指針を踏まえ、今後は2023年11月にインパクト投融資を推進していくための官民連携による対話の場として設置されたインパクトコンソーシアムにおいてさらなる議論を行っていくとされており（https://www.fsa.go.jp/news/r5/singi/20240329.html）、今後の議論が注目される。

解することが肝要である。

GSG国内諮問委員会は、資金提供行為を、以下の〔図表3-5-1〕の通り、①一般的な投資、② ESG投資、③インパクト投資、④一般的な寄付に分類している。

〔図表3-5-1〕投資等の概念の分類イメージ（注4）

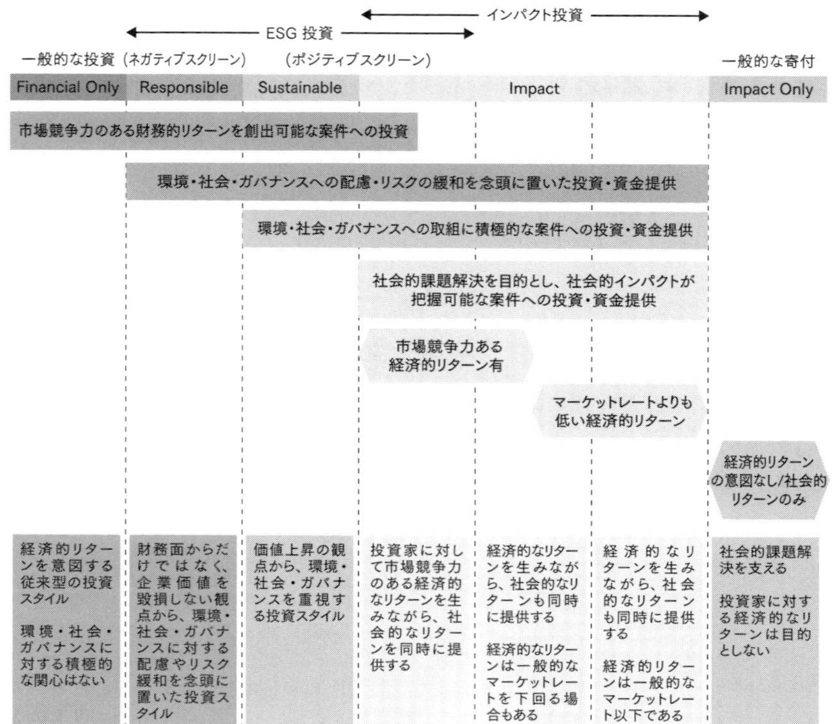

インパクト投資は経済的利益を追求する意図を有する点で社会的リターンの実現のみを目的とする単なる寄付とは異なり、また、経済的リターンのみを意図しているわけではない点で一般的な投資とは異なることは明確である。

（注4）GSG国内諮問委員会「インパクト投資拡大に向けた提言書2019」（2020年4月〔修正版2021年2月〕）12頁。

インパクト投資と混同されがちな投資類型としてESG投資がある。ESG投資も明確な定義は存在しないが、一般的には環境（Environment）・社会（Social）・ガバナンス（Governance）要素を考慮する投資と考えられている。その中でも非財務情報である企業のESGの取組み等を勘案するESG評価等を財務分析に組み込み、これに応じ投資先や割合等を選定する「ESGインテグレーション」、企業の業種、事業内容等に着目して特に課題のある先に投資を行わない「ネガティブスクリーニング」、積極的にESG評価の高い企業群を投資先として選定する「ポジティブスクリーニング」が含まれている。これらはいずれも社会・環境課題に着目した投資である点ではインパクト投資と共通している。

他方で、インパクト投資は投資がもたらす社会・環境面での課題解決自体を目的とした投資であるという点で、あくまでも投資判断に際してESGの各要素を考慮するにとどまり個々の企業に対する個別の投資を通じた効果の実現まで必ずしも目的とするものではないESG投資とは区別される。インパクト投資は、通常の投資と同様に一定の収益を生み出すことを前提としつつ、個別の投資を通じて実現を図る具体的な社会・環境面での効果と、これを実現する戦略等を主体的に特定・コミットする点に特徴があるといえる[注5]。

2　インパクト投資の内容

(1)　投資対象

インパクト投資における投資対象は多様かつ広範なものが想定されており、業種、規模、上場・非上場を含む投資先事業者のライフステージ、地域等による制約は基本的に観念されない。投資戦略、事業の特性等に応じエクイティ（上場・非上場）、デット（融資・債券）、不動産などさまざまなアセットクラスがインパクト投資の対象となると考えられている。

他方で、日本国内においては、案件数としては非上場株式へのエクイティ投資が多く、投資残高としては融資や上場株式へのエクイティ投資が多くを

(注５) 金融庁・前掲（注２）５頁。

占めていることが特徴的である。

また、企業のライフステージ別に投資実勢を見ると、日本では、シード期・グロース期といった創業早期の企業への投資が少なく、レイター期（十分な収益と規模を達成している上場企業）の企業への投資が多い。また、業種等については、国際的にはエネルギーや森林といった環境分野が多いのに比べ、健康・医療、女性活躍等の分野への投資が多い[注6]。

また、インパクト投資は、特定の事業に特化し今後の事業成長を図るスタートアップ等の伴走支援とも親和性が高く、課題解決につながるイノベーションを創出する可能性も期待されている[注7]。実際、2023年には、経済産業省によるJ-Startup Impactの創設や、インパクトスタートアップにより構成される一般社団法人インパクトスタートアップ協会が発足し、新公益連盟および経済同友会との連携が公表されるなど、未上場のスタートアップ企業が投資対象として重要な役割を担うことを期待する動きが見られ始めている。

〔図表 3-5-2〕投資対象の分布[注8]

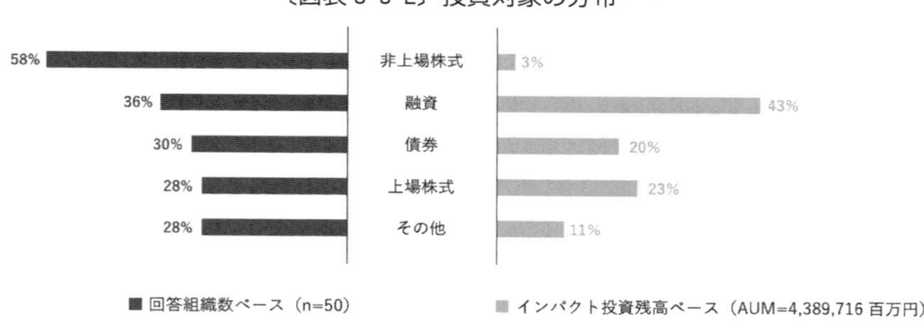

(2)　投資主体

投資主体は特段限定されておらず、日本国内においても、金融機関、ベンチャーキャピタル、プライベートエクイティファンド、財団など多様な主体

（注６）金融庁・前掲（注２）11頁。
（注７）金融庁・前掲（注２）１頁。
（注８）Global Steering Group for Impact Investment（GSG）国内諮問委員会「日本におけるインパクト投資の現状と課題――2023年度調査」（2024年４月26日）21頁。

〔図表 3-5-3〕投資家の分布(注9)

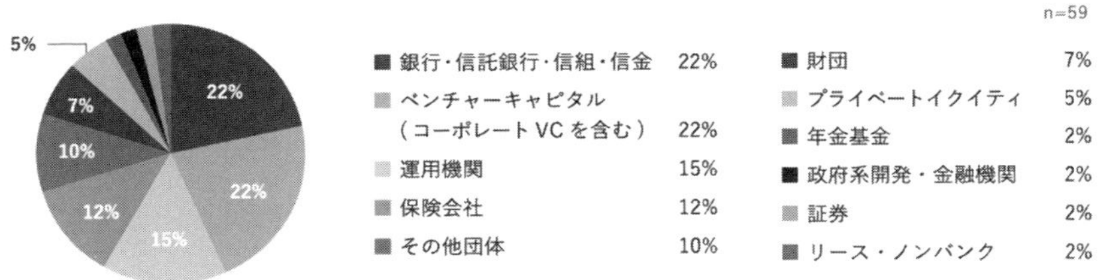

がインパクト投資に参入している(注10)。

なお、PRIに署名し、日本のESG投資の普及に大きな役割を果たしている年金積立金管理運用独立行政法人（GPIF）は、社会問題の解決に貢献すること自体を目的とするインパクト投資は、専ら被保険者の長期的な利益を確保することを目的とする関連法令(注11)および当該目的を離れて他の政策目的や施策実現のために年金積立金の運用を行うこと（他事考慮）はできないというGPIFの投資行動と整合しないことを理由に、現時点においては、ESG投資は行う一方インパクト投資は行わないとの立場を採用している(注12)。一方で、GPIFはインパクトの計測を重視している旨を表明しており、方向性としてはインパクト投資の理念と整合する立場を示している。GPIFは自らが巨額の投資を行うユニバーサル・アセットオーナーであるとともに、その投資方針が他のアセットオーナーやアセットマネージャーにも影響を与えることから、インパクト投資の普及の観点からは、必要に応じて関連法令等を含めた解釈の整理を行った上で、GPIFのインパクト投資への参入の障壁を取り除いていくことが重要であると思われる。このような状況下で、2024年6月21日に閣議決定された「新しい資本主義のグランドデザイン及び実行計画2024年改訂版」において、GPIFが、投資に当たり、中長期的な投資収益の向上につながるとの観点から、インパクトを含む非財務的要素を考慮することは、ESGの考慮と同様、「他事考慮」に当たらないとの見

（注9）GSG国内諮問委員会・前掲（注8）19頁。
（注10）金融庁・前掲（注2）16頁。
（注11）厚生年金保険法79条の2および国民年金法75条。
（注12）年金積立金管理運用独立行政法人「2024年新年メディア懇談会」（2024年1月19日）8頁（https://www.gpif.go.jp/topics/kondankai_2024.pdf）。

解が示され、GPIF において、当該整理を踏まえた取組みを行うことについて検討する旨が明記され(注13)、厚生労働省が 2024 年 11 月 25 日に年金積立金を「インパクト投資」に充てられるようにする方針を示した(注14)ことは注目に値する。

⑶　インパクト測定

インパクト測定は、インパクト投資の対象が生み出す環境的・社会的効果を定量・定性的に把握し、投資の判断に役立てるために行われる手法である。インパクト測定のためのツールやフレームワークとしては、「国連持続可能開発目標（SDGs）」が最も活用されており、次いで、「インパクトの５次元（IMP）」や「IRIS 指標カタログ」、「ポジティブ・インパクト金融原則」が活用されている(注15)。これらのツールやフレームワークは、インパクト目標を設定したり、インパクトの実績を測定・報告したりする際に利用される。

なお、インパクトを可視化して、企業が社会や環境に与える効果を貨幣価値に換算し、財務諸表に参入する形で情報提供等を行おうとする取組みもある。特に、米ハーバード・ビジネス・スクールのインパクト加重会計イニシアティブ（IWAI）や、英国における民間団体であるインパクトタスクフォース等で議論が行われているインパクト加重会計（Impact-weighted accounts：IWA）が有力とされている。インパクト加重会計では、企業活動によって地球環境や従業員・地域社会等に対して生じるさまざまな効果を測定し、これを貨幣価値に換算し、通常の売上高や利益等を集約した財務指標に付加する形で諸表を作成する。当期利益等の基本的な財務指標と比べながら企業が生み出す社会的価値の経年変化等を捉え、理解を深める効果が期待されている。日本においても、エーザイが世界で初めてグローバルヘルスの製品インパクトをインパクト加重会計イニシアティブ（IWAI）の方式で算定して開示するなど、先進的な取組みをする企業も増え始めている。

（注13）内閣官房新しい資本主義実現会議「新しい資本主義のグランドデザイン及び実行計画 2024 年改訂版」（2024 年６月 21 日）56 頁。

（注14）第 23 回社会保障審議会資金運用部会（2024 年 11 月 25 日）厚生労働省年金局作成資料１「スチュワードシップ責任を果たすための活動及び ESG やインパクトを考慮した投資について」参照。

（注15）GSG 国内諮問委員会・前掲（注８）25 頁。

一方、インパクト加重会計の実施に当たっては、企業の及ぼす社会・環境的効果は個別性が高く、企業間の比較が容易でないことや、貨幣価値を換算する一貫した方法論の検討が必要であること、当期利益等との比較の方策・是非等が課題と指摘されている(注16)。

3　インパクト投資に関する法的論点

(1)　インパクト投資と受託者責任

上記の通り、インパクト投資は、金銭的リターンのみを目的としているわけではなく、金銭的リターンと社会的・環境的インパクト両面の成果に着目して投資を行うものである。一般に、他者の資金の運用を受託する者は、当該他者の信認を受けて裁量権を行使する者として一定の義務を負うところ、年金基金、投資信託、保険会社といったアセットオーナーがインパクト投資を行う場合あるいはこれらの者から委託を受けた投資運用業者（アセットマネージャー）がインパクト投資を行う場合に、受託者責任に違反することとならないかが問題となる。

同様の論点についてはすでにESG投資の文脈でも議論されており、金融庁の報告書(注17)においても、ESG投資が受託者責任に反するものではないとの認識が国際的に一定程度の支持を得ており、むしろ、サステナブル・ファイナンスの意義を踏まえESG要素を考慮することは、受託者責任を果たす上で望ましい対応と位置づけることができると整理されている。

一方で、インパクト投資の文脈においては、受託者責任の解釈に関する整理は十分に進んでいないのが実態である。投資収益を無視して社会的・環境的インパクトのみを追求することまでは認められないものの、投資先企業の企業価値を維持または高めることによって中長期的に投資収益の向上につながると合理的に判断する場合には、短期的には投資収益が阻害される可能性がある場合でも、社会的・環境的インパクトを追求することは受託者責任と

(注16)　金融庁・前掲（注２）13頁。
(注17)　金融庁「サステナブルファイナンス有識者会議報告書　持続可能な社会を支える金融システムの構築」(2021年６月18日)。

抵触しないと整理することは可能ではないかと考えられる(注18)。もっとも、アセットオーナーの類型等に応じて、インパクトを追求するためにどのような投資行動が認められ、場合によっては要求されることになるのかといった点については不透明であり、今後、さらに議論を深めていく必要があろう。

(2) インパクト投資の投資先の組織形態

インパクト投資の対象となる投資先の組織形態は株式会社など特定の法人形態である必要はない。社会的事業を行うための組織形態としては、日本では株式会社、合同会社等の営利組織や、NPO法人、社団法人、財団法人等の非営利組織がその目的に応じて選択されることが一般的であり、これらは広くインパクト投資の対象となり得る。

この点に関して、営利性と非営利性の両立を実現するという観点からは、諸外国で導入されているBenefit Corporationという企業形態は、取締役は必ずしも株主利益のみを最大化する義務を負わず、換言すれば、インパクトを考慮し、短期的な株主利益の最大化に直結しない経営判断が可能であるという点において、インパクト投資と親和性があると考えられる。なお、Benefit Corporationについての詳細は**第3章第1節**〔p.118〕を参照されたい。また、組織形態そのものではなく、いずれの組織形態であっても選択可能な認証制度であるB Corp認証も、その取得に際して社会的・環境的パフォーマンス、説明責任、透明性が要求される認証であることから、インパクト投資と親和性があると考えられる。B Corp認証についての詳細は**第3章第2節**〔p.132〕を参照されたい。

もっとも、Benefit CorporationやB Corp認証が導入されてからそれほどの期間が経っていないため、果たしてこれらの制度を利用した企業が、通常の株式会社等と比較して、金銭的リターンと社会的・環境的インパクト双方を多く創出しているのかという点についての共通理解はいまだ確立したものではない。そのため、インパクト投資家の目線から見た場合には、Benefit CorporationやB Corp認証取得企業であることは参考情報ではあるが、必ずしも投資の決め手となるものでもないというのが現状だと思われ

(注18) PRI（Principles for Responsible Investment）. Japan: Integrating sustainability goals across the investment industry,12 June,2023.

る[(注19)][(注20)]。

なお、日本政府の動向として、民間で公的役割を担う新たな法人形態の制度について、中長期的に検討を進める姿勢をとっていることは注目に値する[(注21)]。

(3) インパクト投資の投資スキーム

日本において、投資家が社会的事業を行う企業に対してインパクト投資を行う手法としては、当該投資先企業が株式会社である場合には、投資先企業の株式投資による場合が多いであろうが、貸付けや債券の引受等（転換社債等の資本性のものを含む）の方法により debt ホルダーとなることも考えられる。また、個人を含めた多くの一般投資家から資金を調達するために匿名組合出資を利用したクラウドファンディング等の方法が用いられる場合もある。

特に、インパクト投資の場面においては、事業性の見通しを得るまでに時間がかかるケースも多く、また、「社会・環境的効果」といった事業特性を企業価値評価にどう織り込むかといった点においても課題がある[(注22)]。そこで、出資の手法についても柔軟に検討することが考えられる。例えば、収益化まで一定の時間が見込まれる一方で、長期的には、さまざまな事業上の工夫を通じて高い事業成長が見込まれる場合には、融資において売上高や利益の額に応じて返済額を変動させる（当初の返済額を抑えて売上高等が増えた

（注19）例えば、筆者らが内閣官房新しい資本主義実現本部事務局委託事業として実施した調査（西村あさひ法律事務所・外国法共同事業「米国等における民間で公的役割を担う新たな法人形態に関する調査報告書」（2023 年 3 月 31 日））においても、投資先候補がベネフィットコーポレーションであることや B Corp 認証を取得していることは、ポジティブな要素であるものの、投資の決定的な要因ではないとのコメントが得られている。

（注20）このような中で、2024 年に PRI Awards Private Markets special award を受賞した Bintang Capital Partners は、インパクト測定ツールの一環として、B Corp への投資を行うこととしており、投資先はすべて、投資後 2 年以内に B コープ認証の取得を目指すことを義務づけていることは、先進的な取組みとして注目に値する（https://www.unpri.org/the-pri-awards/bintang-capital-partners-pursuing-impact-by-building-b-corps/12745.article?fbclid=IwY2xjawGLLlpleHRuA2FlbQIxMAABHQ8ctxQUX3MQOgE0_ve3_JaBD8487jRV-rAJlrx3e87oFpg3kVRHMUrR3g_aem_xJ2qb-I5L3g0wndEIEn0SQ）。

（注21）内閣官房新しい資本主義実現会議・前掲（注 13）57 頁。

（注22）金融庁・前掲（注 2）29 頁。

場合には返済額が増えるまたは利益の一定割合に応じて返済額が変動する）といった方法や、初期の段階で厳格な企業価値評価を行わずとも資金調達を可能にするという観点から、シード期の投資案件等に見られるような、新株予約権を用いて、その後のラウンドでのバリエーションに基づき株式に転換するといったスキームを利用することも考えられる。また、転換社債や新株予約権等を利用した上で、事業、財務、インパクト等に関する KPI の達成状況に応じて行使価格や転換価格を調整するといったスキームを採用することも考えられる。

⑷　インパクト投資の契約関係・契約条項

このようにインパクト投資の投資手法はさまざまなものが考えられるが、投資の目的の実現を法的に担保するためには、それらの投資に際して締結される契約にどのような内容の条項を盛り込むかがポイントとなる。例えば、VC や PE ファンドがインパクト投資ファンドを組成して非上場株式に対するインパクト投資を行うケースを想定すると、少なくとも、インパクト投資ファンドの組成に関する LP 契約、インパクト投資に関する出資契約、既存株主との間の株主間契約等（サイドレター形式による場合も含む）が必要となると考えられる。これらの契約は通常の投資でも必要となるドキュメンテーションであるが、上記の通り、「インパクト」の実現が投資の副次的効果である ESG 投資等と違い、「インパクト」の実現自体を投資の目的とするインパクト投資においては、それに資するインパクト投資特有の条項を検討すべきニーズが投資家・会社（発行体）のいずれにも存する場合が少なくないと思われる。

現状、わが国のインパクト投資の実務においては、インパクト投資家が契約に関する交渉力のあるリード投資家としての立ち位置で出資をするケースは稀であることなどもあり、インパクト投資特有の契約条項が検討・採用される例もまだ限定的であると認識している。もっとも、海外に目を向けると、インパクト投資に関する契約条項の利用の兆候が見られ、例えば、GIIN が公表した資料においては、調査対象となった 62％の投資家が、法的文書に規定を盛り込んでいることが報告されている[注23]。また、近時、欧米を中心とする弁護士等から組成される有志の団体により、インパクト投資における契約条項のタームシートなどが公表され[注24]、議論の促進を図るための取組みが行われ始めていることは注目される。そこで、そのような諸外国での議論も参考に、日本における今後のベストプラクティスの形成の観点からも、特に日本で期待されるインパクトスタートアップの株式を対象としてインパクト投資をする場合を想定し、投資契約（サイドレター形式での合意を含む）において規定することが考えられる契約条項の例を以下に紹介する（注25）。

ア　目的・ミッションの特定

投資対象となる企業（発行体）の目的およびミッションを明確に定義し、実現するインパクトについての認識を共通化することは、投資の実施判断における重要な前提となるとともに、投資を受けた発行体の取締役の経営判断における基本的な拠りどころを明確にするという観点から重要である。このような発行体の目的・ミッションの明確化は通常、投資契約の交渉・締結前（ソーシング段階やDDの段階等）において実施され、そこで認識の共通化もなされるのが通常であり、契約書への明記までは不要との考え方もあり得る。もっとも、インパクト・ファーストの投資家においてはインパクトの実現こそが投資の第１の目的であり、また、インパクト投資においては、後述するミッションドリフトの判断等のさまざまな条項において、発行体の目的・ミッションや投資の目的との整合性の判断が求められることから、投資契約の目的条項においてその点について明確に定義をして明文化しておくことが望ましいと考えられる（注26）。また、目的およびミッションの中で、投資家側の役割や、投資家が意図するインパクトの目標について言及することも考えられる（注27）。

このようにミッションを特定した後は、当該ミッションを維持するための工夫を講じることが考えられる。例えば、日本法上、取締役は、定款に記載

（注23）GIIN「STATE OF THE MARKET 2024: Trends, Performance and Allocations」（2024年９月30日）（https://thegiin.org/publication/research/state-of-the-market-2024-trends-performance-and-allocations/）.

（注24）LISI（Legal Innovation for Sustainable Investments）によるImpact Term Sheet 2.0やThe Impact Terms ProjectによるTerm Sheets & Case Studies（https://www.impactterms.org/case-studies-term-sheets/）など。

（注25）なお、インパクト投資に関する契約条項についての詳細は、山本晃久＝渡邉貴久「スタートアップを対象としたインパクト投資に関する契約条項の検討」西村あさひ法律事務所・外国法共同事業 企業法務ニューズレター（2023年12月19日号）も参照されたい。

された事項および株主総会の決議事項を遵守するべき義務を負っている（会社355条）ことから、株主総会決議によって定款を変更し、ミッションを定款に反映する（反映することを契約上約束する）ことで、当該目的およびミッションに従った事業運営を行わせる法的義務を（抽象的ではあるものの）発行体の取締役に負わせることが考えられる。

また、目的およびミッションの変更については、会社法上必要となる定款変更のために必要となる株主総会の決議要件を加重することのほか、会社内の独立した諮問委員会の承認、特定株主（インパクト投資家が想定される）に対する投資契約上の拒否権の付与を含め、通常の取締役会や株主総会での承認とは別途の特別な手続を実施することを定めることも検討に値する。これは目的・ミッションを単純な資本多数決によって修正できないようにすることで、一度定めた目的・ミッションへのコミットメントを法的に担保するための工夫である。

（注26）日本法上、投資契約においてこのような目的条項を定めること自体が、契約当事者間の直接の権利義務を直ちに発生させることにはならない。もっとも、インパクト投資においては、発行体の目的・ミッションに沿う形でステークホルダーの利害のバランスを図ることが重要となるとともに、わが国の契約書の解釈に係る裁判実務においては、契約当事者の合理的意思を踏まえて、個々の文言の意味内容を合理的に解釈するという手法がとられるところ、目的条項は、当該契約書の各条項を解釈する際の基準となるという点での意義も有する。

（注27）近時、ESG投資やインパクト投資を行う投資家側の規制についても議論が進んできており、例えば当該投資が、SFDR（Sustainable Finance Disclosure Regulation）で定義された持続可能な投資（sustainable investment）のポートフォリオに含めるという理由で行う場合には、SFDRの持続可能な投資の定義に合致していることや、それに伴う報告要件・ガバナンス要件などを充足する必要があり、発行体および投資家の双方にとって、当該投資がそのような規制に準拠した投資に該当することを意図しているかの判断が重要になる可能性がある。したがって、投資家が一定の基準への適合性等を期待している場合には、そのような規制に準拠した投資を意図して当該投資を行うという点について、投資契約における目的条項においてそのような前提を明らかにすることも考えられる。また、このような規制に準拠することの確認に必要なデューデリジェンス対応や投資後の情報提供等について、費用を含めて責任をどのように配分するかについて、契約書上規定することも考えられる（このような議論についてはLISIのRegulatory Module Impact Term Sheet 2.0も参照されたい）。また、米国の民間財団が実施しているインパクト投資の一形態である「プログラム関連投資（program-related investment:PRI）」など、税制優遇措置の対象となる投資を意図している場合なども、その要件の充足の観点から必要な条項に違いが生じ得る。

なお、目的およびミッションを維持するためのセーフガードとして、（その国において該当する法人形態がある場合には）ベネフィットコーポレーションといった通常の営利法人とは異なる法人形態への変更について合意することや、B Corp 認証の取得および投資家からの認証取得のための支援について合意しておくことも考えられる(注28)。わが国において、ベネフィットコーポレーションに類似する法人形態は存在していないものの、インパクト・スタートアップ企業への投資に際しては、インパクトに関する事項がガバナンスに組み込まれるような仕組みとしてB Corp 認証を利用することも有効であると考えられており(注29)、わが国においてもインパクト企業における利用が期待される。

イ　ミッションドリフトに対するセーフガード

目的およびミッションについての認識を明確にし、共通化した後は、実際の企業運営が目的・ミッションから乖離してしまう事態（ミッションドリフト）を防ぐための仕組みを契約上担保することが考えられる。

例えば、通常の出資契約や融資契約等においても、提供された資金についてその使途を事業の発展等の一定の使途に限定する合意がなされることがあるが、インパクト投資においても、当該資金が当初想定したインパクトの実現以外に使用されることを防ぐ観点から、具体的な計画や目的に基づく事業・地域等のために利用することを義務づけることが考えられる。また、一般的な投資案件と同様に、一定の事業上の重要事項に関する事前同意事項・ネガティブ・コベナンツ（一定の事項についての不作為義務）を定めることが考えられる。

また、このような直接的な権利によらずとも、一般的な投資案件と同様に、投資家から一定の役員等を指名・派遣することや、役員等の指名・派遣までは必要としない場合であっても、取締役会へのオブザーバーの派遣等を通じ

（注28）究極的には会社法上必要となる手続を踏めばベネフィットコーポレーションから通常の株式会社に戻ることもできるし、B Corp 認証も3年に一度の更新をしなければ認証未取得の状態に戻るだけではあるが、そのような対応は企業の事業戦略上も不利益に働く可能性もあり、一定の心理的・実態的なハードルがあるといえる。

（注29）Better Society Capital, What determines a successful exit for an impact startup?（https://bigsocietycapital.com/latest/what-determines-a-successful-exit-for-an-impact-startup/）.

て、通常の事業運営の中で緩やかなモニタリングを行うことも考えられる。また、会社の目的・ミッションに関するモニタリング機関として、近年インパクトスタートアップ企業においても設置する例が見られる社内のインパクト・コミッティといった名称の、経営陣から一定の独立性を有する任意の社内機関の設置・運営について合意をすることが考えられる(注30)。

なお、ミッションドリフトが生じた場合の強い法的効果（サンクション）を定めることで、経営者にミッションドリフトにつながる事業運営を行わないインセンティブを与えるという考え方もあり得る。例えば、ミッションドリフトが生じた場合には、ローン契約であれば、金利の水準を変更したり、当該債務不履行をもって直ちに資金を引き上げることを可能にしたりするといった仕組みをとること(注31)、エクイティであれば、インパクト投資家が発行体の株式を売却してエグジットできるようにする（当該エグジットにはDrag Along Rightのオプションをつける）こと、新株予約権や優先株式の場合には行使価格・転換価格を投資家に有利に生じさせること等が考えられる(注32)。もっとも、このような強い効果を有する条項を投資契約に規定することは、発行体の事業の運営・継続性やその後の資金調達に影響を生じさせる可能性もあり、導入に際しては慎重な検討が必要である。

また、逆の発想として事業運営を行う役職員の報酬・給与の決定方法として、一定程度会社の目的やインパクトに関するKPIの達成に連動する報酬体系を取り入れることで、インパクトの達成についてのインセンティブを与

(注30) これらの機関に期待される役割としてはさまざまなものが考えられるが、基本的には取締役会に対する任意の諮問機関としての位置づけになるであろう。その上で、多様なステークホルダー間の利害調整や、会社における目的・ミッションを特定、それに対する戦略の目標や施策の策定、自社の目的・ミッションに沿った事業運営が行われているかのモニタリングといった役割を担うことが想定される。なお、海外の例としては、メンタルヘルス・スタートアップのTogetherallは、投資家のエグジット後もインパクトを維持するための仕組みとして組織の社会的使命との整合性を監督するガーディアン・カウンシルを設置している。また、Unileverは、Ben & Jerry' sを買収した際、ミッション維持の観点から独立した取締役会を設置している。

(注31) Impact terms. Loan Financing from a Foundation with Impact-triggered Default（https://www.impactterms.org/download/loan-financing-from-a-foundation-with-impact-triggered-default/）において、このような場面を想定したローン契約のタームシートの例が公開されている。

えることにより、インパクトの実現を積極的に図ることも考えられる(注33)。

ウ　報告・情報開示

インパクトの創出状況に関する透明性を確保する観点から、通常の財務状況に関する報告とは別に、一定期間ごとに、インパクトに関する報告を求めることは、多くのインパクト投資において実施されており、具体的には、事前に設定したインパクトKPIの達成状況等を報告するための条項や所定の内容を盛り込んだインパクトレポートの作成・公表について定めることが考えられる。インパクトKPIを定める場合には、組織の規模や複雑さに応じて、適切かつ管理可能なものである必要があることから、当該KPIをどのようなものにするかについてのインパクト投資家と会社の間の議論を通じて、当該会社における目的・ミッションやその実現に向けた事業運営のあり方についての理解が促進される効果も期待される。

なお、このような報告に関して、複数の投資家から投資を受ける場合には、それぞれの投資家から要求されるインパクトに関する情報開示のフォーマットや要求される情報の内容が統一されていない結果、発行体において投資家に対するインパクトに関する情報開示についての対応負担が大きくなっているとの声も聞かれる。したがって、契約書において、どのような内容の情報を開示するか、どの程度の頻度で報告を行うのか、データ収集プロセスをどのようにするのかといった投資家に提供する情報提供のあり方について整理を行うことが、発行体の負担減の観点からも重要となる。

また、報告する情報の対象のみならず、インパクトレポートや報告に関して専門知識を有する第三者の監査や外部の評価・認証を求めるか、その場合

(注32) このような条項を定める場合には、どのような場合にミッションドリフトが生じたと判断するか（トリガー事由の設定と該当性）について困難が伴うことが想定される。そこで、ミッションドリフトの判断を上記の独立性を有するガバナンス機関によって判断をさせる仕組みや、事前に合意した外部の第三者機関（仲裁人等）の判断に委ねる旨を合意することが考えられる。また、設定されたインパクトKPIの達成状況が著しく悪い場合、当該事由をもってミッションドリフトとみなす形で極力ミッションドリフトをトリガーする場合を客観化するよう試みることも考えられる。

(注33) もっとも、実際に事業運営をするのは役職員であり、当該KPIの達成を過度に重視したがために本来企図した事業運営や成長が犠牲になる可能性も存在し、業種や企業のステータスによっては、どのようなKPI・インセンティブを設定するかの協議・交渉が難航することも想定される。

の費用負担をどのように定めるかといった報告の質の担保・検証についても論点になり得る。特に、国外の投資家からインパクト投資を受けるというシーンにおいては、第三者の評価・認証を受けることを要請されることもあると考えられるため、そのような認証・評価のために必要となる費用負担等について、事業の遂行の妨げにならないように事前に取決めをしておくことが肝要になる。

エ　インパクト投資家のエグジット

インパクト投資家がエグジットをする場合には、投資家のエグジット後にも、当初企図されていたインパクトがきちんと継続的に実現されることが肝要になる。特に、インパクト投資家においては、通常のVCなどによる投資とエグジットの想定期間や許容度が異なることもあり、また、インパクト投資家がエグジットすることが発行体に与える影響は、通常のVCなどがエグジットする場合とは異なる可能性があることから、エグジットについても通常の投資契約における合意内容とは別途の考慮が必要になる。

そこで、例えば、インパクト投資家がエグジットをする場合には、インパクトを志向しない株主が参加してくるのを防ぐという観点から、まず他の株主、経営者、発行体に対して先買権（既存関係者が第三者に先立って株式を取得する権利）を付与することも考えられる。また、株式の売却等については、発行体と協力してその目的および使命を達成することにコミットしている投資家にのみ行うことができる（そして当該判断は上記の独立したガバナンス機関において慎重に審査をした上で行う）といった点を合意することも考えられる。さらに、通常のVCとの契約との間でも設定されるDrag Along RightやTag Along Rightについてもその行使条件や効果について、インパクト投資特有の工夫の余地がある。

もっとも、投資家のエグジットを制限する方向の合意については、経済的に魅力的な買収者の出現を阻害することとなる可能性もあり、投資家からの受入れのハードルも高いことが想定され、導入に際しては慎重な検討が必要になる。

このように、インパクト投資に際して検討すべき条項は多岐にわたるものの、日本において未上場スタートアップに対してインパクト投資を行う場合、シード段階での投資でない限り、インパクト投資家がリード投資家になることは多くはないのが現状であると思われるので、自らが主体的に出資契約や株主間契約に希望する条項を盛り込むことは容易ではないと考えられる。その場合には、別途投資先企業との間でサイドレターを結ぶ等の方法で一定の取決めをすることが可能か検討することが肝要になろう。また、シード段階での投資の場合には、自らが主体となって投資先企業との間で合意をすることが可能となり得るが、その反面、投資先企業が初期的に想定している事業内容にインパクト投資家が拘泥した場合には（あるいはインパクト投資家の企図しない事態が生じた場合にプットオプション等を通じて容易にエグジット可能とするなどの強い法的効果を有する合意をする場合には）、事業内容がピボットしやすい草創期のスタートアップの事業運営の自由度を奪うことにもなりかねないため、事後の外部投資家からの資金調達等の妨げとならないよう、柔軟な対応も必要となろう。

⑸　インパクト企業の IPO

未上場スタートアップに対するインパクト投資では、エグジット戦略をどのように見据えるかが重要となる。通常のスタートアップであれば、一般的には、M&A または IPO でのエグジットが主な選択肢となり、この点は社会的事業を行う企業においても大きく異なることはない。もっとも、PE や VC によるエクイティによる通常のエクイティ投資の場合には、一般的には５年から７年程度がエグジットまでの期間として設定されていることが多いが、社会・環境的効果の実現を企図する企業においては、その実現に時間を要することも多く、エグジットに関して別途の考慮が必要となる。特に、わが国のスタートアップのエグジットの８割が IPO である一方、インパクト企業の IPO については、米国等を中心に存在はしているものの限定的であると指摘されており（注34）、出口戦略の多様化等のための M&A の活性化の必要性等が指摘されている中、セカンダリーマーケットの整備等の施策も検討・実施されている（注35）。

なお、インパクト企業が成長段階に入りエグジットを行う際には、前述のミッションドリフトの問題に留意する必要がある。インパクト投資家のエグ

（注34）国内外の動向やインパクト上場企業に対する調査結果については、社会変革推進財団「インパクト IPO 実現・普及に向けた基礎調査」（2022 年 11 月）も参照されたい。

（注35）金融庁・前掲（注２）30 頁。

ジット後の新オーナーの経営方針次第では、これまで当該企業が重視してきた目的・ミッションが放棄され、より収益性を重視した企業経営に転換されかねないし、IPOをした後にも、一般株主からの株主提案その他の方法による収益性を重視した経営への変更圧力を受けて、あるいは、一般株主から株主代表訴訟を提起されるリスクをおそれ、より収益性を重視した企業経営への転換を与儀なくされることが懸念される(注36)。

特に、IPOの場合には、多数の一般株主の利害を意識する必要性があるため個別の対応は現実的ではなく、より慎重な検討が必要となる。この点に関して、日本では、外部の評価機関から国際資本市場協会が発行するソーシャルボンド原則への準拠性やESGへの取組み等についてのセカンド・パーティー・オピニオン（SPO）を取得することを前提に調達資金の使途をSDGsに関する事項に限定することや、B Corp認証を取得した上で日本の証券市場においてIPOを行う企業が出現し始めていることが注目される。また、インパクトを重視する企業がIPOを行う場合には、有価証券報告書（Iの部）／有価証券届出書／目論見書やグロース市場の上場を目指す企業であれば「事業計画及び成長可能性に関する事項」において、どのようにインパクトおよび財務リターンの見込み、それらに関連するリスクを開示するべきかといった点についての制度的な整理が必要になろう。

インパクト企業のIPOのあり方については、2023年7月28日に発足したGSG国内諮問委員会（現GSG Impact JAPAN）のインパクトIPOワーキ

(注36) この点に関して、海外ではさまざまな興味深い取組みがなされている。例えば、いくつかの国においては、社会的事業を行う企業に特化した銘柄の取引を認めるプラットフォーム（いわゆるsocial stock exchange）が存在する。social stock exchangeの制度設計や証券市場における位置づけは各国において異なるものの、通常の証券取引所で要請されるものとは異なる規制の下で、インパクトを志向する投資家と社会的事業を行う企業をマッチングしやすくするプラットフォームを提供することを目的としているといえる。また、PBCとしてIPOする例や、営利企業としての法人形態を有したまま、非営利団体であるB LabからB Corp認証を取得してIPOする例も存在する（日本においても株式会社クラダシがB Corp認証を取得した状態でIPOしている）。B Corp認証は公的な認証制度ではないが、世界的にその利用が普及してきており、一定の厳格な要件を要求していることから、潜在的な株主を含めた多くのステークホルダーに対して、株主利益のみならずステークホルダー全体の利益を重視することを目的としている会社であることを積極的に表明するというシグナリング効果が期待できる。

ンググループが2024年５月10日に「インパクト企業の資本市場における情報開示及び対話のためのガイダンス 第１版」を公表している。当該ガイドラインでは、インパクト企業が、インパクトの創出と収益の創出を実現させるビジネスモデルや成長戦略を土台として、資本市場を活用しながら企業価値の向上を実現し、持続的な成長を実現する循環モデルとして「ポジティブ・フィードバック・ループ」というループを示し、それを加速させるための４つのステップとして①戦略策定、②事業計画の策定／KPIの設定、③経営意思決定プロセスへの組み込み、④情報開示／対話を示している。この４つのステップでは、インパクト企業が戦略策定から情報開示までどのようなステップを踏むことが望ましいかを提示し、IMMの概念を企業の経営マネジメントにおいてどのように捉えて実践することが最も望ましいのかを示しているとされている(注37)。

⑹　ウォッシング・開示規制

近時、ESG投資においては、いわゆる「ウォッシュ」への対応から、ESG投資の信頼性や透明性を確保するようESGに関するラベルを金融商品に利用する場合の要件や、欧米においては、顧客等への説明・開示を求める等を内容とする規制化が進んできている(注38)。日本においても、金融庁が2023年３月に、ESG投信に関する市場の信頼性を確保するため「金融商品取引業者等向けの総合的な監督指針」の改正が行われた。当該改正後の指針においては、ESG投資を「ESGを投資対象選定の主要な要素としており、かつ、交付目論見書のファンドの目的・特色にその旨を記載している公募投資信託」とした上で、ESG投信でない公募投資信託がその名称にESG、インパクト、サステナブルといった用語を含まないようにすること、一方、ESG投資については、投資対象選定の主要な要素となるESGの具体的内容や、運用プロセスにおける基準・指標等を開示することとしている。特に、環境や社会のインパクト創出を目的としているESG投信については、その目的、インパクトの内容および、目標とする指標・数値、方法論等を含むイ

(注37) https://impactinvestment.jp/resources/report/20240510.html.

(注38) EUにおけるSFDR (Sustainable Finance Disclosure Regulation)、英国におけるSDR (Sustainable Disclosure Requirements)、SEC（証券取引委員会）のESGファンド向けの情報開示基準の作成など。

ンパクトの評価・達成方法が目論見書の記載に求められる。また、定期開示においても、インパクトの達成情報の開示が求められることとなる。

また、企業側に対するサステナビリティ情報の開示規制の整備も国際的に進んできており、欧州のCSRDや、ISSBのIFRS S1およびS2ならびにそれを前提とする各地域別の開示基準（日本の場合にはSSBJが策定する新基準)、日本の有価証券報告書の記載に関する規制である企業内容等の開示に関する内閣府令の改正などにより、情報開示制度が強化されていく見込みである（詳細は**第５部第１章**〔p.631～〕参照）。さらに、気候変動のみならず、自然資本や社会分野に関する情報開示のフレームワークの構築の動きも進んできており、2023年９月にはTNFD（Taskforce on Nature-related Financial Disclosures）のフレームワークが公表されるとともに（詳細は**第５部第１章**〔p.704～〕参照）、2024年９月にはTIFD（Task force on Inequality-related Financial Disclosures）およびTSFD（Task force on Social-related Financial Disclosures）を統合したTISFD（Taskforce on Inequality and Social-related Financial Disclosures）の設立が公表されている。

このような非財務情報の開示の活発化を通じて、事業活動を通じて創出をめざすインパクトの開示やその指標・数値化についての議論についても、今後開示が活発になることが想定され、また、インパクト企業の上場やインパクト投資の活発化にもつながることが期待される。他方で、このようなサステナビリティ開示ではインパクトの多面的な分析を行うための情報は十分にカバーされていないとの指摘も存在し、今後、インパクトの分析のための情報開示についてのギャップをどう埋めていくのかが注目される[注39]。

（注39）GSG国内諮問委員会 インパクト企業の上場 コンセプト検討グループ「インパクト企業の上場コンセプトペーパー」（2022年７月29日）41頁。

第4部

ソーシャル

第1章 Diversity, Equity & Inclusion

第1節　はじめに

1　サステナビリティと Diversity, Equity & Inclusion

2000年に採択されたミレニアム開発目標（MDGs）は、冷戦後の国際協調の指針として、世界のリソースを8つの目標に向けて集中させる戦略をとった。MDGsは、その目標分野の多くで結果を出したものの、マジョリティが優先され、マイノリティが後回しとなった結果、社会に格差を生み出したとの評価もある(注1)。MDGsの課題を踏まえて設定された持続可能な開発目標（SDGs）は、17の目標とともに、全目標を通暁する原則として、「誰一人取り残さない（Leave No One Behind）」を掲げた。Diversity, Equity & Inclusion（以下、本書では「DE&I」という）とは、直訳すると「多様性、公平性と包括性」であり、「誰一人取り残さない」社会を実現するためのキーワードの1つである。また、SDGsの17の目標の中にも、ジェンダー平等(注2)をはじめとして、直接的・間接的にDE&Iと関連するものが存在している。さらに、後述するように、DE&Iは社会全体のみならず企業をはじめとする組織のサステナビリティを実現する上でも重要な役割を果たす。本章では、はじめにサステナビリティとDE&Iが具体的にどのように関連しているかを概観した上で、企業がDE&Iに取り組む際に関連する法制度

（注1）井筒節「SDGsが目指す『誰一人取り残さない』グローバル社会」東京大学教養学部創立70周年記念教養教育高度化機構SDGsシンポジウム講演録「SDGsが目指す世界～考えよう！私たちの未来～」（2019）24頁。

（注2）SDGs目標5。

等について詳説する。

コロナ禍によって社会にもたらされた負の影響の1つが、社会的結束の侵食と二極化である(注3)。「社会資本の喪失とコミュニティの分断により、社会的な安定、個人と集団の幸福、経済的生産性が低下すること」と定義されたこのリスクは、マイノリティに対する無視や差別、ジェンダー・民族・宗教等の問題に関する市民による抗議活動の活発化等による社会不安や政治的混乱にとどまらず、経済成長の鈍化等ももたらし得る(注4)。社会的結束の侵食と二極化をもたらすのは、自己と同質な者とそれ以外の者を区別して後者を排除する考え方であり、DE&Iはまさにその対極にある。社会は、DE&Iを推進し、多様な構成員の社会・組織への包摂を進めることにより、社会的結束の侵食と二極化がもたらすリスクを低減し、サステナビリティを高めることができる。

DE&Iは、人的資源の活用と経済成長維持の観点からも、サステナビリティにとって重要である。人種、性別、民族、障害等、さまざまな要因により、これまで社会から排除され、十分にその能力を発揮することを妨げられてきた人々が存在する。DE&Iの推進により、そのような人々が能力を十分に発揮することができる環境が実現すれば、個人レベルでディーセント・ワーク（働きがいのある仕事）を実現することができるとともに、社会レベルでも新たな働き手を確保し、経済成長を維持して、サステナビリティを高めることができる(注5)。特に、世界でも類を見ない程度に急速に進行する人口減少と高齢化の影響下にある日本社会にとっては、女性や外国人などこれ

（注3）世界経済フォーラムが公表した『Global Risk Report 2022』（2022）において、社会的結束の侵食は、新型コロナウィルス感染症パンデミック以降、最も悪化したリスクであり、世界にとって今後10年間で最も大きな被害をもたらす可能性がある重大な脅威であるとされている（16頁）。

（注4）世界経済フォーラム『Global Risk Report 2023』（2023）23頁。なお、同報告書において、社会的結束の侵食と二極化は、短期的グローバルリスク第5位、長期的グローバルリスク第7位と推定されている（6頁）。

（注5）この観点から、DE&Iは、SDGs目標8と密接に関連する。例えば、ジェンダーに基づく差別について、OECDは、女性差別が世界全体に6兆ドルの損失をもたらしており、もし2030年までに社会制度におけるジェンダー平等を達成することができれば、それまでの間、世界のGDP成長を毎年0.4%増加させることができるとしている。Organisation for Economic Co-operation and Development, *SIGI 2019 Global Report: Transforming Challenges into Opportunities,* (2019).

まで十分に労働市場に参加することができていなかった人々の活躍は、不足する労働力を補い、経済活動を支える大きな力となり得る(注6)。

2　企業活動とDE&Iのインテグレーション

DE&Iは、社会の構成員としての企業にとっても重要課題である。企業は、DE&Iを推進し、社会のサステナビリティを高めることを通じて、社会的責任を果たすのみならず、より良いビジネス環境を創出することもできる。例えば、社会的結束の侵食と二極化は、社会全体だけでなく、企業にとっても深刻なグローバルリスクであることが指摘されており(注7)、世界的には、政治的二極化や市民による抗議活動が実際にビジネスに影響を及ぼす例も出てきている(注8)。また、企業は社会、特に労働市場におけるDE&Iの推進に貢献することにより、より豊かな市場とより大きく多様な人材プールにアクセスすることが可能となる。

企業をはじめとする組織の内部に舞台を移しても、DE&Iはサステナビリティの鍵である。近年では、取締役や中核人材等、企業の中心となる人材の多様性を確保することが、コーポレートガバナンスを強化し、イノベー

(注6) Goldman Sachs『ウーマノミクス5.0』(2019) では、2018年の日本全体の雇用者数増加の15%を外国人労働者が占めたと推計されている（7頁）ほか、「男女の就業率格差が解消すれば日本のGDPは10%押し上げられ、さらに男女の労働時間格差がOECD平均になれば同効果は15%にも達する可能性がある」とされている（1頁)。

(注7) 前掲（注4）の『Global Risk Report 2023』15頁において、社会的結束の侵食と二極化は、ステークホルダー別深刻度においても企業にとって深刻な短期的グローバルリスク第6位とされている。

(注8) 社会的結束の侵食と二極化が企業活動にもたらすリスクの一例として、近年政治的二極化が急速に進んでいる米国において、2022年6月、保守的傾向を強める連邦裁判所が、宗教的価値観を背景とした人工妊娠中絶の権利に関する判例変更を行ったことをきっかけとして、同年、人工妊娠中絶反対派が経口妊娠中絶薬の承認の取消等を求めて提訴した事例がある。この事例では、複数の州の連邦地方裁判所で異なる判断がなされた後、連邦最高裁判所によって、対象薬の認可を仮停止した連邦地方裁判所の判断が覆されたため、少なくとも当面の間、同薬は従来通り供給できることとなったものの、仮に認可の仮停止が連邦最高裁判所によって認められていれば、同薬を製造・販売する製薬企業のみならず、輸送や処方に関わる企業・病院等、幅広いセクターでビジネスに多大な影響が生じる可能性があった。

ションや新しい価値創造の源泉となるとの考え方が主流となっているほか、構成員の多様性は組織の正しいリスクテイクを促すとされている。例えば、経営陣のジェンダー・ダイバーシティにおいて上位トップ25%の企業と、下位25%の企業を比較した場合、財務パフォーマンスにおいてその企業が属する国・産業の平均より高い業績となる割合は前者が後者を9ポイント上回り、エスニック・ダイバーシティにおいて上位トップ25%の企業と、下位25%の企業を比較した場合、財務パフォーマンスにおいてその企業が属する国・産業の平均より高い業績となる割合は前者が後者を16ポイント上回るとする調査結果がある[注9]。これらを踏まえ、日本では、企業のトップマネジメントと労働者のそれぞれについて、多様性を確保するための法制度の整備が急速に進み、重要な司法判断も多くなされている。なお、女性取締役が多い金融機関は、不正行為による制裁金を課される頻度が低く、その金額も少ないことを発見した研究[注10]が存在するなど、DE&Iは、企業経営に対し、異なる視点からの複合的な監視とリスク判断をもたらすことにより、企業のガバナンス促進にも資すると考えられる。

DE&Iが企業のサステナビリティに少なからず影響することを踏まえ、近年では、M&Aや投資判断に用いられる企業価値の算定に際して、DE&Iへの取組みや成果も考慮されるようになってきている。例えば、ESG投資において検討される非財務ファクターのうち、S（Social：社会）には、従業員のダイバーシティに向けた取組みや達成度が含まれ[注11]、従来の財務ファクターに加えて対象企業のDE&Iへの取組みも加味した投資判断がなされているほか、投資先の選定に当たってDE&Iへの取組みに対する評価が高い企業を選択することも行われている。また、後述の通り、金銭的リターンに加えて、投資にジェンダーの視点を取り入れることで、女性の経済活動のための資金の流れを活性化し、経済活動におけるジェンダー格差の解消に向けた社会的インパクトを生み出すことも意図したジェンダー投資も増加している。さらに、昨今では、企業の代表者やマネジメント層による社会

(注9) Vivian Hunt et al., *Diversity wins: How inclusion matters*, (May 2020).

(注10) Francesca Arnaboldi et al., *Gender diversity and bank misconduct*, Volume 71 JOURNAL OF CORPORATE FINANCE (2021).

(注11) 本田桂子＝伊藤隆敏『ESG投資の成り立ち、実践と未来』（株式会社日経BP・日本経済新聞出版、2023）27頁。

や組織の DE&I を否定する言動がきっかけとなって企業全体が批判を受け、株価の下落やビジネスの撤退・縮小等、当該企業のビジネスにも影響が及ぶ事例が海外だけでなく日本でも発生しているほか、ビジネスと人権の観点から、サプライチェーンにおいて多様なステークホルダーの人権に悪影響が生じた場合に、企業に救済等の責任を果たすことを求める動きが広がるなど、DE&I への配慮を欠くことが、企業価値に対する直接的なリスクを生じさせるようにもなっている。#MeToo 運動発祥の地である米国において、M&A 取引に際し被買収企業の役員等に対する性加害やセクシャルハラスメントの申立てがなされていないことを表明保証させる、いわゆるワインスタイン条項が定着しつつあることは、このようなリスクへの意識が社会に浸透していることの証左であり、遠くない将来、日本においても同様のプラクティスが導入される可能性は小さくないと考えられる。

このような流れを受け、機関投資家をはじめとするステークホルダーから企業に対する DE&I に関する情報の開示についての要請がますます高まっている。従来、日本企業による DE&I に関する情報発信は、ファミリーデー等社内イベントの実施に関するものや社内組織の活動紹介などが大半を占めていた。今後は、DE&I への取組みや成果が企業価値算定の評価要素として用いられることを踏まえ、組織の多様性確保について具体的な KPI を設定し、その達成状況を数値等も用いてわかりやすく発信することも求められる。DE&I に関する開示を効果的に行うためには、国内の法令やガイドライン等のみならず、例えば UN Women が 2021 年に発行した女性のエンパワーメント原則（WEPs）に基づく情報開示のためのフレームワークである「透明性とアカウンタビリティのためのフレームワーク」等、国際的な基準等を参照することも考えられる。ただし、DE&I は組織そのものの変革にもつながるため、目標設定やその達成状況の開示に当たっては、各組織の現状をよく踏まえ、現実的な計画を立てて着実に実行していくことが最も重要である。DE&I については、政府をはじめとしてさまざまな機関が各種目標を設定して各企業に達成を促しているが、企業は、それらの目標にいたずらに踊らされることなく、自社組織のどのようなところに多様性が十分に確保されておらず、またなぜそのような状況が作り出されているのかを詳細に分析した上で、効果的かつ現実的な方策および目標値を設定する必要がある。また、人種・年齢・性別等の構成員の持つ性質は、組織の多様性を測る際の指標となり得るが、組織の多様性を示すデータを取得する目的で、構成員に自身の性質に関する情報を開示するよう求めることが必ずしも適切とは限らない場合もあることに留意が必要である。例えば、従業員の性自認の多様性に関するデータを取得する目的で、全従業員に対して自身の性自認を申告するよう求めることは、従業員のプライバシーの権利を侵害し、不適切であると考えられる。そのような理由で特定のデータを取得することが不可能または不適切である場合、企業は当該データの取得・公表に代えて、当該データを取得しない理由を公表することで対応すべきである。なお、ESG投資および非財務情報の開示については、**第2部第2章第3節**〔p.103 ～〕および**第3部第2章**〔p.230 ～〕を参照されたい。

さらに、近年、若年層を中心に、企業に対し、製品・サービスの提供等にとどまらず、人権や環境の尊重等を求め、その達成度を製品・サービスの購入や就職先の選定の際の基準とする動きが見られる[注12]。この点からも、DE&Iへの取組みは、企業にとって、優れた人材を確保し、より広い顧客から支持を得るために重要な戦略となっている。

3　企業によるDE&Iへの取組み

企業によるDE&Iへの取組みは、構成員の多様性確保や労働環境整備、福利厚生等に関するもの、自社が提供する製品やサービスに関するもの、自社以外の主体による取組みを支援するものに大別することができる。

構成員の多様性確保や労働環境整備、福利厚生等に関する取組みは、すでに多くの日本企業が導入している。女性、外国人、中途採用者など、特定の性質を持つ構成員について、一定以上の役職に占める割合等の目標を設定してその達成を目指す取組みは、政府等の後押し[注13]もあり、多くの企業で導入されているほか、その達成状況を非財務情報として開示する企業も増えている[注14]。また、多様な構成員を確保し、その能力を十分に発揮させるためには、柔軟な働き方を可能にする制度の制定や、多言語に対応した社内制度の導入、多様な性を持つ構成員が働きやすい環境の整備等も重要である。特に、多様な性を持つ構成員の労働環境については、トランスジェン

（注12）本田＝伊藤・前掲（注11）55頁。

ダー（注15）の労働者による職場施設の利用可否や化粧等の身だしなみに関する規則について、使用者に配慮義務等を認める判決など、近年重要な司法判断が多くなされている。なお、多様な性を持つ構成員の労働環境に関する司法判断と立法状況については、**第2節3**〔p.326〕で詳述する。

育児や介護等を理由とした休業・短時間勤務制度や、法律上の婚姻関係にないパートナーについても一定の条件の下で福利厚生の適用を認めるドメスティック・パートナー制度（注16）は、DE&I推進のための福利厚生の代表例である。福利厚生のDE&Iを進めるに当たって、法務の観点からは、法定福利厚生と法定外福利厚生の区別および各制度の性質に応じた活用が重要である。法定福利厚生とは、企業が構成員に提供する福利厚生のうち、健康保険や厚生年金保険等、その内容や提供要件等が法律で定められているものを指す。法定福利厚生は、関連する法律の定めに則って提供される必要があるため、企業独自の判断で対象者を拡大したり提供要件を変更したりすることは認められない。例えば、企業が独自の判断によって、健康保険の被保険者である構成員に対し、健康保険法上の被扶養者の定義（注17）に該当しない者（例えば、婚姻関係にない同性パートナー）について発生した事由を理由に、家

（注13）例えば、株式会社東京証券取引所が2021年6月に公表した改訂版コーポレートガバナンス・コードは、上場企業に対し、中核人材の登用等における多様性の確保についての考え方や目標等を開示することを求めている。また、内閣府が2023年6月に公表した「女性活躍・男女共同参画の重点方針2023（女性版骨太の方針2023）」においては、プライム市場上場企業を対象として、女性役員比率に係る数値目標の設定等に関する規定を証券取引所規則に設けるための取組みを行うとされているほか、2025年までのプライム市場上場企業役員に占める女性割合に関する成果目標を策定することが含まれている。これを受け、「女性活躍・男女共同参画の重点方針2024（女性版骨太の方針2024）」には、これらの取組みを行う企業を支援するため、「役員候補となる女性人材のパイプラインを構築するため、企業における女性の採用・育成・登用を強化する」ことおよび「女性活躍推進に取り組む企業に対するインセンティブを促進・拡大し、これらの取組を通じて社会全体で女性活躍の機運をさらに高めていく」ことが含まれている。

（注14）**第2部第2章第3節**で詳述の通り〔p.107〕、一定の条件を満たす企業に対しては、女性管理職比率、男性の育児休業取得率および男女賃金の差異について、有価証券報告書での開示が義務づけられている。

（注15）トランスジェンダーとは、出生時の身体的特徴によって定められた性と自らが認識する性が一致しない者を指す。

（注16）名称は各企業によって異なる。

（注17）健保3条7項。

族療養費(注18)の支給を決定することはできない。他方、企業が法律の定めによらず任意で構成員に提供する法定外福利厚生については、提供主である企業がその範囲や内容を自由に決定することができる。例えば、企業が健康保険制度の枠外で独自に構成員に提供する療養見舞金については、健康保険法上の被扶養者の定義に該当しない者について発生した事由を理由として支給することも許される。企業は、法定外福利厚生を活用することにより、多様な構成員を対象とする独自の福利厚生制度を創設し、法定福利厚生の恩恵を受けられない構成員の不利益を補完することもできる。例えば、企業は、健康保険法上の家族療養費の支給対象を拡大することはできないが、法定外福利厚生として、構成員の婚姻関係にない同性パートナーの療養について、健康保険法が定める家族療養費と同内容の給付制度を設けることにより、構成員が、パートナーとの関係の法的性質によらず、パートナーの療養に要した費用を受給可能となる仕組みを作ることができる。法定福利厚生の恩恵を受けることができない構成員を対象に含める福利厚生制度の創設・運営に当たっては、提供要件の設定や要件充足の確認方法が課題となることも多い。そのような場合に、現在一部の地方自治体が発行している同性パートナーシップ証明制度等の公的制度を活用することも一案であるが、それらの多くは新しく、例えば同性パートナーシップ証明制度については提供する自治体によって制度の利用条件や証明対象となる内容が異なるなど、公平な制度運用に活用するためには、根拠となる法律・条令等の内容を精査した上で検討する必要がある。

製品やサービスのDE&Iは、欧米企業に端を発し、近年、日本企業の間でも急速に取組みが広がっている。例えば、スマートフォン回線の利用料金優待や航空会社の発行するマイルの合算などの適用対象に婚姻関係にないパートナーやその子も含めることが可能な特典プログラム、生命保険・損害保険等の受取人指定やペアローンの適用を婚姻関係にないパートナーにも認める金融商品・サービス等が提供されているほか、医療や不動産賃貸等の分野においてもDE&Iが進められている。また、多様な人種、性、身体的特徴等を表現したファッションドールや、男性用・女性用の区別がないアンダーウェア、さまざまな肌の色や髪の性質に対応した化粧品、障害(注19)の

(注18) 健保110条。

有無にかかわらず使用できるサングラスやイヤホンなど、ラインナップに多様性を取り入れたり、多様なユーザーが使用しやすいデザインを採用したりする製品も増えている。さらに、製品やサービスの広告において、化粧品の広告や調理家電のCMに男性アーティストを起用するなど、従来のジェンダー意識にとらわれない表現を志向するものも多く見られる。これらの取組みは、より多くの人々にさまざまな製品・サービスへのアクセスを可能にするものであるとともに、企業にとっても新たな顧客を発掘する機会ともなり得る。もっとも、金融商品等、製品やサービスの種類によっては、関連法規において提供条件が定められていたり、利用条件等を約款に反映するなどの対応が求められたりすることもあるため、商品開発の際には、法規適合性を確保することが重要である。

自社以外の主体による取組みを支援する取組みとしては、NPOやNGO等、DE&I推進に取り組む外部団体に対する資金や人員の援助のほか、多様な性の当事者を理解し支援する活動を行う社内の有志によるアライ組織等、DE&I推進に取り組む社内の組織に対して、活動資金や活動場所等の支援を行ったり、広報等の機会を提供したりするものもある。さらに、近年は、DE&I推進は労働組合にとっても重要な活動項目であることから、DE&I推進施策の導入や実施について労働組合と企業が協力したり、企業が労働組合の活動を支援したりするものもある(注20)。社内の組織に対する支援や労働組合との協力は、多様な構成員が働きやすい環境の実現に資するほか、そのような環境を志向する多様な人材の確保にもつながる。

(注19) 表記のあり方について、「障害」「障がい」「障碍」「チャレンジド」等のいずれを用いるべきかについて議論はあるが、本章では法令の表記に従い「障害」の用語を用いる。

(注20) ただし、特に労働組合については、使用者による支援が便宜供与として労働組合法上の適格性を失わせること等につながる可能性があるため、支援の内容・規模等については関連法規を踏まえた検討が求められる。

第2節　多様な労働者に対応する人事労務と法政策

1　SDGs のゴールと労働政策

第1節の通り〔p.310～〕、DE&I は、労働者のディーセント・ワークの実現の観点に加え、少子高齢化が進む日本において、働き手の確保の観点からも重要である。しかし、従来的な日本企業では、新卒一括採用・終身雇用制度に支えられた「均質な」正社員労働者（多くの場合、新卒で採用された男性総合職社員）を前提とする人事労務制度が構築されている場合が多く、育児・介護等の家庭の事情や、疾病療養・不妊治療・障害等の労働者自身の事情により働く時間や場所に制約のある労働者（こうした事情のゆえに非正規雇用を選択せざるを得ない労働者を含む）等は、十分な能力が備わっていたとしても、それに見合うポストや待遇が得られず、活躍が制限され得る環境にあった。一方で、企業において主な働き手であった「均質な」労働者は、「均質」から外れることによる人事評価・配転・降昇格等における不利益の大きさも相まって、育児や介護等、家庭運営に参加するための時間を必ずしも十分に確保することができない状況も存在した。このような状況は、家計を支えるために多くの時間を家庭外での労働に費やさざるを得ない男性と、男性の分まで家事や育児等を担い働く時間や場所に制約を負わざるを得ない女性の家庭内分業を生み、社会全体の性別役割分業にもつながっていた。しかしながら、日本企業が今後も競争力を維持するためには、能力のある労働者を性別や国籍等の属性によらず確保し、採用後にライフステージの変化等によって労働者の働く時間や場所に制約が生じた場合にも、制約の中で最大限働き続けることのできる仕組みを整備することが必要不可欠である。さらにいえば、多様な働き方ができる仕組みの整備は、男性労働者に対しても、育児や介護等の個別の事情と仕事の両立をより柔軟に実現させる点で、従業員全体について多様性を促進するものである。

本節では、女性、多様な性の当事者、シニア人材、障害者、外国人、不妊治療や疾病治療を行っている者など、これまで日本企業において十分にその能力を発揮することが困難であった労働者を対象とした法政策のうち、特に重要なものを概説し、どのような属性を持つ労働者にも働きやすい職場を作るためのハラスメント対策についても、関連する法制度と事業主の義務を中心に解説する。

2　女性労働者

(1)　女性の登用・活用の現状

世界経済フォーラム（World Economic Forum）が2024年６月に発表したジェンダーギャップ指数（Gender Gap Index：GGI）では、日本は総合スコアで146か国中、118位であり、先進国としては極めて低い評価を受けている。同指数は、社会における男女格差を経済・教育・政治・健康の４分野で分析し、順位づけしたものであるところ、日本においては初等教育への就学率等の男女比に基づく教育分野では27位、健康寿命の男女格差等に基づく健康分野では58位であった一方で、国会議員や大臣の男女比等に基づく政治分野では113位、労働参加率や推定労働所得、管理職の男女比等に基づく経済分野では120位といまだに下位にとどまっており、特に日本の政治・経済分野における女性活躍には、課題が多く残されていることがうかがわれる。政府は、2030年(注21)までにプライム市場上場企業に係る女性役員の比率を30％以上とすることを目指しているが(注22)、例えば課長相当職以上の管理職に占める女性の割合は2021年は12.3％にとどまるなど(注23)、現状は目標とは遠い水準にあり(注24)、女性活躍に向けた取組みを加速させることが急務である。

(注21) 2003年に男女共同参画推進本部が設定した当初の目標では2020年が期限とされていたが、その後延長された。

(注22) 2023年６月13日すべての女性が輝く社会づくり本部・男女共同参画推進本部「女性活躍・男女共同参画の重点方針2023（女性版骨太の方針2023）」。

(注23) 厚生労働省「令和３年度雇用均等基本調査」。

(注24)「女性活躍・男女共同参画の重点方針2024（女性版骨太の方針2024）」においては、「女性活躍の機運は着実に高まっているところではあるが、女性の登用が進んでいる企業とそうでない企業があり、進捗には差異が見られるのが現状である」と指摘されている。

就労分野における日本の女性活躍の状況に関して、20代後半をピークに正社員比率が低下するいわゆる「L字カーブ」の状態にあり(注25)、男女間の賃金格差についても、2021年において、男性一般労働者を100とした場合の女性一般労働者の給与水準は75.2%、正社員を基準に比較しても77.6%と、男女間の格差はいまだに大きい(注26)(注27)。かかる男女間の働き方・賃金格差の是正のためには、柔軟な働き方を認めて女性の家事・育児と仕事の両立を支援するだけでなく、長時間労働の是正・男性の育児休暇の促進等の、男性が家事・育児に積極的に取り組むことができる環境を整備し、性別を問わずに、各人が自らの望む形でのキャリアの追求と家庭生活の両立ができる社会を築くことが必要であると考えられる。

(2) 女性の登用・括用の推進に関する法制度・政策

ア 女性活躍推進法の改正

2016年4月施行の女性の職業生活における活躍の推進に関する法律(以下、「女性活躍推進法」という)は、女性の職業生活における活躍を推進することを目的としており(2条1項～3項)、常時雇用する労働者が300人を超える事業主には、①女性の採用比率、勤続年数の男女差、労働時間の状況、女性管理職比率等の女性の活躍状況を把握した上で、改善すべき事項を分析し、②「事業主行動計画」を策定・届出・公表することが求められ(8条)、かつ③取組みに関する状況を定期的に公表することが義務づけられている(20条)。また、2022年4月1日施行の改正法により、常時雇用する労働者の人数が101人以上(注28)の事業主に対しても、当該義務が拡大されている

(注25) 女性の正社員比率は、25歳～29歳の60.0%を最高として、以降は30歳～34歳で48.3%、35歳～39歳で40.2%、40歳～44歳で37.3%と減少しており(男女共同参画局2023年6月「〔令和5年版〕男女共同参画白書」23頁～24頁)、全年代では女性労働者の約53%が非正規労働者となっている(総務省統計局「労働力調査(基本集計)2022年(令和4年)平均結果の要約〔2023年1月31日〕」9頁)。

(注26) 男女共同参画局「男女間賃金格差(我が国の現状)」参照。

(注27) 職業生活において女性の活躍が進まない理由としては、女性の80%以上、男性の70%～80%が「育児や介護、家事などに女性の方がより多くの時間を費やしていること」と考えている(男女共同参画局「〔令和5年版〕男女共同参画白書」41頁～42頁)。

(注28) パートや契約社員であっても、1年以上継続して雇用されているなど、事実上期間の定めなく雇用されている労働者も含まれる。

（8条1項・20条1項・2項）[注29]。なお、前記②および③の公表義務の履行は、自社ホームページではなく厚生労働省の「女性の活躍推進企業データベース」[注30]に掲載することによって公表することもでき、2024年7月時点において、②については約4万7,000社、③については約3万4,000社の情報が掲載されている。

また、2022年7月8日付けで女性活躍推進法に関する制度改正がされ、情報公表項目に「男女の賃金の差異」を追加するとともに、常時雇用する労働者が301人以上の一般事業主に対して、当該項目の公表が義務づけられるに至った（**→第2部第2章第3節**〔p.107〕参照）。

イ　えるぼし認定制度

女性活躍推進法に基づき行動計画を策定して届出を行った事業主のうち、女性の活躍推進に関する状況等が優良な事業主は、申請により、厚生労働大臣の認定を受けることができる。えるぼし認定は、基準を満たす項目数に応じて3段階あり、えるぼし認定企業のうち、一般事業主行動計画の目標達成や女性の活躍推進に関する取組みの実施状況が特に優良である等の一定の要件を満たした場合には、「プラチナえるぼし」の認定を受けることができる。

えるぼし認定またはプラチナえるぼし認定を受けた企業は、認定マーク「えるぼし」または「プラチナえるぼし」を商品や広告、名刺、求人票などに使用することができるため、企業にとっては、女性の活躍を推進している事業主であることをPRし、優秀な人材の確保や企業イメージの向上等につながることが期待できる[注31]。

また、認定を受けた事業主は、女性の活躍を推進している事業主であるこ

（注29）③に関して、常時雇用する労働者301人以上の事業主は、(a)女性労働者に対する職業生活に関する機会の提供に関する実績、(b)労働者の職業生活と家庭生活との両立に資する雇用環境の整備に関する実績のいずれも、101人以上の事業主は、どちらか一方の公表義務が課されている（女性活躍推進法20条1項・2項）。

（注30）https://positive-ryouritsu.mhlw.go.jp/positivedb/.

（注31）2024年11月30日時点で認定を受けた企業は3,160社（うちプラチナえるぼし認定を受けた企業は70社）となっている（いずれも認定を受けた旨を公表することを了承した企業のみカウント）（厚生労働省ホームページ「女性活躍推進法への取組状況（一般事業主行動計画策定届出・『えるぼし』『プラチナえるぼし』認定状況）」参照）。

とをPRすることに限らず、公共調達における加点評価や日本政策金融公庫による低利融資の対象となるほか、一定の税務メリット(注32)が存在する。

⑶　育児休業・介護休業

ア　育児休業・介護休業制度拡充の重要性

⑴の通り、育児・介護、家事などへの女性の負担が偏っていることが、女性の社会での活躍を阻害する大きな要因であると考えられるところ、今後少子高齢化が進み、労働人口の減少が予想されている状況下では、男女ともに、妊娠・出産・育児期や家族の介護など、家庭生活へのコミットが大きく求められる時期に離職することなく、また、各人が望むキャリアを諦めることなく働き続けられるよう、育児および介護と仕事の両立を実現する必要性は高い。

イ　概要と近時の法改正

(a)　育児介護休業法の制定

育児休業、介護休業等育児又は家族介護を行う労働者の福祉に関する法律（以下、「育介法」という）は1991年に制定され、これにより従前は一部の女性労働者のみに認められていた育児休業につき、男女を問わず、1歳未満の子を養育する労働者にはこれを取得する権利が保障されるに至った。同法は、その後も改正が続けられ、2004年には、1年以上継続雇用された有期雇用労働者への適用が拡大され、育児休業期間を1年6か月まで延長すること、子の看護休暇を創設する等の改正がなされた。

その後、2016年3月改正法では、有期契約労働者の育児休業・介護休業の取得要件が緩和されたほか(注33)、半日単位での子の看護休暇の創設や（育介法16条の2第2項、同施行規則34条）、介護休暇の半日単位での取得（育

(注32)　令和6年度税制改正では、従業員に対して一定の賃上げを実施した企業が給与増加額の一部（原則10％）を法人税から税額控除できる制度（賃上げ促進税制）において、プラチナくるみん認定またはプラチナえるぼし認定を受けている場合には税額控除率が5％加算される旨が定められている。

(注33)　改正前は、①当該事業主に引き続き雇用された期間が1年以上であること、②子が1歳になった後も雇用継続の見込みがあること、③子が2歳になるまでの間に更新されないことが明らかである者を除く、という3つの要件を満たす必要があったが、改正後は要件②を削除し、要件③の期間を子が2歳になるまでの間から1歳6か月になるまでの間に短縮した。

介法16条の5第2項)、介護のための時間外労働の制限制度の新設(同法16条の9・16条の8)が認められる等の改正がなされた。その後の2017年3月改正法では、子が保育所等に入所できない場合等の育児休業期間が最大2年に延長されたほか(同法5条4項、同施行規則6条の2)、労働者またはその配偶者が妊娠・出産した場合における育児休業・介護休業等に関する定めの個別周知の努力義務(育介法21条)、小学校就学の始期に達するまでの子を養育する労働者が、育児に関する目的で利用できる休暇制度を設ける努力義務(同法24条)が定められる等の改正がなされ、育児・介護休業の制度が拡充された。

(b)　2021年6月改正

2021年6月改正により、①子の出生後8週間以内に4週間まで取得することができる出生時育児休業(いわゆる産後パパ育休)が新設され(育介法9条の2第1項)、②事業主には、育児休業の申出・取得を円滑にするための雇用環境の整備に関する措置(同法22条1項)、妊娠・出産(本人または配偶者)の申出をした労働者に対して個別の制度周知および休業の取得意向の確認のための措置(同法21条1項)を講ずることが義務づけられた。また、③育児休業を2回に分けて分割取得することが可能となったほか(同法5条2項)、④常時雇用する労働者数が1,000人超の事業主に対し、育児休業の取得の状況について公表を義務づけられた(同法22条の2)。

このほかには、⑤有期雇用労働者の育児休業および介護休業の取得要件が再度緩和され、労使協定を締結した場合を除き、「事業者に引き続き雇用された期間が1年以上である者」という要件が廃止された(育介法5条1項・11条1項)。

ウ　くるみん認定制度

次世代育成支援対策推進法に基づき、労働者の仕事と子育てに関する一般事業主行動計画を策定して届出を行った事業主のうち、一定の基準を満たした事業主は、申請により、厚生労働大臣の認定を受けることができる。くるみん認定は、えるぼし認定と同様に、基準を満たす項目数に応じて3段階あり、くるみん認定企業のうち、一般事業主行動計画の目標達成や、男女双方の従業員の育児休業取得率が一定の基準を満たした場合には、「プラチナくるみん」の認定を受けることができる(注34)。

くるみん認定においても、えるぼし認定と同様に、認定マークの使用や、公共調達における加点評価や日本政策金融公庫による低利融資の対象となるほか、一定の税務メリット(注35)が存在する。

エ　男性の育児参加の促進

育介法の度重なる改正により、育児・介護休業の制度は拡充してきたが、従前は女性労働者に育児や介護の負担が偏重していたことが、女性労働者のキャリア形成上の課題を生み、経済的なジェンダーギャップの大きな要因となってきたと考えられる。そのため、各企業においては、女性労働者の育児・介護休業のための制度を整備することにとどまらず、男性労働者も育児・介護と就労を両立することができるよう職場環境を整備することが求められている。

この点に関して、働き方改革実行計画では、「女性の就業が進む中で、依然として育児・介護の負担が女性に偏っている現状や男性が希望しても実際には育児休業の取得等が進まない実態を踏まえ、男性の育児参加を徹底的に促進するためあらゆる政策を動員する。育児休業の取得時期・期間や取得しづらい職場の雰囲気の改善など、ニーズを踏まえた育児休業制度の在り方について、総合的な見直しの検討に直ちに着手し、実行していく」とされている(注36)。政府としても、男性の育休取得率の政府目標を「2030年度に85%」へと引き上げることを表明している(注37)。

一般社団法人日本経済連合会の調査によれば、男性による育児休業取得率は、2018年には14.0%にとどまっていたところ、2022年には47.5%と急激に増加しており、その期間も約６割の企業で１か月以上となっており(注38)、男性が積極的に育児に参加する機運がますます高まることが期待される。その一方で、男性の家事・育児を促進する上での課題として、多くの企業が代替要員の不足（83.5%）、アンコンシャス・バイアスが存在するなど家事・

(注34) 2024年11月30日時点で、くるみん認定を受けた企業は4,826社、プラチナくるみん認定を受けた企業は691社となっている（いずれも認定を受けた旨を公表することを了承した企業のみカウント）（厚生労働省ウェブサイト「くるみん認定、プラチナくるみん認定及びトライくるみん認定企業名都道府県別一覧」参照）。

(注35) 前掲（注32）。

(注36) 働き方改革実現会議決定「働き方改革実行計画」（2017年３月28日）23頁。

(注37) 2023年３月17日付け岸田文雄首相（当時）による記者会見での発言。

(注38) 一般社団法人日本経済団体連合会2023年６月５日付け「『男性の家事・育児』に関するアンケート調査結果」。

育児と仕事を両立しづらい職場風土（67.3%）、長時間労働や硬直的な働き方（59.4%）を挙げていることには留意が必要である。

3　多様な性を持つ労働者

(1)　多様な性を持つ労働者の雇用に関連する法制度

「SOGI（ソジ）」とは、「Sexual Orientation」（性的指向）と「Gender Identity」（性自認）の頭文字をとって作られた言葉であり、特定の性を持つ者のみではなく、すべての者に関連する概念である。近年では、「Gender Expression」（性表現・周囲に見せる性）の頭文字から「E」を加え、「SOGIE（ソジー）」と表記されることもある。

東京都の調査によれば、多様な性を持つ当事者の約33%がこれまでに「LGBT等・性的少数者であること」が原因で困難な経験をしたと回答しており(注39)、日本社会において、性のあり方に関するDE&Iが十分に達成されているとはいいがたい状況にある(注40)。このような状況を踏まえ、近年、各自治体において、性の多様性の尊重や、多様な性を持つ者への差別を禁止する条例の制定が行われていたが、2023年6月、国レベルでも「性的指向及び性同一性の多様性に関する国民の理解の増進に関する法律」が制定され

（注39）東京都総務局人権部2022年3月「性自認及び性的指向に関する調査」12頁～13頁。なお、当該調査への回答に際しては職場において、自らが多様な性の当事者であると周囲に認識されているか否かは区別されていない。

（注40）東京都総務局人権部・前掲（注39）によれば、困難な経験の具体的な内容としては①周囲のリテラシー不足によって引き起こされる問題、②パートナーと法的な家族になれないことで生じる問題、③戸籍性で区分されることによる問題に大別できるところ、①に関しては、「相談相手の不在」「親の無理解」「差別・いじめ」「職場でのハラスメント」が多く、多様な性の当事者全体の約7%、同性愛者の約11%が、職場でのハラスメントを経験している。このほかに、職場におけるSOGIハラについて、日本労働組合総連合会の「LGBTに関する職場の意識調査」（2016年8月）によれば、「職場（飲み会等含む）でいわゆる『LGBT』に関するハラスメントを経験したことまたは見聞きしたことがある」と回答した者は全体の約23%に上り、回答者の約11%が、「職場でいわゆる『LGBT』に関する差別的な取扱い（解雇・降格・配置変更など）を経験したことまたは見聞きしたことがある」と回答した。また、半数以上が、「職場において、いわゆる『LGBT』に関するハラスメントを防止・禁止すべきだと思う」と回答している。

た。同法は、罰則のない理念法であるが、「全ての国民が、その性的指向又はジェンダーアイデンティティにかかわらず、等しく基本的人権を享有するかけがえのない個人として尊重されるものであるとの理念にのっとり、性的指向及びジェンダーアイデンティティを理由とする不当な差別はあってはならない」との基本理念が示されている（3条）。また、国および地方公共団体に対しては、当該基本理念にのっとり、性的指向およびジェンダーアイデンティティの多様性に関する国民の理解の増進に関する施策を策定し、および実施する旨の努力義務が課せられており（4条・5条）、事業主に対しても、国および地方公共団体の施策に協力する努力義務が課せられている（6条1項）。上記法律は、わが国で初めて性的指向・ジェンダーアイデンティティについて位置付けた法律として、歴史的な意味を持つ法律である。他方で、罰則による強制力を備えておらず、立法の過程で多様な性を持つ者の権利擁護が後退したと評価し得る修正がなされたこと等もあり(注41)、当事者団体から批判的な声明が発表されるなど(注42)、社会的な論争を巻き起こしている(注43)。

なお、昨今では、トランスジェンダー女性による性別変更の審判において、「生殖腺がないこと又は生殖腺の機能を永続的に欠く状態にあること」（性同一性障害者の性別の取扱いの特例に関する法律〔以下、「特例法」という〕3条1項4号）等の要件の合憲性が争われた事例（最決令和5・10・25民集77巻7号1792頁）において、最高裁は、同規定が、身体への侵襲を受けない自由を制約するものであると指摘した上で、生殖腺除去手術を受けずに性別変更審判を受けた者が子をもうけることにより親子関係等に関わる問題が生ずることは極めてまれなことである等として、その制約の必要性は低減している

（注41）超党派議員による当初の法案では「性的指向」に加えて「性自認」の多様性に関する理解増進を対象にしていたところ、自由民主党により「性自認」が「性同一性」に修正され、その後自由民主党案に維新の党・国民民主党案が反映され「ジェンダーアイデンティティ」の文言が採用されるに至った。また、超党派議員案では「差別は許されない」とされていたところ、自由民主党による修正により「不当な差別があってはならない」という文言に改められている。

（注42）一般社団法人性的指向および性自認等により困難を抱えている当事者等に対する法整備のための全国連合会（以下、「LGBT法連合会」という）2023年6月19日付け「性的指向及びジェンダーアイデンティティの多様性に関する国民の理解の増進に関する法律案の成立についての声明」。

一方、制約の程度は重大であるため、同規定は必要かつ合理的なものとは言えず、憲法13条に違反し無効であると判断している(注44)。

性別変更の具体的な要件は、今後立法府により検討されることになるが、戸籍上の性別が必ずしも生物学的な生殖器や生殖能力の有無により決されるものでなくなれば、戸籍上の性別がより多様化することで、企業側においても実務への影響（例えば、更衣室やトイレ等の施設利用における性別の線引きへの影響）が生じることも考えられるため、今後の法改正の動向を注視することが求められる。

(2)　就労環境の整備

ア　採用・配転等に関する取扱い

(a)　採　用

労働者の採用に際しての対象者の選別・労働条件の内容は、原則的に使用者がその裁量により自由に決定するべき事項であるとされている(注45)。しかしながら、一般的に労働者の能力・適性がSOGIによって左右されることは考えがたいところ、厚生労働省が公表している「公正な採用選考の基本」においては、法的拘束力のないガイドラインではあるものの、「本人の

(注43)　多様な性を持つ者に対する差別に関連して、参考になると考えられる外国判例の1つとして、2020年6月15日付けアメリカ連邦最高判決であるBostock事件判決（Bostock v, Clayton Country, 140 S.Ct,1731）が挙げられる。同事件は、SOGIに基づく解雇が性差別として公民権法（Title Ⅶ）違反であると主張されたため、SOGIが「性別（sex）」の概念に包摂されるかが争点となった。連邦最高裁は、公民権法の形式的な文言解釈を採用することなく、SOGIを理由とする差別は性差別として同法に違反すると判断し、公民権法の保護を多様な性を持つ者にも拡大した。わが国においては、労働者のSOGIに基づく差別的取扱いを正面から禁止する法令は存在しておらず、現状の労働基準法・均等法（(2)ア(a)にて定義）の「性別」の概念も、SOGIを包括する概念とは一般的には解されていない。もっとも、形式的な文言解釈にとらわれることなく、多様な性を持つ者に対する差別を禁止する考え方を示したBostock判決は、今後、日本においても労働者のSOGIによる差別禁止を定める施策を議論する上で、重要な視点を提供すると考えられる。

(注44)　原決定では「その身体について他の性別に係る身体の性器に係る部分に近似する外観を備えていること」と規定する特例法3条1項5号に関する主張は判断されていないところ、同規定に関する主張についてさらに審理を尽くさせるための差戻しがなされている。なお、15名の裁判官のうち3名は、同規定も違憲無効であるとして、性別変更を認めるべき旨の反対意見を述べている。

(注45)　最判昭和48・12・12労判189号16頁（三菱樹脂事件）。

もつ適性・能力以外のことを採用の条件にしないこと」が公正な採用選考を行う基本であると定め、公正な採用選考を行うためには「LGBT等性的マイノリティの方（性的指向及び性自認に基づく差別）など特定の人を排除しないことが必要」としている。さらに、雇用の分野における男女の均等な機会及び待遇の確保等に関する法律（以下、「均等法」という）5条において労働者の募集・採用においては「性別にかかわりなく均等な機会を与えなければならない」とされている趣旨等にも鑑みれば、企業は応募者のSOGIのみを理由として採否の決定を行うべきではないと考えられる(注46)。

(b) 配 転

職務限定の合意がない限り、使用者には労働者に対する配転命令権があると解されているものの、同命令権には、業務上の必要性と本人の職業上・生活上の不利益の両点において、権利濫用法理による規制が存在し(注47)、要介護状態にある老親や転居が困難な病気を持った家族を抱え、その介護や世話をしている労働者に対する遠隔地への転勤命令をする場合に配転命令を違法とした事例が存在する(注48)。多様な性を持つ労働者については、配転令に際し、法律上の婚姻関係にない同性パートナーとの事情を考慮する必要があるかどうかが問題となり得る。配転に際しての事業主の配慮義務を定める育介法26条においては、配慮の対象は「当該労働者の子の養育又は家族の

(注46) 厚生労働省は、2021年4月、日本規格協会がJIS規格の解説様式例から履歴書の様式例を削除したことに伴い、厚生労働省履歴書様式例を公表した。厚生労働省履歴書様式例においては、従来日本規格協会が示していた履歴書様式例とは異なり、性別欄が「男」または「女」のいずれかに丸印を付けて選択する形式ではなく記入者が自由に記入する形式とされている上、「記載は任意です。未記載とすることも可能です」との注記が付されている。今後の採用選考において、応募者に「男」または「女」のいずれかのみを選択させる形式で性別の申告を求めることは、多様な性を許容し均等な機会を与える観点から望ましくなく、履歴書における性別欄の記載方法を今後どのようなものとすべきかは、上記様式例も踏まえ各社にて見直す時期にきていると考えられる。

(注47) 最判昭和61・7・14労判477号6頁（東亜ペイント事件）は、配転命令について「業務上の必要性が存しない場合または業務上の必要性が存する場合であっても、……他の不当な動機・目的をもってなされたものであるとき若しくは労働者に対し通常甘受すべき程度を著しく超える不利益を負わせるものであるとき」には権利の濫用になるとする判断枠組みを採用している。

(注48) 大阪地判平成19・3・28労判946号130頁（NTT西日本〔大阪・名古屋配転〕事件）等参照。

介護の状況」であるとされているところ、同法2条4号および5号において、「配偶者」は「家族」に含まれ、「婚姻の届出をしていないが、事実上婚姻関係と同様の事情にある者」も「配偶者」に含まれるとされている。現時点において、同規定は、直接的には、いわゆる事実婚状態にある異性のパートナーを想定しているものであると考えられるが(注49)、配転が労働者に与える影響という意味では、パートナーが同性であるか異性であるかによって実質的な差異はないと考えられ、配転に際しての労働者の生活上の不利益を検討するに当たっては、同性パートナーとの事情についても、配偶者との事情に準じて考慮することが望ましい。

このほかに、配転が問題となる別の場面として、SOGIを理由とした配転を行うことの可否がある。原則として、SOGIは労働者の能力や業務への適性に影響するものではないため、労働者のSOGIを理由とする配転命令は、業務上の必要性を欠く、または不当な動機・目的をもってなされたものとして、権利の濫用と判断される可能性がある(注50)。

イ　就労時の身だしなみ

主としてトランスジェンダーの労働者から、戸籍上の性ではなく自らの性自認に基づいた容姿（服装、化粧、髪型等）で勤務することを希望する場合において、使用者としては、そのような容姿で就労することを禁ずることができるかという点は問題となり得る。

原則として、使用者は、労働者に対し、企業秩序定立権限に基づいて就労

(注49)　日本弁護士連合会が、2021年2月18日に公表した「同性の者も事実上婚姻関係と同様の事情にある者として法の平等な適用を受けるべきことに関する意見書」においては、「法令等における『事実上婚姻関係と同様の事情にある者』等の解釈において、法令上の性別が同じ者を除外することなく、法を平等に適用し、その保護を図るべきである」との意見が表明されており、今後、同文言の解釈を検討する上で注目に値する。

(注50)　現実的には、特に戸籍上の性とは異なる容姿で就労することを希望する労働者を営業職等の社外の関係者と接する機会のある職種に配置する場合等においては、顧客等からのネガティブな反応や場合によってはクレーム等を受ける可能性も考えられ、クレーム等の内容や事業への影響、または労働者本人に危害が加えられる可能性等によっては、労働者の配転を行うことについて業務上の必要性が認められる場合もあると考えられる。ただし、SOGIへの偏見や差別に基づく暴言・脅迫や、労働者のSOGIに乗じて何ら理由のない不当な要求が行われたりするなど、そのようなクレーム等によって労働者の就業環境が害されることのないよう、事業主の安全配慮義務に基づく適切な対応を行う必要がある。

時の身だしなみを指示または制限することができるとされている。もっとも、企業秩序による規制も無制限に認められるものではなく、企業秩序において定立される規則や発せられる命令は、企業の円滑な運営上必要かつ合理的なものであることを要し、労働者の人格・自由に対する行きすぎた支配や拘束となるものは許されない(注51)。そのため、企業秩序と労働者の性自認に沿った容姿で勤務する権利の調和が問題となる。

労働者の身だしなみに対する企業の指示・制限に関する裁判例は複数存在するところ、大阪地決令和２・７・20（労判1236号79頁〔淀川交通事件事件〕）においては、タクシー乗務員として勤務する、性同一性障害の診断を受けた労働者（戸籍上は男性であるが、女性として社会生活を過ごしている）が、勤務中も化粧を施していたところ、顧客からクレームを受けたことを契機に、タクシーへの乗車を禁止され、退職勧奨を受ける等したことから、賃金の支払を求める仮処分が申し立てられた。裁判所は、使用者が女性乗務員に対して化粧を施した上で乗務することを許容している以上、乗務員の性別に基づいて異なる取扱いをするものであるから、その必要性や合理性は慎重に検討する必要があるとした上で「サービス業において、客に不快感を与えないとの観点から、男性のみに対し、業務中に化粧を禁止すること自体、直ちに必要性や合理性が否定されるものとはいえない」としつつも、当該乗務員が医師から性同一性障害であるとの診断を受け、性自認が女性という人格であるところ、そのような人にとっては、外見を可能な限り性自認上の性別である女性に近づけ、女性として社会生活を送ることは、自然かつ当然の欲求であるとして、女性乗務員と同等に化粧を施すことを認める必要性を肯定した。その上で、使用者が、乗務員に対し、化粧の程度が女性乗務員と同程度であるか否かといった点を問題とすることなく、化粧を施した上での乗務を禁止したことおよび禁止に対する違反を理由として就労を拒否したことについては、必要性も合理性も認めることはできないと判示して、会社側の帰責性を認めている。

上記のように、労働者が自らの性自認に基づく容姿で勤務することを使用者が制限した場合には、その有効性が否定される可能性がある。内勤業務に従事する職種で採用され業務上外部との接点が存在しない労働者など、労働

（注51）菅野和夫『労働法〔第12版〕』（弘文堂、2019）694頁。

者本人の性自認に沿った容姿で就労することにより、業務上具体的な支障が生じないと考えられる場合には、性自認に沿った容姿での就労を禁ずる業務命令の有効性は否定される可能性はより高いと考えられ、社会的に多様な性への理解が促進されるにつれ、外部との接触を理由に性自認に基づく容姿での勤務を制限することは許容されなくなるのではないかと考えられる(注52)。

ウ　トイレ・更衣室等の職場施設の利用の問題

労働者から、トイレや更衣室等の性別によって分かれている職場施設について、戸籍上の性ではなく自らの性自認に沿った施設を利用したいとの申出があった場合に、使用者としてこれを認める必要があるかという問題がある。

判例(注53)は、使用者は「職場環境を適正良好に保持し規律のある業務の運営態勢を確保するため、その物的施設を許諾された目的以外に利用してはならない旨を、一般的に規則をもって定め、又は具体的に指示、命令することが」できるとしており、使用者が就労施設を管理する権限（施設管理権）を企業秩序定立権限の一環であると捉えている。企業秩序定立権限に基づく制限は、施設使用の指示または制限も、企業の円滑な運営上必要かつ合理的なものであることを要し、労働者の人格・自由に対する行きすぎた支配や拘束が労働者の身だしなみに関する指示または制限と同様に許されないが、職場施設の中でも、トイレや更衣室等のように戸籍上の性ごとに設置されている施設については、使用者としては、トランスジェンダーの労働者が自らの性自認に沿った施設を利用することにより、当該施設を共同で利用する他の労働者が不安等を感じる可能性があることにも配慮する必要があり、判断が難しい。

この点に関し、近時大きな社会的注目を集めた裁判例として、経済産業省がトランスジェンダーである職員（戸籍上は男性であるが、女性として社会生

（注52）就労時の身だしなみの問題については、近時、男女別の制服を廃止して男女共通のパンツスタイルとするなど、企業によってさまざまな取組みが行われており、注目に値する。また、性別ではなく担当職務の性質ごとに身だしなみの基準を設けることも、使用者による労働者の身だしなみに関する指示・制限の合理性を担保するために有効な方法であると考えられる（三菱UFJリサーチ＆コンサルティング株式会社が厚生労働省の委託事業として製作した「多様な人材が活躍できる職場環境に関する企業の事例集（2020年3月）～性的マイノリティに関する取組事例～」参照）。

（注53）最判昭和54・10・30労判329号12頁（国労札幌支部事件）。

活を過ごしている）に対し、女性用トイレの利用を一定の範囲で制限した（男性用のトイレを使用するか、執務階から離れた階の女性用トイレ等を使用することを命じた）こと等の是非が問題となった事例が存在する。

当該事例において、第１審[注54]は「個人がその真に自認する性別に即した社会生活を送ることができることは、重要な法的利益として、国家賠償法上も保護される」、「個人が社会生活を送る上で……その真に自認する性別に対応するトイレを使用することを制限されることは、当該個人が有する上記の重要な法的利益の制約に当たる」とし、生物学的な性別に基づきトイレを利用する職員への配慮の必要性、経済産業省の庁舎管理権の行使に一定の裁量が認められることを考慮しても一定時期以降は国家賠償法上違法であると判示している。もっとも、第２審[注55]では、「自らの性自認に基づいた性別で社会生活を送ることは、法律上保護された利益である」とし、法的利益の重要性に関する表現を第１審より減退させ、経済産業省が、当該職員の希望や主治医の意見も勘案した上で対応方針案を策定し、本件トイレにかかる処置を実施しており、「他の職員が有する性的羞恥心や性的不安などの性的利益も併せて考慮し、一審原告を含む全職員にとっての適切な職場環境を構築する責任を負っていることも否定し難い」旨を適示し、経済産業省の対応が裁量を超えるものとはいいがたいとしてトイレ使用制限が国家賠償法上違法ではない旨を判示している。

これに対し最高裁[注56]は、当該職員のトイレの使用制限に関して、日常的に相応の不利益が発生している旨を認定した上で、①当該職員は健康上の理由から性別適合手術を受けていないものの、性衝動に基づく性暴力の可能性が低い旨の医師の診断がなされており、現に当該職員の女性用トイレの利用によりトラブルが発生したことはないこと、②当該職員による女性用トイレの利用につき、明確に異を唱えた他の女性職員がいないこと、③当初のトイレの使用制限以降、約４年10か月の間に改めて処遇の見直しが実施されたことがないこと等を踏まえ、トイレの利用制限に関する人事院の判断は、「具体的な事情を踏まえることなく他の職員に対する配慮を過度に重視し」、

（注54）東京地判令和元 12・12 労判 1223 号 52 頁。
（注55）東京高判令和３・５・27 労判 1254 号５頁。
（注56）最判令和５・７・11 民集 77 巻５号 1171 頁。

当該職員の「不利益を不当に軽視するものであって、関係者の公平並びに上告人を含む職員の能率の発揮及び増進の見地から判断しなかったものとして、著しく妥当性を欠いたものといわざるを得ない」と判示した。当該判決では、裁判官5人全員が補足意見を述べているところ、このうち渡邉惠理子裁判官と林道晴裁判官の補足意見では「個人がその真に自認する性別に即した社会生活を送ることができることは重要な法益として、その判断においても十分に尊重されるべき」、「性的マイノリティに対する誤解や偏見がいまだ払拭することができない現状の下では、両者間の利益衡量・利害調整を、感覚的・抽象的に行うことが許されるべきではなく、客観的かつ具体的な利益較量・利害調整が必要であると考えられる」と述べられている。

上記判例を踏まえ、今後、わが国における多様な性を持つ労働者のトイレ・更衣室等、職場施設の利用に関する取扱いを検討するに当たっては、個人が自認する性別に応じて社会生活を送ることを十分に尊重することが求められる。その上で、一定の利用制限を検討せざるを得ない場合においても、当事者を含む関係者間において客観的・具体的事情に基づく利害調整を行った上で、施設利用等に関する実績や多様な性に関する社会の理解促進の状況を踏まえ、随時処遇の見直しを行うことが求められる。

4　シニア人材

(1)　高年齢者雇用の現状

日本の高齢化率（総人口に占める65歳以上の人口の割合）は2007年に21.5%に達し、いわゆる超高齢化社会に突入した(注57)。2065年には高齢化率は38.4%（国民の約2.6人に1人）に達すると推計されており(注58)、今後も急速に高齢化が進むことが見込まれている。それに伴い、高年齢労働者の数も年々増加しており、31人以上規模企業における60歳以上の常用労働者数は、2014年には約287.2万人であったのが、2023年には456.7万人と、約170万人（59%）も増加している(注59)。日本の少子高齢化が進む限りは、

(注57)総務省「人口推計（平成19年10月1日現在）結果の概要」5頁。
(注58)内閣府「令和4年版高齢社会白書〔全体版〕」2頁～3頁。

労働人口の一翼を担う高年齢者が、その意欲と能力のある限り、労働力として社会において活躍し続けることのできる環境の整備が急務となる。

⑵　65歳までの高年齢者雇用確保措置

高年齢者等の雇用の安定等に関する法律（以下、「高年法」という）は、定年は60歳を下回ることができないとし（8条）、65歳未満の定年を定めている事業主に対して、高年齢者雇用確保措置として、①定年の引上げ、②継続雇用制度の導入、③定年の定めの廃止のいずれかを講じることを義務づけている（9条１項）（注60）。なお、②継続雇用制度については、当該事業主のみではなく、グループ企業（注61）に行うことも可能とされている。

継続雇用制度においては、原則として希望者全員を対象とする必要がある。一方で、就業規則や労使協定に継続雇用しない事由を定めることは可能であり、心身の故障のため業務に堪えられないと認められること、勤務状況が著しく不良で引き続き労働者としての職責を果たし得ないこと等就業規則に定める解雇事由または退職事由（年齢に係るものを除く）に該当する場合には、継続雇用しないことができると明示しておくことが考えられる（高年齢者雇用確保措置の実施及び運用に関する指針第２の2、高年齢者就業確保措置の実施及び運用に関する指針〔以下、「就業確保運用指針」という〕第２の２⑷)）。ただし、継続雇用しないことができる事由があると認められる場合であっても、継続雇用しないことについて客観的に合理的な理由があり、社会通念上相当であると認められなければ、継続雇用の拒否は認められないことには留意が必要である（注62）。

高年法は、継続雇用制度に基づき定年後再雇用する場合の労働条件について、職務の内容・責任・配置変更の範囲等が定年前と変化しないにもかかわらず、有期雇用となったことにより賃金水準が下がる場合には、期間の定め

（注59）厚生労働省「令和５年『高年齢者雇用状況等報告』の集計結果」８頁。

（注60）高年法においては、55歳以上の者を「高年齢者」と定義し（高年法２条１項、同施行規則１条）、就業促進を図る主たる対象としていることから、同法の説明においては「高年齢者」の文言を用いる。

（注61）当該事業主の①子法人等、②親法人等、③親法人等の子法人等、④関連法人等、⑤親法人等の「特殊関係事業主」がこれに該当する（高年法９条２項、同施行規則４条の３)。

があることによる不合理な労働条件の相違として、違法・無効とされる可能性がある（短時間労働者及び有期雇用労働者の雇用管理の改善等に関する法律〔以下、「パート有期法」という〕8条）[(注63)]。

この点が争点となった長澤運輸事件（継続雇用制度により嘱託社員として有期雇用契約を締結したタンク車の乗務員が、職務内容および職務内容・配置の変更の範囲が正社員と同一であるにもかかわらず、賃金総額が定年前と比べて減額された事案）において、最高裁（最判平成30・6・1労判1179号34頁）は、有期契約労働者が定年後再雇用された者であることは、労働契約法20条（現在のパート有期法8条[(注64)]）にいう「その他の事情」に当たるとした上で、基本給相当部分の1割程度、賞与を含む賃金総額の2割程度の減額は、不合理と認められないと判示した。

このほかに、自動車学校の正社員であった教習指導員が、60歳定年後に嘱託職員（期間1年）となったことにより、基本給が定年前の49%以下（賞与を除く総支給額でみると定年前の約56%～約63%）となった事案において、最高裁判決（最判令和5・7・20労判1199号5頁）は、労働契約法20条の趣

(注62) 津田電気計器事件判決（最判平成24・11・29労判1064号13頁）は、定年後引き続き1年間の嘱託雇用契約により雇用されていた者が、継続雇用基準を満たさないことを理由に同契約の更新を拒否されたため、これを争った事件であるところ、判決では、当該労働者が継続雇用基準を満たす者であったことを認定した上で、いわゆる雇止め法理を確立した判決を引用し、継続雇用基準を満たす労働者には雇用継続を期待することに合理的理由がある一方、再雇用を行わないことに客観的合理性および社会的相当性が認められないとして、同社の継続雇用規程に基づき再雇用されたのと同様の雇用関係が存続していると判示している。

(注63) 定年前（無期雇用）と後（定年後再雇用＝有期雇用）とで、職務の内容が同一で、かつ、職務の内容および配置の変更の範囲（人材活用の仕組み、運用等）も同一であると見込まれる場合には、パート有期法8条以外に、差別的取扱いを禁止する同法9条の適用が問題となり、賃金条件の相違が、定年後に再雇用された高年齢者であること等を考慮して設けられた合理的区別であるといえない場合には、同条違反とされる可能性がある。そのため、定年前後で職務の内容だけでなく、職務内容および配置の変更の範囲についても相違がない場合に、定年後再雇用者の賃金をどのように定めるかについては、慎重に検討する必要がある。

(注64) 長澤運輸事件の最高裁判決当時は、有期雇用労働者の差別的取扱いを禁止するパート有期法9条に相当する条文がなかったため、労働契約法20条（現在のパート有期法8条）違反が争われたが、本事案は定年前後で職務範囲および変更範囲のいずれもが同一であったため、前掲（注63）の通りパート有期法施行後は同法9条の適用も問題となり得る。

旨につき、「両者の間の労働条件の相違が基本給や賞与の支給に係るものであったとしても、それが同条にいう不合理と認められるものに当たる場合はあり得る」「判断に当たっては、……当該使用者における基本給及び賞与の性質やこれらを支給することとされた目的」を踏まえた総合考慮により不合理性を評価すべきとし、大阪医科薬科大学事件（最判令和2・10・13労判1229号77頁）を引用している。その上で、当該事案における正社員に対する基本給の性質につき、勤続年数に応じて額が決められる勤続給、職務内容に応じて額が定められる職務給、職務遂行能力に応じて額が定められている職能給のいずれであるか目的が明らかでないこと等を適示し、定年後再雇用者の基本給・賞与が定年退職時の60%を下回る部分の不合理性を認定した高裁判決(注65)を破棄し、差し戻している。

多くの日本企業においては、職能給に基づく賃金制度を年功的に運用する傾向がある旨が指摘されているところ(注66)(注67)、年功的運用の下で適正水準を超えて増加した賃金を、定年後再雇用に際して、大幅に減額するといった運用は実務上一定程度見受けられるものである。上記判例を踏まえると、会社毎の賃金設計に応じた各費目の目的によっては、定年後再雇用に際しての減額は必ずしも否定されるものではないと考えられる。他方で、使用者としては、各費目の目的と、定年後再雇用の労働者と正社員の取扱いの相違を確認の上、賃金の差異を合理的に説明することが困難な場合には、従業員全体の賃金設計を改めて再考することも検討に値すると考えられる。

(3)　70歳までの高年齢者就業確保措置

ア　高年齢者就業確保措置

2021年4月に施行された改正高年法においては、70歳未満の定年を定めている事業主に対し、新たに65歳以上70歳までの高年齢者を対象として、下記の高年齢者就業確保措置、または**イ**の創業支援等措置を講じることが努

(注65)　名古屋高判令和4・3・25労判1292号23頁（名古屋自動車学校事件）。

(注66)　日本経済新聞2020年7月7日付け記事「年功型賃金日本は67%調和重視、根強く」。

(注67)　厚生労働省令和4年度「就労条件総合調査：結果の概要」によれば、基本給の決定要素として、非管理職層では「職務・職種など仕事の内容」が76.4%である一方で、「職務遂行能力」が66.3%、「学歴、年齢・勤続年数など」が65.8%とされており、職務以外の要素が賃金の決定に際して大きく影響していることがうかがわれる。

力義務とされた（10条の2第1項・2項）。

具体的には、雇用による措置によって高年齢者就業確保措置を達成するためには、①70歳までの定年の引上げ、②65歳以上70歳までの継続雇用制度の導入、③定年の定めの廃止の選択肢がある（高年法10条の2第1項）。このうち、②継続雇用制度については、高年齢者就業確保措置が努力義務であることから、措置の対象となる高年齢者について一定の基準（対象者基準）を設けることが可能とされている（就業確保運用指針第2の1⑶イ）[注68]。対象者基準の内容は原則として労使協議に委ねられるが、事業主が恣意的に高年齢者を排除しようとするものは、高年法の趣旨・公序良俗に反するものとして、認められないと考えられる[注69]。

なお、高年齢者雇用確保措置としての継続雇用制度では継続雇用先は自社と特殊関係事業主[注70]に限定されるが（高年法9条2項）、高年齢者就業確保措置としての継続雇用制度においては、これに加えて特殊関係事業主以外の他社で継続雇用する制度も可能となる（同法10条の2第3項）。

イ　創業支援等措置

創業支援等措置によって高年齢者就業確保措置を達成する場合には、①高年齢者が希望する場合に70歳まで継続的に業務委託契約を締結する制度、②高年齢者が希望する場合に70歳まで継続的に事業主自ら実施する社会貢献事業[注71]、または事業主が委託、出資（資金提供）等する団体が行う社会貢献事業に従事できる制度のいずれかを講じる必要がある[注72]。

（注68）**イ**の創業支援等措置についても、対象者基準を設けることが可能である。

（注69）例えば、「会社が必要と認めた者に限る、上司の推薦がある者に限る」といった基準は、基準がないことに等しく、これのみでは本改正の趣旨に反するおそれがあるとされている（高年齢者雇用安定法Q＆A（高年齢者就業確保措置関係）⑫）。

（注70）前掲（注61）。

（注71）「社会貢献事業」とは、社会貢献活動その他不特定かつ多数の者の利益の増進に寄与することを目的とする事業をいい（高年法10条の2第2項2号イ）、特定または少数の者の利益に資することを目的とした事業はこれに当たらない。例えば、特定の宗教の教義を広め、儀式行事を行い、信者を教化育成することを目的とする事業や、特定の公職の候補者や公職にある者、政党を推薦・支持・反対することを目的とする事業はこれに該当しない。また、「出資（資金提供）等」には、事業の運営に対する出資（寄付等を含む）や事務スペースの提供など社会貢献活動の実施に必要な援助を含む（以上につき、就業確保運用指針第2の3⑴ロ、ハ、厚生労働省「高年齢者雇用安定法改正の概要～70歳までの就業機会の確保のために事業主が講ずべき措置（努力義務）等について～令和3年4月1日施行」8頁）。

なお、創業支援等措置に基づく就労は、労働関係法令による労働者保護が及ばないことから、高年齢者就業確保措置として同措置のみを講じる場合には、創業支援等措置の実施に関する計画を定めた上で、過半数労働組合または過半数代表者の同意を得て、これを周知する必要がある（高年法10条の2第1項但書、同施行規則4条の5第1項・3項）[(注73)]。

5　障害者

(1)　障害者雇用の現状

障害者の雇用の促進等に関する法律（以下、「障害者雇用促進法」という）に基づき、常時雇用する労働者数が43.5人以上の事業主は、毎年、6月1日現在の障害者の雇用に関する状況を報告する必要がある（障害者雇用促進法43条1項および7項、同施行規則7条・8条）[(注74)]。

近年、民間企業に雇用される障害者および就職する障害者の数は着実に増加している一方で、2023年の障害者の法定雇用率の未達成企業は5万3,963社、未達成率は49.9%である。法定雇用率未達成企業のうち、雇用されている障害者の不足数が0.5人または1人の企業は66.7%で過半数を占めており、障害者を1人も雇用していない企業は58.6%となっている[(注75)]。企業の障害者雇用の取組みは年々促進されていると評価できるものの、いまだ過半数の企業が法定雇用率を達成できていない。DE&Iの観点からも、障害特性にあった種類・内容の活躍の場を提供することで、当該労働者の特性に応じてパフォーマンスを発揮させることは重要であり、事業主においては、より一層積極的な取組みが求められる。

（注72）創業支援等措置の詳細については、厚生労働省・前掲（注71）8頁以下を参照。

（注73）同計画に定める事項や留意点についても、規則等で詳しく定められている（高年法施行規則4条の5第2項、就業確保運用指針第2の3(2)ロ、厚生労働省・前掲（注59）9頁・10頁）。

（注74）障害者雇用率は、2.3%であるが（施行令9条）、2024年4月に2.5%、2026年7月に2.7%と段階的に引き上げることが予定されている（第123回労働政策審議会障害者雇用分科会（議事録））。

（注75）厚生労働省「令和5年 障害者雇用状況の集計結果」（2023年12月22日）。

⑵　障害者雇用に関する法制度

ア　障害者雇用促進法の概要

障害者雇用促進法においては、障害者の雇用を促進するため、「障害者」を、「身体障害、知的障害、精神障害（発達障害を含む。）その他の心身の機能の障害があるため、長期にわたり、職業生活に相当の制限を受け、又は職業生活を営むことが著しく困難な者」と定義している（2条1号）。2013年改正により、発達障害・その他心身の機能の障害が追加されており、これらの原因により職業生活に相当の制限を受ける者等も障害者に含まれ、同法における保護の対象となることが明文化された。これらの者に対しては、①障害を理由とする差別的取扱いの禁止、②障害者の雇用の均等な機会・待遇確保のための合理的な配慮の提供が定められており、③行政機関による紛争解決制度も備えられている。

このほかに、障害者雇用促進法においては、「対象障害者」（身体障害者、知的障害者または精神障害者で精神障害者保健福祉手帳の交付を受けている者）という概念があり（障害者雇用促進法37条2項）、国・地方公共団体・事業主に対して、一定の率の障害者を雇用する義務を課した上で、雇用促進のため、特例給付金および助成金制度が設けられている（エ〔p.343〕）。

イ　障害者に対する差別の禁止

事業主は、労働者の募集および採用について、障害者に対して、障害者でない者と均等な機会を与えなければならないとされており（障害者雇用促進法34条）、また、賃金の決定、教育訓練の実施、福利厚生施設の利用その他の待遇について、労働者が障害者であることを理由として、障害者でない者と不当な差別的取扱いをすることも禁止されている（同法35条。以下、これらを総称して「差別禁止規定」という）。また、障害者雇用促進法36条1項に基づき、事業主が適切に対処するために必要な指針が定められている(注76)。ここで禁止される差別は、障害者であることを理由とする差別(注77)であり

(注76)　障害者に対する差別の禁止に関する規定に定める事項に関し、事業主が適切に対処するための指針（平成27年厚生労働省告示第116号）（以下、「障害者差別禁止指針」という）。

(注77)　直接差別をいい、車いす、補助犬その他の支援器具等の利用、介助者の付添い等の社会的不利を補う手段の利用等を理由とする不当な不利益取扱いを含む。

（障害者差別禁止指針第２）、差別的意図のない中立的な基準・方針を適用した結果として障害者に差別的な効果が生じること（間接差別）までも禁止するものではない(注78)。また、禁止される差別は、障害者と障害者でない者の不当な差別的取扱いであることから、障害者間で異なる取扱いをすることは禁止される差別に該当しない(注79)。

禁止される差別の基本的な考え方としては、雇用分野におけるあらゆる局面において、障害者であることを理由として、障害者を排除すること、障害者に対して不利な条件を付すこと、障害者よりも障害者でない者を優先することが禁止される(注80)。例えば、障害者であることを理由に募集および採用の対象から除外すること（障害者については、一般の求人において親会社への応募は受け付けず、特例子会社への応募のみ受け付けること(注81)等）が挙げられている。他方で、障害者と障害者でない者との間で異なる取扱いがある場合であっても、そのような異なる取扱いを正当化する合理的な理由がある場合は、差別禁止規定に違反しない(注82)(注83)。

ウ　合理的配慮

事業主は、労働者の募集および採用について、障害者と障害者でない者との均等な機会の確保の観点から、障害者からの申出により労働者の募集およ

(注78) 厚生労働省「障害者雇用促進法に基づく障害者差別禁止・合理的配慮に関するQ&A〔第２版〕」（以下、「差別禁止Q&A」という）Q2-3。

(注79) 例として、身体障害者と知的障害者とで異なる取扱いとすること等が挙げられている（差別禁止Q&A・Q2-2）。

(注80) 差別禁止Q&A・Q2-1。

(注81) 差別禁止Q&A・Q3-1-5。

(注82) 例えば、一定の能力を有することが業務の性質上、不可欠であると認められる場合において、合理的配慮を提供したとしても当該能力を有しない障害者が当該業務を担当することができないといえるときに、当該業務の担当者から当該障害者を外すことは、差別禁止規定に違反しないものと考えられる（障害者差別禁止指針第３の１(3)）。

(注83) 障害者差別禁止指針は、差別禁止規定の違反とならない例として、①積極的差別是正措置として、障害者でない者と比較して障害者を有利に取り扱うこと、②合理的配慮を提供し、労働能力等を適正に評価した結果として障害者でない者と異なる取扱いをすること、③合理的配慮に係る措置を講ずること（その結果として、障害者でない者と異なる取扱いとなること）、④障害者専用の求人の採用選考または採用後において、仕事をする上での能力および適性の判断、合理的配慮の提供のため等、雇用管理上必要な範囲で、プライバシーに配慮しつつ、障害者に障害の状況等を確認することを挙げている（障害者差別禁止指針第３の14）。

び採用に当たり、当該障害者の障害の特性に配慮した必要な措置を講じる義務が課されており（障害者雇用促進法36条の2）、また、均等な待遇の確保・能力の発揮の観点から、その雇用する障害者である労働者の障害の特性に配慮した職務の円滑な遂行に必要な施設の整備、援助を行う者の配置その他の必要な措置を講じる義務が課されている（同法36条の3）。これらの規定は、事業主の合理的配慮の提供義務を定めたものであるところ、事業主は、合理的配慮の提供を行うに当たっては、障害者の意向を十分に尊重することが求められる（同法36条の4第1項）。ただし、事業主に対して「過重な負担」を課すことになる場合はこの限りではない（同法36条の2但書・36条の3但書）。

合理的配慮に関して、障害者雇用促進法36条の5に基づき「合理的配慮指針」(注84)が策定されており、①募集および採用時と②採用後に分けて、事業主が講ずべき措置について定められている(注85)。

事業主は、事業主にとって過重な負担になる合理的配慮を提供する義務までは負わないところ、過重な負担に当たるか否かは、事業活動への影響の程度、実現困難度、費用・負担の程度、企業の規模、企業の財務状況および公的支援の有無の要素を総合的に勘案しながら個別に判断することになる(注86)。

なお、障害者雇用促進法は、差別的取扱いの禁止、合理的配慮の提供に違反した場合の罰則規定を設けていないものの、厚生労働大臣による助言、指導または勧告といった行政指導の対象となる（障害者雇用促進法36条の6）。

(注84)「雇用の分野における障害者と障害者でない者との均等な機会若しくは待遇の確保又は障害者である労働者の有する能力の有効な発揮の支障となっている事情を改善するために事業主が講ずべき措置に関する指針」（平成27年厚生労働省告示117号）。

(注85) ①の募集および採用時における手続の例としては、視覚障害者に対する、音声等での募集内容の提供、点字や音声等による採用試験の実施、聴覚・言語障害者の面接に際しての、就労支援機関の職員等の同席や、筆談による面接、肢体不自由な者に対して、移動の負担を軽減する措置等が挙げられる。②の採用後における手続の例としては、肢体不自由な者を念頭にした、スロープ・手すり等の設置、知的障害者に対して本人の習熟度に応じて業務量を徐々に増やしていくこと、発達障害者に対して、出退勤時刻・休暇・休憩に関し、通院・体調に配慮すること等、労働者の傷害の性質・程度に合わせた配慮を講じることが必要となる（合理的配慮指針別表等参照）。

(注86) 合理的配慮指針第5の1。

エ　雇用促進のための認定制度

障害者雇用に対する経営者の理解を促進するとともに、積極的に障害者雇用に取り組む中小事業主が社会的なメリットを享受できるよう、障害者雇用に関する優良な中小事業主に対する認定制度が新設された。認定制度の対象となる中小事業主とは、雇用する労働者の数が常時300人以下である事業主であり（障害者雇用促進法77条１項）、当該事業主からの申請に基づき、障害者の雇用の促進および雇用の安定に関する取組み、当該取組みの成果ならびにこれらに関する情報開示の観点を踏まえ、障害者の雇用の促進および雇用の安定に関する取組みの実施状況が優良であること等が認定される（同項、同施行規則36条の17）。当該認定を受けた事業主は、自身の商品、広告等に認定マークを表示することができるほか（障害者雇用促進法77条２項）、厚生労働省や都道府県労働局のホームページに掲載されることによる認知度の向上、公共調達での加点評価等のメリットを受けることができる。

6　外国人労働者

(1)　外国人労働者の活用に関する問題点

わが国の出入国管理制度は、労働者として受け入れる外国人を原則として専門的・技術的分野の労働者に限定し、いわゆる単純労働者等の「専門的・技術的分野」と評価されない外国人は受け入れないという方針を一貫している。

もっとも、実務上は、少子高齢化の影響等もあり、人手不足が深刻な単純労働者の人材市場においては、外国人労働者の需要は高く、現実の外国人労働者の需要と出入国管理制度の差が、「資格外活動」「技能実習」の名目で単純労働を行う外国人労働者を生み出し、技能実習制度の制度目的と実態の乖離や制度を利用する外国人労働者の権利保護などの課題が指摘されてきた。

このような状況を踏まえて、2024年６月、出入国管理及び難民認定法（以下、「入管法」という）および外国人の技能実習の適正な実施及び技能実習生の保護に関する法律（以下、「技能実習法」という）が改正され（改正に伴い、法律名は「外国人の育成就労の適正な実施及び育成就労外国人の保護に関する法律」と改められた）、技能実習制度を発展的に解消し、新たに人材育成と人材確保を目的とした育成就労制度が創設されることとなった。育成就労制度は、これまで技能実習制度において指摘されてきた課題を解消するとともに、特定技能制度との連続性を確保することによって外国人労働者がわが国で就労しながらキャリアアップを図ることが可能な新たな制度として位置づけられている。

⑵　外国人労働者の受入れのための法制度

ア　技能実習制度

技能実習制度は、趣旨としては、わが国で培われた技能等を外国人に習得させて、開発途上地域等への移転を図り、開発途上地域等の経済発展を担う人材育成に寄与するという、国際協力の推進を目的とした制度である。

技能実習には、①企業単独型と②団体監理型の２種類の形態があるところ、①企業単独型実習においては、日本の企業等が、海外の現地法人・合弁企業・取引先企業の常勤職員を直接受け入れる形態をいう（技能実習法２条２項）。これに対して団体監理型技能実習とは、事業協同組合等の中小企業団体、商工会議所、商工会等が第１次受入機関となって研修生・実習生を受け入れ、傘下の中小企業等の第２次受入機関にて実務研修および技能実習を実施するものである（同法２条４項）。企業単独型と団体監理型とでは、団体監理型のほうが圧倒的に多く利用されており、2021年度における技能実習計画認定件数17万1,387件のうち、企業単独型が2,721件（1.6%）、団体監理型が16万8,666件（98.4%）となっている。

技能実習は、企業単独型、団体監理型のいずれの場合でも、入国後１年目は技能等を修得する活動（第１号技能実習）が実施され、原則的に２か月間の講習と雇用に基づく実習が実施される（技能実習法２条２項１号・４項１号）。その後の２年間は、技能等に習熟するための活動（第２号技能実習）として、所定の技能検定等の学科試験および実技試験に合格をした者を対象に、送出国のニーズがあり、公的な技能評価制度が整備されている職種につき実施される（同法２条２項２号・４項２号）。その上で、所定の技能検定等（３級等）の実技試験に合格した者については、一旦帰国して対象職種について実習を受けることを条件として、さらに２年間の技能等に熟達する活動（第３号技能実習）が認められている（同法２条２項３号・４項３号）。また、技能実習を行わせる個人または法人は、技能実習生ごとの実習計画を作成・提出し、その計画が適当であることの認定を受けることとされている（同法８条１項）。

イ　特定技能制度

2018年の入管法の改正により、新たに「特定技能」が追加され、特定技能は1号と2号の在留資格が認められた。

「特定技能1号」は、人材確保が困難であるため外国人により不足する人材を確保すべき特定産業分野に属する相当程度の知識または経験を必要とする技能を要する業務に従事する外国人向けの在留資格である（入管法別表第1の2の表の特定技能の項の1号）。在留資格は通算で5年であり、配偶者や子には基本的には在留資格は付与されない。

「特定技能2号」は上記の特定産業分野に属する熟練した技能を要する業務に従事することを認める在留資格であり（入管法別表第1の2の表の特定技能の項の2号）、技能試験に加え、実務経験が必要となる(注87)。従前は、建設分野と、造船・船用工業分野のみにつき、特定技能2号に基づく在留資格が認められていたが、2023年6月の閣議決定により特定技能1号の16種類のうち、介護分野(注88)と2024年に新たに追加された4分野（自動車運送業・鉄道・林業・木材産業）を除く11職種については、特定技能2号に基づく在留資格が認められるようになった。特定技能2号は、特定産業分野の区分に応じた試験が実施され、在留資格は上限なく更新可能であり、配偶者や子供に対しても、在留資格が認められ得る。

ウ　2024年法改正と外国人労働者の今後の受入れ

政府は当初5年間で34万5,000人の受入れ（初年度の見込みは最大4万7,550人）を表明していたが(注89)、2020年6月末時点の特定技能1号在留外国人数は5,950人（2号の在留はなし）、2023年12月末で20万8,425人（2号の在留は37人）にとどまった(注90)。

2024年6月に公表された米国国務省の世界各国の人身売買に関する年次

(注87) 建設分野における特定技能の在留資格に係る制度の運用に関する方針3(2)イ、造船・舶用工業分野における特定技能の在留資格に係る制度の運用に関する方針3(2)イ。

(注88) 介護分野については、専門的・技術的分野の在留資格「介護」があることから、特定技能2号の対象分野とはされていない。

(注89) 特定技能の在留資格に係る制度の運用に関する方針（2018年12月25日閣議決定）では、12分野につきそれぞれの受入上限が定められており、各分野の合計が34万5,000人である。

(注90) 出入国在留管理庁「特定技能在留外国人数（令和5年12月末現在）」。

報告書では、日本は、長年にわたって技能実習生に対する強制労働の疑いが指摘されているにもかかわらず、政府が被害実態の把握や違法業者の摘発のために適切な措置を講じていないことなどを理由に、最低限の基準を完全に満たしていないとして、2023年同様、4段階のうち上から2番目の「対策不十分」に据え置かれた(注91)。

このような背景から、技能実習制度および特定技能制度のあり方に関して、「技能実習制度及び特定技能制度の在り方に関する有識者会議」にて議論がなされていたが、2024年6月、同会議の提言を踏まえ、技能実習制度を廃止し、同制度に代わる新たな外国人労働者の受入制度として育成就労制度を創設する法改正が成立した。育成就労制度は、国際協力を目的としていた技能実習制度とは異なり、わが国における3年間の就労を通じて特定技能1号水準の技能を有する人材を育成するとともに、当該分野における人材を確保することを目的としている。かかる制度目的の違いを踏まえ、育成就労制度では、外国人労働者の権利をより適切に保護する観点から、技能実習制度では認められていなかった外国人労働者本人の意向による転籍が一定の条件下で認められることに加え、受入対象分野が特定産業分野のうち就労を通じて技能を修得させることが相当なものに限定される。また、育成就労計画の認定制度や監理支援機関の許可制度など適正な育成就労の実施に係る仕組みや、外国人労働者が送出機関に支払う手数料が不当に高額とならないようにするための仕組みの導入など制度を利用する外国人労働者の保護に係る仕組みも設けられる。他方で、育成就労制度による受入れを希望する外国人労働者には、就労開始前に一定程度の日本語能力が要求されることとなるほか、特定技能1号への移行に際しても技能および日本語能力に係る試験に合格することが求められる。なお、育成就労制度は、入管法および技能実習法の改正成立から3年以内に施行されるものとされているが、本書刊行時点において具体的な施行日は未定である。

(注91) U.S. Department of State,2024 Trafficking in Persons Report: Japan.

7　疾病を抱える労働者の雇用継続・不妊治療と仕事の両立

⑴　治療と仕事の両立

近年では、治療技術の進歩等に伴い、疾病に罹患しても仕事を続けたいと考える労働者が増えている。労働者の治療と仕事の両立について、直接定める法規制等は存在しないものの、使用者は、労働契約上の安全配慮義務に基づき、疾病を抱える労働者が業務によって心身の状況を悪化させることなく就労できるよう配慮する必要があると解されている。

2016年２月に公表され、2023年３月に改訂された「事業場における治療と仕事の両立支援のためのガイドライン」には、疾病を抱える労働者が治療と仕事を両立させるための支援として望ましい取組等がまとめられており、使用者に対する法的拘束力はないものの、疾病を抱える労働者から配慮措置を要求された際の対応方針の検討等の参考になる。

なお、労働者の疾病や治療に関する情報は機微な個人情報であることから、その取扱いは慎重に行わなければならない。この点、労働安全衛生法104条が、労働者の心身の状態に関する情報は、本人の同意がある場合その他正当な事由がある場合を除いて、労働者の健康確保に必要な範囲で収集、保管および使用しなければならない旨およびそれらの情報を適正に管理するために必要な措置を講じなければならない旨を定めているほか、労働者の病歴等を本人の了解を得ずに他の労働者に暴露する行為は、事業主が職場における優越的な関係を背景とした言動に起因する問題に関して雇用管理上講ずべき措置等についての指針（以下、「パワハラ防止指針」という）において定められているパワハラの類型（個の侵害）にも該当することに留意が必要である。

⑵　不妊治療と仕事の両立

近年の晩婚化・晩産化に伴い、働きながら不妊治療を受ける人は年々増加しており(注92)、不妊治療と仕事の両立支援が重要な社会課題となっている。

女性の活躍推進と少子化対策という社会課題を両立させるためには、子供を持つことを望む労働者がキャリア形成と並行して各自のライフプランに沿って妊娠・出産することができるよう、社会全体で支援を行うことが必要となる。企業としても、有能な人材や労働者の多様性の確保の観点から、仕事と育児の両立支援だけでなく、不妊治療と仕事の両立支援についても理解を深め、労働者が働きやすい環境を整えることが望ましいと考えられる。不妊治療と仕事との両立については、2021年2月に次世代育成支援対策推進法に基づく行動計画策定指針が改正され、一般事業主行動計画に盛り込むことが望ましい事項として不妊治療を受ける労働者に配慮した措置の実施が追加された。

不妊治療と仕事の両立支援の方法として、治療に要する時間は治療内容によりさまざまであるため、「通院に必要な時間だけ休暇を取ることができるよう、年次有給休暇を時間単位で取得できるようにする」、「不妊治療目的で利用できるフレックスタイム制を導入して、出退勤時刻の調整ができるようにする」など、柔軟な働き方を可能とすることが、選択肢の1つとなるものと考えられる。厚生労働省からも、不妊治療と仕事の両立に関するマニュアルおよびハンドブックが公表されている(注93)。当該資料において、不妊治療支援のための制度や取組みとして、①不妊治療のために利用可能な休暇制度の導入、②不妊治療のための休職制度、③両立を支援する柔軟な働き方に資する制度（フレックスタイム制度、テレワーク制度等）、④不妊治療に係る費用の助成制度等が挙げられており、各企業による実際の取組内容の紹介もなされている。

不妊治療を行っていることは、当該労働者のプライバシーに属する問題であり、極めて機微な情報である。労働者から相談や報告があった場合でも、不妊治療を行っているとの情報が本人の意思に反して職場に広まることのないよう、プライバシーの保護には十分配慮する必要がある。また、不妊治療の目的であることが特定されずに休暇取得や柔軟な勤務が可能となる制度設計や、プライバシーに配慮した相談窓口の設置も有益であると考えられる。

(注92) 2020年に日本で生殖補助医療により誕生した子供の数は6万0,381人で、全出生児84万0,835人の7.2%に当たる（厚生労働省「不妊治療と仕事との両立サポートハンドブック〜不妊治療を受ける方と職場で支える上司、同僚の皆さんのために〜」2頁）。

(注93) 厚生労働省「事業主・人事部門向け　不妊治療を受けながら働き続けられる職場づくりのためのマニュアル」、同・前掲（注92）。

8　職場のハラスメント対策

⑴　ハラスメント対策の意義

ハラスメント行為は、すべての人に働きがいのある仕事の機会を提供することを目指すディーセント・ワークの価値観と完全に相容れないものである。日本は未批准であるが、2019年には、ILOの第108回総会において、「仕事の世界における暴力及びハラスメントの撤廃に関する条約（第190号）」が採択され、仕事の世界における暴力とハラスメントは、「人権の侵害または乱用」に当たるおそれがあることや、機会均等に対する脅威であり、ディーセント・ワークと両立せず、容認できないものであることを認めている[注94]。

ハラスメントは、労働者の能力発揮を妨げ企業の生産性低下を引き起こすだけでなく、メディアやSNS等を通じて職場におけるハラスメント行為の存在が明るみに出ることにより、多大なレピュテーションリスクももたらす。そのため、企業にとっては、人材活用の観点からも、リスクマネジメントの観点からも、ハラスメント行為の根底にある、多様性を否定し、自身と異なる属性や価値観の人を排除しようとする企業風土を改善し、有効かつ実効性のあるハラスメント対策を講じることが、強く求められている。この項目で

（注94）同条約の採択を契機として実施された調査（ILO〔2022〕. “Experiences of violence and harassment at work: A global first survey”）においては、労働者の約23％が職場において何らかの暴力やハラスメントを経験していることが明らかになっている。日本においても、2020年に実施された調査においては、全国の20歳～64歳の男女労働者8,000人において、過去３年間にパワハラを受けた経験のある労働者の割合が31.4％、顧客等からの著しい迷惑行為を受けた割合が15.0％、セクハラを受けた割合が10.2％となっている。また、過去５年間の出産・育児等に関するハラスメント行為につき、女性労働者において妊娠・出産・育児休業等ハラスメントを経験した割合が26.3％、妊娠・出産等に関する否定的な言動（いわゆるプレマタハラ）を受けた割合が17.1％、男性労働者において育児休業等ハラスメントを受けた割合が26.2％であり、いまだに一定のハラスメント行為が職場に存在することがうかがわれる（2021年３月付け東京海上日動リスクコンサルティング株式会社による「令和２年度厚生労働省委託事業 職場のハラスメントに関する実態調査報告書」参照）。

は、職場において発生し得るハラスメントについて、パワーハラスメント（パワハラ）、セクシャルハラスメント（セクハラ）、マタニティ・パタニティハラスメント（マタハラ・パタハラ）、SOGIハラスメント（SOGIハラ）の類型ごとに、関連する法規制と事業主の義務を概説する。

(2)　パワハラ

ア　要件等

職場のパワハラとは、職場において行われる①優越的な関係を背景とした言動であって、②業務上必要かつ相当な範囲を超えたものにより、③その雇用する労働者の就業環境が害されるものをいう（労働施策の総合的な推進並びに労働者の雇用の安定及び職業生活の充実等に関する法律〔労働施策総合推進法。以下、「労施法」という〕30条の2第1項）。

実務においては、①から③のうち、特に②に該当するか否かが問題になることが多いと考えられる。この点について、パワハラ防止指針では、「業務上必要かつ相当な範囲を超えた」言動とは、社会通念に照らし、当該言動が明らかに当該事業主の業務上必要性がない、またはその態様が相当でないものを指し、(a)業務上明らかに必要性のない言動、(b)業務の目的を大きく逸脱した言動、(c)業務を遂行するための手段として不適当な言動、(d)当該行為の回数、行為者の数等、その態様や手段が社会通念に照らして許容される範囲を超える言動などがこれに含まれるとされている。また、個別の事案においては、パワハラ該当性が問題となる言動の目的、当該言動を受けた労働者の問題行動の有無(注95)や内容・程度を含む当該言動が行われた経緯や状況、業種・業態、業務の内容・性質、当該言動の態様・頻度・継続性、労働者の属性や心身の状況(注96)、行為者の関係性等、当該事案におけるさまざまな

(注95)　労働者に問題行動があった場合であっても、人格を否定するような言動など業務上必要かつ相当な範囲を超えた言動がなされれば、当然職場におけるパワハラに当たり得る（令和2年2月10日付雇均発0210第1号（以下、「パワハラ通達」という）第1の1(3)イ⑤)。裁判例でも、例えば、問題行動を起こした労働者に対する適切な注意、指導のために行った面談であって、その目的は正当であるといえるが、感情的になって大きな声を出し、当該労働者の人間性を否定するかのような不相当な表現を用いて叱責した点については、注意、指導として社会通念上許容される範囲を超えているとしたものとして、広島高松江支判平成21・5・22労判987号29頁（三洋電機コンシューマエレクトロニクス事件)。

要素を総合的に考慮し、パワハラ該当性が判断されることになる(注97)点にも留意が必要である。なお、③の就業環境が害されたかの判断に当たっては、社会一般の「平均的な労働者の感じ方」を基準とすることが適当であるとされており、客観的にみて、業務上必要かつ相当な範囲で行われる適正な業務指示や指導については、職場におけるパワハラには該当しない（パワハラ防止指針2(1)）。

パワハラに該当する行為類型としては、(i)身体的な攻撃（暴行・傷害）、(ii)精神的な攻撃（脅迫・名誉毀損・侮辱・ひどい暴言、人格否定、過度な叱責、相手の性的指向・性自認に関する侮辱的な言動を行うことを含む。）、(iii)人間関係からの切り離し（隔離・仲間外し・無視）、(iv)過大な要求（業務上明らかに不要なことや遂行不可能なことの強制・仕事の妨害）、(v)過小な要求（業務上の合理性なく能力や経験とかけ離れた程度の低い仕事を命じることや仕事を与えないこと）、(vi)個の侵害（私的なことに過度に立ち入ること）等が挙げられている（パワハラ防止指針2(7)）。

イ　事業主等によるパワハラ防止措置

事業主は、パワハラに起因する問題に対するその雇用する労働者の関心と理解を深めるとともに、当該労働者が他の労働者（他の事業主が雇用する労働者および求職者を含む）に対する言動に必要な注意を払うよう、研修の実施その他の必要な配慮をするなど努めなければならない（労施法30条の3第2項）。事業主（法人であれば役員）自身も同様である（同条3項）。一方、労働者も、パワハラ問題に対する関心と理解を深め、他の労働者に対する言動に必要な注意を払うとともに、事業主の講ずる措置に協力するように努めなければならない（同条4項）。

また、事業主は、職場におけるパワハラにより労働者の就業環境が害されることのないよう、労働者からの相談に応じ、適切に対応するために必要な体制の整備その他の雇用管理上必要な措置を講じることが義務づけられてお

(注96)「属性」とは、例えば、労働者の経験年数や年齢、障害があること、外国人であること等が、「心身の状況」とは、精神的または身体的な状況や疾患の有無等が含まれ得るとされている（パワハラ通達第1の1(3)イ⑤）。

(注97) 2003年以降のパワハラに関する裁判例に関して、考慮要素等を分析・整理した資料として、JILPT「パワーハラスメントに関連する主な裁判例の分析」(2020年3月）が有用である。

り（労施法30条の2第1項）、労働者がパワハラについて相談を行ったことや、事業主による当該相談への対応に協力した際に事実を述べたことを理由とする、解雇その他の不利益取扱いが禁止されている（同条2項）。

(3) セクハラ

ア　要件等

職場のセクハラとは、「職場において行われる性的な言動に対するその雇用する労働者の対応により当該労働者がその労働条件につき不利益を受け、または当該性的な言動により当該労働者の就業環境が害されること」をいう（均等法11条）。セクハラは、①職場において行われる性的な言動に対する労働者の対応により当該労働者がその労働条件につき不利益を受ける「対価型セクハラ」と、②性的な言動により労働者の就業環境が害される「環境型セクハラ」に大別される。セクハラは、被害を受けた者の性的指向・性自認にかかわらず、同性に対しても成立し得る（事業主が職場における性的な言動に起因する問題に関して雇用管理上講ずべき措置等についての指針〔以下、「セクハラ指針」という〕）。

「性的な言動」とは、性的な内容の発言や行動をいい、性的な内容の情報の意図的な流布、性的な関係の強要、不必要な身体的接触、わいせつな図画の頒布等がこれに含まれる。①「対価型セクハラ」は、労働者の意に反する性的な言動に対する労働者の対応により、労働者が解雇・降格・減給等の不利益を受けることをいい、②「環境型セクハラ」は、職場において行われる労働者の意に反する性的な言動により労働者の就業環境が不快なものとなったため、能力の発揮に重大な悪影響が生じる等当該労働者が就業する上で看過できない程度の支障が生じることをいう（セクハラ指針2）。

イ　事業主等によるセクハラ防止措置

均等法は、セクハラに起因して労働者が不利益を受け、または就業環境が害されることのないよう、労働者からの相談に応じ、適切に対応するために必要な体制の整備その他の雇用管理上必要な措置を講じることを求めており（均等法11条1項）、労働者によるセクハラに関する相談等を理由として、相談を行った労働者を不利益に取り扱うことは禁止されている（同条2項）。

また、事業主には、セクハラに起因する問題に対する労働者の関心と理解を深め、労働者が他の労働者に対する言動に必要な注意を払うよう、研修の実施その他の必要な配慮をする努力義務が課せられている（均等法11条の2第2項）。また、パワハラ問題と同様に、事業主は、自らも性的な言動に対する関心と理解を深め、労働者に対する言動に必要な注意を払うように努めることとされており（同条3項）、労働者側も、性的な言動に対する関心と理解を深め、事業主の講ずる措置に協力しなければならない（同条4項）。

このほかに、セクハラ対策に特徴的な義務として、事業主には、他の事業主が実施する雇用管理上の措置への協力を求められた場合、これに応じる努力義務が課せられている（均等法11条3項）。これは、自社の労働者が他社の労働者にセクハラを行ったケースを念頭に置いたものである。また、自社の労働者が他社の労働者等の社外の者からセクハラを受けた場合に、必要に応じて他社に事実関係の確認や再発防止への協力を求めることも雇用管理上の措置義務に含まれることが明記されている（セクハラ指針4(3)イ二）。

(4) マタハラ・パタハラ

ア 要件等

職場のマタハラは、一般的には、女性労働者が妊娠、出産、育児に関する事由を理由として、解雇その他の不利益な取扱いを受けたり、これらの事由に関する言動により就業環境を害されたりすることをいう。男性労働者による育児に関連しても同様の問題は存在し、パタハラと呼ばれている。マタハラについては、均等法および育介法が規制として置かれており、女性労働者が妊娠、出産、産前産後休業をしたことその他妊娠・出産に関する事由を理由とする解雇その他の不利益取扱いは禁止されている（均等法9条3項、同施行規則2条の2）。また、マタハラ・パタハラに共通して、労働者が育児休業、子の看護休暇その他子の養育に関する制度や措置を利用したこと等を理由とする解雇その他の不利益取扱いも禁止されている（育介法10条・16条の4等）。

妊娠、出産、育児休業等を「理由とする」不利益な取扱いを禁止するに当たり、労働者の妊娠、出産、育児に際しては、従前の業務から軽易業務への転換や職責を免じる等の措置が必要となる場合が、一般的には生じ得る（注98）。

（注98） なお、使用者は、妊娠中の女性が請求をした場合は、他の軽易な業務に転換させなければならないとされている（労基65条3項）。

こうした措置は、人事異動・降格、低い人事考課や成績評価を伴い、賃金の低下を伴う不利益取扱いが生じる可能性があるため、均等法が禁止する不利益取扱いに該当しないかが問題となり得る。

この点につき、均等法9条3項の「理由として」とは、「妊娠・出産等と、解雇その他の不利益な取扱いの間に因果関係があること」をいい[注99]、「妊娠・出産等の事由を契機として不利益取扱いが行われた場合は、原則として、妊娠・出産等を理由として不利益取扱いがなされたと解される」とされている[注100]。育介法10条の「理由として」も同様であり、育児休業の申出または取得をしたことを「契機として」不利益取扱いが行われたものかどうかで判断される[注101]。そして、原則的に妊娠・出産・育休等の事由の終了から1年以内に不利益取扱いがなされた場合は「契機として」いると判断し、事由の終了から1年を超えている場合であっても、実施時期が事前に決まっている、または、ある程度定期的になされる措置（人事異動、人事考課、雇止め等）については、事由の終了後の最初のタイミングまでの間に不利益取扱いがなされた場合は「契機として」いると判断するとされている[注102]。

一方で、「契機として」と認められる場合であっても、例外的に、①不利益取扱いをせざるを得ない業務上の必要性が存在し、かつ業務上の必要性の程度が、不利益取扱いによる影響を上回る特段の事情が存在する場合で、②労働者が同意し、かつ一般的な労働者なら同意するような合理的な理由が客観的に存在するときは、均等法9条3項および育介法10条の「理由とし」た不利益取扱いに該当しないとされている[注103]。

(注99) いわゆる性差別禁止指針（平成18年厚労省告示第614号）第4の3(1)。

(注100)「改正雇用の分野における男女の均等な機会及び待遇の確保等に関する法律の施行について」（令和2年2月10日雇均発0210第2号による改正後の平成18年10月11日雇児発第1011002号）第2の4(5)。

(注101) 子の養育又は家族の介護を行い、又は行うこととなる労働者の職業生活と家庭生活との両立が図られるようにするために事業主が講ずべき措置に関する指針第2の11(1)、「育児休業、介護休業等育児又は家族介護を行う労働者の福祉に関する法律の施行について」（令和元年12月27日雇均発1227第2号による改正後の平成28年8月2日職発0802第1号雇児発0802第3号）第2の23(3)。なお、子の看護休暇等についても同様である。

(注102)「妊娠・出産・育児休業等を契機とする不利益取扱いに係るQ&A」問1。

イ　事業主等によるマタハラ・パタハラ防止措置

事業主が講ずべき防止措置の内容は、パワハラ［→(2)〔p.353〕］やセクハラ［→(3)〔p.352〕］と基本的に同じである。加えて、マタハラに特有のものとして、「ハラスメントの原因や背景となる要因を解消するための措置」をとることが求められている（事業主が職場における妊娠、出産等に関する言動に起因する問題に関して雇用管理上講ずべき措置等についての指針4(4)）。マタハラの原因や背景となり得る否定的な言動の要因としては、妊娠した労働者がつわりなどの体調不良のため労務の提供ができないことや、労働能率が低下すること等により、周囲の労働者の業務負担が増大することがあるとされている。また、育児休業者の業務について、業務量の調整をすることなく、特定の労働者にそのまま負わせることは、育児休業者への不満につながり、休業後の円滑な職場復帰に影響を与えることにもなりかねない。そのため、業務体制の整備など、事業主や妊娠等した労働者やその他の労働者の実情に応じて、業務分担の見直しや業務の効率化を図るなど、必要な措置を講じなければならないとされている。

このほか、妊娠等した労働者の側においても、制度等の利用ができるという知識を持つことや、周囲と円滑なコミュニケーションを図りながら自身の体調等に応じて適切に業務を遂行していくという意識を持つことが重要であり、事業主が妊娠等した労働者に制度等の利用ができることを周知・啓発することが望ましい。

マタハラ防止措置を講じなかった場合の罰則規定は定められていないものの、厚生労働大臣は、法律や指針に従わない事業主に対して、指導、勧告を行うことができ（均等法29条、育介法56条）、勧告に従わなかった場合、「企業名の公表」をすることができるものとされている（均等法30条、育介法56条の2）(注104)。

（注103）上記例外要件は、妊娠中の軽易業務への転換を契機に副主任を免ずる措置をとったこと、および育児休業終了後の復職に当たり副主任に任ぜられなかったことが、均等法9条3項所定の不利益取扱いに当たるかどうかが争われた広島中央保健生協（C生協病院）事件の最高裁判決（最判平成26・10・23労判1100号5頁）を受けて、2015年1月に追加されたものである。

（注104）なお、パワハラ防止措置義務違反、セクハラ防止措置義務違反にも同様の制度が定められている。

(5) SOGIハラスメント

ア　類型等

SOGIハラとは、SOGIに関する差別や嫌がらせ（ハラスメント）の総称である。SOGIハラとなり得る言動としては、一般的に①差別的な言動や嘲笑、差別的な呼称、②いじめ、無視、暴力、③望まない性別での生活の強要、④不当な異動や解雇、⑤アウティングの5類型が挙げられる(注105)。

SOGIハラは、比較的新しい用語であり、当事者団体等によって2017年頃から用いられるようになったものであるが、その具体的な内容は、従前から多様な性の当事者に関する学校・職場の課題として意識され、時には訴訟等にも発展していたさまざまな問題をSOGIの観点から再整理したものとなっている。

イ　事業主の義務等

パワハラ防止指針においては、SOGIハラに該当する言動のうち①「精神的攻撃」に該当する行為の例として、相手の性的指向・性自認に関する侮辱的な言動を行うこと（2(7)ロ(イ)①）、②「個の侵害」に該当すると考えられる例として、労働者の性的指向・性自認等について、当該労働者の了解を得ずに他の労働者に暴露すること（アウティング）（2(7)ヘ(イ)②）がパワハラに該当する行為として明記されている。特に、アウティングは一度行われると、アウティング発生前の状態に戻すことは不可能であり、予防的観点からの周知・啓発等の対策を講じる重要性はいうまでもなく、万一職場においてアウティングが発生した際には、さらなるアウティングの発生を防ぐために、情報が共有された範囲を調査し、情報の拡散を防ぐための対策を講じることが必要となる。

また、セクハラ防止指針においては、「職場におけるセクシュアルハラスメントには、同性に対するものも含まれるものである。また、被害を受けた者（略）の性的指向又は性自認にかかわらず、当該者に対する職場におけるセクシュアルハラスメントも、本指針の対象となるものである」とされている。これは、戸籍上の性別が同じ者・自認する性別が同じ者の間での性的な

(注105)「なくそう！SOGIハラ」実行委員会“なくそう！SOGIハラ”（http://sogihara.com/）参照。

言動によるハラスメントが行われ得ることを意味するものである。

(2)〔p.350〕および(3)〔p.352〕の通り、事業主にはセクハラおよびパワハラの防止対策措置義務が課せられており、セクハラおよびパワハラとなり得るSOGIハラについては、かかる義務の直接的な対象となる。また、必ずしもパワハラ・セクハラの枠に収まらない類型のSOGIハラであっても、多様な性を有する労働者の就業環境を適切に維持するためには、防止対策措置を講じる必要があることに変わりはない。厚生労働省の「モデル就業規則」15条においても、「その他あらゆるハラスメントの禁止」として、「性的指向・性自認に関する言動によるものなど職場におけるあらゆるハラスメントにより、他の労働者の就業環境を害するようなことをしてはならない」と定められている。

実際に、性の多様性に関する理解を欠く上司等のハラスメント行為により紛争が発生し、メディア等で取り上げられるケースが発生しており(注106)、企業は、他の類型同様、SOGIハラ対策にも積極的に取り組むことが必須である。

(注106) 具体的な事例としては、女性として社会生活を送っているトランスジェンダーの労働者に対して、上司から、「なぜ女装しているんだ」といった発言がなされる、興味本位で体を触られる、わいせつな話をされるといった行為がなされたとされる件で、ハラスメントに該当するとして損害賠償請求訴訟が提起された事例や、女性として社会生活を送っているトランスジェンダーの労働者につき、上司が執拗に「彼」と呼び続け、性自認を否定するだけでなく、業務から外すことまでも通告してきたとされる件で、労働者が発症した適応障害がハラスメントを原因とする、業務起因性のある労働災害と認定された事例等が報道されている。

第3節　ジェンダー投資

1　ジェンダー投資とは

近年、金融の側面からDE&Iを推進する活動として、ジェンダー投資(注107)という投資手法が注目を集めている。ジェンダー投資の概念は比較的最近生まれたものであり、その定義や範囲、分類など明確化されていない部分も多いが(注108)、投資判断に当たって、財務情報だけでなく、ジェンダー平等の促進や達成度に関わる要素（ジェンダー要素）という非財務情報を考慮した投資手法を指すとされている。世界的な傾向として、ジェンダー投資を標榜する投資商品は増加しつつあり、2023年9月30日現在、上場ジェンダー・レンズ株式ファンドの運用資産総額は39.5億米ドル、ジェンダー・レンズ債券の運用資産総額は146億米ドルと算出されている(注109)。

ジェンダー投資の1つの目的は、投資にジェンダーの視点を取り入れることで、女性の経済活動のための資金の流れを活性化し、経済活動における

(注107) ジェンダーに着目した投資手法に関して、ジェンダー・レンズ投資と呼ばれることもあり、特にインパクト投資の文脈でジェンダー・レンズ投資と呼ばれることが多い。しかし、日本においては、ジェンダー投資と呼ばれることが多いため、本書においてもジェンダー投資と呼ぶこととする。

(注108) 例えば、笹川平和財団「2019年ジェンダー投資概況調査」（2020年7月）は、ジェンダー投資を「事業・運用成績だけでなく社会的・環境的成果の向上をも目指し、案件のジェンダー要素に重点を置いて投資判断を下すもので、リスク軽減や機会発掘またはその両方につながり得る投資手法」と説明している。また、「ジェンダー投資に関する調査研究報告書」は、経営層や従業員の女性割合が高い企業や女性の働きやすい環境・体制が整備されている企業への投資を「女性活躍推進企業への投資」、女性の社会進出を助ける事業や、女性向けの商品やサービスを提供する企業への投資を「女性活躍貢献企業への投資」、女性経営者や生活に困窮している女性など、女性個人への投資を「女性個人に向けた投資」と分類し、これらをまとめてジェンダー投資としている。

(注109) Parallelle Finance, *Gender Lens Investing Q3 2023 Quarterly Review and Women in Global Asset Management* (2023), https://parallellefinance.com/gender-lens-investing-review/, last visited Dec. 25, 2023.

ジェンダー格差(注110)の解消に向けた社会的インパクトを生み出すことである。しかし、多くの投資家がジェンダー投資に注目する理由は、ジェンダーの多様性が実現された企業や、女性が経営する企業、女性のニーズ等に応える企業への投資は経済的利益を生むことが、さまざまなデータによって実証されているためである(注111)。例えば、MSCI Inc. が機関投資家による ESG を考慮した投資判断をサポートする目的で開発した国内株 ESG 指数の 1 つである MSCI 日本株女性活躍指数（WIN）は、「職場において高いレベルで性別多様性を推進する企業は、将来的な労働人口減少による人材不足リスクにより良く適応できるため、長期的に持続的な収益を提供すると考えられる」と説明している。また、内閣府男女共同参画局「ジェンダー投資に関する調査研究報告書（令和 5 年 4 月）」（以下、本節において「ジェンダー投資に関する調査研究報告書」という）においても、投資判断や業務において、企業における女性活躍の取組みに関する情報や女性活躍の前提となる働き方改革等の情報（同報告書において「女性活躍情報」と定義されている）を活用する理由として、「社会全体として女性活躍情報に取り組む必要があるため」に次いで、女性活躍情報が「企業の業績に長期的には影響があると考えるため」が挙げられている。ジェンダー投資に積極的に取り組む投資家の姿勢は、実際に、日本企業のジェンダー平等への取組みを後押ししている。2010 年に国連グローバル・コンパクトと国連婦人開発基金（UNIFEM、現 UN Women）が共同で策定した女性のエンパワーメント原則(注112)には APAC 地域最多レベルの日本企業が署名している(注113)。そして、**第 2 部第 2 章第 3 節**の通り〔p.104〕、2023 年 3 月期から適用が開始された改正開示府令によって開示が

（注110）ジェンダー格差は、世界経済フォーラムによって、「社会的、政治的、知的、文化的または経済的な達成度や態度に反映される男女間の差異」と定義されている（Briony Harris, *What is the gender gap (and why is it getting wider)?*（Nov. 1, 2017）参照）。

（注111）Christina Juhasz & Stephen O’ Driscoll, *Debunking myths*, European Investment Bank, April 1, 2022, https://www.eib.org/en/stories/investing-gender-lens, last visited Dec. 25, 2023.

（注112）Women’s Empowerment Principles（WEPs）。企業が職場、市場、およびコミュニティの各場面において、ジェンダー平等と女性のエンパワメントを推進し、社会とビジネスの両方にポジティブな変化を起こすための包括的なフレームワークとして策定された。2022 年 4 月 3 日時点で 281 社の日本企業が署名している（世界では、2021 年 12 月 1 日時点で、世界中で 5,700 社以上が署名している）。

求められているサステナビリティ情報には、ジェンダー平等に関する指標が複数含まれているほか、2021年には、企業によるジェンダー平等に関する取組みの開示をさらに促進するための報告指標である透明性とアカウンタビリティのためのフレームワークが作成・公開されるなど、投資家が投資判断の際に用いることができる情報の開示のための仕組みの整備も進められている。

ジェンダー投資の対象となる資産クラスは、株式、債券、ファンド等、多岐にわたり、投資手法も後述の通りさまざまである。本節では、ジェンダー投資について、その内容や位置づけについて、今後の実務の展望を含めて概説する。

2　ジェンダー要素

(1)　ジェンダー投資において考慮すべき要素

ジェンダー投資において考慮すべき要素は多岐にわたるが、これまで行われているジェンダー投資では、主に①企業内でのジェンダー平等、②社会のジェンダー平等、③女性の資本へのアクセスの拡大の３つの各分野でさまざまな要素が総合的に検討されている(注114)。

企業内でのジェンダー平等を考慮する際には、職場や取締役会などの構成、賃金、雇用年数などの各種指標の男女比に注目することが多い。例えば、MSCI日本株女性活躍指数（WIN）は、企業における①新規採用者における女性比率、②従業員に占める女性比率、③男性と女性の平均雇用年数の違い、④管理職における女性比率、⑤取締役会における女性比率をベースに、企業内部のジェンダー平等に関するパフォーマンスを評価している。実際に、年金積立金管理運用独立行政法人（GPIF）は、ESG株式パッシブ運用において、MSCI日本株女性活躍指数（WIN）に基づき組入銘柄の選定を行っていることを公表している(注115)。なお、企業内でのジェンダー平等を投資判断の指標として考慮する場合、投資対象会社のみにとどまらず、バリュー

(注113)　笹川平和財団「アジア太平洋地域の上場企業におけるジェンダー平等推進度ランキング」16頁（2022年６月）。

(注114)「ジェンダー投資に関する調査研究報告書」５頁、Global Impact Investing Network, *Gender Lens Investing Initiative* https://thegiin.org/gender-lens-investing-initiative/ 参照。

チェーン全体で評価を行うケースが増えていることに留意が必要である。

社会のジェンダー平等を考慮する際には、企業が実施する事業活動それ自体が社会におけるジェンダー平等の実現に貢献しているかが投資判断の基準となる。具体的には、事業内容がリプロダクティブ／マタニティ・ヘルス・イノベーションや、デイケアサービス等、社会における女性消費者のニーズに答えるものであり、ひいてはその事業を通じて女性への負担を軽減し、社会におけるジェンダー平等を後押しするものであれば、それは社会のジェンダー平等の実現に貢献する事業活動と評価できるため、当該事業活動を投資判断において積極的に考慮する。例えば、社会における女性の健康やヘルスケア水準の向上に貢献することを目的として、女性特有の健康問題を解決するためのテクノロジー企業であるフェムテック企業を中心としたスタートアップに特化して投資先を選定するVCファンドなどが、この観点からジェンダー投資を行う投資家の例として挙げられる。

女性の資本へのアクセスの拡大とは、主に女性が事業主体として活躍する事業に対して投資を行うことで、資本へのアクセス可能性におけるジェンダー平等を促進するものである。従前の研究(注116)により、資本へのアクセスの可能性について、女性と男性との間で大きな格差があることが明らかになっていることを踏まえ、女性の事業家がより資本にアクセスしやすい環境を作り出すことで、女性の社会におけるエンパワメントを促すものである。ここでいう事業家は、ベンチャーキャピタルから出資を受ける形で市場における急成長を目指すスタートアップにおける事業主体に限らず、スモールビジネスを行う中小企業の事業主体から発展途上国においてマイクロビジネスを行う事業家まで広く含まれると考えられている。

(2) ジェンダー要素の考慮方法

ジェンダー要素を投資判断においてどのように考慮するかは、投資商品の性質によって異なるが、例えば、投資先のジェンダーギャップが大きいと判

(注115) 年金積立金管理運用独立行政法人「ESG株式パッシブ運用の改善に向けた取組み」(2023年4月)。

(注116) OECD, *Entrepreneurship at a Glance* 2016, OECD Publishing, (2016), https://www.oecd-ilibrary.org/industry-and-services/entrepreneurship-at-a-glance-2016_entrepreneur_aag-2016-en.

断した場合は投資先から除外するというネガティブ・スクリーニングを行うことや、投資先の事業内容が社会におけるジェンダーギャップを改善するものであると判断し投資先として選定するというポジティブ・スクリーニングなどが考えられる。なお、「ジェンダー投資に関する調査研究報告書」によれば、女性活躍情報を「議決権行使やエンゲージメントにおいて活用している」と回答した投資家が81.3%、「投資判断の一部に採用している」と回答した投資家が61.3%、「ネガティブ・スクリーニングに活用している」と回答した投資家が6.3%となっている。

なお、近年、米国において、対象会社および株式所有者に対して、一定期間内に対象会社の役員や重要なポジションにある従業員に対してセクハラや性加害の申立てがなかったことを表明および保証させるいわゆる「ワインスタイン条項」がM&A実務において定着しつつある(注117)。このような条項はM&A取引に限らず、投資の局面においても同様に機能し得ると考えられる。例えば、投資契約において、投資先企業で、役員や将来の役員候補となる従業員に対してセクハラや性加害の申立てがなかったことを表明および保証させることは、投資先のネガティブ・スクリーニングにおいて有効に機能するであろうし、表明・保証に限らず、投資先企業においてセクハラや性加害が発生しないよう有効な防止措置をとることやその内容と成果を定期的に公表することを義務づける条項を設けることも考えられる。

投資後においても、ガバナンスの観点から、ジェンダー要素を考慮して投資先に影響を与えることも考えられる。近年、アセットマネージャーやアセットオーナーが個別に設けている議決権行使基準において、投資先の上場会社の取締役選任議案において、選任後に女性取締役が存在しないことにな

(注117) ワインスタイン条項は、MeToo Representation and Warrantyとも呼ばれている。元映画プロデューサーであるハーヴェイ・ワインスタイン氏がセクハラや性的暴行を行っていたことが発覚したことにより、世界的な#MeToo運動へとつながり、その結果同氏が経営していたワインスタイン・カンパニーの経営が悪化し、最終的には連邦破産法の適用申請を行ったことをきっかけに、社会問題を引き起こす可能性のあるスキャンダルが買収リスクとなることが認知され始めた。その結果、当該リスクを低減するために用いられるようになった契約条項のことをワインスタイン条項と呼称している。なお、ワインスタイン条項の導入過程、M&A取引における位置づけについてJavon Johnson, *An Epidemic of Workplace Sexual Misconduct: The Birth of the Weinstein Clause in Merger and Acquisition Agreements*, 52 TEX. TECH L. REV. 377 (2020) が詳しい。

る場合、取締役の選任に反対する旨定めることなどが行われている。このように、投資後のエンゲージメントを通じて、投資先のジェンダー平等の実現を促すことを行う取組みは、スチュワードシップ責任を果たすために通常の投資活動の一環としてすでにしばしば行われている。したがって、ジェンダー投資においても、投資前における投資先のスクリーニングを行うことにとどまらず、投資先企業との対話や議決権行使を通じてジェンダー投資の目的の達成を図っていくことが望ましいと考えられる。

3　ジェンダー投資の類型

ジェンダー投資は、ジェンダー要素をどのように考慮するのかという観点から分類することができる。ジェンダー要素にどの程度重点を置いて投資判断を行うのか、その程度にはグラデーションがあるものの、ジェンダー投資は、大まかにESG投資、インパクト投資、マイクロファイナンスに分けることができる。

(1)　ESG投資

ESG投資が投資判断に織り込む非財務ファクターのうち、ジェンダー投資では、「S（Social）」として、社内外の人権尊重や従業員のDE&Iの観点からのジェンダー平等の達成度、「G（Governance）」として取締役会やマネジメント層のジェンダー比率等を考慮することが多い。つまり、ジェンダー要素としては、企業内でのジェンダー平等および社会でのジェンダー平等が重要となる。なお、「ジェンダー投資に関する調査研究報告書」によれば、投資判断に女性活躍情報を活用している機関投資家が特に考慮する要素として、女性役員比率や女性管理職比率が多く挙げられている。ESG投資と呼ばれる投資手法にはさまざまなものが存在するが、ESG投資について概説した**第3部第2章**〔p.230～〕によれば、ESG投資の目的は、投資判断に際してESGを考慮することで、長期的な投資リターンを得ることにあり、投資対象のESGの改善は、投資によって長期的なリターンを得ることの手段としての位置づけにある。ただし、近年では、著名な日本企業がトップマネジメントによる性差別的な言動や性加害等により企業価値を大きく毀損する事例も発生しており、ジェンダーの観点に基づく社内外の人権尊重がリスクマネジメントとしても重要な意味を有するようになってきていることにも留意が必要である。したがって、ESG投資にあたってジェンダー要素を考慮する場合には、その要素がいかなる形で長期的な投資リターンないし投資リスクの低減につながるのかを検証する必要があり、長期的な投資リターンないし投資リスクの低減につながらないのであれば、投資判断において当該ジェンダー要素を考慮することが、受託者責任の観点から問題を生じないか、検討を行う必要が生じることとなる。ESG投資と受託者責任の関係については**第3部第2章第3節**〔p.238〕を参照されたい。

(2) インパクト投資

インパクト投資においても、ジェンダー要素としては、ESG投資と同様、企業内でのジェンダー平等および社会でのジェンダー平等に着目して投資判断が行われる。ESG投資とは異なり、インパクト投資はジェンダー要素の考慮を長期的な投資リターンを求める手段としては位置づけていない。**第3部第5章**で説明されている通り〔p.288〕、インパクト投資は、経済的リターンと「財務的リターンと並行して、ポジティブで測定可能な社会的及び環境的インパクトを同時に生み出すことを意図する投資行動」と考えられており、ジェンダー平等の促進それ自体が投資の目的の1つとして位置づけられている。インパクト投資は、投資リターンに加えて、投資を通じて社会的インパクトを生み出すインパクトを測定し、管理する必要がある点に特殊性がある。このような観点から、ロックフェラー財団等の資金提供者・投資家により2009年に設立された非営利組織であるGlobal Impact Investing Network（GIIN）は、ジェンダー要素を考慮したインパクト投資において考慮すべき要素を公表している[注118]。具体的には、インパクト投資の類型に該当するジェンダー投資においては、①投資前の活動（ソーシングやデューデリジェンスなど）から投資後のモニタリング（戦略的アドバイザリーやエグジットなど）に至るまで、ジェンダーに焦点を当てたプロセス、②ジェンダー問題に取り組むためのビジョンやミッション、③組織構造、文化、社内規定および職場環境、④ジェンダーに配慮した業績管理、行動変容およ

（注118）Global Impact Investing Network, Gender Lens Investing Initiative,（https://thegiin.org/gender-lens-investing-initiative/）, last visited December 25, 2023.

び説明責任を促すためのデータや指標の利用状況、⑤どのように財務的・人的資源が男女平等への全体的なコミットメントに表れているかを考慮すべきであるとしている。また、「ジェンダー投資に関する調査研究報告書」によれば、ジェンダー要素を考慮したインパクト投資を行っているのはアンケート調査の回答者の4.8%であり、ジェンダー要素を考慮したインパクト投資を行っている回答者のほぼ全てにおいて、インパクト投資が占める割合は投資全体の1%以下にとどまるなど、インパクト投資としてのジェンダー投資は、市場として大きいとはいえない。インパクト投資を行う上での課題としては、アセットオーナーの理解が得られないこと、インパクトの評価が困難であること、インパクトのモニタリングが困難であること等が挙げられている。

なお、一般的なインパクト投資と同様に、ジェンダー要素を考慮するインパクト投資においても、投資リターンの向上とは異なる要素を考慮することが、受託者責任の観点から問題を生じないかが論点となり得ることについては**第３部第５章**〔p.288〕を参照されたい。

(3)　マイクロファイナンス

マイクロファイナンスとは、貧困層や低所得者層向けの少額融資・預金・送金・保険サービス等の提供を通じて、利用者の生活の改善やスモールビジネスの運営を通じた自立を促す金融手法である。マイクロファイナンスは1983年のバングラデシュでのグラミン銀行の設立以来、発展途上国を中心に世界中で普及してきた。

経済的貧困とジェンダーの不平等は相互に関連している。ジェンダーに基づく構造的差別は、貧困を増幅させる不平等な力関係の最大の原因かつ結果である[注119]と考えられており、マイクロファイナンスを通じて、女性に財産や時間をコントロールする力を与えることは貧困へのアプローチの１つとして認められている[注120]。マイクロクレジットの提供は、持続可能な貧困削減策の触媒となるとされており、また、女性は男性よりも返済能力が高

（注119）Shawna Wakefield, *The G20 and gender equality: How the G20 can advance women's rights in employment, social protection and fiscal policies*, 183 Oxfam Briefing Paper, 14. Jul, 2014, https://oxfamilibrary.openrepository.com/bitstream/handle/10546/322808/bp183-g20-gender-equality-employment-social-protection-210714-en.pdf;jsessionid=7688A2C9E92E69C666856B5443543D0F?sequence=19

く女性の管理下にある所得は家族の福祉に使われる可能性が高いとの研究結果もあるため、マイクロファイナンスは貧困削減とジェンダー不平等の解決を同時に目指す多くの実務家が選択する手法の１つとして(注121)、主に女性の資本のアクセスの拡大という観点から、ジェンダー投資の一類型となっている。ただし、マイクロファイナンスは、女性に融資された資金が配偶者のビジネスや嗜好品のために費消されてしまい必ずしも女性自身の経済力向上につながらないリスクや、女性の経済力が増加することによる家庭内の力関係が変化することおよび配偶者が女性に対してマイクロファイナンスによって資金を調達することを要求することが家庭内暴力のきっかけとなるリスクもはらんでいることも指摘されている(注122)ため、投資インパクトの見極めと評価に際しては慎重な判断が求められる。

4　実務の展望

最後に、ジェンダー投資の普及に伴い、企業に実務上いかなる対応が生じるのか、今後の展望を論じる。

まず、より多くの投資家が投資判断に際してジェンダー要素を考慮することで、資金需要のある企業が、ジェンダー平等のための取組みをより加速する必要に迫られることはいうまでもない。企業には、ジェンダー平等のための自社の取組みが社外から投資の際の考慮要素として客観的に評価されることを意識し、自社の現状と課題を踏まえて最も大きな社会的・経営的インパクトを生む取組みを戦略的に設定・実行していくことが求められる。なお、上記の通り、投資家がジェンダー要素を考慮する際には、バリューチェーン全体が評価の対象となることには十分留意が必要である。

次に、ジェンダー要素に係る情報開示が挙げられる。**第１節**の通り

(注120) Christine Hughes et al., *Women's economic inequality and domestic violence: exploring the links and empowering women*, 23(2) Gender & Development. 279-297 (2015).

(注121) Amelia Duffy-Tumasz. *Paying back comes first: Why repayment means more than business in rural Senegal*, 17:2 Gender & Development, 243, 254 (2009).

(注122) Haile Hirut B. et al., *Is There a Convergence or Divergence between Feminist Empowerment and Microfinance Institutions' Success Indicators?*, J. Int. Dev. 27 Journal of International Development, 1042, 1057 (2015).

〔p.310～〕、企業に対するDE&Iに関する情報開示の要請はますます高まっており、開示府令による義務的開示事項を超えた詳細な情報を非財務情報として開示する企業も増えている。特に、役員や管理職の女性比率については、株式会社東京証券取引所が東証プライム市場の上場企業に対して2030年までに女性役員の比率を30％以上にすることを目指すよう要請するなど、企業に対し、これまで以上に具体的な数値目標とその達成に向けた取組み状況を積極的に開示することが求められるようになっている。開示情報の充実により、ジェンダー要素を重要視する投資家は、より詳細な情報に基づいて投資判断を行うことが可能となるため、ジェンダー投資を行うに当たっての意思決定が精緻化していくと考えられる。また、情報開示が不十分な企業は、投資対象として選ばれにくくなる可能性もあるため、企業には、資金調達の観点から、自社のジェンダー平等の状況や取組みについて、定量的・定性的な情報を含めたより具体的な情報を開示することが求められる。また、開示の前提として、自社のジェンダー平等に関する状況を正しく把握し、分析した上で、適切かつ有効な目標ならびにその達成のための取組内容および体制の構築が必要となる。

最後に、投資契約等の契約実務への影響も考えられる。上記の通り、すでに米国では、「ワインスタイン条項」をM&A契約において導入することが一般化しており〔p.362〕、ジェンダーの権利の侵害が企業価値にとってのリスクとなり得ることが認識されている。また、日本企業においても、実際にトップマネジメントによる性差別的な言動や性加害等が原因で企業価値を大きく毀損する事例が発生している。そのため、今後日本においても投資契約の中でジェンダーの権利に係るリスクを手当てするための契約条項を規定する取引実務が定着しても不思議ではない。企業としては、そのような事態も想定し、コンプライアンスとガバナンスに係る体制を強化するとともに、新しい契約実務に対応する体制を整備する必要がある。

このようにジェンダー投資は、バリューチェーン全体でのジェンダー平等への取組み、情報開示、契約実務など企業活動のさまざまな分野において、幅広く影響を与える可能性を秘めている。そのため、各企業はジェンダー投資の普及に伴って発生する影響に適切に対応し、ジェンダー投資を通じてより多くの資金を調達するため、必要に応じて専門家の助言も得ながら、十分な準備をしておく必要がある。

第2章
ビジネスと人権

第1節　ビジネスと人権をめぐる規範

1　総　論

近年、一般的に使用されるようになってきた「ビジネスと人権」という概念をごく簡単に説明するとすれば、「ビジネス」に関連して生じる「人権」問題に焦点を当てた議論全般を指す概念である。「ビジネスと人権――Business and Human Rights」は、以下の点を背景に、世界共通の課題として、世界中で取り組まれ、議論されているものの1つである。第1に、「ビジネス」という側面からは、従来からの通信・交通等の手段の発達によるビジネスのクロスボーダー化に加え、コロナ時代を経て、リモートによる情報交換・意思疎通が容易になったことから、「ビジネス」は、もはや取引のいずれかの段階で、また何らかの形で、国境をまたいで遂行されることが常態化しているといえること。第2に、「人権」という側面からは、「人権」そのものが、人が生まれながらにして持つ基本となる一定の権利をいい[注1][注2]、人種、皮膚の色、性、言語、宗教等にかかわらず、「すべての人」が持つ権利であるという性質から、各国の法制度等にかかわらず一定の議論が可能な世界共通の概念であるといえることである。これらを背景に、1948年に初めて人権保障を国際的に宣言したといえる世界人権宣言が国連総会で決議されて以降、ビジネスと人権に関して、企業の人権尊重責任をまっとうさせる

（注1）芹田健太郎『国際人権法』（信山社、2018）213頁。
（注2）環境やテクノロジーなど、比較的新しい課題に対する人権の議論については、**第3節**〔p.434～〕の該当箇所を参照。

ための取組みとして、現在に至るまで、さまざまな法的規範（ここでは、広くハードロー〔法的拘束力を持つ規範〕とソフトロー〔法的拘束力を持たない規範〕の両方を含むものとする）が策定されてきた。本章においては、ビジネスと人権に関する代表的な規範と関連して派生する個別の課題について概観するが、本節においてはその前提として、ビジネスと人権をめぐる規範の概要と、その形成過程について概観する。

2　世界人権宣言から国連指導原則へ

(1)　世界人権宣言

「ビジネスと人権」というキーワードは、人権史上でみれば比較的最近になって使われるようになったものであるが、その根本にある精神は、前述の1948年の世界人権宣言に遡る。世界人権宣言は、「人権及び基本的自由の普遍的な尊重及び遵守の促進を達成する」[注3]ことを国連加盟国が誓約したものであり、人権の尊重を加盟国に義務づけた最初の国際的な宣言といえる[注4]。本宣言は、国連加盟国に対して法的拘束力を持つものではないが、追って紹介するハードローとしての人権条約による人権保障の基礎をなす宣言である。本宣言の特徴としては、「すべての人民とすべての国とが達成すべき共通の基準」[注5]として、各国家によって普遍的に達成されるべきものであることを確認したこと、そして、自由権、参政権および社会権を内容とする28か条の諸権利を具体的に明示している点が挙げられる[注6]。国際慣習法になったという主張もある[注7]ほどに、世界的に承認され、すべての人権条約の基礎とも位置づけられる。

（注3）世界人権宣言前文。

（注4）1945年に採択された国連憲章においても基本的人権の尊重が規定されているが、加盟国に人権の尊重を義務づける規定が置かれていないことから、人権尊重を義務づけているかどうかの解釈をめぐって争いがあったことなどにも照らし、世界人権宣言を本文のように位置づけることとする（東澤靖『国際人権法講義』〔信山社、2022〕23頁以下参照）。

（注5）外務省仮訳（https://www.mofa.go.jp/mofaj/gaiko/udhr/1b_001.html）（最終閲覧2023年10月23日）。

（注6）東澤・前掲（注4）24頁。

(2) 国連指導原則の策定まで

特に、1990年頃から、企業による経済活動が市民に対して及ぼす影響は多様化し、その度合いもより直接的で多大なものになっていく中で、企業活動が人権に対して甚大な影響を与える例が顕在化してきた。例えば、先進国を中心として発展したグローバル企業が発展途上国に工場を置くなどして事業活動を行う中で、強制労働、児童労働や劣悪な労働条件における労働などを含む人権への重大な影響が生じる例などである(注8)。このような状況を背景として、人権への影響の予防と対策を構ずるべく、企業に対して人権を尊重する責任を課し、当該責任に基づく、責任ある対応を求める規範が整備されるようになった。国際人権法の伝統的な考え方からは、人権を保護する義務は第1次的には国家にあると考えられてきたが、上述の通り、グローバル企業による国をまたいだ経済活動の発展や、国家による統治体制の機能不全などを背景に、国家における規制のみでは対応することができないことが明らかになってくるにつれ、企業に対して責任を課す国際社会としての取組みが試みられるようになったのである。これらの取組みは、従来、ソフトローにより行われてきたが、代表的なものとして、2011年に採択された「ビジネスと人権に関する指導原則：国際連合『保護、尊重及び救済』枠組実施のために（A/HRC/17/31）」（以下本章において、「国連指導原則」または「指導原則」という）がある。国連人権理事会において全会一致で支持された文書として、史上初めて、企業の人権尊重責任を認めたものであることから、ビジネスと人権の取組みに当たっては、必ず参照すべき基本原則である。そのほか、国際的なソフトローによるビジネスと人権の取組みの代表例は、以下の通りである(注9)。なお、その1つとして、ILOの多国籍企業および社会政策に関する原則の三者宣言（ILO多国籍企業宣言）があるが、これについては、

（注7）なお、「社会の……各機関」（前文）という、企業を示唆する用語は使用されているものの、当該「社会の各機関」へ適用される宣言部分は、国際慣習法になったとする論者からも慣習法の対象として含まれていないようである（ジョン・ジュラルド・ラギー（東澤靖訳）『正しいビジネス』〔岩波書店、2014〕82頁）。

（注8）ラギー・前掲（注7）44頁以下には、いくつかの企業の例が挙げられている。

（注9）そのほか、日本国内における取り組みとして、「繊維産業における責任ある企業行動ガイドライン」（2022）や、「責任あるサプライチェーン等における人権尊重のためのガイドライン」（2022）などがある。

4(2)〔p.385〕において紹介する。

ア　OECD ガイドライン

OECD 責任ある企業行動に関する多国籍企業行動指針（以下、「OECD ガイドライン」という[注10]。1976 年採択、2023 年最終改訂）は、1976 年から６回の改訂を重ねているが、2000 年改訂版の同指針（国連指導原則の採択前の段階）において、企業が「企業の活動によって影響を受ける人々の人権を尊重する」べきことを規定している[注11]点で、注目に値する。後述の ILO 多国籍企業宣言と同様、企業に人権尊重責任を課すソフトローの１つといえる。2011 年の改訂時には、「IV. 人権」という新たな項目を設け[注12]、国連指導原則に則した企業の人権尊重責任に関する規定が盛り込まれている。2023 年の改訂時には、企業によるサプライチェーンの下流へのデューデリジェンスの適用範囲の明確化、企業に対する気候変動や生物多様性について国際的に合意された目標との整合性を図ることへの期待、データの収集や使用を含めた技術に関するデューデリジェンスの期待等の規定などが新設された[注13]。

イ　国連グローバルコンパクト

国連グローバルコンパクト（UN Global Compact）は、2000 年に発足した、国連に民間企業、民間団体が参加し、健全なグローバル社会を築くことを目的としたイニシアティブである[注14]。1999 年にコフィ・アナン国連事務総長（当時）がダボス会議で提唱し、短期的な利益にとらわれない、「人間の顔を持った」グローバル市場を築くことを各企業に呼びかけていた。その後、2000 年にニューヨークの国連本部で正式に発足し、2025 年１月現在、160 か国以上、２万 5,000 を超える企業・団体が参加している[注15]。国連グローバルコンパクトにより定められた 10 原則において、「企業は、国際的に宣言されている人権の保護を支持、尊重し」（原則 1）、「自らが人権侵害に加担

（注10）外務省 OECD ガイドライン仮訳（2023 年版）（https://www.mofa.go.jp/mofaj/files/100586174.pdf）（2023 年 12 月 22 日最終閲覧）。

（注11）外務省 OECD ガイドライン仮訳（2000 年版）「II　一般方針」第２項参照（https://www.mofa.go.jp/mofaj/gaiko/csr/pdfs/takoku_ho2000.pdf）。

（注12）外務省 OECD ガイドライン仮訳（2011 年版）（https://www.mofa.go.jp/mofaj/gaiko/csr/pdfs/takoku_ho.pdf）。

（注13）外務省・前掲（注 10）。

（注14）グローバル・コンパクト・ネットワーク・ジャパンウェブサイト（https://www.ungcjn.org/gcnj/about.html）（2025 年１月 13 日最終閲覧）。

しないよう確保すべきである」（原則2）と企業に対する人権の尊重責任について総論的に定めた上で、特に労働については、強制労働、児童労働および差別の撤廃（原則3から原則6）を定めるほか、環境や腐敗防止に関する原則も規定されている（注16）。国連グローバルコンパクトの役割については、2021年の国連総会における決議で、「SDGsの実行のために重要である民間セクターの活動の推進」（注17）が挙げられており、SDGsと一体として、企業の人権尊重責任を促すために行われている取組みの1つである。

ウ　MDGs・SDGs

持続可能な開発のための2030アジェンダ（以下、「SDGs」という（注18））およびその前身にあたるミレニアム開発目標（以下、「MDGs」という）も、企業の人権尊重責任を規定するソフトローの1つと評価できる。MDGsは、2000年に国連ミレニアム・サミットに参加した189の国によって採択された国連ミレニアム宣言を基にまとめられたもので、主に発展途上国における課題を中心に設定されたものである。極度の貧困と飢餓の撲滅、ジェンダーの平等の推進と女性の地位向上など、2015年までに達成すべき8つの目標と21のターゲットを掲げていた。SDGsは、MDGsの達成期限を前に、MDGsにおいては対応しきれていなかった課題や世界情勢の変化とともに顕在化した課題等を踏まえて、新たに2030年を達成期限として設定されたものである。SDGsは、（発展途上国に限ることなく）全世界共通の課題として、

（注15）国連グローバルコンパクトウェブサイト（https://unglobalcompact.org/）（2025年1月13日最終閲覧）。

（注16）グローバル・コンパクト・ネットワーク・ジャパンウェブサイト（https://www.ungcjn.org/gcnj/principles.html）（2023年12月22日最終閲覧）。同原則の詳細は、グローバル・コンパクト・ネットワーク・ジャパン仮訳「国連グローバル・コンパクト4分野10原則の解説」を参照。（https://www.ungcjn.org/library/files/10principles.pdf）（2023年12月22日最終閲覧）。

（注17）United Nations General Assembly（A/RES/73/254）26項参照（https://documents-dds-ny.un.org/doc/UNDOC/GEN/N18/463/65/PDF/N1846365.pdf?OpenElement）（2023年12月22日最終閲覧）。なお、後日の別の国連総会においても、同趣旨の内容を再確認する決議がなされている。（United Nations General Assembly（A/C.2/76/L.13/Rev.1）（https://documents-dds-ny.un.org/doc/UNDOC/LTD/N21/342/74/PDF/N2134274.pdf?OpenElement）（2023年12月22日最終閲覧）。

（注18）外務省仮訳（https://www.mofa.go.jp/mofaj/gaiko/oda/sdgs/pdf/000101402_2.pdf）（2023年12月22日最終閲覧）。

「包摂的かつ持続可能な経済成長及びすべての人々の完全かつ生産的な雇用と働きがいのある人間らしい雇用（ディーセント・ワーク）を促進する」(注19)など、17のゴールと169のターゲットが設定されており、ビジネス・民間セクターをも取り込んでいく(注20)ことで、目標達成することが宣言されている。

なお、ILO多国籍企業宣言の序文において、同宣言が掲げる原則は、SDGsに掲げられた目標であるディーセント・ワークを実現する(注21)という目標を促進するためのガイドラインとして使われる趣旨の記載がある(注22)。

エ　国連指導原則(注23)

国連指導原則は、上述の通り、企業の人権尊重責任を正面から規定した国連文書であり、そのコメンタリーと合わせて、企業に対する一定の行動規範を明示している点で重要な意義を有する。

国連指導原則は、①一般原則（３つの柱）のパートと、②各一般原則に対応する各論のパートに分かれている。①の一般原則においては、(ア)人権および基本的自由を尊重し、保護し、充足する国家の既存の義務（国家の人権保護義務）、(イ)すべての適用可能な法令の遵守と人権尊重が要求される、専門的な機能を果たす専門化した社会的機関としての企業の役割（企業の人権尊重責任）、(ウ)権利と義務が、その侵害・違反がなされた場合に、適切かつ実効的な救済を備えているという要請（救済へのアクセス）が３つの柱として示されている。

②の各論のパートのうち、(イ)の企業の人権尊重責任（原則11から22）に関しては、運用上の原則として、企業に対して、(i)人権尊重責任を果たすための基盤としての、企業方針によるコミットメントの策定と表明（原則16）、(ii)人権への悪影響を特定し、予防し、軽減し、対処方法を明確にするための人権デューデリジェンス（以下、本章では「人権DD」という）の実施（原則17から21）、(iii)企業が惹起または助長した人権への悪影響からの救済の提供

(注19) SDGs目標８参照。
(注20) SDGs宣言52参照。
(注21) SDGs目標８参照。
(注22) ILO多国籍企業宣言序文参照。
(注23) 国連指導原則の訳につき、外務省仮訳（https://www.mofa.go.jp/mofaj/files/000062491.pdf）（2023年12月22日最終閲覧）。

（原則22）をすべきことを規定している（注24）。

前述の通り、国連指導原則は、ソフトローによる取組みであるため、法的拘束力はないものの、国連指導原則に沿った形で、各国において企業の人権尊重責任に関連した法制化がなされるなど（注25）、その影響力は極めて大きい。

なお、国連指導原則の制定までに、国家の人権保護義務と同様の法的拘束力ある義務を企業に対して課す、「多国籍企業および他の企業の責任に関する規範」（注26）を策定する試みもあった。2003年に提案されたもので、多国籍企業等について前述の義務を課す最初の国際文書であった（注27）。しかし、経済界と人権活動団体の間に生じる利害関係の大きさから「深い亀裂を生じさせる議論（a deeply divisive debate）」（注28）を作り出したことにより、この提案が採択されることはなく、代わりに、2005年に「人権と多国籍企業及びその他の企業の問題」に関する事務総長特別代表という役職が設置され（注29）、同特別代表による2008年の「保護、尊重及び救済」枠組み策定にまで至ったのである。2011年の国連指導原則は、この2008年の枠組みの実施のためのガイダンスという位置づけである。

このようなソフトローによる取組みの隆盛が見られた背景は、いくつかある。同特別代表であったジョン・ラギー氏の著書によれば、第1に、ハードローの措置がとれない、またはとることを望まない場合に、方向性を示したり、ギャップを埋めたりするための手段として選択された可能性があること、

（注24）国連指導原則の解説として、国連指導原則のコメンタリー（United Nations〔A/HRC/17/31〕）（https://documents-dds-ny.un.org/doc/UNDOC/GEN/G11/121/90/PDF/G1112190.pdf?OpenElement）のほか、United Nations "The Corporate Responsibility to Respect Human Rights – An Interpretive Guide"（和訳は、国際民商事法センター仮訳（https://www.icclc.or.jp/human_rights/）（2023年12月22日最終閲覧））や、日弁連国際人権問題委員会『詳説ビジネスと人権』（現代人文社、2022）60頁以下（コメンタリーの和訳付）などがある。

（注25）詳細は、**第2節**〔p.395～〕を参照。

（注26）United Nations Economic and Social Counsil（E/CN.4/Sub.2/2003/12/Rev.2）（https://documents.un.org/doc/undoc/gen/g03/160/08/pdf/g0316008.pdf）（2025年1月17日最終閲覧）。

（注27）菅原絵美『「ビジネスと人権」：国連による規範形成に焦点をあてて』国際法学会エキスパート・コメントNo.2019-5（https://jsil.jp/archives/expert/2019-5）。

（注28）国連指導原則「指導原則への序文」3項参照。

（注29）国連指導原則「指導原則への序文」3項参照。

第２に、法的拘束力のある手段が適切でないと判断された可能性があること、最後に、政治の大勢が拘束力のある措置に向かうのを避けたいという考慮が働いた可能性があることである(注30)。

より具体的には、国連指導原則に関しては、ソフトローの形式で策定された理由として、ジョン・ラギー氏の著書(注31)において、以下のような考慮に基づくものと説明されている。まず、ハードローたる条約という形式をとることの一般的な問題として、条約交渉から条約効力の発生までに長時間を要する点である。条約の射程が広く、問題が論争的になる可能性がある事項については、より長期間を要する。ビジネスと人権の議論は、さらに、ビジネスと人権という分野特有の考慮、つまり、ビジネスと人権の議論は、当時、相対的に新しい関心事であったため、適用される国際基準や最良実践などの鍵となる概念が確立されておらず、世界共通のコンセンサスを基礎から作り上げる必要があった点である。また、ビジネスと人権における権利保護側に対応する責任の所在は、慣行上、在外公館限り、または、中小規模の部署による取扱いである一方、ビジネスを促進する側は、より大きな機関として影響力を持っており、相互に連携した条約プロセスへの取組みが困難であった点も挙げられる。各国がビジネスと人権に関する対応を逡巡する場合には、交渉手段として継続中の条約交渉を引合いに出すことが想定され、それにより進行中の重要な国際的政策に悪影響が生じることを避ける考慮などがあったとされる。一方、条約という手段をとった場合にも、実効性や執行方法など、多数の問題が想定されたとのことである(注32)。

このような考慮を経て、ビジネスと人権に関する基本原則といえる国連指導原則は、ソフトローにより策定されたのである(注33)。

もっとも、ソフトローに違反することの効果としては、法的拘束力をもって何らかの義務を課すものではないというソフトローの性質から、直ちに公的な制裁等の結果が発生するものではない。あるとすれば、ソフトローを遵守していないことによる社会的な制裁（レピュテーションの低下、株価の下落等）を受けるという間接的な効果にとどまるのが基本である。

(注30)　ラギー・前掲（注７）88頁。
(注31)　ラギー・前掲（注７）99頁以下。

3　人権条約

(1)　総　論

ハードロー（法的拘束力を持つ規範）の国際的な枠組みの代表例は、人権条約である。国際的な保障・承認の過程を経ることで、国際的な規範として、各国に対して法的拘束力を持って人権保護を義務づけるものである。前述の通り、ソフトロー違反の効果が間接的にとどまるのとは異なり、人権条約の場合には、条約上直接的に義務を課されるだけでなく、条約によっては、後述の通り、履行確保手段としての制度が規定されるなど、強制的に履行を促す枠組みをとることが可能になる。

（注32）これらの熟慮を経た一方、依然として国連指導原則の内容を条約化するような動きがあることは注目に値する。概要としては、2014年に、国連人権理事会で採択された決議案（United Nations General Assembly（A/HRC/RES/26/9）（https://documents-dds-ny.un.org/doc/UNDOC/GEN/G14/082/52/PDF/G1408252.pdf?OpenElement）（2025年1月17日最終閲覧））に対応する形で、オープンエンドの超国家企業その他のビジネス活動に関する政府間の作業部会が発足し、現時点までで、全10回（2024年12月16日から20日が直近回〔2025年1月17日時点〕）のセッションが行われ、法的拘束力ある条約の草案が検討されている（United Nations Human Rights Council（https://www.ohchr.org/en/hr-bodies/hrc/wg-trans-corp/session10）（2025年1月17日最終閲覧））。当該条約の目的は、①国家の人権尊重・保護義務の効果的な実施を明確にし、促すこと、②ビジネス活動による人権尊重と履行の責任を明確にし、確保すること、③効果的な監督・執行・説明責任の方法を講じることにより、企業活動に際して人権侵害が生じることを防止すること、④ジェンダーに対応した、子供に寄り添った、被害者中心の、効果的で十分かつタイムリーなビジネス活動に関する人権侵害被害者に対する救済への閲覧を確実にすること、⑤特に、超国家的性質を持つビジネス活動に関する人権侵害を防止・軽減するための相互の法的な支援と国際的協力を促し、強化すること、また、被害者に対して司法閲覧や効果的で十分かつタイムリーな救済を提供することにある（第9回セッション用草案より（https://www.ohchr.org/en/hr-bodies/hrc/wg-trans-corp/session9）（2023年12月22日最終閲覧））。2017年にドラフトの要素（Elements for the draft）が発表された後、2018年に最初の草案（Zero draft）が発表され、その後、上記セッションを通じて改訂が行われてきている。ドラフトの内容の詳細については、以下を参照（https://www.ohchr.org/en/business-and-human-rights/bhr-treaty-process）（2023年12月22日最終閲覧）。

（注33）なお、近時の各国による国内法たるハードローの整備状況については、**第2節**〔p.395～〕を参照。

国連指導原則が対象としている、そこで保護されるべき人権は、「国際的に承認された人権」をいい（原則12)、ここには、最低限、世界人権宣言、後述の自由権規約、社会権規約、労働における基本的原則および権利に関する宣言に挙げられたILO条約中核8条約（2022年より10条約に変更）上の基本権に関する原則が含まれるとされる（原則12のコメンタリー）が、その他の人権条約によって保障される人権も含まれると考えられる。

(2)　人権条約

ア　人権条約総論

人権条約の枠組みとしては、主に国連人権条約（国際連合〔その専門機関等を含む〕によって採択されるもの）や地域的人権条約（地域的な組織によって採択されるもの）があり、それらの例とその概要は、以下の通りである。ILOにより採択された条約については、4〔p.383〕において紹介する。

イ　国連人権条約(注34)

(a)　国際人権規約（社会権規約(注35)および自由権規約(注36)）（1966年採択）

国際人権規約は、経済的、社会的及び文化的権利に関する国際規約（以下、「社会権規約」という）と、市民的及び政治的権利に関する国際規約（以下、「自由権規約」という）からなるが、世界人権宣言を踏まえてこれを条約化したものである(注37)。

保障されるべき権利として定められる権利（社会権規約中の例として、経済的権利としての労働権、労働条件、団結権、社会保障についての権利、母親および児童・年少者の保護などが挙げられ、自由権規約中の例として、奴隷・強制労

（注34）本文に記載するもののほか、代表的な人権条約として、子どもの権利条約（1989年採択)、障害者の権利に関する条約（2006年採択)、拷問等禁止条約（1984年採択)、移住労働者権利条約（1990年採択)、強制失踪条約（2006年採択）等があるが、これらはいずれも、国家や企業によるビジネスに関する人権保護義務、人権保護責任について、特段焦点を当てているとはいえない。

（注35）経済的、社会的及び文化的権利に関する国際規約。外務省仮訳（https://www.mofa.go.jp/mofaj/gaiko/kiyaku/2b_001.html）(2023年12月22日最終閲覧)。

（注36）市民的及び政治的権利に関する国際規約。外務省仮訳（https://www.mofa.go.jp/mofaj/gaiko/kiyaku/2c_001.html）(2023年12月22日最終閲覧)。

（注37）社会権規約及び自由権規約の前文参照。

働の禁止、児童の権利、少数民族の権利など）の性質上、ビジネスと人権の議論と密接な関わりを持つ条約だといえる[注38]が、両規約そのものは、ビジネスに関する国家の義務や企業の責任について、特段の焦点を当てているわけではない[注39]。

(b)　人種差別撤廃条約（あらゆる形態の人種差別の撤廃に関する国際条約）（1965年採択）

本条約は、締約国の国家が、あらゆる形態の人種差別を撤廃する政策や、あらゆる人種間の理解を促進する政策を遅滞なくとること等を定める（同条約2条1項参照[注40]）もので「集団」や「団体」による人種差別についても言及があるものの、ビジネスに関する国家の義務や企業の責任に特段焦点を当てているものとはいえない[注41]。

(c)　女子差別撤廃条約（1979年採択）

本条約は、締約国の国家が、「女子（原文：Women）」に対するあらゆる形態の差別を撤廃する政策を講ずること等を定める（同条約2条参照[注42]）もので、より直接的にビジネスの問題に取り組んでいる点で注目に値する。具体的には、締約国の国家に対して、総論として「企業（原文：enterprise）」による女子差別を撤廃するためのすべての適当な措置をとることを義務づけている（本条約2条(e)参照[注43]）。さらに、経済的・社会的活動の分野における女子に対する差別として、具体的に、「銀行貸付け、抵当その他の形態の金融上の信用についての権利」について、男女平等を基礎として男女同一の権利を確保するための措置をとる義務を締約国の国家に課している（本条約

（注38）ビジネスと人権の文脈での両規約の分析については、日本弁護士連合会国際人権問題委員会編『詳説ビジネスと人権』（現代人文社、2022）24頁以下参照。

（注39）ラギー・前掲（注7）83頁。なお、社会権規約の実施状況を審査する経済的、社会的及び文化的権利に関する委員会（社会権規約委員会）は、2017年にビジネスと人権に関連する一般的意見を発出している（United Nations Economic and Social Council（E/C.12/GC/24）（https://documents.un.org/doc/undoc/gen/g17/237/17/pdf/g1723717.pdf）（2025年1月17日最終閲覧）。

（注40）外務省仮訳（https://www.mofa.go.jp/mofaj/gaiko/jinshu/conv_j.html#2）（2023年12月22日最終閲覧）。

（注41）ラギー・前掲（注7）83頁。

（注42）外務省仮訳（https://www.mofa.go.jp/mofaj/gaiko/josi/3b_001.html）（2023年12月22日最終閲覧）。

（注43）外務省仮訳・前掲（注42）。

13条(b)参照(注44)。直接に義務を負う主体は国家ではあるものの、企業を相手方とする取引についての国家の義務を明示した点は、注目に値する。

ウ　地域的人権条約

世界の一部の地域においては、その地域の国々を対象とした人権条約が採択されている（ここでは、これらを地域的人権条約という）。地域的人権条約として代表的なものは、欧州人権条約（1950年採択）、米州人権条約（1969年採択）、アフリカ憲章（1981年採択）、アラブ人権憲章（改訂版につき、2004年採択）(注45)が挙げられるが、いずれも、国家のビジネスに関する人権保護義務や企業の人権尊重責任について、特段の焦点を当てたものはないようである。

エ　人権条約の限界

人権条約は、国際法の原則からすると、基本的には企業に直接的な義務を課すものではなく、締約国の国家に対して、その管轄下にある企業が侵害行為を行わないよう確保する義務を課すものである(注46)。また、人権条約を概観した通り、具体的に、ビジネス＝企業の経済活動に焦点を当て、そこから生じ得る問題について、一定の行動を企業に義務づけまたは促すことに明示的に焦点を当てた規定は、**イ**(c)〔p.378～〕において言及した点を除いて見られない状況である。ただし、当然ながら、これは決して人権条約の射程にビジネスと人権が含まれないと解されるべきものではなく、いずれの人権条約も、その根幹にある精神は、ビジネスと人権に密接に関連する人権を含め、広く「人権」を保護することにあり、それを実践するための取組みということからすれば、一連のソフトローと一体としてビジネスと人権の文脈で

(注44)　外務省仮訳（https://www.mofa.go.jp/mofaj/gaiko/josi/3b_003.htmlhttps://www.mofa.go.jp/mofaj/gaiko/josi/3b_003.html）（2023年12月22日最終閲覧）。

(注45)　そのほか、法的拘束力はないが地域的人権保障の枠組みとして、ASEAN人権宣言（2012）がある。

(注46)　なお、人権条約の直接的な適用以外にも、例えば、国際基準を国内法に取り込むことで適用可能性を探る議論がある（例えば、米国の外国人不法行為法（Alien Tort Statute）や、国際人道法との関係で国際刑事裁判所（International Criminal Court：以下、「ICC」という）の管轄要件を国内法の法人処罰規定を介して企業に拡張するなど（ラギー・前掲（注7）85頁～86頁）また、模索段階であるが、条約の域外適用について、各条約機関が今後関心を持つ可能性についても指摘がある（同86頁）。

も十分に検討されるべきものであり、国連指導原則およびそのコメンタリーにおいても、前述の通り、一部の人権条約に言及しているところである。

オ　人権条約の履行確保手段

人権条約の対象となった権利・義務については、以下のような履行確保の手段が実践され得る。

(a)　条約を批准することにより適用されるもの

国家報告制度（自由権規約40条など）：締約国による報告と条約機関による定期的な審査（総括所見の送付）を行うことによって、締約国の条約内容の履行を確保しようとするものである。

国家間通報制度（自由権規約41条など）：締約国が、他の締約国による人権侵害を通報することができるようにし、人権保障を確保する制度である。

個人通報制度（自由権規約選択議定書1条など）：個人が、締約国によって人権を侵害されたことを通報できる制度である。

(b)　条約の批准の有無に関係なく適用されるもの

普遍的・定期的審査（UPR）：国連加盟国であることにより生じる義務であり[(注47)]、各国連加盟国は、4年半に1回、当該国が締結している人権条約などを審査基準として、作業部会により人権状況を審査される。2007年に創設が合意され、2008年より審査を開始している。

ICCの訴追：ICCに関するローマ規程の締約国でなくとも、適用を承認することにより対象となる[(注48)]ことから、条約批准に関係なく適用される条約の履行確保手段といえるが、管轄に関する別途の要件がある。

(c)　国内人権機関

国内人権機関は、国際的な人権基準によって国内における人権侵害からの救済と人権保障を推進するための政府から独立した国家機関をいう[(注49)]。あくまで、各国政府による独自の取組みにより設置されるものではあるが、国内人権機関がビジネスと人権の取組みに際して重要な役割を果たす点につ

(注47) United Nations General Assembly (A/RES/60/251) 5項 (e)、9項参照（https://www2.ohchr.org/english/bodies/hrcouncil/docs/a.res.60.251_en.pdf）（2025年1月17日最終閲覧）。

(注48) ICCに関するローマ規程12条参照。

(注49) 国内人権機関の権限やあるべき設置・運営態様については、国内人権機関の地位に関する原則（パリ原則）参照。

いては、国連指導原則3のコメンタリーにおいて言及されているほか、国連人権理事会第47回セッションの報告書や国連人権理事会の訪日調査報告書(注50)においても指摘されている。なお、世界には、少なくとも118の国内人権機関があるとされる(注51)が、日本においては、国内人権機関は設置されていない。

4　国際労働基準

(1)　国際労働基準とは

ア　国際労働基準の役割と位置づけ

国際労働基準の内容を解説する前に、その意味をより実態に即して理解するために、国際労働基準の役割と位置付けを確認したい。

ビジネスと人権の分野において、企業が尊重すべき人権は、国内法上保障されている人権にとどまらず、国際的に認められた人権、すなわち国際人権法・国際労働法上の人権とされている。特に、重要な条約に規定された人権については最低限のものとして尊重すべきとされているところ（指導原則12)、各国が当該条約を批准していない場合には、当該国の国内法上は、当該人権は尊重すべき対象として保障されていない可能性があり、また、批准していても、条約の内容が国内法上適切に反映されていない可能性があるが、これらの場合であっても、当該国に所在する企業が当該人権を尊重しないでよいということにはならないことに留意が必要である(注52)。

(注50) United Nations General Assembly（A/HRC/47/39/Add.3）の5項（https://documents-dds-ny.un.org/doc/UNDOC/GEN/G21/161/50/PDF/G2116150.pdf?OpenElement）（2023年10月22日最終閲覧）およびUnited Nations General Assembly（A/HRC/56/55/Add.1）（https://documents.un.org/doc/undoc/gen/g24/068/47/pdf/g2406847.pdf）（2025年1月17日最終閲覧）。

(注51) 国内人権機関世界連合（Global Alliance of National Human Rights Institutions: GANHRI）United Nations Human Rights Office of the High Commissioner "Chart of The Status of National Institutions, Accredited By The Global Alliance of National Human Rights Institutions 'Accreditation Status As Of 19 July 2024'"（https://ganhri.org/wp-content/uploads/2024/07/StatusAccreditationChartNHRIs_July2024.pdf）（2025年1月13日最終閲覧）。

そして、上記の重要な条約の一部として、指導原則では、国際労働基準が挙げられている。すなわち、国際労働基準とは、後述のとおりILOが労働に関連するあらゆる分野について制定する条約や勧告等をいうところ、そのうち、いわゆる中核的労働基準と呼ばれる5分野10条約が、指導原則12の解説において、企業が最低限のものとして尊重し責任を負うべき国際的に認められた人権を規定する文書として規定されている。また、後記第2節で詳述される、EUのCSDDD〔p.396〕においても、人権DDの対象となる人権を規定する条約として、これらの中核的労働基準が挙げられている。このように、中核的労働基準は、国際労働法を構成する条約の一部として、国際的に認められた人権を規定する重要な条約であるとされていることから、仮にこれに対応する国内法が存在しない場合でも(注53)、当該国の企業は、指導原則等に基づき、中核的労働基準に規定された人権を尊重する必要があるとされる。したがって、企業が、国際基準に則った人権DDや人権尊重の取組みを実施するためには、中核的労働基準、ひいては国際労働基準に対する理解が不可欠となる。

イ　国際労働基準の意味

国際労働基準とは、ILOが採択する労働に関する国際的な基準で、基本的人権の確立、労働条件の改善、生活水準の向上、経済的・社会的安定の増進を目的とした条約、勧告、議定書その他の規範文書をいう。狭義の国際労働基準は、条約と勧告のみを指し、これに宣言、実務規定（code of practice）等を加えたものを広義の国際労働基準という。国際労働基準が取り扱う分野は、結社の自由、強制労働の禁止、児童労働の撤廃、雇用・職業の差別待遇の排除といった基本的人権に関連するものから、三者協議、労働行政、雇用促進と職業訓練、労働条件、労働安全衛生、社会保障、移民労働者や船員などの特定のカテゴリーの労働者の保護等、労働に関連するあらゆ

(注52) 以上について、日本繊維産業連盟「繊維産業における責任ある企業行動ガイドライン」第2部1(1)も参照。同ガイドラインについては下記ニューズレター参照（「サステイナビリティと日本企業の海外進出――ビジネスと人権⒁繊維産業連盟『責任ある企業行動ガイドライン』の紹介」(2022年10月25日号)（https://www.nishimura.com/ja/knowledge/newsletters/20221025-93251)。

(注53) なお、2025年1月現在、日本は中核的労働基準の10条約のうち、「雇用および職業についての差別待遇に関する条約（111号)」と「職業上の安全および健康に関する条約（155号)」を批准していない。

る分野に及ぶ(注54)。

狭義の国際労働基準のうち、条約は国際的な最低基準としての労働基準を定めるものであり、加盟国の批准により効果が生じる。条約を批准した国は、当該条約を実施するために必要な措置をとる国際的義務を負うこととなる。他方、勧告は、各国の批准を前提せず、法的拘束力を有さない。これは、勧告の内容は各国の事情を踏まえてそれぞれに適した方法で適用することが期待されているからであり、その意味で、勧告は各国が法律や労働協約を作成する際の1つの有力な指針となるものといえる(注55)。

なお、勧告は、条約化する予備的な措置として採択される場合も多く、勧告に定める基準は、人権尊重に関する進捗状況を示す指針ともいえる。近時は、同時に同一テーマに関する条約と勧告を採択し、条約は原則的な内容を規定し、勧告で条約を補足する細目を規定する場合も多く、国際的に統一された原則を遵守しつつ、実際の運用・執行には各国の事情を反映することができる仕組みとなっている。なお、条約および勧告以外で広義の国際労働基準を構成する宣言、実務規定、ガイドライン等は、法的拘束力を伴わない点で条約と異なり、採択手続が簡潔なため迅速な対応が可能である点で、勧告とも異なるいわゆるソフトローに当たり、労働分野の重要な変化に対して時宜を得た指針を与える重要な役割を果たしている(注56)。

ウ　ILOの条約および勧告の採択の手順(注57)

ILOの条約および勧告は、毎年開かれる国際労働総会で、政府・使用者・労働者の三者代表による審議の結果、出席代表の3分の2の多数決で採択される。

国際労働総会の議題は、ILO理事会または国際労働総会自身が決定する。理事会で決定する場合には、ILO事務局が、理事会に提案された議題に関する各国の現行法規と慣行についての調査結果を理事会に提出し、理事会が当該議題を国際労働総会に提出することを決定した場合、ILO事務局はさ

(注54) ILO駐日事務所「国際労働基準 ILO条約・勧告の手引き2023年版」(https://www.ilo.org/sites/default/files/wcmsp5/groups/public/%40asia/%40ro-bangkok/%40ilo-tokyo/documents/publication/wcms_617034.pdf) 4頁～5頁参照。
(注55) ILO駐日事務所・前掲(注54) 4頁。
(注56) ILO駐日事務所・前掲(注54) 5頁。
(注57) ILO駐日事務所・前掲(注54) 6頁～7頁。

らに、国際労働総会での審議に向けて、各国の状況や各加盟国に対する質問状とその回答等を含む一層詳細な報告を作成することになる。国際労働総会での審議は、通常2年にわたって行われ、初年度に一般的な原則を検討し、次年度に条約ないし勧告のいわゆる国際文書を採択する方式（2回討議制）で実施される(注58)。

国際労働総会での審議に際しては、まず、技術的な委員会で討議が行われ、その結果が本会議に提出されて、本会議にて最終決定される。委員会では、政府・使用者・労働者の三者が完全に平等の投票権を持つような手続がとられる(注59)。他方、国際労働総会の本会議に投票権をもって出席するのは政府2、民間2（労・使それぞれ1）の各国代表だが、可決要件が3分の2とされているところ、これは政府側代表全員のみ、または労・使側代表全員の賛成投票のみでは、条約または勧告を採択できないことを意味している(注60)。

エ　条約および勧告の効果

(a)　条　約

条約を批准した国(注61)は、その条約の諸規定を自国の法令の中に取り入れるために必要な、あらゆる措置をとらなければならないとされている。したがって、現行の国内法または行政措置が条約の規定に抵触する場合は、これを廃止または改正しなければならず、必要に応じて新たに法令を制定したり行政措置を講じたりしなければならない。また、その後は、批准した条約の諸規定を実施するためにとった措置を定期的にILO事務局に報告する義務を負う。他方、条約を批准していない国は、条約で取り扱われている事項

（注58）ILO駐日事務所・前掲（注54）6頁。

（注59）例えば、政府側委員10名、労使側委員各5名の委員会では、政府側委員には各1票、労使側の委員には各2票の投票権が与えられる。

（注60）ILO駐日事務所・前掲（注54）6頁～7頁。

（注61）条約が国際労働総会で採択されれば、加盟国政府はこれを当該国際労働総会の会期終了後12か月（特別の場合には18か月）以内に自国の権限のある機関（日本の場合は国会）に提出しなければならず、当該機関で承認されれば、その批准を事務局長に通知しなければならない。また、一般に、ILO条約は、2つの加盟国による批准がILO事務局に登録されてから1年後に発効し、その後は、批准した国ごとに批准登録から1年後に発効する。ある発効条約を批准した加盟国は、たとえILOからの脱退などにより以前に批准した条約の廃棄を欲したとしても、当該条約の発効後一定期間（通常5年間または10年間）は廃棄（denunciation）できない（ILO駐日事務所・前掲（注54）12頁）。

に関する自国の法律や慣行の現況(注62)を、理事会の要請する適当な間隔に従い、ILO 事務局に報告しなければならない。なお、以上の ILO 事務局に提出する報告については、いずれも、その写しを国内の代表的労使団体に送付しなければならない(注63)。

(b)　勧　告

加盟国は、勧告で取り扱われている事項に関する自国の法律や慣行の現況を、理事会の要請する適当な間隔で、ILO 事務局に報告しなければならず、その写しを国内の代表的労使団体に送付しなければならない。

(2)　ILO の多国籍企業宣言の概要

ILO は、国際労働基準に規定されている原則ならびに ILO 加盟国としての義務および ILO 条約への批准により生じる義務に基づき、多国籍企業および社会政策に関する原則の三者宣言（以下、本章において「多国籍企業宣言」という）(注64)を策定している(注65)。多国籍企業宣言は、社会政策と包摂的で責任ある持続可能なビジネス慣行に関して、企業に直接の指針を示すガイドラインであり、多国籍企業が経済的・社会的進歩およびすべての人へのディーセント・ワーク（働きがいのある人間らしい仕事）の実現に対してなし得る積極的寄与を奨励し、その各種の活動がもたらす困難を最小にし、かつ解決することを目標としている。また、多国籍企業宣言が、国連指導原則、OECD（経済協力開発機構）による「OECD 多国籍企業行動指針」等とともに、ビジネスと人権に関する国際的な基準ないし原則を示すものであると捉えられていることから、企業が労働分野に関して国際基準に則った人権 DD

(注62)　立法・行政措置・団体協約またはその他によって条約の規定のどの部分がどの程度実施されているか、また実施されようとしているか、その条約を批准できない理由または遅延させる障害を含む。

(注63)　ILO 駐日事務所・前掲（注 54）13 頁。

(注64)　https://www.ilo.org/wcmsp5/groups/public/---asia/---ro-bangkok/---ilo-tokyo/documents/publication/wcms_577671.pdf

(注65)　ILO は、企業が ILO 多国籍企業宣言等の国際労働基準等について相談することができる、「ビジネスのためのヘルプデスク」を開設している（https://www.ilo.org/tokyo/helpdesk/lang--ja/index.htm）。また、国際労働基準上の原則に、より整合した事業展開をサポートする視点で資料等を公開している（https://www.ilo.org/tokyo/helpdesk/tools-resources/lang--ja/index.htm）。

や人権尊重の取組みを実施するためには、多国籍企業宣言も参照する必要がある。

ガイドラインである多国籍企業宣言は、法的拘束力を有さず、企業に義務を課すものではない(注66)ものの、雇用、職業訓練、労働条件・生活条件、労使関係等について、企業が取るべき行動指針を示しており、労働分野における最低限度の人権の保護を目指す中核的労働基準では規定されていない、より具体的または実際的な場面に関する事項についても言及している。

(3)　中核的労働基準

ア　中核的労働基準とは

国際労働基準に関する条約のうち、①結社の自由および団体交渉権の効果的な承認、②強制労働の廃止、③児童労働の撤廃、④雇用および職業における差別の排除、⑤安全で健康的な労働環境という5つの労働課題に関する分野に係るILOの基準を「中核的労働基準」と呼ぶ(注67)。

中核的労働基準については、労働における基本的原則および権利に関するILO宣言に基づき、ILOの加盟国(注68)であるということ自体により、批准国ではない国を含むすべてのILO加盟国が、これらの条約の対象となる権利に関する原則を尊重し、促進し、実現する義務を負うことに留意が必要である。

それぞれの分野において、中核的労働基準とされている条約は下記の通りである。

①　結社の自由および団体交渉権の効果的な承認
- 結社の自由および団体権保護条約（1948年、第87号）(注69)
- 団結権および団体交渉権条約（1949年、第98号）(注70)

②　強制労働の廃止

(注66) 多国籍企業宣言7項。

(注67) 2022年6月の第110回ILO総会において、⑤安全で健康的な労働環境分野とこれに係る2条約が中核的労働基準に新たに含まれることが採択され、即時発効した。

(注68) 加盟国リストは右リンクから参照可能（https://www.ilo.org/about-ilo/how-ilo-works/ilo-member-states）。

(注69) Freedom of Association and Protection of the Right to Organise Convention, 1948（No. 87）（https://www.ilo.org/dyn/normlex/en/f?p=NORMLEXPUB:12100:0::NO::P12100_INSTRUMENT_ID:312232）.

・強制労働条約（1930年、第29号）（注71）

・強制労働廃止条約（1957年、第105号）（注72）

③　児童労働の撤廃

・最低年齢条約（1973年、第138号）（注73）

・最悪の形態の児童労働条約（1999年、第182号）（注74）

④　雇用および職業における差別の排除

・同一報酬条約（1951年、第100号）（注75）

・差別待遇（雇用・職業）条約（1958年、第111号）（注76）

⑤　安全で健康的な労働環境

・職業上の安全および健康条約（1981年、第155号）（注77）

・職業上の安全および健康促進枠組条約（2006年、第187号）（注78）

上記のうち、日本は、④のうちの差別待遇（雇用・職業）条約（1958年、第111号）と、⑤のうちの職業上の安全および健康条約（1981年、第155号）

（注70）Right to Organise and Collective Bargaining Convention, 1949（No. 98）（https://www.ilo.org/dyn/normlex/en/f?p=NORMLEXPUB:12100:0::NO::P12100_ILO_CODE:C098）.

（注71）Forced Labour Convention, 1930（No. 29）and its 2014 Protocol（https://www.ilo.org/dyn/normlex/en/f?p=NORMLEXPUB:12100:0::NO::P12100_ILO_CODE:P029）.

（注72）Abolition of Forced Labour Convention, 1957（No. 105）（https://www.ilo.org/dyn/normlex/en/f?p=1000:12100:0::NO::P12100_ILO_CODE:C105）.

（注73）Minimum Age Convention, 1973（No. 138）（https://www.ilo.org/dyn/normlex/en/f?p=normlexpub:12100:0::no::P12100_ilo_code:C138）.

（注74）Worst Forms of Child Labour Convention, 1999（No. 182）（https://www.ilo.org/dyn/normlex/en/f?p=NORMLEXPUB:12100:0::NO::P12100_ILO_CODE:C182）.

（注75）Equal Remuneration Convention, 1951（No. 100）（https://www.ilo.org/dyn/normlex/en/f?p=NORMLEXPUB:12100:0::NO::P12100_Ilo_Code:C100）.

（注76）Discrimination（Employment and Occupation）Convention, 1958（No. 111）（https://www.ilo.org/dyn/normlex/en/f?p=NORMLEXPUB:12100:0::NO::P12100_Ilo_Code:C111）.

（注77）Protocol of 2002 to the Occupational Safety and Health Convention, 1981（https://www.ilo.org/dyn/normlex/en/f?p=NORMLEXPUB:12100:0::NO::P12100_ILO_CODE:P155）.

（注78）Promotional Framework for Occupational Safety and Health Convention, 2006（No. 187）（https://www.ilo.org/dyn/normlex/en/f?p=NORMLEXPUB:12100:0::NO::P12100_ILO_CODE:C187）.

を批准していない（2025年1月現在）。

以下、中核的労働基準のうち、多くの日本企業が既に注目している②強制労働の廃止、および、いまだ多くの日本企業においては意識がされづらい状況にあるものの、強制労働の廃止等の他の中核的労働基準と並んで同等に重要である④雇用および職業における差別の排除について、それぞれ詳述する。

イ　強制労働

強制労働の禁止および廃止は、中核的労働基準の1つである。企業は、すべての就業を強制することなく、離職や雇用を自ら終了する労働者の権利を尊重するとともに、すべての人の仕事を選択する自由を尊重して強制労働を禁止ないし撤廃するための即時的かつ効果的な措置をとらなければならない。

「強制労働」とは、「ある者が処罰の脅威の下に強要され（①処罰による脅威）、かつ、右の者が自らの自由意思で申し出た者ではない一切の労務（②非自発的な労働または役務）」（強制労働条約〔1930年、第29号〕2条1項）（括弧書は筆者にて追記）を指し、罰を科せられることを恐れて雇用関係から逃れられないような状況がこれに当たる。「①処罰による脅威」の「処罰」とは、物理的・肉体的な処罰または制約（暴力、職場外への外出制限等）に限られず、特定の権利（例えば賃金を受領する権利等）ないし利益（例えば環境の整った寄宿舎に住んでいる状態等）を失わせることや、不法滞在している外国人労働者に対し当局に告発すると脅すこと等、あらゆる形態の不利益を労働者に課すことを含む[(注79)][(注80)]。「②非自発的（な労働または役務）」とは、就労や離職につき、本人の任意の同意がない状態を指し、形式的には本人の同意がある場合でも、その同意が処罰の脅威を背景として行われた場合は、任

(注79) ただし、純然たる軍事的性質の作業に対し強制兵役法によって強制される労務、国民の通常の市民的義務を構成する労働、裁判所の判決の結果として強要される労務、緊急の場合、例えば戦争、火災、地震、猛烈な流行病などのような災害またはそのおそれのある場合に強要される労務、軽易な地域社会の労務であって通常の市民的義務と認められる労務等はこれに含まれない（ILO駐日事務所・前掲（注54）33頁）。

(注80)「①処罰による脅威」を基礎付ける例としては、労働者本人やその家族等身近な者への身体的暴力および言葉の暴力、物理的な移動の制限、金銭的な制裁、賃金の留保・不払、将来の雇用の打切り、地域や社会的生活からの排除、性的暴力、告発・国外追放の脅し、権利・社会的地位・住居の剥奪、食料・住居その他の生活に必要なものの取上げ等がある（日本繊維産業連盟・前掲（注52）21頁）。

意の同意はないことから当該要件を充足する(注81)。したがって、労働者が報酬・給与を受け取っていても、強制労働に当たる場合があり得る。「すべての労働」は、合法的で正式な雇用のみならず、違法な雇用関係も含む、すべての種類の労働を指す。

また、強制労働の対象者は、あらゆる自然人（大人、子ども、外国人労働者を含む）であり、雇用契約に基づいて労働を提供する者以外にも、口頭での依頼と応諾（発注と受注）による内職従事者、業務委託契約に基づき労働を行う個人事業主等も含まれる点には注意が必要である。

以上の定義からわかる通り、強制労働に該当するケースには多様な形態があるため、企業が強制労働の撤廃を徹底するためには、問題となっている事例が、例えばパスポートの没収など一般的によくイメージされる典型例に当たらないからといって、強制労働に該当しないであろうと安易に判断しないことが肝要である。東南アジアから日本に渡航する外国人技能実習生はその多くが強制労働の被害者であると国際的に批判されているなど、日本国内でも現に多く発生している問題であることを忘れないようにしたい。

強制労働性を基礎づける典型的なサインとしては、労働者の脆弱性の悪用（女性、未成年、現地語を話せない、現地法の知識がない、または在留資格がさまざまな権利と結びついている移民を含む外国人労働者、職業選択の自由の幅が少ない貧困層、宗教的・民族的少数者、非正規労働者、内職従事者や個人事業主等は脆弱性が一般的に高いとされている）、詐欺（労働の種類や条件に関する虚偽の約束）、物理的な移動の制限（職場への閉じ込めや監視等）、労働者の孤立、身体的・性的暴力、脅迫、使用者による労働者の身分証明書の保持、賃金の差押え（労働者を職場にとどめるために賃金の支払を遅らせる場合）、負債による束縛、虐待的な労働環境および生活環境、過剰な時間外労働等がある(注82)。そして、これらの強制労働のリスクを増大させる要因としては、上記に挙げ

(注81)「②非自発的（な労働または役務）」を基礎づける例としては身体的拘束・隔離、移動の禁止（職場への拘束）、人身取引、債務労働、労働の種類や条件に関する虚偽の約束、賃金の留保・不払、個人の所有物（特に身分証明書・パスポート）の留置、国内法および労働協約で定められた範囲を超える極度の時間外労働等がある（日本繊維産業連盟・前掲（注52）21頁）。

(注82) ILO「ILO Indicators Forced Labour」(2012年10月1日)(https://www.ilo.org/wcmsp5/groups/public/---ed_norm/---declaration/documents/publication/wcms_203832.pdf)。

た労働者の脆弱性が存在する場合や労働者が職場の寮に住んでいる場合のほか、委託加工生産が行われている場合（特に人権リスクが高いとされている外国所在の企業に再委託している場合等）、サプライチェーン上ですでに強制労働を含む人権侵害が指摘されている場合、強制労働を規制する各国法の執行体制が不十分な場合（政府による調査または執行件数の少なさ、インフォーマル経済(注83)の存在等）、強制労働を廃止するための労働者側の主張または行動を阻害する団結権や団体交渉権が欠如している場合、取引先に対して価格、納期、出来高払制等を要因とする過度なプレッシャーが与えられている場合等が考えられる(注84)。

ウ　差　別

(a)　差別の意味

「差別待遇」とは、「人種および皮膚の色、性、宗教、政治的見解、出身国・出身地等、社会的出身、その他法律により規定される要因（HIVの感染歴、障害の有無、年齢、妊娠、育児や介護に関する責任、性的指向、労働組合への加入や活動への参加等）に基づく差別や除外、または優先順位づけで、雇用または職業における機会または待遇の均等を破り、または害する結果となるもの」（差別待遇（雇用・職業）条約（1958年、第111号）1条1項参照）をいう。

労働環境における差別待遇の禁止は、中核的労働基準のうち1つであるが、日本は差別待遇（雇用・職業）条約（1958年、第111号）を批准していない。もっとも、日本は、同一報酬条約（1951年、第100号）を批准し、日本国内における国内法として男女雇用機会均等法等をはじめとする労働法関連法令を制定しているものの、ILOからは、少なくとも2005年、2017年、2020年に、男女雇用機会均等法は不十分である旨の指摘を受けている(注85)。すなわち、ILOからは、男女雇用機会均等法の規定が、主に男性は総合職に就き、女性は主に一般職に就くという総合職と一般職の区分に基づく男女の

（注83）法令または慣行上、公式な取決めの適用を受けていないまたは十分に適用を受けていない労働者および経済単位によるすべての経済活動（不正な活動を除く）を指す（ILO「非公式な経済から公式な経済への移行に関する勧告（第204号）」（https://www.ilo.org/wcmsp5/groups/public/---asia/---ro-bangkok/---ilo-tokyo/documents/normativeinstrument/wcms_534969.pdf）。

（注84）日本繊維産業連盟・前掲（注52）22頁。

労働者間の賃金格差について対応していないことが問題視されている。これは同一報酬条約を適切に適用するために極めて重要な同一価値労働に対する男女間の同一報酬が実現されていないことを意味し、そのため、日本は同一報酬条約（1951年、第100号）が規定する原則を限定的にしか実現できていないと指摘され、同法の改正が求められているが、いまだこの点に実質的に対応した同一価値労働に対する男女間の同一報酬を実現する法改正はなされていないと評価されている。

(b)　直接差別と間接差別

また、差別には、直接差別と間接差別の２種類が存在する。直接差別とは、制度や方針などが直接的に差別的な待遇を生み出す場合を指し、例えば特定の思想や政治的意見を持つ人、特定の性的志向の人、結婚・妊娠している人を対象から外した求人広告を出す場合等がこれに該当する。通常、「差別」といえば、このような態様での差別的な事案を想像する人が多いと思われ、また、現代の日本社会ではこのような態様での差別については比較的慎重に対応されているように思われる。

他方、間接差別とは、表面的には中立に見える制度や実務的慣行が、特定の集団に属する人に対し、能力とは無関係の差別的な結果を招く場合を指し、例えば、平日の夜に研修を実施することにより、日常的に育児や介護の責任を負うため出席できない者（一般的に日本社会では女性であることがまだ多い）を排除し、結果としてこれらの者を仕事の割振り時や昇進時に不利な立場にさせる場合や、言語能力が不可欠ではない仕事に関して、特定の言語が話せることを求人の要件とする場合等がこれに該当する。間接差別については、これが「差別」であるとの認識自体が浸透していない一方で、一見して差別に該当しているとの判断を行うことが客観的に難しいという性質もあり、現代の日本社会においても該当する例は数多いと指摘されている。この点、厚

（注85）2017年のILO条約勧告適用専門家委員会による見解参照：(https://www.ilo.org/dyn/normlex/en/f?p=1000:13100:0::NO:13100:P13100_COMMENT_ID,P13100_COUNTRY_ID:3342965,102729:NO)。2020年のILO条約勧告適用専門家委員会による見解参照：(https://www.ilo.org/dyn/normlex/en/f?p=1000:13100:0::NO:13100:P13100_COMMENT_ID,P13100_COUNTRY_ID:4049871,102729:NO)、(https://www.ilo.org/dyn/normlex/en/f?p=1000:13100:0::NO:13100:P13100_COMMENT_ID,P13100_COUNTRY_ID:4049868,102729:NO)。

生労働省は、間接差別となるおそれがある措置として、①労働者の募集または採用に当たって、労働者の身長、体重または体力を要件とするもの（雇用の分野における男女の均等な機会および待遇の確保等に関する法律施行規則の一部を改正する省令2条1号）、②労働者の募集もしくは採用、昇進または職種の変更に当たって、転居を伴う転勤に応じることができることを要件とするもの（同条2号）、③労働者の昇進に当たり、転勤の経験があることを要件とするもの（同条3号）を挙げている（注86）が、これらは間接差別の中の一例にすぎず、上記定義に照らせば、実際の事例はこれらに限られない。その他にも法律が他の従業員に与えている保護の対象から家事労働者を事実上排除する場合に、実質的には女性や少数民族に対する間接差別が認められるという事例や、採用や保護の対象を選挙名簿に登録されている者のみとする場合に実質的には移民を含む外国人を排斥していることになり、人種に基づく間接差別が認められるという事例、さらには職場のトイレや休憩所、食堂、エレベーター、制服等の態様によっては女性や障がい者等が間接差別の対象となる事例等、あらゆる態様による事例が考えられる。

日本では、差別と言えば人種や肌の色、民族による差別を思い浮かべられることも多く、日本国内での差別事例は時折ニュースメディアでとりあげられるような差別発言などのわかりやすいものを除き、あまり存在しないと捉えている人も少なくないように思われる。しかし、上記の通り、日本はそもそも差別撤廃の国際基準の1つである差別待遇（雇用・職業）条約（1958年、第111号）を批准できていない状態にあり、また、批准している同一報酬条約（1951年、第100号）についてもILOからはその国内法を通じた適用が限定的と言わざるを得ない旨のコメントがなされており、さらに、間接差別については、上記のような例を想定するだけでも、実際には多く蔓延していると言っても過言ではない量の事例に思い当たる。このように、日本には未だ多くの差別も存在すると言わざるを得ないところ、企業が適切な人権DDを実施し、人権を尊重した企業経営を行うための第一歩として、これらの差別の定義を実際の事例を想定しながら適切に認識することが肝要であろう。

（注86）https://www.mhlw.go.jp/general/seido/koyou/danjokintou/dl/danjyokoyou_h.pdf.

5　国際人道法

国際人道法は、かつて戦争法と呼ばれ、その起源は古代で、戦争の制限や禁止される戦闘手段などを規定するものであった(注87)。国際人道法という用語は、その後の第1次、第2次世界大戦等を経た戦闘行為の多様化を受けた国際人道法に関する議論の発展や、1949年に採択されたジュネーブ諸条約の4条における文民への保護拡大、武力紛争下において人間を人間らしく扱うといった側面から見てふさわしい名称である等の理由から、1971年に招集された国際会議(注88)の時から公式に使用されたといわれる(注89)。

国際人道法は、戦争をそのものを禁止するわけではなく、(武力紛争が止まないという現実に即しての解決である) 戦争による苦痛を緩和し、または、敵対行為に参加しない個人を保護するという一般原則から成り立っている(注90)。

国際人権法は、前述の通り、伝統的には、国家に対して義務を課す法であると考えられてきた一方、国際人道法は、企業自体や当該企業の従業員等の活動が武力紛争に密接に関連している場合には、当該企業および従業員等にも適用され得ると考えられている(注91)点が大きく異なる。国際人道法は、企業の従業員等や資産、設備投資に対して、武装交戦に直接に関与しないことを条件として、保護を与えている一方、企業の従業員等 (管理職も含む) に対して国際人道法に違反しない義務を課すものと考えられている(注92)。武力紛争下において、ある企業の活動が当該紛争と密接に関連しているか否かの判断は必ずしも容易でないだけでなく、武力紛争下ではない状況においてビジネスと行っていた場合でも、突如、武力紛争の影響下に置かれる可能

(注87) 横田洋三編『国際人権入門〔第2版〕』(法律文化社、2013) 188頁。

(注88) 1949年に採択されたジュネーブ諸条約に新たな議定書を追加する目的で招集されたものを指す。

(注89) 横田編・前掲 (注87) 189頁。

(注90) 横田編・前掲 (注87) 192頁。

(注91) International Committee of the Red Cross "*Business and International Humanitarian Law – An Introduction to the rights and obligations of business enterprises under international humanitarian law*" p.14

(注92) United Nations "*The Corporate Responsibility to Respect Human Rights – An Interpretive Guide*" Q.4

性がある(注93)。もっとも、その場合でも、企業およびその従業員等が国際人道法上の義務を負うことには変わりはないことから(注94)、いかなる地域に関連する企業においても、国際人道法や武力紛争下での対応に留意する必要がある。国際人道法違反の効果としては、ある企業の従業員等の個人の行為について、当該個人に対してICCによる訴追がなされる可能性がある(注95)(国際人道法は、前述の通り、戦争などの武力紛争下で適用され、個人の行為についてICCによる訴追を行うことで当該法秩序を担保する構造になっている(注96))。

国連指導原則においても、同原則が規定する企業の人権尊重責任の対象である「人権」、つまり、「国際的に認められた人権」の解釈として、武力紛争下においては、国際人道法の基準を尊重すべきであるとして、その義務の履行を促している(注97)。

なお、前述のような背景から、武力紛争下においては、企業が深刻な人権侵害に関与するリスクが一段と高くなり、リスクが高くなるに従って、人権DDのプロセスも一段と複雑になると考えられる（比例性）ことから、武力紛争下の人権DDについては、通常時の人権DDに比べ、「より強化された」人権DDを実施する必要がある(注98)ことにも留意が必要である。

(注93) 近時の関連する例としては、2021年に起きたミャンマーでのクーデターや、2022年のロシアによるウクライナ侵攻等が挙げられる。

(注94) International Committee of the Red Cross・前掲（注91）*"Business and International Humanitarian Law – An Introduction to the rights and obligations of business enterprises under international humanitarian law"* p.14

(注95) 横田編・前掲（注87）192頁・199頁、国際刑事裁判所に関するローマ規程25条。

(注96) ただし、国際刑事裁判所に関するローマ規程17条より、当該事件の管轄権を有する国家が訴追等している場合には、ICCは管轄権を有しない（補完性の原則）。

(注97) 国連指導原則12のコメンタリー参照。

(注98) Gerald Pachoud、第一調査員兼執筆者 Siniša Milatović、UNDP「紛争等の影響を受ける地域でのビジネスにおける人権デュー・ディリジェンスの強化　手引書」参照。

第２節　近時の海外法制の動向

人権、環境、気候変動、社会情勢と多様な課題が重なるサステナビリティ関連の課題の中でも、企業の事業活動が人権に及ぼす影響について注目が高まってきて久しい。人権を保護する義務は国家にあるが、人権課題に効果的に対処するには、国際機関や各国政府機関等の力だけに依存するだけでは足りず、事業活動を通じて社会に大きな影響力をもたらしている企業による協力は不可欠である。一方、このような複雑な課題に対処するには企業の自主性に任せておくだけでは限界があるため、企業による事業活動における人権尊重への取組みの支援・促進を目的にさまざまな国際的なルールやガイドラインが整備されてきており、また、一部の国では企業による人権尊重の取組促進を目的とした法制化も進む。

例えば、国際レベルでは、2000年に発足した「国連グローバル・コンパクト」、2011年に策定された「国連指導原則」、2011年に改訂された「OECD多国籍企業行動指針」、2017年に改訂された「ILO多国籍企業宣言」をはじめとして、企業が人権を尊重した事業活動を実施する上での指標となる枠組みが存在する（これらについては**第１節**〔p.368～〕を参照）。

企業による人権尊重の取組促進を目的とした法制化については、特に欧州でその傾向が顕著である。EUは、2019年から2024年までの５年間の６つの優先的課題に、「欧州グリーン・ディール」、「欧州デジタル化対応」、「人々のための経済」、「国際社会におけるより強い欧州」、「欧州的生き方の推進」、「欧州の民主主義のさらなる推進」を掲げて「誰一人取り残されることのない持続可能な社会の実現」を目指してきた(注99)。さらに、2025年から2029年までの５年間の政治指針においても、欧州産業界の競争力強化とともに人権尊重の重要性が掲げられている(注100)。フォン・デア・ライエン

(注99) European Commission, 'State of the Union 2022, Letter of Intent' (September 2022), https://state-of-the-union.ec.europa.eu/system/files/2022-09/SOTEU_2022_Letter_of_Intent_EN_0.pdf.

欧州委員会委員長は、「グローバルなビジネス活動は良いことであり、また必要なことであるが、人々の尊厳や自由の犠牲のもとに成り立つのであってはならず、人権はいかなる対価によっても売物にされるものではない」ことと強調しており(注101)、この考え方は現在のEU政策の基礎となっている。EUにおける企業によるサステナビリティ推進のためのルール構築に向けた動きとして、例えば2023年1月5日に企業によるサステナビリティ関係の情報開示強化を目指した「企業持続可能性報告指令（CSRD）」が発効し、2023年7月31日にCSRDのもとでの開示基準を詳細に定めるESRSが欧州委員会により承認され、EU加盟国において国内法整備が進んでいる。また、2024年7月に一定規模以上の企業に対して人権および環境デューデリジェンスを義務づける「コーポレート・サステナビリティ・デュー・デリジェンス指令（CSDDD）」が発効した。さらに、2024年12月には「強制労働産品の上市・輸出禁止規則」が発効し、2027年12月から適用開始予定である。

欧州各国レベルでは、CSDDD成立に先立って、英国、フランス、ドイツ、オランダ、ノルウェー、スイスをはじめ、今まで法的拘束力のない国際的枠組等に委ねてきたサプライチェーンにおける人権尊重への取組みを促すルールを法制化する国が出てきており、企業による人権尊重への取組みに関連するルール構築を牽引している。2024年に公表されたSustainable Development Report 2024(注102)において公表された国連加盟国193か国を対象とした国連の持続可能な開発目標（SDGs）の取組みに関するランキングによれば、上位25か国中23か国が欧州地域の国であり、実際の取組状況においても一定の効果を発揮していることがうかがえる。

（注100）European Commission, 'Political guidelines 2024-2029'（July 2024）, https://commission.europa.eu/document/e6cd4328-673c-4e7a-8683-f63ffb2cf648_en.

（注101）European Commission, President Ursula von der Leyen, '2021 State of the Union Address'（Strasbourg, 15 Sep 2021）, https://ec.europa.eu/commission/presscorner/detail/ov/SPEECH_21_4701.

（注102）Sachs, J. D., Lafortune, G., & Fuller, G.（2024）. The SDGs and the UN Summit of the Future. Sustainable Development Report 2024. Dublin: Dublin University Press. https://doi.org/10.25546/108572.

企業による事業活動は、会社の業績だけではなく、人権や環境をはじめとしたサステナビリティ等の観点から将来にわたって持続可能な社会構築に影響を与える。投資家、株主、消費者、労働者、市民社会をはじめとする多様なステークホルダーが企業によるサステナビリティへの姿勢に注目するようになった今、企業によるその取組みと事業の維持発展、業績向上は表裏一体ともいえる。

本節では、責任ある持続可能なサプライチェーンの構築を取り巻くルールについて、特に「ビジネスと人権」に焦点を当てて、主な海外法制を紹介するとともに、法制化に至るまでの背景、法制化や実践に当たっての課題等につき取り上げる。

1　各国規制

(1)　概　要

EUや各国レベルでは、企業による人権の尊重を含めたサプライチェーンにおけるサステナビリティ推進のためのルール作りが進んでいる。人権に特化している法律がある一方で、環境が人権に与える影響の大きさを考慮し、環境課題への取組みに関する開示やデューデリジェンスを求める法律もある。また、主目的を環境に置きつつも、人権課題への取組みに関する開示やデューデリジェンスを求める法律もあり、人権と環境について別の独立した課題というより、両者が密接に関係し得るものとして整理される傾向も見られる。法制化が進んでいる主な海外法制は〔図表4-2-2〕の通りであるが、特に欧州においては法制化の動きが目立っており、2024年7月の企業持続可能性・デューデリジェンス指令成立によって、法制化していない国も当該指令に沿うように国内法を整備する義務を負う。また、すでに法制化されているEU加盟国については、当該指令に沿うように法改正等の対応が必要となる。

〔図表 4-2-2〕主な海外法制一覧

管轄	枠組み・法制度等	制定／施行年
EU	非財務情報開示指令(注103)（後述 CSRD の前身） Non-Financial Information Disclosure Directive（NFRD）	2014年／2018年
	紛争鉱物資源に関する規則(注104) EU Conflict Minerals Regulation	2017年
	金融サービスセクターにおけるサステナビリティ関連の情報開示に関する規則(注105) Sustainable Finance Disclosure Regulation（SFDR）	2019年／2021年
	欧州グリーン・ディール(注106) The European Green Deal	2020年
	EU グローバル人権制裁制度(注107) EU Global Human Rights Sanctions Regime	2020年
	EU タクソノミー規則(注108) EU Taxonomy Regulation	2020年
	新 EU 輸出管理規則(注109) New EU Export Control Regulation	2021年

（注103）Directive 2014/95/EU（*NFRD*）, http://data.europa.eu/eli/dir/2014/95/oj.

（注104）Regulation（EU）2017/821（*Conflict Minerals Regulation*）, http://data.europa.eu/eli/reg/2017/821/oj.

（注105）Regulation（EU）2019/2088（*SFDR*）, http://data.europa.eu/eli/reg/2019/2088/oj.

（注106）European Commission, A European Green Deal, https://commission.europa.eu/strategy-and-policy/priorities-2019-2024/european-green-deal_en.

（注107）Council Regulation EU）2020/1998 of 7 December 2020（*EU Global Human Rights Sanctions Regime*）, http://data.europa.eu/eli/reg/2020/1998/oj.

（注108）Regulation（EU）2020/852（*EU Taxonomy Regulation*）, http://data.europa.eu/eli/reg/2020/852/oj.

（注109）Regulation（EU）2021/821（*New EU Export Control Regulation*）, https://eur-lex.europa.eu/legal-content/EN/TXT/?uri=CELEX%3A32021R0821.

	サプライチェーンにおける強制労働問題に対処するためのデューデリジェンス・ガイダンス(注110) Guidance on due diligence for EU businesses on forced labour in supply chains	2021年
	企業持続可能性報告指令(注111) Corporate Sustainability Reporting Directive（CSRD）	2022年／2023年
	森林破壊防止規則(注112) EU Deforestation Regulation（EUDR）	2023年
	バッテリー規則(注113) Battery Regulation	2023年
	企業持続可能性・デューデリジェンス指令(注114) Corporate Sustainability Due Diligence Directive（CSDDD）	2024年
	強制労働により生産された製品のEU域内での流通を禁止する規則(注115) Regulation of the European Parliament and of the Council on prohibiting products made with forced labour on the Union market	2024年
フランス	企業注意義務法(注116) Duty of Vigilance Law	2017年

(注110) Guidance on Due Diligence for EU Businesses to address the Risk of Forced Labour in their Operations and Supply Chains (12 July 2021), https://trade.ec.europa.eu/doclib/docs/2021/july/tradoc_159709.pdf.

(注111) Directive (EU) 2022/2464 (CSRD), https://eur-lex.europa.eu/eli/dir/2022/2464/oj.

(注112) Regulation (EU) 2023/1115 (EUDR), http://data.europa.eu/eli/reg/2023/1115/oj.

(注113) Regulation (EU) 2023/1542 (Battery Regulation), http://data.europa.eu/eli/reg/2023/1542/2024-07-18.

(注114) Directive (EU) 2024/1760 (CSDDD), http://data.europa.eu/eli/dir/2024/1760/oj.

(注115) Regulation (EU) 2024/3015 (*Forced Labour Ban Regulation*), http://data.europa.eu/eli/reg/2024/3015/oj.

ドイツ	サプライチェーン・デューデリジェンス法(注117) Act on Supply Chain Due Diligence	2021年／2023年
オランダ	オランダ児童労働注意義務法(注118) Child Labour Due Diligence Law	2019年／未施行
	責任ある持続可能な国際事業活動に関する法案(注119) Bill for Responsible and Sustainable International Business Conduct (draft)	2021年／審議中
ノルウェー	ノルウェー透明性法(注120) Norway Transparency Act	2021年／2022年
スイス	紛争鉱物と児童労働に関するデューデリジェンスおよび透明性にかかる施行令(注121) Ordinance on Due Diligence and Transparency in relation to Minerals and Metals from Conflict-Affected Areas and Child Labour	2022年／2023年
欧州各国	国別行動計画 National Action Plan	2011年以降

(注116) French Duty of Vigilance Law, https://www.legifrance.gouv.fr/eli/loi/2017/3/27/ECFX1509096L/jo/texte.

(注117) German Act on Supply Chain Due Diligence, https://www.csr-in-deutschland.de/SharedDocs/Downloads/EN/act-corporate-due-diligence-obligations-supply-chains.pdf?__blob=publicationFile.

(注118) Dutch Child Labour Due Diligence Law, https://zoek.officielebekendmakingen.nl/stb-2019-401.html.

(注119) Dutch Bill for Responsible and Sustainable International Business Conduct (draft), https://www.tweedekamer.nl/kamerstukken/wetsvoorstellen/detail?id=2021Z04465&dossier=35761.

(注120) Norway Transparency Act, https://lovdata.no/dokument/NLE/lov/2021-06-18-99.

(注121) Ordinance on Due Diligence and Transparency in relation to Minerals and Metals from Conflict-Affected Areas and Child Labour, https://www.fedlex.admin.ch/eli/cc/2021/847/en.

米国（連邦）	1930年関税法第307条（合衆国法典19編 Chapter 4 § 1307） The Tariff Act of 1930（United States Code、Title 19, Chapter 4, § 1307）	1930年／2016年（注122）
米国（連邦）	ウイグル強制労働防止法（公法117-78）（注123） Uyghur Forced Labor Prevention Act（Public Law 117－78）	2021年
米国（カリフォルニア州）	2010年カリフォルニア州サプライチェーン透明法（注124） The California Transparency in Supply Chains Act of 2010	2010年／2012年
カナダ	サプライチェーンにおける強制労働、児童労働との闘いに関する法律（注125） Fighting Against Forced Labour and Child Labour in Supply Chains Act	2023年／2024年
オーストラリア	豪州2018年現代奴隷法（注126） Australia Modern Slavery Act 2018	2019年

⑵　各国法制の類型

前述の主な海外法制を大きく分けると〔図表4-2-3〕の通り、①人権、環境などサステナビリティへの対応に関する開示・報告を義務づけるもの、②サステナビリティに関するデューデリジェンスの実施とその開示・報告を義

（注122）関税法307条において、強制労働関連産品の米国での採掘、生産または製造量が、米国内での需要に満たない場合には適用されないという例外規定が含まれていたが、2016年に当該例外規定が削除された。

（注123）Uyghur Forced Labor Prevention Act（Public Law 117－78）, https://www.cbp.gov/trade/forced-labor/UFLPA.

（注124）The California Transparency in Supply Chains Act, https://oag.ca.gov/SB657.

（注125）Fighting Against Forced Labour and Child Labour in Supply Chains Act（S.C. 2023, c. 9）, https://laws.justice.gc.ca/eng/acts/F-10.6/.

（注126）Australia Modern Slavery Act 2018, https://www.legislation.gov.au/Details/C2018A00153.

〔図表 4-2-3〕ビジネスにおける人権の尊重を目指した主な各国法制の類型

類型	概要	国・地域
開示・報告義務型	人権リスクへの対応等に関する開示・報告を義務づけ	・カリフォルニア州 ・英国 ・オーストラリア ・EU
DD 実施義務型（開示・報告義務含む）	人権 DD の実施、開示・報告を義務づけ	・ドイツ* ・フランス* ・ノルウェー ・オランダ ・スイス ・EU*
輸出入規制型	強制労働により製造された産品等に対する輸出入規制	・米国（連邦） ・カナダ ・EU

＊印のある規制については、人権に加えて環境に関する取組みも求めているもの。

務づけるもの、③輸出入規制による制限を課すものがある。一方、法制化に至っていない場合であっても、国連指導原則に基づく国別行動計画等を通して企業に対策を促している国も存在する。法制化している法域では、法律適用対象企業を一定の事業規模（売上高、従業員数等）によって限定していることが多い。

⑶　各国法制の内容

以下では、人権 DD の実施や開示を求めている主な海外法制をいくつか紹介する。

ア　英国：現代奴隷法

2015 年に制定・施行された 2015 年現代奴隷法(注127)は、奴隷（奴隷および隷属、強制労働を含む）や人身取引等を排除する目的で定められたもので、英国でビジネスを行う一定規模以上の企業（設立地、所在地、業種にかかわらず、英国にて事業のすべてまたは一部を行っており、商品やサービスを提供している商業組織であって、年間売上高が 3,600 万ポンド以上の組織）を対象(注128)

に、事業年ごとに自身のビジネスおよびサプライチェーンにおいて奴隷や人身取引根絶のためにとった対策についての声明をウェブサイト上に公表することを義務づけるものである(注129)。この声明は、英国政府が提供するオンラインレジストリ(注130)に登録することができる。開示の義務違反があった場合には、上限のない罰金が科される可能性がある(注131)。なお、上記一定規模に満たない企業についても、自主的に同様の対策を実施することが推奨されている(注132)。

イ　フランス：企業注意義務法

フランスの企業注意義務法（以下、「注意義務法」という）(注133)は、2017年に制定・施行されたものである。フランスに所在する企業のうち、連続2会計年度終了時に①フランス国内における従業員数（フランスに所在する当該企業およびフランスに所在する直接・間接子会社の従業員数の合算）が5,000名以上である企業、または、②フランス国内外において合計1万人以上の従業員数（フランス国内外の当該企業、直接および間接子会社の従業員数の合算）を雇用している企業(注134)に対して、注意義務に関する計画（以下、「注意義務計画」という）の策定、実施、有効性評価および開示を義務づけるものである(注135)。

(注127) UK, Modern Slavery Act 2015,（https://www.legislation.gov.uk/ukpga/2015/30/contents/enacted）. さらに、英国政府は現代奴隷法遵守に役立つ実務ガイダンス Transparency in supply chains: a practical guide（以下、「実務ガイダンス」という）（https://www.gov.uk/government/publications/transparecy-in-supply-chains-a-practical-guide）を公表している。

(注128) 現代奴隷法54条2項・3項、実務ガイダンス第3章。

(注129) 現代奴隷法54条1項・4項・6項・7項・8項。

(注130) GOV.UK, Modern slavery statement registry,（https://modern-slavery-statement-registry.service.gov.uk/）.

(注131) 現代奴隷法54条11項、実務ガイダンス第2章2.6。

(注132) 実務ガイダンス第3章3.14。

(注133) LOI n 2017-399 du 27 mars 2017 relative au devoir de vigilance des sociétés mères et des entreprises donneuses d'ordre (1)（Law no. 2017-399 of March 27, 2017 relating to the duty of vigilance of parent companies and ordering companies）, eikoku gen）.

(注134) 注意義務法第1条による改正後商法典L225-102-4のⅠ第1項、European Coalition for Corporate Justice, French Corporate Duty of Vigilance Law, Frequently Asked Questions Q3, http://corporatejustice.org/wp-content/uploads/2021/04/french-corporate-duty-of-vigilance-law-faq.pdf.

当該注意義務計画には、企業活動（当該企業が直接・間接的に支配する企業、当該企業と確立した取引関係にある下請業者およびサプライヤーの活動を含む）から生じる人権、基本的自由、健康・安全および環境に関するリスクを特定し、これらに対する重大な侵害を防ぐための合理的な措置が含まれている必要があり、具体的には、ⓘリスクの特定、分析、優先順位づけのためのリスクマッピング、ⓘⓘリスクマッピングに沿った、当該企業の子会社や確立した取引関係にある下請業者およびサプライヤーに対する定期的評価の実施方法、ⓘⓘⓘリスクの軽減または重大な侵害の防止措置、ⓘⓥ労働組合等と協議の上確立した実在または潜在的リスクを把握するための警告・通報措置、ⓥ実施された措置の追跡調査と有効性評価のための対策を明示することが求められる。なお、違反に対する罰金規定は2024年12月現在では設けられていない。

ウ　ドイツ：サプライチェーン・デューデリジェンス法

ドイツのサプライチェーン・デューデリジェンス法(注136)は、2021年に制定、2023年1月1日より施行された。一定規模以上の在独企業に対し、国内外の自社（当該企業のみならず、当該企業が影響を及ぼすグループ企業を含む(注137)）およびそのサプライチェーン(注138)における人権および人権に影響を及ぼす環境課題(注139)に関するデューデリジェンスの実施およびその内容等の開示を義務づける。具体的には①リスク管理体制の構築、②人権および環境に関するリスク管理をモニタリングする責任者の明確化、③人権および環境侵害の定期的な分析、④人権尊重および環境保護に関する基本方針の

(注135) 注意義務法第1条による改正後商法典L233-16条II。

(注136) Gesetz über die unternehmerischen Sorgfaltspflichten in Lieferketten -（Lieferkettensorgfaltspflichtengesetz – LkSG).

(注137) 連邦労働社会省Frequently Asked Questions（as of 24 July 2023）IV Q5, https://www.csr-in-deutschland.de/EN/Business-Human-Rights/Supply-Chain-Act/FAQ/faq.html#doc3a956fcc-c35e-4655-a96a-6a39a1a0a2cfbodyText3.

(注138) サプライチェーンには、調達などの上流のみならず、流通などの下流も含まれる（サプライチェーン・デューデリジェンス法2条5項）。直接サプライヤーについては常にデューデリジェンスの義務を負うが、間接サプライヤーについては、人権侵害または環境問題に関する具体的な情報がある場合にデューデリジェンス実施の義務を負うとされる（サプライチェーン・デューデリジェンス法3条1項8号・9条）。

(注139) ILO中核的労働基準、国際人権規約、人権侵害につながる環境課題に関する条約（水俣条約、ストックホルム条約、バーゼル条約）で保護される権益等が対象となる（サプライチェーン・デューデリジェンス法2条2項、附属書）。

策定、⑤企業と直接サプライヤーにおける人権および環境侵害の発生予防措置の策定・実行、⑥人権および環境侵害の是正措置の策定・実行、⑦苦情処理手続の策定・実行、⑧間接サプライヤーのリスクに関するデューデリジェンス実施、⑨これらの履行に関する開示、報告書の作成および監督官庁への提出が求められる（注140）。

適用対象企業は従業員数に応じて段階的に適用され、ドイツにおいて雇用される従業員数（ドイツにおいて雇用される当該企業傘下のグループ会社の従業員、ドイツで雇用され、国外に派遣されている従業員を含む）が3,000名以上の在独企業については2023年１月１日から、同1,000名以上の在独企業については2024年１月１日より適用開始となった（注141）。義務違反の内容および個別の状況に応じて過料が課されたり、公共調達への入札手続からの除外などの罰則（注142）も設けられている。

エ　オランダ：児童労働デューデリジェンス法／責任ある持続可能な国際ビジネス行動法案

2019年に成立した児童労働デューデリジェンス法（注143）は、法的形態、事業規模、資金調達方法等にかかわらず、オランダ市場に製品やサービスを提供・販売するすべての企業（オランダ国内に拠点がなくても、オランダ市場に製品またはサービスを供給・販売する企業を含む）を対象に、サプライチェーン上における児童労働の問題を特定し、児童労働防止のために適切なサプライチェーン上のデューデリジェンスの実施（注144）および規制当局に対してこれらの実施に関する表明文の提出を義務づけるものである（注145）。また、

（注140）サプライチェーン・デューデリジェンス法３条～９条。

（注141）サプライチェーン・デューデリジェンス法１条。

（注142）原則、80万ユーロ以下の課徴金（法人の場合、800万ユーロ以下の課徴金）または、義務に違反した企業の直近３年間のグローバルでの平均年間売上高が４億ユーロを超えている場合には、当該グローバルでの平均年間売上高の2％以下の課徴金（サプライチェーン・デューデリジェンス法24条２項、Administrative Offences Act30条）。

（注143）Wet van 24 oktober 2019 houdende de invoering van een zorgplicht ter voorkoming van de levering van goederen en diensten die met behulp van kinderarbeid tot stand zijn gekomen（Wet zorgplicht kinderarbeid/Child Labour Duty of Care Act）.

（注144）児童労働注意義務法５条。

（注145）児童労働注意義務法４条。

デューデリジェンスの結果、児童労働が確認できたか、合理的な疑いが想定される企業には、児童労働を防止するための行動計画の作成が求められる(注146)。

対象企業は法律施行から6か月以内（新規にオランダ市場に製品やサービスを販売・提供を開始する企業は、販売開始から6か月以内）に表明文の提出が求められているが(注147)、2025年1月末時点では施行日が未確定である(注148)。違反の場合には、刑法23条に基づき罰金（最大90万ユーロまたは売上高の10%、2022年1月改正）が科され(注149)、5年以内に2回、同じ役員の経営下で罰金対象となった場合には、3回目以降に当該役員に対する最高2年間の懲役または2万2,500ユーロの罰金が科される可能性がある(注150)。

さらに、オランダでは、一定規模以上のオランダもしくは海外オランダ領籍の企業を対象に、児童労働のみならず、より広範な人権への負の影響（奴隷労働、児童労働、不当労働、人身取引、差別、環境被害を含む）に対するデューデリジェンスを義務づける「責任ある持続可能な国際ビジネス行動法案」が国会に提出されているが、2025年1月時点では法制化にはいたっていない(注151)。

オ　ノルウェー：透明性法

2021年に制定、2022年7月1日より施行された「企業の透明性および基本的人権とディーセント・ワーク条件への取り組みに関する法律（透明性法）」(注152)は、一定規模以上の大企業(注153)（①ノルウェーに所在し、ノルウェー国内外で商品やサービスを販売・提供する大企業、②ノルウェー国内で商品やサービスを販売・提供し、ノルウェー法の下で納税義務のある外国籍の大企

（注146）児童労働注意義務法5条1項。
（注147）児童労働注意義務法4条2項。
（注148）施行日は国王令で別途規定される予定だが（児童労働注意義務法10条）、2025年1月時点では施行の見通しは立っていない。
（注149）児童労働注意義務法7条、刑法23条4項。
（注150）児童労働注意義務法9条、経済犯罪法。
（注151）Tweede Kamer, Wet verantwoord en duurzaam internationaal ondernemen, https://www.tweedekamer.nl/kamerstukken/wetsvoorstellen/detail?id=2021Z04465&dossier=35761.
（注152）Lov om virksomheters åpenhet og arbeid med grunnleggende menneskerettigheter og anstendige arbeidsforhold（åpenhetsloven）LOV-2021-06-18-99, https://lovdata.no/dokument/NL/lov/2021-06-18-99.

業）[注154]に対して OECD 多国籍企業行動指針に従って人権およびディーセント・ワーク（働きがいのある人間らしい仕事）に関するデューデリジェンスの実施[注155]、その内容の開示[注156]、情報開示請求への対応[注157]を義務づけるものである。違反の場合には、事業活動の制限や罰金の対象となる可能性があり[注158]、具体的な内容はノルウェー消費者庁が定めることが想定されている[注159]。

カ　スイス：紛争鉱物と児童労働に関するデューデリジェンスと透明性に係る施行令

2022 年に施行された改正スイス義務法（Swiss Code of Obligations〔CO〕）964 j 条ないし 964 l 条[注160]および紛争鉱物と児童労働に関するデューデリジェンスと透明性に係る施行令（DDTrO）[注161]は、スイスを拠点とする一定規模の企業・個人[注162]であって、サプライチェーンを通じて直接的・間接的に、①紛争地域や高リスク地域を起源とする鉱物・金属を所有し、その出荷・処理・最終加工に関与している[注163]、または②児童労働を利用して製造・提供されたと疑うに足る合理的な根拠がある製品・サービスを提供している場合に対象となる[注164]。

（注153）⑴ノルウェー会計法 1 条 5 項で定義される会社（公開有限会社、上場会社、金融機関等）または、⑵①売上高 7,000 万ノルウェークローネ、②貸借対照表の合計 3,500 万ノルウェークローネ、③当該会計年度における平均従業員数 50 人超のうち 2 つ以上の条件を満たす企業をいう（透明性法 3 条 a）。

（注154）透明性法 2 条。

（注155）透明性法 4 条。

（注156）透明性法 5 条。

（注157）透明性法 6 条。

（注158）透明性法 12 条～14 条。

（注159）透明性法 11 条。

（注160）Swiss Code of Obligations, https://www.fedlex.admin.ch/eli/cc/27/317_321_377/en.

（注161）Ordinance on Due Diligence and Transparency in relation to Minerals and Metals from Conflict-Affected Areas and Child Labour, https://www.fedlex.admin.ch/eli/cc/2021/847/fr.

（注162）次のうち 2 つの基準を 2 年連続で下回る中小企業は、デューデリジェンス報告義務が免除される。①貸借対照表合計 2,000 万スイスフラン、②年間売上高 4,000 万スイスフラン、③年間平均従業員数（フルタイム相当）250 人（DDTrO6 条）。

（注163）CO964 j 条、DDTrO3 条。

（注164）CO964 j 条、DDTrO5 条。

対象者は、紛争鉱物と児童労働に関するサプライチェーン方針の策定(注165)、デューデリジェンスの実施、サプライチェーンにおけるトレーサビリティーシステムの構築(注166)、苦情処理措置の構築(注167)、リスクマネジメントシステムの構築(注168)、実施状況の報告(注169)が求められている。違反の場合にはその内容に応じてスイス刑法に基づき10万スイスフラン以下の罰金が科され得る。

2　法制化までの経緯

前述の通り、現在法制化されている法制の内容は多様であるが、法制化にいたるまでの経緯は共通しており、以下ではその背景につき説明する。

人権を保護する義務を負うのは国家であるが、人権尊重のために企業が果たす役割は大きく、グローバル・コンパクトやOECD多国籍企業行動指針等をはじめとして、国際レベルで複数の指針やガイドライン、企業が社会に対して責任ある行動をとることが期待されてきた。

一方、具体的な取組みは企業の自主性に任されており、その取組状況には温度差があり、取組状況の格差を問題視する声も上がっていた。そのような中、2011年に人権を保護する国家の義務、人権を尊重する企業の責任、救済へのアクセスを三本柱とする国連指導原則が国連人権理事会で支持されたことを転機として、国家による人権保護に加えて、企業による人権の尊重への取組みがより強く求められることになった。国連指導原則においては、各国がその履行のために国別行動計画（National Action Plan. 以下、「NAP」という）を策定し、企業による人権DD実施を促進することが求められた。

上記の動きを受け、複数の国でNAPが策定され、サプライチェーンあるいはバリューチェーンにおける企業による人権DD実施の努力義務を明確化し、実施すべきデューデリジェンスのあり方を示す動きにつながった。一方、上記の国際的枠組みやNAPは法的拘束力を有するわけではないため、

(注165) DDTrO10条・11条。
(注166) DDTrO12条・13条。
(注167) DDTrO14条。
(注168) DDTrO15条。
(注169) CO964 l条・964 f条・964 g条、DDTrO17条。

企業の人権尊重に関する取組みを法制化すべきという声も上がってきた。特に、2013年4月にバングラデシュで発生した「ラナ・プラザの悲劇」は、世界的アパレル企業の下請工場で発生した事件であり、グローバル企業のサプライチェーン等における人権尊重の問題がより強く注目され、企業の人権尊重に関する法制化の促進を後押しした。

例えば、2016年にNAPを策定したドイツでは、「人権デューデリジェンスの実施状況についてモニタリングし、その結果企業の自主的な取組みが十分でないと結論づけられた場合には、国内の立法措置を講じ、EUの全体での規制を提唱する」(注170)とし、モニタリングの結果、企業の自主的な取組みが不十分である場合には、デューデリジェンス実施の法制化を予告していた。実際2018年から2020年にかけてモニタリングが実施され、その結果、企業の自主的な取組みに任せていては不十分と判断し、法制化に至っている。

一方、各国の法制の内容やスピードには格差があり、法制化の議論が早く開始された国々においては、他国が類似の法制化をする可能性が未知数な状態で法制化すれば、自国の企業を海外の企業と比較して過度に不均衡な状態において、サプライチェーンの脆弱化、経済的競争力の低下を招くのではないかという懸念の声も上がった。これ以外にも法制化に当たってはさまざまな論点が挙げられる。**3**では、法制化に当たって議論となった主要論点を紹介する。

3　法制化に伴う論点

企業による事業活動を通して人権に負の影響を与えることを避けるための組織体制構築やデューデリジェンスの実施を促すための法整備に当たっての主要論点としては、例えば、①公平な競争条件の確保、②義務の明瞭性、③遵守すべき基準、④民事責任、⑤適用対象企業（企業の規模、外国企業の扱い）、⑥適用対象の範囲、⑦取締役の責任、⑧行政罰等が挙げられる。以下では主に法制化が進んでいる国において議論されたこれらの論点を紹介する。

（注170）CDU, CSU, SPD, 2018 Coalition Agreement（p.156 line 7380), https://www.bundesregierung.de/resource/blob/974430/847984/5b8bc23590d4cb2892b31c987ad672b7/2018-03-14-koalitionsvertrag-data.pdf?download=1.

⑴　公平な競争条件の確保

人権を尊重した事業活動を促進するための組織体制構築やデューデリジェンス実施について、国連指導原則をはじめとする国際スタンダードや各国のNAPといったいわゆる法的拘束力を持たないルールに依拠した場合、具体的な取組みは企業の自主性に任され、その取組状況には大きな格差が生じることになる。例えば、自主的にデューデリジェンスを実施する企業とまったく対策を行わない企業の間には、コスト負担、サプライヤー獲得の難易度、価格等の面で差が生じ得るという懸念の声が聞かれる。この点、デューデリジェンスを義務化する法制により、法的予見性や公平な競争条件が確保されるとの考えの下、法制化を求めて共同声明を発表した企業や国際NGOもある(注171)。

一方、仮に各国で法制化が進んだとしても、国によってデューデリジェンス実施義務の有無や内容が異なる場合、企業による取組状況の格差に関する課題は残るため、各国が協調して取り組むべき課題であるとの考えから、特にＥＵ圏内では国際スタンダードに基づくEUレベルでの法制化を求める動きが起こり、CSDDDの成立にもつながった(注172)。

フランスやドイツではすでにデューデリジェンス実施を義務づける国内法化が進んでいるが、EUレベルのCSDDDが成立したことにより、今後は、それらの国々の国内法がCSDDDの内容に応じて適宜改正されることになる。

⑵　義務の明瞭性

法律により、デューデリジェンス義務を企業に課した場合においても、企業による具体的な取組内容は、各企業が自身の事業内容、事業規模、活動範囲、活動地域、影響力といった個別の事情に応じて判断が求められるため、

(注171)　例えば、ドイツでは、サプライチェーン・デューデリジェンス法の成立に先立ち、2019年12月にドイツで活動する企業42社が、国際NGOと共同して、人権DDの義務化を求める声明を発表した。この声明に対する賛同企業は、ドイツのサプライチェーン・デューデリジェンス法成立の直前には73社となった。

(注172)　CSDDDの法案審議過程では、40以上の大企業が国際スタンダードに基づくデューデリジェンスの義務化を指示する共同声明を公表した。

「どこまで取組みを実施すれば十分か」という点については、明確な線引きが難しく、企業がリスクを敬遠して、特定のサプライヤーや地域からビジネスの撤退につながることが懸念されている。

具体的な影響として、人権を尊重した事業活動を行う企業が、人権リスクを懸念して、人権リスクの高い地域にある企業とのビジネスを停止した場合、サプライヤーの候補数が減少し、供給安定性や価格競争面で不利になり、サプライチェーンの強靱性が損なわれる可能性がある。また、取引を停止された側の企業にとっても、ビジネス継続のために、より人権に対する意識が低い企業と取引せざるを得なくなり、結果的に人権尊重の観点からより好ましくない状況に陥る可能性がある。また、供給源が限定的で、人権リスクの高い地域にある企業と取引する他に選択肢がない場合に、どれだけ影響力を行使して状況を改善することができるかといった課題もある。

このような義務の曖昧さに起因するビジネス撤退等を避けるため、法律の制定のみならず、デューデリジェンス実施支援のための、政府によるガイドラインの作成をはじめとする情報提供や相談窓口の設置等が期待されている。

⑶　遵守すべき基準

企業による人権の尊重に関する法制化に当たっては、具体的に人権とは何を指すのか、また、遵守するべき基準は何なのかという点が論点となる。

企業が尊重するべき「人権」に負の影響をもたらすものの類型として、例えば、児童労働、強制労働、奴隷、長時間労働、労働安全衛生関連義務の不履行、労働基本権（団結権、団体交渉権、団体行動権、争議権）の制限、差別・不平等な取扱い、最低賃金未満での搾取等が挙げられる。このような人権に関する条約や国際基準としては、少なくとも世界人権宣言、国際人権規約（**第１節２⑴**〔p.369〕・**３⑵**〔p.377〕）、ILO の中核的労働基準（**第１節４⑶**〔p.386〕）が挙げられる。

これらの国際条約等を批准していない国、批准しているものの国内法が未整備である国、国内法が整備されているものの実際には国際基準に満たない国、国際基準を満たす国内法が整備されていても機能していない国等があり、このような国々では人権侵害のリスクが高い状態にあることが多い。ただ、これらの国際条約等の未批准、十分な国内法の未整備といった事実だけをもってこれらの国における取引関係を終了することが求められるわけではない。企業は、これらの人権侵害のリスクが高い国において活動する際にはとりわけ、現地国内法の遵守だけではなく、国際的枠組等に基づいて人権を尊重しながら事業活動を行うことが期待される[(注173)]。

求められる最低賃金、就労年齢、就労時間、就労環境等は地域によって異なる場合があり、現地で求められる基準が、国際的枠組みが期待する基準と乖離している場合もあろう。企業法務・コンプライアンスの観点からは、既存の関連する法令遵守に着目しがちであるが、企業にある責任ある行動の観点からは、現地の法令遵守の観点のみならず、上記のような国際的枠組等に照らして自身の行動が適切かどうかといった観点から企業活動を行うことも重要である。なぜならば、すでに企業による人権尊重に関する法制化が進んでいる国やガイダンスが整備されている国においては、人権尊重の取組みや人権 DD の実施に当たり、国連指導原則や OECD 発行の各種デューデリジェンス・ガイダンスといった国際的枠組等が推奨資料として挙げられているし[(注174)]、人権尊重について先進的な取組みを行っている企業も取引先に国際的枠組等に沿った行動を期待しているからである。

⑷　民事責任

法律により人権の尊重や人権 DD の実施を義務づける場合に、民事責任規定を設けるかどうかについては議論が分かれるところである。例えば、デューデリジェンスの実施義務の範囲が曖昧であったり、条文上の義務が解釈の問題になることも多く、企業にとって高い訴訟リスクにつながり得ることから、その義務違反に対する民事責任（不法行為責任）は明示的に除外されるべきであるという意見がある一方、民事責任を明確にする規定がなければ法的に不安定な状況につながったり、法執行に有効な手段がなくなるという懸念もある。

この点、例えばドイツでは、サプライチェーン・デューデリジェンス法に基づく義務違反に対して特別な民事責任は発生しない旨が規定された一方で、一般民事責任の追及可能性については影響を受けないことが明記されることになった[(注175)]。これは、結局のところ、デューデリジェンスが十分になさ

(注173)　国連指導原則 11・12。
(注174)　例：EU、ドイツ政府、ノルウェー政府、日本政府等。
(注175)　ドイツ：サプライチェーン・デューデリジェンス法３条３項。

れなかったことを理由として、一般民事責任上の注意義務違反に問われる可能性は排除されないこととなり、今後裁判所において個別事例に応じて判断されていくこととなる。

⑸　適用対象企業（企業の規模、域外適用）

適用対象企業の範囲について、従業員数や売上高で限定する国(注176)と、特に制限を設けない国(注177)がある。また、従業員基準の設定に当たって、リスクのあるセクターについては別途基準を設けるべきとの意見も挙がる(注178)。国連指導原則をはじめとする国際的枠組みは特に対象企業を限定しているわけではない。一方、事業規模が小さい企業は、大企業と比較して、人権DDを実施するための人材や資金が十分確保できない場合もあり、法律によって人権DDの実施を義務化するのは一定の規模以上の企業に限定すべきという考え方もある。また、外国企業をめぐっては、法管轄内に拠点があったり、市場で活動している企業を対象にするといった一定程度の関連性を基準に含めることで対象を限定している例もある(注179)。

ただ、人権の尊重がサプライチェーンまたはバリューチェーン全体で求められるものである以上、法律の直接の適用対象とならなくても、適用対象企業と取引をしている企業は、結局適用対象企業から人権DDの実施や人権を尊重した事業活動が求められることになる。

⑹　適用対象の範囲

人権DD実施や開示に関する法制化に当たり、どの範囲まで義務づけるかについても議論が分かれるところである。すでに法制化されている国においては、人権DDを実施する範囲として「サプライチェーン」という用語が使われることがある(注180)が、まず、「サプライチェーン」とは、製品・

(注176)　例：ドイツ、英国、フランス、EU、カリフォルニア州、オーストラリアなど。
(注177)　例：オランダ（未施行）、米国など。
(注178)　例：EU（法案審議過程において）。
(注179)　例：ドイツ、英国、フランス、オランダ、EU、米国、カリフォルニア州、オーストラリアなど。
(注180)　例：英国、フランス、ドイツ、オランダなど。

サービスの供給網に着目して使われる用語であり、例えば自社の製品・サービスの原材料や資源、設備やソフトウェアの調達、確保などに関係する者（いわゆる「上流」に位置する者）と自社の製品・サービスの販売、消費、廃棄などに関係する者（いわゆる「下流」に位置する者）の両方が含まれ得る（かかる「下流」の人権DDについては、**第3節3**〔p.454〕参照）。

この点、国連指導原則では、人権DDの対象範囲につき、企業がその事業活動を通じて引き起こしあるいは助長し、またはその取引関係によって企業の事業、商品またはサービスに直接関係する人権への負の影響を対象とすべきとされており[注181]、企業自身のみならず、その「ビジネス上の関係先」につながっている人権への影響を特定して対応しなければならないと解釈されている[注182]。この「ビジネス上の関係」には、取引先企業、バリューチェーン上の組織、および企業の事業、製品またはサービスと直接関係のある組織との間に有する関係が含まれる[注183]。ここで、「バリューチェーン」とは、供給網のみならず製品・サービスに付加価値を与える活動[注184]に着目して使われる用語で、具体的には、サプライチェーンに加えて、事業活動の人事・労務管理、技術開発、調達、インフラの管理等、企業の事業に価値を付加する活動が含まれる。例えば、国際連合人権高等弁務官事務所（OHCHR）が作成した国連指導原則解釈の手引きでは、「バリューチェーン」につき、企業と直接的もしくは間接的な取引関係を有し、かつ①企業自身の製品もしくはサービスへの貢献となる製品もしくはサービスを供給する、または、②企業から製品もしくはサービスを受ける組織が含まれると説明されている[注185]。

ただし、例えばドイツでは、サプライチェーン全体を対象とするのは現実的には難しいとして、法律上の人権DD実施義務があるのは直接供給者の事業活動までとし、間接供給者の事業活動については、当該間接供給者によ

（注181）国連指導原則17a。
（注182）解釈の手引き問27。
（注183）国連指導原則13・同解説。
（注184）価値を付加してインプットをアウトプットに転換する活動が含まれる（解釈の手引き「Ⅰ　主要概念」）。
（注185）解釈の手引き「Ⅰ　主要概念」。

る人権侵害の可能性または人権侵害につながる環境問題を引き起こしていることにつき、自身が裏づけのある具体的な情報を有する場合に限り義務を負うとされている。この点、CSDDD の発効により、EU レベルで人権 DD の義務化がされたため、その内容に応じてドイツ国内法を改正する必要が出ている。

各国における適用対象の範囲が必ずしも統一されていないことから、どの範囲まで取組みをすべきか判断が難しいという課題も聞かれるが、法制化は、もともとは国連指導原則をはじめとする国際的枠組等に従って各企業が人権を尊重した事業活動を実施していくことを担保する目的で行われている。各国の法制が求める義務範囲が、国際基準よりも狭い場合には、当該法制上の義務を果たしていても、国際基準の要求を満たしていない場合が理論上あり得るし、取引先からも国際基準に沿った行動を求められることもあり得る。

そのため、各海外法制が求める個別の要件に留意しながらも、基本的には国連指導原則等の国際的枠組みに沿って適用対象を判断していくことが、各海外法制の遵守にもつながりやすいと思われる。

⑺　取締役の義務

人権 DD が義務化される場合において、取締役の善管注意義務や責任に関する明確な規定を設けることの要否も議論となる。今のところ、人権 DD を法制化している国であっても、取締役の善管注意義務や責任について特別な規定を設けている主要な法規制は見当たらない。一方、2024 年 7 月に発効した CSDDD の法案審議過程においては、取締役の義務に関する規定を含めることの効果につき分析がなされていた(注186)。最終的に CSDDD には取締役の責任規定は設けられなかったが、この分析においては、企業による

(注186) COMMISSION STAFF WORKING DOCUMENT IMPACT ASSESSMENT REPORT Accompanying the document Proposal for a DIRECTIVE OF THE EUROPEAN PARLIAMENT AND OF THE COUNCIL on Corporate Sustainability Due Diligence and amending Directive (EU) 2019/1937 SWD/2022/42 final, https://eur-lex.europa.eu/legal-content/EN/TXT/?uri=CELEX%3A52022SC0042.（以下、「EU Impact Assessment Report 209/1937」という）。

人権尊重への取組状況に格差があることや、時間がかかっていることから、経営層が人権を尊重した事業活動を推進により真剣に取り組んでいくためには、企業の最善の利益を考慮する際に中・長期的な視点でステークホルダーへの影響等についても考慮するという意識改革が喫緊の課題であり、経営層によるコミットメントを強化するためにも取締役の義務に関する規定を設けるべきとされていた(注187)。このような視点からの取締役の義務というのは、取締役が企業の最善の利益のために行動する際に、株主の利益のみならず、企業の中・長期的な成果や、従業員（サプライチェーン上の従業員を含む）、債権者、消費者、地域社会等のステークホルダーへの影響についても考慮すべき義務をいうとされた(注188)。例えば、企業のリスクマネジメント、人権DD体制の構築・実施・監督、ステークホルダーの利益を考慮した経営戦略の策定、ステークホルダー・エンゲージメント等がその具体例として挙げられる。

上記はEUのCSDDDの法案審議過程で分析されていた内容ではあるが、このような取締役の義務についての特段の規制の有無にかかわらず、市場における人権尊重の重要性に関する認識が高まる中では、企業の経営層が自身の職務を果たす際に十分考慮すべき視点と考えられる。

(8)　行政罰

人権DDや開示に関する法制化に当たっては、法令違反があった場合の罰則の内容が論点となる。人権DDはどこまでやれば十分なのか、という疑問に象徴されるように、人権DDが法制化された国においても、各企業が適切な義務履行の内容に確信が持てないという懸念点がある。実際には、人権DDの実施に当たっては、企業がその事業活動を通じて引き起こしあるいは助長し、またはその取引関係によって企業の事業、勝因またはサービスに直接関係する人権への負の影響を対象範囲として、各企業の規模、事業内容、活用分野、影響力、活動地域、ステークホルダーの性質、企業が及ぼしている人権への影響等の要素を考慮しながら継続して実施されるべきもの

(注187)　EU Impact Assessment Report 2019/1937, 47頁。
(注188)　EU Impact Assessment Report 2019/1937, 204頁～205頁。

であり、「ここまでやれば十分」という明確な性格があるわけではない。人権課題は日々変化し得るものであり、人権方針を策定した後に経営層が一部の担当者に一任するという姿勢ではなく、あらゆる部署との連携、外部専門家、ステークホルダー等との対話を継続しながら、各状況に応じた最適な人権 DD を追求していくべきであり、そもそも「ここまでやれば十分」という発想自体が国連指導原則等に基づく人権尊重の取組みの根本的な考え方とは相容れにくい側面がある。

このように具体的な義務の内容が十分に明瞭ではない状況で、高額の制裁金を課されることになれば、企業の事業遂行にとって大きな負担となり、リスクを避けるために、本来ならば事業継続が可能にもかかわらず、取引停止や事業撤退につながりかねないという懸念もある。その一方で、まったく制裁がない状況であれば、企業による人権尊重への取組みは進みづらく、執行強化のためにも一定の制裁金は必要という側面もある。現時点では行政罰の有無や程度については各国でばらつきがある状況であるが、行政罰の規定がある国においては今後の法執行状況により、具体的な義務違反と行政罰の関係について先例が蓄積されていくことが期待される。ただ、仮に行政罰の適用がなかったとしても、取引の相手方から人権尊重の取組みを求められることは今後ますます増えるであろうし、行政罰の有無によって取組みの姿勢を各国ごとに変えるというのは現実的ではなく、やはり国連指導原則等に基づく人権尊重の取組みを実施していくことが必要であると考えられる。

4　先進企業の取組状況

現在「ビジネスと人権」に関して先進的な取組みを行っている企業では、国連指導原則よりも前、例えば国連グローバル・コンパクトが立ち上げられた 2000 年頃あるいはそれ以前から企業の社会的責任を果たすことの一環として人権や環境課題を含めたサステナビリティへの取組みを積極的に実施してきた企業もあり、自社内のみならず、サプライチェーン・バリューチェーン全体で持続可能な社会に向けた取組みを行う事例も少なくない。また、大企業だけでなく中小企業においても積極的に同様の取組みを行っていることもある。

また、「ビジネスと人権」に対する社会的な意識の高まりを受け、各企業の取組状況を第三者の立場から評価・格付けする評価機関も増えてきている(注189)。これらの評価機関が公表するデータを参照すると、各企業の取組状況について、企業の事業分野による顕著な偏りは見られず、業種にかかわらず積極的に人権の尊重に関する取組みを進めている企業が一定数存在することがうかがえる。本節では、このような企業が具体的に行っている取組みの例を紹介する。

人権を尊重した事業の取組みは、事業内容、規模、活動地域をはじめとする複数の要素によって異なり得るが、全体的な傾向として、①人権の尊重に関する方針・行動規範の制定、②調達方針／サプライヤー行動規範、③社内管理と評価体制の構築、④ステークホルダーとの対話、⑤情報開示といった取組みが代表的なものである。

(1) 人権の尊重に関する方針・行動規範の制定

近年の社会的な要請の高まりを受け、サステナビリティへの取組みを事業戦略の根幹と位置づけ、重点的に取り組む課題を明確にし、具体的な目標を設定している企業は多い。また、自社・グループ会社だけではなく、サプライチェーンまたはバリューチェーン全体で取り組もうとする傾向も見られ、中でも人権を尊重した事業遂行のため、人権の尊重に関する方針・行動規範を制定し、公表する企業が増加している。

これらの方針・行動規範の内容は、企業の事業内容、規模、活動地域等によって差はあるものの、基本的には①法令遵守、②国連指導原則、③OECD多国籍企業行動指針、④ILO中核的労働基準、⑤国連グローバル・コンパクトの10原則、⑥SDGs等の国際的枠組みに沿って、企業の社会的責任、人権・労働、環境、事業慣行、地域社会の尊重等に関して行動基準を示しており、同じ行動基準をサプライヤー等に期待することを明記している場合もある。人権方針の策定や人権DDの実施を義務化している国で活動している企業については、自身が適用対象となる各国法令のコンプライアンスに言及する場合もあるが、各国で適用基準が異なることもあり、各国別の

(注189) 例えば、World Benchmark Aliance、MSCI、S&P Global、Dow Jones等が挙げられる。

法律を特定するよりも国連指導原則等の国際的枠組みに沿って対策をとっていく方針を示している企業も多い。

また、各事業分野に特有の課題がある企業については、追加的なガイドラインに言及する等、別途注意を促している。例えば、鉱物を扱う企業であれば、サプライチェーン上で紛争地域における採掘活動が紛争に加担するリスクといった特有の課題について注意喚起し、OECDによる「紛争地域および高リスク地域からの鉱物の責任あるサプライチェーンのためのOECDデューデリジェンス・ガイダンス」に沿って透明性の高いサプライチェーンの構築を目指したり、繊維・履物を扱う企業であれば、劣悪な労働環境に置かれがちな下請け工場における人権リスクについての注意喚起し、OECDによる「衣類・履物セクターにおける責任あるサプライチェーンのためのデューデリジェンス・ガイダンス」に沿った責任ある企業行動を目指すといった取組みが見られる。

「人権」といってもさまざまな課題があるため、企業によっては、自身が重点的に取り組む人権課題や、関連する環境課題について具体的に列挙している例もあり、その内容は、過剰警備や紛争鉱物といった一部の項目を除けば、基本的な内容は特に業種によって顕著な偏りは見られない。

〔図表 4-2-4〕企業の人権方針・行動規範等で例示される主な人権課題の例

行動規範・方針等	企業A（自動車）	企業B（電子機器）	企業C（小売／流通）	企業D（化学／製薬）	企業E（服飾／繊維）	企業F（食品／農業）	企業G（エネルギー）	企業H（鉱業）
社会的責任	○	○	○	○	○	○	○	○
人権・労働	○	○	○	○	○	○	○	○
強制労働禁止	○	○	○	○	○	○	○	○
児童労働禁止	○	○	○	○	○	○	○	○
差別禁止	○	○	○	○	○	○	○	○
労働環境	○	○	○	○	○	○	○	○
労働時間	○	○	○	○	○	○	○	○

健康・安全	○	○	○	○	○	○	○	○
賃金	○	○	○	○	○	○	○	○
結社の自由、団体交渉権	○	○	○	○	○	○	○	○
過酷な長時間労働	○	○	○	○	○	○	○	○
紛争鉱物	○	○	—	○	—	—	—	○
D&I、多様性	○	○	○	○	○	○	○	○
マイノリティの人権	○	○	○	○	○	○	○	○
思想、表現の自由	○	○	○	○	○	○	○	○
平等、公平性	○	○	○	○	○	○	○	○
ウェルビーイング・ワークライフバランス	○	○	○	○	○	○	○	○
環境	○	○	○	○	○	○	○	○
環境保護	○	○	○	○	○	○	○	○
自然資源の保護	○	○	○	○	○	○	○	○
廃棄物処理	○	○	○	○	○	○	○	○
気候変動	○	○	○	○	○	○	○	○
動物福祉	—	—	○	○	○	○	○	○
環境に優しい包装	○	○	○	○	○	○	○	○
環境汚染	○	○	○	○	○	○	○	○
水	○	○	○	○	○	○	○	○
エネルギー	○	○	○	○	○	○	○	○
生物多様性	○	○	○	○	○	○	○	○

⑵　調達方針／サプライヤー行動規範

自社・グループ会社のみならず、サプライチェーン、バリューチェーン上でも人権を尊重した事業遂行を促進することを目指して調達方針やサプライヤー行動規範を策定する企業もある。取引継続中の取引先に対する監査に加えて、取引先選定の段階においても取引先候補が自社・グループ会社が求める行動規範を遵守できるか、人権に対する負の影響を低減できるかといった観点から審査を行った上で取引先を決定し、調達を行っている。

このような調達方針やサプライヤー行動規範においては、国連指導原則、OECD 多国籍企業行動指針、ILO 中核的労働基準、国連グローバル・コンパクトの 10 原則をはじめとする国際的枠組みに基づく行動を取引先に求めており、直接取引先のみならず、間接取引先にも適用する方法や、直接取引先に対してその取引先にもサプライヤー行動規範を遵守させるように適切な措置を講じることを求めるといった方法で、人権を尊重する事業遂行の浸透を図っている。サプライヤー行動規範の遵守は取引契約の重要な条件の一部となっており、遵守しない場合には取引継続のために是正措置を決定するか、契約解除の要因ともなり得る旨が規定されたり、また、サプライヤー行動規範の遵守状況の記録や苦情処理・問題解決のための制度設計を求めている場合もある。

サプライチェーンにおける人権の尊重や関連する環境保護を目的として、例えば食品業界では可能な限り地産地消を目指して、土地の生産者を起用したり、人権リスクが高いといわれている鉱物や繊維業界では、サプライチェーンの透明化を図るため、ブロックチェーンを使った追跡システムを取り入れるといった工夫も見られる。

⑶　社内管理と評価体制

人権を尊重した事業運営のための担当部署または責任者を設置し、内部で進捗状況について監査、評価し、その情報を基に重要性や優先して取り組むべき課題を確認、事業戦略に反映するといった取組みが見られる。また、この取組みには、自社・自社グループのみならず、取引先をはじめサプライチェーン等における取組状況についても情報管理、資料提供等を求め、評価することも含まれる。これらの取組みは内部で完結する場合もあれば、外部の専門家等を活用する場合もある。非財務情報開示を求められる企業等は、自身の管理体制や活動についてウェブサイトや統合報告書等でその内容を報告しており、参考になる。

例えば、社内管理体制としては、取締役会、監査役会または執行委員会の下部組織として人権課題を扱う委員会を設置したり、担当役員を指名する場合もある。人権だけに特化してというよりも、サステナビリティ、ESG 課題対策の一環として扱われることもあり、組織体制は企業によって異なり得る。人権に関する課題は、法務部、コンプライアンス部、サステナビリティ推進部といった特定の部署だけで対策するものではなく、営業、調達、商品開発、人事、財務、経理等の各部門を含めて全社的に取り組むべき課題である。自社・グループ会社、取引先、さらにはステークホルダーにおいてどのような課題があるのか、優先して取り組むべき課題は何か、問題の是正のためにはどのような行動が効果的か、問題があった場合にはどのような救済措置をとるべきか、といった観点から、具体的な対策につなげるために情報の一元化も重要である。

優先課題の特定方法として、外部の専門家や評価機関を活用することも一案である。優先課題の特定の方法としては、例えば、従業員、顧客、取引先、投資家、NGO、政府機関等を含むステークホルダーに広くフィードバックを求めたり、GRI スタンダード、SASB スタンダードといった開示基準を参考に、各事業分野で典型的な問題となりがちな課題を特定した上で、リスクに応じて優先的に取り組むべき課題を特定するといった手法が考えられる。また、自社の取組状況の評価方法として、外部専門家による人権 DD の実施や外部評価機関による評価を活用することも考えられる。実際、企業の人権課題への取組状況について第三者の立場から格付け・評価する外部評価機関も増えてきている。取引先については、必要に応じて外部の専門家も活用しながら、各取引先が、行動規範に基づいて行動しているか、企業訪問や従業員との対話等を通して監査・評価していくことになろうが、取引先の数によっては、一度にすべての取引先について人権 DD を実施することは現実的ではない場合があるため、リスクに応じて優先順位をつけながら対象を限定することもあり得る。この点、年度ごとに、人権 DD の進め方や対象とした取引先の数を公表する等、自身の取組状況に透明性を持たせている企業もある。

⑷　ステークホルダーとの対話

ステークホルダーとは、企業の活動により影響を受ける、またはその可能性のある利害関係者のことをいい、例えば、従業員、顧客、取引先、投資家、NGO、現地住民、政府機関等が挙げられる。人権尊重の取組みに当たっては、潜在的に人権への負の影響を受けるステークホルダーとの間の継続的な対話を通じて、事業活動に関する関心や懸念事項を把握し、適切に対処していくことが期待される。従業員との対話であれば、個別の面談はもちろんのこと、従業員代表や労働組合を通した対話も含まれる。

一方、通常の状態では企業との対話の機会がないステークホルダーのためにも、懸念がある場合に企業側に通報・報告できる制度を備えておくことも重要である。このような取組みを通して、企業は、①企業の事業活動のうち、どのような要素が人権への負の影響を与えているのか、②負の影響の重大性の程度につき、影響を受け得る者の認識がどのようなものか、③ステークホルダーの間で認識に相違があるか等を認識することができる。このような取組みを実施することで、企業としては、ステークホルダーとの信頼関係を構築し、不必要な苦情処理や争いを回避して持続可能な方法で人権尊重の取組みを行うことができる。なお、言語による障壁があった場合、ステークホルダーとの効果的な対話が妨げられることがあるため、懸念や違反等があった場合に相談できる苦情処理・問題解決のための通報窓口において、活動地域に合わせて複数の言語で対応する等、言語による障壁を低くしたり、通報受付もウェブサイト、電話、郵送など複数の手段を用意している企業もある。

また、企業が直面する人権に関する課題は幅広く、サプライチェーンにおける問題も複雑かつ多岐にわたるため、多くの企業が業界団体、非営利団体等と協働して自主的にガイドラインや持続可能なサプライチェーン構築に向けた活動を行っている例もある。特に、企業による人権 DD が法制化されている国においては、グローバル企業が非営利団体によって人権に負の影響を与えているとして訴訟提起されたり政府に通報される例が相次いでいるが、このような敵対的な関係になる前に、非営利団体や市民社会の主張等を傾聴したり、実在する問題については一緒に解決策を模索するなど、協力関係を築くことも考えられる。

(5) 情報開示（投資家・株主との関係も含む）

企業は、人権尊重の取組みの一環として、自社が人権を尊重する責任を果たしていることを説明することが求められており[注190]、実際多くの企業が自社のコーポレートウェブサイトや年次報告書等において人権の尊重に向けた取組みを紹介している。各企業が行う情報開示の内容、範囲は、事業の規模、内容、活動地域、開示義務の有無等、それぞれの状況に応じて変わり得るが、例えば人権尊重に関する基本方針・行動規範、人権 DD の実施状況、リスクの特定と優先順位づけ、特定したリスクへの対応状況、戦略、目標、目標達成状況、実効性評価に関する情報等が開示の例として挙げられる。

適切な情報開示が求められる一方で、情報伝達に当たっては、取引上の秘密情報、顧客情報、競争機微情報、安全管理上の情報、個人情報等に関連する事項に十分配慮する必要がある。情報開示に懸念がある場合には、たとえば情報の匿名化・一般化、開示のタイミング調整といった方法が考えられるし、また、開示が不適切である場合には、情報開示しない理由を説明する方法もある[注191]。

企業による情報開示は、企業の人権への影響を反映するような、また想定された対象者がアクセスできるような形式と頻度であるべきであり、関与した特定の人権への影響事例への企業の対応が適切であったかどうかを評価するのに十分な情報を提供すべきである。また、同時に、影響を受けたステークホルダー、従業員、そして商取引上の秘密を守るための正当な要求にリスクをもたらすべきではない[注192]。

企業が広く一般に情報開示する場合と、企業が特定した人権リスクにどのように取り組むかにつき、潜在的に影響を受けるステークホルダーに対して説明する場合では、開示する情報内容も頻度も異なってくる。前者の場合には、年に1回程度といった定期的な頻度で、統合報告書、サステナビリティ報告書、CSR 報告書、人権報告書といった報告書の作成、年次総会でのプレゼンテーション、経営陣からのメッセージといった方法が挙げられる

（注190）国連指導原則 21。
（注191）OECD ガイダンス附属書 Q47。
（注192）国連指導原則 21。

し、後者の場合には、対象となるステークホルダーに確実に情報開示がなされるように、物理的なアクセスのしやすさ、タイミング、書式、言語、場所等も考慮しての開示が必要となる(注193)。場合によっては、インターネットにアクセスのないステークホルダーもいることも考慮に入れる必要がある。

具体的な開示内容等についての開示基準は複数存在するが、例えばGRIスタンダードは、組織が経済、環境、社会に与えるさまざまなインパクトについて一般の人々に情報提供する際の国際的なベストプラクティスを反映している基準であり、人権の尊重や人権DDを含む開示事項についても説明しているし、EUのCSRDに基づく開示基準を定めたESRSもGRIスタンダードとの整合性を意識しながら同様の情報開示を求める内容になっており(注194)、開示の際の参考になる。

5　訴訟・通報等

(1)　概　要

企業の事業活動による人権侵害に関する訴訟は、2011年の国連指導原則やそれ以降の企業による開示や人権DDの法制化の動きが加速する以前からあったが、開示や人権DDに関する法制化が進んだ国においては、それらの法律を根拠とする人権に関連する訴訟提起や行政機関への通報も相次いでいる。人権侵害を行った企業は民事責任または／および刑事責任の両方が問われ得るものの、実際には多くのケースは企業の民事責任を問うもので、例えば人権侵害を防止・軽減するための合理的な措置がとられていないとして、善管注意義務違反を理由とした損害賠償や、適切な措置命令を求める訴訟がある。

前述の通り、人権を保護する義務は国家にあり、国家が国際人権規約、ILO中核的労働基準等の関連する条約や国際基準に依拠して国内法の整備

(注193)　OECDガイダンス附属書Q46。

(注194)　Commission Delegated Regulation（EU）2023/2772 of 31 July 2023 supplementing Directive 2013/34/EU of the European Parliament and of the Council as regards sustainability reporting standards C/2023/5303, http://data.europa.eu/eli/reg_del/2023/2772/oj.

や政策を立案・実行していくことが求められる。この文脈においては、企業は国際法上の人権保護義務を負う主体ではない。一方で、企業の事業活動が人権にもたらす影響の大きさや範囲、国家による当該影響の解決能力の不十分さに鑑みると、企業がこれらに適切に対処していくことは、人権への負の影響の深刻化を防ぎ、解決を図る上で必要不可欠である。国連指導原則では、企業による人権の尊重は、人権保護を目的とする国内法遵守の領域を越え、それらの上位にあるものとされ、各企業はその中核的な事業活動の中で国際的に認められた人権に関する諸原則を最大限尊重するべきとされている(注195)。国連指導原則には法的拘束力はないものの、企業による人権尊重への取組みは、適切な企業の事業遂行のために必要なものであり、人権侵害のリスクに適切に対処するための方針策定、リスク管理体制の構築、社内の責任者の明確化、人権DDの実施（人権リスクの特定・評価、負の影響の防止・軽減、取組みの実効性の評価)、情報開示、救済措置といった対策は企業の持続可能な経営のためには不可欠なものという考え方の基本となり、これらの対応を怠った場合には企業の責任が問われるだけでなく取締役の善管注意義務違反であるとも判断され得る状況が見られる。実際、法制化の進んだ国ではもちろんのこと、法制化が進んでいない国においても企業や取締役による人権尊重の対策を求めて訴訟提起や行政機関への通報が相次いでいるのも、こうした企業の役割を重視してのことである。

国連指導原則でも、犠牲者が、司法的、非司法的を問わず、実効的な救済の手段に容易にアクセスできるようにすることが重要視されており(注196)、国家としては、その領域または管轄内で侵害が生じた場合には、司法、行政、立法面で適切な措置をとることが求められている(注197)。企業による人権を尊重した事業運営や人権DDの具体的内容について、関連する法制化が進んだ国においても、その具体性について疑問の声が聞かれる中、司法や行政の判断は企業に期待される具体的行動の一定の指標となり得る。

訴訟や通報を行う主体として考えられるのは、例えば影響を受けた個人や集団、労働組合、NGO、株主、投資家等が挙げられ、その対象となるのは

(注195)　国連指導原則11・23、国連「人権尊重についての企業の責任——解釈の手引き」問8。
(注196)　国連指導原則25～31。
(注197)　国連指導原則25～27。

政府、企業、銀行、その他の金融機関等が挙げられる。その根拠としては、人権課題に関連する法令のみならず、民法や刑法、また、その妥当性には議論があるものの、国連指導原則等のソフトローが引用される場合も出てきている。ビジネスと人権リソースセンターが公表している訴訟データベース(注198)によれば、人権侵害の法的責任を理由に企業に対して提起された訴訟は膨大な数に上り、このうち申し立てられた人権侵害の明白性、訴訟戦略の有効性と戦略、判例形成の可能性等を考慮して200件超の訴訟を抽出して分析した結果、10件中８件が労働者または影響を受けた地域住民による提訴であり、２件に１件は人権侵害が発生した国とは異なる国で訴訟提起されていると報告されている。これは、侵害が発生した法域では適切な法制度や裁判制度の整備が不十分であり、正当な判決を受けるためには別法域での裁判が必要と判断しての結果であると分析されている。一方、侵害が発生した法域以外での訴訟提起は管轄権の有無、当事者適格、訴訟手続の有効性等が問題になることもあり、必ずしも容易ではないといった課題もあり、また、仮に法域以外での訴訟提起に成功したとしても、判決までに時間がかかる、高額の裁判費用が発生する、必ずしも救済につながる判決が得られるとは限らない、といった点にも留意が必要である。

では、具体的にどのような訴訟や通報事例があるのか、フランス、ドイツ、オランダにおける最近の訴訟または通報事例を紹介する。

(2)　訴訟・通報事例

ア　フランス

企業に対する人権DD義務を課す注意義務法が2017年に導入されたフランスでは、注意義務に関する計画書の内容や特定の事業融資の適否をめぐった訴訟が相次いでおり、具体的な訴訟事例を公表しているWebサイトも存在する(注199)。

注意義務法に基づき提訴された最初の事例は、2019年10月に急速審理手

(注198)　Business & Human Rights Resource Centre, Lawsuit Database, https://www.business-humanrights.org/en/from-us/lawsuits-database/.

(注199)　Sherpa, Terre Solidaire, Business & Human Rights Resource Centre, “duty of vigilance radar” – cases, https://vigilance-plan.org/court-cases-under-the-duty-of-vigilance-law/.

続（procédure de référé）[注200]によって複数のNGOが大手石油会社を提訴したもので、同社がウガンダとタンザニアにおいて実施している原油のパイプラインプロジェクトが、人権、環境、気候に壊滅な影響を与えるとして、同社に対して注意義務法に基づく注意義務の履行を求めるものであった。この訴訟について、パリ司法裁判所（tribunal judiciaire de paris）は、2023年２月に提訴却下の判断を下している[注201]。その理由として、送達時には、2018年の注意義務計画についての提訴とされていたにもかかわらず、公判においては2021年の注意義務計画を問題にする等、送達時と公判時で訴えの内容が実質的に異なっており、訴訟手続の手順が遵守されていないことを挙げた。また、同裁判所は注意義務に関する計画書の内容が適切かどうかの判断については、急速審理手続ではなく、通常の裁判手続で慎重に検討されるべきものであることにも言及された。

そのほかに、コールセンター事業会社、運送会社、風力発電会社、スキンケア事業会社、水供給会社、郵政公社、食品事業会社、テクノロジー会社、金融事業会社等、20以上の企業がNGOや労働組合による提訴や通報の対象となっている[注202]。

そのような中で、注意義務法に基づき原告側の主張が一部認められた初めての判決が2023年12月５日にパリ司法裁判所より出された。この裁判は、フランスの郵政公社が、そのグループ会社の下請契約を通じて数百人の不法労働者が就労しており、労働者の健康と安全が遵守されていないこと等を理由に、労働組合等から提訴されたものである。パリ司法裁判所は、企業には①人権や環境に関するリスクマッピングの実施、②下請業者の評価、③注意義務法に基づきとられた措置の有効性の評価の実施が期待されているとの判決を下した。一方、リスク防止のために必要な措置の具体的内容については

（注200）急速審理手続（procédure de référé）とは、紛争を迅速に審理するための司法手続で、急速審理担当の裁判官は、本案審理担当の裁判官による評価に先立って、当事者の権利保全、損害防止といった暫定措置を命ずることができるものである。

（注201）Tribunal judiciaire de paris, 28 février 2023, Les Amis de la Terre v. La Société TotalEnergies SE, https://www.amisdelaterre.org/wp-content/uploads/2023/02/decisiontj-paris-totalouganda-28fev2023.pdf.

（注202）Sherpa, Terre Solildaire, Business & Human Rights Centre, “duty of vigilance radar” – cases, https://vigilance-plan.org/court-cases-under-the-duty-of-vigilance-law/.

企業やステークホルダーが決めることであり、裁判所が決定する領域ではないとの見方を示した(注203)。

イ　ドイツ

2023年1月よりサプライチェーン・デューデリジェンス法が適用開始となったドイツでは、公開情報に基づく限り、2023年12月現在、同法に基づく訴訟は提起されていないが、同法の管轄当局であるドイツ連邦経済・輸出管理庁（BAFA: Bundesamt für Wirtschaft und Ausfuhrkontrolle）が開設した苦情受付窓口(注204)への通報事例は複数確認されている。

サプライチェーン・デューデリジェンス法に基づく最初の苦情申立てとなった事案は、バングラデシュで製造された製品を扱う複数の国際企業に対して、在バングラデシュの労働組合及び複数の人権団体が申請したものである。苦情の内容は、バングラデシュにおいて衣服を生産しているこれらの国際企業が職場における安全を改善するための効果的な協定であるBangladesh Accordに署名していないのは、サプライチェーンDD法に基づくDD義務の違反であると主張した。一方、企業側は、特定の文書に署名していなくても、企業として人権尊重のための高い水準を設定して事業を行っていると主張している。

そのほか、新疆ウイグル地区における強制労働を念頭に、複数の自動車メーカーにつきサプライチェーンにおける強制労働の特定、防止、軽減するための適切な措置を怠っているとして、人権団体によって苦情を申し立てられている事例(注205)、複数のNGOおよび現地労働組合が、複数の小売事業会社がエクアドルにおけるバナナのサプライチェーンをめぐって人権侵害を防止するための措置を怠っているとして、苦情を申し立てられている事

(注203) Tribunal Judiciaire De Paris, Judgement, 05 December 2023, SUD PTT et.al vs. S.A. La Poste, http://www.sudptt.org/IMG/pdf/sudptt_laposte_jugement_ddv_5_dec_2023.pdf.

(注204) BAFA, File a complaint in accordance with The Act on Corporate Due Diligence Obligations in Supply Chains, https://elan1.bafa.bund.de/beschwerdeverfahren-lksg/.

(注205) ECCHR, "German economic engine roars thanks to forced labor: Complaint filed against VW, BMW and Mercedes Benz", https://www.ecchr.eu/en/case/german-economic-engine-roars-thanks-to-forced-labor-complaint-filed-against-vw-bmw-and-mercedes-benz/.

例[注206]がある。

上記のようにBAFAの苦情申請窓口に通報があったからといって、企業が人権尊重に向けた措置を実施していないとは限らず、中には自身の取組状況にも言及しながら通報に対する考え方を説明する事例も見られる。濫用的な通報への懸念の声も上がっており、BAFAは苦情の内容を精査の上、サプライチェーン・デューデリジェンス法に基づき企業による人権尊重への取組状況について調査を行うことになる。

実際にBAFAによる調査が実施されている事例は、ドイツ企業が取引先となり運送業務を行っているポーランドの運送事業会社に所属する長距離トラック運転手の労働環境に関するもので、トラック運転手らは、サプライチェーン・デューデリジェンス法の対象となっているドイツ企業が、トラック運転手の過酷な労働環境を防ぐために適切な措置をとっていないのは、同法の義務違反に反すると主張している。

ウ　オランダ

オランダでは2019年に人権DDを義務づけるオランダ児童労働注意義務法が成立しているが、2025年1月現在、未施行の状態であり、同法を根拠とした訴訟はまだない。一方、2021年7月にオランダハーグ地方裁判所が、国連指導原則にも言及しながら気候変動を人権問題と整理し、二酸化炭素の排出量削減を命じた判決（以下、「ハーグ地裁判決」という）が出されている[注207]。本件については、2024年11月には控訴判決において、二酸化炭素の排出量を制限する義務は認めつつも、実際に個別の企業が従うべき具体的な削減量ついては根拠が不十分と指摘し、削減命令が破棄されている。

本件は、オランダの環境保護NGOや市民等が、大手石油会社に対して、気候変動対策の強化を求めたもので、同裁判所は2030年までに二酸化炭素排出量を2019年比で45％削減することを命令した[注208]。オランダの民法

（注206）ECCHR, “Edeka and Rewe violate supply chain law,” https://www.ecchr.eu/en/case/edeka-und-rewe-verstossen-gegen-lieferkettengesetz/.

（注207）柴原多「近時の環境訴訟の動向――オランダ・ハーグにおける地裁判決を契機に」西村あさひ法律事務所ニューズレター2021年11月19日号（https://www.nishimura.com/sites/default/files/images/newsletter_211119_corporate.pdf）。

（注208）対象範囲は、自社のみならず、販売した製品等から生じる排出量を含めたサプライチェーン・バリューチェーンにおける二酸化炭素排出量とした。

上は、①他人の権利侵害、②法的義務違反もしくは不作為、または③成文化されていない社会通念上の規範に違反する行為もしくは不作為が「不法行為」と規定しており(注209)、③に該当するものは個別具体的な事情を考慮して判断するものとされている。

ハーグ地裁判決では、当該石油会社の注意義務の判断に当たり、オランダの気温上昇は世界平均の約２倍の速さで進行しており、二酸化炭素排出による気候変動は深刻で不可逆的な結果をもたらすという状況を前提として、当該石油会社の二酸化炭素の排出量と影響力の大きさ、危険な気候変動の影響からの保護も人権に含まれ、企業による人権尊重は国連指導原則でも示されているように国際的コンセンサスがあるといえること、当該石油会社も国連指導原則への支持を表明していること、当該石油会社がオランダ居住者にもたらす気候変動のリスクを認識していること等を考慮した。

地裁判決とはいえ、気候変動が地域住民に対して人権侵害をもたらすと認定し、企業に求められる注意義務の基準として、国連指導原則に言及した上、バリューチェーンを通じた影響力の行使を要求したハーグ地裁判決は、成文化された法令遵守だけでは企業の注意義務が果たされているとはいえないと判断される場合もあり得ることを示しているということで注目を浴びた。

その後、控訴判決において、二酸化炭素の排出量を制限する義務は認めつつも、具体的に個別の企業による削減量については算出方法の根拠が不十分であることが指摘され、削減量削減命令は破棄された。原告側が上訴するかは今後の動向を注視する必要があるが、気候変動について個別の企業が訴訟の対象となり得ることの一例となった。

(3)　企業による対策

訴訟が提起されたとしても、企業側が敗訴するとは限らず、また、監督官庁の通報が実際に制裁につながるとは限らないものの、訴訟提起や通報の事実が報道されたり、ソーシャルメディア等で広く拡散される場合もあり、企業のレピュテーションリスクにつながる可能性もある。

企業としては、こうした訴訟提起や監督官庁への通報があった場合に、自社がこれまで人権尊重や環境保護に関してとってきた対応についてどこまで

(注209)　オランダ民法第６巻第162条。

説明できるかがポイントとなる。企業として人権の尊重や環境保護に関する方針を立て、リスク分析や対策を行っている上に、救済のための体制も整えていることを説明できる企業であれば反論できる要素がある一方、人権方針も未策定で、救済措置も整えていなかったということになれば、責任を問われる可能性がより高くなり得る。また、日頃からステークホルダーとの対話の場を設けることは、問題を小さいうちに解決することにもつながる。

こういった側面も意識した上、各企業は人権や環境に関してどのような対策をとることが期待されているのかを理解した上で、自社がとり得る合理的な対策を実施したり、デューデリジェンスを通して事業のリスク分析をし、優先順位をつけた上で、継続的に人権尊重のための対策を進めていく姿勢が求められるし、何らかの問題が顕在化した場合には、訴訟の結果にかかわらず企業のイメージや評判への影響があることも考慮して慎重に対策を検討する必要がある。

6　海外法制の企業への影響等

各海外法制の適用対象となる企業は、各法制の遵守が求められることは当然であるが、一方、各海外法制の直接の適用対象とならなくても、適用対象となる企業と直接または間接的に取引のある企業は、例えば次のような影響を受けることが考えられる。

①　海外法制の適用対象企業によるデューデリジェンスの対象となる。
②　海外法制の適用対象企業から、デューデリジェンスの実施を求められる。
③　上記デューデリジェンスを通して適用対象企業に対して提供・開示した情報が開示される。
④　契約において、人権関連の誓約事項の遵守または表明保証を求められる。
⑤　適用対象企業が企業の取組みが不十分であるまたはリスクがあると判断した場合、取引を停止されるリスクがある。
⑥　企業が直接または他の事業者を介して輸出する製品に強制労働により製造された産品が含まれている場合（部品等の形で製品の一部として含まれている場合も含む）、輸入が禁止され得る。

⑦　適用対象企業によるサプライヤー選択の際に、企業の人権の尊重に関する取組状況が考慮され得る。

これらの影響に適切に対処するには、多大な時間や労力が必要となり得るため、各企業が「自社が各法令の適用対象となるか否か」で対応の要否を判断するのではなく、日頃から国連指導原則等の国際スタンダードに則った人権尊重の取組みを進めていくことが重要となる。

第3節　個別の人権イシュー

前節までは、ビジネスと人権に関する各種の規範を紹介してきた。本節では、当該規範が適用される現実の世界で起こる個別イシューの中から、近時ビジネスと人権の世界において国際的に議題に挙がることの多いトピックとして、①環境と人権、②テクノロジーと人権、③バリューチェーン下流の人権DD、および、④公共調達に係る諸問題について解説する。

1　環境と人権

(1)　健全な環境への権利

2022年7月28日、クリーンで健康的かつ持続可能な環境への権利（以下、「健全な環境への権利」という）を普遍的な人権として宣言する決議が、国連総会で採択された(注210)。同決議は、2021年10月の国連人権理事会での同趣旨の決議に続くものである。これらの決議においては、グテーレス事務総長が述べる通り、気候変動、環境汚染、生物多様性の喪失という、相互に関連した3つの主たる脅威が念頭に置かれている(注211)。これらの脅威はいずれも地球と人類の前に差し迫った危機であり、上記の国連総会決議が賛成161、反対0、棄権8という圧倒的な賛成多数で採択されたことがこれを裏づけている。また、当該決議よりも前の段階で、すでに世界156カ国で人権として法的に認められていたとの指摘(注212)も注目に値する。

（注210）United Nations, UN News, https://news.un.org/en/story/2022/07/1123482, last visited December 21, 2023.

（注211）United Nations, UN News, https://news.un.org/en/story/2022/06/1119532, last visited December 21, 2023.

（注212）Special Rapporteur on the issue of human rights obligations relating to the enjoyment of a safe, clean, healthy and sustainable environment, Good practices on the right to a safe, clean, healthy and sustainable environment, A/HRC/43/53, Annex II（December 30, 2019）

一方で、健全な環境への権利については、広く合意された定義は存在しない。さはさりながら、一般的には以下のように、実体的側面および手続的側面の両方を含む権利であると解されている(注213)。すなわち、実体的側面として、清潔な空気、安全で安定した気候、安全な水および適切な衛生環境、健康的かつ持続可能な環境で生産された食料、生活・仕事・学習・遊びを行うための毒性のない環境、健康的な生物多様性およびエコシステムへの権利を含み、手続的側面として、情報へのアクセス、意思決定手続への参加、司法および効果的な救済へのアクセス（これらの権利を行使するに際して、報復を受けないことが保証されていることを含む）への権利を含むと考えられている。

健全な環境への権利が人権として国連総会で宣言されたことは、企業の人権 DD の実務においてどのような意味を持つであろうか。そもそも、企業に求める人権尊重責任の対象となる「国際的に認められた人権」の範囲について、国連指導原則は、国際人権章典に規定された権利および労働における基本的原則および権利に関する ILO 宣言に記載された基本的権利に関する原則はあくまでも「最低限の」のものであるとしており（国連指導原則 12）、これら以外の「追加的な基準」に規定された権利も、個別の状況次第では、企業の人権尊重責任の対象となり得る(注214)。したがって、前述の通り国連総会で非常に多くの賛成票を得て普遍的な人権として宣言された健全な環境への権利についても、「国際的に認められた人権」として国連指導原則の対象となる人権に含まれると考えられる(注215)。日本企業の中にも、その人権方針において、「最低限」国際人権章典に規定された権利および労働における基本的原則および権利に関する ILO 宣言に記載された基本的権利に関する原則を含む「国際的に認められた人権」を尊重する責任を定めている会社

（注213）OHCHR, et al., *What is the Right to a Healthy Environment? Information Note*, January 5, 2023, https://www.undp.org/sites/g/files/zskgke326/files/2023-01/UNDP-UNEP-UNHCHR-What-is-the-Right-to-a-Healthy-Environment.pdf.

（注214）国連指導原則 12 コメンタリー。

（注215）International Bar Association, *Updated IBA Guidance Note on Business and Human Rights: The role of lawyers in the changing landscape* (November 2023), para. 11, https://www.ibanet.org/document?id=English-Updated-IBA-Guidance-Note-on-Business-and-Human-Rights-role-of-lawyers-apr-23.

は多く、人権DDの実施に際して、健全な環境への権利を検討の対象とすることは今や必須となったと考えられる。例えば、環境汚染が健全な環境への権利に及ぼす負の影響との関係では、企業は土地等の資源を用いる投資プロジェクトを実施するに際して、当該プロジェクトを実施する地域を管轄する国または自治体が求める環境影響評価を実施し、環境影響評価報告書を作成しなければならないことがあるが、そのようなケースで、法定の手続を履践することに加えて、そもそも当該国または自治体の求める手続が、周辺住民、特に、女性・子ども・障がい者やその他のマイノリティ集団の情報へのアクセス、意思決定手続への参加、司法および効果的な救済へのアクセスといった人権（前述の健全な環境への権利の手続的側面を参照）を侵害していないかどうか、もし侵害しているおそれがあるのであれば、法定の手続に上乗せして企業が自主的に対応すべきことがないか、といった観点で検討することが、企業による人権DDの一内容として必要となり得る。具体的な検討の方法としては、当該プロジェクトの環境影響評価に加えて人権影響評価を実施するという方法のほかに、環境影響評価自体に人権影響評価を融合するという方法も考えられる[注216]。

また、気候変動が健全な環境への権利に及ぼす負の影響についても、国連指導原則自体は気候変動という用語に直接は言及していないが、国連指導原則上の人権尊重責任の対象とされている国際的に認められた人権のうち数多くの権利に対して、気候変動が重大な負の影響を及ぼすことは以前から指摘されてきた。例えば、国連気候変動枠組条約第21回締約国会議（COP21）にOHCHRが提出した文書においては、生命への権利、自己決定権、開発への権利、食料への権利、水および衛生への権利、健康への権利、住居への権利、教育への権利、十分な情報を得た上での意味のある参加の権利といった具体的な人権が、気候変動により最も大きな影響を受ける権利として列挙されている[注217]。しかし、健全な環境への権利という概念によって、より直接に、気候変動により負の影響を受ける人々の権利が普遍的人権であると示され、かつ国連総会で圧倒的な賛成多数により決議が採択されたことに

（注216）The Danish Institute for Human Rights, *Human Rights Impact Assessment Guidance and Toolbox, Welcome and Introduction* (2020), p.23, https://www.humanrights.dk/sites/humanrights.dk/files/media/document/DIHR%20HRIA%20Toolbox_Welcome_and_Introduction_ENG_2020.pdf.

よって、国連指導原則の下、企業として人権DDを実施して対応する必要性がさらに明確になったといえる。さらに、国連ビジネスと人権作業部会は、2023年6月、国連指導原則と気候変動との関係について分析したインフォメーション・ノートを公表している（注218）。同資料において、国連ビジネスと人権作業部会は、国連指導原則自体は気候変動に直接言及していないものの、気候変動が人権に与える影響について、事業者が国連指導原則上の各責任を負っていることは明らかであるとした上で、国連指導原則は、気候変動が人権に与える影響について企業が対処しようとする場合においても、価値あるガイダンスになり得るとの見解を示している。同資料は、企業が具体的に人権DDの実践として講じるべき方策（同資料・para. 17）や金融機関・投資家の責任にも踏み込んで議論している（para. 20-21）点において非常に参照価値の高いものであるが、最も注目すべきは、化石燃料の使用や温室効果ガスの排出といった、ほぼすべての多国籍企業が現在直接又は間接に行っていると思われる行為について、カーボン・オフセットに頼ることなくフェーズ・アウト（段階的に当該行為をやめること）すべきと明言している点である（para. 19.b）。すなわち、化石燃料の使用や温室効果ガスの排出を続けるだけで、その使用量や排出量、カーボン・オフセットの有無等にかかわらず、国連指導原則上の人権尊重責任を果たしていないことになると国連ビジネスと人権作業部会は考えているようである。これを理論的に整理すると、化石燃料の使用や温室効果ガスの排出の継続という行為と、気候変動により負の影響を受ける人権との間には、その使用量や排出量、カーボン・オフセットの有無等にかかわらず、少なくとも「直接関連（direct linkage）」の関係が存在し得るということであり、だからこそ、使用・排出を行う企業自身が、当該負の影響への対処（防止ないし軽減）として、前述のフェーズ・アウトを国連指導原則上要求されるということではないかと考えられる

（注217）OHCHR, *Understanding Human Rights and Climate Change* (2015), https://www.ohchr.org/sites/default/files/Documents/Issues/ClimateChange/COP21.pdf.

（注218）Working Group on the issue of human rights and transnational corporations and other business enterprises, *Information Note on Climate Change and the Guiding Principles on Business and Human Rights* (June 2023), https://www.ohchr.org/sites/default/files/documents/issues/business/workinggroupbusiness/Information-Note-Climate-Change-and-UNGPs.pdf.

(「直接関連（direct linkage）」の関係すらないのであれば、国連指導原則の枠外になるから、上記インフォメーション・ノートにおける議論の対象にならないはずである)。温室効果ガスの排出行為と、気候変動により負の影響を受ける人権との間の関係については、学説上も、たとえ少ない排出量であっても「直接関連（direct linkage）」には該当すると分析したものが上記インフォメーション・ノートの公表以前から存在していたが(注219)、国連ビジネスと人権作業部会という国連指導原則の解釈について権威のある機関から上記のような見解が示された意味は大きい。国連指導原則に準拠する旨の人権方針を掲げる一方で、気候変動対応についてはカーボン・オフセットを一部利用することによりネット・ゼロを達成するという目標を掲げる企業は少なくないと思われるが、そうした目標自体が、国連指導原則および自社の人権方針と矛盾するのではないかという議論が今後起こり得る。

気候変動と国連指導原則の関係については、ジョン・ラギー教授とともに国連指導原則の策定に関与したメンバーが立ち上げた著名な団体であるShift も 2023 年 2 月にレポートを公表しており(注220)、ビジネスと人権の世界において注目される最新トピックの筆頭である。今後さらに議論が進み、上記のような権威ある機関から重要な指針が続々と公表される可能性が高いが、企業の内部では、サステナビリティを担当する部署の中で、人権の担当者と環境・気候変動の担当者が分かれていて、サステナビリティ開示においても、両テーマを別の項目立てで説明しているというケースが少なくない。人権方針においても、環境・気候変動への言及がある会社はまだ少ない。しかし、上記のような世界の潮流に鑑みると、今後は、人権と環境の垣根を横断して、各テーマの担当者間の連携・知見共有が求められるケース（例えば、NGO から、自社の温室効果ガスの排出継続が気候変動という現象を介して人権侵害につながり得ることについて、国連指導原則や自社の人権方針に即した説明を求められる等）が増えてくると予想される。

(注219) Chiara Macchi, *The Climate Change Dimension of Business and Human Rights: The Gradual Consolidation of a Concept of 'Climate Due Diligence'*, 6 Business and Human Rights Journal 93-110 (2021)

(注220) Shift, *Climate Action & Human Rights* (February 2023), https://shiftproject.org/resource/climate-action-and-human-rights/.

(2) 気候変動対策と人権：公正な移行

気候変動対策の文脈において、「公正な移行（Just Transition）」とは、気候変動対策の効果自体は減殺することなく、当該対策から生じ得る社会への負の影響を回避しようとする取組みをいう。前述のCOP21で採択されたパリ協定も、その前文で、締約国が「自国が定める開発の優先事項に基づいた、労働力の公正な移行ならびにディーセントワークと質の高い仕事の創出が必要不可欠であることを考慮」する旨を規定している。なお、パリ協定と同時期に公表されたILOのガイドラインにおいても、公正な移行において考慮対象とする社会への負の影響としては、パリ協定の上記引用箇所と同様に、労働者の権利利益に主な焦点が当てられているが(注221)、実際には、労働者だけではなくて、コミュニティや国・地域といった幅広い社会に対する影響が考慮される。例えば、2021年に欧米を中心とする18の国・地域が署名した「国際的な公正な移行の支援に関する宣言」(注222)においては、すべての国家が持続可能な社会への移行がもたらす機会から便益を享受しなければならないこと、発展途上国等のコミュニティが経済を多様化し持続可能な投資を受ける等するための支援を行うことを意図していること等が表明されている。

直近2022年にエジプトで開催されたCOP27では、全体決定「シャルム・エル・シェイク実施計画」において、公正な移行に関する作業計画の策定および作業計画の一環としての閣僚級会合を毎年開催することが決定され(注223)、2023年にドバイで開催されたCOP28におけるその第1回会合で作業対象の明確化や翌年以降のタイムライン等が決定された(注224)。また、

（注221）ILO, *Guidelines for a just transition towards environmentally sustainable economies and societies for all*（2015）, https://www.ilo.org/wcmsp5/groups/public/@ed_emp/@emp_ent/documents/publication/wcms_432859.pdf.

（注222）UN Climate Change Conference UK 2021, *SUPPORTING THE CONDITIONS FOR A JUST TRANSITION INTERNATIONALLY*（2021）, https://webarchive.nationalarchives.gov.uk/ukgwa/20230313132211/https://ukcop26.org/supporting-the-conditions-for-a-just-transition-internationally/.

（注223）環境省「COP27（国連気候変動枠組条約第27回締約国会議）の結果概要について」（2022年12月22日）（https://ondankataisaku.env.go.jp/carbon_neutral/topics/20221222-topic-39.html#sharm）（2023年12月21日最終閲覧）。

2023年のG7広島サミットに先駆けて実施されたG7札幌気候・エネルギー環境大臣会合においても、公正な移行へのG7各国のコミットメントが確認されている（注225）。こうした流れを踏まえて、今後は、気候変動対策と合わせて、公正な移行の確保に向けた国家の政策と企業の実務が日本および世界各国で展開されていくと予想される。以下では、この公正な移行という概念とビジネスと人権との関係を整理した上で、公正な移行確保に関する企業実務への示唆と日本のルールメイキングの方向性を検討する。

まず、議論の整理のために、公正な移行の議論で問題とされる社会への負の影響を、気候変動対策の実施によりいわば「移行元」である化石燃料を用いる社会で生じ得る負の影響と、「移行先」であるクリーンエネルギーを用いる社会で生じ得る負の影響とに分けて考えた上で、それぞれに企業がどのように関与し得るかを分析する。

ア　「移行元」の社会で生じ得る負の影響

気候変動対策として、企業が自社の利用するエネルギーを化石燃料からクリーンエネルギーに転換したり、化石燃料に関わるプロジェクトや企業への投資から撤退すると、化石燃料を用いたビジネスはそのままでは立ち行かなくなるから、化石燃料産業に依存する社会に大きな負の影響が生じ得る。例として、自動車メーカーが、ガソリンエンジン車の製造をやめて電気自動車に切り替えることにより、ガソリンエンジン車に固有の部品を製造するサプライヤー（財政基盤が相対的に弱い中小企業が多く含まれ得る）やそこで働く技術者が廃業・失業等の事態に追い込まれることが挙げられる。また、化石燃料の採掘や火力発電所について、当該プロジェクトの事業者が気候変動対策としてプロジェクトサイトの閉鎖（石炭採掘の場合は、閉山）を行う際、閉鎖に関連する解体工事や有害物質の除去が適切な方法で行われないことで生じる周辺コミュニティへの健康被害や環境汚染といった問題も、「移行元」の社会で生じる負の影響として想定し得る。

（注224）外務省「国連気候変動枠組条約第28回締約国会議（COP28）結果概要」（2023年12月18日　）（https://www.mofa.go.jp/mofaj/ic/ch/pagew_000001_00076.html）（2023年12月21日最終閲覧）。

（注225）G7 *Climate, Energy and Environment Ministers' Communiqué*, para.19, April 16, 2023, https://www.env.go.jp/content/000127829.pdf.

イ　「移行先」の社会で生じ得る負の影響

「移行先」であるクリーンエネルギー産業においても、深刻な人権侵害をはじめとする社会への負の影響が多数報告されている。例えば、多くの電気自動車用電池に使われているコバルトの採掘現場では、児童が危険な労働に従事させられていると指摘されているし(注226)、太陽光パネルの部材として用いられるシリコンについては、市場シェアのほとんどを占める中国に所在する工場において、ウイグル族を強制労働させて製造されている疑いがあるとの報告がある(注227)。風力発電については、洋上風力の場合は漁業従事者等、陸上風力の場合には周辺の土地に住む先住民やコミュニティの権利等との調整がそれぞれ問題になり得る。さらに、環境性能の高いグリーンビルディングを目指す建築や改築工事のラッシュにより、工事現場で働く人々の権利への負の影響（長時間労働や安全衛生上の問題等）も生じ得る。さらには、以上のような気候変動の「緩和」の方策だけではなくて、「適応」の方策の実施においても、河川や海岸の近くに住む人々の強制移住の問題等が生じ得るし(注228)、第３の方策として研究が進むジオエンジニアリングの手段の中には、生態系への悪影響といった副作用が懸念されているものもある(注229)。

以上のような、公正な移行の議論で問題とされる社会への負の影響について、企業が自らまたは業界全体としてその回避に向けて取り組もうとするとき、国連指導原則が提示するビジネスと人権の規範は何らかの指針を提供するであろうか。この点を考える前提として、前述のILOガイドラインがそうであるように、公正な移行は、これまで主に持続可能な開発の問題として

（注226）トムソン・ロイター財団「米人権団体がテスラやアップルなど提訴、コンゴのコバルト採掘で」Reuters（2019年12月17日）（https://jp.reuters.com/article/usa-mining-children-idJPKBN1YL02R）（2023年12月21日最終閲覧）。

（注227）馬場未希「中国製パネルに強制労働の疑い」日経ESG 2021年7月5日（https://project.nikkeibp.co.jp/ESG/atcl/column/00005/070100095/）（2023年12月21日最終閲覧）。

（注228）Special Rapporteur on the right to adequate housing as a component of the right to an adequate standard of living, and on the right to non-discrimination in this context, *Report of Special Rapporteur on adequate housing as a component of the right to an adequate standard of the living, and on the right to non-discrimination in this context*, A/64/255, August 6, 2009.

（注229）杉山昌広ほか「気候工学（ジオエンジニアリング）」天気58巻7号（2011）577頁・581頁。

議論されてきており、ビジネスと人権の世界または国連指導原則自体から始まった議論ではない。持続可能な開発については、1987年に環境と開発に関する世界委員会が報告書 Our Common Future で示した「将来世代のニーズを満たすことを妥協することなく、現在あるニーズをも満たす開発」という定義によって紹介されることが多いが(注230)、その実現の過程で社会資本・自然資本・財務資本といった価値相互間の相殺を許容するかという点においては世界的なコンセンサスはなく、当該相殺の余地を認めるという見解が優勢であるとの指摘もある(注231)。そうすると、一方で人権への負の影響が生じていることが、他方で人権への正の影響が生じていることによって正当化されることはないという、人権の世界での考え方（およびこれを反映した国連指導原則が求める企業の人権尊重責任）は、持続可能な開発の概念と相容れない部分もあると考え得る。

さはさりながら、国連指導原則が提示したビジネスと人権の規範は、少なくともその一部は、公正な移行に向けた取組みにおいても価値ある指針となり得ると評価されている。国連ビジネスと人権作業部会は、2023年７月、採掘産業にフォーカスしたものではあるが、国連指導原則に即した形での公正な移行について報告書を公表し、エネルギー転換に直面する同産業が人権上の懸念に対処することを目的として実施されてきた各国政府や企業の取組みとして、義務的デューデリジェンス法制等の各種政策、労働者に対するキャパシティ・ビルディングの機会の提供、ジェンダー平等等の観点を踏まえた先住民や影響を受けるコミュニティとの効果的なエンゲージメント、情報へのアクセスを確保するための開示、救済へのアクセスを確保するためのグリーバンス・メカニズムの運用等についての事例を紹介した上で、各国政府および企業に対する具体的な提言を行っている(注232)。ビジネスと人権に

（注230）The World Commission on Environment and Development, *Our Common Future*（1987）https://gat04-live-1517c8a4486c41609369c68f30c8-aa81074.divio-media.org/filer_public/6f/85/6f854236-56ab-4b42-810f-606d215c0499/cd_9127_extract_from_our_common_future_brundtland_report_1987_foreword_chpt_2.pdf.

（注231）IHRB, *Just Transitions for All*, Business, Human Rights, and Climate Action（November 2020）, p.49, https://www.ihrb.org/uploads/reports/Just_Transitions_For_All_-_Business%2C_Human_Rights%2C_and_Climate_Action_-_IHRB_Nov2020.pdf.

関する世界的権威である Institute for Human Rights and Business（IHRB）も、①情報へのアクセスや意思決定プロセスへの参加といった手続的権利の重要性を強調していること、②自社の従業員等、企業自身の事業活動の範囲を超えて、より広い人権を検討対象に含められること、③人権 DD の実施が、公正な移行に取り組む企業にとって実務的に有用なツールとして機能すること、④既存の公正な移行に関する自社の方針や事業活動について、脆弱な集団の人権に負の影響を生じさせていないかという観点から見直す助けになること、といった少なくとも４つの理由から、公正な移行に関する取組みにおいてビジネスと人権の規範を参照することの有用性を指摘している[注233]。また、国連グローバルコンパクトも、ステークホルダーエンゲージメントや国連指導原則に基づく人権 DD を、公正な移行のため企業がとるべき行動の１つとして明記している[注234]。さらに、より各論的な観点から例を挙げると、ビジネスと人権の世界における「責任ある撤退」に関するこれまでの議論やグッド・プラクティスの蓄積は、化石燃料や温室効果ガスの排出の多い投資プロジェクトからの撤退を検討する企業にとっても、大いに参考となるであろう。

加えて、市民社会による企業の公正な移行に関する取組みの監視・評価においても、ビジネスと人権に関する規範が実際に参照されている。例えば、World Benchmarking Alliance が石油・ガス関連企業 100 社・電力関連企業 50 社・自動車メーカー30 社を対象として調査を行い 2021 年に公表した「公正な移行に関する評価報告書」においては、国連指導原則等に基づいて設定した指標に基づく評価として、それら 180 社のうち人権 DD の基礎を実際に示していたのはわずか 12 社であると分析した上で、企業は人やコミュニティに対して生じさせているまたは生じさせ得る負の影響を理解し、それを回避または対処するために、人権 DD を実施すべきであると提言し

（注232）Working Group on the issue of human rights and transnational corporations and other business enterprises, *Extractive sector, just transition and human rights*, A/78/155, July 11, 2023.

（注233）IHRB, *supra* at 51.

（注234）United Nations Global Compact, *Introduction to Just Transition, a Business Brief*, September 8, 2022, https://www.globalcompact.de/fileadmin/user_upload/20221209_Just_Transition_LK.pdf.

ている[注235]。

以上見てきたように、国連指導原則をはじめとするビジネスと人権の規範は、すでに公正な移行の議論にも影響を与えており、企業実務上参照し得る指針の1つとして認識されている。そしてこの潮流は、各国・地域における政策の議論にも及んでいる。国連ビジネスと人権作業部会が示したUNGPs 10+ ロードマップにおいては、企業の人権尊重責任を公正な移行の中核的要素とすべきことが一番最初の目標（Goal 1.1）として掲げられているが、それは国連指導原則第1の柱である国家の保護する義務の履行の問題としても位置づけられており、公正な移行のための財政を強化すること等の国家がとるべき行動の具体例が挙げている[注236]。具体的な政策の例として、2020年7月に施行されたEUのタクソノミー規則は、気候変動の緩和・適応策等を含む環境関連の目的に沿って、環境の観点でサステナブルであると判定される経済活動を定めることにより、当該活動への投資を促す法規制であるが、同規則18条は、当該活動の実施に際して、企業が国連指導原則やOECDガイドラインに沿うことを確保するための手続（ミニマム・セーフガード）を実施することを求めている。

公正な移行の確保は、気候変動対策という変化を急ぐ必要のある領域で、いかに効果的に社会への負の影響を回避するかという非常にチャレンジングな課題であるが、日本の各種政策においても、上記のEUタクソノミーにおけるミニマム・セーフガードのように、企業が国連指導原則に基づいて人権への負の影響に対処することを求める仕組みを適所に導入することが必要である。一例として、電気自動車のバッテリーの生産に不可欠な重要鉱物に関して2023年3月に署名され発効した「重要鉱物のサプライチェーンの強化に関する日本国政府とアメリカ合衆国政府との間の協定」（日米重要鉱物サプライチェーン強化協定）において、日米両国政府が、同協定の発効から1

（注235）World Benchmarking Alliance, *2021 Just Transition Assessment*, November 1, 2021, p.17, https://www.worldbenchmarkingalliance.org/research/2021-just-transition-assessment/.

（注236）Working Group on the issue of human rights and transnational corporations and other business enterprises, *UNGPs 10+ A ROADMAP FOR THE NEXT DECADE OF BUSINESS AND HUMAN RIGHTS* (November 2021), p.6, https://www.ohchr.org/sites/default/files/2021-12/ungps10plusroadmap.pdf.

年以内に、「自国における生産者が労働者の権利についてリスクに応じたデューデリジェンスを実施することを可能にする措置（重要鉱物のサプライチェーンにおけるものを含む。）を奨励すること」を行うと明記されたこと（５条９項(d)）は重要な意義があるが、当該条項が、国内で独自に設定した基準や慣行ではなく、国連指導原則をはじめとする国際基準に従ってライツホルダー視点で実施されることを確保するとともに、労働者の権利以外の人権（例えば、採掘現場周辺のコミュニティの権利）についても企業の人権DDの対象とされるよう議論すべきである。

2　テクノロジーと人権

(1)　対象範囲

2019年11月、OHCHRは、テクノロジーにおけるビジネスと人権プロジェクト、通称B-Techプロジェクトを立ち上げた。B-Techプロジェクトは、デジタルテクノロジーの発展および企業・政府・非政府アクター（個人ユーザーを含む）によるそれらの技術の利用に関連する人権侵害を予防し、それらに対処するための、実用的かつ道義に基づいた方法を探さなければならないという差し迫ったニーズに応えることを目的として始まったものである(注237)。その後B-Techプロジェクトは、Foundational Papersと名づけられた、テクノロジーと人権の各論点に関する議論状況の整理と実務への提言を示す一連の文書を公表する等、同分野における世界の研究をリードするに至っている。B-Techの例が示すように、テクノロジーと人権という分野は、ビジネスと人権の中でも比較的新しい研究領域であり、目覚ましい進化を遂げるテクノロジーの変化の速度を追う形で日々新しい論点が生まれているが、そのような個別論点の解説についてはより即時性のある媒体に委ねることとして(注238)、本章では、総論的に、テクノロジーを開発または利用す

(注237) UN Human Rights Business and Human Rights in Technology Project (B-Tech), *Applying the UN Guiding Principles on Business and Human Rights to digital technologies, Overview and Scope* (November 2019), p.2, https://www.ohchr.org/sites/default/files/Documents/Issues/Business/B-Tech/B_Tech_Project_revised_scoping_final.pdf.

る企業が人権DDを実践するに当たって留意すべき事項について解説する。

まずはじめに、本分野における議論が何を対象としているかについて説明する。テクノロジーと人権と呼ばれる分野で検討対象となる「テクノロジー」の範囲については、前述の通りテクノロジー自体が日々変化しているので、明確な定義付けを行うことは困難であるが、対象となる製品またはサービスの具体例として、デジタルプラットフォーム、検索エンジン、ソーシャルメディアプラットフォーム、位置情報ツール、AI音声認識、クラウドコンピューティング、インターネットセキュリティサービス、顔認証システム、自動運転車両、企業向けソフトウェアソリューション、ウェアラブル端末、IoTデバイス、デジタル通信技術およびネットワークインフラ等が挙げられる(注239)。また、対象となる企業の活動に着目すると、その具体例として、データ収集・処理・利活用・削除、自動意思決定、AIの利活用、アルゴリズムおよび機械学習、ユーザー生成コンテンツの管理およびコンテンツモデレーション、ホスティング、デジタルインフラ・インターネットインフラの供与等が挙げられる(注240)。「テクノロジーと人権」の分野における議論は、これらのデジタルテクノロジーを開発するテック企業だけを対象としたものではなく、それらを利用して事業活動を行うすべての産業・企業（これらに対する投融資を行う金融機関やベンチャーキャピタル等も含む）もその対象となるから(注241)、非テック企業の実務担当者においても、その国際的な議論の動向を注視する必要がある。

次に、テクノロジーと人権と呼ばれる分野で検討対象となる「人権」の範囲に関しては、国連指導原則は産業を問わずすべての企業に適用される（国

（注238）本分野における著名な国際NGOであるAccess Nowのウェブサイト（https://www.accessnow.org）（2023年12月21日最終閲覧）がその例である。

（注239）The Danish Institute for Human Rights, *Guidance on Human Rights Impact Assessment of Digital Activities, Introduction*（2020）, p.10, https://www.humanrights.dk/files/media/document/A%20HRIA%20of%20Digital%20Activities%20-%20Introduction_ENG_accessible.pdf.

（注240）*Id.*

（注241）UN Human Rights Business and Human Rights in Technology Project（B-Tech）, *Key Characteristics of Business Respect for Human Rights A B-Tech Foundational Paper*（September 2020）, p.5, https://www.ohchr.org/sites/default/files/Documents/Issues/Business/B-Tech/key-characteristics-business-respect.pdf.

連指導原則14）から、デジタルテクノロジーを開発または利用して事業活動を行う企業も当然に、国際的に認められた人権（国連指導原則12）のすべてを、国際人権法の基準に従って尊重する責任を負う。当該責任の実施に際しては、会社のへのリスクではなく人権への負の影響に焦点を当てたリスクベースでの対応が必要であり（国連指導原則17コメンタリー、国連指導原則24）、当該負の影響を、当該会社がもたらしている正の影響で相殺できるとは考えてはならず（国連指導原則11コメンタリー。例えば、あるSNSプラットフォームの過度の利用により利用者である児童の多くが心身の健康を害しているという負の影響は、当該プラットフォームがオンライン学習の機会を提供することで教育を受ける権利に資するといった正の影響があるとしても、帳消しにはならない）、当該負の影響自体に対処することが求められる。さらに、人権DDのあらゆる局面において、権利保持者との直接の意味のあるエンゲージメントを実施することが、本分野でも同様に求められるし、ジェンダー視点を取り入れること、女性・子ども・障がい者等の脆弱な集団に特に配慮することといった、国際人権法の枠組みの重要な原則がここでも当てはまることを再認識しなければならない。

上記に関連して、実際に人権DDに取り組む企業が個別論点の検討に際して注意しなければならないのは、「テクノロジーと人権」の分野における研究成果は魔法の杖ではなく、データの利活用だから、あるいは、AIを使ったプログラムだから、といった事由のみをもって、当該企業の人権DDの手段、内容、優先順位づけ等が自ずと決まるわけではないということである。デジタルテクノロジーを開発または利用する企業が人権DDに取り組む上では、そういった特定の製品やサービスに顕著な人権リスク自体は認識しながらも、自社がデジタルテクノロジーを開発または利用する実際の文脈に即して、権利保持者との直接の意味のあるエンゲージメントに基づいて、具体的な人権への負の影響を特定・評価するとともに、当該影響への対処の方策を検討し実践するという、国連指導原則の基本が重要である。

(2)　テクノロジーに関わる企業の人権DD

デジタルテクノロジーを開発または利用する企業による人権DDも、その他の企業と同様に、①人権リスクの性質と程度を測るために、人権への負の影響を特定・評価する、②人へのリスクを防止または軽減するために行動を起こす（社内の職務や手続への統合を通じた対応を含む）、③リスク軽減策の効果が時間の経過とともにどのように現れたかを確認する、そして④人権への負の影響への対処に関する実施状況について、適切に外部に伝えるという4つの要素から構成され、そのいずれにおいても、ステークホルダーエンゲージメントをその中心に据えるべきとされる[注242]。テクノロジーと人権の文脈におけるステークホルダーとは、デジタル製品、プロジェクトまたはサービスに利害関係を有し、影響を与え、または影響を受ける可能性のある人、集団または組織を意味し、具体的には、権利保持者（例：表現の自由を有するエンドユーザーとしての市民）、義務負担者（例：市民を非国家アクターによる表現の自由の侵害から保護すべき義務を負っている国家）、およびその他の関係当事者（例：表現の自由に詳しいNGOや専門家、国際機関等）が含まれる[注243]。特に、権利保持者を意味のある形で参加させることが、効果的な人権DDの必須の要件となる。

なお、テクノロジーと人権に限ったことではないが、人権DDという概念は、特定のプロジェクト（例えば、SNS運営会社甲が新たにローンチする動画共有アプリ乙の、子会社丙を通じた丁国における展開事業）を対象としたある一時点におけるスタンドアローンの取組みではなく、当該会社のすべての国・地域におけるすべての事業活動（製品・サービスの提供そのものだけでなく、プロダクト開発、調達、人事・採用、宣伝・広告、IR等も含まれる）について、バリューチェーン全体にわたって行われる、日々の会社運営上の人権尊重責任に関わるさまざまな取組みの総体を指す。もちろん、ある特定のプロジェクトが人権に与える負の影響を評価すること自体は、当該負の影響への対応を検討する助けにはなるが、それは人権影響評価と呼ばれる取組みとして、人権DDとは区別される[注244]。B-Techは、これら2つの異なる概念の比喩として、人権影響評価は、人権DDという「工具セット」の中に含

（注242）B-Tech, *supra* at 4.

（注243）The Danish Institute for Human Rights, *Guidance on Human Rights Impact Assessment of Digital Activities, Cross-Cutting: Stakeholder Engagement* (2020), p.7, https://www.humanrights.dk/files/media/document/Cross-cutting_%20Stakeholder%20Engagement_ENG_accessible.pdf.

（注244）一例として、Meta社がFacebookのミャンマーでの展開に関して実施した人権影響評価に関する開示（https://about.fb.com/news/2018/11/myanmar-hria/）（2023年12月21日最終閲覧）。

まれた「１個の工具」にすぎないと述べている(注245)。人権DDに取り組む企業としては、「１個の工具」の使用に満足せず、「工具セット」一式を総動員し、効果的に組み合わせて使うことが求められている。

以上のような人権DDの概念を前提として、以下では、人権DDの各要素を実践するに際しての主要な留意点を解説する。

まず、①人権への負の影響の特定・評価を行うに際しては、自社の事業活動が引き起こし、助長し、または直接関連する人権侵害（またはそのおそれ）を特定することが出発点となるが、その特定については、「誰の、どんな人権が、誰によって侵害されているか？」という３つの視点から検討するのが効果的である。

ア　誰の人権？

誰の人権かという問いは、すなわち、人権DDの実施における最も重要なステークホルダーである権利保持者の把握を意味する。ここでは、既述の通り、ジェンダー視点を取り入れること、女性・子ども・障がい者等の脆弱な集団に特に配慮することといった、国際人権法の枠組みの重要な原則を当てはめることが必要となる。このうち、ジェンダー視点に関しては、B-Techが「ジェンダー、テック、およびビジネスの役割」と題する新しい業務を立ち上げ、話題となっている。同業務に関するコンセプト・ノートは、インターネットやデジタルテクノロジーへのアクセスに関するジェンダー・デジタル・ディバイド、イノベーションやデジタルテクノロジーの発展における女性の平等な参加や代表の欠如、女性へのオンラインを通じた暴力や誹謗・ハラスメントを唆すために用いられるデジタルテクノロジー、女性のボディリー・オートノミーや私生活に関するプライバシーの権利に対する監視、検閲および脅威といった人権侵害を問題視するとともに、デジタルテクノロジーがジェンダーに基づく偏見やステレオタイプを増幅ないし存続させ、アルゴリズムによる差別といった問題を生んでいると指摘している(注246)。ま

（注245）B-Tech, *supra* at 7.

（注246）UN Human Rights Business and Human Rights in Technology Project（B-Tech）, *B-Tech Project: Multi-Stakeholder Consultation on Gender, Tech, and the Role of Business, Draft Concept Note*（2023）, https://www.ohchr.org/sites/default/files/documents/issues/business/b-tech/B-Tech-gender-multi-stakeholder-consultation.pdf.

た、子どもについても、親や児童自らのスマートフォンを介してデジタルテクノロジーに触れることが珍しいことではなくなった現在、テクノロジーと人権の世界における最も配慮すべき脆弱な集団の1つとして注目されており[(注247)][(注248)]、生徒間のネットいじめによる自殺や、長時間のデバイス使用によるストレートネック等の健康被害は日本でも社会問題化している。人権DDに取り組む企業としては、同じ人権課題でも、それが上記のような脆弱な集団に特に重大な負の影響を与えていないかという視点を常に持つことを求められている。

イ　どんな人権？

テクノロジーと人権の分野において問題とされる人権としては、プライバシーの権利と表現の自由が代表的なものとして挙げられるが、実際にテクノロジーの利用により負の影響を受け得る人権はその2類型に限られず、国際的に認められた人権のすべてを幅広く検討の対象とすべきである。B-TechのFoundational Paperは、その例として、法律の執行や刑事裁判システムにおいてAIツールを利用することが恣意的な逮捕からの自由または法の下の平等に与える影響、監視技術が平和的集会への権利に与える影響、ソーシャルメディアプラットフォームが精神的健康への権利に与える影響、民泊プラットフォームが既存の不動産市場を代替することによって適切な生活水準への権利に与える可能性のある影響等を挙げている[(注249)]。また、製品、サービスまたは用いられる技術だけに着目するのではなくて、ギグ・エコノミーや短期間での商品レンタルを可能にするサブスクリプション等のビジネスモデル自体に内在する人権への負の影響を分析することも有用であり、

(注247) 国連・子どもの権利委員会は2021年に一般的意見25でこの問題に関して締約国が実施すべき条約上の義務について論じている。

(注248) 2023年6月に開催された国連のアジア太平洋責任あるビジネスと人権フォーラムでも、この問題が個別セッションとして独立して議論されていることから、関心の高さは欧米だけのものではないとわかる（https://www.rbhrforum.com/child-rights-tech）（2023年12月21日最終閲覧）。

(注249) UN Human Rights Business and Human Rights in Technology Project（B-Tech), *Identifying and Assessing Human Rights Risks related to End-Use A B-TechFoundational Paper*（September 2020), p.4, https://www.ohchr.org/sites/default/files/Documents/Issues/Business/B-Tech/identifying-human-rights-risks.pdf.

B-Tech(注250)のほか、Shift(注251)も実用的なガイダンスを公開している。

ウ　誰によって侵害されている？

企業としては、自社の活動自体が人権に与える負の影響や、自社製品の原材料調達先で生じている人権侵害（例えば、電子部品の工場や鉱物の採掘現場で生じているおそれのある強制労働等）を検討しなければならないのは当然のことながら、自社の顧客が自社の製品・サービスを用いて他者の人権を侵害しているケースも想定しなければならない。この問題に関する詳細は、**3**〔p.454〕で紹介しているバリューチェーン下流の人権 DD の議論を参照されたい。

次に、②特定した負の影響に対してとる防止・軽減等の行動については、問題の原因が当該デジタルテクノロジーを用いたデバイスの仕様やソフトウェアのプログラム自体にあることが少なくないから、人権 DD の実施においては、人権の専門家と、エンジニア等の当該テクノロジーに詳しい専門家が密に協働することで、非技術者には思いつかなかったであろう効果的なアイデアが生まれる場合がある。特に、製品・サービスの開発過程の可能な限り早い段階から人権 DD を行う（国連指導原則 17 コメンタリー）という観点からは(注252)、技術者を含む開発部門との効果的な連携は、テクノロジーと人権の領域においては不可欠の要素である。同様の観点で、開発部門の従業員（開発をアウトソースしている場合は、当該アウトソース先である他社）に対する人権研修等のキャパシティ・ビルディングのための取組みも、人権 DD の重要な一部である。また、ハードウェアの製造メーカー・当該ハードウェア上で動作するソフトウェアの開発者・それらを販売する小売業者がそれぞれ別の会社である場合、顧客が製品を使用することで生じている人権侵害に対する対応策は、それぞれの会社間の協働によりその効果が増大することもある（例えば、ユーザーが画面を見過ぎることによる健康被害という問題について、ハードウェア製造メーカーがスクリーンの性能を改善するだけではなく

（注250）UN Human Rights Business and Human Rights in Technology Project（B-Tech）, *Addressing Business Model Related Human Rights Risks A B-Tech Foundational Paper*（July 2020）, https://www.ohchr.org/sites/default/files/Documents/Issues/Business/B-Tech/B_Tech_Foundational_Paper.pdf.

（注251）Shift, *Business Model Red Flags*（February 2021）, https://shiftproject.org/resource/business-model-red-flags/red-flags-about/.

（注252）B-Tech, *supra* at 8.

て、ソフトウェアの開発者が一定時間経過時に自動的に警告を出す機能を追加した上で、販売店が店頭で適切な使用方法の啓発を行うことは効果的であろうと思われる）から、社内だけで取組みを完結させるのではなくて、バリューチェーン上の他社とのエンゲージメントも忘れてはならない。

さらに、③すでに講じた対応策の効果の検証においては、遡って①の時点で、異なる時点の状況をそれぞれ比較可能な量的および質的な人権指標（国連指導原則20）を設定しているかが重要となる。①の時点で意味のある人権指標に基づいて負の影響を特定・評価していれば、何らかの対応策を講じてから一定期間が経過した後に同じ指標を確認することで、その効果を追跡できると考えられるからである。量的な指標の例としては、政府からのオンラインコンテンツの削除要請の回数等が挙げられ、質的な指標の例としては、ユーザーから寄せられたオンライン上のプライバシーに関する苦情の内容等が挙げられる[注253]。

そして、④負の影響への対処に関して外部に伝える上で気をつけなければならないことは、会社による情報の伝達行為（サステナビリティ報告書等のウェブサイト上の情報開示だけではなく、説明会の開催等の対面でのコミュニケーション等も含む）は、１回限りの一方向的な「通知」ではなくて、継続的かつ双方向的なステークホルダー（特にライツホルダー）との「対話」の一部を構成しているということである。すなわち、人権DDの過程で各ステークホルダーから得られた意見をどのように理解し、関連する製品やサービスのデザイン・開発・マーケティング等にどのように反映したか、そしてそれにどのような効果があったと考えているかを透明性を持って説明し、それに対するさらなる各ステークホルダーからのフィードバックを求めることが、④で求められている伝達の中身である。

⑶　人権DDと法令遵守との関係

テクノロジーの進展が利用者のプライバシーや個人情報へのアクセス等を脅かすようになったことに対応し、各国では関連する法規制の整備に向け検

（注253）The Danish Institute for Human Rights, *Guidance on Human Rights Impact Assessment of Digital Activities, Phase 2: Data Collection and Context Analysis*（2020）, p.22-25, https://www.humanrights.dk/files/media/document/Phase%202_Data%20Collection%20and%20Context%20Analysis_ENG_accessible.pdf.

討が進んでいる。例えば、EUでは、個人情報の保護を目的とする一般データ保護規則（GDPR）の適用が2018年5月25日よりすでに開始されている。また、オンライン上の安全性を確保するため、オンラインプラットフォーム等の仲介サービス提供者の義務を定めたデジタルサービス法（以下、「DSA」という）が2022年11月16日に発効し、2024年2月17日からすべての対象企業への適用を開始した。さらに、AI技術の利用により生じ得るリスクに対処するため、AI Actが2024年8月1日に発効し、その多くの部分が2年後の2026年8月2日より適用開始とされている。こうした各種の法令の中には、企業に対して、テクノロジーが人権に与え得る負の影響に対処するための一定の義務を課しているものもあるが、国連指導原則上の人権DDとはその適用対象となる企業・人権・事業上の関係の範囲、義務の内容、ステークホルダーエンゲージメントの要否といった重要な点において違いがある。例えば、DSAは、超大規模オンラインプラットフォームおよび超大規模オンライン検索エンジンに対してのみ、当該企業のサービスやシステム自体またはそれらの利用に由来するシステミック・リスク（これには人権への負の影響も含まれる）を特定するためのリスク評価の実施を義務付け（34条１項）、当該リスクの軽減策の実施（35条１項）や対応についての開示（42条４項）等についての義務を課しているが、国連指導原則に基づく人権DDの核心であるステークホルダーエンゲージメントについては、「適切な場合」のみ実施すべきと前文で述べられているにとどまる（注254）。

同様に、日本においても、2020年・2021年の個人情報保護法改正や「人間中心のAI社会原則」（統合イノベーション戦略推進会議決定）の公表をはじめとして、関連するルール作りが進められているが、社内の法務部門や外部の専門家が、コンプライアンスの問題としてこれらの新たな規制の文言だけを後追いし、その時々で自社の法的責任を回避することのみに焦点を当てた取組みに終始してしまうようでは、法整備のスピードがテクノロジーの進化のスピードに追いつかないケースに対処できないため、テクノロジーが生じさせ得る人権への潜在的な負の影響に効果的に対処することは困難となる。

（注254）その他の関連するEU法と国連指導原則の要求の異同に関する参考文献として、The Danish Institute for Human Rights, *How do the Pieces Fit in the Puzzle?* (2023) https://www.humanrights.dk/publications/how-do-pieces-fit-puzzle-making-sense-eu-regulatory-initiatives-related-business-human.

これは、人権侵害の被害者目線で、本来避けられたはずの人権侵害が生じてしまうという問題であるのはもちろんのこと、企業のリスクマネジメントの観点からも、人権侵害に起因するさまざまなノン・リーガルリスク（例えば、財務、オペレーション、レピュテーション、消費者、人事への悪影響）に対処できないという問題でもある。これらの人権・企業双方へのリスクを適切に管理するためには、個別の法令を遵守することはベースラインの取組みとして、それに加えて、国連指導原則に基づいて効果的なリスクベースの人権DDを実施することが不可欠となる。

3　バリューチェーン下流の人権DD

(1)　国連指導原則およびOECDガイドラインの適用範囲

国連指導原則は、企業が、その活動を通じて、または、他の当事者との事業上の関係の結果として、人権への負の影響に関与する可能性がある（国連指導原則13コメンタリー）と説明した上で、そうした状況にどのように対処すべきかについての指針を提供している。ここでいう「事業上の関係」には、自社のビジネスパートナー、自社のバリューチェーン(注255)上の組織、および、自社の事業、製品またはサービスと直接関係のあるその他の非国家的または国家的組織との関係が含まれる（同コメンタリー）。すなわち、国連指導原則上の企業の人権尊重責任の範囲は、自社の活動だけではなく、製品やサービスの商流の川上（上流）および川下（下流）を含むバリューチェーン全体の他者の事業活動に及び得るのである。

国連指導原則の基礎となったラギー枠組みを取り入れ大きな改訂となった2011年版のOECDガイドラインも、企業が対処すべき負の影響（ここには、人権への負の影響だけでなく、環境等の同ガイドラインが扱う対象すべてに対する負の影響が含まれる）には、企業自身の活動だけではなく、事業上の関係

(注255)　ここでいう「バリューチェーン」には、自社と直接または間接に事業上の関係を有する組織であって、①自社の製品またはサービスに寄与する製品またはサービスを供給している、または②自社の製品またはサービスを受け取っている組織が含まれる（OHCHR, *The Corporate Responsibility to Respect Human Rights: An Interpretive Guide*, June 1, 2012, p.8.）。

により当該企業の事業、製品またはサービスに直接関係する負の影響が含まれるとした(注256)。ここでいう「事業上の関係」には、自社のビジネスパートナー、自社のサプライチェーン上の組織、および、自社の事業、製品またはサービスと直接関係のあるその他の非国家的または国家的組織との関係が含まれるとされ(注257)、「バリューチェーン」という用語を用いる国連指導原則と微妙な違いが生じていたが、当該定義は、2023年６月の同ガイドライン改訂により、「自社のビジネスパートナー、下請業者、フランチャイジー、投資先、顧客、合弁相手、サプライチェーン上の組織であって自社の事業、製品もしくはサービスに寄与する製品もしくはサービスを提供しまたは自社の製品もしくはサービスを受け取り、ライセンスを受け、もしくは使用する組織、および、自社の事業、製品またはサービスと直接関係のあるその他の非国家的または国家的組織との関係を含む」と修正され、下流の関係先の活動をも含むことが明確化された(注258)。

⑵　CSDDD法案審議過程における議論

2024年７月に発効したCSDDDの法案審議過程において、下流を対象から除外すべきだという提案がなされたことについては、OHCHR(注259)や主要な国内人権機関(注260)、NGO(注261)から次々と懸念が表明された。さらに、同様の懸念から、同法においてフル・バリューチェーンのリスクベースアプ

(注256) OECD, *Guidelines for Multinational Enterprises on Responsible Business Conduct* (2011), Chapter II, A.12.

(注257) OECD, *Guidelines for Multinational Enterprises on Responsible Business Conduct* (2011), Commentary on Chapter II, 14.

(注258) OECD, *Guidelines for Multinational Enterprises on Responsible Business Conduct* (2023), Commentary on Chapter II, 17.

(注259) OHCHR, *Mandating Downstream Human Rights Due Diligence*, September 13, 2022, https://www.ohchr.org/sites/default/files/documents/issues/business/2022-09-13/mandating-downstream-hrdd.pdf#page16.

(注260) The Danish Institute for Human Rights, *Due Diligence in the Downstream Value Chain* (February 2023), https://www.humanrights.dk/files/media/document/Due%20diligence%20in%20the%20downstream%20value%20chain%20-%20case%20studies%20of%20current%20company%20practice.pdf.

(注261) Joseph Wilde-Ramsing, et al., *Setting the record straight: Downstream due diligence,* December 16, 2022, https://corporatejustice.org/publications/setting-the-record-straight-downstream-due-diligence/.

ローチを採用することの要望が多数の大手欧州企業からもなされた(注262)ことは注目に値する。そもそも、前述の通り、ある事業上の関係が自社から見て上流・下流のいずれであるかを判断することは国連指導原則の実践という観点では特段意味のあることではなく、OHCHRが指摘するように、恣意的に上流・下流の区別が行われてしまうケースも容易に想定されることから、バリューチェーンのうち一部を義務的デューデリジェンスの対象外とすることは、規制する側の政府と規制される側の企業の双方の実務に混乱を生じさせる可能性がある(注263)。

なお、日本政府が2022年9月に公表した「責任あるサプライチェーン等における人権尊重のためのガイドライン」は、企業による人権尊重責任の対象について、「国内外における自社・グループ会社、サプライヤー等（サプライチェーン上の企業及びその他のビジネス上の関係先をいい、直接の取引先に限られない。）」とした上で、ここでいう「サプライチェーン」について、「自社の製品・サービスの原材料や資源、設備やソフトウェアの調達・確保等に関係する『上流』と自社の製品・サービスの販売・消費・廃棄等に関係する『下流』を意味する」と定義し、「その他のビジネス上の関係先」については、「サプライチェーン上の企業以外の企業であって、自社の事業・製品・サービスと関連する他企業を指す」としている（同ガイドライン1.3）。当該記載だけを読むと、日本政府のガイドラインは、上記のヨーロッパ諸国法令の分類に当てはめれば①に該当すると解されるが、他方で、同ガイドラインは、取り組むべき負の影響の優先順位づけの議論において、直接契約関係にある取引先において生じている負の影響を、間接的な取引先において生じている負の影響に優先させるという考え方を提案しており（同ガイドライン2.2.4および同脚注39）、「他の考え方を排斥するものではない」という留保は付されているものの、自社との近接性を考慮することを示唆する点において、国連指導原則が定めたフル・バリューチェーンのリスクベースアプローチからは逸脱しているから、国連指導原則の遵守を人権方針でコミット

(注262) ACTIAM (part of Cardano Group), et al., *Support for alignment of the CSDDD with the international standards on sustainability due diligence*, April 11, 2023, https://media.business-humanrights.org/media/documents/230530_BusinessStatement_CSDDD_ONLINE.pdf.

(注263) OHCHR, *supra* at 2.

している企業にとっては、注意が必要である。

(3) バリューチェーン下流の人権尊重責任

国連指導原則は、事業上の関係に関する企業の人権尊重責任について、バリューチェーンの上流であるか下流であるかにかかわらず同じ規範、すなわち、リスクベースアプローチにより、すべての国際的に認められた人権を尊重せよという要求を定めるものであるが、バリューチェーン下流の人権尊重責任については、上流と比べていくつかの注目すべき特徴がある。

１つ目の特徴は、上流に比べて、問題となり得る人権の種類が多様であるということである。上流については、原材料を生産または製造する労働者の権利、例えば、強制労働や児童労働からの自由が論じられることが多い。もちろん、労働者の権利以外にも、鉱物等の天然資源の採掘により生じる先住民やコミュニティの権利への負の影響などが問題になり得るケースもあるが、サプライチェーン上の人権課題の議論の中心は労働者の権利の問題となりがちであり、米国務省等のResponsible Sourcing Tool(注264)等、こうした問題に特化したツールも数多く開発されてきた。一方で、下流については、フランチャイジー店舗における長時間労働等の労働者の権利の問題もさることながら、テクノロジー製品・サービスが権威主義国家により市民の監視や抑圧に用いられるといった市民的・政治的権利の問題から、食品や衛生用品が消費者の心身の健康に与える影響といった経済的・社会的・文化的権利の問題まで、実に幅広い種類の人権が問題となり得る。こうした特徴を有することから、下流の人権DDについては、労働者の権利に特化した既存のツールや労働者の権利のみに取り組む専門家・専門機関からの助言だけに頼ることは（前述の通り上流についても労働者の権利以外の問題はあるのでそもそも適切ではないが）ますますできなくなるし、社内の連携という意味でも、人事部門や調達部門といった上流の人権DDで中心的な役割を果たしてきた部署と協働するだけでは、効果的な人権DDの実施は困難となる。企業が下流の人権DDに取り組むに当たっては、まずは国際人権章典に定められた人権の幅広さ、すなわち国連指導原則が求める人権尊重責任の範囲の広さを再確認した上で、社内の人権DD実施体制や社内の人権教育・研修の内容、

（注264）Available at https://www.responsiblesourcingtool.org.

さらには普段助言を求めている外部専門家・専門機関の専門性が、そうした幅広い人権課題に対応し得るものになっているかを見直すところから出発する必要がある。

上記と関連して、2つ目の特徴は、検討対象とすべきライツホルダー（権利保持者）の種類も多様であるということである。すなわち、上流については、前述の問題となり得る人権の種類との関係で、ライツホルダーといえば真っ先に労働者を検討することが多い。しかし下流については、もちろん労働者も主要なライツホルダーではあるが、消費者、エンドユーザー、特定の国・地域のコミュニティ、女性や児童といった特定の製品・サービスの主要な購買層として想定される集団など、多様なライツホルダーを検討することが必要になる。これらのライツホルダーは、労働者と異なり、人数が特定された集団が工場や農地のような1つの場所に集合しているわけではないから、現地調査等でライツホルダーと直接対話する手段は自ずと異なってくるし、労働者のように現場監督者の指示や職場のルールに従って行動するわけではないから、製品が本来の用途とは異なって使用されることによる人権侵害（例えば、製薬会社の製造した薬品が国家による死刑執行に用いられる等）といったケースも想定しなければならない。企業としては、契約やサプライヤー行動規範で定めたルールを、特定の相手方に一律に遵守させその遵守状況のみを監視するというアプローチを採用しているのであればそれを再考し、多様なライツホルダーの声を真摯に聞き、下流の個別の状況に応じた効果的な負の影響の防止または軽減の方策を検討しなければならない。

3つ目の特徴は、上流の人権DDという文脈ではあまり議論の対象となっていなかった産業に注目が集まっているということである。例えば、OHCHRが立ち上げたB-Techプロジェクトにおいては、テクノロジー産業に固有の下流の人権課題を調査・研究しているし(注265)、OECDは2017年の機関投資家向けガイダンスを皮切りに、金融機関の下流の人権DDについて各種のガイダンスを公表してきた(注266)。ほかにも、元・国連ビジネスと人権作業部会委員のアニタ・ラマサストリ教授（ワシントン大学ロースクー

（注265）OHCHR, *B-Tech Project* https://www.ohchr.org/en/business-and-human-rights/b-tech-project.

（注266）OECD, *Responsible business conduct in the financial sector*, https://mneguidelines.oecd.org/rbc-financial-sector.htm.

ル）は、ビジネスコンサルタントや弁護士、税理士などのプロフェッショナル・サービスプロバイダーによる下流の人権尊重責任について2021年に著名な論文を発表している（注267）。こうした近年の動きから、ビジネスと人権の世界における研究・議論が、アパレル産業や農業、採掘産業といったサプライチェーン上流の顕著な人権課題を抱える産業以外にも広がりを見せていることが見てとれる。こうした研究・議論は、特定の産業を対象としたものでありながらも、他の産業に属する企業から見ても示唆に富んだものである（例えば、金融機関・投資家が投融資を通じて人権尊重責任を果たすことに関するグッド・プラクティスは、事業会社がM&Aやジョイントベンチャーを通じてマイノリティ株主となった場合の出資先の管理においても参照価値の高い記載を多く含んでいる）から、企業としては、こうした最新の議論の状況を把握するとともに、異業種であっても、自社の取組みに適用できるものがないかという視点で各議論を分析すべきである。

(4)　下流に特化した取組み

(3)〔p.457〕で検討した下流の特徴を踏まえると、企業による人権DDの取組みも、下流に特化した仕組みを検討・導入することが効果的である場合が多い。以下、その代表的な例を紹介する。

まずは、下流に特化した人権方針策定である。人権方針が、人権方針と題する独立した文書の形態をとってもよいし、そうではなくてcode of conduct等を含むさまざまな会社の方針文書の総体が人権方針を構成するという形態をとることでもよいということは、すでに多くの文献において指摘されているが（注268）、こうした分類に即して説明すると、人権方針と題する独立した文書において下流の人権課題を自社に顕著な人権課題として明記した上でその対応方針を述べる事例だけではなく、下流の人権課題に対応することに特化した方針文書を人権方針と題する文書とは別途策定している事例

（注267）Anita Ramasastry, *Advisors or Enablers? Bringing Professional Service Providers into the Guiding Principles' Fold*, 6 Business and Human Rights Journal 293-311 (2021)

（注268）代表例として、United Nations Global Compact & *OHCHR, How to Develop a Human Rights Policy, Second Edition* (2015), p. 3, (https://www.ohchr.org/sites/default/files/Documents/Issues/Business/guide-business-hr-policy.pdf).

がある。例えば、ある玩具メーカーは、人権方針と題する独立した文書において、重要な影響が生じ得る領域として「子ども」と記載した上で、自社製品で遊ぶ子どもの権利、特に心身の安全への権利への対応に関するコミットメントを明らかにしている。ほかにも、あるファッションブランドは、責任あるマーケティング基準と題する文書を、人権方針と題する文書とは別に策定した上で、自社製品の宣伝広告に関して、消費者の間に差別や偏見を生むような表現を避ける旨や、刺激的な表現に対して脆弱な児童への特別の配慮、インフルエンサー等のビジネスパートナーを通じてマーケティングを行う場合の対応等を記載している。こうした下流に特化した方針をトップマネジメントのコミットメントとして対外的に示すことは、下流に関して実務担当者による具体的なアクションを促すだけではなく、当該方針自体や具体的な施策に関するステークホルダーからの詳細で有意義なフィードバックにもつながるから、効果的な人権 DD 実施のための必須の要素である。

また、下流における人権への負の影響を特定し評価する仕組みとして、顧客の身元確認システム（KYC：Know Your Customer）を活用している事例がある。KYC は、従来、マネーロンダリングやテロ資金調達などの犯罪行為に自社が関与してしまうことを防止する目的で、金融機関やプロフェッショナル・サービスプロバイダーを中心に普及してきたが、事業会社においてもこれを導入するとともに確認対象事項を人権へと広げ、メディア報道や主要ベンチマークによる評価等を参照した上で、人権への負の影響を生じさせているおそれのある顧客への商品やサービスの提供（およびこれらの提供による自社の当該負の影響への助長または直接関連）を防ぐ仕組みを開発している事例がある。顧客との取引関係においては、一度契約を締結してしまうと、当該契約に従って顧客に商品やサービスを提供すべき契約上の義務を負うことになるから、当該顧客による人権侵害について、サプライヤーとして影響力を行使してこれを防止または軽減するためにとることのできる手段が非常に限定される傾向にある。逆にいうと、取引に入る前のほうが、顧客に対する影響力は相対的に大きく、とることのできる手段の選択肢も多いのが通常であるから、取引に入る前の段階で、当該下流の関係における人権への負の影響を特定し評価する仕組みを導入・実践することの意味は大きい。

ほかにも、消費者による商品・サービスの利用による人権への負の影響を防止または軽減するための仕組みとしては、社内の R&D 部署との連携強化や同部署への人権研修を通じて、新商品・サービスの開発の初期段階から人権を尊重したデザイン・仕様を取り入れることを可能としたり、人権DDに関連する社内会議において商品開発担当者にも同席してもらい、会社として認識している人権課題について、他の部署には思いつかない技術的な解決策の提案を受けている事例がある。また、カスタマーセンターに寄せられた商品・サービスの利用に関する懸念を人権担当部署において人権の視点からも分析し、当該個別の問い合わせの対応方針の決定に関与したり、関連する商品・サービスの回収やデザイン・仕様の改善といった施策につなげる取組事例もあるが、これも社内の幅広い部署・機能に人権DDを浸透させるためのグッド・プラクティスであろう。

4　公共調達

(1)　ビジネスと人権における国際的基準における公共調達の位置づけ

国連指導原則は、国家が人権を保護する義務、すなわち、「国家は、その領域及び／または管轄内において生じた企業を含む第三者による人権侵害から保護しなければならない。このために国家は、実効的な政策、立法、規制や司法判断を通じて、人権侵害を予防、調査、処罰、救済するための適切な手段をとらなければならない」ことに言及している（原則1）。国連指導原則は、この国家の「保護する義務」の履行の一形態として、国家が第三者である企業と直接商取引を行う際に「相手方企業による人権の尊重を促進すべき」としているが（原則6）、当該商取引には当然、公共調達も含まれ得る。また、公共調達には物だけでなくサービスの調達も含まれるが、国連指導原則は、「人権の享受に影響するサービスを民営化する場合」には、当該外注先である相手企業について「しかるべき監督をすべき」としている（原則5）。さらに、国連指導原則は、国家が政策の一貫性を確保しなければならないこと、すなわち企業慣行を規律するすべての政府省庁、機関および他の国家関連機関が各々の権限を行使するに際して、「国際人権法上の義務を実施するために必要な政策、法律およびプロセスを持つこと」を求めているが（原則8）、当該機関等は公共調達の主体ともなり得るところ、当該機関等の実施する公共調達も、ここでいう「必要な政策、法律およびプロセス」に含まれ得る。

また、OECDが2022年10月に採択した「責任ある企業行動を促進するための政府の役割に関する勧告」は、「(同勧告を) 支持する各国は、その経済主体としての役割およびその商業活動において、公共調達を責任ある企業行動のための戦略的なツールとして用いること、調達政策（規制上および戦略上の枠組み）において責任ある企業行動を含めること、さらには公共調達において責任ある企業行動のためのデュー・ディリジェンスを促進すること等によって、模範を示すことをもって責任ある企業行動をけん引し、責任ある企業行動を促進し例示するための対策を講じなければならない(注269)」旨を勧告している。日本もOECD加盟国として、同勧告を支持する国の一覧に名を連ねており、上記勧告の対象となっている。

さらに、OECDガイドラインに基づいて公表されたOECDによる2017年のコンセプトノートにおいては、以下の理由により、公共調達を責任ある企業行動および人権尊重の促進のために用いるべきとしている(注270)。

① 公的資金は、事業活動による環境または社会への負の影響を助長すべきではない。

② 国家は企業が責任ある行動をとることを期待しているが、国家自ら、例えば調達先に人権DDの実施を求めること等によって、模範を示すことをもってけん引すべきである。

③ 責任ある企業行動は、企業自身にとっても良い結果をもたらすという証拠が増えてきている。責任ある調達行動による潜在的な利益、例えばライフサイクルコストの削減、製品の品質向上、サプライチェーンの強靱化・効率化は、政府にも当てはまる。

④ 国家にとって、他国が公共調達に責任ある企業行動の考え方を取り入れることは、自国企業が当該他国で事業活動を展開するに際しての公平

(注269) OECD, *Recommendation on the Role of Government in Promoting Responsible Business Conduct,* IV.1, December 12, 2022,https://mneguidelines.oecd.org/oecd-recommendation-on-the-role-of-government-in-promoting-rbc.htm.

(注270) OECD, *Responsible business conduct in government procurement practices* (June 2017), https://mneguidelines.oecd.org/Responsible-business-conduct-in-government-procurement-practices.pdf.

な競争環境の促進という観点で、国家的な利益でもある。

以上に加え、社会権規約委員会が2017年に採択した一般的意見24も、国家による公共調達の制度においては、国家は、自らの事業活動が社会または環境に対して与える影響に関する情報を提供していない企業、あるいは、本規約上の権利に対する負の影響を回避もしくは軽減するためのデューデリジェンスを確実に実施する措置を講じていない企業を調達契約の相手方としないことができるとしている(注271)。また、国連ビジネスと人権作業部会も、2018年に国連人権理事会に提出した報告書において、国家に対し、自らの経済主体としての役割を、公共調達等に人権DDを融合させる等により、人権DDの推進のために利用すべきであると勧告している(注272)。

(2)　日本政府による調達と人権

日本政府が2020年10月に公表したビジネスと人権に関する行動計画は、以下の5つの分野における行動計画を示している。すなわち、①横断的事項、②人権を保護する国家の義務に関する取組み、③人権を尊重する企業の責任を促すための政府による取組み、④救済へのアクセスに関する取組み、および⑤その他の取組みである。このうち②において、以下のように、公共調達に関する行動計画が示されている。

ビジネスと人権に関する行動計画
第2章2(2)ア「公共調達」より抜粋
（今後行っていく具体的な措置）
苦情処理手続を含めた「ビジネスと人権」に関連し得る調達ルールの徹底（障害者優先調達推進法に基づく取組、女性活躍推進法第24条に基づく公共調達に関する取組、暴力団排除に関する取組）
・障害者優先調達推進法の着実な実施を通じ、障害者就労施設で就労する障害者、在宅就業障害者等の自立の促進を引き続き図っていく。【全府省庁】

（注271）Committee on Economic, Social and Cultural Rights, *General comment No.24 (2017) on State obligations under the International Covenant on Economic, Social and Cultural Rights in the context of business activities,* E/C.12/GC/24, para. 50.

（注272）Working Group on the issue of human rights and transnational corporations and other business enterprises, *The report of the Working Group on the issue of human rights and transnational corporations and other business enterprises,* A/73/163, para. 93, July 16, 2018.

・「公共事業等からの暴力団排除の取組について」（平成21年12月4日付け暴力団取締り等総合対策ワーキングチーム申合せ）等に基づき、公共事業等からの暴力団排除の取組を引き続き推進していく。【全府省庁】
・「女性の活躍推進に向けた公共調達及び補助金の活用に関する取組指針」（平成28年3月22日すべての女性が輝く社会づくり本部決定）等に基づき、国や独立行政法人等が価格以外の要素を評価する調達（総合評価落札方式・企画競争方式）を行う際に、女性活躍推進法に基づく認定等を取得したワーク・ライフ・バランス等推進企業を引き続き加点評価していく。【内閣府】
・公共工事の品質確保の促進に関する法律、建設業法、公共工事の入札及び契約の適正化の促進に関する法律及びこれらに基づく指針等の趣旨の浸透に向けて、建設業の働き方改革等を引き続き推進していく。【国土交通省】

これらの行動計画、すなわち既存の政策の実施を徹底することに加えて、日本政府は、2023年4月3日、「政府の実施する調達においては、入札する企業における人権尊重の確保に努めること」を決定した(注273)。具体的には、公共調達の入札説明書や契約書等において、「入札希望者／契約者は『責任あるサプライチェーン等における人権尊重のためのガイドライン』（2022年9月13日ビジネスと人権に関する行動計画の実施に係る関係府省庁施策推進・連絡会議決定）を踏まえて人権尊重に取り組むよう努める」旨の記載の導入を進めるとしている。

(3)　企業実務への影響

日本政府による調達は、公共事業について年間約6.1兆円（2023年度予算）(注274)、公共事業を除く物品等について年間約2.7兆円（2020暦年実績）(注275)と非常に規模が大きく、企業にとって、この巨大な購買力を有する「顧客」が、サプライヤーとしての自社に対して、どのような内容の人権尊重対応を求めるかは、ビジネス上重要な関心事項であると思われる(注276)。特に、建

(注273)「公共調達における人権配慮について」（2023年4月3日ビジネスと人権に関する行動計画の実施に係る関係府省庁施策推進・連絡会議決定）。
(注274) 一般社団法人日本建設業連合会「建設市場の現状」「3　公共工事の動向」（https://www.nikkenren.com/publication/handbook/chart5-3/index.html）（2023年12月21日最終閲覧）。
(注275) 日本政府「令和3年度版 政府調達における我が国の施策と実績——世界に開かれた政府調達へ」第II編令和2年（暦年）における政府調達実績（https://www.cas.go.jp/jp/seisaku/chotatsu/dai8/siryou2.pdf）（2023年12月21日最終閲覧）。

設関係の事業者等、大規模な公共調達案件に頻繁に関与する企業にとっては、その重要性はさらに高くなり得る。

日本政府の2023年４月の決定は、わずか７行の非常に短いものであり、そこから読み取れるのは、中央政府による入札案件が対象になること、入札説明書と契約書における記載が同政策実施のための手段となり得ること、人権尊重の基準が国連指導原則等の国際基準ではなく政府ガイドラインであること、人権の尊重が努力義務として規定されていることくらいである。したがって、まず、企業としては、今後当該決定に基づいてどのような入札実務が運用されていくかを注視し、自社が関わる入札において目先のビジネス機会を逃さないよう、社内の関連部署と連携して適時に準備を進めることが当然ながら必要になる。しかし、長期的な視点でより重要なのは、(1)で見た国際基準による政府公共調達に対する強い期待と要請によって、日本政府が2023年４月の決定よりもさらに進んだ政策を実施する可能性を見据え、そのようなより厳格なルールにも応え得る国際基準に基づいた人権DDの実施体制の整備・運用を先行して進めることである。具体的には、諸外国における法規制の動向や国際機関・市民社会組織等からの提言を参考に、将来的に、日本でも、たとえば義務的人権DD法の制定と併せて、同法に基づく人権DD実施義務に違反した事業者について一定期間、政府調達における入札への参加資格を停止すること[注277]といった制度が導入される可能性を認識しておく必要がある。

(注276) 本稿は紙面の都合上、会計法および関連法令に基づく中央政府による調達に焦点を当てているが、地方自治法および関連法令に基づく地方自治体による調達においても、同様に各自治体によって相手企業の人権尊重責任を求める制度作りが進められる可能性がある（実際に、東京都は、2024年７月に東京都社会的責任調達指針を公表した）。さらに、東京五輪や大阪万博の各「持続可能性に配慮した調達コード」のように、日本で開催される国際イベントにおける調達に関する動きも注目に値する。

(注277) 国際人権NGOヒューマンライツ・ナウ「HRN人権デュー・ディリジェンス法案（４月21日版）」９条。ドイツのサプライチェーン・デューデリジェンス法にも同趣旨の規定がある。

第4節　人権尊重責任と契約

人権尊重が問題となり得る取引には、日常的な売買契約から、事業の帰趨を決するような事業譲渡、合弁その他の買収契約等あらゆる契約に係る取引が含まれるほか、取引内容に応じて人権リスクも異なるため、取引契約に規定すべき条項の内容も多岐にわたる。以下では、サプライチェーン上の供給契約に規定される人権尊重に関する条項（以下、「人権条項」という）を中心に、国連指導原則、OECDガイダンス等の国際スタンダードにおける位置づけ、具体的にドラフトする際の留意点等について解説する。

1　総　論

国連指導原則では、企業において、人権尊重責任を果たすための対応として、①人権を尊重する責任を果たすという企業方針によるコミットメント、②人権DD(注278)、および③人権への負の影響からの救済を可能とする手続を整備することが含まれるとされる(注279)。

人権DDの主たる目的は、負の影響の原因となり、助長することを回避し、企業活動に直接結び付く負の影響を防止することにあり、そのような負の影響への関わり方に応じた対応が求められる(注280)。例えば、ビジネス上

(注278) 人権DDには、①負の影響に関する特定・評価、②実際の負の影響の是正または潜在的な負の影響の停止・防止・軽減、③対応措置の実施状況および結果の追跡調査、ならびに④負の影響への対応措置に係る伝達が含まれる（国連指導原則17～21）。

(注279) 国連指導原則11。なお、これら一連のプロセスにおいては、人権に関するリスクが企業活動の状態やその変遷により時間とともに変化する可能性があることを踏まえ、継続的に行うこと（国連指導原則17(c)）、人権への悪影響の特定および評価の手続については、人権専門家の知見の活用、人権への悪影響を潜在的に受ける集団やその他の利害関係者との有意義な協議を含むこととされている（国連指導原則18。いわゆるエンゲージメント）。

(注280) 国連指導原則17・19、OECDガイダンス第I部「デュー・ディリジェンスの特徴――本質的要素：デュー・ディリジェンスは予防手段である」等。

の関係先が負の影響の原因となっている場合には、関係先によるリスクの防止や軽減を促すため影響力を行使するよう努めるべきとされる[注281]。かかる影響力の行使の例としては、関係先に対する働きかけ、取引契約への責任あるビジネスに関する期待事項の組込み等が挙げられる[注282]。影響力の行使に関する試みが失敗した後、負の影響が是正不能な場合や、変化する合理的な見込みがない場合または深刻な負の影響がある場合には、最後の手段として取引停止を検討することとされる。取引関係の終了が困難なため関係を維持する場合には、継続的な関係先のモニタリング、負の影響の軽減努力に関して説明するまたはその準備を行うとともに、社内外の知見を集積し、関係継続に関するレピュテーションリスクをはじめとする各種リスクを認識し、対処すること等が求められることになる[注283]。

2　契約と人権条項の機能

上記のような人権尊重のための一連のプロセスをサプライチェーン上において実現するためには、次の各プロセスにおいて、契約あるいは人権条項が一定の機能を有することになる[注284]。

(1)　コミットメント

契約当事者は、人権条項に組み込む行動規範の設定等により、一定の人権尊重へのコミットメントを示すことができる。この点、国連指導原則において求められるコミットメントは、企業の最上級レベルで承認されていること、社内外に公表していること等の一定の要件を具備することが求められているところ[注285]、人権条項自体は、当該要件のすべてを具備することが難しく、国連指導原則において求められるコミットメントそれ自体とはいいがたい。

（注281）国連指導原則19解説、OECDガイダンス附属書Q34等。

（注282）国連指導原則16(c)、OECDガイダンス附属書Q36等。

（注283）国連指導原則19解説、OECDガイダンス3.2h、附属書Q39等。

（注284）日本弁護士連合会「人権デュー・ディリジェンスのためのガイダンス（手引）」（2015年1月）57頁参照。同ガイダンスでは、CSR条項の機能として、①コンプライアンス宣言的機能、②事前抑止的機能、③裁判規範としての機能、④情報共有促進機能が指摘されている。

（注285）国連指導原則16。

しかしながら、自己の行動規範を含む人権条項に合意した場合、少なくとも相手方に対して自己の人権尊重に対する姿勢を示すことができるほか、人権条項に従った事業運営が必要となるため、自己の人権尊重に係る体制を見直すきっかけにもなり得るといえ、かかる人権条項は、企業の人権尊重責任へのコミットメントの定着に資することになる（注286）。また、取引の相手方に対しては、自社のコミットメントの内容を踏まえた人権についての期待事項を明記することができ、人権条項の交渉を介して、相手方との人権リスクに関する対話の機会ともなり得るものといえる（注287）。

(2)　負の影響の特定・評価

契約その他の合意が形成される段階で、人権リスクが増大または軽減されるものとし、新しい事業や取引関係の開始に当たって、人権DDを早期に実施すべきとされる（注288）。特に、特定・評価のプロセスに関しては、契約締結に至るまで（いわゆる、関係構築段階）において、潜在的サプライヤー（および二次サプライヤー以降も含む）の事業活動による事前調査を実施し、当該潜在的サプライヤーに関する購買過程における負の影響を特定し、評価をすべきといえる（注289）。

契約関係の成立後（取引関係の開始後）においても、継続的な負の影響の特定・評価を実施すべきとされる（注290）。とりわけ、企業活動に大きな決定または変更が生じた場合において、再度の評価が求められているところ、供給契約の契約期間の終了時など、定期的に再評価を実施すべきといえる（注291）。この点、取引の相手方に対して、自己の人権DD・プロセス実施のために必要な情報提供やアクセスの機会を求めるため、人権条項において、取引の相手方の情報提供義務や自己の監査権等を設定することが考えられ、かかる人権条項は、負の影響の特定・評価のプロセスを効果的に実施するための根拠

（注286）国連指導原則16(d)(e)。

（注287）国連指導原則16(c)。

（注288）国連指導原則17解説。

（注289）国連指導原則17解説。なお、当該調査の方法としては、質問票への回答、サプライチェーンマネジメントシステムの活用、現場の実査等さまざまな方法が存在する。

（注290）国連指導原則17(c)。

（注291）OECDガイダンス第Ⅱ部2.2g。

となり得る。

(3)　是正・予防

企業が人権への負の影響を助長し、または助長し得る場合、その助長を止め、または防止するために、可能な限り、その影響力を行使すべきとされる(注292)。この場合、影響力とは、害を引き起こす企業体の不当な慣行を変えさせる力をいう(注293)。

前記(2)記載の通り、契約締結前において、負の影響の特定・評価の過程を経ることで、人権リスクに懸念のある潜在的サプライヤーに対して、人権尊重のための体制構築を求め、当該体制の構築ができない場合には、そもそも取引関係に入らない（契約を締結しない）、または契約締結に当たり一定の期待事項の遵守を条件とするといった対処が可能になる。かかる対処により、人権への負の影響の原因となり、または助長している企業との直接の結びつきを持つことを回避し、または是正、軽減等を促すことができ得る。この結果、取引を実現したい潜在的サプライヤーは、適切な人権条項の遵守のための自己の人権尊重の体制をあらためて見直すきっかけにもなり得るといえ、潜在的サプライヤーに対する影響力行使の一場面といえる。

他方、契約関係に入った後の契約当事者は、人権条項の内容に応じて、人権条項の遵守のために、負の影響が生じないような予防施策を実施し、または発生した負の影響についても自発的な是正等が期待できるといえる。例えば、負の影響が発生し、またはそのおそれが生じている場合、是正計画を作成すること、当該計画に基づき是正措置を講じること等を人権条項の中に含めることができれば、契約相手方に対する影響力行使のための根拠となり得る。

さらに、実際に人権問題が生じた有事の場合、影響を受けた権利保有者の救済のために迅速な対応が求められる場合もある。このような場合を想定して、人権条項において、救済策の費用負担等の取り決めを含む有事対応に関する契約当事者間の権利関係をあらかじめ明確化できていれば、有事の際に迅速な救済策の実施にも資する。

（注292）国連指導原則 19 解説。
（注293）国連指導原則 19 解説。

(4) 追跡評価

特定された負の影響に対する措置等について、その有効性を追跡評価すべきとされる(注294)。この点、人権条項において、相手方の情報提供義務や自己の監査権等を設定することを合意できれば、追跡評価に必要な調査のための根拠となり得る。

(5) 公　表

企業は、人権尊重のための対応について、外部に公表することが求められる(注295)。この点、一般に、取引の相手方との間における取引契約に関して提供された情報、契約条項の履行状況等については、守秘義務条項等の対象となり、一方当事者がその裁量により当該契約に関連する情報を外部に公表することができないことがある。そのため、当該取引契約において、国連指導原則等に基づく公表が適切にできるよう、必要な情報に関しては、守秘義務条項等による制限を受けなくなるような対応を検討すべきといえる。

3　契約と人権条項をめぐるその他の議論

(1) 裁判規範性

国連指導原則やOECDガイダンス等の国際的スタンダードそれ自体は、いわゆるソフトローとして、基本的には裁判規範性を有しない。しかしながら、当該国際的スタンダードまたはそれを踏まえた行動規範等の遵守に係る誓約条項、その他各種人権尊重のための取組み等について、関係者間で合意できれば、当該合意内容は、契約として一定の裁判規範性を持たせることができる。

これにより、例えば、平時において、自社の人権DDを実施するに当たり、取引先に対して、情報の開示要請や監査等への協力要請の根拠にもなり得る。また、取引先等において負の影響の発生が確認された場合等の有事に

(注294) 国連指導原則20。
(注295) 国連指導原則21。

おいても、負の影響力の原因となりまたは助長している取引先等に対して、調査への協力、被害者への救済要請、取引の終了等の影響力を行使する有効な根拠ともなり得る。

(2) 表明保証との関係

取引契約において、相手方による法令遵守を求める場合、相手方をして、法令遵守について表明保証させ、その違反があれば、損害賠償や契約解除などのペナルティを設定するものが見受けられる。同様に、人権尊重責任についても、取引の相手方に対して、各種国際スタンダードや行為規範の遵守を求め、表明保証させることが考えられる。人権条項として、表明保証に関する規定が特徴的なものとして、2018年に米国法曹協会（ABA：American Bar Association）が公表したモデル条項（以下、「ABAモデル条項（第1版）」という）(注296)が参考になる。

ABAモデル条項（第1版）は、国際的な供給契約に適用されることが想定されているもので、サプライヤーが遵守すべき行動規範(注297)を策定し、サプライヤーおよびその下請業者等、すべてのサプライヤー側の関係者が当該行動規範を遵守することを、サプライヤーがバイヤーに対して表明し保証することとされている。加えて、行動規範の違反がある場合はバイヤーは商品を拒否することができるとされ、義務違反の度合いが商品の価値や当該契約を実質的に害する場合にはバイヤーは契約解除し得る旨の規定も設けられている(注298)。

しかしながら、このような表明保証を中心とする人権条項については、人権保護のための条項として、契約当事者による表明保証およびその違反に対する責任を追及するものは、効果的ではない旨の指摘がなされている。すなわち、サプライヤーは、リスト化された条項を表明し保証する旨を示すのみ

(注296) ABAモデル条項（第1版）は、(https://works.bepress.com/david_snyder/29/download/)から取得可能である。

(注297) ABAモデル条項では、Schedule P（PrinciplesまたはPoliciesの頭文字を意味している）とされている。ただし、Schedule Pの内容は、ABAモデル条項（第1版）のスコープ外であるとして、公表されていない。

(注298) ABAモデル条項（第1版）2.2条・2.3条等。なお、ABAモデル条項（第1版）は、もっぱらサプライヤーに対して、人権尊重責任を負わせるものであり、その解説においてバイヤーフレンドリーのモデル条項である旨の説明がなされている。

であり、これではサプライヤーの具体的行動に結びつかず、表明保証条項で定めた内容が達成されない可能性があるとされる(注299)。このため、米国法曹協会では、ABAモデル条項（第1版）の公表以降、上記の指摘等を踏まえ、人権DDの実施義務のほか、サプライヤーおよびバイヤーの双方に行動規範の遵守を求めるなど、両者に積極的な行動を求める行為義務を中心とした構成に改定した、モデル条項の第2版（以下、「ABAモデル条項（第2版）」という）(注300)も公表している。

なお、国連指導原則等において、国際スタンダードの遵守や人権尊重に係る体制等に関する表明保証を人権条項で規定すること自体を禁止するものではない(注301)。そのため、人権条項では、表明保証と組み合わせて、上記指摘を補うような行為義務等を定めることも考えられる。

(3)　人権条項による責任転嫁の禁止

一般論として、通常の商業取引では、サプライヤーにとってバイヤー側は、顧客であり、取引上の力関係において、バイヤーが優越し、契約交渉においても、その力関係が反映されることが多い。そのため、人権条項の内容の交渉を想定した場合、人権保護の義務は主にサプライヤーの義務として規定されることとなり、バイヤーの人権尊重責任については焦点を当てられないこととなり得る。しかしながら、サプライヤーによる人権侵害は、バイヤーの購買行動（厳しい納期の要求、価格設定のプレッシャー、直前での注文の変更、人権DDの欠如等）に根差していることが多く、バイヤーに対しても一定の契約上の責任を負わせるべきと指摘されている(注302)。人権DDの本質的要素の1つとして、責任を転嫁しないことが含まれるものと考えられてお

(注299) ABAモデル条項（第2版）（本文で定義される）解説10頁。なお、ABAモデル条項（第2版）に関する詳細な分析等については、湯川雄介＝伴真範＝中島朋子「グローバルサプライチェーン供給契約と人権保護――ABAモデル条項とその背景を踏まえて（4回連載）」NBL1205号26頁、1207号（2021）89頁、1209号124頁、1211号（2022）70頁を参照されたい。

(注300) https://www.americanbar.org/groups/human_rights/business-human-rights-initiative/contractual-clauses-project/.

(注301) 人権条項において、適切に表明保証事項とその違反に伴う効果（解除、損害賠償等）を定めることができれば、人権尊重責任に関する是正等の効果や、人権尊重の状況に関する情報開示等も一定程度期待できるとも考えられる。

(注302) ABAモデル条項（第2版）解説4頁。

り[注303]、人権条項においても、各企業が負の影響に関して各自の責任を果たすべきといえる[注304]。

そのため、国際スタンダードの趣旨を人権条項に反映するのであれば、サプライヤーに対して一方的に人権尊重義務を負わせるべきではないといえ、契約当事者双方が遵守すべき指針やプロセス、行動規範を規定し、契約当事者双方の人権尊重責任を明確化することが望ましいものといえる[注305]。

(4)　独占禁止法、下請法等との関係

上記の責任転嫁の問題は、競争法上も問題となり得る。日本において、例えば、バイヤーがその取引上の有利な立場を利用して、サプライヤーに対して一方的に過大な負担を負わせるような人権尊重の取組みを要求した場合、下請代金支払遅延等防止法（以下、「下請法」という）上の「買いたたき」、「不当な経済上の利益の提供要請」、「不当な給付内容の変更」[注306]や私的独占の禁止及び公正取引の確保に関する法律（以下、「独占禁止法」という）上の「優越的地位の濫用」[注307]等に抵触する可能性がある[注308]。そのため、人権尊重対応のための一定の施策を行う必要が生じた場合は、下請法や独占禁止法上問題とならないように、当事者間で十分に協議を行い、給付の内容、措置の内容・実施方法その他必要な事項を決定した上で、あらためて

（注303）「OECD Guidelines for Multinational Enterprises on Responsible Business Conduct」（OECD、2023）パートⅡパラグラフ13・23）、OECDガイダンス第Ⅰ部17頁「デュー・ディリジェンスの特徴――本質的要素：デュー・ディリジェンスは責任を転嫁しない」。

（注304）「Proposal for a Directive of the European Parliament and of the Council on Corporate Sustainability Due Diligence and amending Directive（EU）2019/1937 – Opinion of the European Economic and Social Committee（EESC）」（欧州連合理事会、2022）パラグラフ4.5では、企業がある人権侵害に関して直接的に原因となりまたは助長する（もしくは一因となる）場合に限り、民事上の責任を負担すべきである旨が指摘されている。

（注305）もっとも、双方向の人権尊重義務を設定したとしても、バイヤー（発注企業）の義務違反については、サプライヤーが是正措置要求や契約解除等の措置をとることが一般的に考えにくい旨の指摘がある（日本弁護士連合会・前掲（注284）65頁）

（注306）下請法４条２項３号・１項５号・２項４号。

（注307）独占禁止法19条・２条９項５号。

（注308）ビジネスと人権に関する行動計画の実施に係る関係府省庁施策推進・連絡会議「責任あるサプライチェーン等における人権尊重のためのガイドライン」2.2.5、日本弁護士連合会・前掲（注284）65頁参照。

代金の額を定めたり、人権尊重対応のための施策に関して追加で作業を行わせる場合には、その費用を分担したりすること等を検討すべきといえる(注309)。

⑸　実務における使われ方

近時、さまざまな取引において人権条項の導入が進められている。日本において公表されている比較的近時の例としては、東京2020オリンピック・パラリンピック競技大会の調達コード(注310)に関するサステナビリティ条項のモデル条項（以下、「オリパラモデル条項」という）がある(注311)。オリパラモデル条項は、9項から構成されており、発注企業および受注企業による調達コードの遵守等（1項・2項)、受注企業によるサプライチェーンへの働きかけ（3項)、発注企業および受注企業による情報提供・報告（4項・5項)、発注企業による調査権・監査権（6項)、受注企業による改善措置（7項)、発注企業の解除権および解除時の免責（8項・9項）が定められている。オリパラモデル条項は、契約書に挿入されることが推奨されるほか、契約書とは別に誓約書の形で締結することも提案されている。その他日本企業においても、サプライヤーが遵守すべき行動規範を公表している企業が多く見られ(注312)、特に、継続的な売買契約や業務委託契約等の取引契約において、当該行動規範の遵守を求める規定を含める例も見受けられる。

EUでは、2024年7月に発行されたコーポレート・サステナビリティ・デュー・ディリジェンス指令（CSDDD）において、欧州委員会にて、任意

（注309）下請適正取引等の推進のための各種ガイドライン（https://www.chusho.meti.go.jp/keiei/torihiki/guideline.html）のほか、市場環境の変化に伴う増加費用等に関する対応として、公正取引委員会「新型コロナウイルス感染症拡大に関連する下請取引Q&A」(https://www.jftc.go.jp/oshirase/coronashitaukeqa.html）も参考になる。

（注310）公益財団法人東京オリンピック・パラリンピック競技大会組織委員会が策定した「持続可能性に配慮した調達コード（第3版)」(https://www.2020games.metro.tokyo.lg.jp/special/docs/%E6%8C%81%E7%B6%9A%E5%8F%AF%E8%83%BD%E6%80%A7%E3%81%AB%E9%85%8D%E6%85%AE%E3%81%97%E3%81%9F%E8%AA%BF%E9%81%94%E3%82%B3%E3%83%BC%E3%83%89%EF%BC%88%E7%AC%AC3%E7%89%88%EF%BC%89.pdf)。

（注311）東京2020オリンピック・パラリンピック競技大会「持続可能性に配慮した調達コード（第3版）解説」(https://www.2020games.metro.tokyo.lg.jp/special/docs/%E8%AA%BF%E9%81%94%E3%82%B3%E3%83%BC%E3%83%89%E8%A7%A3%E8%AA%AC.pdf）52頁以下参照。

のモデル条項に関するガイダンスを定めるとしている（同指令18条）。EU各国の国内法の整備やその後の実務運用次第ではあるものの、ある程度の統一的な人権条項がバイヤー側で利用されれば、サプライヤー側に求められる要求事項も複雑化せず、負担の軽減も期待される(注313)。なお、当該モデル条項の参照対象となることを目的に、ABAモデル条項（第2版）をベースとしたCSDDDに準拠したEuropean Model Clause（以下、「EUモデル条項」という）のゼロドラフト(注314)も公表されている。

4　人権条項の構造

人権条項としていかなる事項を組み込むべきか。この点、実務の便宜上、モデル条項の作成が期待されるところではあるものの、契約当事者が属する事業セクター、地域、会社固有の事情、取引の製品・サービス等の内容、サプライチェーン上の立ち位置等により人権リスクが異なるため、個別の事情に応じたテーラーメイドの対応が必要であり、モデルとなる完全な人権条項

(注312) 例えば、World Benchmarking Allianceが公表する2022年及び2023年のCorporate Human Rights Benchmarkにおいて、次の各テーマで、日本の企業の中うち最も高い評価を得ている企業、および当該企業が公表しているサプライヤーが遵守すべき行動規範は、以下の通りである。

・アパレル分野：株式会社ファーストリテイリング「生産パートナーコードオブコンダクト」（https://www.fastretailing.com/jp/sustainability/labor/pdf/coc.pdf）。

・食料・農業製品分野：サントリーホールディングス株式会社「サントリーグループ・サプライヤーガイドライン」（https://www.suntory.co.jp/softdrink/common2021/img/com_sustaina/rawmaterials/supplier_guidelines_jp.pdf）。

・ICT分野：キヤノン株式会社「キヤノンサプライヤー行動規範（第2版）」（2024年4月）（https://global.canon/ja/procurement/pdf/coc-j.pdf）。

・自動車製造分野：トヨタ自動車株式会社「仕入先サステナビリティガイドライン」（2021年11月）（https://global.toyota/pages/global_toyota/sustainability/esg/supplier_csr_jp.pdf）。

(注313)「Introduction to the Zero Draft for Consultation: The European Model Clauses（EMCs）for Responsible and Sustainable Supply Chains」（Responsible Contracting Project, 2024）4頁。（https://www.responsiblecontracting.org/_files/ugd/fcee10_9369ac77da2d4a4493dcd476eb6ecd40.pdf）

(注314) Responsible Contracting ProjectのEuropean Working Group作成（https://www.responsiblecontracting.org/emcs）。なお、正式なEUモデル条項の第1回草案は、2025年中に公表が予定されている。

を示すことは難しいといわざるを得ない。特に、サプライヤーが従うべき行動規範については、当該企業が関連する人権リスクは異なるため、国際スタンダードからは、個別に設定すべきことは当然の要請といえる(注315)。すなわち、国際スタンダードからすれば、サプライヤーの行動規範の策定を含む、人権条項の作成に当たっては、当該サプライチェーン上の「具体的な」リスクをきちんと人権DDの実施により分析するとともに、それへの「具体的な」対応を検討することが求められているといえる。

本書ではモデル条項の提案を行わないものの、以下では、供給契約を想定して、人権条項として組み込むことを検討すべきと考えられる主要な構成要素を検討する。

(1)　遵守すべき規範

契約当事者が遵守すべき規範の範囲を明確化することが考えられる。当該当事者が所在する法域の制定法のほか、ソフトローに位置する国際スタンダードまで含めるか、当事者が属する事業セクター固有の法律を明示するか、サプライヤー側の行動規範の遵守に加え、バイヤー側の行動規範まで定めるか等を検討することになる。

いずれの当事者も、実務上、多岐にわたる国際スタンダードのすべてを遵守することを契約で合意するにはそれなりのハードルがある。そこで、国際スタンダードそれ自体の遵守を義務づけるのではなく、当事者が負担する具体的な義務を明確化した当事者の行動規範を別途作成し、その遵守を合意するもの(注316)、国際スタンダードに沿った人権DDの実施を義務づけるもの(注317)等、より当事者に受け入れやすい内容に調整することが考えられる。なお、

(注315) サプライヤー行動規範については、ABAモデル条項（第1版）および（第2版）、日本弁護士連合会・前掲（注284）61頁に記載のCSR条項モデル条項例においても、人権リスクが異なる等として、具体的な内容は組み込まれていない。

(注316) 日本弁護士連合会・前掲（注284）61頁の日弁連CSR条項2項、オリパラモデル条項2項、ABAモデル条項（第1版）1.2条、ABAモデル条項（第2版）1.2条・1.3条、Schedule P、Schedule Q等参照。なお、一例ではあるが、グローバルサプライチェーンにおける労働者やコミュニティの権利や福祉の向上を図る非政府組織であるResponsible Business Allianceがモデル行動規範（https://www.responsiblebusiness.org/code-of-conduct/）を公表している。かかる規範を利用して、自社のサプライヤーが遵守すべき行動規範（調達コード等、企業によって名称は異なる）としている企業も見受けられる。

前述の通り、国際スタンダードからすれば、サプライチェーンにおける人権尊重責任は、特定の者に責任が転嫁されるべきものではないため、人権条項においても、一方当事者のみが人権尊重責任を片務的に負担するのではなく、すべての契約当事者が相互に負担するのが望ましいものといえる。

⑵　情報提供、報告等

国際スタンダードによれば、人権DDは、サプライチェーンのすべてに及び、サプライチェーンの上流のほか、下流も含まれる。そのため、サプライヤーおよびバイヤーのいずれにおいても、自己の人権DD実施に当たり、相互に情報交換を行い、サプライチェーン全体における負の影響の特定・評価をそれぞれ実施し、負の影響への対処が必要になる。このような要請から、人権条項としても、サプライヤーのみならず、バイヤーの相互に情報共有、報告等に関する義務を規定することが考えられる。

また、例えば、サプライヤーに対して、行動規範の遵守を求めた場合、バイヤー側において、サプライヤーから定期的に行動規範等の遵守の状況等に関する報告を受ける権利のほか、当該遵守状況を自ら主体的に確認するため、検査・監査に関する規定を設け、行動規範の遵守の実効性を担保するための規定を定めることも考えられる(注318)。

⑶　救済（是正措置等）

人権条項が適切に遵守されない場合における、直接的な対応として、当該違反当事者に対して、人権条項に定める各種行動規範、義務等の違反について是正等を求める権利を規定することが考えられる(注319)。この場合、違反の理由説明、是正のための計画の提出等を求めるもの(注320)のほか、当該是正計画にステークホルダーの参加を求める権利等の踏み込んだ文言(注321)を

(注317)　日本弁護士連合会・前掲（注284）61頁の日弁連CSR条項3項、ABAモデル条項（第2版）1.1条、EUモデル条項1.1(a)等参照。

(注318)　EUモデル条項1.1(d)条等参照。

(注319)　日本弁護士連合会・前掲（注284）61頁の日弁連CSR条項8項、オリパラモデル条項7項、ABAモデル条項（第1版）5条、ABAモデル条項（第2版）6条、EUモデル条項6条等参照。

(注320)　日本弁護士連合会・前掲（注284）61頁の日弁連CSR条項8項、ABAモデル条項（第2版）2条、EUモデル条項2(a)条等参照。

定めることも考えられる。なお、人権条項の違反で直接的に影響を受け得るのは、サプライチェーンに関わる労働者であり、消費者であり、その他ライツホルダーである。そのため、国際スタンダードを踏まえれば、是正の目的も、単なる契約条項違反の解消という形式的なものではなく、(契約条項としていかなる範囲の義務とするかにかかわらず）あくまでライツホルダーへの負の影響への対処を目的としたものであるべきといえる。

(4)　解除等のペナルティ

人権条項に違反した場合において、適切な罰則（ペナルティ）[注322]を設定すれば、人権条項違反の回避のため人権条項の遵守の促進も期待できる。この点、取引契約におけるペナルティとしては、取引の打ち切り、すなわち契約の解除が主なものといえる。

取引契約における通常の解除条項では、契約違反があれば、違反の程度に応じて一定の治癒期間等を設けることもあるものの、少なくとも重大な違反がある場合に、即時解除が認められる場合が多い。しかしながら、人権条項の違反との関係では、仮に、取引相手に人権条項の重大な違反があった場合において、直ちに契約を解除しても、負の影響の是正、軽減等には直接にはつながらない。そのため、取引停止は、最後の手段として、深刻な影響の防止や軽減の試みが失敗した後に、検討すべきものとされる。また、取引停止にあたっては、当該取引のビジネス上の重要性、取引停止の法的な意味、取引停止による現場における影響、取引停止による社会的・経済的な負の影響の可能性等を考慮すべきとされ、次の事項を実施することが例示されている[注323]。

(注321) ABAモデル条項（第2版）2.3条(e)、EUモデル条項2(a)条等。

(注322) サプライヤー側の行動規範の違反の場合におけるバイヤー側の権利（救済手段）として、追加保証等の要請、差止命令、サプライチェーンに係る取引等の解除要請、支払停止、個別契約の解除、および損害賠償請求を挙げるものがある（ABAモデル条項（第2版）6.2条、EUモデル条項3.2条)。また、損害賠償請求に関して、バイヤーまたはサプライヤーは、行動規範違反または人権侵害から利益を受けるべきではなく、仮に、一定の利益を受けた場合には、当該利益は苦情処理メカニズムの運用および人権への負の影響の是正措置のために利用されるべきとするものもある（ABAモデル条項（第2版）6.3条(a)、EUモデル条項3.3条(a))

(注323) OECDガイダンスII3.2h、附属書Q39。

① 国内法、国際的な労働基準および労働協約の条項を遵守する。
② 取引停止の段階的な手順を事前に取引先との間で明確化する。
③ 取引停止決定の裏づけとなる詳細な情報を、経営層および労働組合（もし存在すれば）に提供する。
④ 取引先に対して取引停止に関する十分な予告期間を（可能な限り）設ける。

上記を踏まえると、解除に当たっては、少なくとも人権条項の違反との関係では、基本的に予告期間を設けることが考えられる。そのほか、解除の前提として、負の影響の是正、軽減等に関する計画を作成すること（およびそれに協力すること）等の解除までのプロセスを具体化することも考えられる(注324)。

また、人権条項違反のペナルティとしては、解除に至らないものとして、例えば、違反状態の解消まで、商品の受取拒絶、代金の支払停止等に関する権利を規定すること(注325)も考えられる。

(5) その他

上記各仕組みを１次サプライヤーより先のサプライヤーにも及ぼすため、１次サプライヤーと契約において、その先のサプライヤーとの間の契約に同種の条項を規定することを求める条項（いわゆる、フローダウン条項）を追加することも考えられる(注326)。

上記のほか、国際スタンダードに配慮するものとして、バイヤー側の価格決定への協力義務（**3(4)**〔p.473〕参照）、グリーンバンス・メカニズムの構築義務(注327)等を定めることも検討に値するといえよう(注328)。

(注324) 日弁連CSR条項9項、オリパラモデル条項8項、ABAモデル条項（第2版）1.3(f)条・2.1-2.4条、EUモデル条項2(d)条・3.5条等参照。なお、コロナ感染症の拡大に基づく不可抗力による解除、支払停止等により、多くのサプライヤーが何らの補償なくしてバイヤーから見捨てられた事例を挙げ、不可抗力に基づく解除の場合であっても、あらかじめ負の影響の是正、軽減等を事前に検討すべきであることが指摘される（ABAモデル条項（第2版）解説13頁、ABAモデル条項（第2版）1.3(f)条）。

(注325) ABAモデル条項（第1版）2-5条、ABAモデル条項（第2版）3-6条、EUモデル条項3条等参照。

(注326) EUモデル条項1.2条等参照。

(注327) 国連指導原則29、31等。

(注328) ABAモデル条項（第2版）1.3(c)、1.4、EUモデル条項1.4条等参照。

第3章
労働法

第1節　サステナビリティと労働分野

労働分野におけるサステナビリティの実現はサステナビリティ全般における最重要課題の1つである。2015年9月に国連で採択された「持続可能な開発のための2030アジェンダ」（以下、「2030アジェンダ」という）として掲げられている17のゴールの1つには「働きがいも経済成長も」（SDGs目標8）があり、「包摂的かつ持続可能な経済成長およびすべての人々の完全かつ生産的な雇用と働きがいのある人間らしい雇用（ディーセント・ワーク）を促進する」ことが掲げられている。ここでいうディーセント・ワーク（Decent Work）とは、「権利が保障され、十分な収入を生み出し、適切な社会的保護が与えられる生産的な仕事を意味し、また、全ての人が収入を得るのに十分な仕事があること」をいう[(注1)]。

SDGs目標8としてのディーセント・ワークの促進は、より詳細には、以下の目標で具体化されている。

① 若者や障害者を含むすべての男性および女性の、完全かつ生産的な雇用および働きがいのある人間らしい仕事、ならびに同一労働同一賃金を達成する（目標8.5）

② 強制労働の根絶と児童労働の禁止（目標8.7）

③ 移住労働者や不安定な雇用状態にある労働者など、すべての労働者の権利を保護し、安全・安心な労働環境を促進する（目標8.8）

④ 横断的目標であるジェンダー平等の実現のために、(a)あらゆる場所におけるすべての女性および女児に対するあらゆる形態の差別を撤廃する（目標5.1）、(b)無報酬の育児介護や家事労働を認識・評価する（目標5.4）、

(注1) 1999年第87回ILO総会ファン・ソマビア事務局長発言。

(c)政治、経済、公共分野でのあらゆるレベルの意志決定において、完全かつ効果的な女性の参画および平等なリーダーシップの機会を確保する（目標5.5）

上記目標については、日本の労働法令との関係でも、かなり広範にさまざまな法令との接点がある（これについては本節末尾の〔図表4-3-1〕を参照されたい）。もっとも、本書にてそのすべてを論ずることは難しいため、本書では、SDGsにおける目標に関連し、かつ、日本の労働分野において「働き方改革」との関連で重要な項目に絞って各論を述べることとする。すなわち、日本では、第３次安倍晋三内閣において2016年に働き方改革実現会議が設置されて以降、「働き方改革」という経済・社会政策の下、「働き方改革を推進するための関係法律の整備に関する法律」（働き方改革関連法）が2018年に成立し、少子高齢社会における労働力確保・労働生産性の改善を主目的として、長時間労働の是正、同一労働同一賃金、多様なキャリア・働き方の促進等の施策が進められてきた。ここで働き方改革は、労働力を確保し、労働生産性を高め、働き手のそれぞれの事情・ニーズに応じた多様な働き方を実現する点で、まさに、「働きがいのある人間らしい仕事」（ディーセント・ワーク）を実現し、促進するものであり、したがって、日本においては、働き方改革の促進こそがSDGsの促進につながるとも言い換えられる。

実際、日本政府において、2030年アジェンダ実施に向けてSDGs実施指針(注2)が策定され、同指針に基づくSDGsアクションプランにおいては、「あらゆる人々が活躍する社会・ジェンダー平等の実現」が優先課題の１つとされ、そのための施策として「働き方改革の着実な実施」が挙げられている（優先課題55）。より具体的には、以下の取組みを実施することがアクションプランとなっている。

① 同一労働同一賃金など非正規雇用労働者の待遇改善

② 長時間労働の是正や柔軟な働き方がしやすい環境改善（時間外労働の上限規制、産業医・産業保健機能の強化等）

③ 生産性向上、賃金引上げのための支援

④ 女性・若者の活躍の推進（子育て等で離職した女性等の復職支援や男性

（注２）2016年12月22日SDGs推進本部決定、2019年12月20日、2023年12月19日改定。

の育休取得の促進、若者に対する一貫した新たな能力開発等)

⑤　人材投資の強化、人材確保対策の推進

⑥　治療と仕事の両立、障害者・高齢者等の就労支援

そこで、**第3節**〔p.505〕ではまず、上記優先課題で第1に挙げられている「同一労働同一賃金」について取り上げる。日本では、「同一労働同一賃金」といえば、主に正規・非正規間の賃金格差の趣旨で問題となっており、雇用形態に関わらない公正な待遇を確保するために、2018年成立の働き方改革関連法の一環として、短時間労働者及び有期雇用労働者の雇用管理の改善等に関する法律（以下、「パート有期法」という）が2020年4月1日に施行されている（中小企業への適用は2021年4月1日)。また、男女賃金差別についても、労働基準法4条が、労働者が女性であることを理由として、賃金について、男性との差別的取扱いを禁止する等、ジェンダー平等の実現のための労働法令を取り上げる。もっとも、残念ながら、日本の男女間格差は依然として主要先進国で最下位のレベルにあり(注3)、法整備を超えて取り組むべき課題となっている。

また、上記優先課題との関連では、「女性・若者の活躍の推進」や「人材確保対策の推進」との関係で、雇用契約に基づく労働者だけでなく、フリーランスにおけるディーセント・ワークの実現も大きな課題となっており、フリーランスの取引環境の適正化や就業環境の整備を目的とした法整備が進んでいる点も、**第2節**〔p.485〕で取り上げる。個人のライフスタイルや価値観の多様化により、日本でもフリーランス人口が拡大している一方、フリーランスは労働者と異なり、基本的には労働基準法や労働契約法に基づく労働者保護法制の範囲外と位置づけられるため、フリーランスが報酬の不払・遅延・一方的な減額等の不公平・不適切な取引環境・就業環境に置かれれば、柔軟な働き方の実現・拡大は困難になり、ひいては「ディーセント・ワーク」の実現が困難となるからである。

最後に、**第4節**〔p.541〕においては、人的資本経営について取り上げる。働き方改革は、労働力確保・労働生産性改善の手段(注4)であって、必ずしも

(注3) 世界経済フォーラムが2023年6月に「Global Gender Gap Report 2023」を公表し、その中で、各国における男女格差を測るジェンダー・ギャップ指数を発表している。日本の順位は146か国中125位となっており、先進国の中で最低レベル結果となっている。

経営戦略と連動するものではなかったが、昨今、サステナビリティが重要な経営課題であるという認識が広がったことに伴い、人的資本経営の重要性が高まり、日本でも、人的資本可視化指針等の制度整備が進められている。人的資本経営とは、人材を単なる資源ではなく「資本」として考え、その価値を最大限に引き出すことで、中長期的な企業価値向上につなげる経営のあり方であるところ(注5)、企業の経営戦略と人材戦略を連携させ、持続的な企業価値の向上を促進させるものである。人的資本経営の考え方やその実現のための取組みは日本企業の経営課題として浸透していくことが予想され、今後の制度整備の動向に注目したい。

〔図表 4-3-1〕SDGs における目標と日本の労働法令との関係

SDGs における目標	日本の労働法令
若者や障害者を含むすべての男性及び女性の、完全かつ生産的な雇用及び働きがいのある人間らしい仕事、ならびに同一労働同一賃金を達成する（目標 8.5）	・障害者雇用促進法、若者雇用促進法、男女雇用機会均等法 ・時間外労働の上限規制（労基 36 条 3 項以下） ・同一労働同一賃金（パート有期法 8 条・9 条、労働者派遣法、同一労働同一賃金ガイドライン）
強制労働の根絶と児童労働の禁止（目標 8.7）	・強制労働の禁止（労基 5 条、その他関連するものとして同法 6 条・14 条・16 条～18 条） ・児童の使用禁止（労基 56 条。満 15 歳に達した日以後最初の 3 月 31 日が終了するまでの者、一定の例外あり）
移住労働者や不安定な雇用状態にある労働者など、すべての労働者の権利を保護し、安全・安心な労働環境を促進する（目標 8.8）	＊「移住労働者」について ・外国人技能実習法 ・入管法改正（在留資格「特定技能」の新設） ＊「不安定な雇用状態にある労働者」

（注 4）働き方改革実現会議決定「働き方改革実行計画（概要）」3 頁（2017 年 3 月 28 日）。
（注 5）METI/ 経済産業省「人的資本経営～人材の価値を最大限に引き出す～」。

	について ・有期契約労働者の無期転換ルール、雇止め法理（労契18条・19条） ・同一労働同一賃金（パート有期法8条・9条、同一労働同一賃金ガイドライン） ＊「安心・安全な労働環境」について ・テレワークガイドライン（コロナ禍を踏まえた議論） ・各ハラスメント指針
横断的目標であるジェンダー平等の実現のために、 ・あらゆる場所における全ての女性及び女児に対するあらゆる形態の差別を撤廃する（目標5.1） ・無報酬の育児・介護や家事労働を認識・評価する（目標5.4） ・政治、経済、公共分野でのあらゆるレベルの意思決定において、完全かつ効果的な女性の参画及び平等なリーダーシップの機会を確保する（目標5.5）	・男女同一賃金の原則（労基4条） ・男女雇用機会均等法（賃金以外の各場面における差別的取扱いの禁止、セクハラ指針） ・育児介護休業法（育児介護休業の分割取得、マタハラ指針、直近では産後パパ育休の創設） ・女性活躍推進法 ・その他、ダイバーシティの推進として、高年齢者雇用安定法／副業兼業ガイドライン

第2節　労務：フリーランス

1　ディーセント・ワークとフリーランス

日本において、働き方の多様化や柔軟な働き方の拡大に伴い、使用者との間で雇用契約を締結する（労働基準法上の）労働者とは異なる働き方として、フリーランス（「実店舗がなく、雇人もいない自営業主や一人社長であって、自身の経験や知識、スキルを活用して収入を得る者(注6)」）が拡大しており、近年注目を集めている。

フリーランスを含む多様な働き方の拡大は、個人のライフスタイルに合った柔軟な働き方を広げるものであり、また、さまざまな背景を持った人材の労働市場への参加を促し、日本が直面する少子高齢化にも対応するものといえ、昨今の働き方改革の目的にも合致するものであると評価できる。もっとも、フリーランス人口拡大に伴い、フリーランスがトラブルに巻き込まれる事例が多発しており、社会問題となっている。厚生労働省が、内閣官房、公正取引委員会および中小企業庁と連携して2020年から設置したフリーランス・トラブル110番の相談実績によれば、2023年度では8,986件(注7)もの相談があり、また、相談内容としては、「報酬の支払い」に関する相談(30.6%)、契約条件の明示に関する相談（15.3%)、その他、中途解除、損害賠償、成果物およびハラスメント等に関する相談等の多岐にわたる相談が寄せられ、また、その相談件数は年々増加しており、フリーランスがトラブルに巻き込まれる事例が頻発している。

この点、「持続可能な開発のための2030アジェンダ」の目標8では、「包摂的かつ持続可能な経済成長及びすべての人々の完全かつ生産的な雇用と働きがいのある人間らしい雇用（ディーセント・ワーク）を促進する」ことが

（注6）内閣官房＝公正取引委員会＝中小企業庁＝厚生労働省「フリーランスとして安心して働ける環境を整備するためのガイドライン」（2021年3月26日）第2の1参照。

（注7）厚生労働省「フリーランス・トラブル110番の相談及び和解あっせん件数」（2024年10月）。

掲げられている。目標8のディーセント・ワーク（権利が保障され、十分な収入を生み出し、適切な社会的保護が与えられる生産的な仕事を意味し、また、すべての人が収入を得るのに十分な仕事があることをいう[注8]）は、雇用契約に基づく労働者だけでなく、フリーランスにおいてもディーセント・ワークが体現されることが望ましいが、上記の通り、フリーランスがトラブルに巻き込まれる事例が多発しており、報酬の支払という基本的な点においてすら、その不払・支払遅延・一方的減額等をされる事例が多発しているという状況が見受けられる。上記の通り、フリーランスは、個人のライフスタイルに合った柔軟な働き方を実現するというメリットがある一方で、フリーランスが、労働基準法や労働契約法に基づく労働者保護法制の範囲外として抑圧をされるといった状況が生じれば、柔軟な働き方の実現・拡大は困難になるだけでなく、新たな格差等の温床になる可能性も否定できず、フリーランスの「ディーセント・ワーク」の確保は、重要な課題である。

フリーランスに関する近年の日本の動向としては、2017年3月に「働き方改革実行計画」が公表された以降、各検討会等で議論がなされ、2021年にフリーランスガイドライン（フリーランスとして安心して働ける環境を整備するためのガイドライン）が公表され、2023年には、特定受託事業者に係る取引の適正化等に関する法律（いわゆるフリーランス新法）が成立し、2024年に施行するに至った。フリーランス新法においては、契約条件の明示義務、受領拒否等の行為の禁止、支払期日の上限および就業環境の整備に関する事項等が定められており、この流れは、フリーランスにおいても、「権利を保障」し、「十分な収入を生み出し」、「適切な社会的保護」を与えるための施策といえ、ディーセント・ワークを推進する取組みと評価できる。諸外国においては、雇用とは異なる働き方としてフリーランスが確立しつつある中で、今後、日本において、どのようにフリーランスの取引の適正化を図り、どのように就業環境の保護を図っていくかに関して、現在注目を集めている。

本節では、日本におけるフリーランスに関する現状および法的問題点を外観し、今後の展開について考察する。

（注8）1999年第87回ILO総会ファン・ソマビア事務局長発言。

2　日本におけるフリーランスの現状

⑴　フリーランス人口の拡大

総務省統計局が作成した「令和４年就業構造基本調査」（2023年７月21日）によれば、「フリーランス」は、257万人（本業209万人、副業48万人）と算定されており[注9]、その職種[注10]・就業時間[注11]はさまざまである。昨今のライフスタイルや価値観の多様化およびデジタル・プラットフォーマーの拡大などを踏まえると、フリーランス新法の成立等も相まって、フリーランスは、今後さらに拡大し、かつ多様化していくことが考えられる。

⑵　日本における議論の発展と状況

「働き方改革実行計画」（2017年３月28日）において、「非雇用型テレワークを始めとする雇用類似の働き方全般（請負、自営等）について、2017年度以降、それぞれの働き方について順次実態を把握し、雇用類似の働き方に関する保護等の在り方について、有識者会議で法的保護の必要性を含めて中長期的に検討する」と指摘されたことを受け、各検討会での議論を経て、2021年３月に、内閣官房、公正取引委員会、中小企業庁および厚生労働省の連名で、フリーランスガイドラインが公表された（詳細は**3**参照）。

その後、「成長戦略実行計画」（2021年６月18日）で、フリーランスの取

（注９）なお、2020年５月に内閣官房日本経済再生総合事務局が作成した「フリーランス実態調査結果」では、「フリーランス」は、462万人（本業214万人、副業248万人）となっている。フリーランスは当時その定義が明確でなかったため、調査の手法および範囲により、その人数に齟齬が生じているものと思料される。

（注10）クリエイティブ・Webフォト系25.1％、エンジニア・技術開発系18.0％、出版メディア系8.9％、コンサルティング系7.4％、通訳翻訳系5.9％等（フリーランス協会「フリーランス白書2024」（2024年３月）16頁）。

（注11）本業がフリーランスの者に関して、（年間就業日数が200日以上のうち）週間就業時間が「40〜49時間」の割合が22.5％と最も高く、次いで「20時間未満」の割合が9.1％などとなり、週間就業時間が「40〜49時間」をピークとして、割合はおおむね低くなっている。他方で、副業がフリーランスの者は、「不規則的就業」（仕事があるときまたは仕事が忙しいときのみ仕事をしている場合）の割合が高くなっている（78.2％。総務省統計局「令和４年就業構造基本調査」〔2023年７月21日〕）。

引に関する法制面の措置の検討について指摘がなされ、新しい資本主義実現会議の「新しい資本主義のグランドデザイン及び実行計画」(2022 年６月７日）において、「フリーランスは、報酬の支払遅延や一方的な仕事内容の変更といったトラブルを経験する方が増えており、かつ、特定の発注者（依頼者）への依存度が高い傾向にある(注12)。フリーランスは、下請代金支払遅延等防止法といった旧来の中小企業法制では対象とならない方が多く、相談体制の充実を図るとともに、取引適正化のための法制度について検討し、早期に国会に提出する」との指摘がなされた。

これらの指摘を踏まえて、2022 年９月に「フリーランスに係る取引適正化のための法制度の方向性」がまとめられ、パブリックコメントの募集を経て（2022 年９月 13 日から同月 27 日まで)、「特定受託事業者に係る取引の適正化等に関する法律」(いわゆるフリーランス新法）が 2023 年４月 28 日に成立した（詳細は **4**〔p.489〕参照)。

フリーランス新法の成立以降、厚生労働省「特定受託事業者の就業環境の整備に関する検討会」および公正取引委員会「特定受託事業者に係る取引の適正化に関する検討会」等において、各規則・ガイドラインの検討が進められ、2024 年５月 31 日にフリーランス新法に関する施行令、施行規則、指針およびガイドラインが公布、同年 11 月１日に、フリーランス新法が施行された。

3　フリーランスガイドライン

(1)　総　論

2 の通り、フリーランスガイドラインは、「成長戦略実行計画」(2021 年６月 18 日）等を踏まえ、2021 年３月に、内閣官房、公正取引委員会、中小企業庁および厚生労働省が連名で公表されたものである。同ガイドラインは、独占禁止法、下請代金支払遅延等防止法（以下、「下請法」という)、および

(注12) フリーランスの売上依存度を見ると、特定の依頼者に 50％以上の売上が集中するフリーランスが５割を超えており、特定の依頼者への依存度が高い傾向がある（新しい資本主義実現会議「新しい資本主義のグランドデザイン及び実行計画～人・技術・スタートアップへの投資の実現～」基礎資料集〔2022 年６月７日〕33 頁)。

労働関係法令の適用関係を明らかにするとともに、事業主が遵守すべき事項および仲介事業者が遵守すべき事項、ならびに労働者性の判断基準が整理された。

(2) 現行法上「雇用」に該当する場合の判断基準

フリーランスガイドラインは、労働基準法上の労働者性の判断基準等を詳述するが（同ガイドライン第５）、この点は、労働者性に関する従前の議論を整理したにとどまり、フリーランスに関する新たな判断基準等を示すものではなく、また、フリーランス新法施行後においても引き続き問題となる。

労働基準法９条は、労働者を「職業の種類を問わず、事業または事務所……に使用される者で、賃金を支払われる者」と定義するところ（同条）、同条の労働者性は、昭和60年12月19日「労働基準法研究会報告（労働基準法の「労働者」の判断基準について）」において示された基準を基に判断がなされることが通説的な見解である。同報告では、労働者性の有無は、大要、①指揮監督下における労務提供（(a)仕事の依頼・業務従事の指示等に対する諾否の自由の有無、(b)業務執行上の指揮監督の有無、(c)拘束性の有無、(d)代替性の有無）、②報酬の労務対償性の２つの要素から「使用従属性」の有無を判断し、その上、③労働者性の判断を補強する要素として(a)事業者性の有無および(b)専属性の程度を考慮して、判断されるものとしている。

もっとも、上記労働者性の判断は個別具体的な事情によるものであり、労働者性を肯定または否定する裁判例がそれぞれ多数存在する[注13]。

４　フリーランス新法（フリーランス・事業者間取引適正化等法）

(1) 総　論

2 (2)〔p.488〕の通り、2023年４月28日にフリーランス新法が成立し、

（注13）例えば、一人親方、運転手、俳優および映画撮影スタッフ、タレントおよびマネージャー、バイシクルメッセンジャー、あんま師等、学習塾講師、合唱団員・劇団員、ホスト・ホステス、ならびに力士等の労働者性が争点となった裁判例が存在する。

〔図表 4-3-2〕「労働者性」について

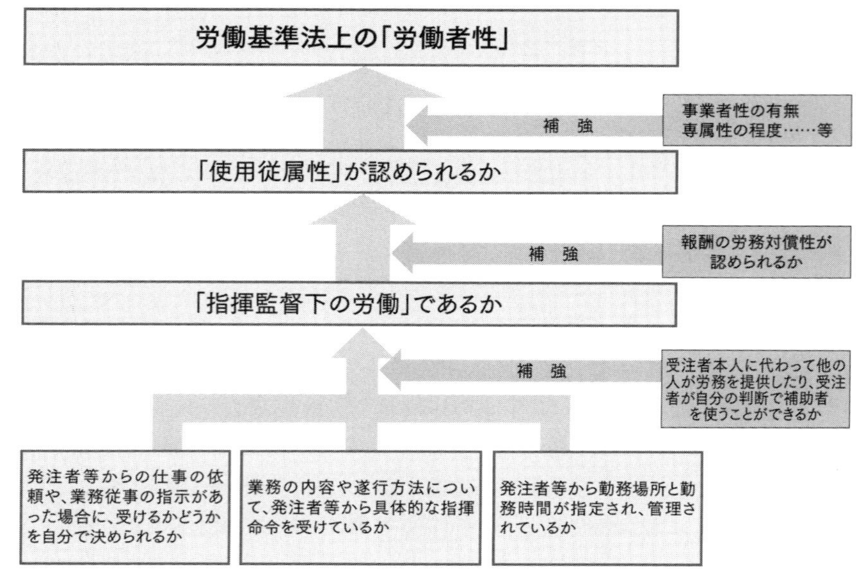

＊フリーランスガイドライン図２引用。

2024年11月1日に施行された。

当初下請法を改正する形での検討もなされたが(注14)、資本金要件によらず「フリーランスに関し業種横断的に共通する取引上の課題に対応する」必要があり、また、(4)の就業環境の整備等〔p.495〕の下請法になじまない内容を含むことから、「既存の法律には無い新たな規律を設けるものである」として、新法の形で制定がなされるに至った(注15)。

フリーランス新法は、その目的として、「我が国における働き方の多様化の進展に鑑み、個人が事業者として受託した業務に安定的に従事することができる環境を整備するため、特定受託事業者に業務委託をする事業者について、特定受託事業者の給付の内容その他の事項の明示を義務付ける等の措置を講ずることにより、特定受託事業者に係る取引の適正化及び特定受託業務

(注14)　成長戦略会議「成長戦略実行計画」(2020年7月17日) 2章の2(2)。

(注15)　内閣官房新しい資本主義実現本部事務局「『フリーランスに係る取引適正化のための法制度の方向性』に関する意見募集に寄せられた御意見について」(2022年10月12日)。

従事者の就業環境の整備を図り、もって国民経済の健全な発展に寄与すること」と規定されている（フリーランス新法1条）。大要「取引の適正化」および「就業環境の整備」の2点が掲げられているところ、「取引の適正化」については、2章で規定され、主に公正取引委員会（および中小企業庁）が管轄し、「就業環境の整備」については、3章で規定され、主に厚生労働省（および労働局）が管轄することとなる。

(2)　定　義

フリーランス新法において、フリーランスは、「特定受託事業者」と定義され、業務委託の相手方である事業者のうち、①個人であって従業員を使用しないもの、または②法人であって、一の代表者以外に他の役員がなく、かつ、従業員を使用しないものをいう（フリーランス新法2条1項）。

他方で、委託事業者（発注者）に関して、フリーランス新法は「業務委託事業者」と「特定業務委託事業者」という2種類の定義を設けている。「業務委託事業者」とは、特定受託事業者（フリーランス）に対して業務委託をする事業者一般をいうのに対して（フリーランス新法2条5項）、「特定業務委託事業者」とは、業務委託事業者のうち、①個人であって、従業員を使用するもの、または、②法人であって、2以上の役員があり、または従業員を使用するもの（同条6項）と定義されている。フリーランス新法上は義務の主体を「特定業務委託事業者」に限定する規定がほとんどであり、「特定業務委託事業者」に該当しない、いわゆるフリーランスの委託事業者は、フリーランス新法上は取引条件の明示義務（同法3条）のみを負うことになる。その趣旨は、フリーランス新法は、従業員を使用せず1人の「個人」として業務委託を受けるフリーランスと、従業員を使用して「組織」として業務委託を行う委託事業者との間において、交渉力などに格差が生じることを踏まえて、当該取引の適正化等を図る目的で設けられているところ、従業員を使用しない委託事業者とフリーランスとの取引については、必ずしも交渉力等の格差が生じるとはいえず、上記目的が必ずしも妥当しないためである(注16)。

(3)　取引の適正化

フリーランス新法において、業務委託事業者は特定受託事業者（(3)および(4)において、以下端的に「フリーランス」という）に対して業務委託をした場合には、直ちに給付の内容、報酬の額および支払期日等の事項を書面又は電磁的方法[注17]により明示しなければならない（フリーランス新法3条1項）。例えば、以下の項目が明示事項とされている（公正取引委員会関係特定受託事業者に係る取引の適正化等に関する法律施行規則1条）。

①　業務委託事業者およびフリーランスの商号、名称等

②　業務委託をした日

③　給付の内容

④　給付・役務を受領する期日

⑤　給付・役務を受領する場所

⑥　給付・役務の内容を検査をする場合は、検査完了期日

⑦　報酬の額および支払期日

⑧　現金以外の方法で報酬を支払う場合の明示事項等[注18]

前記の通り、フリーランス・トラブル110番において「契約条件の明示に関する相談」が約15%を占めており、業務委託契約書が締結されていない場合も一定数存在し[注19]、また、契約を締結している場合であっても、その委託業務もしくは成果物の内容が不明確であったり、または報酬の算定基準もしくは減額事由が不明確である等を理由としてトラブルになる場合も存在するため[注20]、この点を明確化することを義務づけることはフリーラ

（注16）「特定受託事業者に係る取引の適正化等に関する法律」（フリーランス・事業者間取引適正化等法）Q&A 2-2。なお、フリーランス協会「フリーランス白書2024」（2024年3月）によれば、フリーランスの約半数は、他のフリーランスに案件を発注したり、他のフリーランスからの受注を経験しているとのことであり、フリーランス同士の受発注は相当程度存在するものと推察される。

（注17）SNSのメッセージ機能による明示も認められる（公正取引委員会関係フリーランス新法施行規則2条1項1号、特定受託事業者に係る取引の適正化等に関する法律の考え方第2部第1の1）。

（注18）公正取引委員会＝厚生労働省「フリーランスの業務及び就業環境に関する実態調査」（2023年12月27日）によれば、98.6%が現金払（銀行口座への振込みを含む）であり、特定受託事業者に係る取引の適正化等に関する法律の考え方においても「できる限り、現金……によるものとする」との記載があるが（第1部の5）、賃金のデジタル払の解禁を受けて、今後利用が拡大する可能性があるとの理由で、明示事項とされている。

（注19）フリーランスとしての業務を受注する際の契約書の締結状況に関して、「いつも締結している」者は23.8%にすぎない（日本労働組合総連合会「フリーランスの契約に関する調査2023」（2023年1月23日）。

ンスの取引適正化の観点から望ましいものと考える。

なお、この点に関連し、衆議院内閣委員会で政府参考人は、仲介事業者を用いた場合、例えばフードデリバリーの配達員の場合について、飲食店と配達員との間に業務委託契約が成立すると整理されるが、飲食店が仲介事業者を介して配達人に、明示事項（当事者の名称、料理を受け取る場所、料理の配達先および配達する日時など）を明示することも許容されると考えるとの発言を行っている。

フリーランス新法においては、下請法（２条の２）と同様、特定業務委託事業者は、報酬の支払期日を、検査の有無にかかわらず、役務提供または成果物の給付を受けた日から起算して60日以内の、できる限り短い期間内において定められなければならず(注21)（フリーランス新法４条１項）、契約で報酬の支払期日が定められなかった場合には、役務提供または成果物の給付を受けた日が報酬の支払日とみなされる（同条２項）。パブリックコメント（「『フリーランスに係る取引適正化のための法制度の方向性』に関する意見募集の結果について」）では、本条に関して、報酬の支払義務を厳格にすべきという意見も述べられているが、政府の回答は、フリーランスの生活保護のためには、早急に報酬の支払を受ける必要があるが、他方で「フリーランスに業務委託を行う事業者に対して過度に厳格な報酬の支払義務を一律に課すことは、発注事業者に無理な負担を課してしまい、かえってフリーランスが業務を受注できる機会を失わせる結果を招くおそれ」もあると述べられており、双方の利益を衡量して、本条が定められたものといえる。なお、再委託の場合、再委託であること等の情報をフリーランスに明示したときは、元委託支払期日から起算して30日の期間内の、できる限り短い期間内としなければならないとされている点に留意を要する（同条３項）(注22)。

また、特定業務委託事業者は、①１か月以上の業務委託、または②契約

（注20）なお、公正取引委員会＝厚生労働省「フリーランスの業務及び就業環境に関する実態調査」（2023年12月27日）によれば、フリーランスが取引先からの発注の際に記載する事項として業務遂行上望ましいと考える事項として、「取引先（委託事業者）及び受託事業者の名称」、「取引先からの依頼日（契約開始日）」、「期間又は提供の期日（納期）」、および「支払方法」等が回答されている。

（注21）当該規定に違反して報酬の支払期日が定められたときは給付を受領した日から起算して60日を経過する日が報酬の支払期日と定められたものとみなす（フリーランス新法４条２項）。

の更新により1か月以上継続して行うこととなる業務委託に関して、大要以下の行為を行うことが禁止される（フリーランス新法5条、特定受託事業者に係る取引の適正化等に関する法律施行令1条)。下記行為は、独占禁止法上の優越的地位の濫用、または（下請法が適用される場合には）下請法4条の禁止行為に該当する可能性がある行為類型と重複し、フリーランス新法はこれらの行為類型を法令上の禁止行為として規定したものであり、フリーランスに係る取引適正化に資するものとして評価することができる。

〔図表 4-3-3〕禁止行為（フリーランス新法5条）(注23)

No.	項目	概要
1	受領拒否	フリーランスに責任がないのに、発注した物品等の受領を拒否すること。なお、発注の取消し、納期の延期などで納品物を受け取らない場合も受領拒否に当たる。
2	報酬の減額	フリーランスに責任がないのに、発注時に決定した報酬を発注後に減額すること。協賛金の徴収、原材料価格の下落など、名目や方法、金額にかかわらず、こうした減額行為が禁止される。
3	返品	フリーランスに責任がないのに、発注した物品等を受領後に返品すること。
4	買いたたき	発注する物品・役務等に通常支払われる対価に比べ著しく低い報酬を不当に定めること。なお、通常支払われる対価とは、同種または類似品等の市価をいう。
5	購入・利用強制	フリーランスに発注する物品の品質を維持するためなどの正当な理由がないのに、発注事業者が指定する物（製品、原材料等）や役務（保険、リース等）を強制して購入、利用させること。

(注22) なお、その趣旨は、フリーランス新法4条1項の通り一律に60日以内を支払期日とすることで発注者の資金繰り悪化やフリーランスへの発注控えが生ずることを防止し、フリーランス新法4条1項の場合に比べて支払期日の延期を可能とすることにある、と説明されている（「特定受託事業者に係る取引の適正化等に関する法律の考え方」第2部第2の1)。

6	不当な経済上の利益の提供要請	発注事業者が自己のために、フリーランスに金銭や役務、その他の経済上の利益を不当に提供させること。なお、報酬の支払とは独立して行われる、協賛金などの要請などがこれに該当する。
7	不当な給付内容の変更、やり直し	フリーランスに責任がないのに、発注の取消しや発注内容の変更を行ったり、受領した後にやり直しや追加作業を行わせる場合に、フリーランスが作業に当たって負担する費用を発注事業者が負担しないこと。

(4)　就業環境の整備

フリーランス新法は、特定業務委託事業者のハラスメント行為（セクシュアルハラスメント、パワーハラスメント、ならびに妊娠または出産に関するハラスメント）に係る相談対応等の必要な体制整備等の措置の実施義務を定める（フリーランス新法14条）。これらのハラスメントに関する既存法令(注24)はいずれも労働者を対象とするものであるところ、公正取引委員会・厚生労働省「フリーランスの業務及び就業環境に関する実態調査」（2023年12月27日）によれば、フリーランスは、パワーハラスメント（7.1%）、セクシュアルハラスメント（3.1%）、および妊娠または出産に関するハラスメント（0.2%）のいずれも経験を受けたことがあるとのことであるため、当該ハラスメント体制整備義務を定めることはフリーランスの就業環境の改善に資するものと評価できる。なお、委託事業者が別途フリーランスのために新規に体制を整備するのではなく、労働関連法令に基づき整備した社内体制やツールをフリーランスについても活用可能とすることが想定されている(注25)(注26)。

また、フリーランスが、育児介護等と両立して業務委託（①６か月以上の

(注23)「特定受託事業者に係る取引の適正化等に関する法律」（フリーランス・事業者間取引適正化等法）Q&A５参照。

(注24) 労働施策総合推進法（労働施策の総合的な推進並びに労働者の雇用の安定及び職業生活の充実等に関する法律）30条の2、均等法（雇用の分野における男女の均等な機会及び待遇の確保等に関する法律）9条および11条、ならびに育児介護休業法（育児休業、介護休業等育児又は家族介護を行う労働者の福祉に関する法律）10条。

業務委託、または②契約の更新により6か月以上継続して行うこととなる業務委託。以下、「継続的業務委託」という）に係る業務を行えるよう、フリーランスの申出に応じて必要な配慮をしなければならず（フリーランス新法13条1項)、継続的業務委託以外の業務委託の場合にも、当該配慮を行う努力義務が定められている（同条2項)。この点、例えば、以下の事項が挙げられるとのことである（「特定業務委託事業者が募集情報の的確な表示、育児介護等に対する配慮及び業務委託に関して行われる言動に起因する問題に関して講ずべき措置等に関して適切に対処するための指針」第3の2)。

① 妊婦健診がある日について、打合せの時間を調整してほしいとの申出に対し、調整した上でフリーランスが打合せに参加できるようにすること

② 妊娠に起因する症状により急に業務に対応できなくなる場合について相談したいとの申出に対し、その対応についてあらかじめ取決めをしておくこと

③ 出産のため一時的に特定業務委託事業者の事業所から離れた地域に居住することとなったため、成果物の納入方法を対面での手渡しから宅配便での郵送に切り替えてほしいとの申出に対し、納入方法を変更すること

特定業務委託事業者が、継続的業務委託に係る契約を解除または不更新する場合には、原則として、30日前までにフリーランスに対し予告しなければならない（フリーランス新法16条1項)。また、フリーランスが、上記予告を受けた日から契約が満了するまでの間において、契約の解除等の理由の開示を請求した場合、原則、特定業務委託事業者は、遅滞なくこれを開示しなければならない（同条2項)。この点、雇用契約においては、解雇にあたり、原則、少なくとも30日前に予告するか、または、解雇予告手当の支払

(注25) 内閣官房新しい資本主義実現本部事務局、公正取引委員会および中小企業庁「厚生労働省特定受託事業者に係る取引の適正化等に関する法律（フリーランス・事業者間取引適正化等法）説明資料」。

(注26) なお、指針において、（業務委託契約締結前の）当該業務委託に係る契約交渉中の者に対する言動についても上記ハラスメント行為に係る方針において明確化することが望ましい、と記載されている（「特定業務委託事業者が募集情報の的確な表示、育児介護等に対する配慮及び業務委託に関して行われる言動に起因する問題に関して講ずべき措置等に関して適切に対処するための指針」第4の6)。

を要し（労基20条１項）、同条の違反の効力については学説上議論があり、判例は相対的無効説に立つところ[注27]、フリーランス新法における本条の違反と解除の効力との関係については現状明確ではないため、この点は今後整理されることが望ましいと思われる。

⑸　フリーランス新法違反への対応

フリーランス新法の違反に対する対応として、公正取引委員会、中小企業庁または厚生労働省（労働局）は、一定の違反について、勧告を行うことができ（フリーランス新法８条・18条）、勧告を行っても是正がなされない場合は、措置命令（同法９条１項・19条１項）、およびその旨の公表を行い得る（同法９条２項・19条２項）。また、措置命令に違反した場合（同法24条１号）、調査に関し報告を要求されたにもかかわらず報告を行わない場合、虚偽の報告をした場合、もしくは、検査を拒み、妨げ、もしくは忌避した場合（同条２号）には、50万円以下の罰金の対象となり、法人に対する両罰規定も存在する（同法25条）。

もっとも、フリーランス新法上、必要があると認めるときは、業務委託事業者に対する、指導および助言も行い得るとされているところ（フリーランス新法22条）、その要件は抽象的ではあるが、勧告には至らない事案等の場合に、業務委託事業者に対して指導および助言を行うことが想定される。下請法においても、勧告に至らない事案において、指導を行う場合があり、その件数は2023年度において8,268件である一方で、勧告件数は、同年度において13件である[注28]。近時下請法に係る勧告件数は増加傾向にあるものの[注29]、例年勧告件数は１桁台にとどまることが多いところ、フリーランス新法においても、実務上は、指導・助言が行われることが一般的となり、勧告（および措置命令）がなされる場合は限定的となる可能性がある[注30]。

（注27）最判昭和35・3・11民集14巻３号403頁等。

（注28）公正取引委員会「令和５年度における下請法の運用状況及び中小事業者等の取引公正化に向けた取組」（2024年６月５日）。

（注29）例えば、日産自動車株式会社（2024年３月７日）、コストコホールセールジャパン株式会社（2024年３月12日）、三井食品工業株式会社（2024年６月14日）および株式会社トヨタカスタマイジング＆ディベロップメント（2024年７月５日）、株式会社KADOKAWA（2024年11月12日）など、いわゆる有名企業に対する下請法に基づく勧告事例が増加傾向にあるといえる。

(6) 独占禁止法および下請法との関係

「特定受託事業者に係る取引の適正化等に関する法律と独占禁止法及び下請法との適用関係等の考え方」において、フリーランス新法に基づく勧告の対象となる行為について、当該行為が独占禁止法や下請法にも違反する場合には、原則としてフリーランス新法を優先的に適用し、重ねて独占禁止法や下請法に基づく勧告、排除措置命令および課徴金納付命令を行わないと明記され、法令の適用関係が整理された(注31)。なお、特定受託事業者に労働者性が認められる場合には、フリーランス新法ではなく、労働基準法その他の労働関係法令が適用されることになるので、留意を要する。

5　今後の展望

(1) 執行体制

4 (5)〔p.497〕の通り、フリーランス新法の違反に対し、公正取引委員会および中小企業庁が、助言、指導、報告徴収・立入検査、勧告、公表、および措置命令を行い得るところ、公正取引委員会の事務所は、公正取引委員会本庁を含め全国9か所であり、中小企業庁は東京に1か所拠点があるにとどまる。

他方で、労働基準監督機関については、2023年4月1日時点において、厚生労働省の下に、都道府県労働局47局、労働基準監督署321署、および

(注30) この点、パブリックコメントの政府回答(「『特定受託事業者に係る取引の適正化等に関する法律施行令(案)』等に対する意見の概要及びそれに対する考え方」)によれば、「発注事業者が、受注事業者から『役員』や『従業員』の有無について事実と異なる回答を得たため、当該発注事業者が本法に違反することとなってしまった場合であっても、当該発注事業者の行為については是正する必要があるため、指導・助言(行政指導)は行うことがあります。また、勧告(行政指導)や命令(行政処分)を直ちに行うものではありません」と記載されている。

(注31) この点、下請法は約20年ぶりの改正が予定されており(日本経済新聞「下請法『適用逃れ』防ぐ　従業員数の基準新設　中小の価格転嫁後押し　法改正へ」〔2024年12月13日〕)、フリーランス新法との適用関係も今後注視していく必要がある。

(注32) 厚生労働省労働基準局「令和4年労働基準監督年報」。

支署が４署設置されており(注32)、組織の規模・体制に大きな差が存在する。雇用者数は約6,756万人（2023年度(注33)）であり、フリーランスの人数（257万人）（**2⑴**〔p.487〕）と比べ相応に差は存在するものの、現在の体制ではフリーランス新法の個別の違反に対する執行が困難である可能性が否定できない。

この点、衆議院内閣委員会で政府参考人は、フリーランス新法施行後は、フリーランス・トラブル110番がフリーランス新法の執行の中核を担うと考えており、フリーランス・トラブル110番における相談から、公正取引委員会、中小企業庁または厚生労働省への申告に円滑につなげるようにしていき、また相談実績に鑑み、フリーランス新法に基づく調査が必要と考える業種・業界を特定して、当該業種・業界の調査を行っていく予定であるとの発言がなされている。

上記に鑑みれば、フリーランス新法の執行体制として、政府は、現時点でフリーランスの相談窓口として十分に機能しているフリーランス・トラブル110番を通じて、公正取引委員会、中小企業庁または厚生労働省へ円滑につなげ、問題事例を吸い上げ、また、問題事例が多い業種を特定し、集中調査を行っていくことを想定していると考えられる。フリーランス・トラブル110番は現在第二東京弁護士会が運営を行っているところ、その人員体制にも限界はあるものと思われるが、少なくとも施行直後の段階では、現在機能しているフリーランス・トラブル110番に頼らざるを得ない点があることは否めないので、フリーランス・トラブル110番と官公庁とが円滑な連携を行いつつ、フリーランス新法施行後の実務の展開に応じた適切な執行体制が整備されていくことが期待される。

⑵　セーフティネット

フリーランスについては、基本的には労働者に適用されているセーフティネットが適用されない。例えば、フリーランスには、原則として労災保険および雇用保険には加入資格が認められないため、原則としてフリーランスは就業中の病気・怪我に関して労災保険に基づく保険給付を受けることができ

(注33)　総務省統計局「労働力調査（基本集計）2023年度」(2024年４月30日)。

ず、また、雇用保険に基づく失業時の保険給付を受けることができない。さらに、フリーランス協会「フリーランス白書2023（2023年3月）」の回答者のうち79.9%が個人事業主（第1号被保険者）であるので、厚生年金保険に加入していない。さらに、健康保険および年金保険に関して、64.6%が国民健康保険に加入しているところ(注34)、国民健康保険においては、（健康保険組合と異なり）基本的には傷病手当金・出産手当金等が支給されないこととなる(注35)。

なお、休業時の主な公的な補償の相違に関しては、以下の、経済産業省「『雇用関係によらない働き方』の関する検討会報告書」（2017年3月）で示された〔図表4-3-4〕が参考となる。

〔図表4-3-4〕休業時の主な公的な補償

	労働者	個人事業主
労災時の休業補償 【労災保険】	○ （支給対象）	原則× （一部の個人事業主を対象とした特別加入制度により任意加入をした者のみが支給対象）
傷病手当金（労災以外での傷病で休んだ期間中の補償） 【健康保険】	○ （支給対象）	原則× （いわゆる法定必須給付ではなく任意給付であり、ほとんど支給されていない）
出産手当金（出産前後に休んだ期間中の補償） 【健康保険】	○ （支給対象）	原則× （同上）
育児休業給付（育児休業期間中の補償） 【雇用保険】	○ （支給対象）	× （雇用保険に加入できず）

＊経済産業省「『雇用関係によらない働き方』の関する検討会報告書」（2017年3月）41頁引用。

（注34）フリーランス協会「フリーランス白書2022」（2022年3月）14頁。

（注35）「すべての国民健康保険に共通する課題として、疾病手当金や出産手当金が任意給付であることが挙げられる。健康保険組合と国民健康保険では拠って立つ法律が異なる。健康保険組合の根拠法である健康保険法（大正11年）では疾病手当金や出産手当金の給付が義務付けられているが、国民健康保険の根拠法である国民健康保険法（昭和33年施行）ではこれらの手当金の給付は任意となっている。そのため、ごく一部の職種別国保組合を除いて、ほとんどの国民健康保険では給付していない」（フリーランス協会「フリーランス白書2019」42頁）。

フリーランス協会「フリーランス白書2019」17頁によれば、「フリーランスや副業をするといった新しい働き方を日本で選択しやすくするためには、何が必要だと思いますか」という質問に対して（複数選択可）、「出産・育児・介護などのセーフティネット」が63.6%、「健康保険組合」が59.6%、「厚生年金」が52.0%、「労災保険」が45.9%であり、フリーランスからは社会保障制度の拡充についての強い要望のあるところである。

この点、成長戦略実行計画（2020年7月17日）において、「フリーランスとして働く人の保護のため、労働者災害補償保険の更なる活用を図るための特別加入制度の対象拡大等について検討する」ことが明記され、フリーランスの社会保障拡充の必要性が示され、このような流れを受け、労災保険について、一定のフリーランスに対し特別加入制度(注36)の範囲を拡大する方針で議論がなされ、2021年4月1日から、個別の業種ごとに特別加入の対象が拡充され(注37)、2024年11月1日から、（フリーランス新法の施行と合わせて、）希望するすべてのフリーランスが特別加入の対象となった（労働者災害補償保険法施行規則46条の17第12号(注38)）。

以上の通り、労災保険の点については、特別加入の対象拡充という形で、フリーランスのセーフティネットに関する議論が進んでいるといえるが、雇用保険および健康保険等に関するセーフティネットの整備は、現時点ではさほど具体的な検討は進んでいないように思われる(注39)。他方で、フリーランスに、労働者とまったく同等の社会保障制度を整備することはかえってフリーランスの柔軟な働き方を害するものとなり得るので、フリーランスの実

（注36）労働者以外の者のうち、業務の実態および災害の発生状況等に照らし、労働者に準じて労働者災害補償保険により保護することがふさわしい者につき、一定の要件の下に同保険に特別加入することを認めている制度。

（注37）2021年4月から、芸能関係作業従事者、アニメーション制作作業従事者、柔道整復師および創業支援等措置に基づき事業を行うかたに拡大され、その後、自転車配達員およびITフリーランス（2021年9月～）、あん摩マッサージ指圧師、はり師およびきゅう師（2022年4月～）、ならびに歯科技工士（2022年7月～）も特別加入の対象となった。

（注38）具体的には、フリーランスが業務委託事業者から業務委託を受けて行う事業（特定受託事業。いわゆるBtoBの事業）、またはフリーランスが消費者（業務委託事業者以外の者）から委託を受けて行う特定受託事業と同種の事業（特定フリーランス事業。いわゆるBtoCの事業）が対象となる。

態等を踏まえた、「働き方に中立な社会保険制度(注40)」を構築することが望ましい。

(3) 労働者性

3(2)の通り〔p.489〕、契約上業務委託であっても、その具体的な業務実態等によっては、フリーランスに労働者性が認められる場合が存在し、この点はフリーランス新法が施行された以降であっても、同様である。この点、2019年からの働き方改革により、同一労働同一賃金等を通じて非正規労働者の待遇が改善され、使用者側から見て非正規労働者が必ずしも「安価な労働力」ではなくなってきたところ、代替の労働力として、実質的には労働者であるにもかかわらず、フリーランスとして業務委託契約を締結する例が広まる可能性があり、新たな格差の温床となるリスクも否定できない。

労働者性の判断においては、①指揮監督下における労務提供、②報酬の労務対償性の2つの要素から「使用従属性」の有無を判断されるが、当該判断は個別具体的事情を踏まえなされるため、最終判断には、長い年月をかけて、裁判所による判断を仰ぐ必要があり、労働者性が抽象的な概念であるがゆえに、労働者性に関し委託者と受託者との間でトラブルが生じることは避けられないものと思われる（実際にフリーランス・トラブル110番の相談実績においても労働者性に関する相談が5.9%を占める(注41)）。形式的にはフリーランスであっても、その実態は労働者として使用されている者については、労働関係法令の違反状態となっている可能性が高く、当事者間の裁判による解決に加え（または）、労働基準監督署による速やかな是正勧告等による解決も期待されるが、前記の通り労働者性の判断は必ずしも容易でなく、労働基

(注39) なお、「全世代型社会保障構築を目指す改革の道筋（改革工程）（2023年12月22日）」において、フリーランス・ギグワーカーの社会保険の適用のあり方に関して、「フリーランス・ギグワーカーに関しては、新しい類型の検討も含めて、被用者保険の適用を図ることについて、フリーランス・ギグワーカーとして働く方々の実態や諸外国の例なども参考としつつ、引き続き、検討を深める」と記載されている。

(注40) 働き方の多様化を踏まえた社会保険の対応に関する懇談会「『働き方の多様化を踏まえた社会保険の対応に関する懇談会』における議論のとりまとめにおいて」（2019年9月20日）参照。

(注41) 厚生労働省「フリーランス・トラブル110番の相談及び和解あっせん件数」（2024年10月）。

準監督署による迅速な判断が難しい場面も多く存在する。実際、独立行政法人労働政策研究・研修機構「労働者性に係る監督復命書等の内容分析（2021年２月）」19頁によれば、調査対象の監督復命書および申告処理台帳122件（2017年４月１日から2019年10月２日まで）のうち、労働者性の判断に至らなかった事案が58件（47.5%）となっており、半数近くが労働者性の判断に至っていない。

フリーランス新法においては「労働者」性の概念のさらなる明確化や、労働者とフリーランスとの間の中間的な概念の創設などは行われなかったが、現在の労働者性の判断の基礎となる労働基準法研究会報告が公表された1985年当時から、働き方は高度化・多様化しており、現行基準をそのまま使えないケースが出てきており、それに伴い労働者性の判断の予見可能性も低下している。この点、2024年１月から厚生労働省において「労働基準関係法制研究会」にて、労働者性を含む労働基準法制における基礎的概念について見直しが検討されているところ(注42)、今後、さらにフリーランスが拡大する可能性が高いことにも鑑み、諸外国の議論の状況も踏まえながら(注43)、労働者性の概念は、同研究会および裁判例等において、中長期的に検討を重ねていくことが望ましいと考える。

6　最後に

日本において、2021年のフリーランスガイドラインの公表、2023年〜2024年のフリーランス新法の成立・施行等、近年のフリーランスの人口の

（注42）同研究会は、2024年４月23日に「労働基準関係法制研究会 これまでの議論の整理」を公表した。

（注43）EUでは、デジタル労働プラットフォームを通じて働くフリーランスについて、2023年12月時点の指令案では、①報酬の上限、②アプリなどを含めた業務の監督、③仕事の割当管理、④労働時間の選択の制限、⑤服装のうち、２つを満たせば、雇用関係にあると推定するという案が検討されていたが（朝日新聞デジタル「ギグワーカーを『従業員』に　EUで暫定合意、透明性の確保必須に」〔2023年12月13日〕）、2024年10月には、各国の法令、労働協約等に従って、指揮（direction）と支配（control）を含む要素が見い出される場合には、法的に雇用関係があると推認する方式という内容で成立に至った（労働基準関係法制研究会「労働基準関係法制研究会報告書（案）」〔2024年12月10日〕参照）。

拡大に伴い、フリーランスの取引の適正化等を図る施策が講じられてきた。

フリーランスは、労働者とは異なるものであり、個人のライフスタイル等にあった柔軟な働き方を広げるものであるところ、労働者と同等の規制やルールを適用することはかえってその柔軟さを害する可能性があり、また、委託者によるフリーランスへの発注控え等も誘発する可能性があるため、フリーランスという柔軟な働き方を尊重しつつ、必要な保護を及ぼすといった、フリーランスの実態に合った適正な法的保護を行うことが望ましい。

フリーランスに関する米国の民間調査(注44)によれば、2023年における米国のフリーランス人口は64百万人に上り、実に労働力全体の38%に該当している。米国をはじめとする多くの国では、必要とされる職務内容が採用時に明確化され、労働者はその職に就き、その職務のスキルを上げていくというジョブ型雇用が一般的であり、フリーランスとの整合性が強いため、フリーランスが拡大しており、フリーランスが雇用と並ぶキャリア選択の1つとなっているものと思われる。

一方で、日本では、新卒一括採用を経て職務内容や勤務地を限定せずに特定の企業に就職し、その企業の中で職位を上げていくという、いわゆるメンバーシップ型が依然として有力であり、現時点では、フリーランス人口も数%にすぎないが、フリーランスは「高齢者雇用の拡大、健康寿命の延伸、社会保障の支え手、働き手の増加」等の効果が期待されるので(注45)、諸外国と同様に、フリーランスを雇用と並ぶキャリア選択の1つとすべく、フリーランスに関する取引の適正化・就業環境の整備・セーフティネットの整備を充実化し、フリーランスの魅力を高めていくことが望ましく、その点においてフリーランス新法とその運用実務の発展は重要な意義を有し、今後ともフリーランス新法およびフリーランスに関する制度改革および裁判例等の動向を総合的に注視していく必要がある。

(注44) Freelance forward https://www.upwork.com/research/freelance-forward-2023-research-report.

(注45) フリーランスガイドライン第1参照。

第3節　同一労働同一賃金

1　はじめに――サステナビリティと同一労働同一賃金の関係性

2015年9月に国連で採択された持続可能な開発目標（以下、「2030アジェンダ」という）として掲げられている17のゴールの1つに「働きがいも経済成長も」いうものがあり、その目標を実現するためのターゲットの1つに「2030年までに、若者や障害者を含むすべての男性および女性の、完全かつ生産的な雇用およびディーセント・ワーク、ならびに同一労働同一賃金を達成する」（8.5）ということが挙げられており、「同一労働同一賃金」の達成がターゲットの1つになっている（注46）。

日本では、2030年アジェンダ実施に向けてSDGs実施指針（注47）が決定され、SDGs実施指針に基づき策定されたSDGsアクションプラン（注48）では、優先課題の1つとして「あらゆる人々が活躍する社会・ジェンダー平等の実現」があり、そのための施策として「働き方改革の着実な実施」が掲げられており、その取組みの1つとして「同一労働同一賃金など非正規雇用労働者の待遇改善」が挙げられている。

日本では、特に正規・非正規間の賃金格差が問題となっており、雇用形態に関わらない公正な待遇を確保するために、2018年成立の働き方改革関連法の一環として、短時間労働者及び有期雇用労働者の雇用管理の改善等に関する法律（以下、「パート有期法」という）が2020年4月1日に施行されている（中小企業への適用は2021年4月1日）。

（注46）同一労働同一賃金は、日本では正規と非正規の賃金格差を是正するためのものとされているが、欧米では人権保障の側面が強い。

（注47）2016年12月22日SDGs推進本部決定、2019年12月20日一部改定。

（注48）SDGs実施指針に基づき、SDGs達成に向けた政府の具体的な施策をとりまとめたもの。2018年版から毎年更新され、それまでの施策を継続しつつ特にその年に重点的に取り組む内容が示されている。

また、男女賃金差別については、以前から、労働基準法4条が、労働者が女性であることを理由として、賃金について、男性との差別的取扱いを禁止しているが、日本の男女間格差は、依然として主要先進国で最下位のレベルにある（注49）。

そこで、以下では、同一労働同一賃金が問題となる場面として、「非正規社員と正社員の同一労働同一賃金（パート有期法8条9条）」（**2**）、「派遣労働者と派遣先労働者の同一労働同一賃金（労働者派遣法30条の3）」（**3**〔p.528〕）、「無期転換社員と正社員の同一労働同一賃金」（**4**〔p.532〕）、「定年後再雇用者と正社員の同一労働同一賃金」（**5**〔p.533〕）「男性社員と女性社員の同一労働同一賃金（労働基準法4条）（注50）」（**6**〔p.536〕）について解説する。

2　非正規社員と正社員の同一労働同一賃金（パート有期法8条9条）

(1)　はじめに

少子高齢化に伴い労働力人口が減少していく中で、パートタイム労働者や有期雇用労働者の数は増加傾向にあり、直近では、パートタイム労働者と有期雇用労働者は、それぞれ雇用者全体の約4分の1を占めている。また、その内訳をみると、パートタイム労働者全体の約4分の3を、有期雇用労働者全体の約6割を、女性が占めている。そして、双方ともに、約2割を65歳以上の高齢者が占めている。一方で、若年者や就職氷河期世代のほか、世帯主のパートタイム労働者、有期雇用労働者も見られるなど、近年特に多様化している。パートタイム労働や有期雇用労働は、育児や介護などのさまざまな事情により働く時間に制約のある労働者をはじめ、多様なニーズや事

（注49）世界経済フォーラムが2023年6月に「Global Gender Gap Report 2023」を公表し、その中で、各国における男女格差を測るジェンダー・ギャップ指数を発表している。日本の順位は146か国中125位となっており、先進国の中で最低レベル結果となっている。

（注50）（**6**〔p.536〕）で後述する通り、労働基準法4条は、「女性であることを理由」とする賃金差別を禁止したものであり、正確には同一労働同一賃金原則そのものを定めたものではない。

情を抱えた労働者が従事しやすい一方、正社員として働く機会を得られず、やむなくパートタイム労働者や有期雇用労働者として働いている方も一定程度存在する。また、必ずしも働きや貢献に見合った待遇が確保されているとはいえない状況もある。パートタイム・有期雇用労働法は、こうした問題を解消し、パートタイム労働者や有期雇用労働者がその能力を一層有効に発揮することができる雇用環境を整備するとともに、多様な雇用形態・就業形態で働く人々がそれぞれの意欲や能力を十分に発揮し、その働きや貢献に応じた待遇を得ることのできる「公正な待遇の実現」を目指している(注51)。

なお、パート有期法８条・９条は、賃金にとどまらないすべての処遇に関するものであり、また同一労働でなくとも同一扱いすべき場合があるので(通勤手当、福利厚生施設利用等)、「同一労働同一賃金」という表現は法的には正確ではないが、一般的に「同一労働同一賃金」と呼ばれているため、以下引き続き「同一労働同一賃金」という用語を用いる。

⑵　パート有期法８条・９条の解説

ア　８条（均衡待遇）

> 第８条（不合理な待遇の禁止）
> 　事業主は、その雇用する短時間・有期雇用労働者の基本給、賞与その他の待遇のそれぞれについて、当該待遇に対応する通常の労働者の待遇との間において、当該短時間・有期雇用労働者及び通常の労働者の業務の内容及び当該業務に伴う責任の程度（以下「職務の内容」という。）、当該職務の内容及び配置の変更の範囲その他の事情のうち、当該待遇の性質及び当該待遇を行う目的に照らして適切と認められるものを考慮して、不合理と認められる相違を設けてはならない。

⒜　「基本給、賞与その他の待遇のそれぞれ」

「待遇」には、基本的に、すべての賃金、教育訓練、福利厚生施設、休憩、休日、休暇、安全衛生、災害補償、解雇等のすべての待遇が含まれる(注52)。

「それぞれ」とは、例えば、賃金項目に係る労働条件の相違の不合理性判断に当たっては、賃金の総額を比較するのではなく、当該賃金項目を個別に

（注51）厚生労働省「パートタイム・有期雇用労働法のあらまし（2024年６月版）参照。
（注52）パート有期法施行通達第3-3-⑹。

比較検討するということである。ただし、ある賃金項目の有無・内容が、他の賃金項目の有無・内容を踏まえて決定される場合、そのような事情は不合理性判断に当たり考慮され得る。

(b)　「通常の労働者」

比較対象となる「通常の労働者」とは、正規型の労働者および無期雇用フルタイム労働者がこれに該当する(注53)。もっとも、複数のタイプの比較対象者が存在する場合（例えば、総合職正社員、一般職正社員、無期転換社員など)、どのタイプと比較すればよいかが問題になる（どのタイプと比較するかによって不合理性の判断や損害の範囲等に影響する)。学校法人大阪医科薬科大学（旧大阪医科大学）事件(注54)やメトロコマース事件(注55)などにおいて最高裁は、原告労働者が比較の対象として指定した無期契約労働者を比較対象者としており、比較対象者は原告となる労働者のほうで選択できるという見解(注56)を採用している(注57)。もっとも、労働者側が指定した無期契約労働者が少数であり、他に大多数の無期契約労働者が存在しており、そのことが労働条件の相違の不合理性判断に影響を与えるような場合には、「その他の事情」として考慮され得る(注58)。

(c)　「不合理」

パート有期法8条が禁止するのは、「不合理」な相違であり、不合理と認められる相違のみが違法となる。つまり、「合理的」であることまで求めら

(注53) パート有期法施行通達第1-2-(3)。

(注54) 最判令和2・10・13労判1229号77頁。

(注55) 最判令和2・10・13民集74巻7号1901頁。

(注56) 荒木尚志『労働法〔第5版〕』（有斐閣、2022）582頁、水町勇一郎『詳解労働法〔第3版〕』（東京大学出版会、2023）379頁等。

(注57) この点で、パート有期法9条の「通常の労働者」(職務内容、職務内容および配置の変更の範囲が同一の通常の労働者)、および同法14条の説明義務における「通常の労働者」(職務内容、職務の内容および配置の変更の範囲がパート・有期労働者のそれと最も近いと事業主が判断する通常の労働者）と異なる。

(注58) 前掲大阪医科薬科大学事件では、人員配置の見直し（アルバイト職員への置換え）により、業務の内容の難度や責任の程度が高く人事異動も行われていた他の大多数の正職員と比較して、教室事務員の正職員が極めて少数となっていたことが「その他の事情」として考慮されている。メトロコマース事件最高裁判決でも、会社の組織変更に起因にして、売店業務に従事する正社員が売店業務に従事する従業員の2割未満となり、他の多数の正社員と職務内容等を異にしていたことが「その他の事情」として考慮されている。

れているわけではない。

不合理性の判断方法としては、通常の労働者と短時間・有期雇用労働者との間の待遇差について、①職務の内容、②職務の内容および配置の変更の範囲（以下、「人材活用の仕組み」という）、③その他の事情、という3つの要素を考慮して不合理かどうかが判断される。また、上記①②③の要素は、当該待遇の性質や目的に照らして適切と認められるものだけが考慮される。例えば、通勤手当は、通常、通勤に要する交通費を補填する趣旨で支払われるものであるが、正社員と契約社員で職務の内容が異なっているとしても、通勤に費用を要することに違いはないので、職務の内容の違いを主張しても契約社員に通勤手当を支給しないことが不合理ではないということにはならない(注59)。そのため、問題となっている待遇の性質や目的と関係なく上記①②に当たる事情をただやみくもに挙げてもあまり意味がないことに注意を要する。

上記①の「職務の内容」とは、「業務の内容及び当該業務に伴う責任の程度」をいう。「業務」とは職業上継続して行う仕事を指し、「責任の程度」とは業務に伴って行使するものとして付与されている権限の範囲・程度等を指す。通常の労働者と短時間労働者・有期雇用労働者との間で「職務の内容」が同一かどうかは、まず「業務の内容」が「実質的に同一」であるかどうかを判断し、次いで「責任の程度」が「著しく異なって」いないかを判断する(注60)。

上記②の「人材活用の仕組み」については、転勤・昇進を含むいわゆる人事異動や本人の役割の変化等の有無や範囲を総合判断するものである。この同一性の判断手順としては、まず配置の変更に関して転勤の有無が同じかど

(注59)　最判平成30・6・1民集72巻2号88頁（ハマキョウレックス事件）同旨。なお、派遣スタッフとして有期労働契約を締結していた従業員に通勤手当を支給していないことが不合理な待遇差に当たらないかが争点になった事案で、裁判所は、通勤手当を支給する競合他社との派遣スタッフ獲得競争を意識して、通勤交通費の負担を勘案して時給が比較的に高めに決定されていたことなどを指摘して、派遣スタッフに通勤手当を支給しないことが不合理には当たらないと判断したものもある（大阪高判令和4・3・15労判1271号54頁〔リクルートスタッフィング事件〕）。

(注60)　詳しくは、パート有期法施行通達第1-4-⑵ロロ、および、厚生労働省「不合理な待遇差解消のための点検・検討マニュアル」（パート有期法施行通達の内容をチャート化し、具体的な作業手順がわかりやすく解説されている）を参照されたい。

うか比較し、通常の労働者にも短時間・有期雇用労働者にも転勤がある場合には、転勤により移動が予定されている範囲（全国なのかエリア限定なのか）を比較し、それも実質的に同一である場合は、職務内容の変更の態様について比較する[注61]。

上記③の「その他の事情」は、「職務の内容」や「人材活用の仕組み」に関連する事情に限定されず、例えば、職務の成果、能力、経験、合理的な労使の慣行、事業主と労働組合との間の交渉といった労使交渉の経緯[注62]などの諸事情が考慮される[注63]。

(d)　違反の法的効果

パート有期法8条に違反した場合の法的効果としては、短時間・有期雇用労働者の待遇が通常の労働者の待遇と同一のものとなるものではないが（補充効の否定）、短時間・有期雇用労働者に係る労働契約のうち、同条に違反する待遇の相違を設ける部分は無効となり、不法行為として損害賠償責任を負う可能性がある[注64]。

なお、上述の通り、同条に違反しても補充効までは認められないと解されているが[注65]、個々の事案に応じて、就業規則の合理的な解釈により、通常の労働者の待遇と同一の待遇が認められる場合もあり得るとされている[注66]。

（注61）詳しくは、パート有期法施行通達第1-4-(2)ハロ、および、前掲「不合理な待遇差解消のための点検・検討マニュアル」を参照されたい。

（注62）パート有期法13条3号は、使用者に対し、非正規労働者の正規労働者への転換を促す措置としてこのような登用試験制度の導入を規定している。

（注63）パート有期法施行通達第3-3-(5)。旧労働契約法20条の「その他の事情」として裁判所が考慮したものとしては、定年退職後の再雇用者であること（最判平成30・6・1民集72巻2号202頁〔長澤運輸事件〕）、正社員登用制度が設けられていたこと（前掲大阪医科薬科大学事件、最判令和2・10・13民集74巻7号1901号〔メトロコマース事件〕等）、労働組合との交渉経緯があること（長澤運輸事件等）などがある。

（注64）パート有期法施行通達第3-3-(7)。旧労働契約法20条下の判例でも、同条に違反した場合、補充効までは認められていないが、不法行為に基づく損害賠償責任は認められている。

（注65）パート有期法施行通達第3-3-(7)。旧労働契約法20条下の判例でも、補充効は否定されている（前掲ハマキョウレックス事件）。

（注66）パート有期法施行通達第3-3-(7)。長澤運輸事件では、有期契約労働者と正社員とで別個独立の就業規則が適用されていたとして、正社員との同一の待遇は認められなかったが、逆にいえば、有期契約労働者と正社員とで同じ就業規則が適用されている場合は、正社員と同一の待遇が認められる可能性がある。

(e)　同一労働同一賃金ガイドライン

同一労働同一賃金ガイドラインとは、パート有期法15条1項および派遣法47条の11に基づき、2018年12月に厚生労働大臣が定めた指針であり、「通常の労働者と短時間・有期雇用労働者及び派遣労働者との間に待遇の相違が存在する場合に、いかなる待遇の相違が不合理と認められるものであり、いかなる待遇の相違が不合理と認められるものでないのか等の原則となる考え方及び具体例を示したもの」(注67)である。

同一労働同一賃金ガイドラインには、基本給・賞与・手当・福利厚生その他が取り上げられているのに対して、退職手当・住宅手当・家族手当等については触れられていないが、「ガイドラインに原則となる考え方が示されていない退職手当、住宅手当、家族手当等の待遇や、具体例に該当しない場合についても、不合理と認められる待遇の相違の解消等が求められる」(注68)とされている。

同一労働同一賃金ガイドラインはパート有期法８条違反になるかどうかについての重要な指針であるが、同ガイドラインは行政指針であって裁判所による法令の解釈適用を拘束するものではない(注69)。同ガイドラインにも「事業主が、第３から第５までに記載された原則となる考え方等に反した場合、当該待遇の相違が不合理と認められる等の可能性がある」として「可能性がある」という表現にとどまっており、同ガイドライン通り対応しなければ直ちにパート有期法８条違反となるというわけではない。

(注67)　同一労働同一賃金ガイドライン「第２基本的な考え方」、パート有期法施行通達第3-3-(9)。

(注68)　同一労働同一賃金ガイドライン「第２基本的な考え方」、パート有期法施行通達第3-3-(9)。

(注69)　東京地判令和２・５・20労経速2429号26頁（トーカロ事件）で、裁判所は、「行政指針であって裁判所による法令の解釈適用を拘束するものではなく、同ガイドラインに違反する待遇の相違があった場合には当該相違が不合理と認められるなどの可能性がある旨定めるにとどまる」と明確に述べている（もっとも、「短時間・有期雇用労働法５条の下においては、……ガイドラインの位置付けについて別途検討する必要があることは当然である」とも述べている）。なお、同事件は、原告労働者側が控訴していたが、棄却されている（東京高判令和３・２・25労経速2445号３頁）。

イ　9条（均等待遇）

第9条（通常の労働者と同視すべき短時間・有期雇用労働者に対する差別的取扱いの禁止）

事業主は、職務の内容が通常の労働者と同一の短時間・有期雇用労働者（第11条第1項において「職務内容同一短時間・有期雇用労働者」という。）であって、当該事業所における慣行その他の事情からみて、当該事業主との雇用関係が終了するまでの全期間において、その職務の内容及び配置が当該通常の労働者の職務の内容及び配置の変更の範囲と同一の範囲で変更されることが見込まれるもの…中略…については、短時間・有期雇用労働者であることを理由として、基本給、賞与その他の待遇のそれぞれについて、差別的取扱いをしてはならない。

(a)　全期間において、職務内容および人材活用の仕組みが同一

パート有期法9条は、均等待遇を定めた規定であり、①職務の内容が通常の労働者と同一であること、②人材活用の仕組みが、当該事業主との雇用関係が終了するまでの全期間において、通常の労働者と同一であること、という2つの要件に該当する場合、すべての待遇について通常の労働者と同じ取扱いをしなければならない(注70)。もっとも、正規・非正規の間で、雇用の全期間において、職務の内容と人材活用の仕組みが同一という状況は一般的ではなく、均等待遇が問題となる場面は実際は限られていると考える(注71)。

(b)　「理由として」

通常労働者との差別取扱いがパート労働者、有期雇用労働者であることを「理由とし」たものではなく、例えば、意欲、能力、経験、成果等の公正・客観的な評価による場合のように、別の理由によるものであれば、本条違反とはならない(注72)。

(1)で均等待遇が問題となる場面は限られていると述べたが、長澤運輸事件のように、定年後再雇用の事案で同じ職務を継続し、配置変更の範囲も変わ

(注70)　パート有期法施行通達第3-4-(1)。

(注71)　労働政策研究・研修機構（JILPT）「『パートタイム』や『有期雇用』の労働者の活用状況等に関する調査結果　企業調査編」（2021年1月29日）23頁によると、「業務の内容も、責任の程度も同じ者がいて、人材活用の仕組み（転勤や昇進等の有無の範囲）まで同じ者がいる」企業は、フルタイムの有期雇用で7.8%、パートタイムの有期雇用で2.0%となっている。

(注72)　パート有期法施行通達第3の4(9)。

らないというようなケースは実務上よく見られるところであり、このようなケースでパート有期法９条に基づく均等待遇が適用されるかどうかについては議論がある。この点、パート有期法施行通達(注73)には、「継続雇用制度が講じられた事業主においては、再雇用等により定年年齢を境として、短時間・有期雇用労働者となった場合、職務の内容が比較対象となる通常の労働者と同一であったとしても、職務の内容及び配置の変更の範囲（人材活用の仕組み、運用等）が異なっている等の実態があれば、法第９条の要件に該当しないものであるが、法第８条の対象となることに留意が必要であること」とあり、定年の前後で職務の内容および人材活用の仕組みが同一の場合、パート有期法９条が適用されうるようにも読める。しかし、定年の前後の待遇差は「短時間・有期雇用労働者であることを理由」とするものではなく、同条が適用されるのは妥当ではないと考えられている(注74)。裁判例でも、定年後再雇用の嘱託職員への期末・勤勉手当の不支給は、定年後再雇用の嘱託職員であることを理由としたものであり、「有期雇用労働者であることを理由」とした差別的取扱いには該当しないとしたものがある(注75)。なお、仮に同条が適用されない場合でも、同法８条は問題になるので、労働者がまったく救済されなくなるわけではない。

(c)　違反の法的効果

パート有期法９条違反の行為は不法行為として損害賠償請求の対象となり、また、本条に違反する労働契約の定めは無効となる。本条違反によって無効となった部分の契約内容がどうなるかについては、パート有期雇用労働法８条と同様、契約の合理的・補充的解釈に委ねられると解される。

(3)　各　論

ア　基本給

(a)　同一労働同一賃金ガイドライン

同一労働同一賃金ガイドラインは、能力・経験／業績・評価／勤続年数に応じた部分につき、通常の労働者と能力・経験／業績・評価／勤続年数が同

(注73) パート有期法施行通達第3-8。
(注74) 水町・前掲（注 56）375 頁、荒木・前掲（注 56）589 頁。
(注75) 宇都宮地判令和５・２・８労判 1298 号５頁（社会福祉法人紫雲会事件）。

一であれば同一、相違があれば相違に応じた基本給を支給しなければならないとするが、この考え方は、通常の労働者と短時間・有期雇用労働者との間の賃金の決定基準・ルールが同じ場合に適用されるものと解されている。一般的には、正社員と短時間・有期雇用労働者の賃金決定基準・ルールは異なる場合が多いので（例えば、正社員は年功賃金制・月給制、短時間・有期雇用労働者は職務内容に応じた時給制等）、この考え方が適用されるケースはかなり限定的といえる。

同ガイドラインは、賃金の決定基準・ルールに相違がある場合の取扱いについても触れており、「通常の労働者と短時間・有期雇用労働者との間に基本給、賞与、各種手当等の賃金に相違がある場合において、その要因として通常の労働者と短時間・有期雇用労働者の賃金の決定基準・ルールの相違があるときは、『通常の労働者と短時間・有期雇用労働者との間で将来の役割期待が異なるため、賃金の決定基準・ルールが異なる』等の主観的又は抽象的な説明では足りず、賃金の決定基準・ルールの相違は、通常の労働者と短時間・有期雇用労働者の職務の内容、当該職務の内容及び配置の変更の範囲その他の事情のうち、当該待遇の性質及び当該待遇を行う目的に照らして適切と認められるものの客観的及び具体的な実態に照らして、不合理と認められるものであってはならない」（下線は筆者）と述べており、実務的にはこちらの考え方が適用されるケースが多いと思われる。すなわち、能力・経験／業績・評価／勤続年数の相違で判断するケースよりも、職務の内容、人材活用の仕組みの相違やその他の事情から不合理ではないといえるかどうか判断するケースのほうが多いと思われる。その際、同一労働同一賃金ガイドラインにある通り、「将来の役割期待が異なるため」という主観的、抽象的な説明では足りず、客観的、具体的な実態に照らして判断されることには注意を要する。

(b)　裁判例

本書執筆時点では後述する裁判例を除いて基本給の相違に関する不合理性は否定されており、例えば、以下のものがある(注76)。

(注76)　その他の裁判例として、東京高判決令和2・6・24労経速2429号17頁（学校法人中央学院事件）、前掲トーカロ事件。

① 正社員には長期雇用を前提とした年功賃金的な賃金体系を設け、短期雇用を前提とする有期雇用労働者には異なる賃金体系を設ける制度設計は、企業の人事施策上の判断として一定の合理性があるとした上で、職務内容や変更範囲の相違や、金額の相違が25％にとどまっていることなどから、不合理性を否定したもの[注77]

② 時給制契約社員は当然にはフルタイム勤務を前提としておらず勤務体制が異なっていることから、正社員には月給制、期間雇用社員には時給制の相違が設けられていることは不合理ではなく、それに起因する基本賃金の相違は不合理ではないとしたもの[注78]

③ アルバイト職員は短時間勤務者が多数を占めることから、正職員に月給制、アルバイト職員に時給制を適用することは不合理な相違とはいえないとした上で、職務内容や変更範囲の相違や、正職員は職能給であるのに対して、アルバイト職員の賃金は職務給的な賃金であること、金額の相違が２割にとどまることなどから、基本給の相違は不合理ではないとしたもの[注79]

一方、基本給の相違の不合理性を肯定した裁判例[注80]は、大学の臨時職員と正規職員との間の基本給の相違が不合理かどうかが争われた事案であり、１審判決では、職務内容や変更範囲に相違があることを理由に待遇の相違は不合理でないとされていた。しかし、２審判決では、当該臨時職員が30年以上にわたって雇用されていたことを「その他の事情」として考慮し、それだけ長期にわたって雇用されているにもかかわらず、昇給がほとんど行われていないこと、同学歴（短大卒）の正規職員の主任昇格前の賃金水準すら満たしていないこと、同時期に採用された正規職員との基本給の額に約２

(注77) メトロコマース事件１審判決（東京地判平成29・3・23労判1154号5頁）・２審判決（東京高判平成31・2・20労判1198号5頁）。なお、退職金以外の労働条件については上告不受理となったため、２審判決が確定している。

(注78) 日本郵便（佐賀）事件１審判決（佐賀地判平成29・6・30労判1229号38頁）・２審判決（福岡高判平成30・5・24労判1229号12頁）。なお、上告不受理となったため、２審確定。

(注79) 大阪医科薬科大学事件１審（東京地判平成30・1・24労判1175号5頁）・２審判決（東京高判平成31・2・15労判1199号5頁）。なお、上告不受理となったため、２審確定。

(注80) 福岡高判平成30・11・29労判1198号63頁（学校法人産業医科大学事件）。

倍の格差が生じていたことから、「同学歴の正規職員の主任昇格前の賃金水準を下回る3万円の限度において不合理である」とした。この裁判例については、勤続30年以上という特殊な事情による事例判断であり[注81]、射程はかなり限定的と解されている。また、当該臨時職員特有の事情までその他の事情に含めるのは労働契約法20条（当時）の趣旨を逸脱しているという批判[注82]、契約期間の長短を過度に重視する判断であるとする批判[注83]などもなされている。

(c)　検　討

上述した通り、一般的には、正社員と短時間・有期雇用労働者の間で、賃金決定基準・ルールが異なっており、職務内容または人材活用の仕組みにも一定の相違がある場合が多いと思われるので、基本給の相違が不合理となるケースは多くないと考えられる。逆にいえば、正社員の基本給も短時間・有期雇用労働者の給与も職務給的な性質を有しており、職務内容や変更範囲に相違がないような場合は、均衡待遇（パート有期法8条）、均等待遇（同法9条）が適用される可能性があるので、注意を要する。また、上記裁判例のように、短時間・有期雇用労働者の勤続年数がかなり長期間にわたっており、それにもかかわらず同時期に入社した正社員の基本給の額との相違が大きいといった特殊な場合にも不合理性が認められる可能性がある。

イ　賞　与

(a)　同一労働同一賃金ガイドライン

同一労働同一賃金ガイドラインは、会社の業績等への労働者の貢献に応じて支給するものについては、貢献に応じた部分につき、通常の労働者と貢献が同一であれば同一、相違があればその相違に応じた賞与を支給しなければならないとしている。そして、問題となる例として、以下の例を挙げている。

①　会社の業績等への労働者の貢献に応じて支給しているA社において、通常の労働者であるXと同一の会社の業績等への貢献がある有期雇用労働者であるYに対し、Xと同一の賞与を支給していない。

（注81）石嵜信憲編著『同一労働同一賃金の基本と実務』（中央経済社、2020）253頁。
（注82）加藤大喜「労働契約法20条違反が争点となった裁判例」経営法曹会議203号（2019）47頁。
（注83）土田道夫「短時間・有期労働法における人事管理の課題と法的課題」ジュリ1538号（2019）56頁。

② 会社の業績等への労働者の貢献に応じて支給しているA社においては、通常の労働者には職務の内容や会社の業績等への貢献等にかかわらず全員に何らかの賞与を支給しているが、短時間・有期雇用労働者には支給していない。

(b) 裁判例

前掲大阪医科薬科大学事件では、2審(注84)において正規職員の賞与の60%を下回る限りで不合理とする判決が出ていたが、同事件の最高裁で不合理性は否定されている。その他の裁判例も支給の有無や算定方法の相違における不合理性を否定している。裁判所の判断の傾向としては、賞与には賃金の後払、功労褒賞、従業員の意欲向上等さまざまな趣旨が含まれ得るものであり、いかなる趣旨で賞与を支給するかは使用者に裁量があるとし、長期雇用を前提とする正社員に対して賞与の支給を手厚くして有為な人材の確保・定着を図るという目的にも合理性を認めている。そして、職務の内容や変更の範囲の相違に加えて、正社員登用制度により正社員との相違を解消する機会が与えられていたり、有期契約労働者にも寸志が支給されているなど事案に応じてさまざまな事情が考慮され、不合理性が否定されている。

(c) 検　討

賞与の相違が不合理に当たらないかどうかは、賞与の算定方法、賞与の算定基礎が基本給になっている場合のその基本給の性質、職務の内容・変更の範囲の相違、その他の事情の有無を分析・確認する必要がある。

賞与の不支給が不合理であると判断した前掲大阪医科薬科大学事件2審判決は最高裁で否定され、それ以外の裁判例でも賞与の相違の不合理性は否定されており、その理由として、長期雇用を前提とする正社員に対して賞与の支給を厚くして有為な人材の獲得・定着を図ることには人事上の施策として一定の合理性があるとされていることからすると、年功的な賃金制度をとっている限りは、正社員と有期契約社員との間の賞与の相違が不合理と判断される可能性はあまり高くはないと考える。

ただし、賞与の相違に関する不合理性が否定されている裁判例の多くは有期契約社員にも一定の賞与が支給されている事案である(注85)。前掲大阪医

(注84) 大阪高判平成31・2・15労判1199号5頁。

科薬科大学事件は有期契約社員に賞与がまったく支給されていなかった事案であるが（それでも不合理性は否定されている）、上述の通り事例判断であり、現に同事件の最高裁も賞与の支給に関して不合理と認められるものに当たる場合があり得る旨述べていることには留意する必要がある。

ウ　退職金

(a)　同一労働同一賃金ガイドライン

同一労働同一賃金ガイドラインでは、原則となる考え方や具体例は示されておらず、「原則となる考え方が示されていない退職手当、住宅手当、家族手当等の待遇や、具体例に該当しない場合についても、不合理と認められる待遇の相違の解消等が求められる」と書かれているのみである。

(b)　裁判例

前掲メトロコマース事件において、最高裁は、退職金が勤続年数に応じた支給月数を乗じた金額となっており、その算定基礎となる基本給が年齢や職務遂行能力に応じて決められていることから、退職金には正社員としての職務を遂行し得る人材の確保やその定着を図る目的があるとした上で、職務の内容・人材活用の仕組みの相違や、その他の事情として正社員登用制度が設けられていることなど考慮して、不合理性を否定した。

(c)　検　討

退職金についても、賞与と同様に、裁判所は、長期的に育成される正社員の人材の確保・定着を図る目的で退職金を支給するという使用者の経営判断を尊重しており、年功的な賃金制度をとっている限りは、正社員と有期契約社員との間の賞与の相違が不合理と判断されるケースはあまり多くはないと考える。

もっとも、メトロコマース事件の最高裁判決は事例判断ではあるので、退

（注85）仙台地判平成29・3・30労判1158号18頁（ヤマト運輸事件）では「基本給×支給月数（約2.6～3.2か月）×成果査定（乗率120～40％）」、日本郵便事件（東京・大阪・佐賀）1審・2審判決〔確定〕では「月例基本給相当額×0.3×勤務日数の区分に応じた割合（1～1.8）」、新潟地裁平成30・3・15労経速2347号36頁（医療法人Ａ会事件）では「月給の1か月分」、高松高判令和元・7・8〔確定〕労判1208号25頁（井関松山製造所事件）では「5万円の寸志」、高松高判令和元・7・8〔確定〕労判1208号38頁（井関松山ファクトリー事件）では「夏季・冬季各8万5000円～10万円程度」、前掲トーカロ事件では「基本給の3か月分」が有期契約社員に対して支払われていた。

職金の相違が不合理に当たらないかどうかは、退職金の算定方法、退職金の算定基礎が基本給になっている場合にその基本給の性質等を踏まえて退職金にどのような性質・支給目的があるといえるかや、職務の内容・人材活用の仕組みの相違、その他の事情の有無を分析・確認する必要がある。例えば、賃金制度が年功制ではなく職務給制度をとっている場合は、メトロコマース事件の最高裁判決とは別の判断がなされる可能性がある。

エ　家族手当（扶養手当）

(a)　同一労働同一賃金ガイドライン

同一労働同一賃金ガイドラインでは、原則となる考え方や具体例は示されておらず、「原則となる考え方が示されていない退職手当、住宅手当、家族手当等の待遇や、具体例に該当しない場合についても、不合理と認められる待遇の相違の解消等が求められる」と書かれているのみである。

(b)　裁判例

家族手当（扶養手当）については、配偶者および扶養家族がいることにより生活費が増加することは有期契約労働者であっても変わりがないことを理由に不支給の差別は不合理であるとする裁判例[注86]や、当該手当は継続的な雇用の確保を目的とするものであり、相応に継続的な勤務が見込まれる短期契約労働者に支給をしないことは不合理であるとする判例[注87]がある。後者の「相応に継続な勤務が見込まれる」場合とは具体的にどのような場合をいうかについて、当該基準を示した日本郵便（大阪）事件の最高裁は具体的には明らかにしておらず、５年が１つの目安になり得るとする見解[注88]や、日本郵便の特殊性に触れて単なる年数や更新回数だけの問題ではないとする見解[注89]がある。

他方、私立大学の非常勤講師と専任教員との間の労働条件の差異が問題に

（注86）高松高判令和元・7・8（井関松山製造所事件、その後上告不受理）、神戸地姫路支判令和３・３・22 労判 2452 号 18 頁（科学飼料研究所事件）。

（注87）最判令和２・10・15 労判 1229 号 67 頁（日本郵便〔大阪〕事件）。

（注88）ビジネスガイド編集部編「水町勇一郎教授講演録」日本法令（2021）12 頁、向井蘭「最高裁５判決、パート・有期法８条の意義と課題」季刊労働法 273 号（2021）57 頁等。

（注89）神吉知郁子「郵便業務に従事する有期契約社員と待遇格差と労契法 20 条の解釈」ジュリ 1554 号（2021）110 頁、三上安雄「使用者側からみた最高裁５判決の意義と課題」ジュリ 1555 号（2021）48 頁。

なった事案において、裁判所は、家族手当の趣旨を、不合理性を認めた上記裁判例と同様に「従業員に対する生活保障及び福利厚生の趣旨で支給されるもの」としつつも、専任教員として相応しい人材を安定的に確保するために専任教員について福利厚生の面で手厚い処遇をすることに合理性がないとはいえないとして、不合理性を否定している裁判例もある(注90)。これらの裁判例が不合理性を否定した理由として、専任教員と非常勤講師との間の職務内容の相違（専任教員には授業以外の業務あり）、兼職禁止の相違（専任教員は原則兼業禁止で、収入先が限られていること）や、専任教員確保の必要性が挙げられている。

(c)　検　討

家族手当（扶養手当）は生活補償の目的で支払われている場合が多いと思われるが、その場合、基本的には、日本郵便（大阪）事件の最高裁判決の基準に従って、「相応に継続な勤務が見込まれる」場合に当たるかどうかを確認することになると思われる。もっとも、不合理性が否定された上記私立大学の事案を他の業種に一般化できるかどうかは定かではないが、もし一般化できるのであれば、職務内容の相違、兼職の許容性や人材確保の必要性次第では、「相応に継続な勤務が見込まれる」か否かにかかわらず不合理性が否定される余地がある。

オ　住宅手当

(a)　同一労働同一賃金ガイドライン

同一労働同一賃金ガイドラインでは、原則となる考え方や具体例は示されておらず、「原則となる考え方が示されていない退職手当、住宅手当、家族手当等の待遇や、具体例に該当しない場合についても、不合理と認められる待遇の相違の解消等が求められる」と書かれているのみである。

(b)　裁判例

労働者の住宅に要する費用を補助する目的で支給される住宅手当について、裁判所は、無期雇用労働者と有期雇用労働者の間に転勤義務の点で違いがある事案では、有期雇用労働者への不支給を不合理ではないとし(注91)、両者

(注90)　東京高判令和2・6・24労経速2429号17頁（中央学院事件）、東京地判令和4・12・2労経速2512号3頁（桜美林学園事件）。

(注91)　前掲ハマキョウレックス事件。

の間に転勤義務の点で違いがない（転勤義務のない無期雇用労働者が存在し住宅手当が支給されている）事案では、転勤義務のない無期雇用労働者と有期雇用労働者との間に住宅費用の負担の点で実質的に違いあるとはいえないため、有期雇用労働者への不支給を不合理としている(注92)。

他方、家族手当（エ〔p.519〕）でも紹介した、私立大学の非常勤講師と専任教員との間の労働条件の差異が問題になった事案(注93)において、裁判所は、住宅手当の趣旨を、不合理性を認めた上記裁判例と同様に「住宅費の負担に対する補助」としつつも、転勤義務の違いは考慮せず、上記家族手当と同様の理由により不合理性を否定している。

(c)　検　討

住宅手当は住宅に要する費用を補助する目的で支払われている場合が多いと思われるが、その場合、基本的には、前掲ハマキョウレックス事件の最高裁判決の基準に従って、正社員と有期契約社員との間に転勤義務の点で相違があるか否かで判断することになると思われる。もっとも、不合理性が否定された上記私立大学の事案を他の業種に一般化できるかどうかは定かではないが、もし一般化できるのであれば、職務内容の相違、兼職の許容性や人材確保の必要性次第では、転勤義務の相違に関係なく不合理性が否定される余地がある。

(4)　是正方法

まず正社員と非正規社員の待遇の相違を合理的に説明できるか検証し、もし合理的に説明ができなければ、格差が不合理とならないように、問題となっている待遇の性質目的に照らして職務内容や人材活用の仕組みなどを見直すか、待遇差自体を埋める必要がある。

この点、労働政策研究・研修機構（JILPT）の調査(注94)によると、格差是正の方法として、実務上、パート有期社員の待遇の見直しを行っている企業が一番多く、次いで、正社員とパート有期社員の職務内容や人材活用の仕組

(注92) 前掲井関松山製造所事件、前掲日本郵便事件、前掲メトロコマース事件、神戸地姫路支判令和３・３・22 労判 1242 号５頁（科学飼料研究所事件）。

(注93) 前掲中央学院事件、前掲桜美林学園事件。

(注94) 労働政策研究・研修機構（JILPT）「同一労働同一賃金の対応状況等に関する調査」(2021)。

みの違いの明確化や、パート有期社員の正社員化や正社員転換制度の導入・拡充を行っている企業が多い。パート有期社員の待遇の見直しの方法としては、賃金を増額したり、福利厚生等を拡充している企業が多い。待遇ごとに見ると、パート有期社員の基本給を増額している企業が多く、次いで賞与を増額している企業が多い。上述した通り、基本給の不合理性が認められる可能性は必ずしも高くないので、基本給を増額するかたちで格差是正をすることには若干違和感があるものの、実務上は基本給を増額して格差を是正している企業が多い結果となっている。ちなみに、待遇の見直しによる人件費総額の増減状況は、5%未満の増加が一番多く、次いで、5%以上10%未満の増加が多い。

一方、正社員の賃金を減額したり、福利厚生等を縮小したり、制度自体を廃止しているケースも見られる。しかし、正社員の待遇を引き下げることは不利益変更に当たり、原則的には従業員の同意が必要であり（労契8条・9条）、同意を得ずに不利益変更する場合は、不利益変更に「合理性(注95)」（同法10条）が求められる。特に、賃金等重要な労働条件については、高度な必要性に基づく合理性が求められる(注96)。

もっとも、例えば、格差が不合理となるような手当を、単に廃止するだけではなく、賃金制度全体を見直し、当該手当は廃止するものの、その財源を使って正社員にも非正規社員にも適用される手当を新設するような場合は、「合理性」（労契10条）が認められる可能性がある。実際に、従来は正職員だけに出していた扶養手当と住宅手当を、全職員向けの子ども手当と住宅補助手当などに改めたことに「合理性」が認められるかどうかが問題になった事案(注97)において、裁判所は、パート有期法8条を契機に正職員のみに手当を支給し続けるか検討することは法の趣旨に沿うとし、新病棟の建設負担で経営が右肩下がりとなっており、人件費増加抑制に配慮しつつ手当の組替えを検討する必要があったことを認め（変更の必要性）、全職員の年間総賃金

(注95)「合理性」は、労働者の受ける不利益の程度、労働条件の変更の必要性、変更後の就業規則の内容の相当性、労働組合等との交渉の状況その他の就業規則の変更に係る事情に照らして判断される（労契10条）。

(注96) 最判昭和63・2・16労判512号7頁（大曲市農業協同組合事件）。

(注97) 当該変更により、正職員196人の手当が減り、非正規職員25人らは増額になっている。原告9人は、月540円～3000円の減収になった。

も制度変更の前後で比べて、総賃金原資は0.2%減で職員全体の不利益は小さいとして（不利益の程度）、不利益変更の合理性を認めて、正職員の手当削減を認めている(注98)。また、転居転勤のない正社員（新一般職）に住居手当を支給する一方、時給制契約社員に支給がないのは旧労働契約法20条（不合理な労働条件の禁止）に違反するという判決が出されたことを受け、会社が正社員（新一般職）の住居手当を廃止したところ（なお、10年にわたって年10%ずつ減る経過措置を設けており、また、変更に当たり、多数派組合との労働協約を締結している）、非正規職員らが会社の上記対応を不服として訴えた裁判で、労働者側は、廃止は旧労働契約法20条を潜脱していると主張したが、裁判所は、労働条件の相違が不合理であった場合に、正社員の労働条件切下げにより解消することを同条は直ちに否定しておらず、法の趣旨を潜脱するものではない旨判断している(注99)。

(5)　説明義務

> パート有期法14条（事業主が講ずる措置の内容等の説明）
> 1.　事業主は、短時間・有期雇用労働者を雇い入れたときは、速やかに、第8条から前条までの規定により措置を講ずべきこととされている事項（労働基準法第15条第1項に規定する厚生労働省令で定める事項及び特定事項を除く。）に関し講ずることとしている措置の内容について、当該短時間・有期雇用労働者に説明しなければならない。
> 2.　事業主は、その雇用する短時間・有期雇用労働者から求めがあったときは、当該短時間・有期雇用労働者と通常の労働者との間の待遇の相違の内容及び理由並びに第6条から前条までの規定により措置を講ずべきこととされている事項に関する決定をするに当たって考慮した事項について、当該短時間・有期雇用労働者に説明しなければならない。
> 3.　事業主は、短時間・有期雇用労働者が前項の求めをしたことを理由として、当該短時間・有期雇用労働者に対して解雇その他不利益な取扱いをしてはならない。

ア　概　要

パート有期法14条は、事業主に対し、短時間・有期雇用労働者の雇入れ

(注98)　山口地判令和5・5・24労判1293号5頁（社会福祉法人恩賜財団済生会事件）。正規職員の待遇を引き下げることで正規・非正規間の格差を解消する手法を容認する初の司法判断と見られる。

(注99)　東京地判決令和6・5・30労経速2566号3頁。

時に当該事業主が講ずる雇用管理の改善等の措置の内容について説明しなければならないこととするとともに、短時間・有期雇用労働者から求めがあったときは、通常の労働者との間の待遇の相違の内容および理由ならびに待遇の決定に当たって考慮した事項について説明しなければならないこととしている。同条は、事業主が講ずる雇用管理の改善等の措置を説明することにより、パートタイム・有期雇用労働者が自身の待遇に納得して働けるようにすることを目的としている。

パートタイム・有期雇用労働者を雇い入れたとき（労働契約の更新時を含む）は、事業主は、実施する雇用管理の改善に関する措置[注100]の内容を説明することが義務づけられている（パート有期法14条1項）。説明方法としては、雇い入れたときに、個々の労働者ごとに説明を行うほか、雇入れ時の説明会等に、複数のパートタイム・有期雇用労働者に同時に説明を行うことも差し支えない[注101]。また、説明は、短時間・有期雇用労働者が、事業主が講ずる雇用管理の改善等の措置の内容を理解することができるよう、資料を活用し、口頭により行うことが基本とされているが、説明すべき事項をすべて記載した短時間・有期雇用労働者が容易に理解できる内容の資料を用いる場合には、当該資料を交付する等の方法でも差し支えない[注102]。

次に、パートタイム・有期雇用労働者から求められたとき、事業主はそのパートタイム・有期雇用労働者と通常の労働者との間の待遇の相違の内容および理由と待遇を決定するに当たって考慮した事項を説明することが義務づけられている（パートタイム有期法14条2項）。詳細は**イ**で説明する。なお、同条2項に基づきパートタイム・有期雇用労働者が説明を求めたことを理由に、解雇や配置転換、降格、減給、昇給停止、出勤停止、労働契約の更新拒否などの不利益な取扱いをすることは禁止されている（同条3項）。

以上の通り、パート有期法の下では、短時間労働者・有期雇用労働者を雇い入れる事業主は、前記説明義務に応じた説明内容を用意しておく必要がある。均衡待遇について求められている説明義務を履行しなかったことは、

（注100）パート有期法8条から13条までの規定により措置を講ずべきこととされている事項（労働基準法15条1項に規定する厚生労働省令で定める事項および特定事項を除く）を指す。

（注101）パート有期法通達第3-10-(3)。

（注102）パート有期法通達第3-10-(3)。

パート有期法8条の相違の合理性判断にマイナスの影響を与える可能性がある(注103)。

イ　待遇差の説明義務

パート有期法14条2項の「求めに応じて」行う説明義務については、①待遇差の説明に当たり比較対象となる「通常の労働者」の選定と、②待遇の相違の内容および理由について、具体的にどのように説明するか、③説明の仕方が実務的な問題となる。

(a)　比較対象となる「通常の労働者」の選定(注104)

職務の内容等が、短時間・有期雇用労働者の職務の内容等と最も近い通常の労働者が比較対象になる。そして、「最も近い通常の労働者」の具体的な選定方法としては、〔図表4-3-5〕の通り、①「職務の内容」および「職務の内容および配置の変更の範囲」が同一である通常の労働者、②「職務の内容」は同一であるが、「職務の内容および配置の変更の範囲」は同一でない通常の労働者、③「職務の内容」のうち、「業務の内容」、「責任の程度」のいずれかが同一である通常の労働者、④「職務の内容および配置の変更の範囲」が同一である通常の労働者、⑤「職務の内容」および「職務の内容および配置の変更の範囲」のいずれも同一でない通常の労働者の順に「近い」と判断することを基本とする。

(b)　待遇の相違の内容および理由に関する説明の内容(注105)

「待遇の相違の内容」の説明について、事業主は、通常の労働者と短時間・有期雇用労働者との間の待遇に関する基準の相違の有無のほか、通常の労働者および短時間・有期雇用労働者とで「待遇の個別具体的な内容」または「待遇に関する基準」を説明する必要がある。「待遇の個別具体的な内容」としては、「通常の労働者」が1人ならその賃金額、複数なら数量的な待遇については平均額または上限・下限額、数量的でない待遇については標準的

(注103) 2018年5月23日第196回国会衆議院厚生労働委員会にて、加藤勝信厚生労働大臣（当時）が、「この待遇差について十分な説明をしなかったと認められる場合にはその事実、そして、していなかったという事実もその他の事情に含まれ、不合理性を基礎づける事情としてこの司法判断において考慮されるものと考えているところであります」と述べている（同会議録第22号）。

(注104) パート有期法施行通達第3-10-(6)。

(注105) パート有期法施行通達第3-10-(7)。

〔図表 4-3-5〕事業主が比較対象とする通常の労働者選定の基本となる考え方

待遇差の説明にあたって、事業主が比較対象とする通常の労働者選定の基本となる考え方	職務の内容		職務の内容・配置の変更の範囲
	業務の内容	責任の程度	
「職務の内容」及び「職務の内容・配置の変更の範囲」が同一	同一	同一	同一
↓いない場合			
「職務の内容」は同一であるが、「職務の内容・配置の変更の範囲」は異なる	同一	同一	異なる
↓いない場合			
「職務の内容」のうち、「業務の内容」又は「責任の程度」のいずれかが同一	同一	異なる	同一／異なる
	異なる	同一	
↓いない場合			
「業務の内容」及び「責任の程度」がいずれも異なるが、「職務の内容・配置の変更の範囲」が同一	異なる	異なる	同一
↓いない場合			
「業務の内容」、「責任の程度」、「職務の内容・配置の変更の範囲」がいずれも異なる ※「職務の内容」が最も近いと考えられる通常の労働者を選定すれば良いでしょう	異なる	異なる	異なる

＊厚生労働省「不合理な待遇差解消のための点検・検討マニュアル～パートタイム・有期雇用労働法への対応～業界共通編」10頁より抜粋。

な内容または最も高い水準・最も低い水準の内容を説明することが考えられる。また、「待遇に関する基準」としては、賃金であれば賃金規程や等級表等の支給基準等の基準を説明する（説明を求めた短時間・有期雇用労働者が、通常の労働者の待遇の水準を把握できる程度である必要がある）ことが考えられる。

「待遇の相違の理由」の説明について、事業主は、通常の労働者と短時間・有期雇用労働者の職務の内容、人材活用の仕組みその他の事情のうち、待遇の性質・目的に照らして適切と認められるものに基づき説明する必要がある。具体的には、待遇に関する基準が同一である場合には、同一の基準のもとで違いが生じている理由（成果、能力、経験の違いなど）、待遇に関する基準が異なる場合には、基準が異なる理由（職務の内容、人材活用の仕組みの違い、労使交渉の経緯など）、およびそれぞれの基準をどのように適用しているかの説明が必要である。

(c)　説明の方法(注106)

資料（例えば、就業規則、賃金規程、通常の労働者の待遇の内容を記載した資料）を活用の上、口頭により説明することを基本とし、この他、説明事項をもれなく記載し、容易に理解できる内容の資料を用いる場合には資料を交付する方法でも問題ない。説明資料を作成する場合には、厚生労働省が「説明書モデル様式」(注107)を示しており、参考になる。

⑹　行政の動き

同一労働同一賃金の実現に向けて、厚生労働省では、都道府県労働局の雇用環境・均等部門が労働者からの相談や年間計画などを踏まえて、企業への報告徴収（雇用管理の実態把握）を実施している。同法違反が見つかった場合には、都道府県労働局長による助言・指導を実施し、不合理な待遇差の是正につなげている。2021 年度（令和３年度）は、同法に基づいて全国 6,377 企業を対象に報告徴収を実施し、同法違反が確認された 4,470 社（70.1%）に対し、１万 738 件の是正指導が行われている。このうち、不合理な待遇差の禁止関連では、216 件（2.0%）を指導している。不合理な待遇差の禁止違反による是正指導の件数は、2023 年度は 144 件と減ったものの、2024 年度は 2596 件に急増している。

2022 年（令和４年）10 月 28 日に閣議決定された「物価高克服・経済再生実現のための総合経済対策」における賃上げへの取組みの１つとして、厚生労働省は、非正規雇用労働者の待遇改善に向け、パート有期法に基づく報告徴収を行う都道府県労働局の雇用環境・均等部門と、労働基準監督署の連携を強化することが挙げられている。新たに労働基準監督署が定期監督などを利用して非正規雇用労働者の基本給や諸手当などの処遇について事実確認を実施し、労働局における報告徴収の対象企業の選定に活かして、同法に基づく是正指導の実効性の強化を狙うものである。また、厚生労働省は、2024 年度（令和６年度）地方労働行政運営方針の中で、同一労働同一賃金の遵守徹底を掲げ、労働基準監督署の定期監督時に、同一労働同一賃金に関する確認を行い、その結果を踏まえて都道府県労働局雇用環境・均等部門による是正指導の実効性を高めるとともに、基本給・賞与について正社員との待遇差がある理由の説明が不十分な企業に対し、監督署から点検要請を集中的に実

(注106) パート有期法施行通達第 3-10-⑼。
(注107) 厚生労働省「パートタイム・有期雇用労働法対応のための取組手順書」18 頁等。

施することや、支援策の周知を行うことにより、企業の自主的な取組みを促すことで、同一労働同一賃金の遵守徹底を図ることとしている。

そのため、これまで同一労働同一賃金は主に民事上の損害賠償請求事件として裁判で争われてきたが、今後は行政指導がなされるケースが増えることが予想され、事業主は行政への対応も必要となる。

3　派遣労働者と派遣先労働者の同一労働同一賃金（労働者派遣法30条の3）

(1)　派遣労働者の同一労働同一賃金の概要

派遣労働者の就業場所は派遣先であり、待遇に関する派遣労働者の納得感を考慮するため、派遣先の労働者との均等（＝差別的な取扱いをしないこと）、均衡（＝不合理な待遇差を禁止すること）は重要な観点である。そこで、2018年の働き方改革では、同一労働同一賃金の考え方が派遣労働者にも及んでおり、派遣労働者について、パート有期法8条・9条に対応した、派遣先の通常の労働者との不合理な待遇の禁止（労働者派遣法30条の3第1項：均衡規制）と、不利な取扱いの禁止（同条2項：均等規制）が導入されている。

もっとも、派遣労働者について、派遣先の通常労働者との同一労働同一賃金をそのまま実施すると、派遣先が変わるごとに、派遣先企業の通常労働者の賃金水準によって賃金が変動するなど、必ずしも適切とは限らないため、労働者派遣法では、派遣労働者の不合理な待遇差解消の方式として、「派遣先均等・均衡方式」（30条の3）に加えて、一定の要件を満たす労使協定を締結した場合には、労使協定に定めたところにより待遇確保を図るという「労使協定方式」（30条の4）の2つの方式を導入している。実務では、派遣元事業所の83.3％が「労使協定方式」のみ、5.7％が「派遣先均等・均衡方式」のみ、4.0％が「2方式併用」（3選択肢の合計）となっており、大半が「労使協定方式」によって派遣労働者の待遇を決定している[注108]。労使協

（注108）労働政策研究・研修機構（JILPT）「派遣労働者の同一労働同一賃金ルール施行状況とコロナ禍における就業状況に関する調査（JILPT調査シリーズ219号）」（2022）32頁。

定方式が圧倒的に多い理由としては、労使協定方式の場合、派遣先が変わっても待遇を変更する必要がないということが挙げられる。また、派遣先均等・均衡方式の場合、派遣先からの情報提供に基づき派遣労働者に派遣先社員と同等の賃金を支給しなければならないが、労使協定方式の場合、派遣労働者との間で協議して決定することができるため導入がしやすいということもある。

(2)　派遣先均等・均衡方式（派遣法30条の3）

この方式は、〔図表4-3-6〕の通り、派遣先の通常の労働者との均等・均衡待遇を実現しようとするものである。

対象となるのは派遣労働者の「基本給、賞与その他の待遇」であり、これにはすべての待遇が含まれる(注109)

派遣労働者と比較対象となる派遣先の通常の労働者との間で、①職務内容が同一で、②当該派遣先における派遣就業が終了するまでの全期間において、職務内容・配置の変更範囲が同一と見込まれる場合、「正当な理由がなく(注110)」「通常の労働者の待遇に比して不利なもの」とすることが禁止される（均等規制）（派遣法30条の3第2項）。

①②が同一でなければ、不合理な相違禁止（均衡規制）が適用される（30条の3第1項）。不合理な相違に該当するかどうかは、①職務内容、②職務内容・配置の変更の範囲、③その他の事情のうち、その待遇の性質・目的に照らして適切と認められるものと考慮して、個々の待遇ごとに判断される。

これに違反する待遇の相違を設ける部分は無効となり、不法行為の違法性を基礎づけるが、無効となった契約部分を直律する効力までは認められないと解される。

(3)　労使協定方式（派遣法30条の4）

この方式は、〔図表4-3-7〕の通り、一定要件を満たす労使協定を締結した場合には、均等・均衡方式を適用せずに、労使協定に定めたところにより待遇改善を図る方式である。

（注109）厚生労働省職業安定局「労働者派遣事業関係業務取扱要領」（2022年7月）。
（注110）パート有期法9条とは異なり、正当事由による相違の正当化が明記されている。

〔図表 4-3-6〕【派遣先均等・均衡方式】派遣先の通常の労働者との均等・均衡待遇

＊厚生労働省・都道府県労働局「派遣労働者の同一労働同一賃金の概要」4 頁より抜粋。

〔図表 4-3-7〕【労使協定方式】一定の要件を満たす労使協定による待遇

＊厚生労働省・都道府県労働局「派遣労働者の同一労働同一賃金の概要」5 頁より抜粋。

労使協定は派遣元事業主と労働者の過半数代表（過半数組合または過半数代表者）との間で締結される。過半数代表の選出単位については、事業主単位または事業所単位での締結が可能とされている(注111)。

協定で規定すべき事項は、①労使協定の対象となる派遣労働者の範囲、②賃金の決定方法（ア：派遣労働者が従事する業務と同種の業務に従事する一般の労働者の平均的な賃金の額と同等以上の賃金の額となるもの、および、イ：派遣労働者の職務の内容、職務の成果、意欲、能力または経験その他の就業の実態に関する事項の向上があった場合に賃金が改善されるもの）、③派遣労働者の職務の内容、成果、意欲、能力または経験等の向上があった場合に賃金が改善されるもの、④「労使協定の対象とならない待遇（教育訓練および福利厚生施設）および賃金」を除く待遇の決定方法、⑥派遣労働者に対して段階的・計画的な教育訓練を実施すること、⑦その他の事項（有効期間等）である（労

(注111) 厚生労働省職業安定局「労働者派遣事業関係業務取扱要領」(2022 年 7 月)。

働者派遣法30条の４第１項)。上記②ないし⑤の事項を遵守していない場合は、労使協定方式は適用されず派遣先均等・均衡方式となる（同項ただし書)。

なお、労使協定方式の場合であっても、教育訓練および福利厚生施設については、労使協定の対象とはならないため、派遣元は、派遣先の通常の労働者との均等・均衡待遇を確保する必要がある。

(4) 派遣先による比較対象労働者の待遇情報提供

派遣元が、派遣労働者と派遣先の通常労働者との均等・近郊規制を実施しうるようにするため、労働者派遣契約の締結に当たって、派遣労働者が従事する業務ごとに、派遣先が比較対象労働者の待遇に関する情報を派遣元に提供することが義務づけられている（労働者派遣法26条７項)。かかる情報提供がない場合、派遣元は派遣先と労働者派遣契約を締結してはならない（同条９項)。

この「比較対象労働者」とは、以下の①から⑥の順位で選定するとされている（労働者派遣法26条８項、同規則24条の５)。

① 「職務内容」「職務内容・配置の変更の範囲」が同じと見込まれる通常の労働者
② 「職務内容」が同じと見込まれる通常の労働者
③ 「業務内容」または「責任程度」のいずれかが同じと見込まれる通常の労働者
④ 「職務内容・配置の変更の範囲」が同じと見込まれる通常の労働者
⑤ ①から④に相当する短時間・有期雇用労働者
⑥ 派遣労働者と同一の職務の内容で業務に従事させるために新たに通常の労働者を雇い入れたと仮定した場合における当該労働者

派遣先が派遣元に提供する「待遇に関する情報」とは、派遣先均等・均衡方式の場合、①比較対象労働者の職務内容、職務内容および配置の変更の範囲ならびに雇用形態、②比較対象労働者を選定した理由、③比較対象労働者の待遇のそれぞれの内容（昇給、賞与その他の主な待遇がない場合には、その旨を含む)、④比較対象労働者の待遇のそれぞれの性質および当該待遇を行う目的、⑤比較対象労働者の待遇のそれぞれを決定するに当たって考慮した事項、をいう。労使協定方式の場合は、①派遣労働者と同種の業務に従事する派遣先の労働者に対して、業務の遂行に必要な能力を付与するために実施する教育訓練（労働者派遣法40条2項の教育訓練）、②給食施設、休憩室、更衣室（同条3項、同規則32条の3の福利厚生施設）となる。

4　無期転換社員と正社員の同一労働同一賃金

正社員と無期転換社員（労働契約法18条に基づき無期転換された元有期契約労働者）との待遇差についても問題となり得る。同条は、別段の定めがある場合を除き、無期転換当時の有期労働契約と同一の労働条件が無期転換後も引き継がれるとする。そこで、有期労働契約時の労働条件に正社員との待遇差がある場合、これが均等・均衡待遇の観点で不合理とされないかが問題となり得る(注112)。

この点、パート有期法8条および9条の均等・均衡待遇は、有期と無期、正規と非正規の相違の問題であり、無期である正社員と無期転換社員の待遇差は規制の対象外である。しかし、無期転換後の正社員との労働条件の相違は、有期労働契約の時代から存在したものであるのが通常のため(注113)、無期転換後の待遇差についても、同法8条・9条類推適用等の理屈で均等・均衡待遇が問題となることは十分あり得る。

実際に、井関松山製造所事件(注114)において、不合理と判断された有期契約社員時代の労働条件が無期転換後も無期転換社員に適用される就業規則で維持されていたところ、裁判所は、就業規則の定めは合理的なものであることを要するとして、労働契約法7条を参照して、無期転換後も支給されていなかった手当の金額を損害として認定している。また、ハマキョウレックス（無期転換）事件(注115)において、原告側が、無期転換後の原告らに契約社員就業規則を適用することは、正社員より不利な労働条件を設定するもの

(注112) 無期転換社員における均衡待遇について嘉納英樹＝福井佑理「無期転換社員用の就業規則例で押さえる無期転換運用の実務ポイント」労政時報3954号（2018）41頁。

(注113) 労働政策研究・研修機構（JILPT）「『無期転換ルールへの対応状況等に関する調査』結果」27頁によれば、無期転換後の形態として、労働契約時と比べて働き方や賃金・労働条件が変化しなかった無期転換社員の割合は、フルタイムの有期契約労働者の場合で65.7%、パートタイムの有期契約労働者の場合で72.1%となっている（2018年11月時点）。

(注114) 前掲井関松山製造所事件。

として、同条の合理性要件を欠くと主張したところ、裁判所は、無期転換後の原告らと正社員との労働条件の相違も、両者の職務の内容・人材活用の仕組み等の就業の実態に応じた均衡が保たれている限り、同条の合理性の要件を満たしているとしており(注116)、同条を介して無期転換社員と正社員との間の均衡待遇が問題になるように読める。

したがって、無期契約労働者（正社員等）と無期契約労働者（無期転換社員）の間の労働条件の相違については、パート有期法８条・９条のような明文規定がないものの、労働契約法７条等を通じて均衡待遇の問題が生じ得る点については注意する必要がある。

5　定年後再雇用者と正社員の同一労働同一賃金

高年齢者雇用安定法上、事業主には、高年齢者雇用確保措置として、①65歳までの定年の引上げ、②65歳までの継続雇用制度の導入、③定年の廃止のいずれかの方法を採用することが義務づけられている（同法９条１項）。厚生労働省の集計結果によれば、このうち②の継続雇用制度の導入を選択している企業が70.6％と一番多い。

継続雇用制度は有期労働契約で雇用を継続するものであり、再雇用後の賃金を定年前の賃金と比べて大きく引き下げているケースが多い。他方で、業務内容は、定年前からの業務を引き続き行っている場合が少なくない。そこで、無期契約労働者の労働条件との間に格差がある場合、それが不合理な相違（パート有期法８条）に当たらないかが問題となる。

この点、定年後継続雇用の有期雇用労働者の待遇は、定年前の通常の労働者（正社員）との待遇の相違の程度、それを基礎づける職務内容、職務内容・配置の変更範囲の違い、労働組合等との交渉の経緯、退職金・企業年金・特別給付金の支給等による収入安定への配慮等の事情を総合的に考慮し

(注115) 大阪地判令和２・11・25労判1237号５頁。前掲ハマキョウレックス事件とは別事件であるが、原告らのうち１名は同事件の原告である。

(注116) 裁判所は、正社員と有期契約社員とで職務の内容に違いはないものの、人材活用の仕組みに関しては違いがあり、正社員と無期転換社員にも同様の違いがあるとして、結論的には、労働契約法７条違反の前提を異にするものとして、原告側の同条違反の主張を採用しなかった。

て、待遇の不合理性が判断される。なお、職務内容、職務内容・配置の変更範囲が同一の場合、パート有期法9条が適用される（その結果、「その他の事情」は考慮されない）のではないかが問題になり得るが、定年の前後の待遇差は、定年後再雇用者であることを考慮して設けられた待遇差であり、「短時間・有期雇用労働者であることを理由」とするものではないので、同条は適用されないと解されている(注117)。裁判例でも、定年後再雇用の嘱託職員への期末・勤勉手当の不支給は、定年後再雇用の嘱託職員であることを理由としたものであり、「有期雇用労働者であることを理由」とした差別的取扱いには該当しないとしたものがある(注118)。

長澤運輸事件は、定年の前後で①職務の内容、②人材活用の仕組み（職務の内容・配置の変更の範囲）が同一の事案であったが、最高裁は、定年退職者の有期契約による再雇用では長期雇用は通常予定されず、同労働者は定年退職までは無期契約労働者（正社員）としての待遇を受け、定年退職後は老齢厚生年金の支給を受けることも予定されていることから、定年後再雇用者であることは、待遇の相違の不合理性の判断で「その他の事情」として考慮され得るとし、一部の手当を除き、相違があっても不合理とはいえないとした。もっとも、定年後再雇用であることが考慮事情となり得るとしても、個々の賃金項目ごとに、その性質・目的に基づいて不合理性が判断されるため、その性質・目的が定年後再雇用であることと関連性のない給付については、無期雇用労働者と同一の支給が求められる点には注意が必要である(注119)。また、定年後再雇用であることと関連する賃金項目についても、前提事実の違いに応じた均衡のとれた処遇が求められるため、相違（賃金差）の幅を考慮

(注117) 水町・前掲（注56）375頁、荒木・前掲（注56）589頁。

(注118) 社会福祉法人紫雲会事件（宇都宮地判令和5・2・8労判1298号5頁）。なお、同事件は、①職務の内容、②職務の内容・配置の変更の範囲が同一の事案であるが、嘱託社員の基本給は定年退職時の8割程度、期末・勤勉手当不支給を含めた年収は62〜63%程度で、退職時に2,100万円を超える退職金を受給し、定年退職の翌年から老齢厚生年金も受給しており、原告が加入する労働組合が関与して合意に至っていること等の事情から、定年後再雇用の嘱託社員に期末・勤勉手当を支給しないことは不合理とはいえないとしている。

(注119) 長澤運輸事件では、精勤手当につき、皆勤奨励という趣旨は定年後再雇用であるか否かにかかわらず同様に及ぶものであるとして、定年後再雇用者に精勤手当を支給しないことは不合理であるとしている。

した不合理性の判断がなされており、相違の幅によっては不合理と判断される可能性がある（注120）。

定年の前後で①職務の内容、②人材活用の仕組みが同一の事案としては、長澤運輸事件の他に、名古屋自動車学校事件がある。名古屋自動車学校事件は、定年後再雇用の基本給が正職員定年退職時の基本給の60%を下回る事案であり、第1審および控訴審では、①職務内容および変更範囲には相違がないこと、②基本給に年功的正確があることから将来の増額に備えて金額が抑制される傾向にある若年正職員の基本給をも下回ること、③賃金の総額が正職員定年退職時の労働条件を適用した場合の60%をやや上回るかそれ以下にとどまる帰結をもたらしていること、④このような帰結は労使自治が反映された結果でもないこと等から、60%を下回る限度で不合理とされていたが、最高裁は、控訴審では正職員の基本給や嘱託社員の基本給の性質や目的を検討しておらず、また、労使交渉に関する事情を適切に考慮していないとして、控訴審判決を破棄し、差し戻している。この最高裁判決は、①基本給の相違についても不合理と認められる場合があり得ることを最高裁判決として初めて明らかにしつつ、基本給のさまざまな性質・目的を踏まえて不合理性を判断すべきことを示した点とともに、②当該事案における基本給や賞与の性質・目的を具体的に明らかにすることなく正社員と嘱託社員間の量的・概括的な比較（例えば年収ベースでの比較）によって不合理性を判断していた長澤運輸事件判決とは異なる、明確性の高い判断枠組みを示した点で、注目されるとされている（注121）。

一方、定年の前後で①職務の内容、②人材活用の仕組みの全部または一部が異なるケースで基本給の格差の不合理性が肯定されたものは今のところ見当たらず、定年の前後で①は同一であるが②が異なる事案で基本給が定年前の約6割のケース（注122）、①も②もいずれも異なる事案で定年前の約5割程

（注120）長澤運輸事件では、基本給相当分で1割前後、賞与を含む賃金全体で2割程度の相違は不合理ではないとしている。もっとも、本件では、労働組合との団体交渉を経て調整給を支給していたことなどの事情も考慮されている点には留意する必要がある。

（注121）水町・前掲（注56）396頁。

（注122）東京高判平成30・10・11 Westlaw Japan 文献番号2018WLJPCA10116013（五島育英会事件）。

度のケース[注123]、同じく①も②もいずれも異なる事案で定年前の約6割のケース[注124]、①が異なる事案で定年前の約3～4割のケース[注125]でいずれも定年の前後での基本給の格差の不合理性は否定されている。

6　男性社員と女性社員の同一労働同一賃金（労基4条）

(1)　同一労働同一賃金原則との関係

使用者は、労働者が女性であることを理由として、賃金について男性と差別的取扱いをしてはならない（労基4条）。これは、「女性であることを理由」とする賃金差別を禁止したものであり、同一労働同一賃金原則そのものを定めたものではない。もっとも、同一の労働に従事しているにもかかわらず男女間の賃金に格差があることは、本条違反を推認する重要な事実となり得る[注126]。

(2)　要　件

ア　賃　金

労働基準法4条は、労働条件のうち特に賃金についてのみ差別的取扱いを禁止している。賃金の額だけではなく、賃金体系、賃金形態等に関する取扱いも含まれる[注127]。基本給の引上率や賞与の支給係数も対象となる[注128]。

採用・配置・昇進・教育訓練などの差別に由来する賃金の違いは、労働基準法4条ではなく、男女雇用機会均等法等によって規制される[注129]。例えば、職能給（職能資格）制度上の昇格差別は、賃金についての差別としてではなく、男女雇用機会均等法の昇進差別禁止によって規制される[注130]。

(注123)　東京地判平成30・11・21労経速2365号3頁（日本ビューホテル事件）。

(注124)　富山地判平成30・12・19労経速2374号18頁（北日本放送事件）。

(注125)　東京立川支判平成30・1・29労判1176号5頁（学究社〔定年後再雇用〕事件）。

(注126)　東京地判平成4・8・27労判611号10頁（日ソ図書事件）、広島地判平成8・8・7（石崎本店事件、大阪地判平成11・7・28労判770号81頁（塩野義製薬事件）。

(注127)　厚生労働省労働基準局編著『労働法コンメンタール(3)労働基準法〔令和3年版〕上巻』（労務行政、2022）87頁。

(注128)　東京地判昭和61・12・4労民集37巻6号512頁（日本鉄鋼連盟事件）。

もっとも、実際には職務内容やその難易度を区別することができないにもかかわらず、採用区分等を理由として男女間に賃金格差を設けていることは、実質的にみて賃金そのものの男女差別（本条違反）に当たると判断した裁判例(注131)や、資格と賃金が直接連動している職能資格制度の下では、資格の付与についての男女差別（昇格差別）が賃金そのものの男女差別（本条違反）であるとした裁判例(注132)もある。

イ　差別的取扱い

男女別の賃金表の設定(注133)、男性のみへの家族手当(注134)や住宅手当の支払など制度的な差別のみならず、特定の男性労働者と女性労働者との間の個別の差別的取扱いも含まれる(注135)。

典型的な本条違反としては、男女別に賃金表を２つ作り賃金差別を行うこと(注136)、昇給率、一時金等につき男女で別の率・係数を定めること(注137)、世帯主たる従業員に支給する家族手当を、その配偶者が所得税法上の扶養控除対象限度額を超える所得を有する場合、男性行員のみに支給すること(注138)

(注129) 近時、一般職の女性労働者が、総合職のみに家賃補助を支給する社宅制度を不服として訴えた裁判で、当該社宅制度は事実上男性のみに適用されているとして間接差別が認定された裁判例が出ている（東京地判令和６・５・13）。間接差別を初めて認めた裁判例であるという点や、男女雇用機会均等法施行規則２条に間接差別に当たる措置が列挙されているところ、本判決は同規則条に列挙されている措置以外の措置に対して間接差別を認め、男女雇用機会均等法の趣旨に照らして違法と判断した点などが注目されている。

(注130) ただし、男女同一賃金原則違反に当たるとして、不法行為に基づく損害賠償請求ないし資格確認請求と差額賃金請求を認める裁判例もある。前者として、大阪地判平成12・2・23労判783号71頁シャープエレクトロニクスマーケティング事件、後者として、東京高判平成12・12・22労判796号５頁（芝信用金庫事件）。

(注131) 東京高判平成19・6・28労判946号76頁（昭和シェル石油〔賃金差別〕事件）、東京高判平成20・1・31労判959号85頁（兼松〔男女差別〕事件）。

(注132) 前掲芝信用金庫事件、横浜地判平成19・1・23労判938号54頁（日本オートマチックマシン事件）、前掲昭和シェル石油（男女差別）事件。

(注133) 秋田地判昭和50・4・10判時778号27頁（秋田相互銀行事件）、広島高岡山支判平成16・10・28労判884号13頁（内山工業事件）。

(注134) 仙台高判平成４・1・10労判605号98頁（岩手銀行事件）。

(注135) 前掲日ソ図書事件、前掲塩野義製薬（男女賃金差別）事件。

(注136) 前掲秋田相互銀行事件、前掲内山工業事件。

(注137) 前掲日本鉄鋼連盟事件。

(注138) 前掲岩手銀行事件。

などが挙げられる。一方、家族手当を夫婦のうち収入の多い方に支給するという取扱いは本条違反とならないとした裁判例がある(注139)。

なお、労働基準法4条が禁止する「差別的取扱い」には、不利な取扱いのみならず、有利な取扱いも含まれると解釈されている(注140)。

ウ　女性であることを理由とした差別

労働基準法4条は、女性であることを理由とした差別を禁止している(注141)。したがって、年齢・勤続年数（年齢給・勤続給）・扶養家族の有無・数（家族手当)、職種・職務内容（職能給)、成果（成果給)、権限（役職手当）などの違いに由来する賃金の違いは、本条では禁止されていない。もっとも、女性が、一般的に、勤続年数が短いこと、能率が低いこと、主たる生計の維持者ではないことなどを理由に、実際にそうであるかどうかを問わず一律に賃金の男女別扱いをするのは「女性であることを理由」とする賃金差別に該当する(注142)。

性別に中立的な基準（「世帯主」など）によって賃金の支給の有無や額を決める取扱いが本条に違反する否かは、基本的には、「世帯主」など性別にかかわらない基準が定められそれが中立的に運用されている限り、女性であることを理由とした差別には当たらず、労働基準法4条違反は成立しないと考えられる。例えば、「夫と妻のいずれか収入額の多い方」という中立的な基準を用いて家族手当の受給者を決める取扱いは同条に違反しないとした裁判例(注143)がある。これに対し、形式的には中立的な基準を用いていても、差別的な意図の下でその基準が設定され、その運用上男女で異なる取扱いがなされているなど、実態として女性であることを理由とした賃金差別にあたるといえる場合には、同条違反が成立することになる(注144)。

近時の裁判例においては、男女の職務が相当重なっていると認められるに

(注139) 東京地判平成元・1・26労判533号45頁（日産自動車〔家族手当〕事件)。

(注140) 昭和22年9月13日基発17号、平成9年9月25日基発648号。

(注141) 本条は、女性に限らず、特定の性（女性やLGBTQ）を理由にそれ以外の性と差別的に取り扱うことを禁止しているものと解されるとする見解がある（荒木尚志ほか編著『注釈労働基準法・労働契約法⑴総論・労働基準法⑴』〔有斐閣、2023〕138頁)。

(注142) 昭和22年9月13日発基17号。

(注143) 前掲日産自動車（家族手当）事件。

(注144) 東京地判平成6・6・16労判651号15頁（三陽物産〔男女差別賃金〕事件)。

もかかわらず男女賃金格差がある場合、厳格な意味で同一労働に従事していなくとも、性別以外の合理的理由を使用者が立証し得ない場合には、女性であることを理由とする差別と捉える事例が見られる(注145)。

⑶　効　果

労働基準法4条に違反した使用者は、罰則として、6か月以下の懲役または30万円以下の罰金の対象となる（同法119条1号）。なお、罰則は差別的取扱いをする趣旨の規定が就業規則等にあっても男女賃金差別の事実がない場合には適用されない(注146)（規定自体は無効となる）。

労働基準法4条違反となる賃金差別を定めた就業規則等の規定は無効となる（同法13条）。

私法上の効果としては、法律行為は無効となり、不法行為（民709条）に当たり、それによって生じた損害の賠償（慰謝料を含む）を請求することができる。

男女差別がなければ得られたであろう賃金額と実際に得た賃金額との差額を、労働上契約上の権利（差額賃金請求権）として請求できるかについては、就業規則等により適用すべき基準が明らかになっている場合には、労働基準法13条（適用または類推適用）を根拠に肯定されている(注147)。逆に、賃金額の決定に人事考課が介在するなど適用されるべき具体的基準が明らかでない場合には、差額賃金請求権は否定され、不法行為として損害賠償請求を行うことになる(注148)。損害額の認定については、①賃金格差全額を損害と認めその賠償を命じたもの(注149)、②賃金格差の一定割合と慰謝料の賠償を命じたもの(注150)、③すべて慰謝料として損害額を認定しその支払を命じたも

(注145)　前掲塩野義製薬事件、前掲昭和シェル石油（男女差別）事件、前掲兼松（男女差別）事件。

(注146)　平成9年9月25日基発648号。

(注147)　前掲秋田相互銀行事件、前掲日本鉄鋼連盟事件、前掲岩手銀行事件、前掲三陽物産事件、前掲芝信用金庫事件。

(注148)　前掲日ソ図書事件、前掲石崎本店事件、東京地判平成16・12・27労判887号22頁（名糖健康保険組合（男女差別）事件）。

(注149)　前掲日ソ図書事件、前掲内山工業事件、前掲名糖健康保険組合（男女差別）事件。

の(注151)、④賃金格差を的確に認定できないため裁判所が相当な損害額を認定し（民訴248条）、これに慰謝料等を加えて賠償を命じたもの(注152)がある。

7　最後に

同一労働同一賃金の実現は、人件費の上昇というデメリットが生じ得るものの、少子高齢化が進む中で、労働者がどのような雇用形態を選択しても納得感が得られ、多様な働き方が選択できれば、企業にとっても、人材不足の解消や優秀な人材の確保につながり、メリットは大きい。同一労働同一賃金の問題をはじめとして企業・労働者の健全な関係を育成することは、持続可能な企業活動のために不可欠と考えられる。

(注150)　前掲塩野義製薬（男女賃金差別）事件、京都地判平成13・9・20（京ガス事件）。
(注151)　前掲昭和シェル石油（男女差別）事件。
(注152)　前掲兼松（男女差別）事件。

第４節　人的資本経営

1　はじめに――働き方改革から人的資本経営へ

近年、労働法の分野においては、2018年6月29日に成立した働き方改革法（働き方改革を推進するための関係法律の整備に関する法律）に基づく一連の労働法令改正が注目を集めてきた。特に、働き方改革を通じて、労働時間の是正、正規・非正規間の格差解消および多様で柔軟な働き方の実現への機運が高まり、日本におけるさまざまな労働問題を解決する取組みが進んだ。もっとも、働き方改革は、労働生産性を改善するための手段(注153)として位置づけられ、必ずしも経営戦略と連動するものではなかった。

そのような中、サステナビリティが重要な経営課題であるという認識が広がったことに伴い、人的資本経営の重要性が高まってきた。人的資本経営とは、人材を単なる資源ではなく「資本」として考え、その価値を最大限に引き出すことで、中長期的な企業価値向上につなげる経営のあり方であるところ(注154)、企業の経営戦略と人材戦略を連携させ、持続的な企業価値の向上を促進させるものである。このような動きは、労働問題の改善だけではなく、企業における持続可能な経済活動の発展につながるものと考えられる。

そこで、本節では、労働法の観点も交えつつ、人的資本経営を概説する。

2　人的資本経営の概要

人的資本経営とは、人材を「コスト」ではなく「資本」として捉え、その価値を最大限に引き出すことで、中長期的な企業価値の向上につなげる経営のあり方である。

（注153）働き方改革実現会議決定「働き方改革実行計画（概要）」3頁（2017年3月28日）。

（注154）METI／経済産業省・前掲（注５）。

従来の資本主義社会では、人材は、「人的資源」(Human Resource) として捉え、コストや消費の対象として認識することが多く、企業の利益を圧迫する存在として認識されることが多かった。そのため、人材のマネジメントとしても、いかにしてその使用・消費を管理するかという考えとなり、人事部門はあくまで管理部門・コストセンターと位置づける傾向にあり、ややもすると、労働条件の引下げや雇用調整・人員整理といった論点が生じやすい構造にもあった。

しかしながら、人的資本経営においては、人材を「コスト」ではなく、教育や研修、日々の業務等を通じて成長し、企業価値創造の担い手となることを踏まえ、「人的資本」(Human Capital)(注155)として捉える。その結果、人材は、事業価値創造の源泉であり、投資の対象として認識することになる。このような考え方の下では、人材のマネジメントに関する方向性も、「管理」から「価値創造」へと変化するとともに、人事部門には、単なる管理部門ではなく、人材戦略の策定、経営戦略と人材戦略の連携といった観点まで求められることになる。

〔図表 4-3-8〕変革の方向性

"人的資源・管理" 人的資源の官理。オペレー ション志向。 「投資」ではなく「コスト」。	←人材マネジメントの目的→	"人的資本・価値創造" 人的資本の活用・成長。クリエーション志向。 「投資」であり、効果を見える化。
"人事" 人事諸制度の運用・改善が目的。 経営戦略と連動していない。	←アクション→	"人材戦略" 持続的な企業価値の向上が目的。 経営戦略から落とし込んで策定。
"人事部" 人材関係は人事部門任せ。 経営戦略との紐づけは意識されず。	←イニシアチブ→	"経営陣(5C)/取締役会" 経営陣(5C:CEO,CSO,CHRO,CFO,CDO)のイニシアチブで 経営戦略と紐づけ、取締役会がモニタリング。
"内向き" 雇用コミュニティの同質性が高く 人事は囲い込み型。	←ベクトル・方向怯→	"積極的対話" 人材戦略は価値創造のストーリー。 投資家・従業員に、積極的に発信・対話。
"相互依存" 企業は囲い込み、個人も依存。 硬直的な文化になり、イノベーションが生まれにくい。	←個と組織の関係性→	"個の自律・活性化" 互いに選び合い、共に成長。 多様な経験を取り込み、イノペー ションにつなげる。
"囲い込み型" 終身雇用や年功序列により、 囲い込み型のコミュニティに。	←雇用コミュニティ→	"選び、選ばれる関係" 専門性を土台にした 多様でオープンなコミュニティに。

＊経済産業省「人的資本経営の実現に向けた検討会報告書～人材版伊藤レポート 2.0～」7頁。

3　人的資本経営への転換が生じる背景

近年、世界各国および日本において人的資本経営への転換が生じている理由としては、企業価値の源泉の有形資産から無形資産への変化、ESG投資への関心の高まり、第4次産業革命による産業構造の変化および働き手のキャリア観・価値観の変化といった点が挙げられる。

(1)　企業価値の源泉が有形資産から無形資産へ変化していること

人的資本経営への関心が高まる背景として、企業価値の源泉が、有形資産から無形資産に移行していることが挙げられる。

かつては、建物や機械などの物質的な設備投資等により有形資産の価値を向上させ、もって企業価値を向上させることが重要であった。しかし、近年は、技術や知的財産、ブランド、人材等をはじめとした、いわゆる無形資産に対して投資を行うことが重要となっている。実際、米国S&P500における市場価値の中で、有形資産が占める割合が年々少なくなっている一方、1990年代後半から米国企業における無形資産への投資額（付加価値総額に占める割合）が有形資産への投資額を上回り、2020年時点では時価総額に占める無形資産の割合が約90%となっている[(注156)]。そして、人材の持つ能力や創造力はまさにこうした無形資産の1つとして、企業価値の源泉となる資本であると考えられることから、投資家等が企業の価値を算定するに当たっては、人的資本をはじめとする無形資産が重視されるようになってきているといえる。

もっとも、日本市場（日経225）においては、2020年時点でも時価総額に占める無形資産の割合は約32%となっており、米国と比較して、人材等の

(注155)　内閣官房非財務情報可視化研究会が2022年8月に公表した『人的資本可視化指針』では、「人的資本」について、「人材が、教育や研修、日々の業務等を通じて自己の能力や経験、意欲を向上・蓄積することで付加価値創造に資する存在であり、事業環境の変化、経営戦略の転換にともない内外から登用・確保するものであることなど、価値を創造する源泉である『資本』としての性質を有することに着目した表現である」と示している。

(注156)　内閣官房新しい資本主義実現本部事務局経済産業省経済産業政策局「基礎資料」5頁参照。

無形資産を重要視する考え方が浸透していないことがうかがわれる。

⑵　ESG投資への関心の高まり

近年、国内外で、環境・社会・ガバナンスの3分野における非財務指標を評価する投資（いわゆるESG投資）への関心や重要度が高まっている。特に、ESGの中でもS（社会）の要因が持続的な企業価値向上に不可欠であるとの認識が広がっている。そして、人的資本については、Sの要因に含まれると考えられており、この点も、人的資本に対する投資について、国内外の関心が高まっている理由と考えられる。

⑶　第4次産業革命による産業構造の変化

産業構造の変化も、人的資本経営への転換が生じている理由の1つとして挙げられる。近年、AIやIoT、ビッグデータ等による技術革新である「第4次産業革命」により、産業構造の変化が急速に進んでいる。

そして、第4次産業革命により、労働市場には大きな変化がもたらされる可能性がある。すなわち、第4次産業革命の進展により、単純な繰り返し作業や過酷な肉体労働、機械を操作する労働などがAIやロボットによって代替される一方で、人と人とのコミュニケーションや最先端技術の開発、文化・芸術等の専門職・技術職については、就業者のシェアが増加する可能性がある。

この点からも、今後は、有形資産を用いて行う労働よりも、より人間の能力によって付加価値が生じる労働が多くなっていくことが考えられ、企業としては、人材によって企業価値を高めるために、人的資本への投資が重要視されていくと考えられる。

⑷　働き手のキャリア観・価値観の変化

働き方改革においても働き手における価値観等の変化を考慮していたところ、この点も人的資本経営への転換が浸透する理由になっていると考えられる。日本の労働生産年齢人口は減少局面にあり、2060年には、日本の労働生産年齢人口は人口の約50％となることが見込まれている[注157]。また、女

（注157）内閣府「令和4年版高齢社会白書」参照。

性や高齢者、障害者、外国人といった多様な人材の活躍が進むと同時に、1社で勤務し続けるよりも転職や兼業・副業を希望する人、起業やフリーランスのように雇用形態でない働き方を希望する人の割合が増加する等、働き手のキャリア観・価値観が変化していることから、企業としては、多様で優秀な人材の確保という観点から、働き手の個別のニーズへの対応や、魅力的な経験や機会（Employee Experience）の提供が大きな課題となっている。そのため、このような働き手のニーズに対応するためにも、人材をコストとして考えるのではなく、人材に対して魅力的な経験や機会を提供するための投資を行うといった考え方が重要になってきている。

４　人的資本経営の動向

⑴　国内の動向

人的資本経営への関心が高まりつつある中、内閣府をはじめとした省庁において、さまざまな政策が検討・実行されている。

日本においては、2020年9月に経済産業省から「持続的な企業価値の向上と人的資本に関する研究会報告書～人材版伊藤レポート～」（以下、「人材版伊藤レポート」という）が公表されて以降、2021年6月に改訂されたコーポレートガバナンス・コードにも人的資本経営の考え方が反映され、「人事」、「人材」、「従業員」等、人材に関する記述が増加した。また、中長期的な人材戦略の重要性が明言され、人的資本への投資についての投資家への情報の開示・提供を求めることとした。その後、2022年5月に同じく経済産業省から「人的資本経営の実現に向けた検討会報告書～人材版伊藤レポート2.0～」（以下、「人材版伊藤レポート2.0」という）が公表され、また、同年8月には、「伊藤レポート3.0（SX版伊藤レポート）サステナブルな企業価値創造のための長期経営・長期投資に資する対話研究会（SX研究会）報告書」（以下、「人材版伊藤レポート3.0」という）が公表された。

また、企業価値向上に向けて企業経営者と投資家が対話を行い、人材戦略に関する事項などの経営戦略や非財務情報等の開示やそれらを評価する際の手引となるガイダンスである「価値協創のための統合的開示・対話ガイダンス――ESG・非財務所法と無形資産投資（価値協創ガイダンス）」が2017年

５月に公表されていたところ、人材版伊藤レポート3.0の公表と同時期に、価値協創ガイダンスのアップデート版である「価値協創のための統合的開示・対話ガイダンス2.0（価値協創ガイダンス2.0）――サステイナビリティ・トランスフォーメーション（SX）実現のための価値創造ストーリーの協創」が公表された。

さらに、人的資本経営に関する情報開示については、2022年８月に、グランドデザイン・実行計画で示されていた内容に従い、内閣官房非財務情報可視化委員会から『人的資本可視化指針』が公表され、今後の人的資本に関する情報開示に向けた基本指針が示された。現在、この基本指針に従い、人的資本に関する情報開示に関する政策の検討が進められ、法令等の改正により人的資本に関する情報開示についての制度の整備が進められている。

加えて、2022年８月25日、経済産業省および金融庁をオブザーバーとし、日本企業における人的資本経営を実践と開示の両面から促進することを目的とし、人的資本経営の実践に関する先進事例の共有や企業間協力に向けた議論、国内外の人的資本に関する情報の収集・発信と普及を行う人的資本経営コンソーシアムも立ち上がっている。

⑵　海外の動向

海外においても、特に人的資本の可視化に関する制度の整備が進められている。欧州では、2014年、欧州委員会（EC）が非財務情報開示指令（NFRD）をとりまとめ、従業員500人以上の企業に対し、「社会と従業員」を含む情報開示を義務づけた。さらに、2023年１月には対象企業を拡大し、開示内容をより詳細に定めた企業サステナビリティ報告指令（CSRD）が発行され、2024年１月より、段階的に適用が開始されている。また、米国でも、2020年８月に証券取引委員会（SEC）がRegulation S-K（非財務情報）に規定される開示項目を改定し、2020年11月から米国の上場企業に対してフォーム10-K（日本における有価証券報告書に相当）での人的資本の開示を義務化した。また、現在、米連邦議会で、すべての上場企業に対し人的資本に関する具体的な８項目の情報開示を義務づける法案である「人材投資の開示に関する法律」（Workforce Investment Disclosure Act of 2021）の法案が審議されている。

上記のほかにも、任意開示に関する人的資本情報開示のガイドラインとして、2018 年 12 月、国際標準化機構（ISO）により「ISO30414」が公表された。「ISO30414」は、人的資本に関する網羅的・体系的な情報開示のガイドラインとすることを想定し、コンプライアンス、ダイバーシティ等、人材に関する 11 の測定基準を設定しており、当該基準が今日の代表的な基準とされている。また、その他、任意開示に関する海外の基準として、世界経済フォーラム（WEF）が制定した「ステークホルダー資本主義測定指標」(注158)、サステナビリティ会計基準審査会（SASB）が制定した「SASB スタンダート」(注159)、グローバル・レポーティング・イニシアティブ（GRI）が制定した「GRI スタンダート」(注160)といった基準が制定されている。

5　人的資本経営の実践

(1)　人材版伊藤レポート・人材版伊藤レポート 2.0・価値協創ガイダンス 2.0

人的資本経営の実践に関しては、政府から人材版伊藤レポート、人材版伊藤レポート 2.0 および価値協創ガイダンス 2.0 が公表されており、企業としてはこれらの資料が、人的資本経営の実践について１次的に参照すべき資料になると考えられる。

人材版伊藤レポートは、2020 年１月から開催された経済産業省の「持続的な企業価値の向上と人的資本に関する研究会」の報告書として公表され、人的資本の向上に向けた変革の方向性が示されたほか、企業の経営陣、取締

(注158) 可視化指針によれば、企業、投資家、すべてのステークホルダーとの間で透明性と整合性を高めることを目的として、業界や国を超えて企業の年次報告書に反映でき、普遍的で一貫性があり、重要性のある一連の ESG 指標および推奨される開示事項とされている。

(注159) 可視化指針によれば、企業の情報開示の質の向上に寄与し、中長期視点の投資家やその他の資本提供者の意思決定に貢献することを目的として、企業が将来的な財務インパクトが高いと想定される重要なサステナビリティ情報を開示するための報告基準とされている。

(注160) 可視化指針によれば、組織とステークホルダーが経済、環境および社会に与えるインパクトをコミュニケーションし、理解するための共有言語となる基準を制定することを目的として、組織が、経済、環境および社会に与えるインパクトについて、公に報告を行うための基準とされている。

役会、投資家が果たすべき役割・アクションおよび人事戦略に求められる３つの視点（Perspectives）と５つの共通要素（Common Factors）が示された。

その後、経済産業省において「人的資本経営の実現に向けた検討会」が開催され、2022 年３月にその報告書として人材版伊藤レポート 2.0 が示された。人材版伊藤レポート 2.0 では、人材版伊藤レポートが示した「３つの視点と５つの共通要素」をさらに深掘り・高度化し、それぞれの視点や共通要素を人的資本経営で具体化させようとする際に、実行に移すべき取組み、およびその取組みを進める上でのポイントや有効となる工夫を示している。

〔図表 4-3-9〕経営陣、取締役会、投資家の役割・アクション

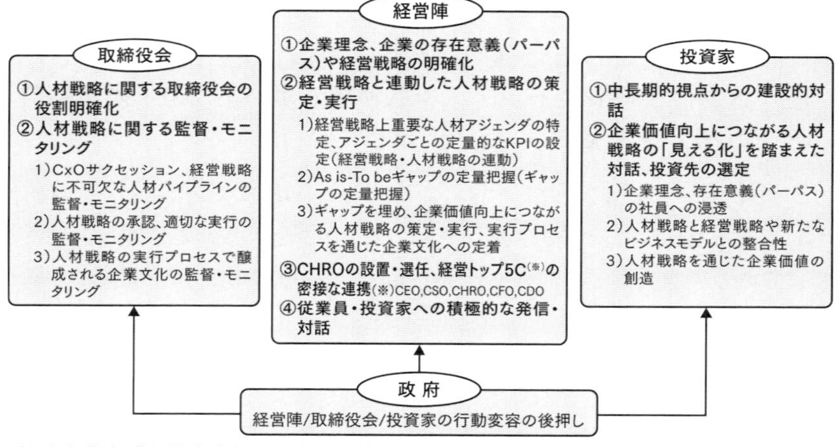

経営陣
①企業理念、企業の存在意義（パーパス）や経営戦略の明確化
②経営戦略と連動した人材戦略の策定・実行
1）経営戦略上重要な人材アジェンダの特定、アジェンダごとの定量的なKPIの設定（経営戦略・人材戦略の連動）
2）As is-To beギャップの定量把握（ギャップの定量把握）
3）ギャップを埋め、企業価値向上につながる人材戦略の策定・実行、実行プロセスを通じた企業文化への定着
③CHROの設置・選任、経営トップ5C(※)の密接な連携(※)CEO,CSO,CHRO,CFO,CDO
④従業員・投資家への積極的な発信・対話
取締役会
①人材戦略に関する取締役会の役割明確化
②人材戦略に関する監督・モニタリング
1）CxOサクセッション、経営戦略に不可欠な人材パイプラインの監督・モニタリング
2）人材戦略の承認、適切な実行の監督・モニタリング
3）人材戦略の実行プロセスで醸成される企業文化の監督・モニタリング
投資家
①中長期的視点からの建設的対話
②企業価値向上につながる人材戦略の「見える化」を踏まえた対話、投資先の選定
1）企業理念、存在意義（パーパス）の社員への浸透
2）人材戦略と経営戦略や新たなビジネスモデルとの整合性
3）人材戦略を通じた企業価値の創造
政 府
経営陣/取締役会/投資家の行動変容の後押し

＊経済産業省「人的資本経営の実現に向けた検討会報告書～人材版伊藤レポート 2.0～」8 頁。

また、経済産業省において、2021 年５月から、「サステナブルな企業価値創造のための長期経営・長期投資に資する対話研究会（SX 研究会）」が開催され、2022 年８月には SX 研究会の報告書として人材版伊藤レポート 3.0 が公表された。人材版伊藤レポート 3.0 では、サステナビリティ・トランスフォーメーション（社会のサステナビリティと企業のサステナビリティを「同期化」させていくこと、およびそのために必要な経営・事業変革）を実現するための理論がまとめられている。そして、サステナビリティ・トランスフォーメーションの実践を行うためのフレームワークとして、同時期に価値協創ガ

〔図表4-3-10〕人材戦略に求められる3つの視点・5つの共通要素

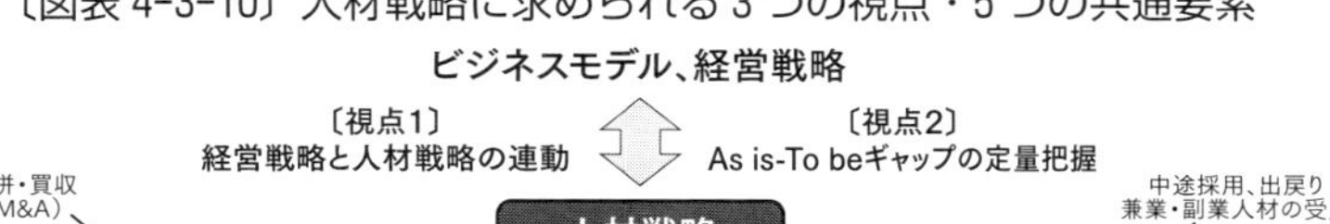

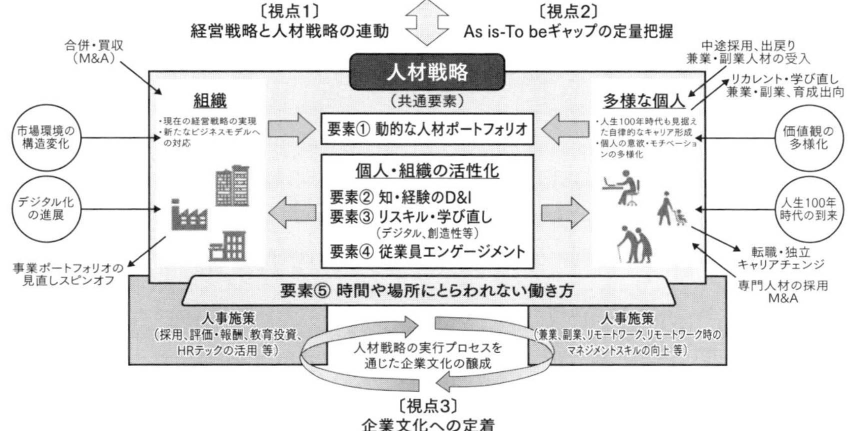

＊経済産業省「人的資本経営の実現に向けた検討会報告書〜人材版伊藤レポート2.0〜」9頁。

イダンス2.0も公表された。

⑵　人材戦略に求められる3つの視点

人材版伊藤レポート2.0や価値協創ガイダンス2.0によれば、人材戦略に求められる3つの視点とは、①経営戦略と人事戦略を連動させるための取組み（人事戦略が経営戦略と連動しているか）、②AS is – To be ギャップの定量把握のための取組み（目指すべきビジネスモデルや経営戦略と現時点での人材や人材戦略との間のギャップを把握できているか）および③企業文化への定着のための取組み（人材戦略が実行されるプロセスの中で、組織や個人の行動変容を促し、企業文化として定着しているか）とされており(注161)、その中で最も重要な事項は「経営戦略と人材戦略を連動させるための取組み」とされている。

経営戦略と人材戦略の連動を実現するためには、まずは経営戦略と人材戦略の連動の責任者としてCHRO（Chief Human Resource Officer）を設置することが挙げられている。CHROとは、経営陣の一員として人材戦略の策

(注161) 人材版伊藤レポート2.0・8頁、価値協創ガイダンス2.0・37頁。

〔図表 4-3-11〕人材版伊藤レポート 3.0・価値共創ガイダンス 2.0 の位置づけ

理論編

伊藤レポート3.0（SX版伊藤レポート）（2022年８月）

- 急激に事業環境が変化する中（サステナビリティ課題の多様化、世界経済の不確実性の高まり）、サステナビリティへの対応は、企業が対処すべきリスクであることを超えて、経営戦略の根幹をなす要素
- 企業や投資家等の多様なプレイヤーが、長期経営の在り方につき建設的・実質的な対話を行い、それを磨き上げていくことを通じて、サステナビリティ・トランスフォーメーション（SX）を実践することが、これからの「稼ぎ方」の本流に
- SXの実現に向けた経営の強化、効果的な情報開示や建設的・実質的な対話を行うためのフレームワークとして、「価値協創ガイダンス2.0」を策定

サステナビリティ要請の高まり
資本主義の在り方を巡る議論の深化

伊藤レポート2.0（2017年）

- 企業による再投資においては、競争優位・イノベーションの源泉となる「無形資産投資」が重要
- 無形資産投資やESGへの対応が、中長期的な企業価値向上のために必要な「投資」であることをストーリーとして説明することが必要
- 企業と投資家の対話の内容に関する「共通言語」として、価値協創ガイダンスを策定

持続的な企業価値の向上・中長期的投資の促進の重要性の高まり（日本再興戦略2016）

伊藤レポート（2014年）

- 日本企業がイノベーション創出力を持ちながらも持続的低収益に陥っているというパラドックスや、投資家の短期志向化に対する問題意識
- 長期的なイノベーションに向けた企業による再投資と、中長期の視点を持つ投資家からの投資による中長期的な企業価値向上が重要
- 資本効率性の観点から、資本コストを上回るROEの達成が重要

コーポレートガバナンス改革の機運の向上

実践編

価値協創ガイダンス2.0（2022年８月）
（SX実現のための包括的フレームワーク）

人材版伊藤レポート2.0（2022年５月）
（人的資本経営の具体化のための「アイディアの引き出し」）

人的資本可視化指針（2022年８月）
（人的資本の開示の在り方に焦点を当て、既存のガイドライン等の活用方法を含めて整理した手引き）

＊経済産業省「伊藤レポート 3.0（SX 版伊藤レポート）サステナブルな企業価値創造のための長期経営・長期投資に資する対話研究会（SX 研究会）報告書４頁。

定と実行を担う責任者であり、従来の人事部長とは異なり、企業の経営についての視点を持って経営陣・取締役会との議論を主導するとされており、人事以外の経営、ファイナンス、競合状況、製品特性などの理解も必要であるとされている(注162)。

次に、全社的経営課題の抽出を行うことが挙げられており、全社的経営課題の抽出に当たっては、CEO や CHRO が、価値協創ガイダンス 2.0 等の統合的なフレームワークも活用しながら、経営戦略実現の障害となる人材面の課題を整理し、経営陣や取締役と議論することが望ましいとされている。

また、CEO や CHRO が、入念に考えて KPI を設定し、経営環境の変化を踏まえて見直しを行うとともに、当該 KPI を設定または見直しをした背

(注162) アステラス製薬株式会社では、Global head of HR を社外から招聘し、経営層や事業部門とともに戦略を実現する人事を目指す取組みを加速している（経済産業省「人的資本経営の実現に向けた検討会報告書～人材版伊藤レポート 2.0～実践事例集」10 頁）。

景および理由を達成状況と併せて社内外に説明することが望ましいとされている[注163]。

さらに、人事と事業の両部門の役割分担の検証、人事部門のケイパビリティの向上が重要であるとされており、企業価値全体の最大化を目的とするような経営人材の育成や企業文化の浸透等の人事施策は人事部門が行い、これに対して、事業単位の価値の最大化を目的とするような、外部からの採用や部門内の再配置は、事業部門が責任を負うことが重要とされている[注164]。

⑶　人材戦略に求められる5つの共通要素

人材版伊藤レポート2.0や価値協創ガイダンス2.0によれば、人材戦略に求められる5つの共通要素とは、①動的な人材ポートフォリオ計画の策定と運用（目指すべきビジネスモデルや経営戦略の実現に向けて、多様な個人が活躍する人材ポートフォリオを構築できているかという要素）、②知・経験のダイバーシティ＆インクルージョンのための取組み（個々人の多様性が、対話やイノベーション、事業のアウトプット・アウトカムにつながる環境にあるかという要素）、③リスキル・学び直しのための取組み、④社員エンゲージメントを高める取組みおよび⑤時間や場所にとらわれない働き方を進めるための取組みであり[注165]、動的な人材ポートフォリオ計画の策定と運用が最も重要な事項であると考えられる。

動的な人材ポートフォリオ計画の策定と運用に当たっては、まず、将来の事業構想を踏まえた中期的な人材ポートフォリオのギャップ分析を行い、人材施策を立案することが重要であるとされている。その上で、人材ポートフォリオのギャップ分析に基づき、社員の再配置や外部人材の獲得を検討し実行するほか、社員が社外で有効な経験を積んで自社に戻ることを奨励し、アルムナイネットワークの活用等を検討することも考えられるとされている。

また、新卒一括採用に限定しない学生採用方針を策定する等、中期的な人

（注163）伊藤忠商事株式会社では、社内外に、人的資本の重要性とともに、その拡充策と、測定すべきKPIを明示している（人材版伊藤レポート2.0・17頁）。

（注164）KDDI株式会社では、人事部門が経営層・事業部門と定期的にミーティングを実施することで、経営戦略を踏まえた人事施策の実施や、経営層・事業部門への人事戦略の浸透に取り組んでいる。

（注165）人材版伊藤レポート2.0・9頁、価値協創ガイダンス2.0・38頁。

材ポートフォリオの充実につながる採用・選考戦略を策定・開示すること、イノベーション創出や事業の変革に貢献する人材として、博士人材のような、高度な専門性と、自ら課題を設定し解決する独自の構想力を持つ人材を活用する方策を検討することが望ましいとされている。

6　人的資本経営の可視化

(1)　概　要

人的資本が企業価値に与える影響が大きくなっていることから、投資家が投資判断をするに当たって、従来から開示されていた財務情報のみではなく、人的資本経営に関する情報も考慮されるようになってきている。そのため、企業は、人的資本に関する情報についても積極的に開示する必要がある。グランドデザイン・実行計画においても、「費用としての人件費から、資産としての人的投資」への変革を行い、人的資本をはじめとする非財務情報を見える化し、株主との意思疎通を強化していくことが必要とされている(注166)。

政府としても、2022年８月に公表した可視化指針に基づいて、人的資本に関する情報開示の制度の整備を進めている。可視化指針においては、人的資本の可視化について企業・経営者には、経営層・中核人材に関する方針、人材育成方針、人的資本に関する社内環境整備方針などについて、自社が直面する重要なリスクと機会、長期的な業績や競争力と関連づけながら、目指すべき姿（目標）やモニタリングすべき指標を検討し、取締役・経営層レベルで密な議論を行った上で、自ら明瞭かつロジカルに説明することが期待されるとされている。

また、可視化指針においては、重要な原則・規範を示しつつ具体的な開示内容は各社の裁量に委ねる方針を採用しており、①自社の経営戦略と人的資本への投資や人材戦略の関係性（統合的なストーリー）を構築した上で、②「ガバナンス」「戦略」「リスク管理」「指標と目標」という の４つの要素に

(注166)　内閣官房新しい資本主義実現会議「新しい資本主義の グランドデザイン及び実行計画～人・技術・スタートアップへの投資の実現～」(2022年６月７日）11頁(6)参照。

沿って情報を開示することが望ましいとされている。そして、開示の際には、ⓘ自社固有の戦略やビジネスモデルに沿った独自性のある取組み・指標・目標（独自性）、ⓘⓘ比較可能性の観点から開示が期待される事項（比較可能性）といった２類型に応じて開示項目を検討することが求められている。

もっとも、企業としては、最初から完成度の高い人的資本の開示を行うことは難しいと考えられ、可視化指針においても、制度開示に対応しつつ「できるところから開示」を行うことで差し支えないとされている。また、可視化指針においては、まずは人的資本・人的戦略の整理を行った上で人的資本・人的戦略について、可視化を行い、開示した情報に関するフィードバックを受けて人材戦略の見直しを図るというサイクルを行い、企業価値を向上させていくことが望ましいとされており、人的資本経営は実践と可視化の両輪で進めていくべきであることが示されている。

⑵　制度開示

人的資本経営に関する開示について、2024年１月時点ですでに制度としての開示が定められているものが存在しており、同月時点で整備されている制度の概要は以下の通りであるが、**第２部第２章第３節**〔p.103〕も参照されたい。

ア　コーポレートガバナンス報告書における開示

2021年６月にコーポレートガバナンス・コードが改訂され、人材戦略の検討や人的資本の情報開示を求める原則が追加された。改訂されたコーポレートガバナンス・コード(注167)では、第３章「適切な情報開示と透明性の確保」の原則3-1「情報開示の充実」に、補充原則３－１③を新設し、「人的資本や知的財産への投資等についても、自社の経営戦略・経営課題との整合性を意識しつつ分かりやすく具体的に情報を開示・提供すべきである」と規定している。また、第４章「取締役会等の責務」の原則4-2「取締役会の役割・責務⑵」に、補充原則4-2②を新設し、「人的資本・知的財産への投資等の重要性に鑑み、これらをはじめとする経営資源の配分や、事業ポートフォリオに関する戦略の実行が、企業の持続的な成長に資するよう、実効的

(注167)　株式会社東京証券取引所「コーポレートガバナンス・コード～会社の持続的な成長と中長期的な企業価値の向上のために～」参照。

に監督を行うべきである」と規定している。

イ　有価証券報告書における開示

2023年1月31日に「企業内容等の開示に関する内閣府令」（以下、「開示府令」という）および「企業内容等の開示に関する留意事項について」が改正され、2023年3月31日以降に終了する事業年度に係る有価証券報告書等から適用されている。

人的資本についての開示府令の改正内容としては、有価証券報告書に「サステナビリティに関する考え方、取組」の記載欄が新設され、「戦略」の欄に「人材の多様性の確保を含む人材の育成に関する方針及び社内環境整備に関する方針」を記載すること、「指標及び目標」の欄に「戦略」に記載した方針に関する指標、当該指標を用いた目標及び実績を開示することが求められている[(注168)]。また、提出会社が男女賃金格差、女性管理職比率、男性労働者の育児休業取得率を公表する場合には、「従業員の状況」の欄においてもこれらの指標を記載することが求められている[(注169)]。

もっとも、開示府令の人的資本に関する事項の記載についての定めは抽象的であり、(1)に記載の考え方に従い、自社の経営戦略と人的資本についての戦略の統合的なストーリーを、指標や目標とともに提示することが必要であると考えられる。

ウ　女性活躍推進法に基づく男女間賃金格差等の開示

グランドデザイン・実行計画Ⅲ1⑸②に基づいて、2022年7月8日に、女性の職業生活における活躍の推進に関する法律が改正され、情報公表項目に「男女の賃金の差異」を追加されるともに、常時雇用する労働者が301人以上の一般事業主に対して、当該項目の公表が義務づけられた。

エ　育児休業の取得状況の開示

2023年5月1日に、育児休業、介護休業等育児又は家族介護を行う労働者の福祉に関する法律が改正され、常時雇用する労働者が1,000人を超える事業主は、男性労働者の①育児休業等の取得割合または②育児休業等と育児目的休暇の取得割合を年1回公表することが義務づけられた。

(注168) 開示府令第二号様式（記載上の注意）(30-2) c。
(注169) 開示府令第二号様式（記載上の注意）(29) d・e・f。

⑶　任意開示

企業は、制度上開示が求められている有価証券報告書やコーポレート・ガバナンス報告書以外にも、サステナビリティレポート、中期経営計画、IRウェブサイト、サステナビリティウェブサイト等で任意的に情報開示を行っているところ、人的資本への投資や人材戦略、関連する目標・指針を、有価証券報告書やコーポレート・ガバナンス報告書を補完する形で積極的に開示することが望ましい。

開示の内容については、ISOが制定した「ISO30414」等の国際的な任意開示基準や⑴に記載の考え方（可視化指針における情報開示の考え方）が参考になると考えられる。

７　おわりに

これまで、働き方改革を通じてさまざまな労働問題の解決が図られてきたが、あくまで労働法令等に関する議論が中心で、人材戦略や経営戦略とは一定の隔たりがあったことは否定できない。もっとも、今後は、人的資本経営の浸透に伴い、人材に対する投資等が活発となれば、これまで解決が難しかった労働問題にも一定の道筋が見えてくる可能性もある。そのため、人的資本経営は、サステナビリティの観点から重要であるとともに、労働法の観点からも、変革をもたらす流れになり得ると考えられる。

第4章 地方再生・地方創生とサステナブル・ファイナンス

1　はじめに

地域再生・創生とサステナビリティは密接に関係する問題である。なぜならば、地方企業が持続可能な発展を遂げていくためには、地方企業のみならず地方経済全体が活力をもって発展維持していく必要があるからである。他方で、地方経済においては以下で述べるような課題が山積しており、その問題を一挙に解決する処方箋は存在しない（その背景としては日本は47都道府県を有する国家であり、都市部以外の県が多いのという事実が存在する）。

そこで以下では、地域再生に関する立法およびこれに対する行政の視点を踏まえた上で、与えられた課題について検討していきたい。

まず、地域創生に関しては、「まち・ひと・しごと創生法」(注1)と地域再生法の2法が両輪となって推進することを期待されているといわれる(注2)。

このうち、地域再生法の2条は、地域再生に関する基本的命題を挙げており、理解の促進に非常に役立つといえる。すなわち、「地域再生の推進は、少子高齢化が進展し、人口の減少が続くとともに、産業構造が変化する中で、地域の活力の向上及び持続的発展を図る観点から、地域における創意工夫を

(注1) なお、同法は2条の基本理念で、①地域の実情に応じて環境の整備を図ること、②基盤となるサービスについて、現在および将来におけるその提供の確保を図ること、③結婚等についての希望を持つことができる社会が形成されるよう環境の整備を図ること、④仕事と生活の調和を図ること、⑤魅力ある就業の機会の創出を図ること、⑥地域の実情に応じ、地方公共団体相互の連携協力による効率的かつ効果的な行政運営の確保を図ること、⑦国、地方公共団体および事業者が相互に連携を図りながら協力するよう努めること、が挙げられている。

(注2) 例えば、「地域再生制度の概要」（内閣官房・内閣府総合サイト（https://www.chisou.go.jp/tiiki/tiikisaisei/pdf/seido_gaiyo.pdf）参照）。なお、前法については、内閣官房まち・ひと・しごと創生本部事務局 内閣府地方創生推進事務局 参事官 島田勝則「地方創生の現状と今後の展開」（2019年7月23日）（https://www.soumu.go.jp/main_content/000635353.pdf）参照。

生かしつつ、潤いのある豊かな生活環境を創造し、地域の住民が誇りと愛着を持つことのできる住みよい地域社会の実現を図ることを基本とし、地域における地理的及び自然的特性、文化的所産並びに多様な人材の創造力を最大限に活用した事業活動の活性化を図ることにより魅力ある就業の機会を創出するとともに、地域の特性に応じた経済基盤の強化及び快適で魅力ある生活環境の整備を総合的かつ効果的に行うことを旨として、行われなければならない」と規定されている（下線は筆者）。

そこで以下では、上記の３点、すなわち①就業の機会の創出、②経済基盤の強化、③生活環境の整備の問題点および解決策について検討を深めていき、その上で、地域金融機関による支援について言及していくこととする。

〔図表 4-4-1〕地域における課題

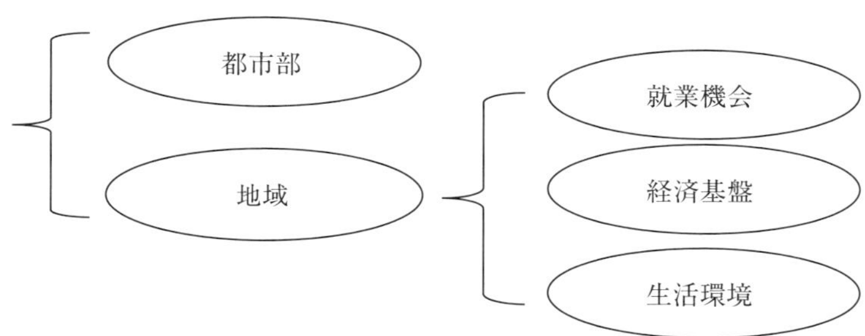

2　行政による分析

(1)　就業の機会の創出

ア　問題点の分析

まず、国土交通省（以下、「国交省」という）は就業の機会について次のように分析してきた(注3)。

第１に、地方圏での有効求人倍率は東京圏、大阪圏と遜色ない水準で推移

（注３）詳細は、国土交通省「地方における就労機会の確保について」（https://www.mlit.go.jp/policy/shingikai/content/001381856.pdf）参照。

(コロナ前は1.5を上回る水準）しているが、地方では希望（給与・業種・職種等）にあった就労機会を確保できていない可能性やUターンに必要な就職先の情報等が不足している可能性が指摘されている。

かかる問題点につき国交省は、地域からの雇用に係る情報の積極的な発信、地域における高賃金や魅力ある仕事の創出を提言しているが、その実現にはハードルが存在する。

第2に、国交省は地方にいながら東京等の企業への勤務（副業を含む）ができる環境整備およびテレワークにより地方でも東京等での仕事を行えるようにするための環境整備も提言している。

第3に、地方では労働生産性が低いことを問題視し、その原因として、地方は中小企業が中心であることが一因かもしれないこと、中小企業はIT装備率が低く、生産性向上を阻害している可能性があること、諸外国に比べ開廃業率が低いこと（結果として低生産性企業の新陳代謝が進まないこと)、地方で生じた利益の多くが都市部に流出している問題点を指摘している。

このような問題点を踏まえ、国交省は、①産業振興の必要性、②高生産性産業への特化・産業の掘り起こし、③中小企業の規模拡大の促進等の見直し、④IT化等の技術革新の促進、⑤企業の新陳代謝の促進（高生産性企業へのシフト）等を提言している。

〔図表 4-4-2〕就業機会の創出方法

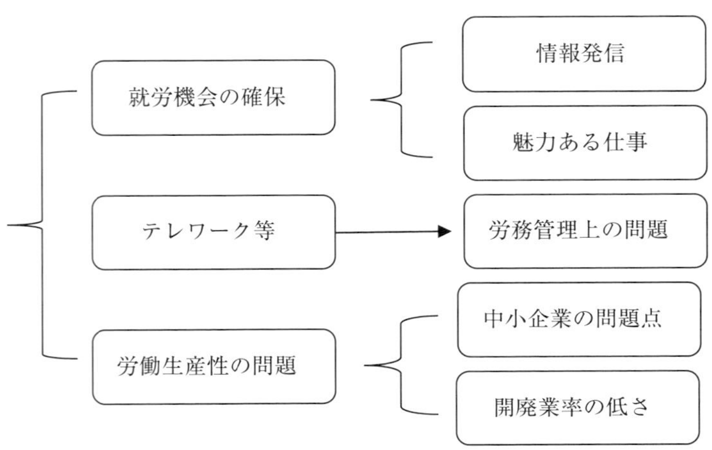

イ　実務上の留意点

さて、このような問題点の指摘および提言自体は、正しい方向性が多いように思える。ただし中小企業の事業再生に携わる者からすると、次のような点にも留意が必要である。

第１に、①地方でも売上・利益・賃金・労働生産性に優れている企業も当然に存在するため、そのような企業を支援すること自体にまったく異存はないが、②他方で、都市部の方が賃金が高いことにはそれなりの理由も存在する（競争が激しければ賃金を上げざるを得ないし、競争が激しい方が企業のイノベーションにも寄与することが考えられる。また、都市部の匿名性こそ都市部の優越的地位を支えているとの指摘もある(注4)）。

また③地方に中小企業が多いのは事実であろうが、そもそも中小企業が多いのは日本全国の特徴であるし、それが日本の国力の強みでもあるともいわれる(注5)。

第２に、④中小企業が値上げ等を行いにくいのは、大企業とのパワーバランスかもしれないし（法律的にいうと、独禁法・下請法の監督・履行をどれだけ強化するかの問題でもある(注6)）、⑤新陳代謝が進まない理由としては、個人保証の存在や廃業支援に金融機関が消極的な結果かもしれない。

これに対し、立法改正やガイドラインによって対応しているとの反論はあり得ようが、①債権法の改正においても個人保証の廃止は実質的に機能していないこと、②経営者保証ガイドラインに対する理解も必ずしも全国の金融

（注４）例えば、松岡真宏「『匿名性』の魔力～匿名性が経済活動にもたらすもの～」Frontier Eyes Online（2023年１月26日）（https://frontier-eyes.online/anonymity_economy/）参照。

（注５）この点に関して、例えばデービッド・アトキンソン「『中小企業の生産性向上』が日本を救う根本理由」参照（https://toyokeizai.net/articles/-/402538?display=b#:~:text=%E6%97%A5%E6%9C%AC%E5%85%A8%E4%BD%93%E3%81%AE%E7%94%9F%E7%94%A3%E6%80%A7,%E3%81%AF%E4%B8%AD%E5%B0%8F%E4%BC%81%E6%A5%AD%E3%81%AB%E3%81%82%E3%82%8B&text=%E4%B8%AD%E5%B0%8F%E4%BC%81%E6%A5%AD%E3%81%AE%E6%AF%94%E9%87%8D%E3%81%8C,%E5%BF%85%E7%84%B6%E7%9A%84%E3%81%AA%E7%B5%90%E8%AB%96%E3%81%A7%E3%81%99%E3%80%82）。

（注６）なお2024年現在、行政は価格転嫁問題についても注目している。中小企業庁「価格転嫁・取引適正化対策の現状と課題」（2024年11月）（https://www.chusho.meti.go.jp/koukai/shingikai/kihonmondai/005/003.pdf）参照。

機関に行きわたっていないこと(注7)、③少なくとも中小企業版私的整理ガイドラインは想定ほど利用されていないこと等の現実が存在する(注8)。

第3に、このような点を踏まえると、都市部企業への副業勤務およびテレワークの拡充も重要かもしれず、それに加えて、地域金融機関がどれだけ地域企業を支援できるかの問題および中小企業の規模拡大の促進をどのように図るかが重要なテーマかもしれない。

もっとも、このようなテーマに関しても、法律的な観点では、副業をどれだけ増加できるか（実際には副業に消極的な企業も多い）という問題（他方で当然に利益相反や営業秘密の問題もある）であるし、テレワークの問題点（例えば情報管理・労務管理の困難性）をどのように解消するかという問題かもしれない。

第4に、地域金融機関がどのように地域企業の再生を支援していくかは後述するが、中小企業の規模拡大はM&A等で実施されていく現状もある。ただし、地方の中小企業M&Aにおいては、取引先の維持や従業員の雇用確保等の論点が存在するし(注9)、中小企業のM&Aにおいては両手ビジネス等の慣習(注10)をどうするかという問題も存在する。

結局のところ、これらの問題は、各行政分野ごとに考えるだけでは十分でなく、統一的な経済的・法的視点が必要な問題かもしれない。

(2)　経済基盤の強化

ア　行政による分析

次に経済産業省（以下、「経産省」という）は、経済基盤の強化について次

(注7) ただし、「事業性融資の推進等に関する法律」は強く個人保証を求める慣行からの離脱を念頭に置かれている。

(注8) これに対する地銀の動きは、「『経営者保証求めません』地銀、相次ぐ融資慣行見直し」日本経済新聞2023年5月8日（https://www.nikkei.com/article/DGXZQOUB2326O0T20C23A4000000/）参照。

(注9) 詳細は、柴原多＝田中研也「金融機関と事業承継における留意点」銀法781号(2015) 参照。

(注10) 詳細は、川崎健「M&A仲介は是か非か 問われる両手取りモデル」NIKKEI Financial（2021年1月25日）（https://financial.nikkei.com/article/DGXZQOGD2155V0R20C21A1000000?s=1）参照、なお2024年8月30日には「中小M&Aガイドライン」の改訂が経済産業省から発表されている。詳細は、https://www.meti.go.jp/press/2024/08/20240830002/20240830002.html 参照。

〔図表 4-4-3〕中小企業の課題

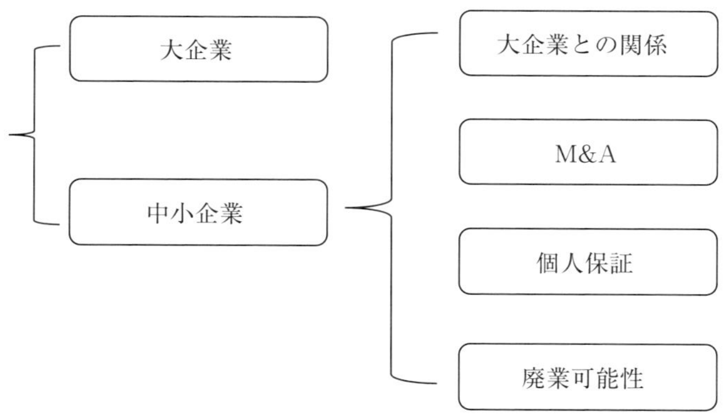

のように分析してきた(注11)。

そもそも、①リーマンショック以降、地域経済を支えてきた産業が低迷したため（筆者注：その後、コロナの影響も大きいと思われるが）、新規投資が十分に回復せず、地域経済の好循環に十分つながっていないこと、②非製造業では、卸小売・サービス業は地方の人口減もありマーケットが縮小し、大都市圏にビジネスと投資が集中していること、③観光業はビジネスモデルの転換が遅れ気味であること(注12)、④製造業では、大企業の主力工場が海外移転し、空洞化が進むとともに、地域の下請企業の受注が伸び悩んでいることを指摘している。その上で、地域の固有の資源・魅力を活用することにより、新たな収益機会を地域の内外に創出する事業（「地域中核事業」）が登場しつつある。その際、中核企業を軸に、地域に進出する波及効果の高い事業を創出し、地域経済における稼ぐ力の好循環を促すことが必要とされている。

イ　投資の減少理由

もっとも、投資が減少している理由については、慎重な検討が必要なように思われる。

この点、近時指摘されているのは経験からの予防、つまり、バブル崩壊・

(注11) 経済産業省地域経済産業グループ「地域経済産業政策の現状と今後の在り方について」(2016 年 12 月）(https://www.meti.go.jp/shingikai/sankoshin/chiiki_keizai/kojo_ritchi/pdf/033_04_00.pdf) 参照。

(注12) ただし、この点は、2024 年現在、円安下でのインバウンド事業の高まりにより、相当程度改善しているように思われる。

〔図表 4-4-4〕経済基盤の強化に関する論点

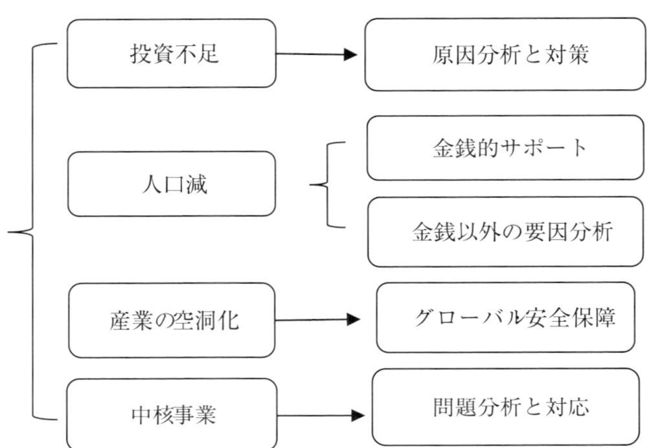

リーマンショック・コロナを踏まえて、保守的に行動したほうが生き残れるという経験を経営陣が体感してしまったのではないかという指摘である(注13)。

また、日本において投資意欲が少ないのは、株主資本主義、特に短期的利益主義の影響による所が大きいとの指摘もある(注14)。

この点は、会社法の他の議論とも関係する。すなわち、ブルドッグソース事件（最決平成19・8・7民集61巻5号2215頁）は「会社は株主のもの」であるという理解を前提に株主総会による自治を基本とし(注15)、結果として持合の再燃になりかねないとの意見も出された。

もっともその後、東京機械製作所事件では、MOM（Majority of Minority）という概念も登場するに至っており(注16)、この点を含め資本の論理に対する再理解が必要な状況となっている。

(注13) 詳細は、河野龍太郎著『成長の臨界――「飽和資本主義」はどこへ向かうのか』（慶應義塾大学出版会、2022）参照。

(注14) 詳細は、大杉謙一「会社は誰のものか――株主利益最大化と短期主義批判、会社の社会的責任（CSR）に関する覚書」飯田秀総ほか編『落合誠一先生古稀記念論文集・商事法の新しい礎石』（有斐閣、2014）参照。

(注15) 同事件では「特定の株主による経営支配権の取得に伴い、株式会社の企業価値がき損され、株主の共同の利益が害されることになるか否かについては、株主総会における株主自身の判断の正当性を失わせるような重大な瑕疵が存在しない限り、当該判断が尊重されるべきである」と判断されている。

ウ　少子高齢化の対応策

また、少子高齢化においては、さらに議論が難しい部分がある。この点、岸田政権下においては、「異次元の少子化対策」なるものが提案されてきた。

確かに、家族に対する財政的支援も大事なテーマではあるが、他方で、日本人が日本で子供を産み、育てたい環境にあるのかという問題もある(注17)。

すでに一部の資本家は海外への移住(注18)または海外での教育に力を入れている。それは投資、展望なき社会への批判であり、また日本の教育への消極的評価である。

投資の点についてはすでに指摘したが、いわゆる中抜きビジネスへの批判(注19)や無計画な公的投資への批判も大きい(注20)。

また、日本教育の問題点としては、文理の隔たり(注21)、英語教育の弱体化(注22)、教育投資金額の少なさ(注23)、ガバナンスの弱さ(注24)が指摘される。

教育の本質論は筆者の領分を離れるが、日本社会が英語化していないことによって、外国人の就職に対する障壁になるとともに日本人の雇用維持が確

(注16) カーティス・ミルハウプト＝宍戸善一「東京機械製作所事件が提起した問題と新J-Pillの提案」商事2298号（2022）4頁以下参照。同事件では、「本件株主意思確認総会は、申立人ら及びその関係者並びに相手方の取締役及びその関係者以外の、株式の売却の判断において強圧性が問題とされる株主において、適切な判断を下すための十分な情報と時間が確保できないことが相手方の会社の企業価値のき損ひいては株主の共同利益が害されることになるか否か、また、本件対抗措置の発動の要否について、その意向を確認するためのものであり、そのような株主総会の性質及び目的に照らすと、申立人ら及びその関係者に議決権を行使させることは適切とはいえず、また、その当時の申立人らの持株比率が過半数に達していなかったことも踏まえると、MOM要件によってする本件株主意思確認総会における株主意思の確認の手続が、一株一議決権の原則を定める会社法308条1項に反し許されないということはできない」（下線は筆者）と判断されている。

(注17) その他の論点については、例えば、山田昌弘「日本で少子化対策はなぜ失敗したのか」財務省財務総合政策研究所 人口動態と経済社会の変化に関する研究会 第1回報告（2020年10月20日）（https://www.mof.go.jp/pri/）、なお濱口桂一郎「子育て世代の労働時間と労働法政策」人口問題研究80巻4号（2024）については https://www.ipss.go.jp/syoushika/bunken/sakuin/jinko/331.html 参照。

(注18) 例えば、堀内京子「日本人、静かに進む海外流出　永住者が過去最高の55.7万人に」朝日新聞DIGITAL（2023年1月23日）参照。

(注19) 例えば、加谷珪一「日本経済の悪しき習慣『中抜き』が、国と国民を貧しくしている」ニューズウィーク日本版（2020年7月20日）参照。

(注20) だからこそ、東京地検はオリンピック汚職疑惑に対する強制捜査に力を入れたものと思われる。

保されているともいわれる。そもそも日本は移民の受入れに消極的でありそれも1つの選択肢ではあるが、多様性に基づくイノベーションを期待するのであれば(注25)、言語的障壁の撤廃も重要な課題となる。

他方で本来、学問の研究とガバナンスの不全は択一的な論点でもない。学問を研究するからといって、ガバナンスを疎かにしてよいことにはならないことは日本大学の事件を見ても明らかであろう。したがって外部から役員が入ることにより研究意欲が削がれることは本末転倒であるが、外部役員が入るからといって研究意欲が削がれるとは限らないし、そもそも外部役員が入らなくても研究意欲が削がれているようであれば、問題である。

エ　産業の空洞化

国交省が問題とする産業の空洞化も非常に悩ましい問題である。そもそも株主利益至上主義からすれば、より労務コストの低い地域にて生産活動を行うのは当然のことである。したがって、株主利益至上主義およびグローバリズムを前提とする限り、この方向性を直ちに修正できるかという問題がある（他方で近年は経済安全保障等の観点からの修正も進行中である）。

これに対してこの問題を解決する方向としては、①日本がより労務コストの低い地域になるか（直ちにこの方策をとることは困難であろうが、日本の低賃金傾向が継続するようであれば将来的にはそのような可能性も否定できない(注26)）、②逆に日本の労働者の付加価値を高めるか（正論としてはこの方向性が望ましいが、これを実現するためには、労働者の再教育等の問題を解決する必要があろ

(注21) 例えば、中村正史「『文理分けは日本だけ』は本当か？隠岐さや香・名古屋大教授に聞く」朝日新聞EduA（2020年10月21日）参照。なお東京大学における動向については「東京大学、文理融合の5年制新課程27年秋入学から創設」日本経済新聞（2024年2月19日）（https://www.nikkei.com/article/DGXZQOUE190XZ0Z10C24A2000000/）参照。

(注22) 例えば、文部科学省「今後の英語教育の改善・充実方策について 報告～グローバル化に対応した英語教育改革の5つの提言～」（https://www.mext.go.jp/b_menu/shingi/chousa/shotou/102/houkoku/attach/1352464.htm）参照。

(注23) 例えば、「教育機関への公的支出割合、日本はワースト2位.OECDが発表」読売新聞オンライン（2022年10月4日）参照。

(注24) 例えば、森晃憲（文部科学省高等教育局私学部長）「学校法人のガバナンス改革について」（https://www.shidaikyo.or.jp/riihe/kenkyukai/pdf/75th_no2.pdf）参照。

(注25) 例えば、Eric Schmidt,2023. Innovation Power Why Technology Will Define the Future of Geopolitics : Foreign Affairs 参照。

(注26) なお、2024年現在、官民を挙げて賃上げに注力している状態にあるといえる。

う）、③安定的な供給関係の構築や国際安全経済保障の観点[注27]からサプライチェーンを構築することであろう（前者は自発的に行うのは難しい部分があるが、後者は近時特に問題となっている）。

オ　ターゲット分野の留意点

さらに経産省は、ターゲット分野（これから伸びる産業分野）としては、医療・データ・観光・スポーツビジネス・農林水産業等を挙げており[注28]、そのすべてについて語り尽くす紙面の余地はないため、以下かいつまんでコメントする。

確かに医療は少子高齢化社会に不可欠であるし、世界的に見てもヘルスケア事業への関心は高い。またデータ分野は「21世紀の石油」といわれる分野であり、観光はインバウンドに対応し、農林水産業もブランド化の恩恵を受けるとともに食料安全保障の基本である。

しかしながら、医療分野にも、①人員数の問題[注29]、②労働時間の問題[注30]、③社会保険料の問題[注31]、④ガバナンスの問題等は存在するし[注32]、世界と伍していくには、研究開発費不足との指摘もなされている。

医療分野において、学校と同様にガバナンスが不全であることには理由が存在する。

日本は「医は仁術なり」との考えが強いように思われる。もちろんアメリカの医療制度にも数々の問題は存在する。他方で、「医は仁術」という観点が外部資本の導入を狭めている実情も存在する。

閉鎖的な環境がシュリンクしやすいことはある意味必然であるから、かかる問題点を今後どのように克服するかという課題が存在するといえよう。

（注27）この点の詳細は、西村あさひ法律事務所国際通商・投資プラクティスグループ編・藤井康次郎ほか編著『人権・環境・経済安全保障——国際通商規制の新潮流と企業戦略』参照。

（注28）経済産業省・前掲（注11）「今後の在り方」参照。

（注29）例えば、少し古い資料であるが、中澤勇一「医師不足の現状と対策」信州医学雑誌58巻6号（2010）参照。

（注30）例えば、厚生労働省医政局医事課医師等働き方改革推進室「医師の働き方改革について」（https://www.mhlw.go.jp/content/10800000/000818136.pdf）参照。

（注31）例えば、田近栄治「社会保障と財政——医療制度改革を中心に」（https://www.seijo.ac.jp/research/economics/publications/annual-report/jtmo420000000mtr-att/a1560837226949.pdf）参照。

（注32）例えば、「健康・医療WG（第17回）議事概要」（2014年2月18日）参照。

データ分野、特に個人情報の取扱いに関しても難しい問題が存在する。中国は国を挙げて国民の情報を取得し、進化を遂げるとともに国益の保護を図っている（サイバーセキュリティ法やデータセキュリティ法参照(注33)）(注34)のに対し、欧州では、個人情報の保護に加えAI等に関する警戒感が大きい（例えばGDPRおよびAI規制法参照）。

これに対して、日本は中間的な立ち位置に存在する。すでに研究会から一定の指針は示されているが(注35)、個人情報にセンシティブな日本においては、中国のような積極的な活用は難しい面があろうが、他方で、個人情報に関し欧州程の規制方針は示されていない。米国は米国で、インセンティブの獲得に熱心であり、また移民も集まりやすい環境下にある(注36)。

逆にいえば、日本は国を挙げて情報を利用することも難しく、ガイドラインも緩やかで、インセンティブも生じにくく、移民も集まりにくい状況である(注37)。

もちろん、日本は国民の同質性が比較的強く、治安も安定的であるが、それゆえの停滞感も存在する。究極的にはその状況を受け入れるかどうかの問題であり、仮に活性化に努めるのであれば、今まで述べてきたことを経済・政治・法務の面からサポートする必要があるのではなかろうか。

（注33）前法は、サイバーセキュリティ等級の保護をネットワーク運営者に法定義務として課すことで国益を保護し、後法はデータの分類・等級保護、データセキュリティ管理、リスク評価、国外移転への対応等を企業に義務づけている。

（注34）他方で、中国個人情報保護法に基づきDiDi Globalに対して80.26億人民元（約1,600億円）の過料が課せられるケースも発生している。張翠萍＝志賀正帥＝郭望「中国個人情報保護法に基づく外国企業に対する中国初の処罰事例について」西村あさひ法律事務所 中国ニューズレター（2022年12月2日）（https://www.nishimura.com/sites/default/files/images/newsletter_221202_cn.pdf）。

（注35）詳細は、パーソナルデータ＋α研究会「プロファイリングに関する最終提言」（2022年4月22日）（https://wp.shojihomu.co.jp/wp-content/uploads/2022/04/ef8280a7d908b3686f23842831dfa659.pdf）参照。なおAIに関しては2024年4月に「AI事業者ガイドライン」、5月に「AI時代の知的財産権検討会　中間とりまとめ」が公表されている。

（注36）他方で、2024年の米国大統領選挙でトランプ氏が勝利したことの影響は未知数である。

（注37）なお、近時この点はG7でも取り上げられている。「『責任あるAI』議論加速 G7デジタル相共同声明」THE SANKEI NEWS（2023年4月30日）参照。

(3)　生活環境の整備の問題点および解決策

ア　国内における理解

生活環境の整備に関しては、近時、少子高齢化社会と関連して、効率的な市区町村の運営、すなわちスマートシティ（以下、「SC」と略する）への理解が重要と思われるが、他方でSCの概念はわかりにくい部分が存在する(注38)。

この点、国交省はSCについて、2018年8月に、「スマートシティの実現に向けて（中間とりまとめ）」において、次のように説明している。

「現在、我が国の都市行政においては、社会経済情勢の変化に伴い、人口減少・超高齢社会、厳しい財政制約等の諸課題が顕在化する中、住民生活を支える様々なサービス機能が確保された持続可能な都市構造を実現するため、誘導手法の導入・活用等によりコンパクト・プラス・ネットワークのまちづくりを推進しているところである。そのような状況の中、2018年6月15日に閣議決定された『未来投資戦略2018～「Society5.0」「データ駆動型社会」への変革～』においても、“まちづくりと公共交通・ICT活用等の連携によるスマートシティ”として、『まちづくりと公共交通の連携を推進し、次世代モビリティサービスやICT等の新技術・官民データを活用した「コンパクト・プラス・ネットワーク」の取組みを加速するとともに、これらの先進的技術をまちづくりに取り入れたモデル都市の構築に向けた検討を進める』と記述されるなど、先端技術の実装という世界的な潮流の中で、現在進めている政策の中に、ICT等の新技術の要素をどのように取り込み、都市の課題解決に向けて、より高度で持続可能な都市を実現するために、何が必要かを検討し、社会実装に向けた動きを進める必要がある」。

またSCに関しては、内閣府からも、2021年4月に、ガイドブック(注39)が公開されている。まず、当該ガイドブックによるとCSの目的は市民の幸

（注38）森田多恵子＝向井飛翔＝大澤涼「スマートシティを巡る近時の法制的動向」西村あさひ法律事務所 DX Law ニューズレター（2020年7月6日）（https://www.nishimura.com/sites/default/files/images/newsletter_200706_dx_2.pdf）参照。

（注39）「スマートシティガイドブック（概要版）」内閣府・総務省・経済産業省・国土交通省スマートシティ官民連携プラットフォーム（2021年4月）（https://www8.cao.go.jp/cstp/society5_0/smartcity/00_scguide_s.pdf）、なお2023年8月10日には第2版が公表されている。https://www8.cao.go.jp/cstp/society5_0/smartcity/guidebook.html 参照。

福度（“well-being”）の向上にあり、下記３点を基本理念として掲げる。

・市民（利用者）中心主義（“Well-Being の向上” に向け、市民目線を意識し、市民自らの主体的な取組みを重視）
・ビジョン・課題フォーカス（「新技術」ありきでなく、「課題の解決・ビジョンの実現」を重視）
・分野間・都市間連携の重視（複合的な課題や広域的な課題への対応等を図るため、分野を超えたデータ連携、自治体を越えた広域連携を重視）

次に、当該ガイドブックは下記の５点を基本原則として掲げている。

・公平性、包摂性の確保
・運営面、資金面での持続可能性の確保
・プライバシーの確保
・セキュリティ、レジリエンシーの確保
・相互運用性・オープン性・透明性の確保

このような基本原則は一見法律とは無関係に思えるがそうとも限らない。なぜならば、市民の平等性（と包摂性）、持続可能なビジネスモデルの確立とそれを支える法的担保の必要性、個人情報をはじめとしたプライバシーの確保、サイバー攻撃等に対する対応策の検討、公正性の確保（公正性には汚職の防止等の観点も含まれる）および、当該施策を選択・実現する地方議会・行政の住民に対する責任（時には住民訴訟対策も含む）が含まれるからである[注40]。

イ　OECD における理解

もっとも、以上の記載でも、まだわかりにくい部分も存在する。

この点 OECD（The Organisation for Economic Co-operation and Development、経済協力開発機構）によりもう少し詳細な分析がなされているので[注41]以下簡単に紹介していきたい。

OECD の報告は 59 頁にも上る長文だが、下記のポイントを掲げている。

（注40）この他の論点として、例えば小川幸裕ほか「スマートシティにおけるプラットフォーマーの台頭」知的資産創造７月号（2019）等（https://www.nri.com/-/media/Corporate/jp/Files/PDF/knowledge/publication/chitekish[…]0705.pdf?la=ja-JP&hash=29CC89B44F4815E4896ACA437D876FEBBC93F50F）参照。

（注41）詳細は、「Smart Cities and Inclusive Growth」OECD（2020）（https://www.oecd.org/cfe/cities/OECD_Policy_Paper_Smart_Cities_and_Inclusive_Growth.pdf）参照。

①　都市住民の生活改善（以下、単に「生活改善」という）に対する客観的検証、すなわちパフォーマンスの測定（効率性・持続性・有効可能性）
②　スマートガバンス（規制緩和と再規制）、アクター（行政・企業・市民）の協力が不可欠
③　スマートテクノロジーとデジタルイノベーションは市民の福祉向上とリンク
④　効率的な公共役務、公の秩序の維持、潜在的課題の予測、環境に対する影響の考慮等
⑤　エリアごとの選択を踏まえ、脆弱部分のフォロー
⑥　新しい経済機会を提供するものであり、不足部分の補完およびバイアスの解消が重要
⑦　経済成長とともに持続可能性・公平性の視点が不可欠
⑧　収益性の確保および投資効率の算定と、そのために適切なデータの収集
⑨　経済統計の可視化、経済影響への理解、社会目標・幸福度の算定、技術の監視等
⑩　競争力ある入札過程、調達過程の健全性（無駄・汚職等の除外）

これら OECD の提言は何を意味するのであろうか。

第１に SC という概念がどこから生まれたかという点については議論が分かれるが１つは効率的な国際調査を行うためには効率的に住民の情報を集める必要があった面もある(注42)。

もっとも、そのような視点は、専ら行政サイドからの要望であり、行政が国民に奉仕するという建前（日本国憲法 15 条２項は「すべて公務員は、全体の奉仕者であつて、一部の奉仕者ではない」と規定する）からすると、都市市民の生活改善という目的（内閣府のいう「市民の幸福度の向上」）が前面に出てくる必要がある。

そこで重要なのは、行政が単に「都市市民の生活改善」と標榜してもお題目にすぎず、真に生活改善を目指すのであれば、客観的に生活改善につな

(注42)　詳細は、Jose Montes,「Historical View of Smart Cities: Definitions, Features and Tipping Points」(2020)（https://papers.ssrn.com/sol3/papers.cfm?abstract_id=3637617）参照。

がっているかを測定する必要がある（主観面のみならず客観面の担保）。

さらに行政だけで音頭をとっても表層的な結論に至る可能性があるため、受益者である住民および産業の担い手である企業の参加も重要である（民主主義的な理由もあろう）。

他方でSCにおいては効率的な公共役務がなされなければならない。なぜならば、効率的でない役務提供は結局破綻に至るか、自己満足的な提供に終わりかねないからである（無駄な箱物行政は日本においても散々批判されるところである）。

〔図表4-4-5〕都市市民の生活改善に関する視点

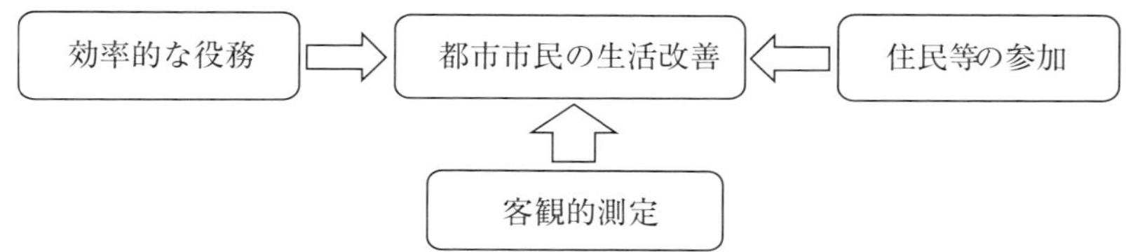

第2に、行政である以上、公の秩序の維持を図る必要があるとともに、SCが長期的に役立つためには潜在的課題の予測は不可欠であるし、（SDGsの観点からは）環境に対する影響の考慮等もなされなければならない。

このような基本理念を踏まえ、SCの設計を行うことになるが、その際にはいかにして都市の再生を現実的に図るかが重要である。なぜならば、都市は都市ごとに状況が異なるため、エリアごとの特性を踏まえて、将来進むべき道の選択を行う必要があるし、当該都市固有の脆弱部分を看過してはならない（欧州においては「脆弱性」という概念は他の分野(注43)でも問題とされやすい）。

〔図表4-4-6〕都市設計に必要な視点

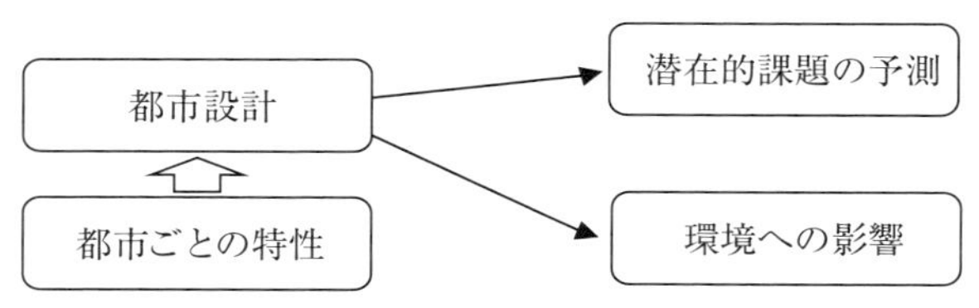

（注43）例えば、AI規制の分野でも、脆弱性に関する警戒心は強いものがある。

第3にSCが持続性を有するためには、新しい経済機会を提供するものであるという認識が必要であり、それにより従来の都市に不足している部分の補完がなされるが、他方でバイアスの解消や公平性の視点も重要テーマであり、併せて消費パターンの変化に対応するためにも、個人情報の利用を円滑に行う必要がある。

さらにいうならば、SCが民間の活力を利用するからには、収益性の確保および投資効率の算定が重要な課題であり、そのためには適切なデータの収集がなされる必要がある。

〔図表4-4-7〕新しい経済機会にまつわる論点

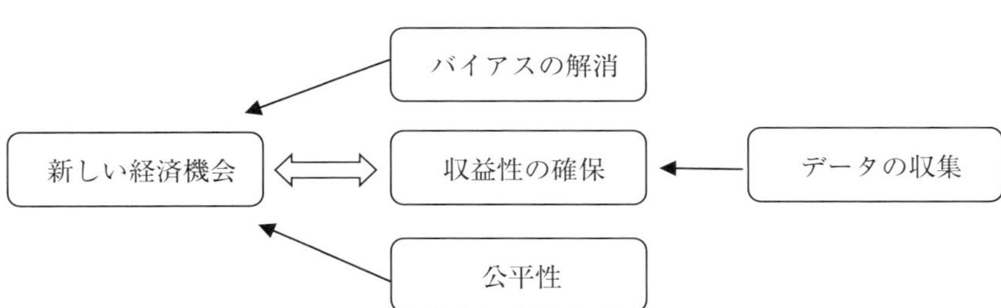

第4にSCの目的を達成するには、客観的評価が必要であり、その前提としては、経済統計の可視化、経済影響への理解、社会目標・幸福度の算定、技術の監視等が重要な要素である。もっともSCが一部の既得権益を優遇するようでは市民の信用が獲得されないため競争力ある入札過程、調達過程の健全性（無駄・汚職等の除外）を看過してはならない（注44）。

以上で述べたことから明らかなように、SCにおいては（暗黙の了解的な）法律概念が多数存在するため、そのような概念を踏まえた都市設計がなされる必要がある。

（注44）海外における法的問題点は例えば、Michael M. Losavioほか「The Internet of Things and the Smart City: Legal challenges with digital forensics, privacy, and security」WILEY（2017年12月）（https://www.researchgate.net/publication/324798667_The_Internet_of_Things_and_the_Smart[…]gal_challenges_with_digital_forensics_privacy_and_security）参照。

3　金融機関による支援

(1)　オーバーバンキングと資本の増強

このように地方再生に関してはいくつかの難しいテーマが存在するが、論じていないテーマの１つは、地方の名門・中小企業をどのように再建するかであり、同時にこの問題は地方銀行の将来像とも切り離せない問題である(注45)。

すなわち、各地域における事業の継続・活性化は地方企業の責務であるが、当該地方企業に資金を提供するのは、地方銀行の大きな責務でもある。

周知の通り、地方の金融機関は、地方銀行（第一地銀、第二地銀)、信用金庫・信用組合等が存在する。これらの金融機関は「オーバーバンキング」と呼ばれる状態を乗り越えるために統合等を行うとともに、業態変更の波に追われている状況にある(注46)。

統合等に関しては、合併や持株会社の設立等を伴う本格的な統合も存在すれば、ネットワークを形成するといった緩やかな統合も存在する。

近時（2015年以降)、統合を選択した地方銀行としては、足利銀行と常陽銀行、東京都民銀行・八千代銀行・新銀行東京（現きらぼし銀行)、横浜銀行と東日本銀行、第四銀行と北越銀行、三重銀行と第三銀行、大正銀行・徳島銀行・香川銀行等が存在する(注47)。

またネットワークとしては、TSUBASAアライアンス（千葉、第四北越、中国、伊予、東邦、北洋、武蔵野、滋賀、琉球、群馬)、SBI連合（島根、福島・筑邦・清水・東和・きらやか・仙台・筑波・大光）等が存在する。

地方銀行がこのような状況に置かれているのは①少子高齢化等に伴う地方

(注45) 地方銀行の課題に関しては、大嶋秀雄（日本総合研究所調査部)「地銀を取り巻く経営環境の変化と今後求められる取り組み～コスト削減から成長投資にシフトできるか」が詳しい。https://www.jri.co.jp/page.jsp?id=105976 参照。

(注46) 例えば、坂口純也「オーバーバンキングとは何か」大和総研（2020年10月5日）（https://www.dir.co.jp/report/column/20201005_010539.html#:~:text=%E3%82%AA%E3%83%BC%E3%83%90%E3%83%BC[…]7C%20%E5%9D%82%E5%8F%A3%20%E7%B4%94%E4%B9%9F）参照。

(注47) 詳細は、「最近の銀行の合併を知るには」一般社団法人全国銀行協会（2023年5月12日）（https://www.zenginkyo.or.jp/article/tag-h/7454/）参照。

経済の弱体化、②低金利政策に伴う影響、③産業構造の変化、④フィンテックおよび借入れに限らない資金調達の活発化等、さまざまな原因が複合的に存在するとともに、⑤東日本大震災やコロナ等の特殊事情が影響を与えているものと思われる。

このような影響を踏まえ、地方銀行はさらなる統合を図っていくものと思われるが、いくつかの特殊要因も存在する。その1つがアクティビスト等による株式購入であろう[注48]。もちろん、上場会社である以上、誰が株式を購入しようと本来は自由なはずであるが、他方で、それがゆえに、地域に根ざした経営という地方銀行の本懐とすれ違うことには問題もあるし、規制業種としての特質もあろう。

したがって、地方銀行としては、今後どのような資本政策を採用するのかといった点は重要な問題といえる（この問題は前述したMOMとも関連する）[注49]。

また類似の問題として、自己資本の増強が必要な地方銀行がどのように資本を調達するのかという問題もある。第1の方法として公募等で調達できるのであれば、それに越したことはないが、それが困難な場合にどのような方法が考えられるのか。第2の方法として近隣の地方銀行と上記のような統合を図ることも考えられるし、第3の方法として一定のハードルはあるものの公的資金を注入する選択もあり得よう[注50]。

また第4の方法として、今後は他の地方銀行が積極的に相手の地方銀行株をTOB等で購入することも想定される[注51]。この点従来は、銀行業の免許等の問題も存在したが、SBIが新生銀行に対して実行したTOBがどれだけ

（注48）例えば、一井純「京都銀行VS英ファンド、終わらない『還元戦争』シルチェスターが2年連続で特別配当を要求」東洋経済ONLINE（2023年4月28日）（https://toyokeizai.net/articles/-/669124）参照。

（注49）そういう意味では敵対的買収防衛策の議論は、今後は融資先における問題だけではなく、銀行経営に直結する問題といえよう（ただし前述したように規制業種としての特質も存在する）。

（注50）2023年4月28日の報道によると、じもとホールディングスおよびきらやか銀行は公的資金注入を検討しているとのことである。他方で報道によると、新生銀行においては公的資金の返済方法が争点となっているとのことである。「きらやか銀行、24年3月期黒字転換へ　公的資金を9月申請」日本経済新聞電子版（2023年4月28日）（https://www.nikkei.com/article/DGXZQOCC28AXM0Y3A420C2000000/）参照。

（注51）同意なき買収については、経済産業省発表の「企業買収における行動指針」（20230831003-a.pdf）参照。

〔図表4-4-8〕統合の分岐図

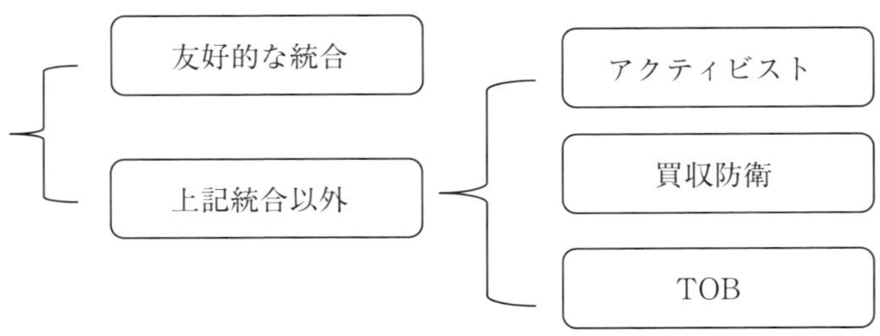

先例たり得るかという問題も議論の対象となる。

さらに、資本の問題のみならず、営業戦略も重要な課題となり得る。すなわち、総合銀行を維持するのか、それとも特定の分野に経営資源を集中するのか（例えば、皆の銀行やUI銀行はデジタルバンク化を図り(注52)、じぶん銀行はコンシューマーに特化している）、個々の営業戦略はどうするのか（多くの地方銀行は仕組み債販売に注力するも、仕組み債販売のあり方が議論の対象となっている）といった点も地方銀行の将来を考える上で重要なテーマとなる。

このような状況下で、さらに議論を巻き起こしたのは、2023年に起きたシリコンバレー・バンク（以下、「SVB」という）の破綻である(注53)。この点、SVB問題は米国の一地銀特有の問題にすぎないとの評価もあり得よう（実際に預金者の多くは預金保険の対象外であったようである(注54)）。

しかしながら他方で、注意すべきは中小銀行から大手銀行への預金の移動

(注52) 詳細は、新井美江子「みんなの銀行とUI銀行、国内『デジタルバンク』最先発2行の中身が全く違う理由」DIAMOND online（2022年7月1日）（https://diamond.jp/articles/-/305397）参照。

(注53) なお2023年はSVB以外にもシグニチャーバンク、ファースト・パブリック銀行、クレディ・スイスといった銀行破綻の問題が生じている。その原因は各々異なるが、背景にはコロナ禍での資金余剰があったと疑われる。今堀祥和ほか「『次のFRCは』緩和依存のツケ、不動産・欧州にも火種」日本経済新聞電子版（2023年5月3日）（https://www.nikkei.com/article/DGXZQOUB023LY0S3A500C2000000/）参照。

(注54) 預金保険保護の対象外（日本では1000万円が預金保険の対象である）ということは、SVBが法的手続に移行した場合、預金が保護されないことになるので、預金者による引出しが多発したといえよう。逆にいうと、SVBの預金者の多くは多額の預金債権を有している債権者であったゆえに、米国は法的手続外での救済を要求された結果となる（しかしこれではToo Big Too Failの問題〔大きすぎて潰せない問題〕は解消せず、現に米国では大手銀行への預金移動が起きているようである）。

である。このような預金の移動は、日本国内においても将来、生じかねない現象である。

何よりもSVB問題の本質は、コロナ禍で流通したマネーが銀行に集中したところ、当該銀行からの引出しと、当該銀行の保有していた証券価格の下落という二重苦が引き起こした問題であるという点に、留意が必要であろう。

〔図表4-4-9〕2020年初めからの米預金残高の変化(注55)

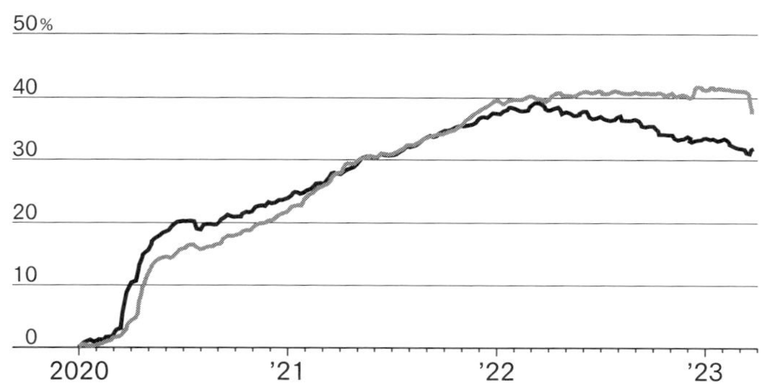

注：大手銀行は資産規模上位25行。
中小銀行はその他全て。
出所：FRB

(2)　地方銀行による再生支援方法

さて、地方銀行が経営基盤を固めていくべきなのと、両輪の問題として、地方銀行はいかに地元企業の再生を支援するのかといった問題が存在する。

かつての不良債権処理によって大規模な負債を抱えている地方企業は減少したものと思われるが、中小企業においては未だ債務過剰の問題は解消していない。特にコロナ禍において生じた負債問題が解放していない企業は多いものと想定される。

このような債務過多企業の処理方針としては、①外部への事業承継（要するにM&Aである）、②廃業スキーム、③地域再生ファンドの活用、そして④

(注55)　Greg Ip「急速な金融の世界、スローな銀行危機に備えよ」ウォール・ストリート・ジャーナル日本版（2023年３月30日）参照。

〔図表 4-4-10〕地方企業の分岐図

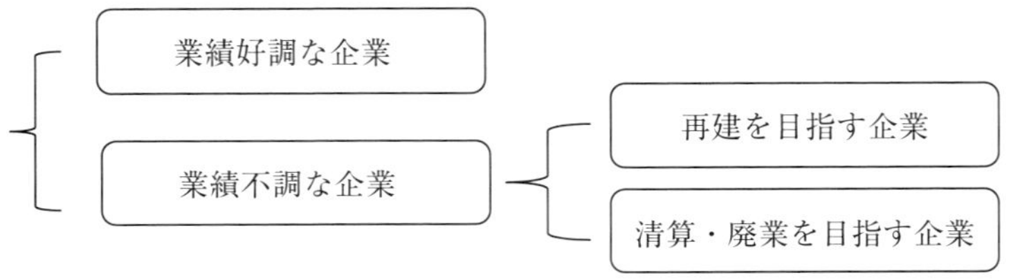

再生スキームの実行が議論される(注56)。

この地方中小企業の再生スキームとしては、圧倒的に中小企業活性化支援協議会（旧中小企業再生支援協議会）が利用されている(注57)。もっとも協議会スキームに基づく計画は長期化する傾向にあり、①途中で債権がサービサーに売却されるケース、②粉飾決算等の問題により協議会スキームが馴染まないケース、③病院等のように外部からのガバナンスが効きにくいため、私的整理では改善しにくいケース、④（その他の理由で）地方銀行が積極的に再生支援をしにくいケース等さまざまな問題が存在する。

まず、サービサーによる再生は増加するであろうか。実際にはサービサーにもいろいろなカラーが存在するし、合理的な要求を行うサービサーもいれば、（少なくとも債務者側からすれば）その真意を図りかねるサービサーも存在するところである。したがって、前者のサービサーであれば任意の交渉あるいは特定調停の活用等によって債務問題を解決する事も可能であろう。他方で、後者のサービサーの存在がネックであれば、（17条決定(注58)の活用も念頭に置いた）特定調停の活用あるいは民事再生等の活用も視野に入れてい

(注56) 本来は再生スキームが積極的に議論されるべきであるが、実際には消極的な金融機関も少なくないと思われる。

(注57)（前年が2000件台なのに対し）2020年以降4000～5000件（コロナによる影響が大きいと思われるが）の窓口相談件数が寄せられているとのことである（中小企業庁「中小企業活性化協議会の活動状況（令和4年度第3四半期）(2022年)」(https://www.chusho.meti.go.jp/keiei/saisei/kyougikai/202203.html参照。

(注58) 民事調停法17条は「裁判所は、調停委員会の調停が成立する見込みがない場合において相当であると認めるときは、当該調停委員会を組織する民事調停委員の意見を聴き、当事者双方のために衡平に考慮し、一切の事情を見て、職権で、当事者双方の申立ての趣旨に反しない限度で、事件の解決のために必要な決定をすることができる。この決定においては、金銭の支払、物の引渡しその他の財産上の給付を命ずることができる」と定める。

くべきであろう。

しかしながら、この問題の本質は、サービサーを単なる債権者と捉えるか、あるいは一歩進めて有力なプレーヤーとして捉えるかの問題もある。その意味では、サービサー主導の再生またはファンド機能の活用も今後の議論の対象となり得よう(注59)。

次に、協議会スキームがなじまないあるいは協議会等で全員合意に至らないケースについてはどのように考えるべきなのであろうか。この点、経産省では後者のケースについて多数決制度の導入を検討している(注60)。確かに、多数決で私的整理が成立すると、法的倒産手続に移行せず、事業価値が維持できるケースもあろう。他方で、反対した債権者の意向を踏まえると法的倒産手続に移行することも十分あり得るところであるし、法的倒産手続の公正さも重要な概念だといえる。

またそもそも現行の金融システムは多数決による私的整理を想定しておらず、仮に多数決制度が導入された場合には、金利が相当程度上昇するリスクも十分に踏まえる必要がある（自然の流れを無理に制度で固定化する場合は別の副作用が生じるという問題である）。

また、会社や医療法人等によっては、外部から資本注入やコントロールが難しい場合も存在する。したがって、そのような法人のガバナンスに問題がある場合には、管理型の民事再生等を利用することが考えられるが、それはあまりにもショック効果が大きすぎる場合がある。そのような場合には、金

(注59)「サービサーと取り組む事業再生・廃業支援」事業再生と債権管理179号（2023）（https://store.kinzai.jp/public/item/magazine/A/N/179/）参照。

(注60) 大西正一郎「どうなる『私的整理の多数決制度』法制化に向けた方向性と論点を解説」Frontier Eyes Online（2023年1月25日）（https://frontier-eyes.online/out-of-court-workouts_majority-decision/）および、内閣官房新しい資本主義実現本部事務局「新たな事業再構築のための法制度の方向性（案）」(2022年10月27日）（https://www.cas.go.jp/jp/seisaku/atarashii_sihonsyugi/bunkakai/sitekiseiri_dai1/siryou2.pdf）参照。なお2024年12月27日、経済産業省から私的整理の多数決化法案に関する報告書（案）が公表されパブリックコメントに付され、意見募集が開始された。詳細は「産業構造審議会 経済産業政策新機軸部会 事業再構築小委員会報告書（案）――早期での事業再生の円滑化に向けて」に関する意見募集の実施について」https://public-comment.e-gov.go.jp/pcm/detail?CLASSNAME=PCMMSTDETAIL&id=595224048&Mode=0、https://public-comment.e-gov.go.jp/pcm/download?seqNo=0000285040 参照。

〔図表4-4-11〕再生手法の分岐図

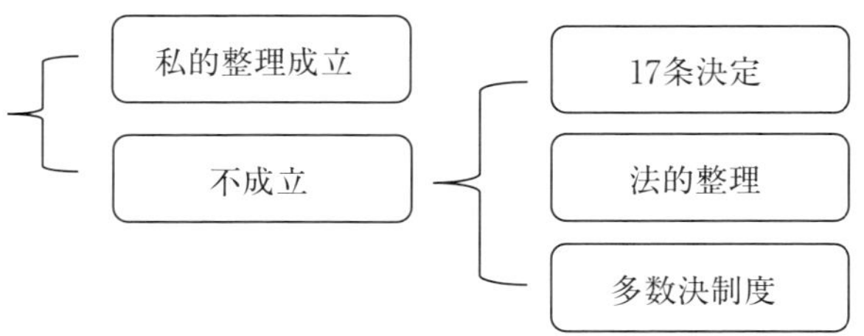

融機関が施設等を担保権実行して、スポンサー候補あるいはファンド等が取得し、外部からガバナンスを効かすことも検討に値する(注61)。

最後に金融機関が躊躇するのは、私的整理はさておき、法的整理を通じて企業を再生する場合に、自らが積極的に関与することである。その理由は複数存在すると思われるが、その1つは自らの債権を毀損した相手に再度の支援を提供することである。しかしながら、債務者のガバナンスが改善し、再生企業において、収益改善が見込まれ、法的倒産手続などの公正さが担保されている場合にまで、支援を躊躇する理由は少ないはずである。

現に筆者が関与したケースでも、地方銀行が受け皿を用意したケースや(注62)、スポンサー企業の関与の下、再生企業に地方銀行から転籍するケース等も存在する。

ここで大事なことは、地方に存在する企業の再生を後押しすることは地方銀行にとっても、地域経済にとっても有益であるということである。そのための大義名分と手段の相当性を確保することによって再生可能性の芽を維持することが期待される。

(注61) なお事業性融資の推進等に関する法律に基づき企業価値担保権は同趣旨の実行方法を模索している部分がある。

(注62) 例えば、オークスの件は、琉球朝日放送報道制作局「オークス　裁判所が再生計画案認可」琉球朝日放送（2009年2月27日）（https://www.qab.co.jp/news/20090227112.html）参照。

第5章 アグリ・フード

第1節　アグリ・フード分野における日本のサステナビリティ政策の概要

1　農林水産業と地球環境

農林水産業は、土壌、水、大気等の自然資本を直接活用して食料等を生産するため、自然資本との相互の影響が極めて大きい点が、他の産業と比較した場合の特徴であるといえる。

地球環境が農林水産業に与える影響について、ごく簡単に概観すると、わが国の年平均気温は100年当たり1.26℃の割合で上昇し、水稲の高温障害（白未熟粒）の発現やリンゴの着色不良等の農産物の品質低下、収量減少や漁獲量の減少がすでに発生している。また、1時間降雨量50mm以上の豪雨の発生回数も年々増加しており、ハウスの浸水や土砂が田畑に流れ込む等の被害が発生している。

他方で、わが国において農林水産業が温暖化に与える影響を概観すると、日本におけるGHGの年間排出量約11.50億トンのうち、農林水産分野の排出量は約5,084万トンであり、全排出量の4.4%を占め（2020年度現在）、その内訳は、水田や、家畜の消化管内発酵（いわゆる牛のゲップ）、家畜排せつ物管理等によるCH_4（メタン。温室効果はCO_2の約25倍）の排出や、農用地土壌等によるN_2O（亜酸化窒素。温室効果はCO_2の約298倍）の排出が挙げられる。

〔図表 4-5-1〕農業由来の温室効果ガス（GHG）の排出

■ 世界の農林業由来のGHG排出量

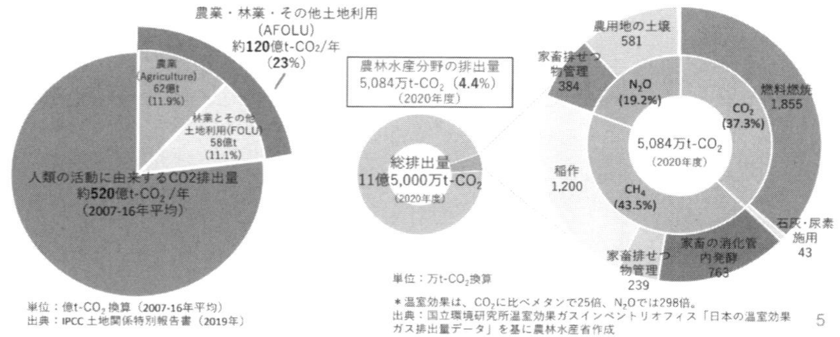

＊農林水産省「みどりの食料システム戦略参考資料」5頁。

2　日本における喫緊の課題

わが国の食料生産を担う基幹的農業従事者は、2010年から2020年までの10年間で70万人減少した。平均年齢は66歳から68歳に上がり、着実に高齢化が進んでいる。今後一層の担い手減少が見込まれ、生産基盤の脆弱化が深刻な課題になっている。

また、わが国は、食料生産を支える肥料原料のほぼ100%、エネルギーも定常的に輸入に依存しており、わが国周辺での軍事的紛争や天災等によ

〔図表 4-5-2〕食料生産を支える肥料原料の自給率

化学原料の大半は輸入に依存

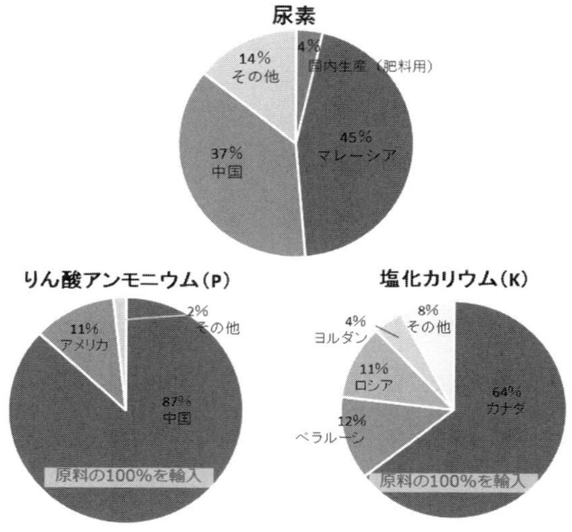

出典：財務省貿易統計等を基に作成（2019年7月～2020年6月）

＊農林水産省「みどりの食料システム戦略参考資料」5頁。

り、農機材の燃料や化学肥料、畜産飼料などを輸入できない場合をも想定した、食料安全保障としての生産能力の確保が不可欠である。

これを受けて、食料安全保障の強化に向け、農政の基本方針を定めた「食料・農業・農村基本法」が2024年６月に改正された。

3　日本の食農分野におけるサステナビリティ政策

⑴　みどりの食料システム戦略

農林水産省は、2021年５月に、「みどりの食料システム戦略～食料・農林水産業の生産力向上と持続性の両立をイノベーションで実現～」(注1)(以下、「みどりの食料システム戦略」という）を策定している。

わが国の持続可能な食料システム構築に向けた政策目標のパッケージであり、民間事業者等に義務を課すものではないが、食のサプライチェーンを①調達、②生産、③加工・流通、④消費の４段階に分けて、各段階で具体的に取り組むべき内容が掲げられている。

掲げられた取組みは多種多様であり、研究者や民間事業者に対して更なる開発を促すものであるが、一例を挙げると、①調達段階では、資材・エネルギー調達における脱輸入・脱炭素化・環境負荷軽減の推進のための取組みとして、営農型太陽光発電（ソーラーシェアリング）を含む地産地消型エネルギーシステムの構築、②生産段階では、イノベーション等による持続的生産体制の構築のための取組みとして、スマート技術によるピンポイント農薬散布や、土壌・育成データに基づく施肥管理、③加工・流通段階では、ムリ・ムダのない持続可能な加工・流通システムの確立のための取組みとして、需給予測システムやマッチングによる食品ロス削減、人手不足に対応した自動配送陳列、④消費段階では、環境にやさしい持続可能な消費の拡大や食育の推進の取組みとして、外見重視の見直し等、持続性を重視した消費の拡大や、学校給食等での地場産農林水産物を利用すること（地産地消）等が掲げられている。

そして、2050年までの目標として14のKPIが掲げられ、2022年６月に

（注１）https://www.maff.go.jp/j/kanbo/kankyo/seisaku/midori/attach/pdf/index-10.pdf.

は、2030 年までの中間目標として新たに「KPI2030」が決定されている。耕地面積に占める有機農業の割合を 25%に拡大するという目標も設定されており（〔図表 4-5-3〕の KPI ⑦）、2018 年時点の耕地面積に占める有機農業の割合は 0.5%（23.7 千 ha）であるので(注2)、野心的な目標として食農業界で注目を浴びている。

〔図表 4-5-3〕みどりの食料システム戦略 KPI

「みどりの食料システム戦略」KPIと目標設定状況

		KPI	2030年 目標	2050年 目標
温室効果ガス削減	①	農林水産業のCO_2ゼロエミッション化（燃料燃焼によるCO_2排出量）	1,484万t-CO_2（10.6%削減）	0万t-CO_2（100%削減）
温室効果ガス削減	②	農林業機械・漁船の電化・水素化等技術の確立	既に実用化されている化石燃料使用量削減に資する電動草刈機、自動操舵システムの普及率:50%（2040年技術確立）	
			高性能林業機械の電化等に係るTRL TRL 6:使用環境に応じた条件での技術実証 TRL 7:実運転条件下でのプロトタイプ実証（2040年技術確立）	
			小型沿岸漁船による試験操業を実施（2040年技術確立）	
温室効果ガス削減	③	化石燃料を使用しない園芸施設への移行	加温面積に占めるハイブリッド型園芸施設等の割合:50%	化石燃料を使用しない施設への完全移行
温室効果ガス削減	④	我が国の再エネ導入拡大に歩調を合わせた、農山漁村における再エネの導入	2050年カーボンニュートラルの実現に向けて、農林漁業の健全な発展に資する形で、我が国の再生可能エネルギーの導入拡大に歩調を合わせた、農山漁村における再生可能エネルギーの導入を目指す。	2050年カーボンニュートラルの実現に向けて、農林漁業の健全な発展に資する形で、我が国の再生可能エネルギーの導入拡大に歩調を合わせた、農山漁村における再生可能エネルギーの導入を目指す。
農業	⑤	化学農薬使用量（リスク換算）の低減	リスク換算で10%低減	11,665（リスク換算値）（50%低減）
農業	⑥	化学肥料使用量の低減	72万トン（20%低減）	63万トン（30%低減）
農業	⑦	耕地面積に占める有機農業の割合	6.3万ha	100万ha（25%）
食品産業	⑧	事業系食品ロスを2000年度比で半減	273万トン（50%削減）	
食品産業	⑨	食品製造業の自動化等を進め、労働生産性を向上	6,694千円/人（30%向上）	
食品産業	⑩	飲食料品卸売業の売上高に占める経費の縮減	飲食料品卸売業の売上高に占める経費の割合:10%	
食品産業	⑪	食品企業における持続可能性に配慮した輸入原材料調達の実現	100%	
林野	⑫	林業用苗木のうちエリートツリー等が占める割合を拡大高層木造の技術の確立・木材による炭素貯蔵の最大化	エリートツリー等の活用割合:30%	90%
水産	⑬	漁獲量を2010年と同程度（444万トン）まで回復	444万トン	
水産	⑭	ニホンウナギ、クロマグロ等の養殖における人工種苗比率養魚飼料の全量を配合飼料給餌に転換	13%	100%
			64%	100%

＊農林水産省「みどりの食料システム戦略の実現に向けて」12 頁。

(注 2) 農林水産省「みどりの食料システム戦略 参考資料」17 頁（https://www.maff.go.jp/j/kanbo/kankyo/seisaku/midori/attach/pdf/team1-153.pdf）。

(2) みどりの食料システム法

ア 概 要

みどりの食料システム戦略における目標を達成するための第一歩として、2022年4月22日、「環境と調和のとれた食料システムの確立のための環境負荷低減事業活動の促進等に関する法律」（令和4年法律第37号。以下、「みどりの食料システム法」という）が成立した（2022年5月2日公布、2022年7月1日施行）。

みどりの食料システム法が施行された2022年7月1日、同法に係る政省令が施行されるとともに、2022年9月15日には、告示・事務処理要領・申請書様式・ガイドライン等が公表された(注3)。

みどりの食料システム法では、まず、農林漁業者主体の活動として、有機農業に資する事業や温室効果ガスの排出削減に資する事業活動等が「環境負荷低減事業活動」とされ（みどりの食料システム法2条4項）、このうち集団または相当規模で行われることにより地域における環境負荷の低減の効果を高めるものが「特定環境負荷低減事業活動」とされている（同法15条2項3号）。さらに、機械・資材メーカーや食品事業者等の事業者主体の活動として、環境負荷の低減に資する資材または機械の生産・販売等の事業が「基盤確立事業」とされている（同法2条5項）。

公共サイドの役割としては、都道府県および市町村は、共同して、「環境負荷低減事業活動」の促進に関する基本的な計画を作成するものとされ（みどりの食料システム法16条1項）、この基本計画が作成された地域で「環境負荷低減事業活動」または「特定環境負荷低減事業活動」を行おうとする事業者は、「環境負荷低減事業活動」または「特定環境負荷低減事業活動」の実施に関する計画を都道府県知事に対して申請し、その認定を受けることができるとされている（同法19条・21条）(注4)。

そして、「環境負荷低減事業活動」の計画の認定を受けた農林漁業者は、「環境負荷低減事業活動」の用に供する設備等の取得に要する費用について特別償却（農林水産省「令和4年度税制改正事項」〔2021年12月〕）に加え、農業改良資金融通法（昭和31年法律第102号）等の特別融資に関する認定も認

（注3）https://www.maff.go.jp/j/kanbo/kankyo/seisaku/midori/houritsu.html.

められ、さらに「特定環境負荷低減事業活動」の認定も受ける場合には農地の取得および転用に関する許認可もワンストップで受けることが可能になる（みどりの食料システム法28条）。また、「基盤確立事業」についても同様の税制優遇措置等が認められている（同法41条〜44条）。

〔図表4-5-4〕農林漁業者主体の活動

振興される事業活動	内容	主なメリット
環境負荷低減事業活動	農林漁業者が環境負荷の低減を図るために行う事業活動（法2条4項） ①堆肥その他の有機質資材の施用により土壌の性質を改善させ、かつ、化学的に合成された肥料及び農薬の施用及び使用を減少させる技術を用いて行われる生産方式による事業活動 ②温室効果ガスの排出の量の削減に資する事業活動 ③前二号に掲げるもののほか、環境負荷の低減に資するものとして農林水産省令で定める事業活動 【農林水産省令（農林水産省告示第1413号）】 ・水耕栽培における化学肥料・化学農薬の使用低減 ・環境中への窒素・リン等の流出を抑制する飼料の投与等 ・バイオ炭の農地への施用 ・プラスチック資材の排出又は流出の抑制 ・化学肥料・化学農薬の使用低減と合わせ、地域における生物多様性の保全に資する技術等を用いて行う事業活動	・必要な設備等への資金繰り支援、農業改良資金等の償還期間の延長（法23条〜27条） ・環境負荷低減事業活動の用に供する設備等の取得費用の32%（建物は16%）を特別償却可（農水省「令和4年度税制改正事項」）
特定環境負荷低減事業活動	環境負荷低減事業活動のうち、集団又は相当規模で行われることにより地域における環境負荷の低減の効果を高めるものとして、農林水産省令で定める環境負荷低減事業活動（法15条2項3号） 【農林水産省令（農林水産省告示第1414号）】 ・有機農業による生産活動 ・廃熱その他の地域資源の活用により温室効果ガスの排出量の削減に資する生産活動 ・環境負荷の低減に資する先端的な技術を活用して行う生産活動	上記環境負荷低減事業活動におけるメリットのほか、 ・農地取得/転用許可のワンストップ化（法28条：農地法の特例） ・補助金等交付財産の目的外使用の承認手続のワンストップ化（法30条）
有機農業の栽培管理協定	特定区域内にある相当規模の一団の農用地所有者等が有機農業の生産団地を形成するために締結する栽培管理協定（法31条1項） <要件> ・協定区域内の農用地所有者等の全員の同意（法31条3項） ・市町村長による認可（法33条）	栽培管理協定は、市町村長の認可の公告後に、協定区域内の農用地所有者等になった者に対しても、効力を有する（法35条）

（注4）2022年10月に滋賀県が全国初の基本計画を公表し、これに続いて、2022年度内に全都道府県が基本計画を公表した。当該基本計画のうち、16道県30区域において、「特定環境負荷低減事業活動」を行う「特定区域」が設定されている（2024年10月末現在）。また、2024年10末月現在、「環境負荷低減事業活動」として、46道府県で計18,000以上の経営体が認定されている（農林水産省「みどりの食料システム法の認定制度等について」（2024年11月）5頁〜11頁）参照。

〔図表 4-5-5〕事業者（機械・資材メーカーや食品事業者等）主体の活動

振興される事業活動	内容	主なメリット
基盤確立事業	環境負荷の低減を図るために行う取組の基盤を確立するために行う事業（法2条5項） ①先端的な技術に関する研究開発及びその成果の移転の促進に関する事業 ②新品種の育成に関する事業 ③環境負荷の低減に資する資材又は機械類その他の物件の生産及び販売に関する事業 ④環境負荷の低減に資する機械類その他の物件を使用させる契約に基づき当該物件を使用させることに関する事業 ⑤環境負荷の低減を図るために行う取組を通じて生産された農林水産物をその不可欠な原材料として用いて行う新商品の開発、生産又は需要の開拓に関する事業 ⑥前号に規定する農林水産物の流通の合理化に関する事業	・必要な設備等への資金繰り支援（法41条） ・基盤確立事業の用に供する設備等の取得費用の32%（建物は16%）の特別償却可（農水省「令和4年度税制改正事項」） ・品種登録出願料及び登録料の軽減又は免除（法42条：種苗法の特例） ・農地取得/転用許可のワンストップ化（法43条：農地法の特例） ・補助金等交付財産の目的外使用の承認手続のワンストップ化（法44条）

上記「基盤確立事業」については、事業者が基盤確立事業実施計画を作成し、地方農政局を経由して主務大臣に認定を申請する（みどりの食料システム法39条）。2024年11月現在、84事業者が「基盤確立事業」として主務大臣の認定を受けており、同事業として、例えば、地域の未利用魚や米ぬか等の有機物を原料として活用した液状合肥料の製造・販売（製造施設・設備等の導入に対する投資促進税制の適用）、病害虫に強い稲や小麦等の新品種の育成（新品種の出願料・登録料の軽減）などがある(注5)。

また、環境負荷低減事業活動実施計画または特定環境負荷低減事業活動実施計画の認定を受けた農林漁業者が、基盤確立事業実施計画の認定を受けた農機具メーカー等の化学肥料または化学農薬の使用量を低減させる機械等を取得する場合には、法人税・所得税の特別償却により導入当初の税負担を軽減することができるところ、当該税制特例の対象となる機械（以下、「対象機器」という）が順次認定され、農林水産省ホームページに対象機械の名称・型式が公開されている(注6)。

イ　ビジネスへの活用

環境負荷低減事業活動実施計画または特定環境負荷低減事業活動実施計画の認定を受けた農林漁業者、および基盤確立事業実施計画の認定を受けた機械・資材メーカー等の事業者は、上記の通り、資金繰り支援や税制優遇措置

(注5) 農林水産省「みどりの食料システム法の認定制度等について」(2023年6月) 14頁～16頁。

(注6) https://www.maff.go.jp/j/kanbo/kankyo/seisaku/midori/midorihou_kibann.html.

等のほか、各種補助金事業において優先採択されるなどのメリットを受けることができる。実際に、農機具メーカー等は、当該メリットを活かして、農林漁業者における機械等導入を推進するために、基盤確立事業実施計画および対象機器の申請を積極的に行う等、みどりの食料システム法をビジネスに活用しようとしている実態がうかがわれる。

また、みどりの食料システム法においては、特定環境負荷低減事業活動および基盤確立事業において、農地法上の許可がワンストップで得られるようになる等、これまでの農業委員会との折衝を含めた事実上のハードルをクリアしやすくなることが期待される。

さらに、あるビジネスについて、みどりの食料システム法のみならず、趣旨・理念を同じくする他の法制度を横断的に検討することが必要である。例えば、みどりの食料システム法における環境負荷低減事業活動のうち「温室効果ガスの排出量の削減に資する事業活動」（同法２条４項２号）——典型的には、森林管理プロジェクトや植林——について、Ｊクレジット制度をはじめとする公的・民間カーボンクレジットの認証・売却による収益確保が併せて可能ではないか、あるいは、農林漁業法人等に対する投資の円滑化に関する特別措置法（以下、「投資円滑化法」という）の改正により、旧来は農業法人のみに限定されていた投資対象が林業法人等にも拡大されたところ、当該改正後投資円滑化法の活用によってエクイティによる資金調達が可能ではないか等というように、ビジネスモデル・収益構造の構築に当たって、複数の法制度にまたがった検討を行うことが有益と考えられる。

第2節　農林漁業資産と食品のサステナビリティ：フードテック

1　はじめに

フードテックは、食品分野におけるサステナビリティを確保する上で重要なテクノロジーである。食品分野では、食料の安定供給（栄養バランスの確保等を含む）、フードロスの削減、環境負荷の低減、生物多様性の維持等のさまざまな課題があり、フードテックはこれらの課題を解決するものとして期待されている。農林水産省が2023年2月21日付で公表した「フードテック推進ビジョン」においても、「持続可能な食料システムの構築や食を通じた豊かで健康的な食生活の構築により、個人と社会全体のWell-beingを実現するうえで、フードテックは重要な技術である」旨の指摘がされている。

以下では、フードテックの意義やフードテックに関する法規制の概要について、課題が指摘されることが多い代替タンパク（Alternative Protein）に焦点を当てて紹介する。

2　フードテックとは

(1)　意　義

フードテックは、フード（Food）とテクノロジー（Technology）を掛け合わせた言葉であるが、法律上、確たる定義があるわけではない。さまざまな技術がフードテックの概念に含まれ、例えば、以下の〔図表4-5-6〕のように整理されることもある。

〔図表 4-5-6〕フードテックのサービス類型

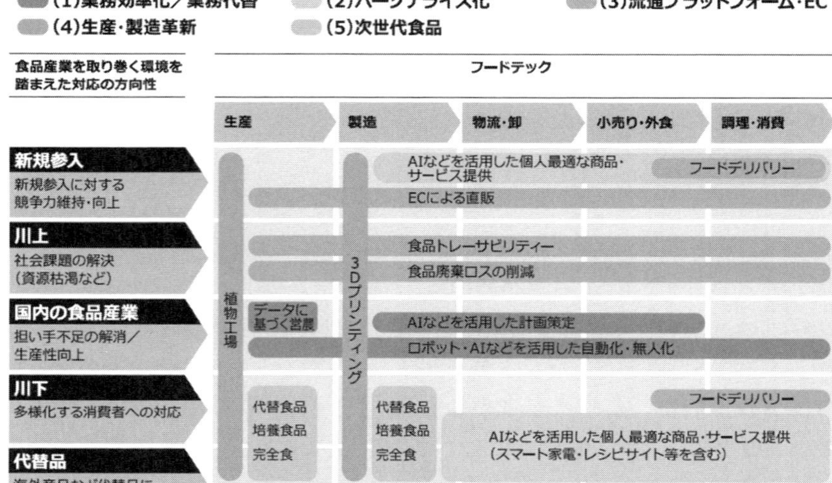

＊出典：野村総合研究所(注7)。

⑵　フードテック推進の背景

世界の食料需要は、2050 年に 2010 年比で 1.7 倍になると想定されており、増大するタンパク質需要への対応が必要である。また、地球の限界を意味する「プラネタリー・バウンダリー」の項目のうち、気候変動、土地利用変化などの 4 項目で境界をすでに超え、農林水産業・食品産業が利活用してきた土地や水、生物資源などの自然資本の持続可能性に大きな危機が迫っている中で、持続可能な食料供給への要請が高まっている。

(注 7)　新治義久＝佐野啓介「食品産業の将来を担うフードテックの可能性と発展に向けた方向性」NRI パブリックマネジメントレビュー198 号（2000）3 頁（https://www.nri.com/-/media/Corporate/jp/Files/PDF/knowledge/publication/region/2020/01/3_vol198.pdf?la=ja-JP&hash=A23D7C7F465A01639855331875B52B624B7D853D）。

〔図表 4-5-7〕地球の限界（プラネタリー・バウンダリー）

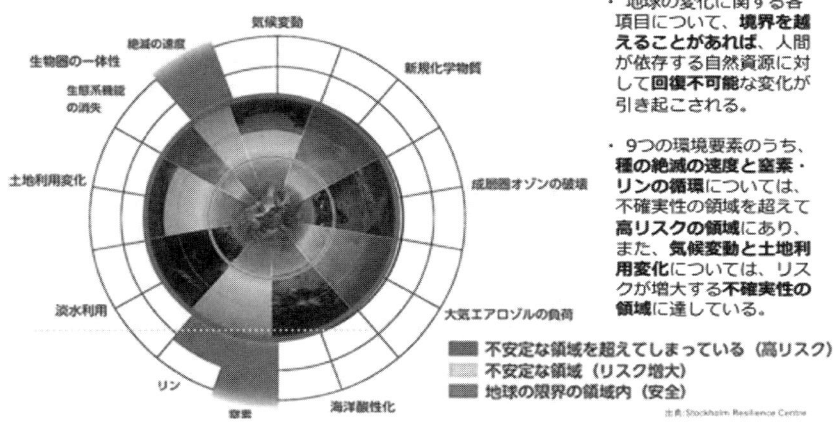

＊出典：農林水産省。

(3)　フードテック分野への投資

フードテック分野への投資も欧米を中心として順調に推移しており、投資額は過去10年間で約10倍に増加している。

〔図表 4-5-8〕フードテックの投資規模

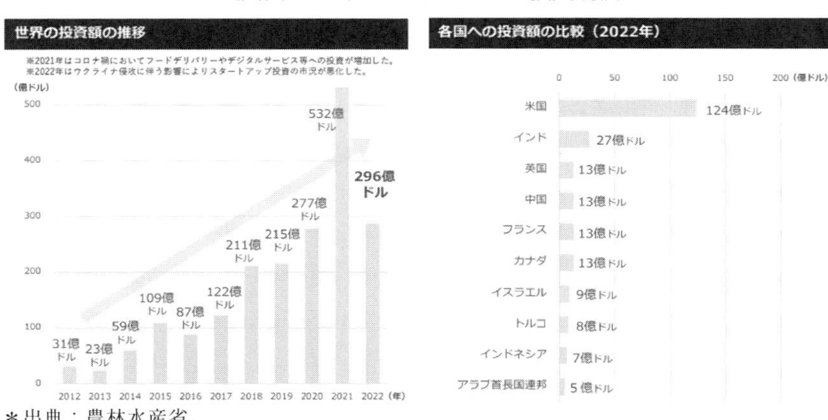

＊出典：農林水産省。

3　フードテックと法的枠組み

⑴　概　要

上述の通り、フードテックの概念や対象商品・技術は幅広いため、フードテックと法令の関係を一概に議論することはできない。また、代替タンパクに限っても、細胞培養食品、プラントベース食品および昆虫食といった各食品類型ごとに法規制および留意点が異なる。

もっとも、細胞培養食品、プラントベース食品および昆虫食のいずれもが、食品という点では共通であり、食品安全については食品衛生法、食品表示については食品表示法が適用され得るという点では同様と考えられる。なお、食品表示については、景品表示法や不正競争防止法をはじめとした表示一般の規制も適用されることとなる。また新規食品を開発する上で、ゲノム編集や遺伝子組み換えといった技術が使用される場合には、このような技術導入に適用される個別の法的規制を遵守する必要がある。

⑵　代替タンパクの法的問題

まず細胞培養食品については、日本においては一般消費者にとって食習慣がない新規食品といえる。そして、細胞培養食品は、日本において適用される法規制が明確になっておらず、いまだ一般消費者に対して販売できる状況にはないと整理されることが一般である。現状では、細胞培養食品の開発・製造・流通過程における安全性をどのような枠組みで担保するのかという点について議論がされている状況であり、農林水産省を事務局として立ち上げられたフードテック官民協議会においても、議論が継続される見込みとされている。2022年6月には、「細胞農業によるサステナブル社会推進議員連盟」も発足し、今後、食品安全および食品表示のあり方についてさまざまなステークホルダーによる議論が進められていくことが見込まれる。

他方で、海外に目を向けると、EUやシンガポール等では、細胞培養食品を含めた新規食品に関する規制枠組みがすでに存在する。これらの新規食品に関する規制枠組みが存在する国においては、当該規制が適用されることが明確になっているため、法的な予測可能性が確保されている。2020年12月には、Eat Just 社が開発した培養鶏肉が世界で初めてシンガポール食品庁の認証を取得し、レストランでの提供が開始された。また、米国においても、細胞培養食品の製造に取り組む UPSIDE Foods 社および Good Meat 社は 2023 年 6 月 21 日、米国で初となる鶏細胞培養食品の最終的な販売承認を得たことを発表した。UPSIDE Foods 社および Good Meat 社は、米国食品医薬品局（FDA）による任意の安全性評価プロセスである市販前協議を終了しており、今般、米国農務省食品安全検査局（USDA／FSIS）による連邦食肉検査法（FMIA）および連邦家きん製品検査法（PPIA）に基づく食品安全・衛生要件順守に関する承認をもって、鶏細胞性食品の販売の認証を得たことになると考えられる。

なお、食品に関する規制枠組みは国・地域ごとに異なるため、細胞培養食品に限らず海外での事業展開を検討する場合には、当該国・地域において当該事業が法的に許容されるのかを事前に確認することが必要となる。

⑶　プラントベース食品の法的問題

プラントベース食品は、すでに一般消費者にとって食習慣があるものである。例えば、大豆由来食品は古くから日本において広く食されてきたものであり、すでに多くの商品が販売されている。法規制については、既存の食品衛生法および食品表示法の枠内で主に規制がされているところであるが、植物由来の肉や乳製品を販売する場合に、本物の肉や乳製品であると消費者を誤認させるような表示とならないよう留意が必要である。プラントベース食品の表示については、消費者庁が「プラントベース食品等の表示に関する Q&A」を発表しており、一定の指針を提供している(注8)。また、プラントベース食品については、「大豆ミート食品」の JAS 規格が策定される等の規格化の動きが進められており、海外でも 100% 植物性の食品に関する ISO 規格の検討が始められているようである。

⑷　昆虫食の法的問題

昆虫食も世界で増加するタンパク質需要を満たす重要な選択肢であると認

（注 8）海外における表示規制については、辻本直規「フードテックに関するルールメイキングと知的財産」知財ぷりずむ 2021 年 7 月号も参照。

識されている。日本では古くから食されてきた歴史があり、昆虫食は基本的には新規食品とは整理されていないと考えられる。そのため、既存の食品衛生法および食品表示法の枠内で主に規律されることになると思われる。もっとも、消費者の昆虫食に対する安心および安全をより高めるという観点も踏まえ、業界において自主的なガイドライン作成に取り組んでおり、2022 年 7 月 22 日には、「コオロギの食品および飼料原料としての利用における安全確保のための生産ガイドライン（コオロギ生産ガイドライン）」がとりまとめられた。今後は、他昆虫の生産ガイドラインの策定も見込まれているところである。

第３節　漁業分野におけるサステナビリティ

1　漁業分野における国際的動向（人権保護・水産資源保護）

近時、重大な国際問題の１つとしてIUU（違法：Illegal、無報告：Unreported、無規制：Unregulated）漁業がフォーカスされており、漁業分野におけるサステナビリティを考える上では、人権保護や資源保護という意味において、IUU漁業に対する対応は避けられない重要な課題であるといえる。

日本においては、**2**〔p.594〕のような特定水産動植物等の国内流通の適正化等に関する法律（以下、「水産流通適正化法」という）の公布・施行のほか、REMOにおける保存管理措置やIUU船舶リストの作成、途上国への関連支援等を通じてIUU漁業対策に取り組んでおり、また、G20大阪首脳宣言（2019年6月28日・29日）[注9]において、IUU漁業対策の重要性を明記するなどしている。もっとも、2020年5月、中国企業の大連遠洋漁業金槍魚釣有限公司（大連海洋漁業株式会社）が運営する漁船Longxing 629号において、インドネシア人乗組員に対する強制労働、奴隷労働、賃金問題などの人権侵害事案が発覚し、リーファー船の日本への帰港があったことから、当該事案における水産物の日本市場への混入の可能性が指摘されており、水産業のサプライチェーン上の人権問題は、日本企業も無関係ではないとされている[注10]。

このような中で、グローバル・プラットフォームである「漁業の透明性を確保するための連合体（Coalition for Fisheries Transparency）」[注11]は、漁

（注9）https://www.mofa.go.jp/mofaj/gaiko/g20/osaka19/jp/documents/final_g20_osaka_leaders_declaration.html.

（注10）国際人権NGOヒューマンライツ・ナウ「日本の水産業関連会社に対するアンケート結果報告」（2021年12月20日）（https://hrn.or.jp/wpHN/wp-content/uploads/2021/12/b56fa65819bba0976b76336866cf4b55.pdf）。

（注11）https://fisheriestransparency.net/.

業関連の情報や活動等の不透明性と説明責任の欠如が、水産業者の管理不徹底、違法操業、人権侵害・強制労働、不平等、不正・腐敗を引き起こし、その結果、漁業従事者の安全が脅かされているとして、漁業における透明性確保の必要性を主張しており、2023年3月2日に、政策改革の実施を促すための船舶情報、漁船活動およびガバナンスと管理の観点から、10の枠組みからなる「漁業の透明性に関する世界憲章（Global Charter for Fisheries Transparency）」を発表している(注12)。

この点、日本が現状で締結・批准している条例および国内法令等を踏まえると、日本における立法上の手当と運用はかかる原則に部分的に適合しているにとどまり、漁船活動や漁獲物の電子的監視や情報の集約・公開方法の面において課題があるように思われる。

2　水産流通適正化法

日本国内の動きとしては、①国内において違法かつ過剰な採捕が行われるおそれが大きい魚種について、違法漁獲物の流通が水産資源の持続的利用に悪影響を及ぼし、適正な漁業者等の経営を圧迫化しているため、輸出品を含めて、違法漁獲物の流通を防止し、国内流通を適正化する措置を講ずる必要性とともに、②国際的にも上述のとおりIUU漁業撲滅の実行が求められ、日本も海外の違法漁獲物の流入を阻止する措置を講ずる必要性が指摘されていた。

このような背景に鑑み、日本国内で採捕される特定の水産動植物について、①漁業者等の届出、②漁獲物ごとの漁獲番号等の伝達、③取引記録の作成・保存、④輸出時の適法性の証明を行うとともに、日本国内に輸入される特定の水産動植物について、輸入時の適法性の証明などの措置を講ずるために、水産流通適正化法が2020年12月11日に公布され、2022年12月1日から施行されている(注13)。

（注12）https://fisheriestransparency.net/wp-content/uploads/2023/04/ONEPAGER A5Japanese.pdf　https://fisheriestransparency.net/wp-content/uploads/2023/04/PPT-Japanese.pdf.

（注13）https://www.jfa.maff.go.jp/j/kakou/attach/pdf/tekiseika-8.pdf.

(1)　規制対象となる水産動植物

漁業法および水産流通適正化法では、漁獲対象となる水産動植物（魚介類、海藻類等の水産資源の総称）について、特定水産動植物、特定第一種水産動植物および特定第二種水産動植物と３つのグループを規定している。この他に、漁業法では、より広義の概念として特定水産資源（漁獲可能量による管理を行う水産資源：漁業法11条２項３号）が規定されており、こちらは改正漁業法に基づく新しいTAC制度に従い管理される水産資源として、資源管理基本方針によりその管理が規律されている。

現在は、特定水産動植物と特定第一種水産動植物は同一品種（ただし、ウナギの稚魚についての経過措置期間が異なる）となっているが、国内漁業を中心に、漁業法では主に対象魚種の採捕および流通“行為”を規制し、水産流通適正化法では対象魚種を採捕・流通する“事業者”を規制する構成となっている。

(2)　国内流通関連措置

ア　特定第一種水産動植物等に関する事業者の届出義務

まず①特定第一種水産動植物の採捕者であって、②自ら採捕した特定第一種水産動植物またはこれを原材料とする加工品である特定第一種水産動植物等の譲渡しの事業を行う者は、あらかじめ採補者に関する情報、採補権限、対象となる特定第一種水産動植物等に関する情報等を行政機関に対して届出る義務を負う他（水産流通適正化法３条１項、同法施行規則５条）、特定第一種水産動植物等取扱業者（特定第一種水産動植物等の販売、輸出、加工、製造または提供の事業を行う者：水産流通適正化法２条３項）も事業開始から２週間以内に農林水産大臣に対する届出義務を負う（同法８条１項、同法施行規則22条）。

イ　届出採捕者および特定第一種水産動植物等取扱業者の情報伝達義務

特定第一種水産動植物等に関する届出採捕者から特定第一種水産動植物等取扱業者への譲渡し、特定第一種水産動植物等取扱業者間での譲渡し・引渡しの際には、その包装、容器、送り状への表示、電子情報処理により、漁獲番号、事業者名称、重量・数章、譲渡し・引渡しの日付等を伝達する義務を負う（水産流通適正化法４条・５条、同法施行規則11条～14条）。

ウ　特定第一種水産動植物等取扱業者の取引記録の作成・保存義務

特定第一種水産動植物等取扱業者は、特定第一種水産動植物等取扱業者間で特定第一種水産動植物等の譲渡し・譲受け・引渡し・引受けを行ったとき、または廃棄・亡失をしたときは、その名称、重量・数量、年月日、相手方、漁獲番号等について書面または電磁的記録により記録を作成し、3年間保管する義務を負う（水産流通適正化法6条、同法施行規則18条～21条）。

エ　特定第一種水産動植物等の輸出に係る適正漁獲等証明書の添付

特定第一種水産動植物等取扱業者は、特定第一種水産動植物等について輸出を行う場合には、適法漁獲等証明書（①漁業法関連法令に違反して採捕されていないこと、または②輸入・養殖水産動植物等であること）を行政機関に申請の上、これを添付することを要する（水産流通適正化法10条、同法施行規則24条）。

(3)　輸入関連措置（特定第二種水産動植物等に関する規制）

特定第二種水産動植物等（特定第二種水産動植物および特定第二種水産動植物を原材料として製造または加工したものであって、農林水産省告示に規定するもの：水産流通適正化法2条5項、同法施行規則4条、農林水産省告示940号）を輸入する場合には、外国の政府機関による適法採補証明書または水産流通適正化法施行規則の規定するその他の書類（例えば、養殖魚の場合には当該事実を証する書類）の添付が要求される（水産流通適正化法11条、同法施行規則25条1項・4項）。

3　養殖業における近年の動向

(1)　養殖の現状

日本における食用魚介類の国内消費仕向量は減少傾向にあるものの、1人当たりの食用魚介類の消費量は世界平均の2倍を上回っており、依然として大量の水産物を消費する国であって、大規模なマーケットが存在するが、水産物輸入量は増加しており、2021年度における日本の食用魚介類の自給率（概算値）は、〔図表4-5-9〕の通り59％にとどまっている[注14]。このような点を踏まえると、水産資源の継続的確保の観点からは、国内の漁業生産

〔図表 4-5-9〕食用魚介類の自給率

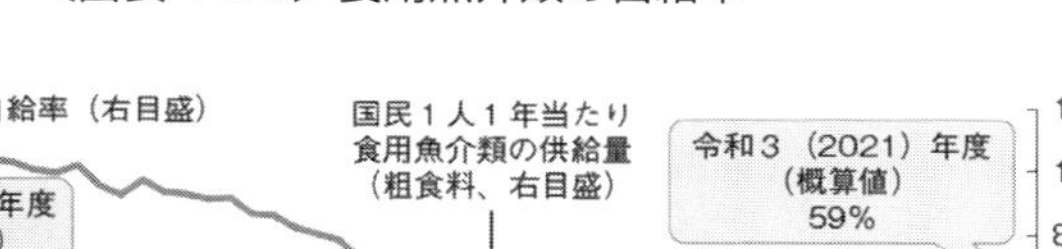

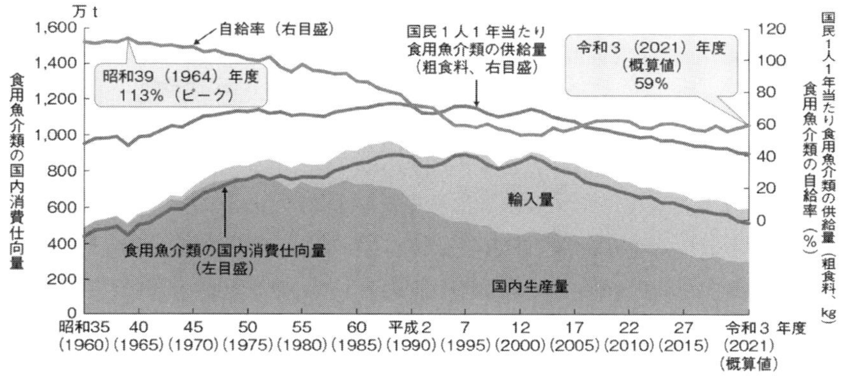

〔図表 4-5-10〕漁業・養殖業の生産量の推移

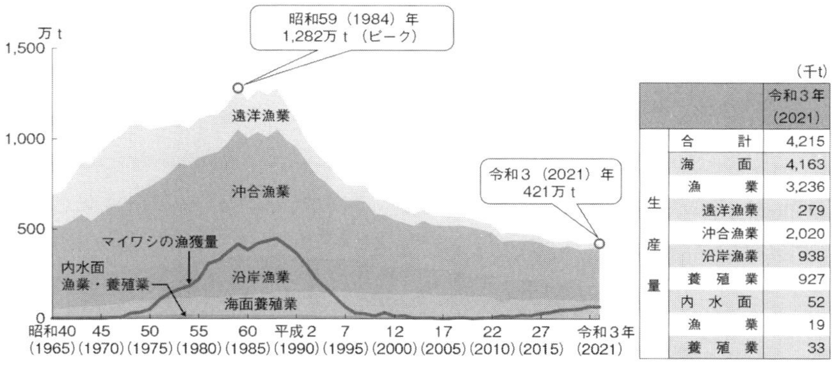

（千t）

		令和3年（2021）
生産量	合計	4,215
	海面	4,163
	漁業	3,236
	遠洋漁業	279
	沖合漁業	2,020
	沿岸漁業	938
	養殖業	927
	内水面	52
	漁業	19
	養殖業	33

量の増加に向けた対策が急務となっている。この点、〔図表 4-5-10〕の通り、日本の2021年度における漁業・養殖業の生産量は421万トンであるところ、このうち、海面養殖業の生産量は92.7万トン、内水面養殖業の生産量は3.3万トンで合計96万トンにとどまっている（注15）ことから、海面養殖業および内水面養殖業への新規参入や大規模化が、水産資源の継続的確保のために重

（注14）水産庁「令和4年度水産白書」41頁（https://www.jfa.maff.go.jp/j/kikaku/wpaper/R4/attach/pdf/230602-6.pdf）。
（注15）水産庁「令和4年度水産白書」64頁（https://www.jfa.maff.go.jp/j/kikaku/wpaper/R4/attach/pdf/230602-7.pdf）。

要な役割を果たすと考えられる。

この点、海面養殖に関しては、近年、ブルーカーボン・クレジット、特に、ジャパンブルーエコノミー技術研究組合が創設したボランタリー・クレジットであるＪブルークレジット(注16)を活用した取組みが広がっており、カーボン・オフセットを目的としたカーボンクレジット取引と合わせた形で新規参入・規模拡大が期待されるところである。

また、陸上養殖については、①漁業権を必要としないこと、②自然災害や気候変動といった不可抗力の影響を受けにくいこと、③生産計画に応じて魚類の孵化や生育時期を調整することが可能なこと、④濾過装置によりアニサキスなどの寄生虫やマイクロプラスチック・重金属等の汚染物質の影響を排除可能なこと、⑤（特に閉鎖循環方式の場合）養殖業等に由来する食べ残しの餌やプラスチックごみの海への流出が乏しいこと、などから、近時、全国各地で新規参入が進んでいる。なお、陸上養殖に関連して、植物の水耕栽培と魚の飼育を掛け合わせたアクアポニックスという取組みも行われており、サステナビリティを意識した新しいビジネスが生まれているほか、プロジェクト・ファイナンスなどを活用した事業規模・資金調達の大型化も進みつつある。

(2)　陸上養殖業の届出制化

陸上養殖には掛流し式、閉鎖循環式などさまざまなタイプがあるが、新たな養殖方法を取り入れた養殖業については、排水等に伴う周辺環境への影響等について十分な知見・データがなく、陸上養殖事業を持続的かつ健全に発展させていくためには、まずはその実体を把握することが必要であるとの観点から、①新たな養殖方法を取り入れた内水面において営まれる養殖業を内水面漁業の振興に関する法律（以下、「内水面漁業振興法」という）上の「届出養殖業」として規定すること、および、②当該届出養殖業について届け出なければならない事項等を整備することを内容とした、内水面漁業の振興に関する法律施行規則（以下、「内水面漁業振興法施行規則」という）および内水面漁業の振興に関する施行令（以下、「内水面漁業振興法施行令」という）の各改正（以下、「本改正」という）が2023年4月1日から施行されている。

内水面漁業振興法では、漁業法の規定が適用される水面以外の水面で営ま

（注16）https://www.blueeconomy.jp/credit/.

れる指定養殖業以外の養殖業であって政令で定めるものを「届出養殖業」と規定している（内水面漁業振興法28条１項）。この点、過去、うなぎ養殖業が届出養殖業とされていたが、その後、うなぎ養殖業は、その実施にあたって許可が必要になる指定養殖業（同法26条１項）に変更されたため、本改正が施行されるより前においては、届出養殖業に該当する養殖業はなかった。そのような中で、本改正によって、下記に掲げる養殖業が届出養殖業に該当することになった（同法施行令２条）。

> 陸地において営む養殖業であって、次のいずれにも該当するもの
> ①　食用の水産動植物（うなぎを除く）を養殖するものであること。
> ②　次のいずれかに該当するものであること。
> 　イ　水質に変更を加えた水または海水を養殖の用に供するもの
> 　ロ　養殖の用に供した水を餌料の投与等によって生じた物質を除去することなく養殖場から排出するもの

届出養殖業に該当する場合は、以下のような規制を受けることになる。

ア　事前届出（内水面漁業振興法28条）

届出養殖業を営もうとする者は、養殖場ごとに、その養殖業を開始する日の１か月前までに、内水面漁業振興法施行規則で定めるところにより、①名称または氏名および住所、②法人にあっては、その代表者の氏名および住所、③養殖場の名称および所在地、④養殖場ごとの養殖池数、⑤養殖場ごとのすべての養殖池の総面積および総体積、⑥養殖の方法、⑦養殖する水産動植物の種類、⑧当該養殖業の開始予定時期を届け出なければならない（内水面漁業振興法28条１項、同法施行規則18条１項・２項）。

イ　実績報告書の提出（内水面漁業振興法29条）

届出養殖業者は、内水面漁業振興法施行規則で定めるところにより、事業年度（４月１日から翌年の３月31日まで）ごとに、届出養殖業を行う養殖場ごとの実績報告書（記載事項は①届出をした者の氏名および住所（法人にあっては、その名称、代表者の氏名および主たる事務所の所在地）、②届出の番号、③養殖の用に供した種苗の種類別の量、④養殖の実績、⑤その他必要な事項）を作成し、当該届出対象の事業年度に属する最終月の翌月の30日（次の事業年度の４月30日）までに届け出なければならない（内水面漁業振興法施行規則21条）。

第４節　農業と再生エネルギー（営農型太陽光発電）

1　はじめに

2021年10月22日に新たに国連に提出された日本の温室効果ガス削減目標（NDC）の下、同月に策定された第６次エネルギー基本計画では、再生可能エネルギーは、3,130億kWh程度の実現を目指すこととされており、その上で、2030年度の温室効果ガス46%削減に向けては、もう一段の施策強化等に取り組むこととし、その施策強化等の効果が実現した場合の野心的な目標として合計3,360〜3,530億kWH程度の導入、電源構成比では36〜38%程度を見込むこととされている。また、当該目標の中で太陽光発電に求められる役割は大きく、現状791億kWh、電源構成比7.9%程度の発電量を、2030年度には1,290〜1,460億kWh、電源構成比14〜16%とすることが見込まれている。

一方で、日本の国土面積当たりの太陽光導入容量は主要国の中で最大で、２位のドイツと比較しても２倍程度の面積を占めており、その適地は逼迫し、新設の大規模案件の開発が難しい状況にある。

このような状況のなか近時、農地において営農を継続しながら発電を両立する営農型太陽光発電（ソーラーシェアリング）が注目を集めている。日本の平地を多く占めるであろう農地は全体で468万haにも上り、再生利用可能な荒廃農地のうち系統確保が比較的容易である平地・都市的農業地域に限定しても3.4万haのポテンシャルを有している。本節では、ソーラーシェアリングの導入と必要とされる資金調達の方法および法的許容性について考察する。

2　ソーラーシェアリングの概要と現状

(1)　ソーラーシェアリングの概要

ソーラーシェアリングに関しては、営農型発電設備を設置する技術が確立し、営農型発電設備に対するニーズが高まってきたことを踏まえて、2013年3月に農地転用許可制度における取扱いを明確にする通知が発出され、2019年には新たに担い手の経営発展や荒廃農地の再生等を後押しする観点から一時転用許可を延長した「支柱を立てて営農を継続する太陽光発電設備等についての農地転用許可制度上の取扱いについて」（平成30年5月15日30農振第78号農林水産省農村振興局長通知）（以下、「平成30年通知」という）が定められている。平成30年通知では、営農型発電設備とは、農地に支柱を立てて、営農を継続しながら上空部分に設置する太陽光発電設備等の発電設備をいうこととされており（平成30年通知1）、ソーラーシェアリングは、このうち営農型太陽光発電設備を利用して、太陽光を農業生産と発電とで共有する取組みのことを指す。

(2)　ソーラーシェアリングのメリット

ソーラーシェアリングは、営農を継続しながら発電事業を行う取組みであるため、農地法上原則として転用が認められておらず（農地法4条6項1号・5条2項1号）、従来太陽光発電を行う候補地となっていなかった、農用地区域内農地、甲種農地または第1種農地等を利用することができることが可能となっている。したがって、発電事業者等から見た場合、上記の通り逼迫した太陽光発電設備の用地の新たな適地となることが予想される。また、農業者から見た際にも作物の販売収入に加え、豊作等の市場価格下落等の影響を受けず、FIP制度等によって収益の安定が見込まれる売電による継続的な収入や発電電力の自家利用等による農業経営のさらなる改善が期待できる。さらに、これから新たに農業参入を目指す企業にとっては、農業に加えてコーポレートPPA等カーボンネットゼロに向けた動きにも合わせて取り組むことが可能となる。

(3)　ソーラーシェアリングの現状

次に、ソーラーシェアリングの現状についてであるが、〔図表 4-5-11〕(注17)の通り2013年に営農型太陽光発電設備を設置するための農地転用許可制度が定められて以降、2022年度までの農地転用許可件数（再許可分を含む）は累計で5,351件に上るなど、その件数は右肩上がりに上昇している状況にある。

〔図表 4-5-11〕太陽光設備（非住宅）の導入件数

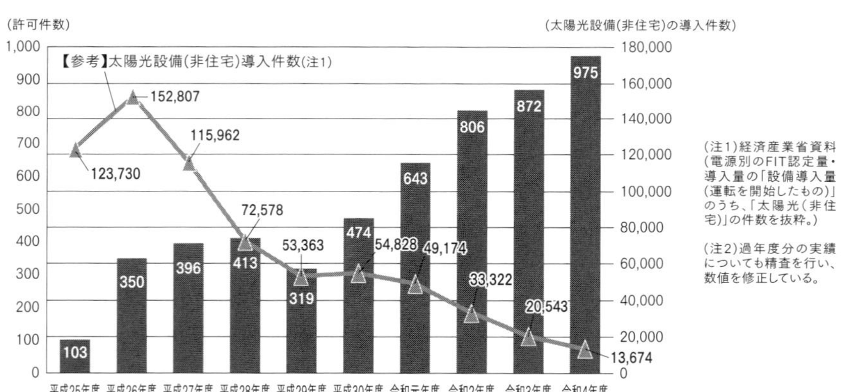

また、事業規模に関しても2015年度末において事業費の規模が1億円以上となるような案件は（当時）合計775件のうち、77件にとどまる(注18)などプロジェクト・ファイナンス等を必要とするような案件はごく少数にとどまるものと推察されていた。しかし、近時公表された資料(注19)によれば

(注17) 2024年10月農林水産省農村振興局「営農型太陽光発電設備設置状況等について（2022年度末現在）」(https://www.maff.go.jp/j/nousin/noukei/totiriyo/attach/pdf/einogata-55.pdf) より抜粋。

(注18) 農林水産省農村振興局「営農型発電設備の現状について（2018年5月）」6頁(https://einou-pv.org/wp/wp-content/uploads/2018/06/527f2b2d7f66767d7f4610920d11fb32.pdf)。

(注19) 農林水産省「今後の望ましい営農型太陽光発電のあり方を検討する有識者会議（第2回）事務局提出資料（報告事項）」(2022年3月10日)(https://www.maff.go.jp/j/study/einougata_taiyoukou.html/attach/pdf/einou_kaigi-66.pdf)。

4ha を超える大規模な農地において営農型太陽光発電設備が行われている事例も 14 件ほど見られるなど、大規模な太陽光発電設備が営農型で運営されていることがうかがわれる。また、海外の事例に目を向けると、中国では 1GW 規模のソーラーパークの建設に関する報道もされている（注20）。

3　ソーラーシェアリングの法的な主な課題

(1)　一時転用の問題

通常例えば太陽光パネルを設置する等のために農地を農地以外のものにする者は、農地法に基づき都道府県知事等から農地転用許可を受ける必要がある（農地法４条１項・５条１項）。ソーラーシェアリングについても、同様に営農型太陽光発電設備を設置するためには、その支柱の敷地部分について農地転用許可が必要となる（平成 30 年通知 1）。しかし、営農型太陽光発電設備については、当該設備の下部の農地において営農の適切な継続が確保されなければならないことから、通常の農地転用ではなく、一時転用許可の対象としてその可否を判断するものとされている。また、この一時転用許可はソーラーシェアリングを行う農地すべてで取得する必要はなく、発電設備を支える支柱の基礎部分のみ取得すれば足りる。

ここで、この一時転用許可の期間は、以下の場合には 10 年とされているが、それ以外の場合では３年となり（平成 30 年通知２(2)アおよび別表）、最長でも 10 年に期間が限定されている。

①　担い手（注21）が自ら所有する農地または使用収益権を有する農地を利用する場合

（注20）https://www.pv-magazine.com/2020/09/03/giant-agrivoltaic-project-in-china/

（注21）食料・農業・農村基本計画（2015 年３月 31 日閣議決定）（https://warp.da.ndl.go.jp/info:ndljp/pid/11402597/www.maff.go.jp/j/keikaku/k_aratana/pdf/1_27keikaku.pdf）の第３の２の(1)に掲げる次の者をいう。

ア　効率的かつ安定的な農業経営（主たる従事者が他産業従事者と同等の年間労働時間で地域における他産業従事者とそん色ない水準の生涯所得を確保し得る経営）

イ　認定農業者

ウ　認定新規就農者

エ　将来法人化して認定農業者になることが見込まれる集落営農

② 荒廃農地を再生利用する場合

③ 第2種農地または第3種農地を利用する場合（農用地区域内の農地は除く（農林水産省作成の2021年7月付「営農型発電設備の実務用Q&A（営農型発電設備の設置者向け）」（以下、「営農Q&A」という）問7））

現在、太陽光発電事業に対するプロジェクト・ファイナンスの融資期間の基礎となっている電気事業者による再生可能エネルギー電気の調達に関する特別措置法に基づく調達（交付）期間は20年であるため、最長の10年の一時転用許可を取得した場合であってもこの期間のすべてをカバーすることはできない。この、調達（交付）期間の全期間についてソーラーシェアリングを継続するためには、一時転用許可を再度受ける必要がある点が、法制度上の課題の主要な点の1つである。

この点、営農が適切に継続されている場合には、再度の一時転用許可を認めない必要性はないかとも思われるが、現状では、一時転用許可の再許可が認められる要件・手続（およびその期間設定）が法令および通達上は必ずしも明確ではないようにも思われるので、原則一時転用許可は再取得される運用（方針）であることを明確化の上、例外的に再取得が否定される場合の詳細条件も規定上も明確化するようになると予測可能性や契約規定・スキームによるサポートも担保され、プロジェクト・ファイナンスをはじめとした大規模な資金調達もより盛んとなるように思われる。また、一時転用許可制度のあり方としては、①現行の一時転用許可の期間を3年または10年としつつ、期間満了時の審査で要件充足する場合には許可の更新／再取得を認める方式と、②一時転用の許可の期間を例えば20年としつつ、3年または10年ごとに審査を行い要件不充足時には許可を取り消す方式が考えられ、両者は、一定時期ごとに審査が行われ、転用許可の継続の可否が審査される点では類似しているものの、実務上の評価・取扱いには大きな格差が生じるため、将来の制度変更に向けた議論が行われることも期待される。

(2) 単収要件

上記の一時転用許可を得るためには、発電設備の下部の農地において営農の適切な継続が確実と認められることが必要であり、具体的には、当該農地における単収が、同じ年の地域の平均的な単収と比較しておおむね2割以上減少していないこと等が求められる（平成30年通知2(2)ウb）[（注22）]。

そして、一時転用許可には「下部の農地における営農が行われない場合……には、支柱を含む当該設備を速やかに撤去し、農地として利用することができる状態に回復すること」等が条件として付されることとされており（平成30年通知２⑶オ）、営農の適切な継続が確保されなくなった場合またはこれが確保されないと見込まれる場合には、一時転用許可を受けた者に対して、必要な改善措置を講ずるよう指導がなされ、この指導にもかかわらず必要な改善措置が講じられない場合には、一時転用許可を受けた者に対して、営農型発電設備を撤去するよう指導がされることとされている（平成30年通知第４）。したがって、この単収要件は、一時転用許可期間中において継続的に充足される必要があり、ソーラーシェアリングに関する事業・資金調達スキームを検討するに当たっては、いかにして投融資期間中の営農を維持・継続させるかという点が重要な要素となっている。この点では、営農部分を指導またはバックアップする事業者の確保や人材・設備の維持・確保の観点から、将来の営農者の事業承継に向けた手当てなども今後は導入事例が見込まれる。

４　ソーラーシェアリング以外の農業と再生可能エネルギー事業の組合せ手法（農山漁村再生可能エネルギー法）

農業と再生可能エネルギー事業の組合せの手法としては、ソーラーシェアリング以外にも法制化されているものがあり、2013年の段階ですでに農林漁業の健全な発展と調和のとれた再生可能エネルギー電気の発電の促進に関する法律（以下、「農山漁村再生可能エネルギー法」という）が制定されており、主に農山漁村において農林漁業の健全な発展と調和のとれた再生可能エネルギー電気の発電を促進するための措置を講ずることにより、農山漁村の活性化を図るとともに、エネルギーの供給源の多様化に資することを目的としている（農山漁村再生可能エネルギー法１条）。農山漁村再生可能エネルギー法は、①市町村が再生可能エネルギー電気の発電の促進による農山漁村の活性

（注22）一時転用期間中に台風や冷害等の天災等、営農型発電設備の設置が原因といえないやむを得ない事情により、下部の農地における単収の減少等が見られる年がある場合には、その事情およびその他の年の営農の状況を十分に勘案して判断される（営農 Q&A 問30参照）。

化に関する基本的な計画（以下、「基本計画」という）を作成する制度を設け、②基本計画に基づいて認定を受けた再生可能エネルギー発電事業者は、再生可能エネルギー発電設備の整備のための行為を行う場合に各法令上要求される許可または届出[注23]の手続をワンストップ化できるというメリットを再生可能エネルギー発電事業者に与えている。また、農山漁村再生可能エネルギー法上、基本計画の対象となり、ワンストップ化のメリットを享受することができる土地には、原則農地転用が認められていない第1種農地の転用の余地が開かれている。

なお、同法の適用対象となる「再生可能エネルギー電気」とは、太陽光、風力、水力、地熱、バイオマス、その他電気のエネルギー源として永続的に利用することできると認められるものとして省令で定めるものをいい（農山漁村再生可能エネルギー法3条1項）、太陽光発電に限定されていない。もっとも、同法によっては対象土地を転用した上で再生可能エネルギー事業を行うことができるため、同法はソーラーシェアリングなどよりは、既存の農村地帯等で農業に併設する形で再生可能エネルギー発電設備を設置し、再生可能エネルギー事業を行うような事業に親和性があるかもしれない。

5　おわりに

上述の通り、現行法上ソーラーシェアリングの取扱いは非常に複雑であり、かつ一部では立法的課題も残されているところではある。また、関連する通達や農地法の取扱いを考慮する必要があり、各事業者の実情に合わせたスキームを検討するにあたっては各種制度を把握した上で高度な法的検討が必要となる。一方で、エネルギー産業および農業においてソーラーシェアリングが持つ意義は大きく、日本を含め世界で注目を集めつつある産業になろうとしており、現時点でこの事業に参入する意義は非常に大きいものと思われる。

（注23）具体的には、農地法（農地の所有権移転・農地転用許可を含む）、酪肉振興法、森林法、漁港漁場整備法、海岸法、自然公園法および温泉法に基づく許可または届出となる。

第５節　農業従事者のサステナビリティ

1　事業のサステナビリティ（事業承継）

アグリビジネスにおける事業承継は喫緊の課題である。農業従事者の高齢化は著しく、現在の農業従事者が今後10年で大規模に離農する将来は避けられない。「2020年農林業センサス結果の概要」によれば、2020年調査時で、個人経営体の基幹的農業従事者（仕事が主で、主に自営農業に従事した世帯員）全体の69.6%が65歳以上であり79.9%が60歳以上である。

このような状況下でアグリビジネスのサステナビリティを実現するためには、事業モデルの継続性に加えて、ビジネスの特性に応じた適切な事業承継が行われることが必要である。適切な事業承継が行われない場合は、これらのアグリビジネスにおいて培われてきた経験やノウハウは承継されず、離農後の農地が耕作放棄される原因となる。また、農業経営を次世代に承継していくことは、日本国内の食料安全保障や地方経済の維持の面でも重要なことである。

(1)　アグリ事業承継概論

ア　事業承継において一般的に重要な視点

現状、アグリビジネスは個人事業として行われている場合が多い。このような中小規模の事業承継の要点は、①後継者が見つかるか、②資産を後継者に集約できるか、③後継者が事業承継の資金を確保できるかにある。

(a)　後継者が見つかるか

これまで、個人事業や中小企業の事業承継においては、現経営者の子供やその配偶者等の親族が後継者となること（親族内承継）が基本的なパターンであった。しかし、産業構造の変化により、第一次、第二次産業の就業者割合が減少したことや、少子化や家族関係の変化に伴い、子供世代が事業の承継に興味を有しないケース、適性のある子供世代がいないケースが増加し、親族内承継の割合は減少傾向にある。

後継者候補をいかに見い出すかについては本章の対象ではないが、例えば株式会社リクルートが提供する「AGRI-LINK」サービス(注24)など、後継者候補と現経営者のマッチングサービスも出てきており、今後の動向が注目される。

(b)　資産を後継者に集約できるか

円滑な事業承継のためには、承継後の経営を安定させるために、経営権や設備等の経営資産を後継者に集約させることが重要である。

経営資産を後継者に集約させることを阻害する事情としては、遺留分制度や、後継者における事業承継資金の確保の問題がある。遺留分制度に関しては、2018年7月6日に成立した改正後民法により、一定の改善がなされているほか、中小企業における経営の承継の円滑化に関する法律（以下、「経営承継円滑化法」という）において、推定相続人全員の合意を条件として、遺留分制度の特例が定められている(注25)。後継者における事業承継資金の確保に関しては、経営承継円滑化法に基づき、事業承継税制および事業承継時の金融支援措置による支援を受けることができる。

イ　アグリ事業承継の方法

遺言による相続または遺贈で事業承継を行う場合、農業法人の場合は、現経営者が所有する農業法人の株式を、個人事業の場合は、事業用資産、契約、債権債務等を後継者に承継させることになる。相続や遺贈による事業承継のメリットとしては、農地を承継する場合は農地法に基づく農業委員会の許可が不要となること、相続税は贈与税に比べて税務上のメリットがあることが挙げられる。

しかし、遺言による承継の場合、遺言はいつでも撤回できることから後継者の地位が不安定となるという問題のほか、後継者が経営に参画してから相続完了までに長期間を要するといった問題があることから、相続前の事業承継を検討することも有用である。

(a)　個人農家

個人農家の場合、アグリ事業承継の法的な構成としては、相続以外の場合には事業譲渡の方式を採ることが多いと思われる。具体的には、①農地の権

(注24)　株式会社リクルート「AGRI-LINK」(http://cheersagri.jp/agri-link/)。
(注25)　経営承継円滑化法4条1項。

限、②農業機械、施設、その他の事業用資産、③知的財産（特許権、ノウハウなど）、④契約関係（取引先との契約関係、従業員との雇用契約など）、を個別に後継者に承継する。契約書としては、事業譲渡契約書としてまとめることでも、承継対象ごとに個別に譲渡契約を締結していくことでも構わない。その他、⑤取引先、地元での人的関係といった属人的なものは、事業譲渡契約によって承継されるものではないが、後継者がアグリ事業を営む上で重要な関係であり、現経営者の支援を得て、後継者によって構築していくことになる。

(b)　農業法人

「2020年農林業センサス」によれば、法人化している農業経営体のうち、会社法人が約65％を占め、会社法人である農業経営体のうち、株式会社が約95％を占めるので、本章では、株式会社を念頭に置いて説明する（注26）。農業法人の場合、アグリ事業承継の法的な構成としては株式譲渡となることが多いだろう。当該法人に帰属している上記の①農地、②農業機械、施設、その他の事業用資産、③知的財産（特許権、ノウハウなど）、④契約関係（取引先との契約関係、従業員との雇用契約など）は、株式の譲渡に伴い、後継者に支配権が移転する。もっとも、上記の**ア**⑤取引先、地元での人的関係は、株式の譲渡によっては後継者に引き継がれないので、個人農家の場合と同様に、現経営者の支援を得て、後継者によって構築していくことになる。

(2)　アグリ事業承継各論

ア　農地の承継

(a)　概　論

アグリ事業承継において、農地は重要な資産である（注27）。アグリ事業承継における農地の承継・権限設定の方法は、所有権移転と、賃貸借または使用貸借の２つの方法があるので、それぞれについて以下で解説する。

（注26）農林水産省「2020年農林業センサス報告書　第３巻　農林業経営体調査報告書――農林業経営体分類編」の「２⑴組織形態別経営体数」参照。

（注27）アグリビジネスにおける農地法制の内容は、西村あさひ法律事務所アグリ・フードプラクティスグループ『アグリ・フードビジネスの法実務――食農のサステナビリティとイノベーションを支える法戦略』（金融財政事情研究会、2023）17頁以下を参照されたい。

(b) 所有権移転の場合

(i) 農業委員会の許可

個人または法人が農地の所有権を取得する場合、農地法3条に基づく農業委員会の許可が必要となるのが原則である。遺産の分割による場合は農業委員会の許可は不要であるが（同法3条1項12号）、農業委員会への届出は必要となる（同法3条の3）。

(ii) 農地を所有する農業法人の株式を承継する場合の留意点

アグリ事業承継において農地を所有する農業法人の株式を承継する場合、株式の譲渡自体に農業委員会の許可は必要ないが、アグリ事業承継を受けた農業法人は、農地所有適格法人の要件[注28]を満たす必要がある。大まかにいえば、農地所有適格法人は、所有と経営が一致することが前提となっており、農業法人の株式の過半数を後継者である個人が承継する場合、農地所有適格法人の要件が問題となることは少ないように思われる。一方で、後継者が農業法人の株式の過半数を取得しない場合（所有と経営が分離する場合）には、当該農業法人において農地所有適格法人の要件を満たすことが困難なケースが出てくるだろう。この点については、経営基盤強化促進法による特例により、要件が一部緩和されているが、かかる特例はあまり活用がなされていないのが現状のようである。

(c) 賃貸借または使用貸借の場合

(i) 農業委員会の許可

農地の所有権を取得する場合のみならず、農地を賃借する場合も、農地法3条に基づく農業委員会の許可が必要となるのが原則であり、相続等一定の場合には許可が不要となる。したがって、後継者個人が農地賃借権を事業譲渡により承継する場合は、あらためて農業委員会の許可が必要である。

(ii) 農業法人の場合の留意点

農業法人が賃借人である場合、当該農業法人の株式を後継者が取得したと

（注28） 農地所有適格法人の要件については農地法2条3項を参照されたい。要件を概説すると、①株主要件として、総議決権の過半数を、農業の常時従事者（原則として年間150日以上）を含む農業関係者が保有すること、②役員要件として農業常時従事者が役員の過半数であること、③農作業要件として、農業常時従事者である役員または使用人が農作業に一定期間（原則として年間60日以上）従事すること、④事業内容として、主たる事業が農業であることが要求される。

しても、農地の賃貸借契約の当事者に変更はないので農業委員会の許可は不要であるが、当該農業法人がアグリ事業承継に伴い農地所有適格法人でなくなる場合は留意が必要である。すなわち、農地の賃借は、農地所有適格法人でなくとも許可されるが、農地所有適格法人でない法人が農地を賃借する場合は農地法３条３項の要件を満たす必要があるので、農業法人が農地を賃借しているケースで、アグリ事業承継後に農業法人が農地所有適格法人でなくなる場合は、当該条件を充足させた上で、農業委員会の許可を受けることになる。

イ　その他の事業用資産

知的財産権、契約関係、その他の事業用資産の承継については、一般的な事業譲渡と同様に考えることができるだろう。すなわち、個人事業のアグリビジネスを承継する場合は、個々の知的財産権、契約関孫、事業用資産についてそれぞれ承継する必要があり、契約関係を承継するには、原則として契約相手方の承諾が必要となる。農業法人のアグリビジネスを承継する場合は、当該農業法人の株式を譲渡することで、その法人の保有する知的財産権、契約関係、その他の事業用資産の支配権が移転し、契約関係について契約相手方の承諾は原則として必要とならない。ただし、契約関係については、農業法人の支配権の移転があった場合などに相手方の承諾や通知が必要となる旨の条項が含まれていないか、契約解除事由となっていないかなど、個別に確認する必要があるだろう。

2　働き方のサステナビリティ（労働条件）

上記の通り、自営業である農業従事者は高齢化し、その数は減少傾向にある。一方で、農業分野で新規に雇用される労働者の数は増加傾向にあり、かつ、その多くは49歳以下である(注29)。しかし、農業分野における新規就労

(注29) 農林水産省2021年新規就農者調査「調査結果の概要」によれば、2021年の調査における新規雇用就農者（調査期日前１年間に新たに法人等に常雇い〔年間７か月以上〕として雇用されることにより、農業に従事することとなった者〔外国人技能実習生および特定技能で受け入れた外国人ならびに雇用される直前の就業状態が農業従事者であった場合を除く〕）は、2014年の調査時点から約51％増加している。また、2021年の調査における新規雇用就農者の約74％は49歳以下である。

者が離農する割合は、他産業の離職率と比べても高い状況にあるといわれている[注30]。農業分野に参入する労働力は存在するのであるから、新たに農業分野で就労する者に対し、持続可能な労働環境を提供することが、農業のサステナビリティの観点から重要になる。

この点、農業はその性質上天候等の自然条件に左右され、労働時間等の規制になじまないとされており、このような農業の性質に鑑み、農業に従事する者には、労働基準法上の労働時間等に関する規定の適用が除外されている[注31]。したがって、労働基準法上は、従業員に対し、繁忙期に時間外労働を行わせても割増賃金を支払う必要はないし、労働基準法の規制に沿った休憩や休日を付与する必要もない。かかる状況は、経営の観点からは有利にも思われる[注32]。

しかし、新規就労者は農家出身でないことも多く[注33]、このような働き方に納得できる者は限られるのではないか。昨今の状況に鑑みれば、今後の若年層の労働力確保においては他産業との間の競争が一層激しくなると思われる。したがって、持続可能な労働環境を提供し、労働力を確保するためには、農業分野においても、労働時間、休憩、休日等に関する労働条件を他産業と同様の水準に近づけていく方向性を検討すべきであろう。実際にも、技能実習生の労働条件に関しては、農業分野においても労働基準法の労働時間、休憩、休日等に関する規定に準拠するよう指導されており[注34]、他産業と労働条件に差があると農業分野に人材が集まらないという懸念[注35]があることが推察される。

(注30) 総務省行政評価局「農業労働力の確保に関する行政評価・監視――新規就農の促進対策を中心として――結果報告書」(2019年3月) 46頁。

(注31) 労基41条1号。適用が除外されるのは、労働基準法の労働時間 (32条ないし33条・36条ないし38条の4・40条・60条・66条)、休憩 (34条・40条・67条) および休日 (35条ないし37条・60条) に関する規定である (ただし37条4項を除く)。

(注32) ただし、労働時間等の規制に関する規定の適用が免除されたとしても、使用者の安全配慮義務が免除されるわけではない。荒木尚志ほか編『注釈労働基準法・労働契約法第1巻――総論・労働基準法(1)』(有斐閣、2023) 677頁［石田信平］。

(注33) 総務省行政評価局・前掲 (注30) 45頁。農林水産省の新規就農者調査によれば、49歳以下の新規雇用就農者のうち、非農家出身者の割合概ね80%である。

(注34) 農林水産省「農業分野における技能実習移行に伴う留意事項について」(2000年3月)、農林水産省「農業分野における技能実習生の労働条件の確保について」(2013年3月28日)。

(注35) 國武英生「農業と労働法――農業就業者の労働法の適用と労基法の適用除外に着目して」日本労働研究雑誌675号 (2016) 74頁。

第6章
消費者保護とSDGsウォッシュ

第1節　消費者向け商品・サービスの表示とサステナビリティ

2020年3月に閣議決定され、2020年度から2024年度までの5年間を対象期間とする第4期消費者基本計画では、柱の1つに、「消費者による公正かつ持続可能な社会への参画等を通じた経済・社会構造の変革の促進」を掲げ、「持続可能な開発目標（SDGs）」の目標12「つくる責任　つかう責任」の達成に向けて、食品ロスの削減やサステナブルファッションに関する取組等、エシカル消費（より良い社会に向けて、地域の活性化や雇用等を含む人や社会・環境に配慮した消費行動）に関する取組みを推進するとともに、消費者志向経営を促進することとされた(注1)。

消費者のサステナビリティへの意識も高まっており、商品パッケージや広告宣伝におけるサステナビリティへの配慮が消費者の購買行動にも影響を与えている(注2)。

これにはいくつかの側面がある。

まず、サステナビリティに配慮した商品・サービスであることを積極的に表現することで、消費者にポジティブな印象を与え得るという面である。消費者に適切な情報提供を行うことで、例えば環境性能の優れた商品の消費が

（注1）消費者庁「令和5年度消費者白書」（2023年6月13日）142頁。

（注2）ボストンコンサルティンググループ「第7回 サステナブルな社会の実現に関する消費者意識調査結果」2023年3月（https://www.bcg.com/ja-jp/publications/2023/understanding-a-sustainable-society）（2023年12月23日最終閲覧）8頁によると、約7割の回答者が、「地球温暖化 / 気候変動問題のために、あなたは今後のお買い物で環境に負荷をかけない商品を選びたいと思いますか」との問に対して「そう思う」または「強くそう思う」と回答したとされる。

促進される等の効果が期待される。

他方で、企業による表示が実態と異なる場合には、消費者の適切な商品・役務の選択や、企業間の公平な競争を損なうおそれが生じる。

また、差別的表現や配慮に欠けた表現をとってはならないという面がある。

例えば、英国の広告監視機関である広告基準協議会（ASA）は、性別に基づく有害なステレオタイプの表現を使った広告を禁止しており(注3)、欧州において、「痩せていることは美しい」という既成概念に歯止めをかけ、拒食症の広がりを防ぐために、極端に痩せたモデルの起用や、モデルを不健康に痩せているように見せ、それを促進する広告表現を禁止する法律を整備している国もある(注4)。

そのような法令、自主規制の有無にかかわらず、国内外において、人種・民族、ジェンダーに関する差別的・侮辱的な表現やメッセージを含むとして炎上するケースが起こっている。「痩せていなければ美しくない」（体型による差別や固定観念）、「若くないと魅力がない」（年齢による差別）、「ご飯は女性が作るもの」（ジェンダーロール）等の押しつけや、特定のマイノリティの人種や民族をステレオタイプな役割（店主やタクシー運転手等）や特徴（行動、アクセント、ヘアスタイル、服装等）で描くことで、既存のステレオタイプを強化してしまうことにつながるおそれがある(注5)。

（注3）Code of Broadcast Advertising（BCAP Code）4.14条、Non-broadcast Advertising and Direct & Promotional Marketing（CAP Code）4.9条。

（注4）経済産業省ファッション未来研究会～ファッションローWG～「第3回 海外取引と多様な文化・価値観の尊重（2022年12月22日）」30頁、山田恒「欧米での痩せすぎモデル規制――メディアに氾濫する不健康なロールモデルに対するリーガルモデルと医学モデル」精神神経学雑誌121巻6号（2019）481頁。

（注5）例えば、2021年にフランスの高級ブランドが中国の展覧会で公開した、腫れぼったい一重まぶたでつり目の女性モデルの写真が、「アジア人蔑視」だと批判され、撤回に追い込まれた。日本でも、家事と育児を母親が1人でこなす紙オムツのCMが、「ワンオペ育児を美化している」と批判された例等がある。

第2節　ウォッシング

1　グリーンウォッシュ

「グリーンウォッシュ」ないし「グリーンウォッシング」とは、実態が伴わないのに環境に配慮しているかのように装うことをいう(注6)。環境に配慮したことをイメージさせる「グリーン」とうわべだけ取り繕うことを示す「ホワイトウォッシュ」を組み合わせた造語である。1980年代に米国で設立された「地球気候連合」(Global Climate Coalition)は、地球温暖化が人間活動の結果として生じているという提言に対して積極的に反論しており、「グリーンウォッシュ」の一例といわれる(注7)。

企業の行う表示について、諸外国においてグリーンウォッシュを理由とした訴訟や紛争も起きている(〔図表4-6-1〕)。同様に、「ESGウォッシュ」や「サステナビリティウォッシュ」も問題になっている。

2　グリーンウォッシュの問題点

Terra Choice(現UL:米国の第三者安全科学機関)が提示し、公表している"The Seven Sins of Greenwashing"(グリーンウォッシュの7つの罪)によると、グリーンウォッシュには以下の7つの側面があるとされる(注8)。

①　隠れたトレードオフの罪(hidden trade-off):企業が1つの環境に配慮した属性を強調し、製品の他の(潜在的により重要な)環境への懸念

(注6)ある企業が7,500万ドル相当の慈善寄付を宣伝するために1億ドルを費やしたケースや、節水と環境保護の名目の下にホテル業界がエコ表示を使用したことで、タオルの再利用を促す一方、その本当の戦略は運営コストを下げることだったような例も、環境に配慮する広報活動の欺瞞的なやり方であるとしてグリーンウォッシュの例とされる場合がある(S・ペンほか・松野弘監訳『50のテーマで読み解くCSRハンドブック――キーコンセプトから学ぶ企業の社会的責任』〔ミネルヴァ書房、2021〕70頁)。

(注7)ペンほか・前掲(注6)71頁。

(注8)ペンほか・前掲(注6)72頁~73頁参照。

〔図表 4-6-1〕ESG 訴訟等の例

・英国の広告監視機関（Advertising Standards Authority）が、金融機関の植林やネット・ゼロ計画への貢献内容に関し記載した広告について、同社が並行して進める化石燃料プロジェクト融資に関して 2040 年まで継続する計画がある等、温室効果ガスを排出する事業融資を継続している点に関する記載が一切見られず、消費者への誤解を招くとして、広告掲載を禁止すべきと決定した（注9）。
・イタリアの国営エネルギー会社に対し、消費者団体、環境 NGO 等から、明確な根拠なく「環境にやさしい」等の誇張表現が掲載されているとして、イタリア競争市場庁に宣伝内容の審議申立てがなされた。共通の定義が定着していない中、「グリーン」や「再生可能」等の用語を使用することは、消費者に誤った印象を与え、誇大広告にあたると判断された。広告の撤去と最高で 500 万ユーロの罰金が科された（注10）。
・ドイツの証券会社がウェブサイトで提供する「環境インパクト計算機」（個人投資家が当該計算機を利用することで投資先へのサステナビリティ貢献度を測定できるとするもの）に関し、「この投資により 42,837 リットル相当の汚水が処理され、これは平均的な家庭排水 129 日分に相当するものである」等の表現が掲載された広告が、グリーンウォッシュにあたるのではないかとの観点から、州の消費者相談センターが提訴した。証券会社は自発的に計算機の提供をとりやめた（注11）。
・人権 NGO が、韓国の電子機器メーカーおよびそのフランス子会社に対して、同社が世界で最も倫理的な企業の 1 つであり、従業員の人権を尊重する旨を自社ウェブサイトに表示しながら、当該表示に反して児童労働等を行っていることが誤解を招く広告であるとして提訴した。フランス最高裁判所は請求を棄却した（注12）。
・オランダ消費者・市場庁（ACM）は、スポーツブランドが十分な情報開示なしに "Ecodesign" の環境ラベルをつけていたことに対し、同社が環境表示に関する ACM のガイドライン遵守を約束し、サステナビリティ関連のイニシアチブに 40 万ユーロを寄附すること等を条件に制裁金を免除した（注13）。

（注 9）パリゾ・リュシル「欧州におけるグリーンウォッシング係争の動向等について」月刊資本市場 450 号（2023）76 頁・80 頁。
（注10）パリゾ・前掲（注 9）78 頁。
（注11）パリゾ・前掲（注 9）79 頁。
（注12）福原あゆみ『基礎からわかる「ビジネスと人権」の法務』（中央経済社、2023）31 頁。
（注13）経済産業省ファッション未来研究会・前掲（注 4）45 頁参照。

・米国カリフォルニア州の消費者が、キャットフードの一部に強制労働により調達されたシーフードが含まれている可能性があり、その可能性を消費者に説明していなかったことがカリフォルニア州サプライチェーン法に違反したとして、スイスの食品会社に対しクラスアクションを提訴した。カリフォルニア州の裁判所は、原告の請求は同法に成文化された以上の開示を求めるものであるとして請求を棄却した(注14)。
・米国連邦取引委員会（FTC）は、自動車メーカーが排ガス試験不正によりガソリンよりディーゼル車がクリーンである旨宣伝したことについて、自動車メーカーによる「クリーン・ディーゼル」宣伝が、米国連邦取引委員会法（FTC法）5条に定める不公正または欺瞞的な行為もしくは商慣行の禁止に違反しているとして提訴(注15)。自動車メーカーは、和解により米国の消費者に95億ドル以上を支払った(注16)。
・米国ニューヨーク州が、石油大手企業を、将来の環境規制が事業に与える影響について投資家を誤解させる情報開示をしたとして提訴した。州の上級裁判所は訴えを退ける判決を下したが、その後、ニューヨーク州は、石油大手企業と主要業界団体が、環境への影響を開示せずに「よりクリーン」、「排出を削減する」等とうたった燃料を販売し、消費者の誤解を招いたとして提訴した(注17)。
・米国の航空会社が、「世界初のカーボンニュートラル（温暖化ガス排出量実質ゼロ）の航空会社」と宣伝したことに対し、同社の取組みは環境保護活動への資金提供等排出量の一部を相殺する「カーボンオフセット」を含んでおり、「排出量実質ゼロ」は達成できない、飛行中に温暖化ガスが排出され続けるにもかかわらず自社のフライトは環境に悪影響を与えないという誤解を招く広告を繰り返した等と訴え、同社の宣伝は誇大広告で、消費者保護法等に違反するとして、消費者がクラスアクションを提訴した(注18)。

＊筆者作成。

(注14) 日本貿易振興機構（ジェトロ）海外調査部ロサンゼルス事務所「カリフォルニア州サプライチェーン透明法の概要」(2021年8月)（https://www.jetro.go.jp/ext_images/_Reports/01/e386703c87743757/20210027.pdf）(2023年12月23日最終閲覧）4頁。

(注15) 高橋真也「米国連邦取引委員会（FTC）経済局の消費者保護における役割――消費者保護機関における経済学等の活用事例」国民生活研究61巻1号（2021）40頁・48頁。

(注16)「燃費不正 和解金1兆円」日本経済新聞夕刊2020年7月28日3面。

(注17) 2019年12月10日「気候リスク巡るエクソンの投資家対応は適切、NY州の訴え棄却」(https://jp.reuters.com/article/idUSKBN1YE2CB/)（2023年12月23日最終閲覧)、ロイター2021年4月23日「米NY市、気候変動巡り石油大手を提訴 エクソンなど3社」(https://jp.reuters.com/article/idUSKBN2CA006/)（2023年12月23日最終閲覧)。

を無視する。

② 証明しないことの罪（no proof）：立証されていない主張を用いる。

③ 曖昧さの罪（vagueness）：「化学薬品を使用していない」や「毒性のない」というような表現を用いて、解釈次第では広くは真実でもあり、同時に嘘でもあること。

④ 的外れの罪（irrelevance）：真実ではあるけれども、役に立たない主張を行うこと。例えば、クロロフルオロカーボン（CFC）は30年近く前から使用が禁止されているのに、「CFCを使用していない」というような主張を行うこと。

⑤ 環境に悪いもののうち、まだ「まし」であるものを環境によいと宣伝する罪（lesser of two evils）：「環境に配慮した」除草剤のように、いかなる種類のものであれ除草剤は環境によくないという事実を無視すること。

⑥ 嘘をつく罪（fibbing）：企業が嘘をつくこと。

⑦ 偽りのラベル崇拝の罪（worshipping false labels）：消費者を惹きつけるために、製品に第三者の環境認証を偽造すること。

グリーンウォッシュを見抜いた世論の反発は、不買運動や反企業キャンペーンをもたらす。グリーンウォッシュにより、消費者が騙され、裏切られたと感じるために、または企業のダブルスタンダードに気づいたときに、本当に環境に配慮した製品への需要が減少する可能性があるとの問題も指摘されている[注19]。

欧米では、グリーンウォッシュ批判を逃れるために、サステナビリティに関する取組みについて過小評価したり主張を控える「グリーンハッシング」も出てきている[注20]。

2022年11月に公表された、国連 非国家主体のネットゼロ宣言に関するハイレベル専門家グループによる報告書[注21]では、2025年までに温室効果ガス排出量をピークアウトさせ、2030年までに排出量を半減、2050年までにネットゼロ排出を実現しなければならない中で、グリーンウォッシュと根

(注18)「デルタ航空は誇大『実質排出ゼロ』米で消費者が提訴」2023年6月1日付け日本経済新聞夕刊3面。

(注19) ペンほか・前掲（注6）73頁参照。

拠の薄弱な排出量ネットゼロ宣言を非難するとともに、新たな化石燃料設備の建設または投資を続けながらネットゼロを主張することはできないこと、自らのバリューチェーンにおける排出量を直ちに削減(注22)することをせずに信頼性に欠け得る安価なクレジットを購入すべきでないこと等が述べられている。

(注20) ファッション未来研究会～ファッションローWG「ファッションローガイドブック2023（2023年３月31日）」177頁。英国の金融系シンクタンクであるPlanet Trackerの報告書Planet Tracker, Greenwashing HYDRA, 1-7, January 2023（planet-tracker.org/wp-content/uploads/2023/01/Greenwashing-Hydra-3.pdf）（2023年12月23日最終閲覧）は、グリーンウォッシュは誤解を招くが必ずしも常に違法とは限らないとしつつ、グリーンウォッシュをグリーンハッシングを含む以下の６つに分類している。①グリーンクラウディング（Greencrowding）：多くの企業が集まるアライアンス等に入ることで大勢の中に隠れること、②グリーンライティング（Greenlighting）：他の企業活動での環境を破壊する行動から注意をそらすために、広告等のコミュニケーションにおいて経営・製品の特に環境配慮の側面について例えどんなに些細なことであっても取り上げること、③グリーンシフティング（Greenshifting）：企業が消費者に責任があると暗に伝え、消費者に環境保護の責任を転嫁すること、④グリーンラベリング（Greenlabelling）：詳しく調べると誤解を招くものであるが、マーケティングの担当者がグリーンなもの、サステナブルなものと呼ぶこと、⑤グリーンリンシング（Greenrinsing）：企業がESG目標を達成する前に定期的に目標を変更すること、⑥グリーンハッシング（Greenhushing）：企業の経営陣が投資家による精査から逃れるためにサステナビリティに関する情報を過小報告したり、隠したりすること。

(注21) 日本気候リーダーズ・パートナーシップ訳「インテグリティの重要性：ビジネス、金融機関、自治体、地域によるネットゼロ宣言の在り方（2023年２月１日）」（https://japan-clp.jp/wp-content/uploads/2023/02/HLEG-report_JPN.pdf）（2023年12月23日最終閲覧）。United Nations, INTEGRITY MATTERS: NET ZERO COMMITMENTS BY BUSINESSES, FINANCIAL INSTITUTIONS, CITIES AND REGIONS, Nov. 8, 2022（https://www.un.org/sites/un2.un.org/files/high-levelexpertgroupupdate7.pdf）（2023年12月23日最終閲覧）（原文）。

(注22) CO2の累積排出量とそれらが引き起こす地球温暖化との間には、ほぼ線形の関係があり、人為的な地球温暖化を特定の水準に制限するには、CO2の累積排出量を制限し、少なくとも正味ゼロのCO2排出を達成し、他の温室効果ガスの排出も大幅に削減する必要があるため（気候変動に関する政府間パネル（IPCC）第６次評価報告書第Ⅰ作業部会報告書〔自然科学的根拠〕）、自社のバリューチェーンにおける総排出量を削減することがまずもって重要となる。

第3節　消費者向けの表示とウォッシング規制

1　欧米の法規制

消費者向け表示におけるグリーンウォッシュについて、英国や米国では以前から当局によるガイドライン等が設けられており、EUにおいても法整備が進められている（〔図表4-6-2〕）[注23]。

米国では、米国連邦取引委員会法（FTC法）5条で、通商における、または通商に影響を及ぼす欺瞞的行為または慣行が禁じられている。消費者をミスリードするような環境表示を事業者が行うことのないようにする目的で、連邦取引委員会（FTC）が策定した「グリーンガイド」[注24]は、FTC法5条を環境広告およびマーケティング慣行に適用した解釈指針である（260.1条）[注25]。グリーンガイドは、1992年に策定され、例えば、“eco-friendly”等環境への有益性を無条件に主張すべきでなく、限定された主張（当社の包装はリーディングブランドのものより廃棄量が少ない等）についても実証されなければならないとする。また、“degradable”（分解可能な）、“free of”（～のない）、“non-toxic”（毒性のない）、“recyclable”（リサイクル可能な）といった用語を合理的な消費者はどのように解釈するか示している。グリーンガイドは、1992年に策定・公表され、1996年、1998年および2012年にそれぞれ改訂された。FTCは、環境によい製品の購入に対する消費者の関心が高まっているとして、2022年12月に、グリーンガイドの改訂について意見募

（注23）なお、金融商品のグリーンウォッシュに関しては、**第3部第5章3(6)**を参照いただきたい。

（注24）Federal Trade Commission, Guides for the Use of Environmental Marketing Claims（“Green Guides”）, Oct. 11, 2012（https://www.ftc.gov/legal-library/browse/federal-register-notices/guides-use-environmental-marketing-claims-green-guides）（2023年12月23日最終閲覧）。

（注25）竹濱朝美「環境配慮製品の広告表示とISO14021：『すべての自己宣言型環境主張に適用する要求事項』について」立命館産業社会論集37巻2号（2001）31頁・39頁参照。

〔図表4-6-2〕グリーンウォッシュ規制をめぐる近時の動向

米国	・グリーンウォッシュにつき不公正または欺瞞的行為として規制（FTC法）。 ・連邦取引委員会（FTC）がグリーンウォッシュに関するガイド（通称「Green Guides」）の10年ぶりの見直しに向け意見を募集（2022年12月）。
EU	・グリーンウォッシュがEU不公正取引方法指令の禁止する誤認惹起的取引方法であることを明確化するため、欧州委員会が指令の改正案を提案（2022年3月）。 ・欧州委員会が、グリーン・クレーム指令案を公表（2023年3月）。欧州議会が採択（2024年3月）。欧州理事会は、欧州議会に対する交渉上の立場を採択（2024年6月）。 ・EU理事会と欧州議会が、グリーン・トランスフォーメーションに当たり消費者の権利を強化するため、不公正取引方法指令と消費者権利指令の改正に暫定合意（2023年9月）[注26]。EU理事会は、グリーン移行のために消費者に権限を与える指令（Directive on empowering consumers for the green transition through better protection against unfair practices and better information）を採択（2024年2月）[注27]。
英	・英国競争・市場庁（CMA）が「CMA guidance on environmental claims on goods and services」および「Green Claims Code」を公表（2021年9月）。
フランス	・「生分解性」や「環境にやさしい」という用語の商品や包装への使用禁止（2020年）。 ・「商品の使用により期待される効果について消費者を誤認させてはならない」との消費者法典のルールにつき、その「効果」に環境への影響を含むことを条文上明記（2021年）。 ・広告における「カーボンニュートラル」との表現につき、厳格な条件を満たす場合を除いて原則として禁止（2023年1月1日以降）。

＊ファッション未来研究会～ファッションローWG「ファッションローガイドブック2023」（2023年3月）を基に一部修正の上筆者作成。

集を開始し[注28]、例えば、“carbon offsets”（カーボンオフセット）に関するガイダンスの改訂や、“climate change”（気候変動）に関するガイダンスの追加、どのような場合に“Recyclable”と表示してよいか等について意見募集がされた。“sustainable”や“organic”といった一般に用いられている用語についても意見募集の対象となっている。

EUでは、2024年2月に、不公正取引方法指令（Unfair Commercial Practices Directive）および消費者権利指令（Consumer Rights Directive）を改正する、グリーン移行のために消費者に権限を与える指令（Directive on empowering consumers for the green transition through better protection against unfair practices and better information）が欧州理事会により採択された。同指令は、環境訴求および社会的特徴（social characteristics）に関する主張を対象としている。環境訴求については、“environmentally friendly”（環境に優しい）、“green”（グリーン）、“biobased”（生物を原料とした）などの包括的な環境訴求は実証されない限り表示できず、信頼性の低い任意のサステナビリティロゴも用いることができないとされている。2023年3月に、欧州委員会から提案されたグリーンクレーム指令案（注29）（Green Claims Directive）は、グリーン移行のために消費者に権限を与える指令を補完するもので、環境主張の実証、伝達に関する要件や、第三者機関による検証、環境ラベルについての要件、違反へのペナルティ等について提案している。

（注26）Council of EU, Council and Parliament reach provisional agreement to empower consumers for the green transition（https://www.consilium.europa.eu/en/press/press-releases/2023/09/19/council-and-parliament-reach-provisional-agreement-to-empower-consumers-for-the-green-transition/）（2023年12月23日最終閲覧）。

（注27）Council of EU, Consumer rights: final approval for the directive to empower consumers for the green transition（https://www.consilium.europa.eu/en/press/press-releases/2024/02/20/consumer-rights-final-approval-for-the-directive-to-empower-consumers-for-the-green-transition/）（2024年7月28日最終閲覧）。

（注28）Federal Trade Commission, FTC Seeks Public Comment on Potential Updates to its “Green Guides” for the Use of Environmental Marking Claims, Dec. 12, 2022（https://www.ftc.gov/news-events/news/press-releases/2022/12/ftc-seeks-public-comment-potential-updates-its-green-guides-use-environmental-marketing-claims）（2023年12月23日最終閲覧）。

（注29）European Commission,Proposal for a Directive on Green Claims,Mar,22,2023」（https://environment.ec.europa.eu/publications/proposal-directive-green-claims_en）（2023年12月23日最終閲覧）。

２　わが国の法規制

(1)　景品表示法

日本では、グリーンウォッシュに特化した法令はまだないが、自己の提供する商品または役務の品質、規格その他の内容について、実際のものよりも著しく優良であると示す表示や、事実に相違して競争関係にある事業者のものよりも著しく優良であると示す表示は、優良誤認表示として景品表示法で規制されている（景表５条１号）。また、消費者庁長官は、優良誤認表示に該当するか否かを判断する必要がある場合には、期間を定めて、事業者に表示の裏付けとなる合理的な根拠を示す資料の提出を求めることができ、事業者が求められた資料を期間内に提出しない場合や、提出された資料が表示の裏づけとなる合理的な根拠を示すものと認められない場合には、当該表示は、措置命令との関係では不当表示とみなされ（同法７条２項）、課徴金納付命令との関係では不当表示と推定される（同法８条３項）。

以前から、二酸化炭素削減率、古紙パルプの配合率、燃費性能等を実際のものよりもよく見せていた、つまり、二酸化炭素排出量をより多く削減し、古紙パルプをより多く含み、または燃費をよりよく表示していたとして、優良誤認表示で処分された例はあり、従来から、「環境によい」ことは商品・サービス内容の優良さであると捉えられていたといえる。近年では、消費者庁は、2022年12月、「安心の生分解」「［生分解プラスティック・ポリ乳酸とは］ポリ乳酸は、環境中の水と微生物によって、最終的には二酸化炭素と水に分解される素材です」等と表示したエアガン用BB弾販売業者５社、ゴミ袋およびレジ袋の販売事業者２社、釣り具用品の販売事業者１社、ならびにカトラリー、ストロー、カップ等の販売事業者２社に対して、表示の裏づけとなる合理的な根拠を示す資料の提出を求めたが、期間内に合理的な根拠を示す資料の提出はなかったとして、優良誤認表示として措置命令を出しており[注30]、消費者の関心の高さが取締りにも反映されていると思われる。

⑵　省エネ法等

法令で環境表示が求められる場合もある。例えば、エネルギーの使用の合理化及び非化石エネルギーへの転換等に関する法律（省エネ法）においては、エネルギーを多く消費する自動車や電気機器、ガス・石油機器等の製造事業者等に対して、エネルギー消費効率の向上を義務づけるほか、一般消費者に対するエネルギーの供給事業者や、家電小売事業者、建築物の販売・賃貸事業者等に、エネルギー消費性能等の情報提供の努力義務を課している（省エネ法165条）。

建築物のエネルギー消費性能の向上等に関する法律（建築物省エネ法）においても、2016年の制定時から、建築物の販売・賃貸を行う事業者に対して、省エネ性能を表示する努力義務が定められていたが、2050年カーボンニュートラル等の実現に向けて、建築物の省エネ性能の一層の向上が求められる中、2022年6月に公布された「脱炭素社会の実現に資するための建築物のエネルギー消費性能の向上に関する法律等の一部を改正する法律」による改正後の建築物省エネ法では、建築物の省エネ性能について表示すべき事項や表示の方法その他遵守すべき事項が告示で定められ、告示に従って表示されていない場合は、勧告の対象となる等の改正がなされている。事実に相違する表示や人を誤認させるような表示は禁止されるとともに、国土交通省住宅局参事官（建築企画担当）付「建築物省エネ法に基づく建築物の販売・賃貸時の省エネ性能表示制度ガイドライン〔第2版改定〕」では、宅地建物取引業法や景品表示法、不動産の表示に関する公正競争規約において禁止される優良誤認等の不当表示が生じないようにする観点から、建築物の計画変

(注30)　消費者庁「エアガン用BB弾の販売事業者5社に対する景品表示法に基づく措置命令について（2022年12月23日）」(https://www.caa.go.jp/notice/entry/031623/)（2023年12月23日最終閲覧)、消費者庁「ゴミ袋及びレジ袋の販売事業者2社に対する景品表示法に基づく措置命令について（2022年12月23日）」(https://www.caa.go.jp/notice/entry/031612/)（2023年12月23日最終閲覧)、消費者庁「釣り用品の販売事業者に対する景品表示法に基づく措置命令について（2022年12月23日）」(https://www.caa.go.jp/notice/entry/031584/)（2023年12月23日最終閲覧)、消費者庁「カトラリー、ストロー、カップ等の販売事業者2社に対する景品表示法に基づく措置命令について（2022年12月23日）」(https://www.caa.go.jp/notice/entry/031610)（2023年12月23日最終閲覧)。

更等により広告等に表示した性能が低下する変更が生じたときは速やかに変更後の仕様に基づく性能を表示したラベルの修正を行うことや、表示の根拠となる資料を保管等すること等が述べられている。

⑶　公正取引委員会「環境保全に配慮している商品の広告表示の留意事項」

環境保全に関する表示が景品表示法に定める優良誤認表示に当たらないようにするとの観点から、公正取引委員会が2001年3月に公表した「環境保全に配慮した商品の広告表示に関する実態報告書」が参考になる。そこでは、実態調査の結果を元に、広告表示についての景品表示法上の考え方を整理して、環境保全に配慮していることを示す広告表示に関する5つの留意事項が提示されている（〔図表4-6-3〕）。

⑷　環境省「環境表示ガイドライン」

説明文やシンボルマーク、図表等を用いて行われる、環境に配慮した点や環境負荷低減効果等の特徴を説明した「環境表示」については、環境省から、「環境表示ガイドライン」が公表されている。「環境表示ガイドライン」の適用範囲には、景品表示法の対象となる環境表示に加え、商品または役務の取引に直接的な関係のない環境表示（事業活動、イメージ広告、企業姿勢等）も含まれる。

環境表示ガイドラインは、適切な環境表示の条件として、①根拠に基づく正確な情報であること、②消費者に誤解を与えないものであること、③環境表示の内容について検証できること、④あいまいまたは抽象的でないことを挙げている。

そして、国際的には、環境表示に関する国際規格として国際標準化機構（ISO）が「環境ラベル及び宣言（Environmental label and declarations）」シリーズを発行しているが、環境ラベルのうち、タイプⅠ（第三者認証による環境ラベル）およびタイプⅢ（製品のライフサイクルにおける環境負荷の定量的データの表示）については、第三者機関がそれぞれの国際規格に基づく認証プログラムにより運営していることから、同ガイドラインでは、主にタイプⅡ（事業者等の自己宣言による環境主張。ISO/JIS Q 14021）の要求事項について説明がなされている。要求事項には、実証されていて、検証可能でなけれ

〔図表 4-6-3〕環境保全に配慮していることを示す広告表示の留意事項

①　表示の示す対象範囲が明確であること 環境保全効果に関する広告表示の内容が、包装等の商品の一部に係るものなのか、または商品全体に係るものなのかについて、一般消費者に誤認されることなく、明確に分かるように表示することが必要である。 ②　強調する原材料等の使用割合を明確に表示すること 環境保全に配慮した原材料・素材を使用していることを強調して表示する場合には、「再生紙60％使用」等、その使用割合について明示することが必要である。 ③　実証データ等による表示の裏づけの必要性 商品の成分が環境保全のための何らかの効果を持っていることを強調して広告表示を行う場合には、当該商品を通常の状態で使用することによって、そのような効果があることを示す実証データ等の根拠を用意することが必要である。 ④　あいまいまたは抽象的な表示は単独で行わないこと 「環境にやさしい」等のあいまいまたは抽象的な表示を行う場合には、環境保全の根拠となる事項について説明を併記するべきである。 ⑤　環境マーク表示における留意点 環境保全に配慮した商品であることを示すマーク表示に関して、第三者機関がマーク表示を認定する場合には、認定理由が明確にわかるような表示にすることが求められる。また、事業者においても、マークの位置に隣接して、認定理由が明確に分かるように説明を併記する必要がある。

ばならないこと(b)、主張する環境側面または環境改善に関して具体的でなければならないこと(e)、最終製品に関して真実であるだけでなく、１つの環境影響を減少させる過程で、他の環境影響を増大させる可能性があることを認識できるように、製品のライフサイクルにおける、関連する側面のすべてを考慮したものでなければならないこと(h)、環境面での優越または改善を比較した主張がなされる場合は、具体的で、かつ、比較の根拠を明らかにしなければならないこと。特に、環境主張は、最近改善がどの程度行われたかの観点から妥当なものでなければならないこと(n)、もし、過去から存在し、以前には公表していなかった側面に基づくものであるならば、最近の製品または工程の改善に基づき主張を行っていると、購入者、潜在購入者または使用者を信じさせるような表現をしてはならないこと等が規定されている。

第5部

環　境

産業革命以来、人類は石炭や石油などの化石燃料を中心としたエネルギー資源を活用することにより、世界の工業化を加速させ、急速に都市を発展させていった。都市の発展に伴い、世界中で大小さまざまな工場が建設され、衣服、機械、食料品等のさまざまな商品を低コストで大量生産することができることになり、安価にさまざまな商品を手にすることができる社会になることで、人々の生活は便利になり、人類社会は全体として飛躍的に豊かになった。一方で、大量生産に付随する形で大量消費の時代を迎えることにより、無数の廃棄物が投棄されることで、化学物質による環境汚染問題を引き起こし、深刻な公害問題を生じさせた。いわゆる典型７公害といわれる①大気汚染、②水質汚濁、③土壌汚染、④騒音、⑤振動、⑥地盤沈下および⑦悪臭による人々の生活環境の被害が社会問題化していった。このような公害問題に対しては、日本においても四大公害病の発生を背景に、不法行為法の理論の進展や典型７公害にそれぞれ対応する環境法関連規制として、①大気汚染防止法、②水質汚濁防止法、③騒音規制法、④振動規制法、⑤悪臭防止法、⑥土壌汚染対策法、⑦工業用水法などの環境法関連法令の制定により対処が進み、公害の発生による被害者救済、公害発生の予防などの制度が整えられてきた。

しかし、典型７公害の対策だけでは適切に対処しきれない事態が認識され始めている。化石燃料の使用による温室効果ガスの排出、森林資源の採取のための森林伐採による森林の減少などにより、人為的な影響による地球温暖化を加速させ、気候変動を引き起こしつつある。気候変動はその性質上地球全体のエコシステムに影響を与えるため、上記の典型７公害とは異なり、国内だけの問題にとどまらず、国際的な協調が必要となるという点でこれまでの環境問題とは異なる。また、気候変動は、異常な豪雨、干ばつ、海面上昇など広範囲な人々の生活環境に大きな悪影響を及ぼすことから、気候変動に伴い、自ら居住していた生活空間から、移動をせざるを得ない人々も出てきており、気候変動は強制移動を引き起こし、故郷を追われてしまうという人道的な問題もはらんでおり、グローバルな問題であること、極めて広範囲の人々の影響に悪影響を与えることなどを踏まえた上で、これまでの環境対策とは質的に異なる取組みを行うことが求められてきている。

2000年に国連ミレニアム・サミットにおいて採択されたミレニアム開発目標（MDGs）の１つとして、「目標７　環境の持続可能性の確保」が掲げられ、ターゲット項目として、①持続可能な開発の原則を各国の政策やプログラムに反映させ、環境資源の喪失を阻止し、回復を図ること、②生物多様性の損失を抑え、2010年までに、損失率の大幅な引下げを達成すること、③2015年までに、安全な飲料水と基礎的な衛生施設を持続可能な形で利用できない人々の割合を半減させること、④2020年までに、最低1億人のスラム居住者の生活を大幅に改善することの4つのターゲットが設定された。その結果として、飲料水へのアクセスの改善やオゾン層破壊物質の消費の大幅な削減等の一定の成果を上げてきた(注1)。しかし、MDGsは、当時発展途上国が抱えていた問題を解決することに主眼を置いて設定されたものであったため、環境汚染や気候変動の問題への対策について十分に具体的なターゲットの設定がなされておらず、必ずしも地球規模の環境問題の解決を意識した目標とはされていなかった。発展途上国における問題に着目したことにより、真に持続可能な開発のための目標の設定ができていなかったというMDGsの課題を踏まえて設定された持続可能な開発目標（SDGs）においては、経済、社会、環境の3つの側面を統合した目標が掲げられるようになった。人類が地球において生存できる限界点を示すプラネタリー・バウンダリー(注2)の概念を生み出したヨハン・ロックストローム博士は、SDGsを「生物圏」、「社会圏」、「経済圏」の三層に分け、経済の健全な発展を目指す「経済圏」は人々の社会における生活環境である「社会圏」に支えられ、その「社会圏」は人々の生存に必要不可欠な自然環境である「生物圏」によって支えられるとする〔図表5-1-1〕の「ウエディングケーキモデル」(注3)を提唱し、「生物圏」のサステナビリティを実現するための目標として4つの目標が掲げられていると整理した。

SDGsの17の目標のうち、「生物圏」に関連する目標として、「目標6　安全な水とトイレを世界中に（水・衛生）」、「目標13　気候変動に具体的な対策を（気候変動）」、「目標14　海の豊かさを守ろう（海洋資源）」、「目標15　陸の豊かさも守ろう（陸上資源）」を掲げることとなった。そこで、**第**

（注1）国際連合「国連ミレニアム開発目標報告2015年」（2015）。

（注2）Rockström, J. et al *A safe operating space for humanity. Nature* 461, 472–475（2009）.

（注3）Folke, C. et al. *Social-ecological resilience and biosphere-based sustainability science*. Ecology and Society 21(3)（2016）.

〔図表 5-1-1〕ウエディングケーキモデル

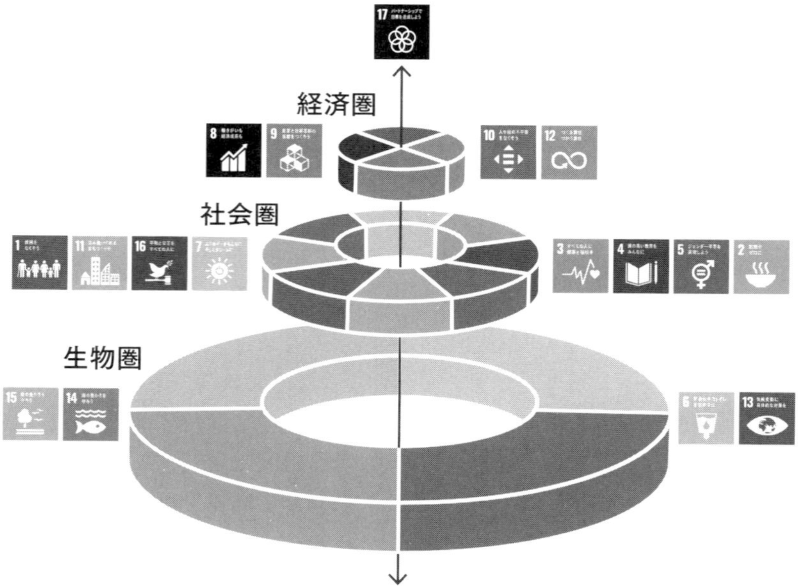

経済圏

社会圏

生物圏

＊ The SDGs Wedding Cake Model（Azote for Stockholm Resilience Centre, Stockholm University CC BY-ND 3.0.）。

5部では、これらの4つの目標に関連する法制度等について説明を試みる。まず、**第1章**として、企業が気候変動の問題に取り組む際に関連する法制度等について論じる。具体的には、第1に近時の気候変動に関連する国際的な取組み、第2に気候変動問題による社会的費用の内部化を促進させる取引としてカーボンオフセットの現状とその可能性、第3に気候変動関連情報の情報開示制度の現状と展望、第4に気候変動訴訟の動向について説明する〔p.631〕。続いて、**第2章**として、企業が自然資本の問題に取り組む際に関連する法制度等について説明する。具体的には、第1に自然資本の概念、第2に自然資本関連情報の情報開示制度の現状と展望、第3に自然資本の損失による社会的費用の自然資本の内部化を促進させる取引としての生物多様性クレジットの現状とその可能性について取り上げる〔p.704〕。最後に**第3章**では、気候変動および自然資本の問題の解決のために近年注目を浴びているサーキュラーエコノミーに関する法制度等について海外の動向と日本の動向について説明する〔p.723〕。

第1章
気候変動

1　気候変動とは

気候変動を引き起こす一因である温室効果ガスの削減については、これまで国内外においてさまざまな取組みがされてきており、①温室効果ガスの削減を直接の目的とした法的枠組みのほか、②温室効果ガスの削減を間接的に促進する各種の取組みが実施されてきている。本稿では、これらの内容について、その概要を説明しつつ、後者の中でも近時注目の集まっているTCFDについて説明することで、気候変動をめぐる現状を俯瞰する。

2　わが国が関連する温室効果ガス削減に向けたこれまでの国際的な枠組み

(1)　国連気候変動枠組条約（UNFCCC）

国連気候変動枠組条約は、1992年に採択され、世界の気候変動に対処するために設立された。2022年11月1日現在、198か国が批准している（注4）。その目的は、温暖化防止のため大気中の温室効果ガスの濃度を安定化させることであり、当該条約に基づき、1995年から毎年（注5）、COP（Conference of the Parties）と呼ばれる締約国会議が開催されており、各国が取り組むべき方針や枠組みが協議されている。COPにおいて決定された事項のうち特に重要なものとして、京都議定書とパリ協定が挙げられる。

（注4）外務省ウェブサイト（https://www.mofa.go.jp/mofaj/ic/ch/page22_003283.html）（2024年7月31日最終閲覧）。
（注5）コロナ禍で延期されたCOP26を除く。

⑵　京都議定書

京都議定書は、1997年12月11日に気候変動枠組条約の第3回締約国会議において採択されたものであり、附属書Ⅰ国に分類される締約国が2008年から2012年までの5年間の第1約束期間の間に、それらの国における温室効果ガスの総排出量を、1990年の水準よりも少なくとも5%削減することを定めた。日本も参加し6%の削減目標が定められた。削減義務を負う国は、排出可能な分量に見合った初期排出枠（AAU）の割当てをまず受けた上で、それぞれの数値目標を達成するために、各種の排出枠（AAU、RMU、CER、ERU）を売買することが認められている（キャップ&トレード方式と呼ばれる）。また、他の先進国や発展途上国において温室効果ガスの排出量削減に貢献することによっても排出枠を取得することが認められた（それぞれJI〔共同実施〕、CDM〔クリーン開発メカニズム〕と呼ばれる）。

もっとも、京都議定書には米国やカナダが批准しておらず、公平性や実効性に疑義があったため、日本は、第1約束期間に参加しその削減目標を達成したものの[注6]、2013年から2020年までの第2約束期間には参加しなかった[注7]。

⑶　パリ協定（PARIS AGREEMENT）[注8]

パリ協定は、2015年12月にCOP21の中で採択された枠組みであり、2020年以降の温室効果ガスの削減等のための国際枠組みとして、すべての締約国が参加する形で合意された。パリ協定においては、気候変動の影響（産業革命前からの世界の平均気温の上昇幅）を2.0℃[注9]以下に抑えるという

(注6) United Nations Climate Change, *Reporting and review process for the true-up period of the first commitment period of Kyoto Protocol*, available at (http://unfccc.int/kyoto_protocol/reporting/true-up_period_reports_under_the_kyoto_protocol/items/9049.php)（2024年7月31日最終閲覧）。

(注7) 外務省「京都議定書に関する日本の立場（2010年12月）」(https://www.mofa.go.jp/mofaj/gaiko/kankyo/kiko/kp_pos_1012.html)（2024年7月31日最終閲覧）。

(注8) パリ協定（https://www.mofa.go.jp/mofaj/files/000151860.pdf)、外務省「日本政府によるパリ協定署名」2016年4月25日（https://www.mofa.go.jp/mofaj/ic/ch/page24_000597.html)（2024年7月31日最終閲覧）。

(注9) 産業革命前からの世界の平均気温の上昇を2℃以下に抑える。

長期目標を設定しつつ、さらに当該影響を 1.5℃以下に抑える努力を追求することを定めるとともに、すべての国が、温室効果ガスの排出削減目標を「国が決定する貢献（「NDC」）」として 5 年ごとに提出し、更新することが求められている。

2020 年 3 月に定められたわが国の NDC においては、2030 年度に温室効果ガスを 2013 年度比でマイナス 26%（2005 年度比マイナス 25.4%）の水準にする削減目標を確実に達成することを目指すとともに、中長期で温室効果ガスのさらなる削減努力を追求することが規定された（注10）。翌年 10 月には、わが国は、新たな NDC として、2030 年度に温室効果ガスを 2013 年度比でマイナス 46%とすることを目指すことを定めている（注11）。

(4)　COP26

2021 年 10 月 31 日から 2021 年 11 月 13 日にかけて英国のグラスゴーで開催された COP26 における主要な合意内容は以下の通りである。

①　パリ協定 1.5℃目標達成の合意
②　石炭火力発電所の段階的削減
③　パリ協定ルールブックの完成

ア　パリ協定 1.5℃目標達成の合意

パリ協定の 1.5℃目標の達成に向けて、2050 年までのカーボンニュートラル（温室効果ガス排出量実質ゼロ）と、その重要な経過点となる 2030 年に向けて野心的な対策を各国に求めることが、「グラスゴー気候合意（Glasgow Climate Pact）（注12）」に盛り込まれた。この合意により、気候変動の影響を、パリ協定締結当初の長期目標である 2.0℃以下ではなく、1.5℃以下に抑えることを目指す姿勢が強調された。

（注10）地球温暖化対策推進本部決定「日本の NDC（国が決定する貢献）（2020 年 3 月 30 日）」（https://www.kantei.go.jp/jp/singi/ondanka/kaisai/dai41/siryou1.pdf）（2024 年 7 月 31 日最終閲覧）。

（注11）地球温暖化対策推進本部決定「日本の NDC（国が決定する貢献）（2021 年 10 月 22 日）」（https://www.mofa.go.jp/mofaj/files/100285591.pdf）（2024 年 7 月 31 日最終閲覧）。

（注12）*Glasgow Climate Pact, available at*（https://unfccc.int/sites/default/files/resource/cop26_auv_2f_cover_decision.pdf）（2024 年 7 月 31 日最終閲覧）。

イ　石炭火力発電所の段階的削減

COP26において採択されたグラスゴー気候合意（Glasgow Climate Pact）においては、排出削減対策の講じられていない石炭火力発電の逓減および非効率な化石燃料補助金の段階的廃止が盛り込まれた。また、あわせて、温室効果ガス排出削減対策を講じていない石炭火力発電について、主要経済国では2030年代までに、世界全体では2040年代までに廃止する段階的削減等の声明（Global Coal to Clean Power Transition Statement）(注13)が発表された。

ウ　パリ協定ルールブックの完成

COP26においては、パリ協定6条に定められた国際間の温室効果ガスに係る排出削減量の取引等の市場メカニズムの枠組みの実施指針を定めたパリ協定ルールブックが完成した。パリ協定ルールブックには、排出削減量の二重計上防止策や、京都議定書下の市場メカニズム（CDM）のクレジットのパリ協定への移管の条件等が規定された。

このように、COP26は、気候変動の影響に係る世界の目標を、2.0℃ではなく、パリ協定では努力目標とされていた1.5℃に事実上強化したこと、前回のCOP25で先送りにされていたパリ協定6条のルールの整備によるパリ協定ルールブックの完成等、パリ協定の合意内容を発展および完成させるものであったといえる。また、石炭火力発電の段階的削減や、非効率な化石燃料補助金の廃止も初めて明記されたことにも重要な意義があったといえる。

⑸　COP27

2022年11月6日から2022年11月20日にかけてエジプトのシャルム・エル・シェイクで開催されたCOP27における主要な合意内容は以下の通りである。

①　損失と損害（Loss & Damage）に対応するための基金の創設 ②　石炭火力発電所の段階的削減および緩和作業計画 ③　GGAおよび適応資金 ④　気候関連情報開示規制の整備

(注13) *Global Coal to Clean Power Transition Statement, available at* (https://ukcop26.org/global-coal-to-clean-power-transition-statement/)（2024年7月31日最終閲覧）。

ア　損失と損害（Loss & Damage）に対応するための基金の創設

COP26 において、途上国より、資金不足や先進国の責任に関して、損失と損害（Loss & Damage）に対応するための資金ファシリティの創出が要求されたが、先進国の反対により合意に至らず、妥協案として、「グラスゴー気候合意（Glasgow Climate Pact）」において、議論する場としての「グラスゴー対話（Glasgow Dialogue）（注14）」が設けられた。COP27 では、「シャルム・エル・シェイク実施計画（注15）」の中で、気候変動の悪影響に脆弱な途上国を支援するため（注16）の損失と損害（Loss & Damage）への対応を担う基金を新たに設立することが決定された。

イ　石炭火力発電所の段階的削減および緩和作業計画

「シャルム・エル・シェイク実施計画」において、「産業革命以降の気温上昇を 1.5℃に抑える」という目標に基づく取組みの実施の重要性が確認されるとともに、各締約国は、排出削減対策の講じられていない石炭火力発電の逓減と非効率な化石燃料への補助金の段階的廃止に向けた取組みを加速するように要請された。「グラスゴー気候合意（Glasgow Climate Pact）」において、排出削減対策の講じられていない石炭火力発電について、石炭火力発電への依存度の高い国による反発を受けて、最終的に “phasedown”（逓減）に表現が弱められていたことを踏まえ、COP27 では “phase-out”（逓減段階的廃止）への文言変更が期待されていたが、引き続き反発が強かったことを受けて、結局は COP26 の内容を踏襲するものとなり、また、化石燃料全体の削減については盛り込まれず、大きな進展はなかった。一方、COP27 の決定として、2030 年までの緩和の野心と実施を緊急に拡大することを目的とした「緩和作業計画（Mitigation Work Programme：MWP）（注17）」が採択

（注14）*First Glasgow Dialogue*（*GD1*）, *available at*（https://unfccc.int/event/first-glasgow-dialogue-gd1）（2024 年 7 月 31 日最終閲覧）。

（注15）*Report of the Conference of the Parties on its twenty-seventh session, held in Sharm el-Sheikh from 6 to 20 November 2022*, March 17, 2023, *available at*（https://unfccc.int/sites/default/files/resource/cp2022_10a01E.pdf）（2024 年 7 月 31 日最終閲覧）。

（注16）先進国と途上国の間で交渉は難航したが、中国のように資金負担能力のある国が存在することを念頭に、EU が途上国を幅広く支援対象とするのではなく、「脆弱な途上国」に限定することを提案し、最終的に合意に至った。いずれの国が「脆弱な途上国」に該当するかについては、今後議論される。

された。かかる計画において、各締約国は、2023年末までに「国が決定する貢献（Nationally Determined Contributions：NDCs）[注18]」（温室効果ガス排出削減目標）の2030年目標を見直し、強化することが要請された。

ウ　GGAおよび適応資金

気候変動への「適応に関する世界全体の目標（GGA）（Global Goal on Adaptation）[注19]」の実現のためにCOP26において設置が合意された「適応に関する世界全体の目標（GGA）に関するグラスゴー・シャルム・エル・シェイク作業計画（GlaSS）[注20]」に関して、パリ協定第4回締約国会合（CMA 4）において、締約国は、目標の達成度を測定するための枠組みを定義し、今後1年間の進捗状況をレビューできるようにすることを決定した。また、先進国全体での2025年までの適応資金（気候変動の影響に対する適応策を支援するために提供される資金）を倍増[注21]することについても協議された。

エ　気候関連情報開示規制の整備

COP27では、企業のためのグローバルな環境開示プラットフォームを運営する非営利団体のCDP（Carbon Disclosure Project）とIFRS財団が、International Sustainability Standard Board（ISSB）（国際サステナビリティ基準審議会）のIFRS S2気候関連開示基準（IFRS S2）をCDPのグローバル環境開示プラットフォームに組み込むことを発表した[注22]。ISSBは、

（注17）*Sharm el-Sheikh mitigation ambition and implementation work programme, available at*（https://unfccc.int/topics/mitigation/workstreams/mitigation-work-programme）（2024年7月31日最終閲覧）。

（注18）United Nations Climate Change, *Nationally Determined Contributions（NDCs）, available at*（https://unfccc.int/process-and-meetings/the-paris-agreement/nationally-determined-contributions-ndcs）（2024年7月31日最終閲覧）。

（注19）GGAは、パリ協定7条1項に規定された「気候変動への適応に関する能力の向上並びに気候変動に対する強靱性の強化及び脆弱性の減少」に関する世界全体の目標である。

（注20）*Glasgow–Sharm el-Sheikh work programme on the global goal on adaptation, available at*（*Glasgow–Sharm el-Sheikh work programme on the global goal on adaptation referred to in decision 7/CMA.3. Draft decision -/CMA.5. Proposal by the President | UNFCCC*）（2024年7月31日最終閲覧）。

（注21）*Glasgow Climate Pact, paragraph 18, available at*（https://unfccc.int/sites/default/files/resource/cma3_auv_2_cover%20decision.pdf）（2024年7月31日最終閲覧）。

COP26において、IFRS財団が、投資家の情報ニーズを満たすグローバルなサステナビリティ関連の開示基準を策定するために設立した審議会である。CDPによるこの決定により、IFRS S2による開示の早期の適用を加速され、それにより投資家が必要とする気候関連情報が早期に提供されるともに、企業の報告にかかる負担が軽減することが期待されている。

加えて、2017年6月に気候関連財務情報開示タスクフォース（TCFD）が公表したTCFD提言では、温室効果ガスの排出量について、企業自らが排出する直接排出（Scope1）および電気の購入等のエネルギー調達に伴う間接排出（Scope2）の排出量は開示すべきとされていたのに対し、バリューチェーンや投資を通じた他社による排出といったその他の間接的排出（Scope3）の排出量の開示については重要と評価される場合に開示が推奨されるにとどまっていたところ、ISSBは、2022年10月の会合において「Scope3」の開示も求めることを決定しており[注23]、かかる基準が統一的なグローバルスタンダードとして使用されることにより、「Scope3」の開示がさらに進むことが予想される。

COP27は、気候変動や地球温暖化による被害を受けている途上国で開催される締約国会議であったことから、先進国と途上国の利害関係の調整や協調に注目が集まっていた。その中でもCOP26からの課題であった「損失と損害（Loss & Damage）」が主要なトピックとして交渉の中心となり、最終的に基金の創設の合意に至ったことが大きな成果といえる。加えて、COP27は、前回のCOP26での成果を受けた「実施のCOP」として気候変動対策の実施強化に焦点が当てられており、気候変動緩和および適応対策の実施に向けた議論が進んだことが特徴といえる。

（注22）CDP, *CDP to incorporate ISSB climate-related disclosure standard into global environmental disclosure platform, November 8, 2022, available at*（https://www.cdp.net/en/articles/companies/cdp-to-incorporate-issb-climate-related-disclosure-standard）（2024年7月31日最終閲覧）。

（注23）IFRS, *ISSB unanimously confirms Scope 3 GHG emissions disclosure requirements with strong application support, among key decisions, October 21, 2022, available at*（https://www.ifrs.org/news-and-events/news/2022/10/issb-unanimously-confirms-scope-3-ghg-emissions-disclosure-requirements-with-strong-application-support-among-key-decisions/）（2024年7月31日最終閲覧）。

(6)　COP28

2023年11月30日から2023年12月13日にかけてドバイ首長国で開催されたCOP28における主要な合意内容は以下の通りである。

①　損失と損害（Loss & Damage）に対応するための基金の大枠の決定 ②　グロバール・ストックテイク（GST）の実施 ③　GGAおよび適応資金

ア　損失と損害（Loss & Damage）に対応するための基金の大枠の決定

上記の通りCOP27において、気候変動の悪影響に伴う損失と損害（Loss & Damage）に対応するための基金の創設に関する合意には至ったものの、かかる基金の具体的な制度の中身はCOP27では決定されていなかった。COP28ではかかる基金の大枠の決定に至り、①同基金が気候変動の悪影響に対して特に脆弱な途上国が、異常気象や遅発性気候変動等の気候変動の悪影響に伴う経済的・非経済的損失や損害に対応できるよう支援することを目的とすること、②世界銀行の下に同基金を設置し、4年間暫定的に運営されること、③先進国が立ち上げ経費の拠出を主導することが具体的に決定された(注24)。

イ　グローバル・ストックテイク（GST）の実施

COP28では、初めて実施されたグローバル・ストックテイク（Global Stocktake：GST）の成果に関する決定文書が採択された。GSTは、パリ協定の1.5℃目標の達成に向けた、各国の気候変動対応の進捗状況について評価する仕組みである。パリ協定では、GSTは、2023年を初回とし、その後5年ごとに実施するとされているところ(注25)、今回のCOP28で初めてGSTの成果としての決定文書が採択され、公表された。同GSTの決定文書(注26)

(注24) *Operationalization of the funding arrangements for responding to loss and damage referred to in paragraph 2, including the fund referred to in paragraph 3, of decisions 2/CP.27 and 2/CMA.4*, available at (https://unfccc.int/sites/default/files/resource/cp2023_L1_cma2023_L1_adv.pdf)（2024年7月31日最終閲覧）。

(注25) パリ協定14条2項。

(注26) https://unfccc.int/sites/default/files/resource/cma2023_L17E.pdf（2024年7月31日最終閲覧）。

では、Mitigation（緩和）、Adaptation（適応）、Means of implementation and support（実施および支援方法）といった項目の下に成果がまとめられている。Mitigation（緩和）項目において、"Transitioning away"（化石燃料からの脱却）という表現が使われており、COPの最終合意文書としては初めて「化石燃料からの脱却」が明記されることとなり、化石燃料の廃止に向けて前進したということができる。

ウ　GGAおよび適応資金

上記のパリ協定第4回締約国会合（CMA4）での決定を受けて、COP28と同時期に開催されたパリ協定第5回締結国会合（CMA5）ではGGAの達成に向けたフレームワークが採択された（注27）。この枠組みは、気候変動により増大する悪影響・リスク・脆弱性を軽減し、適応行動と支援を強化するために、適応に関する世界目標の達成と、その達成に向けた全体的な進捗状況のレビューを目的としている。適応資金のギャップを埋めることを目指し、締約国に対し、2024年の気候資金に関する新たな共同定量目標の審議において、GSTの結果と、適応に関する世界目標の枠組みを考慮するよう奨励する旨が規定されている。

COP28は、COP27での決定を受けて損失と損害（Loss & Damage）に対応するための基金の枠組みが決定したことや化石燃料からの「脱却」が最終合意文書に明記されたことにより、これまでのCOPで決定を進展させる具体的な結果をもたらしたといえる。

3　温室効果ガス削減に向けた国内の枠組み

(1)　東京都におけるキャップ＆トレード

排出量の削減義務を定めた国レベルの規制はこれまで策定されていないが、2010年に東京都において「温室効果ガス排出総量削減義務と排出量取引制度」（いわゆるキャップ＆トレード制度）が設けられており、原油換算で年間1,500kL以上の事業所において、CO_2の削減義務（基準排出量比での削減義

（注27）https://unfccc.int/sites/default/files/resource/cma2023_L18_adv.pdf（2024年7月31日最終閲覧）。

務率は、2010年度～2014年度の第一計画期間においては8%または6%、2015年度～2019年度の第二計画期間においては17%または15%、2020年度～2024年度の第三計画期間においては27%または25%、2025年度～2029年度の第四計画期間においては48%または50%（予定））が課され、削減義務を超過して削減した超過削減量について事業者間での取引が可能となっている。現在は第三計画期間に入っているが、第一計画期間および第二計画期間のいずれにおいても、すべての対象事業者が総量削減義務を達成している。

⑵　埼玉県におけるキャップ＆トレード

また、埼玉県においても、東京都の制度と異なり削減義務はないものの、東京都の制度と類似した制度である、目標設定型排出量取引制度が定められている。

4　気候変動とカーボンオフセット

⑴　カーボンプライシング

「カーボンプライシング」とは、排出される温室効果ガス（Greenhouse Gas: GHG）に価格をつけ、排出量を減らすためのインセンティブを提供することで、GHGの排出を抑制する政策手法である。カーボンプライシングは、気候変動による損害の賠償責任を、一般市民からGHG排出者に効果的に転嫁する。これによって排出者は、排出量を減らして高額の支払を回避するか、排出を続ける代わりにその代償を支払うという選択肢を有することとなる。以下で主要なカーボンプライシングの手法について説明する。

ア　排出権取引（Emission Trading Scheme：ETS）

ETSは、キャップ・アンド・トレード制度と呼ばれることもある。GHG総排出量に上限（キャップ）を設定し、ETSの対象となる事業者は、排出されるGHG 1トン当たり1排出単位（排出枠）を保有する。事業者は排出単位を柔軟に売買することができる。排出枠の需要と供給を生み出すことで、ETSは温室効果ガス排出の市場価格を確立する。

イ　炭素税

炭素税は、GHG排出量や、より一般的には化石燃料の炭素含有量に税率を設定することで、炭素に直接価格を設定するものである。ETSとは異なり、炭素税はGHG削減の最低レベルを保証することはできないが、その代わりに炭素の価格シグナルを送ることで納税者の行動変容を促すことができる。

ウ　クレジット取引

クレジット取引は、GHG削減価値を証書化し、証書の売買により炭素削減価値を取引する形態をとる。具体例としては、Jクレジットや非化石証書の取引が挙げられる。

エ　炭素国境調整措置

炭素国境調整措置とは、気候変動対策をとる国が、気候変動対策の程度が不十分な国からの輸入品に対して、その生産に際して排出されたGHGの量に応じて、水際で炭素課金を行う制度である。反対に、自国からの輸出品に対して水際で炭素コスト分の還付を行う場合もある。これにより、気候変動対策の程度が異なる国同士の商品でもコスト競争の条件を合わせることができる。

(2)　カーボンマーケット

具体的に国・地域ごとにどのようなカーボンマーケットが存在するのかについて以下説明する。

日本においては、いわゆるカーボンクレジットの取引の代表例としては、①Jクレジットの取引、②非化石証書の取引、③東京都や埼玉県における排出量取引制度、④東京証券取引所のカーボン・クレジット市場におけるクレジットの取引、および⑤まだ試行段階ではあるが、GX-ETSにおける排出量取引制度が存在する。以下個別に説明する。

ア　Jクレジットの取引

Jクレジットは、国内における地球温暖化対策のための排出削減・吸収量認証制度（Jクレジット制度）に基づき発行されるクレジットである。Jクレジット制度は、2013年度に、国内クレジット制度(注28)とオフセット・クレジット（J-VER）制度(注29)が発展的に統合した制度であり、省エネルギー機

(注28)　経済産業省「国内クレジット制度」(https://japancredit.go.jp/jcdm/outline/index.html)（2024年7月31日最終閲覧）。

器の導入や森林経営などの取組みによるCO2などの温室効果ガスの排出削減量や吸収量を「クレジット」として国が認証する制度である。

Ｊクレジット制度については、クレジットについての法令上の根拠があるものではないが、独自の制度文書に基づきクレジットの発行およびモニタリングが行われている。制度文書のうち、最も上位のものは、「国内における地球温暖化対策のための排出削減・吸収量認証制度（Ｊ－クレジット制度）実施要綱 Ver.7.1」(注30)であり、制度文書の文書構造は〔図表5-1-2〕の通りである。

〔図表5-1-2〕Ｊクレジット制度における文書構造

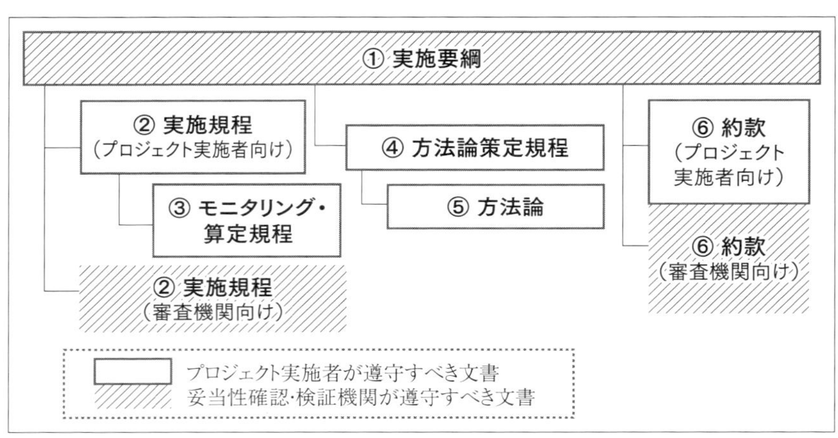

J-クレジット制度における文書構造

＊国内における地球温暖化対策のための排出削減・吸収量認証制度（Ｊ－クレジット制度）実施要綱 Ver.7.1（3頁目）より抜粋。

(a)　Ｊクレジット登録までの流れ

Ｊクレジットの登録までの概要は以下の通りである。すなわち、まず、プロジェクト計画書を作成し、温室効果ガス排出削減・除去・吸収事業をプロジェクトとして登録するための審査を受け、プロジェクトとして登録する

(注29)　カーボン・オフセットフォーラム「オフセット・クレジット（J-VER）制度」（https://japancredit.go.jp/jver/about.html）（2024年7月31日最終閲覧）。
(注30)　2024年7月31日現在において最新のもの。

（約３か月～６か月を要する）。次に、モニタリングを実施し、プロジェクトの実施を通じて温室効果ガスを削減する。モニタリング報告書の結果に基づき排出削減・除去・吸収量を算定し、審査機関によるモニタリング報告書の検証を経て、クレジット認証申請を行い、認証委員会による認証を受けた後、制度管理者によってＪクレジット登録簿に記録される（モニタリング開始からクレジット認証までは１年～２年を要する）。参加事業者の制限はない。なお、プロジェクトの登録日から８年間が認証対象期間であるがその終了日から１年を経過した後は認証申請を行うことができない。

なお、2024 年３月 12 日現在、約 1249 万 t-CO2 のＪクレジットが認証されている（注31）。

(b)　方法論

方法論とは、排出削減・除去・吸収に資する技術ごとに、適用範囲、排出削減・除去・吸収量の算定方法およびモニタリング方法等を規定したものであり、プロジェクト計画を立てるに当たっては、予定される排出削減・除去・吸収活動が、Ｊクレジット制度において承認された方法論に基づいていることが必要となる。

(c)　追加性

排出削減量・除去・吸収量がクレジットとして認証されるためには、Ｊクレジット制度が存在しない場合に比べて追加的な排出削減・除去・吸収が実現されたものでなければならず、これは追加性の要件といわれる。具体的には、クレジットとして認められる「排出削減量」は、ベースライン排出量からプロジェクト実施後排出量を差し引いた温室効果ガスの量であり、クレジットとして認められる「吸収量」は、プロジェクト実施後吸収量からプロジェクト実施後排出量とベースライン吸収量を差し引いた温室効果ガスの量を指す。プロジェクト計画においても、追加性を有することを記載する必要がある。

なお、ベースライン排出・除去・吸収量とは、プロジェクトを実施しなかった場合に排出、除去または吸収される温室効果ガスの想定量のことであ

（注31）Ｊ－クレジット制度事務局「Ｊ－クレジット制度について（データ集）2024 年３月」（https://japancredit.go.jp/data/pdf/credit_002.pdf）（2024 年７月 31 日最終閲覧）。

り、クレジットの認証対象期間である８年間が終了した時点で、再設定がされることになる。

(d)　その他の主な要件

プロジェクトが原則としてプロジェクト登録の申請日の２年前の日以降に実施されたものである必要がある。また、環境価値のダブルカウントを防ぐ観点から、類似制度において、同一内容の排出削減・除去・吸収活動によるプロジェクトが登録されていないことが必要となる。また、妥当性確認機関による妥当性確認を受けていることが必要である。そして、プロジェクトは日本国内で実施されるものである必要がある。

(e)　信頼性の確保

Ｊクレジットの発行については法令上の根拠があるものではないが、Ｊクレジット制度への信頼を確保するため、Ｊクレジット制度は、プロジェクトレベルでの排出削減・吸収量の算定・報告に関する国際標準であるISO14064-2:2019および温室効果ガス排出削減・吸収プロジェクトの妥当性確認・検証に関する国際標準であるISO14064-3:2019に準拠したものとなっており、妥当性の確認・検証を行うことのできる機関も、ISO14065:2020の認定を取得した機関に限定されている[注32]。

(f)　Ｊクレジットの管理・帰属

Ｊクレジットの効力については実施要項に規定がある。すなわち、Ｊクレジットの帰属は、Ｊクレジット登録簿への記録によって口座の名義人に帰属することとなっており、Ｊクレジットの譲渡は、登録簿規程に基づく移転・取得の結果、Ｊクレジット登録簿への増加の記録がなければその効力を生じないとされている（実施要項第3.2項）。なお、口座名義人は、Ｊクレジットを適法に保有するものと推定されるものの、Ｊクレジットの増加の記録を受けた者に悪意または重大な過失がある場合にはその効力が生じないとされている（同項）。今後、Ｊクレジットの帰属が争われた場合には、当該実施要項の規定が参照されるものと考えられる。

Ｊクレジットは１トン単位で固有のシリアル番号がついているため、１ト

（注32）2024年７月１日現在、当該認定を取得している機関は、一般社団法人日本能率協会（JMA）地球温暖化対策センター、一般財団法人日本品質保証機構、一般財団法人日本海事協会およびソコテック・サーティフィケーション・ジャパン株式会社である。

ンごとに取引が可能であり、相対取引と入札販売(注33)の双方が可能となっている(注34)。

(g)　Ｊクレジットの活用

Ｊクレジットの用途は、〔図表5-1-3〕の通り、幅広く認められている。

まず、Ｊクレジット制度において認証された温室効果ガスの量は、経済産業大臣が定める国内認証排出削減量」(平成22年3月31日経済産業省・環境省告示第3号）第4号に基づき、地球温暖化対策推進法に基づく算定・報告・公表制度における「国内認証排出削減量」として認められているため、地球温暖化対策の推進に関する法律に基づく排出量報告の調整に活用することができる。

また、Ｊクレジット制度により認証を受けたクレジットのうち、省エネルギープロジェクトによるクレジットについては、事業者が他の者のエネルギー使用の合理化の促進に寄与し、わが国全体のエネルギー使用の合理化に資するエネルギーの使用の合理化に関する法律（以下、「省エネ法」という）に基づく「共同省エネルギー事業」における「共同省エネルギー量」として、省エネ法に基づく報告に利用することが認められている（省エネ法施行規則38条)。また、2023年の省エネ法の改正により、2024年度報告（2023年度の実績）から非化石エネルギーの使用量の報告に再生可能エネルギー（電力）由来および再生可能エネルギー（熱）由来等のＪクレジットを利用することができることとなった。

そのほか、英国の非営利団体であるCDP（Carbon Disclosure Project）の質問書やGHG削減を目指す国際的なイニシアティブであるSBT（Science Based Targets）への報告において、再エネ電力や再エネ熱由来のＪクレジットを、再エネ調達量として報告することができ、企業が使用する電力の100％を再生可能エネルギーで賄うことを目指す国際的なイニシアティブで

(注33)「売り出しクレジット一覧」掲載後6か月以上経過したクレジットのみが対象。なお、第14回入札販売（2023年5月10日～5月17日）の実施以降、2023年度は実施が予定されておらず、2024年度以降の実施は検討中とされている（経済産業省Ｊクレジット制度ウェブサイト「入札販売」(https://japancredit.go.jp/tender/)（2024年7月31日最終閲覧)。

(注34）2023年10月11日に東京証券取引所のカーボン・クレジット市場（(d)参照）が開設されたことにより、取引所での取引も可能となっている。

〔図表5-1-3〕Jクレジットの用途

	再生可能エネルギー（電力）由来クレジット	再生可能エネルギー（熱）由来クレジット	省エネルギー由来クレジット	森林吸収由来クレジット	工業プロセス、農業、廃棄物由来クレジット
温対法での報告（排出量・排出係数調整）	○	○	○	○	○
省エネ法での報告（共同省エネルギー事業に限る）	×	×	○※1	×	×
省エネ法での報告（定期報告における非化石エネルギー使用量の報告）	○※1	○※1	△※1※2	×	×
カーボン・オフセットでの活用	○	○	○	○	○
GXリーグにおける排出量実績の報告	○	○	○	○	○
CDP質問書での報告	○※1※3	○※1※4	×※5	×※5	×※5
SBTでの報告	○※1※3	○※1※4	×	×	×
RE100での報告	○※1※3※6※7	×	×	×	×
SHIFT事業の目標達成	○	○	○	○	○
経団連カーボンニュートラル行動計画の目標達成	△※8	△※8	△※8	○	△※8

※1　報告可能な値はプロジェクトごと、認証回ごとに異なる。

※2　一部の方法論に基づいて実施される排出削減プロジェクト由来Jクレジット（非化石エネルギーを活用するものに限る）のみ利用可。

※3　他者から供給された電力に対して、再エネ電力由来のJクレジットを再エネ調達量

として報告可能。
※４　他者から供給された熱に対して、再エネ熱由来のＪクレジットを再エネ調達量として報告可能。
※５　一部の設問にのみ報告対象期間内の創出・購入量を報告可能。
※６　再エネＪクレジットを使用できない場合がある。
※７　原則として、設備稼働日より15年を超えたプロジェクト由来の再エネＪクレジット使用不可。
※８　経団連カーボンニュートラル行動計画に参加している事業者が創出したＪクレジットは対象外。
＊Ｊクレジット制度事務局「クレジット種別による活用先一覧」より抜粋の上脚注表記を一部修正（https://japancredit.go.jp/case/outline/）（2024年７月31日最終閲覧）。

あるRE100の報告においては、再エネ電力由来のＪクレジットを、再エネ調達量として報告することができる。また、Ｊクレジットを環境省によるSHIFT事業（工場・事業場における先導的な脱炭素化取組推進事業：Support for High-efficiency Installations for Facilities with Targets）[注35]の目標達成に活用することも可能である。

(h)　取引価格

Ｊクレジットの取引価格は、〔図表5-1-4〕の通り、特に再エネ由来のクレジットについて、年々上昇しており、2023年５月時点では、１トンCO2当たりの平均販売価格は3,200円を超えている[注36]。

なお、Ｊクレジットは、2023年10月11日に開設された東京証券取引所のカーボン・クレジット市場における取引対象となっている。東京証券取引所のカーボン・クレジット市場の概要については、下記イを参照いただきたい。

イ　非化石証書の取引

非化石証書とは、「エネルギー源の環境適合利用に由来する電気の非化石電源としての価値を取引可能にするための、当該価値を有することを証するもの」のことをいう（エネルギー供給事業者によるエネルギー源の環境適合利用及び化石エネルギー原料の有効な利用の促進に関する法律施行規則〔高度化法施行規則〕４条１項２号）。いわゆる環境価値の取引を可能にするため、環境価

（注35）環境省SHIFT事業ウェブサイト（https://shift.env.go.jp/）（2024年７月31日最終閲覧）。
（注36）Ｊ－クレジット制度事務局・前掲（注31）。

〔図表 5-1-4〕Ｊクレジットの取引価格の推移

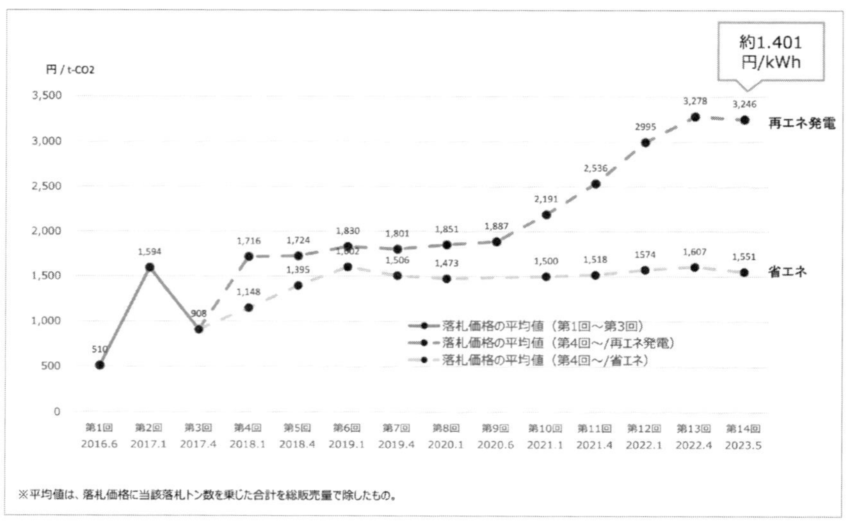

＊Ｊ－クレジット制度事務局・前掲（注 31）15 頁。

値を証書化したものである。

本書執筆時点において、非化石書には以下の３種類が存在し、いずれも一般社団法人日本卸電力取引所（JEPX）において取引されている（一般社団法人日本卸電力取引所〔JEPX〕の非化石価値取引規程 10 条）。

① FIT 非化石証書：再生可能エネルギー電気の利用の促進に関する特別措置法（以下、「再エネ特措法」という）に基づく固定価格買取制度に基づき発電された電気（非化石電源としての価値を有する電気であることを電力広域的運営推進機関が認定したもの）の量に係る非化石証書である。対象となる電源は、主に太陽光、風力、水力、地熱、バイオマスの５種類である（〔再エネ特措法〕２条３項）。

② 非 FIT 再エネ指定非化石証書：再生可能エネルギー源を利用する電源から発電された電気のうち、取引を行う者により再エネ電源由来である旨の指定（申請）があり、非化石電源としての価値を有する電気であることを経済産業省が認定したものの量に係る非化石証書である。対象電源は非 FIT 再エネ電源であり、主には FIT 制度の買取期間の満了した発電所、FIT 対象外の大型水力発電所等や、FIP 制度が適用される再

エネ発電設備が該当する。なお、認定に関する審査は国から委託を受けたBIPROGY株式会社（旧商号は日本ユニシス株式会社）が行っている。

③　非FIT再エネ指定なし非化石証書：非化石電源としての価値を有する電気であることを経済産業省が認定したものの量に係る非化石証書のうち②以外のものである。原子力発電に関するものはこの分類に含まれる。

(a)　高度化法義務達成市場

非化石証書の取引は、もともとは小売電気事業者のための制度として始まったものである。すなわち、「エネルギー供給事業者による非化石エネルギー源の利用及び化石エネルギー原料の有効な利用の促進に関する法律」（以下、「高度化法」という）においては、小売電気事業者は、供給する電気のうち非化石電源比率（化石燃料を使わない発電所からの電気の比率）を、2030年度に44％以上にすることが求められている（非化石エネルギー源の利用に関する電気事業者の判断の基準〔平成28年経済産業省告示第112号〕2項)。この「非化石電源比率44％」という調達目標の達成を後押しし(注37)、小売電気事業者が証書化された非化石価値を購入することを可能とするため、2018年5月に非化石価値取引市場が創設された。本書執筆時点では、上記の②および③（非FIT非化石証書）のみが高度化法の義務達成のために利用可能となっており、非FIT非化石証書の取引される市場は高度化法義務達成市場と呼称されている。ここでは、発電事業者が売り手、小売電気事業者が買い手となる。2020年11月のオークションより非FIT非化石証書の取引が開始されている。

(b)　再エネ価値取引市場

これに対して、再エネ特措法上の固定価格買取制度の下で買い取られた電気に係る非化石証書については、再エネ特措法上の費用負担調整機関である低炭素投資促進機構（GIO）が売却のための証書の入札（オークション）を2018年5月から四半期ごとに行っている。こちらの市場は、再エネ価値取引市場と呼称される。現時点では、再エネ価値取引市場において取引される非化石証書は高度化法の目標達成に用いることはできない(注38)。従前は、

(注37)　高度化法施行規則4条1項2号により、非化石エネルギー源の利用目標達成計画に非化石証書の量の内訳を示す資料を提出することが認められている。

GIOが売り手、小売電気事業者が買い手であったが、FIT非化石証書については需要家のニーズもあったため、2021年11月1日より国内法人であれば需要家や仲介事業者もJEPXを通じてFIT非化石証書を取引することが可能となっている。

上記の2つの市場については、〔図表5-1-5〕および〔図表5-1-6〕も参照されたい。

(c)　電力量の認定

非化石証書に係る電力量の認定は、FIT非化石証書については電気事業法に基づく許可法人である電力広域的運営推進機関により、非FIT非化石証書については経済産業省の委託を受けたBIPROGY株式会社により行われている。

(d)　非化石証書の取引

相対取引であるか、またはJEPXを介したオークションによる取引であるかを問わず、すべて証書化された上JEPXの非化石価値取引システムにて管理される（非化石価値取引規程23条1項・4項）。そのため、非化石証書の取引を行う場合には、売り手と買い手の双方がJEPXに口座を開設する必要がある。なお、口座開設が可能な者は日本国内の法人に限られる（JEPX非化石価値取引会員規程2条）。

(e)　非化石証書の活用

非化石証書に係る認証された温室効果ガスの量は、温室効果ガス算定排出量等の報告等に関する命令1条7号に基づき、「非化石電源二酸化炭素削減相当量」として、2022年の報告（2021年度実績）より地球温暖化対策の推進に関する法律に基づく排出量報告の調整に活用することができる。

（注38）高度化法の目標達成にFIT非化石証書を利用できることとした場合、小売電気事業者の選択肢の拡大につながる一方、市場を2つに区分した趣旨を損ねる可能性もある点や、仮に利用を認める場合、FIT非化石証書と非FIT非化石証書の価格差の支払や、目標値の設定におけるFIT非化石証書利用量の考慮が不可欠となるため、FIT非化石証書は高度化法の目標達成に用いることはできないこととなった（電力・ガス基本政策小委員会制度検討作業部会「第十次中間とりまとめ」〔2023年3月〕21頁参照）。

〔図表 5-1-5〕非化石証書に関する市場の拡大

新規（再エネ価値の取引）【再エネ価値取引市場】

- 小売電気事業者及び大口需要家が購入可能
- 取引対象は「FIT証書」

FIT証書 ⇨ 日本卸電力取引所（JEPX） ⇨ 小売電気事業者 大口需要家

継続（高度化法義務の達成）【高度化法義務達成市場】

- 小売電気事業者※のみ購入可能　※高度化法に基づく目標達成義務あり
- 取引対象は「非FIT（再エネ指定）証書」及び「非FIT（再エネ指定なし）証書」

※非FIT（再エネ指定）証書の再エネ価値に対する需要家アクセスは別途検討

＊第 49 回総合資源エネルギー調査会電力・ガス事業分科会電力・ガス基本政策小委員会制度検討作業部会「資料 4　非化石価値取引市場について」5 頁。

〔図表 5-1-6〕非化石証書に関する市場の比較

市場名称（仮称）	再エネ価値取引市場	高度化法義務達成市場
市場の目的	需要家の再エネ価値の安定的な調達環境の整備	高度化法の目標達成の後押し及び再エネ等カーボンフリー電源の投資促進
取引対象証書	FIT非化石証書	非FIT非化石証書
取引参加者（売り側）	GIO（低炭素投資促進機構）	発電事業者
取引参加者（買い側）	小売電気事業者、需要家	小売電気事業者
証書の用途	①温対法排出係数の低減 ②証書の環境価値を表示・主張	①高度化法における非化石電源比率への参入 ②温対法排出係数の低減 ③証書の環境価値を表示・主張
証書発行量規模感（20年度発電量実績（一部推計あり））	約900億kWh	約900億kWh ※相対取引含め

＊第 49 回総合資源エネルギー調査会電力・ガス事業分科会電力・ガス基本政策小委員会制度検討作業部会「資料 4　非化石価値取引市場について」6 頁。

また、省エネ法に基づく報告に際しても、省エネ法の改正により、2023年度中長期計画書および2024年度定期報告書から非化石エネルギーの使用量の報告に非化石証書についても記載が求められることとなった。

そのほか、CDPの質問書・SBTへの報告において、非化石証書を、再エネ調達量として報告することができる。RE100においては、「トラッキング付き」のFIT非化石証書の活用が可能である。

(f)　非化石証書の取引価格

非FIT非化石証書は2021年以降おおむね0.6円/kWhにて取引されている。

FIT非化石証書は従前は最低価格を1.3円/kWhとして再エネ価値取引市場において取引されていたが、需要家が取引に参加可能となったことを契機に、最低価格が0.3円/kWhに大幅に引き下げられ取引が行われている。なお、2023年8月開催のオークションから最低価格が0.4円/kWhに引き上げられた。

(g)　非化石証書を用いた収入の固定化

いわゆるFIP制度においては、発電事業者は市場にて電気を売電した上で、別途、「基準価格」と「参照価格」の差額をプレミアムとして受領することになるが、その場合、発電事業者の収入は常に変動することとなり、プロジェクト・ファイナンスの組成は難しいと考えられている。もっとも、発電事業者が非FIT非化石証書を長期で売却する契約を締結し、その価格をあらかじめ定めた固定価格と上記の変動する収入額との差額とすることにより、収入を安定化させることができ、この場合には長期のプロジェクト・ファイナンスを組成させる余地もあると考えられる。

ウ　東京都や埼玉県における排出量取引制度

東京都や埼玉県においても、独自の排出量取引が行われている。当該制度の概要については、**第1節3**〔p.639〕を参照いただきたい。

エ　東京証券取引所のカーボン・クレジット市場

2050年カーボンニュートラルの実現を目指す国際公約の下、2023年2月に閣議決定[(注39)]された「GX実現に向けた基本方針」[(注40)]において、具体的なカーボンプライシングの制度設計として「排出量取引制度」を導入すること、および、2023年度からの試行的開始・2026年度以降の本格稼働が予定された。「排出量取引制度」については、取引価格の予見可能性が低い点の課題も示される中、将来的な発展のための期待が示されていた。このような状況のもと、2022年度に経済産業省より委託を受けて「カーボン・クレジット市場の技術的実証等事業」を実施(注41)していた東京証券取引所（以下、「東証」という）は、2023年10月11日にカーボン・クレジット市場を開設した(注42)。

以下では、本書執筆時点におけるカーボン・クレジット市場の制度を概観する。

(a)　取引対象

当初は、認証済みのＪクレジットが取引対象とされている（カーボン・クレジット市場利用規約〔以下、「利用規約」という〕３条）(注43)。これにより、Ｊクレジットは、取引所取引による売買も可能となった。

今後、Ｊクレジット以外のものが売買対象に追加される可能性に関しては、実証事業において模擬売買が行われたGX-ETSにおける超過削減枠が、2024年11月１日より売買対象として取り扱われている(注44)。

(注39)　経済産業省「『GX実現に向けた基本方針』が閣議決定されました（2023年２月10日）」（https://www.meti.go.jp/press/2022/02/20230210002/20230210002.html）（2024年７月31日最終閲覧）。

(注40)「GX実現に向けた基本方針（2023年２月）」（https://www.meti.go.jp/press/2022/02/20230210002/20230210002_1.pdf）（2024年７月31日最終閲覧）。

(注41)　2021年２月より経済産業省に設置された「世界全体でのカーボンニュートラル実現のための経済的手法等のあり方に関する研究会」において、「成長に資するカーボンプライシング」を実現するための具体的な方向性として提示された(1)2050年カーボンニュートラルを目指す企業による自主的な枠組み（GXリーグ）および(2)企業が国際的に通用するクレジットを国内で調達できる市場（カーボン・クレジット市場）の創設を背景に、東証は、経済産業省より(2)に関する「カーボン・クレジット市場の技術的実証等事業」の委託を受けていた（日本取引所グループ「2022年度カーボン・クレジット市場実証時の情報（制度概要）」（https://www.jpx.co.jp/equities/carbon-credit/related/trial/index.html）（2024年７月31日最終閲覧）。

(注42)　日本取引所グループ「制度概要」（https://www.jpx.co.jp/equities/carbon-credit/market-system/index.html）（2024年７月31日最終閲覧）。

(注43)　東証「『カーボン・クレジット市場の開設について』に寄せられたパブリック・コメントの結果について（No.6）（2023年７月３日）」（https://www.jpx.co.jp/rules-participants/public-comment/detail/d8/cg27su0000007ogz-att/cg27su0000007ojq.pdf）（2024年７月31日最終閲覧）。

(b)　参加者および参加方法

カーボン・クレジット市場において取引を行うためには、東証に登録を行う必要があり（利用規約5条）、登録要件は以下の通り(注45)である（利用規約7条、利用規約補助規則3条）。

a.　法人、政府及び地方公共団体並びに任意団体のいずれかであること
b.　業務を安定的に行う体制が整っていること(※1)
c.　東京証券取引所の参加者として十分な社会的信用を有し、社会的信用の欠如している者その他東証の目的及び市場の運営に鑑みて適当でないと認められる者の支配又は影響を受けていないことなど、健全な経営体制であること
d.　債務超過でないこと
e.　カーボン・クレジット市場で決済を行うために必要な以下の要件を満たしていること
　・申込者名義の預貯金口座を開設していること
　・申込者名義のクレジット口座（クレジット登録簿において、申込者がカーボン・クレジットを保有するために開設する口座）を開設していること(※2)
　・消費税法第2条第1項第7号の2に定める適格請求書発行事業者であること
f.　代表者、役員又は重要な使用人のいずれかが以下のいずれにも該当しない者であること
　・精神の機能の障害によりその義務を適正に行うに当たって必要な認知、判断及び意思疎通を適切に行うことができない者
　・破産手続開始の決定を受けて復権を得ない者又は外国の法令上これと同様に取り扱われている者
　・禁錮以上の刑（これに相当する外国の法令による刑を含む。）又は法若しくはこれに相当する外国の法令の規定により罰金の刑（これに相当する外国の法令による刑を含む。）に処せられ、その執行の終わった日又は執行を受けることがないこととなった日から5年を経

(注44)　東証「カーボン・クレジット市場における売買の対象の追加（超過削減枠）に係る制度要綱（2024年5月10日　）」（https://www.jpx.co.jp/equities/carbon-credit/market-system/nlsgeu000006f14i-att/mklp77000000djjv.pdf）（2024年7月31日最終閲覧）。

(注45)　日本取引所グループ「市場参加者」（https://www.jpx.co.jp/equities/carbon-credit/participants/index.html）（2024年7月31日最終閲覧）。

過しない者

※1業務を安定的に行う体制として、具体的には複数名（2名以上）の役職員が従事することが要件とされている。

※2具体的にはJ-クレジット登録簿システムに開設された口座となり、当該口座の利用権限を「口座保有者」に設定したものに限定されている。

上記の要件を満たす限り、海外法人でもカーボン・クレジット市場参加者への登録を行うことが可能である(注46)。参加者は、①登録料、②登録を維持するための基本料、③1トンごとの売買に応じた売買手数料、および④1トンごとの決済に応じた決済手数料の支払、ならびに⑤②ないし④の担保としての参加保証金の預託が必要であるが、当分の間はいずれも無料とされている（利用規約9条1項・10条・11条1項、利用規約補助規則5条ないし7条）(注47)。

(c)　取引方法

売買立会による売買は、専用のカーボン・クレジット市場システムによって行われる。また、競争売買によって行われ、参加者は価格を指定した注文を行い、板寄せ方式によって注文が対当した参加者同士の間に売買約定が成立する（利用規約第3章）。

この成立した売買約定に係る決済は、当該売買約定が成立した日から起算して6日目（休業日〔利用規約22条〕等は除外される）に行われる。決済日までの経過については、①決済日前日の午前11時までに、売り方参加者が、売り方参加者のクレジット口座から東証のクレジット口座にカーボン・クレジットを移転し（利用規約39条1項）、②決済日の午前11時までに、買い方

(注46)　日本取引所グループ「よくあるご質問（Q5）」2024年7月2日更新（https://www.jpx.co.jp/equities/carbon-credit/faq/index.html）（2024年7月31日最終閲覧）。ただし、申込書類等の関連文書やサービスは日本語で提供される。

(注47)　東証カーボン・クレジット市場整備室「カーボン・クレジット市場オンライン説明　会　」2023年7月・8月（https://www.jpx.co.jp/equities/carbon-credit/participants/co3pgt0000001890-att/OnlineSetumei.pdf）（2024年7月31日 最 終閲覧）。なお、無料とされる「当分の間」の期間や「当分の間」終了後の料金の具体的な金額等は未定である（日本取引所グループ「FAQ③参加者（No.21）」（https://www.jpx.co.jp/equities/carbon-credit/participants/co3pgt0000001890-att/QA.pdf）（2024年7月31日最終閲覧）。

参加者が、買い方参加者の預貯金口座から東証が指定する預貯金口座に支払代金を振り込み（利用規約40条1項）、③決済日の午前11時以降に、東証が、売り方参加者へ受領代金を振り込み（利用規約42条1項）、買い方参加者へ受領したカーボン・クレジットを移転する（利用規約43条1項）流れとなる。東証が①において受領したカーボン・クレジットの権利関係については、②買い方参加者による支払代金の振込みが行われるまでは売り方参加者のために東証が保有し、当該振込みが全額なされた時点で対応するカーボン・クレジットが売り方参加者から買い方参加者に移転し、それ以降、買い方参加者のために東証が保有するものとされている（利用規約39条2項・41条）。

仮に、①決済日前日の午前11時までの売り方参加者によるカーボン・クレジットの移転、または②決済日の午前11時までの買い方参加者による支払代金の振込みがなされない場合、東証が売買約定を取り消し、それ以降の決済に係る手続は行わず、東証が移転を受けていたカーボン・クレジットは返還されることになっている（利用規約45条）。これにより、売買当事者が相手方の信用リスクを負担しない仕組みがとられている。

オ　GX-ETSにおける排出量取引制度

GXリーグとは、「カーボンニュートラルへの移行に向けた挑戦を果敢に行い、国際ビジネスで勝てる企業群が、GXを牽引する枠組み」のことであり、日本のCO2排出量の4割以上を占める企業（600社以上）が参加を表明している。GXリーグに参画している企業は、経済産業省の協力の下で、GX-ETSとよばれる自主的な排出量取引を行うこととなる。2023年度から2025年度までが、試行期間としての第1フェーズ、2026年度頃から2032年度頃までが、排出量取引制度を本格稼働させる第2フェーズ、2033年度頃からが、発電事業者を対象としてオークションを通じた排出枠の割当てを導入する予定の第3フェーズとされており、段階的な発展が予定されている。これらは、下記**6⑷イ**〔p.695〕に記載されるGX推進法の下での成長志向型カーボンプライシング構想とも平仄がとれたものとなっている。

第1フェーズにおいては、①2050年にカーボンニュートラル達成することを前提とした2030年および2025年の排出削減目標、第1フェーズ（2023年度～2025年度）の排出削減目標の総計を、国内直接排出・国内間接排出のそれぞれについて、各社が自ら設定し、②国内直接排出・国内間接排出の排出量実績を算定[注48]・報告し、③排出実績が、第1フェーズの排出削減量総計の目標を上回る場合、超過削減枠や適格カーボン・クレジット(注49)を調達するか、または未達理由を説明しなければならないこととなっている。なお、他社に売却可能な「超過削減枠」は、2021年度の直接排出量が10万トンCO2e以上の参画企業において、原則として、(i)単年度ごとに、実排出量がNDC相当排出量と呼ばれる「各企業が2013年度以降で設定する基準年度における排出実績から、2050年のカーボンニュートラルの達成に向けて直線的に削減を行う際の排出量」を下回る場合で（直接排出要件）、かつ、(ii)単年度ごとの、直接排出と間接排出の実排出量が制度開始前の直接排出量以下である場合（送料排出要件）に、他社に売却が可能な「超過削減枠」の創出が可能となる。超過削減枠は、フェーズの途中でも取引が可能であり、かつ、フェーズ終了後に積算され、余剰があれば付与されることになる(注50)。また、上記においても記載したように、2024年11月1日以降は、カーボン・クレジット市場において、超過削減枠が売買の対象となった。

超過削減枠については、取引の信頼性・安全性確保の観点から、超過削減枠登録簿規定(注51)において取扱いが明記されており、(i)その帰属は口座簿の記録により定める旨、(ii)振替手続の完了が移転の効力発生要件となる旨、口座の記録により適法な保有が推定される旨、誤った記録がある場合でも善意無重過失で取引を行った者が保護される旨の規定が設けられている。

GX-ETSの制度は、あくまで自主参加の下で、各社が削減目標を自ら設定した上で、説明責任のみのペナルティを負う制度であり、その実効性や公平性に疑義が生じる可能性が指摘されているが、今後官民一体となって制度が発展していく中で、そうした問題点が解消されていくことが期待される。

(注48) 2021年度の直接排出量が10万トンCO2e以上の参画企業については、第三者検証が必須となる。

(注49) JクレジットおよびJCMクレジットが適格カーボン・クレジットとなることが決まっている。

(注50) GXリーグ事務局「GX-ETSにおける第1フェーズのルール」2023年2月（https://gx-league.go.jp/aboutgxleague/document/GX-ETSにおける第1フェーズのルール.pdf）（2024年7月31日最終閲覧）。

(注51) 2024年8月28日に制定された。

⑶　E　U

ア　EU-ETS

EUにおけるETSとして、European Union Emissions Trading System（EU-ETS[注52]）がある。EU-ETSは2005年に施行されて以降、EU加盟国およびアイスランド、リヒテンシュタイン、ノルウェー等の非EU加盟国でも運用されている。EU-ETSは、発電事業者、石油精製所、製鉄所、鉄、アルミニウム、金属、セメント、石灰、ガラス、セラミックス、パルプ、紙、段ボール、酸、バルク有機化学物質の生産等のエネルギー多消費産業における産業部門、EU域内およびスイス・英国への出発便の運航会社等を対象としている。さらに2022年12月18日には、EU-ETSの対象となるセクターにおける2030年までの排出削減の全体的な目標の62%への引上げ、2024年から2027年における4.3%、2028年から2030年における4.4%の上限の年間削減率の引上げ、炭素国境調整メカニズム（CBAM）の対象となるセクター（セメント、アルミニウム、肥料、電気エネルギー生産、水素、鉄、鉄鋼等）に対する排出枠の無償割当ての2034年までの間における段階的廃止、海運のEU-ETS対象への追加を内容とするEU-ETS改正案が合意に至った[注53]。加えて、道路輸送交通、建物（化石燃料などの暖房を利用する住宅等）等を対象に、EU-ETSとは独立した排出権取引制度として設置することでも合意した[注54]。本制度では、一般消費者ではなく、燃料の供給業者が対象となる。本改正案の最終文書は2023年5月16日に官報に掲載され、同年6月5日より発効している[注55]。

（注52）European *Commission, EU Emissions Trading System*（*EU ETS*）*, available at*（https://climate.ec.europa.eu/eu-action/eu-emissions-trading-system-eu-ets_en）（2024年7月31日最終閲覧）。

（注53）Council of the European Union, *'Fit for 55': Council and Parliament reach provisional deal on EU emissions trading system and the Social Climate Fund,* December 18, 2022, *available at*（https://www.consilium.europa.eu/en/press/press-releases/2022/12/18/fit-for-55-council-and-parliament-reach-provisional-deal-on-eu-emissions-trading-system-and-the-social-climate-fund/）（2024年7月31日最終閲覧）。

（注54）前掲（注48）。

（注55）https://eur-lex.europa.eu/eli/dir/2023/959/oj.

イ　CBAM

EUにおける炭素国境調整措置として、Carbon Border Adjustment Mechanism（CBAM）[注56]がある。CBAM規則は、2023年5月16日にEU官報に掲載された翌日に正式に施行された。同年10月1日から移行期間を開始し、2026年より完全適用となる予定である。当初は、炭素集約的な生産が行われ、炭素リークのリスクが最も大きい特定の商品と前駆物質（セメント、鉄鋼、アルミニウム、肥料、電力、水素）の輸入に適用される。CBAMは、完全に導入されれば、最終的にはETSの対象セクターにおける排出量の50％以上を捕捉することになる。移行期間においては、対象製品を域外から輸入する事業者は報告義務を負うこととなり、2026年に予定されている炭素賦課金の支払義務化が開始されると、対象製品を域外から輸入する事業者は、EU-ETSで支払われる炭素価格に連動した炭素賦課金が課されることとなる。

(4)　米　国

米国は国レベルでのETSは存在しないが、カリフォルニア州において2013年からETSが開始されている[注57]。このプログラムは、温室効果ガス排出量を2020年までに1990年比同レベル（2016年に達成）、2030年までに1990年比40％、2050年までに1990年比80％削減するというカリフォルニア州の野心的な目標を達成するためのものである[注58]。対象となる企業は、年間GHG排出量が2万5,000トンCO_2等価以上の大規模発電

（注56）European Commission, *Carbon Border Adjustment Mechanism*, available at（https://taxation-customs.ec.europa.eu/carbon-border-adjustment-mechanism_en）（2024年7月31日最終閲覧）。

（注57）California Air Resources Board, *Cap-and-Trade Program, available at*（https://ww2.arb.ca.gov/our-work/programs/cap-and-trade-program/about）（2024年7月31日最終閲覧）。

（注58）Center for Climate and Energy Solutions, *California Cap and Trade, available at*（https://www.c2es.org/content/california-cap-and-trade/#:~:text=California%E2%80%99s%20carbon%20cap-and-trade%20program%20is%20one%20of%20the,2030%2C%20and%2080%20percent%20below1990%20levels%20by%202050）（2024年7月31日最終閲覧）。

所、大規模工場、燃料販売事業者で、カリフォルニア州の温室効果ガス総排出量の約85%を占める約450の事業者が、この規制に従わなければならない。カナダのケベック州とも連携し、排出枠のオークションなどを共同実施している。

(5) 英　国

英国は、EU離脱（ブレグジット）の移行期間終了に伴い、欧州排出権取引制度EU-ETSからも離脱し、2021年1月1日からUK-ETSを導入している[注59]。UK-ETSは、EU-ETSと同様の目的の下、同様の設計となっているが、遅くとも2024年までに英国の2050年ネットゼロ目標に整合させるために、UK-ETSの当面の排出枠はEU-ETSで英国に割り当てられていた2021年から2030年までの想定排出枠から5%引き下げられている。同制度はエネルギー集約型産業、発電、航空部門などの企業や施設が対象となっている。2023年7月3日に英国政府はUK-ETSの改革を発表した[注60]。同改革により、2024年以降、電力部門、エネルギー集約型産業および航空部門に対する新たな排出規制が設けられるとともに、2026年からの国内海運、2028年からの廃棄物焼却およびエネルギー関連の廃棄物のUK-ETS対象への追加、2026年以降の航空セクターの無償割当枠の段階的な廃止等が実施される予定である。

(注59) Elena Ares, *The UK Emissions Trading Scheme, May* 4, 2021, *available at* (https://researchbriefings.files.parliament.uk/documents/CBP-9212/CBP-9212.pdf)（2024年7月31日最終閲覧）。

(注60) UK Government, *Developing the UK Emissions Trading Scheme: Main Response*, June 2023, *available at* (https://www.gov.uk/government/news/tighter-limit-on-industrial-power-and-aviation-emissions-as-uk-leads-the-way-to-net-zero)（2024年7月31日最終閲覧）。

5　気候変動と開示規制

(1)　TCFD（Task Force on Climate-related Financial Disclosures）

ア　TCFDとは

TCFD（Task Force on Climate-related Financial Disclosures）とは、産業界主導の気候関連財務情報開示タスクフォースである。金融市場において気候関連のリスクおよび機会を適切に理解できるようにするための一貫性のある「開示方法」を設計する目的で、2015年12月、G20の財務大臣および中央銀行総裁から要請を受けた金融安定理事会（FSB）によって設置された(注61)。

イ　TCFD設置の背景(注62)

温室効果ガスの継続的な排出により産業革命前からの世界の平均気温が2℃以上上昇すれば、経済・社会に甚大な影響を及ぼすことにつながりかねないことは、広く認識されているものの、特に金融市場における意思決定の文脈に関しては、気候変動の大規模かつ長期的な性質が難しい課題を生じさせている。

金融市場の参加者の中で、意思決定に有用な気候関連情報に対する需要が高まる中、既存の気候関連情報開示の基準の多くが、温室効果ガスをはじめとするサステナビリティに関する指標等の気候関連情報に着目したものとなっており、事業に対する気候関連の観点から見た潜在的な財務的影響に関する情報の不足が問題点として指摘されている。また、開示方法について、一貫性のなさや開示情報に係る情報の背景の欠如、表現の定型化、報告内容の比較可能性のなさも、投融資や保険引受けに係る意思決定の局面で気候関連のリスクと機会を考慮する上での大きな障害になっているとの指摘も挙げられる。

リスク情報の不足は、一般的に、金融市場における誤った資産価値設定や資本配分につながる可能性があり、このような懸念がTCFD設置の背景と

(注61) 気候関連財務情報開示タスクフォース（サステナビリティ日本フォーラム私訳〔第2版〕）「最終報告書　気候関連財務情報開示タスクフォースの提言」(2017)（以下、「TCFD提言」という）1頁～2頁。
(注62) TCFD提言1頁～2頁。

なっている。

ウ　TCFDによる提言

(a)　総　論

TCFDは、2017年6月、最終報告書を作成し、気候関連財務情報の開示に関する提言（TCFD提言）を行った。TCFD提言は、ガバナンス・戦略・リスクマネジメント・指標と目標という4つのテーマを中心として、気候関連のリスクと機会に関する主要な気候関連財務情報開示（推奨開示）によって構成されており、プリンシプルベースでの全セクターおよび各国・各地域の組織に広く適用可能な形式として策定されている(注63)。

また、TCFD提言および推奨開示に沿った気候関連財務情報開示の履践に関し、すべてのセクターのためのガイダンス(注64)があわせて作成され、推奨開示を行うための考え方等が提供されており、金融セクターおよび気候変動の影響を最も受ける可能性のある非金融グループについては、特定のセクターにとって重要な考慮事項を強調した補足ガイダンス(注65)も作成されている。

(b)　気候関連のリスクおよび機会(注66)

TCFDは、気候関連のリスクや機会による財務的影響を開示することを求めている。気候関連リスクや機会は、報告組織に与える財務的影響が不明確で間接的であるため、財務情報の開示に反映しにくいことを踏まえて、TCFD提言の中では、財務的影響の例や詳細な情報も紹介されている。

(i)　気候関連リスク

TCFD提言において、気候関連リスクとは、気候変動に関連する潜在的な悪影響と説明され、低炭素経済への移行に関するリスクと、気候変動の物理的影響に関連するリスクの2つの主要カテゴリに分類されている。

低炭素経済への移行に関連するリスクとは、低炭素経済への移行に伴う政

(注63)　TCFD提言2頁・13頁・17頁。

(注64)　気候関連財務情報開示タスクフォース（日本語訳：TCFDコンソーシアム、特定非営利活動法人サステナビリティ日本フォーラム、監訳：長村政明、TCFDコンソーシアム企画委員会）「気候関連財務情報開示タスクフォースの提言の実施」(2021)（以下、「付属書」という）16頁～22頁。

(注65)　付属書23頁～68頁。

(注66)　TCFD提言5頁～11頁。

策、法律、技術、市場の変化への適応等が求められることによって生じ得る財務上、評判上リスクのことをいい、GHG 排出量削減のためのカーボンプライシングへの対応や、排出量の少ない製品やサービスへの変更、顧客の気候変動に対応した行動の変化等が挙げられている。

気候変動の物理的影響に関連するリスクには、サイクロン、洪水などの急性的なものにより引き起こされる影響や損害と、海面上昇や慢性的な熱波を引き起こす可能性のある長期的な気候パターンの変化によって生じる影響や損害が存在する。このような物理的リスクは、開示を行う企業の資産に対する直接的な損害やサプライチェーンの分断による間接的な影響等の財務的影響を及ぼし得るものであり、水資源の利用可能性や食糧安全保障、企業が保有する施設や事業運営、サプライチェーン、輸送ニーズ、従業員の安全に影響を及ぼすような極端な温度変化の影響等の形で生じ得ることが挙げられている。

(ii)　**気候関連の機会**

TCFD 提言において、気候関連の機会とは、気候変動に関連する潜在的な好影響と説明され、製品の生産・流通プロセスにおけるエネルギー効率等の効率性の改善や新しい GHG 低排出製品の開発による競争力の向上、気候関連リスクに対する適応能力（レジリエンス）等がその例として紹介されている。

エ　提言の内容(注67)

TCFD 提言は、「ガバナンス」、「戦略」、「リスクマネジメント」および「指標と目標」の４つの包括的な提言によって構成されている。

ガバナンス	気候関連のリスクと機会に関する組織のガバナンスを開示する。
戦略	気候関連のリスクと機会が組織の事業、戦略、財務計画に及ぼす実際の影響と潜在的な影響について、その情報が重要（マテリアル）な場合は、開示する。
リスクマネジメント	組織がどのように気候関連リスクを特定し、評価

（注67）TCFD 提言 13 頁〜14 頁。

	し、マネジメントするのかを開示する。
指標と目標	その情報が重要（マテリアル）な場合、気候関連のリスクと機会を評価し、マネジメントするために使用される指標と目標を開示する。

各テーマについて、開示を行う企業が気候関連のリスクと機会についてどのように考え、評価しているかについて、投資家らが理解するために役立つ情報として、各テーマごとに次のような情報の開示が推奨されている。

(a)　ガバナンス

投資家らが、取締役会や経営陣の気候関連のリスクと機会へのガバナンス状況を把握するために、TCFDは、次の事項の開示を推奨している。

①　気候関連のリスクと機会に関する取締役会の監督について記述する。

②　気候関連のリスクと機会の評価とマネジメントにおける経営陣の役割を記述する。

(b)　戦　略

投資家らが、気候関連のリスクと機会が将来の業績にどのように影響するかを判断するために、TCFDは、次の事項の開示を推奨している。

①　組織が特定した、短期・中期・長期の気候関連のリスクと機会を記述する。

②　気候関連のリスクと機会が組織の事業、戦略、財務計画に及ぼす影響を記述する

③　２℃以下のシナリオを含む異なる気候関連のシナリオを考慮して、組織戦略の強じん性（レジリエンス）を記述する。

(c)　リスクマネジメント

投資家らが、組織が気候関連リスクをどのように特定し、評価し、マネジメントするかを把握するために、TCFDは、次の事項の開示を推奨している。

①　気候関連リスクを特定し、評価するための組織のプロセスを記述する。

②　気候関連リスクをマネジメントするための組織のプロセスを記述する。

③　気候関連リスクを特定し、評価し、マネジメントするプロセスが、組織の全体的なリスクマネジメントにどのように統合されているかを記述する。

(d)　指標と目標

投資家らが、重要な情報につき、組織が気候関連のリスクと機会を評価し、マネジメントするために使用する指標と目標を把握するために、TCFD は、次の事項の開示を推奨している。

① 組織が自らの戦略とリスクマネジメントに即して、気候関連のリスクと機会の評価に使用する指標を開示する。

② 企業自らが排出する直接排出（Scope1）、電気の購入等のエネルギー調達に伴う間接排出（Scope2）、該当する場合はバリューチェーンや投資を通じた他社による排出といったその他の間接的排出（Scope3）の GHG 排出量、および関連するリスクを開示する。

③ 気候関連のリスクと機会をマネジメントするために組織が使用する目標、およびその目標に対するパフォーマンスを記述する。

(e)　各テーマについてのガイダンス

最終報告書では、上記の内容に加えて、各テーマについて、より詳細に開示を推奨する事項を説明したガイダンスが示されている。なお、「戦略」および「指標と目標」のテーマについては、2021 年 10 月に行われた付属書の更新において、その内容が更新されている（注68）。また、付属書においては特定のセクターのための補足ガイダンスが示されているほか、各テーマにフォーカスして解説するガイダンスや国内の特定の業種を対象として日本の省庁が TCFD 提言について解説を加えた資料等も公表されている（注69）。

オ　シナリオ分析

TCFD 設置の背景において意識されているように、気候変動の影響は、中長期的に現れ、その時期と規模は不確実であることから、個々の企業の事業、戦略、財務状況にどのような影響が生じ得るかを把握することは容易ではない。このような状況に対して、TCFD 提言においては、シナリオ分析という手法が気候関連のリスクと機会を理解するための重要な手法として紹介され、シナリオ分析の活用を促している（注70）。

（注68）付属書 17 頁～22 頁。

カ　TCFD 提言の実施

(a)　情報開示の方法(注71)

TCFD は、開示を行う企業に対して、公表している年次財務報告において気候関連の財務情報開示を行うように提言している。既存の開示義務をより効果的に満たせるようにすることが目的であり、国内で開示が求められるものを超えて適用されるものと考えられるべきではないとされている。上述した特定の推奨開示が自国では開示が求められていない場合は、その情報を年1回以上発行される他の公式な企業の報告書の中で開示し、投資家らが見ることのできるよう広く配布し、財務報告に用いられるのと同じ、または、実質的に同一の内部統制プロセスに従うことを、TCFD は奨励している。

また、投資家らが企業の財務状況を把握するニーズがあることから、TCFD は、ガバナンスおよびリスクマネジメントに関する TCFD 提言に基

(注69) TCFD が発行するものとして、次の注に記載する技術的補足書、"Guidance on Scenario Analysis for Non-Financial Companies"、"Guidance on Risk Management Integration and Disclosure"、「指標、目標、移行計画に関するガイダンス」がある。また、日本の省庁等が発行するものとして、「TCFD 提言における物理的リスク評価の手引き～気候変動を踏まえた洪水による浸水リスク評価～」(国土交通省)、「地域金融機関における TCFD 開示の手引き～令和4年度 TCFD 開示に係る地方金融機関向け研修プログラム概要～」(環境省)、「気候関連リスクに係る共通シナリオに基づくシナリオ分析の試行的取組について」(金融庁、日本銀行)、「TCFD 提言に沿った気候変動リスク・機会のシナリオ分析実践ガイド（銀行セクター向け）ver.2.0」(環境省)、「食料・農林水産業の気候関連リスク・機会に関する情報開示（入門編）【第2版】・(実践編)」(農林水産省)、「不動産分野における気候関連サステナビリティ情報開示対応のためのガイダンス（不動産分野 TCFD 対応ガイダンス改訂版)」(国土交通省)、「グリーン投資の促進に向けた気候関連情報活用ガイダンス 2.0（グリーン投資ガイダンス 2.0)」(TCFD コンソーシアム)、「気候関連財務情報開示に関するガイダンス 3.0（TCFD ガイダンス 3.0)」(TCFD コンソーシアム)等がある。

(注70) シナリオ分析については、TCFD が、シナリオ分析を検討する際に参考となる技術的補足書（気候変動関連財務情報開示タスクフォース（サステナビリティ日本フォーラム私訳〔第2版〕)「技術的補足　気候関連のリスクと機会の開示におけるシナリオ分析の利用」(2022)）を公表している。また、環境省が、シナリオ分析の実践方法について、事例とともに解説した「TCFD を活用した経営戦略立案のススメ～気候関連リスク・機会を織り込むシナリオ分析実践ガイド 2022 年度版」(2023) も公表している。

(注71) TCFD 提言 17 頁、TCFD コンソーシアム「気候関連財務情報開示に関するガイダンス 3.0（TCFD ガイダンス 3.0)」(以下、「TCFD ガイダンス」という) (2022) 8頁～13 頁。

づく開示を、毎年の財務報告に含めるべきとしている。戦略および指標と目標に関するTCFD提言に基づく開示に関しては、事業活動において気候関連情報の重要性が高いと考えられる場合には情報開示がされるべきとしており、さらに、大規模な企業(注72)については、長期的に財務的影響を受けやすく、その戦略について投資家がモニタリングを行う関心があることから、重要であると考えられていない情報（財務情報として開示されていない情報）も、その他の報告書(注73)でその情報を開示することを検討すべきとしている。

(b)　効果的な開示のための原則(注74)

TCFDは、気候関連財務報告の将来的な進展のために、7つの効果的な開示のための原則を策定しており、気候関連財務情報開示を作成するときには、この原則を考慮することを奨励している。

(c)　現在状況（コーポレートガバナンス・コードの改訂と有価証券報告書における開示の義務化）

2021年6月11日付けで施行されたコーポレートガバナンス・コードの改訂により、補充原則3-1③において、「特に、プライム市場上場会社は、気候変動に係るリスク及び収益機会が自社の事業活動や収益等に与える影響について、必要なデータの収集と分析を行い、国際的に確立された開示の枠組みであるTCFDまたはそれと同等の枠組みに基づく開示の質と量の充実を進めるべきである」と記載された。これは、投資家と企業の間のサステナビリティに関する対話を促進する観点から、日本においてもTCFDが気候変動に係る情報開示に際して参照すべきものとして取り上げられたものである。

この点、同時期に公表されたJPXのコーポレートガバナンス・コードのFAQ(注75)では、開示の実施に関して、「気候変動が事業活動に与える影響は、各社の業種や事業特性に応じて異なるものと想定されることから、各社にお

(注72) エネルギー、運輸、素材・建築物、農業・食料・林産物のセクターに属する、年間収益が10億米ドルを上回る企業。

(注73) 財務報告書以外でもよいが、年1回以上発行される公式の企業報告書での開示が推奨されており、統合報告書等が想定される（TCFDガイダンス11頁～13頁）。

(注74) 効果的な開示のための原則について、TCFD提言の付録3において詳細な解説がなされている。

いてはTCFD提言の枠組みを参照しながら、自社に必要と考えられる項目から順次開示を進めることで差し支えないものと考えられ」るとされた。

もっとも、2022年4月4日から東証の市場区分がプライム市場、スタンダード市場およびグロース市場の3つに区分けされたことに伴い、プライム市場上場企業においては、上記のコーポレートガバナンス・コードに則り、「TCFDまたはそれと同等の枠組みに基づく開示の質と量の充実を進めるべき」ことが必要となった。そして、コーポレートガバナンス・コードを実施できない場合には、その理由を説明することが必要であり（Comply or Explain）、説明できない場合には、東証の上場規則違反に該当し、報告書の提出や違約金の支払を求められることもあるため、プライム市場上場企業は、TCFDに基づく開示が実質的に義務づけられたといわれている。

その上で、2023年1月31日付けで施行された企業内容等の開示に関する内閣府令の改正により、2023年3月期の決算企業から、有価証券報告書において、「サステナビリティに関する考え方及び取組」の開示が求められることとなり、TCFDの文言は記載されていないものの、ガバナンス・戦略・リスク管理・指標および目標といった、TCFDと同等の開示事項が含まれていることから、TCFDに基づく開示が必要な状況となっている。

⑵　ISSB

ア　ISSBの概要等

ISSB（International Sustainability Standards Board）とは、2021年11月にCOP26にあわせて、IFRS財団傘下に設立されることが公表された審議会であり、投資家や金融市場のニーズを満たす国際的なサステナビリティ開示基準の策定を目的としている（注76）。

ISSBは、2023年6月にかかる開示基準として、IFRS S1およびIFRS S2

（注75）日本取引所グループ「FAQ『コーポレートガバナンス・コードの補充原則3-1③後段の「TCFDまたはそれと同等の枠組みに基づく開示の質と量の充実」の「実施」にあたっては、TCFD枠組みに基づく開示項目をすべて開示しなければいけませんか』」2021年7月15日掲載（https://faq.jpx.co.jp/disclo/tse/web/knowledge8349.html）（2024年7月31日最終閲覧）。

（注76）IFRS, *About the International Sustainability Standards Board*,（https://www.ifrs.org/groups/international-sustainability-standards-board/）（2024年7月31日最終閲覧）。

を公表しており(注77)、日本語版についても公表されている(注78)。また、SSBJ（Sustainability Standards Board of Japan）によって、IFRS S1およびIFRS S2に相当する日本版の基準の開発も進められており、2024年3月に公開草案が公表され、本書執筆時点において2024年度中の確定基準の公表が予定されている(注79)。

イ　IFRS S1・IFRS S2と日本版の基準

IFRS S1では、サステナビリティに関する情報開示についての全般的な内容を対象に、IFRS S2では、気候関連のリスクと機会に関する情報開示を対象にしており、情報開示を行う企業は、IFRS S1とIFRS S2をあわせて用いることが想定されている(注80)。

気候関連のリスクと機会を対象とするIFRS S2は、同じく気候関連情報の開示を目指していたTCFD提言におけるガバナンス、戦略、リスクマネジメントおよび指標と目標のテーマを組み込んだ内容となっており、また、付属ガイダンスにおいては、SASB（Sustainability Accounting Standards Board）基準をベースとした業種別のガイダンスも示されている(注81)。

（注77）IFRS, ISSB *issues inaugural global sustainability disclosure standards*, June 26, 2023,（https://www.ifrs.org/news-and-events/news/2023/06/issb-issues-ifrs-s1-ifrs-s2/）（2024年7月31日最終閲覧）。

（注78）IFRS, *2023 – Issued Standards (Japanese)*,（https://www.ifrs.org/issued-standards/ifrs-sustainability-standards-navigator/sustainability-pdf-collection/?language=%2Fcontent%2Fcq%3Atags%2Fifrs%2Flocalisation%2Flanguage%2Fjapanese&issue-type=%2Fcontent%2Fcq%3Atags%2Fifrs%2Fproduction%2Fissue-type%2Fissued&year=2023&layer=%2Fcontent%2Fcq%3Atags%2Fifrs%2Fproduction%2Fstandard-layer%2Fbase）（2024年7月31日最終閲覧）。

（注79）SSBJ「現在開発中のサステナビリティ開示基準に関する今後の計画（2024年4月4日 ）（https://www.ssb-j.jp/jp/wp-content/uploads/sites/6/2024_0404_ssbj.pdf）（2024年7月31日最終閲覧）。

（注80）IFRS, *Climate-related Disclosures*（*About*）,（https://www.ifrs.org/projects/completed-projects/2023/climate-related-disclosures/#about）（2024年7月31日最終閲覧）。

（注81）IFRS, *IFRS S2 Climate-related Disclosures*, June, 2023, *IFRS, IFRS S2 Accompanying Guidance on Climate-related Disclosures*, June, 2023, IFRS, *Industry-based Guidance on implementing Climate-related Disclosures*, June 2023,（https://www.ifrs.org/issued-standards/ifrs-sustainability-standards-navigator/ifrs-s2-climate-related-disclosures.html/content/dam/ifrs/publications/html-standards-issb/english/2023/issued/ibg/）（2024年7月31日最終閲覧）。

日本国内では、コーポレートガバナンス・コードの改訂に当たって、「IFRS財団におけるサステナビリティ開示の統一的な枠組みがTCFDの枠組みにも拠りつつ策定された場合には、これがTCFD提言と同等の枠組みに該当するものとなることが期待される」(注82)と言及されており、また、JPXのコーポレートガバナンス・コードのFAQ(注83)でも同様に「IFRS財団により検討が進められているサステナビリティ開示の統一的な枠組みが策定された場合に、(補充原則3-1③後段の)『TCFDと同等の枠組み』に該当することが想定され」るとされていた。今後、日本国内においても、IFRS S1およびIFRS S2やSSBJによって開発が進められている日本版の基準が開示基準として参照すべきものになり得る。特にSSBJによる日本版の基準については、一定の準備期間を経た後に、2027年3月期以降に段階的に有価証券報告書におけるサステナビリティ開示基準に組み込まれることが金融審議会において検討されている(注84)。

6　各国の動向

(1)　E　U

ア　欧州グリーンディール

EUでは、2019年12月11日の欧州委員会にて、EU諸国が2019年から2024年の間に取り組む6つの気候変動対策のうちの1つとして「欧州グ

(注82) スチュワードシップ・コードおよびコーポレートガバナンス・コードのフォローアップ会議「コーポレートガバナンス・コードと投資家と企業の対話ガイドラインの改訂について」(2021年4月6日)4頁(https://www.jpx.co.jp/news/1020/nlsgeu000005ln9r-att/nlsgeu000005lnem.pdf)(2024年7月31日最終閲覧)。

(注83) 日本取引所グループ「FAQ『コーポレートガバナンス・コードの補充原則3-1③後段の「TCFDまたはそれと同等の枠組みに基づく開示の質と量の充実」の「実施」にあたって、TCFD以外に想定される枠組みはありますか』」(2021年7月15日掲載)(https://faq.jpx.co.jp/disclo/tse/web/knowledge8348.html)(2024年7月31日最終閲覧)。

(注84) 金融庁「第2回 金融審議会 サステナビリティ情報の開示と保証のあり方に関するワーキング・グループ 事務局説明資料」(2024年5月14日)(https://www.fsa.go.jp/singi/singi_kinyu/sustainability_disclose_wg/shiryou/20240514/01.pdf)(2024年7月31日最終閲覧)。

リーンディール(注85)」が発表された。同政策はEU経済を持続可能なものにするため、温室効果ガスの排出量を2050年までに実質ゼロとする「気候中立」を達成するという目標を掲げ、EUの2030年の温室効果ガス排出削減目標の引上げや関連規制の整備などの行動計画を取りまとめたものである。

同政策において、炭素国境調整措置、気候変動対策や環境対策への投資を動員するための欧州グリーンディール投資計画、2050年の気候中立という目標を法律に明記する気候法の策定等が発表された。

グリーンディールはあらゆる分野での移行を必要とするものであり、巨額の先行投資によって欧州は包括的かつ持続可能な成長への新たな道のりを歩み始めた。これはEU域内の政策であるが、EUは他の国々との連携を深めていくことを想定している。EUと日本は、2021年5月の第27回日・EU定期首脳協議で「グリーンアライアンス(注86)」の立上げに合意した。同アライアンスは、双方において気候中立で、生物多様性に配慮した、循環型かつ資源効率の高い経済を構築する取組みを加速させることを目的としている。両者は、エネルギー移行、環境保護、規制面およびビジネス分野での協力、研究開発ならびにサステナブル・ファイナンスを優先分野として協力関係を強化することに合意した。

イ　サステナブル・ファイナンスアクションプラン

2018年3月、欧州委員会は、ESG問題に起因するリスクを管理しつつ、金融市場を活用して欧州の持続可能な経済成長を支援することを目指す主要な政策目標として、以下に掲げる10項目からなる「サステナブル・ファイナンスアクションプラン（Sustainable Finance Action Plan：SFAP(注87)）」を公表した。同行動計画は、経済活動が環境的にサステナブルかどうかを判断

（注85）European Commission, *Communication from the Commission Action Plan: Financing Sustainable Growth, available at*（https://eur-lex.europa.eu/legal-content/EN/TXT/?qid=1588580774040&uri=CELEX%3A52019DC0640）（2024年7月31日最終閲覧）。

（注86）Concil of the European Union, *EU-Japan Green Alliance, available a*t（https://www.consilium.europa.eu/en/press/press-releases/2021/05/27/eu-japan-green-alliance/）（2024年7月31日最終閲覧）。

（注87）European Commission, *Communication from the Commission Action Plan: Financing Sustainable Growth, available at*（https://eur-lex.europa.eu/legal-content/EN/TXT/?uri=CELEX:52018DC0097）（2024年7月31日最終閲覧）。

するための分類枠組みである「EU タクソノミー」の確立、大企業・上場企業の事業活動に関連するサステナビリティ情報開示を求める「企業に対するサステナビリティ報告指令（CSRD）」の策定および金融機関の組織や金融商品に関連するサステナビリティ情報開示を求める「金融機関に対するサステナブリティ情報開示規則（SFDR）」の策定等を規定するもので、それぞれが有機的に関連する構造となっている。

> ①　サステナブルな金融活動を定義づける EU 独自の分類システム（タクソノミー）の確立
> ②　グリーン・ファイナンス商品の基準およびラベルの制定
> ③　サステナブルなプロジェクトへの投資促進
> ④　金融機関が金融サービスを提供する際のサステナビリティの組込み
> ⑤　サステナビリティ・ベンチマークの開発
> ⑥　格付および市場調査におけるサステナビリティの統合
> ⑦　機関投資家とアセットマネージャーの義務の明確化→ SFDR の策定へ
> ⑧　金融の健全性要件へのサステナビリティの組込み
> ⑨　サステナビリティ情報開示と会計ルールの強化→ CSRD の策定へ
> ⑩　サステナブルなコーポレートガバナンスの促進および資本市場での短期主義の抑制

ウ　EU タクソノミー

EU は 2030 年の EU の気候・エネルギー目標を達成し、欧州グリーンディールの目標を達成するためには持続可能なプロジェクトや活動に投資を向けることが不可欠であるとし、その前提として何が「持続可能」であるかの明確な定義が必要であることから、持続可能な経済活動に関する共通の分類システムとして「EU タクソノミー」の創設を決定した。EU タクソノミーを用いることで、金融機関も非金融企業も、環境的に持続可能な経済活動の定義を共有することができる。EU タクソノミーは、投資家の安全性を確保し、個人投資家をグリーンウォッシュから保護し、企業の気候変動への対応を支援し、市場の分断を緩和することを目的としたものであるとされている。2020 年 6 月 22 日、タクソノミー規則[注88]が EU 官報で公布され、同年 7 月 12 日に発効している。以下で簡単に EU タクソノミー規則について述べる。

まず、EU タクソノミー規則は、以下の 6 つの環境目標を掲げている。

① 気候変動の緩和
② 気候変動への適応
③ 水と海洋資源の持続可能な利用および保全
④ サーキュラーエコノミーへの移行
⑤ 環境汚染・公害の防止および抑制
⑥ 生物多様性と生態系の保護および回復

その上で、経済活動が環境的に持続可能であるとみなされるための以下の4つの主要な条件を規定している。

① 6つの環境目標のうち1つ以上に実質的に貢献
② 残りの環境目標に著しい害を及ぼさない（Do No Significant Harm：DNSH）
③ ミニマムセーフガード（OECD〔経済協力開発機構〕の多国籍企業ガイドライン、UNGP、労働における基本的原則および権利に関するILO〔国際労働機関〕の宣言、および国際人権規約）に準拠
④ EUテクニカル・エキスパート・グループ（TEG）が定める技術スクリーニング基準に準拠

2020年にTEGは、「気候変動の緩和」と「気候変動への適応」に実質的に貢献する経済活動の技術的スクリーニング基準をまとめた報告書のドラフトを公表し、EUタクソノミーの気候変動緩和・適応目標のための持続可能な活動に関する最初の委任法であるEUタクソノミー気候委任法（EU Taxonomy Climate Delegate Act）[注89]が2021年12月9日に官報に掲載され、2022年1月1日から適用されている。EUタクソノミー気候委任法で

（注88）European Union, *Regulation (EU) 2020/852 of the European Parliament and of the Council of 18 June 2020 on the establishment of a framework to facilitate sustainable investment, and amending Regulation (EU) 2019/2088, available at* (https://eur-lex.europa.eu/eli/reg/2020/852/oj)（2024年7月31日最終閲覧）。

（注89）European Union, *Commission Delegated Regulation (EU) 2021/2139 of 4 June 2021 supplementing Regulation (EU) 2020/852 of the European Parliament and of the Council by establishing the technical screening criteria for determining the conditions under which an economic activity qualifies as contributing substantially to climate change mitigation or climate change adaptation and for determining whether that economic activity causes no significant harm to any of the other environmental objectives, available at* (https://eur-lex.europa.eu/eli/reg_del/2021/2139/oj)（2024年7月31日最終閲覧）。

は、付属書Ⅰ[注90]および付属書Ⅱ[注91]において、林業、環境保護・修復活動、製造業、エネルギー、上水道・下水道・廃棄物管理・修復活動、運輸、建設・不動産、情報・通信、専門的・科学的・技術的活動という9分野に分けて、それぞれ気候変動の緩和および適応に関する技術的な審査基準が定められている。また、2022年7月15日には、EUタクソノミーの対象となる経済活動のリストに特定の原子力・ガスエネルギー活動を含めるEUタクソノミー補完的気候委任法（Complementary Climate Delegated Act〔CDA〕）[注92]が官報に掲載され、2023年1月から適用されている。

残りの「水と海洋資源の持続可能な利用と保全」、「サーキュラーエコノミーへの移行」、「環境汚染・公害の防止及び抑制」および「生物多様性と生態系の保護及び回復」の項目についても、審査基準を定める委任法[注93]が2023年6月13日に公表され、2024年1月から適用されている。

（注90）European Union, *Commission Delegated Regulation*（*EU*）*Brussels, 4.6.2021 C(2021) 2800 final ANNEX 1, available at*〈https://ec.europa.eu/finance/docs/level-2-measures/taxonomy-regulation-delegated-act-2021-2800-annex-1_en.pdf〉（2024年7月31日最終閲覧）。

（注91）European Union,*Commission Delegated Regulation*（*EU*）*Brussels, 4.6.2021 C(2021) 2800 final ANNEX 2, available at*〈https://ec.europa.eu/finance/docs/level-2-measures/taxonomy-regulation-delegated-act-2021-2800-annex-2_en.pdf〉（2024年7月31日最終閲覧）。

（注92）European Comission, *EU taxonomy: Complementary Climate Delegated Act to accelerate decarbonisation, Feburary 2, 2022, available at*〈https://finance.ec.europa.eu/publications/eu-taxonomy-complementary-climate-delegated-act-accelerate-decarbonisation_en〉（2024年7月31日最終閲覧）。

（注93）European Commission, COMMISSION DELEGATED REGULATION（EU）…/... of 27.6.2023 supplementing Regulation（EU）2020/852 of the European Parliament and of the Council by establishing the technical screening criteria for determining the conditions under which an economic activity qualifies as contributing substantially to the sustainable use and protection of water and marine resources, to the transition to a circular economy, to pollution prevention and control, or to the protection and restoration of biodiversity and ecosystems and for determining whether that economic activity causes no significant harm to any of the other environmental objectives and amending Delegated Regulation（EU）2021/2178 as regards specific public disclosures for those economic activities, available at〈https://finance.ec.europa.eu/system/files/2023-06/taxonomy-regulation-delegated-act-2022-environmental_en_0.pdf〉（2024年7月31日最終閲覧）。

エ　CSRD

欧州委員会は、2023年1月5日、EU域内の企業に対し、環境、社会、ガバナンスに関する情報やデータを公開することを義務付けるサステナビリティ開示規制として、「Corporate Sustainability Reporting Directive（CSRD）(注94)」を発効した。これにより、EU加盟国は2024年7月6日までにCSRDに定められた目標を達成するための国内法制化の措置をとる必要がある。また、CSRDは早ければ2024年1月1日に開始する会計年度から適用される。EUでは、従来「Non-Financial Reporting Directive（NFRD）(注95)」により、サステナビリティ情報を含む非財務情報の開示が規制されていた。CSRDはNFRDを改正するものであり、より対象範囲を拡大し、より詳細な報告要件を課すことにより、開示が要請される項目を大幅に拡大している。以下で簡単にCSRDの規制内容について述べる。

(a)　適用範囲

適用範囲は〔図表5-1-7〕の通りである。

これはEU域内企業に適用されるため、日本企業がEU域内に現地法人を有する場合、当該現地法人が〔図表5-1-7〕の要件に該当する場合にはCSRDの適用対象となる。もっとも、親会社がEU域外の第三国に所在する場合には、除外規定があり、その親会社がCSRDもしくは欧州委員会がCSRDと同等であると評価したサステナビリティ開示基準に準拠して連結で開示をし、第三者保証を受けている場合には、EU域内の現地法人はCSRDの開示義務を免除される。

また、〔図表5-1-7〕の通り域外適用もあり、一定の場合にはEU域外で設立された親会社の情報も開示対象となり、かかる場合、EU域内の現地法

（注94）European Union, *Directive（EU）2022/2464 of the European Parliament and of the Council of 14 December 2022 amending Regulation（EU）No 537/2014, Directive 2004/109/EC, Directive 2006/43/EC and Directive 2013/34/EU, as regards corporate sustainability reporting, available at*（https://eur-lex.europa.eu/legal-content/EN/TXT/?uri=CELEX:32022L2464）（2024年7月31日最終閲覧）。

（注95）European Union, *Directive 2014/95/EU of the European Parliament and of the Council of 22 October 2014 amending Directive 2013/34/EU as regards disclosure of non-financial and diversity information by certain large undertakings and groups, available at*（https://eur-lex.europa.eu/legal-content/EN/TXT/?uri=CELEX:32014L0095）（2024年7月31日最終閲覧）。

〔図表5-1-7〕CSRDの適用範囲

		適用要件	適用開始時期	
			会計年度	報告時期
EU域内	NFRD適用対象企業またはグループ	単一、またはグループで大規模となる要件を満たすPIEs（上場企業、信用機関、保険会社などの公益事業者）であり、かつ従業員数500人以上である。	2024年1月1日以降開始	2025年
	NFRDの適用対象でない大規模企業またはグループ	以下の要件のうち2つ以上の要件を2会計年度連続して満たす。 ・総資産2,000万ユーロ超 ・売上高4,000万ユーロ超 ・従業員250名超	2025年1月1日以降開始	2026年
	上場中小企業	上記大規模企業またはグループに含まれない上場企業。ただし、零細企業(※1)はCSRDの適用対象から除かれる。	2026年1月1日以降開始(※2)	2027年
EU域外		EU域外で設立された最終親会社が、過去2期連続でEU域内における売上高が1億5,000万ユーロ超であり、かつ下記(a)または(b)を満たす。 (a) EU子会社が大規模企業または上場企業に該当 (b) EU支店のEU域内における売上高が4,000万ユーロ超	2028年1月1日以降開始	2029年

（※1）総資産35万ユーロ以下、売上高70万ユーロ以下、従業員10名以下の3つの要件のうち2つ以上の要件を2会計年度連続して満たす企業。
（※2）2028年1月1日より前に開始する会計年度については、必要な情報が提供されなかった理由がマネジメントレポートに記載されている場合には報告の免除が可能。

人が開示を行う。

CSRDはNFRDと比較して適用対象となる会社の範囲が拡大され、対象企業がNFRDの下では1万2,000社であったのに対し、CSRDの下では5万社近くに上ると予想されている(注96)。加えて、EU域内企業のみならず、

EU で一定規模以上の事業を行っている EU 域外の企業もサステナビリティ情報の開示が義務づけられる可能性があることから、日本企業もかかる開示義務の対象となる可能性が高くなり、適用開始時期に向けて早期に対応を開始すべきと考えられる。

(b)　開示内容

主な開示内容は以下の通りである。

① サステナビリティに関連するリスクに対するビジネスモデルおよび戦略
② サステナビリティに関する期限付きの目標および進捗
③ サステナビリティ事項に関する管理・監督機関の役割
④ サステナビリティ事項に関する事業の方針
⑤ サステナビリティ事項に関するインセンティブ制度に関する情報
⑥ サステナビリティ事項に関するデューデリジェンスプロセスおよび主要な悪影響を防止、軽減または改善するための措置
⑦ サステナビリティ事項に関する事業の主要なリスク
⑧ 上記の事項に関連する KPI

なお、CSRD に基づくサステナビリティ事項に関する開示は独立した第三者による保証を受ける必要がある点も留意が必要である。

オ　SFDR

欧州委員会は、2021 年 3 月 10 日、EU 域内の金融市場参加者によるサステナビリティに関する開示要件を規定した「Sustainable Finance Disclosures Regulation（SFDR）(注97)」を発効した。すべての EU 域内の金融市場参加者および金融アドバイザーが規制対象となる。同規則は、グリーンウォッシングを防止し、金融市場参加者が適切な情報を得られるよう、

(注96) *Sustainable economy: Parliament adopts new reporting rules for multinationals, November* 10, 2022, *available at* (https://www.europarl.europa.eu/news/en/press-room/20221107IPR49611/sustainable-economy-parliament-adopts-new-reporting-rules-for-multinationals)（2024 年 7 月 31 日最終閲覧）。

(注97) European Union, *REGULATION (EU) 2019/2088 OF THE EUROPEAN PARLIAMENT AND OF THE COUNCIL of 27 November 2019 on sustainability-related disclosures in the financial services sector, available at* (https://eur-lex.europa.eu/legal-content/EN/TXT/HTML/?uri=CELEX:32019R2088&qid=1691418630284)（2024 年 7 月 31 日最終閲覧）。

金融市場において持続可能性に関する透明性を提供することを目的としている。

SFDRは2段階で導入されることとされており、レベル1といわれるSFDR本体が2021年3月に発効したのに続き、レベル2といわれる細則（RTS）（注98）が2023年1月1日に発効した。RTSでは、報告対象機関が事業体レベルでサステナビリティへの主要な悪影響（Principal Adverse Impacts：PAI）をいかに考慮しているかを記載した報告書テンプレートが添付されており、その評価指標として18の義務的指標と46の追加的指標が提示されている。また、以下に述べる8条および9条に該当する商品の契約前開示および定期開示の報告書テンプレートも添付されている。2023年1月1日より、金融市場参加者に対し、EUタクソノミー補完的気候委任法（Complementary Climate Delegated Act〔CDA〕）（注99）に規定されているタクソノミーに準拠したガスおよび原子力関連活動に、どの程度ポートフォリオがエクスポージャーを有しているかを開示することを求める改正案が適用されている。

(a)　適用範囲

EU域内に拠点を置くすべての金融市場参加者や金融アドバイザーが対象となる。以下で述べる通り、会社レベルの開示においては原則としてEU域内の金融機関に適用されるため、日本の金融機関は一般的には会社単位の開示は免除されるものと考えられる。一方で、金融商品単位の開示において

（注98）European Union, *Commission Delegated Regulation（EU）2022/1288 of 6 April 2022 supplementing Regulation（EU）2019/2088 of the European Parliament and of the Council with regard to regulatory technical standards specifying the details of the content and presentation of the information in relation to the principle of 'do no significant harm', specifying the content, methodologies and presentation of information in relation to sustainability indicators and adverse sustainability impacts, and the content and presentation of the information in relation to the promotion of environmental or social characteristics and sustainable investment objectives in pre-contractual documents, on websites and in periodic reports, available at*（https://eur-lex.europa.eu/eli/reg_del/2022/1288/oj）（2024年7月31日最終閲覧）。

（注99）European Commission, *EU taxonomy: Complementary Climate Delegated Act to accelerate decarbonisation*, February 2, 2022, *available at*（https://finance.ec.europa.eu/publications/eu-taxonomy-complementary-climate-delegated-act-accelerate-decarbonisation_en）（2024年7月31日最終閲覧）。

は、金融機関自体はEU域外に所在していても、EU域内で販売する金融商品に日本株が含まれるような場合、当該株式に係る日本企業は一定の情報の開示を求められる可能性が高いことから留意が必要である。

(b)　開示内容

開示内容は項目ごとに以下の〔図表5-1-8〕の通りとなっている。

開示は会社レベルおよび金融商品レベルの二段階の開示が求められている。金融商品については、8条に該当する商品（環境性・社会性を促進する金融商品）、9条に該当する商品（サステナブル投資を目的とする金融商品）およびこれらに該当しない金融商品（6条）に分類され、6条、8条、9条という順により厳格な開示要件が定められている。

カ　CSDDD

EUにおいては、「Corporate Sustainability Due Diligence Directive（CSDDD）指令」が、2024年4月24日に欧州議会により、同年5月24日にEU理事会により、それぞれその最終条文が承認され、同年7月5日にEU官報掲載にいたり、その法制化をめぐる一連の手続が完了した。

CSDDDの概要については**第4部第2章第2節**〔p.395～〕において紹介しているが、CSDDDは、人権のみならず、環境に関する負の影響を対象とするデューデリジェンスの実施も義務づけるものである。また、気候変動との関連においては、パリ協定の1.5℃目標や欧州の2050年気候中立および2030年目標と企業のビジネスモデルおよび戦略を整合させる移行計画の策定・実施を義務づけている。

当該環境への負の影響とは、附属書に定められた遵守すべき国際条約の義務や禁止事項に違反した結果、関連する国内法を考慮した上で環境に及ぼす悪影響と定義されており附属書に定められた条約は以下の通りである(注100)。

(2)　米　国

ア　インフレ削減法

2022年8月16日、バイデン政権の下でインフレ削減法（Inflation

（注100）以下は、環境省「環境デュー・ディリジェンス関連の国際規範、海外法規制、ガイダンスの概要」（2024年3月）（https://www.env.go.jp/content/000216880.pdf）による。

〔図表 5-1-8〕SFDR に基づく開示内容

開示内容	開示対象	開示方法	開示手段	適用開始日
（第3条）　投資判断／投資アドバイスにおけるサステナビリティリスクの反映方針	金融市場参加者 金融アドバイザー （エンティティ単位）	内容を開示	ウェブサイト	2021年3月10日
（第4条）　投資判断／投資アドバイスがサステナビリティ要素に与える主な悪影響と対策		遵守又は説明		
（第5条）　サステナビリティリスクを反映した報酬政策		内容を開示		
（第6条）　投資判断／投資アドバイスにおけるサステナビリティリスクの反映方法とリターンへの影響評価	金融市場参加者 金融アドバイザー （金融商品単位）	遵守または説明	契約前開示	
（第7条）　個々の金融商品がサステナビリティ要素に与える主な悪影響	金融市場参加者 （金融商品単位）			2022年12月30日
（第8条）　環境・社会的な特性を宣伝する金融商品（ライト・グリーンな金融商品）における促進する特性の内容と当該特性の達成度を測る参照指標		内容を開示		2021年3月10日
（第9条）　サステナブル投資を目標とする金融商品（ダーク・グリーンな金融商品）におけるサステナブル投資目標の内容と当該目標の達成度を測る参照指標				
（第10条）　第8条・9条の金融商品に関する説明		第8条・9条・11条の情報を開示	ウェブサイト	
（第11条）　第8条・9条の金融商品が有する特性／目標の達成状況		内容を開示	継続開示	2022年1月1日

➢人権分野の国際条約で、環境分野にも関係があるもの【附属書 I Part1-18～19】
・市民的および政治的権利に関する国際規約
・経済的、社会的および文化的権利に関する国際規約
➢環境分野の国際条約【附属書 I Part2】
・生物多様性条約
・絶滅のおそれのある野生動植物の種の国際取引に関する条約（ワシントン条約）
・水銀に関する水俣条約
・残留性有機汚染物質に関するストックホルム条約（PoPs 条約）
・国際貿易の対象となる特定の有害な化学物質および駆除剤についての事前のかつ情報に基づく同意の手続に関するロッテルダム条約（ロッテルダム条約）
・オゾン層の保護のためのウィーン条約およびオゾン層を破壊する物質に関するモントリオール議定書
・有害廃棄物の国境を越える移動およびその処分の規制に関するバーゼル条約
・世界の文化遺産および自然遺産の保護に関する条約（世界遺産条約）
・特に水鳥の生息地として国際的に重要な湿地に関する条約（ラムサール条約）
・船舶汚染防止国際条約
・国連海洋法条約

Reduction Act〔IRA〕）(注101)が成立した。IRA は、連邦政府の財政赤字を削減することでインフレの減速を狙うとともに、エネルギー安全保障や気候変動対策を迅速に進めることを目的とした法律である。IRA には、太陽光や風力、蓄電池等のカーボンニュートラルに必要な製品に対する税額控除の導入・拡大など、米国のクリーン・エネルギーに関連する多くの重要な変更が含まれている。そのため、IRA は、米国史上最も重要な気候変動法であり、クリーン・エネルギー経済への移行を加速するための資金、プログラム、インセンティブを提供し、新しいクリーン電力資源の大幅な展開を促進するされている(注102)。

（注101）*Inflation Reduction Act, available at*（https://www.congress.gov/bill/117th-congress/house-bill/5376/text）（2024 年 7 月 31 日最終閲覧）。

以下ではIRAの概要について簡単にふれる(注103)。

(a)　クリーン・エネルギー技術への融資と普及促進

バイデン大統領は、2035年までに炭素汚染のない電力を100%にすること、2030年に経済全体の温室効果ガス純排出量を2005年比で50%～52%削減すること、および遅くとも2050年までに経済全体の純排出量をゼロにするという野心的な目標を掲げた。バイデン大統領の野心的な気候変動目標を達成するために、米国は、商業的に利用可能なクリーン・エネルギー技術の展開を加速し、画期的な可能性を秘めた新技術に投資する必要があるといわれる。そのため、IRAでは、温室効果ガスやその他の汚染物質を削減する新しいクリーン・エネルギー・プロジェクトの資金調達のための、数十億ドルの助成金と融資が含まれており、低所得であることや公害によって過度の負担を強いられる地域社会でのプロジェクトに重点を置いている。

(i)　クリーン・エネルギーの生産税額控除および投資税額控除

現行の再生可能エネルギーに対する生産税額控除（PTC）(注104)と投資税額控除（ITC）(注105)をそれぞれ2023年と2024年まで修正・延長し、その後技術中立的な排出量ベースのクレジットであるClean Electricity PTCとClean Electricity ITCに移行する。

(ii)　温室効果ガス削減基金

Environmental Protection Agency（環境保護庁）に、低所得者や不利な立場にある地域社会に利益をもたらすプロジェクトに重点を置き、温室効果ガス排出を削減するクリーン・エネルギーおよび気候変動プロジェクトに資金を動員し、民間資本を活用するために、270億ドル補助金を授与する。

(注102) United States Environmental Protection Agency, Summary of Inflation Reduction Act provisions related to renewable energy, available at〈https://www.epa.gov/green-power-markets/summary-inflation-reduction-act-provisions-related-renewable-energy〉(2024年7月31日最終閲覧)。

(注103) The White House, *Building a Clean Energy Economy : A Guidebook to the Inflation Reduction Act's Investments in Clean Energy and Climate Action, available at*〈https://www.whitehouse.gov/wp-content/uploads/2022/12/Inflation-Reduction-Act-Guidebook.pdf〉(2024年7月31日最終閲覧)。

(注104) 発電量に対してある一定の税額控除が適用される制度。

(注105) 投資額に対してある一定の税額控除が適用される制度。

⒤ クリーン・エネルギー・プロジェクトへの融資

Department of Energy Loan Programs Office（エネルギー省融資プログラム局）に、再生可能エネルギー・システム、炭素回収、原子力、重要鉱物処理・リサイクルを含む革新的なクリーン・エネルギー技術に対する、400億ドルの融資権限を提供する。

(b) クリーン・エネルギー経済構築のための米国製造業の活性化

(i) エネルギー・インフラ再投資融資のための最大2500億ドルの新規融資権限

Department of Energy（エネルギー省）に50億ドルのクレジット補助金を提供し、稼働を停止したエネルギー・インフラの再整備・再出力・再利用・交換、または稼働中のエネルギー・インフラが温室効果ガスを回避・削減・使用・隔離できるようにするプロジェクトに対する融資を保証するための新たな融資権限を最大2,500億ドルまで支援する。このプログラムは、炭鉱跡地へのクリーン・エネルギー施設の建設、送電線の再導入、稼働中のエネルギー施設の汚染防止技術による更新など、さまざまなプロジェクトの支援に利用可能となっている。

(ii) 先進エネルギー・プロジェクト・クレジットの延長と拡大

Secretary of the Treasury（財務長官）に対し、①再生可能エネルギーやエネルギー効率化機器、炭素回収機器、燃焼、電気、燃料電池等のさまざまな動力源から動力を得る先進自動車の生産・リサイクルのための工業・製造施設の再整備・拡張・新設、②温室効果ガス排出量を20％以上削減するための機器を備えた工業・製造施設の再整備、③重要物質の加工・精製・リサイクルのための工業施設の再整備・拡張・新設を行うプロジェクトに100億ドルを割り当てる権限を与える。

⒤ 新たな先進製造業生産額控除

太陽電池モジュール、風力タービン、バッテリーセルとモジュール、および重要な鉱物加工のサプライチェーンに沿った部品の国内製造に対する新たな生産税額控除を創設する。

(c) 米国内の送電網への投資

米国内の送電網の送電線および変圧器の推定70％は25年以上経過しており、米国の地域社会、インフラ、経済を非効率にし、異常気象に直面した際に混乱を経験させていることを踏まえ、新たな大容量送電線の建設を妨げている財政上・許認可上の課題を克服するため、米国の送電システムに約30

億ドルを投資する。

(d)　クリーン自動車の普及奨励および支援

バイデン大統領は、2030年に販売されるすべての新車乗用車と軽トラックの少なくとも50%を、バッテリー電気自動車、プラグインハイブリッド電気自動車、燃料電池電気自動車（EV）を含むゼロエミッション車にするという目標を設定し、2022年10月に、電力と電気自動車に使用される重要な鉱物の信頼できる持続可能な供給を確保するため、政府全体を動員する新たな取組みである「米国電池材料イニシアティブ（American Battery Materials Initiative）[注106]」を発表した。IRAは、消費者や企業がクリーンな自動車を購入するインセンティブと、自動車部品や重要鉱物の米国内での製造・調達を拡大するプログラムを組み合わせることで、これらの優先課題に包括的に取り組むものである。IRAにおける投資は、50万台の電気自動車充電器の全国ネットワークを展開するために超党派インフラ法で提供された75億ドル、電気自動車用バッテリーの製造に必要な重要な鉱物やその他の部品を国内メーカーが確保するための70億ドル以上、運輸省と環境保護庁におけるクリーンな輸送機関とスクールバスのための100億ドルを基礎としている。

(e)　工業部門の脱炭素化と炭素管理における米国のリーダーシップの拡大

IRAは、産業施設の脱炭素化を支援するために数十億ドルの補助金を提供し、CCSと直接空気回収技術を拡大・改善するための税額控除を決定している。また、今後5年間の炭素管理・研究・実証・展開に120億ドルを提供する。鉄鋼、アルミニウム、製紙、化学部門などの排出集約型部門の産業施設に対し、先進的産業技術の導入や実施により温室効果ガス排出量を削減する実証・展開プロジェクトを完了するための58億ドルの資金援助や、既存の45Q条税額控除を延長し、直接CO2回収（DAC）に対する控除を強化し、特定の施設が税額控除の恩恵を受けるためのCO2回収の閾値要件を

（注106）The White House, FACT SHEET: Biden-Harris Administration Driving U.S. Battery Manufacturing and Good-Paying Jobs, October 19, 2022, available at（https://www.whitehouse.gov/briefing-room/statements-releases/2022/10/19/fact-sheet-biden-harris-administration-driving-u-s-battery-manufacturing-and-good-paying-jobs/）（2024年7月31日最終閲覧）。

引き下げることが含まれる。

(f)　クリーン水素への投資

クリーン水素は、バイデン大統領の産業部門の脱炭素化計画の主要な要素である。2021年6月に、Department of Energy（エネルギー省）は水素技術革新を加速させ、クリーン水素のコストを10年間で80%削減し、1キログラム当たり1ドルにする取組みである「Hydrogen Shot」を開始した。IRAは、クリーンな水素の国内生産にインセンティブを与えるため、新たな水素製造税額控除を創設する。

上記の通り、IRAは主に税額控除を通じて、クリーンな電力生産の拡大、エネルギー転換の主要部品の製造のオンショア化、炭素回収やクリーン水素などの最先端技術の導入への投資を促進するものであり、同法は米国の国際社会における気候変動対策における主導的な立場を示すものである。

一方で、EU諸国はIRAが米国企業の優遇を図るものであり、EU諸国企業に不当な不利益をもたらすことを懸念し、特に自動車やバッテリーに対する「メイド・イン・アメリカ」要件など、現地調達要件（LCR）をはじめとする多くの措置は世界貿易機関（WTO）の中核である自由貿易原則を損なう可能性もあることを指摘している(注107)。米国に拠点を持たない日本企業は、米国企業が税制優遇措置を受けることでコストを削減できるのに対し、そのような優遇措置を受けることができない結果、対米輸出において競争力を損なう可能性が生じているといえるであろう。

2022年10月25日に、IRAに関連してEUから提起された特定の懸念に対処するためのIRAに関する米欧タスクフォースが設置された(注108)。2023年3月10日のバイデン米大統領とフォン・デル・ライエン欧州委員会委員長による共同声明において、両者は、米国とEUが気候変動危機への対応、

(注107) European Parliament, *EU's response to the US Inflation Reduction Act (IRA)*, *available at* (https://www.europarl.europa.eu/RegData/etudes/IDAN/2023/740087/IPOL_IDA(2023)740087_EN.pdf)（2024年7月31日最終閲覧）。

(注108) The White House, *Statement by NSC Spokesperson Adrienne Watson on launch of the US-EU Task Force on the Inflation Reduction Act*, October 25, 2022, *available at* (https://www.whitehouse.gov/briefing-room/statements-releases/2022/10/25/statement-by-nsc-spokesperson-adrienne-watson-on-launch-of-the-us-eu-task-force-on-the-inflation-reduction-act/)（2024年7月31日最終閲覧）。

世界的なクリーン・エネルギー経済の加速、弾力的で安全かつ多様なクリーン・エネルギーのサプライチェーンの構築に取り組んでいることを再確認し、双方は米国のIRAとEUのグリーン・ディール、それぞれのインセンティブ・プログラムが相互に強化されるよう調整するため、クリーン・エネルギー・インセンティブ・ダイアログの立上げを発表した。両者は、それぞれの優遇措置に起因する大西洋を越えた貿易・投資の流れの混乱を回避するための措置を講じること誓約している(注109)。

イ　SEC気候関連開示

2022年3月21日、米国証券取引委員会（SEC）は、気候関連開示規則案(注110)を公表した。本規則案は、SEC登録企業に対し、登録届出書および定期報告書において、温室効果ガス（GHG）排出量や、事業に重大な悪影響を及ぼす可能性が合理的に考えられる気候関連リスク、そのリスク管理方法等の開示を求めるものとなっている。以下で簡単にSEC気候関連開示の規制内容について述べる。

(a)　適用範囲

適用範囲は〔図表5-1-9〕の通りである。

規則案の対象は、米国内外のSEC登録企業となっているため、日本企業もSEC登録を行っているまたは行う場合には上記の登録企業タイプに応じ、開示を行わなければいけないこととなる。

(b)　開示内容

開示内容は以下の通りとなっている。

①　登録会社の取締役会および経営陣による、気候変動関連リスクの監督とガバナンス
②　気候関連リスクの事業および財務諸表への短期・中期または長期の影響

(注109) European Commission, *Joint Statement by President Biden and President von der Leyen*, 10,Maf 2022, *available at*,Joint Statement by President Biden and von der Leyen（europa.eu）（2024年7月31日最終閲覧）。

(注110) Securities and Exchange Commission, *The Enhancement and Standardization of Climate-Related Disclosures for Investor, available at*（https://www.sec.gov/files/rules/proposed/2022/33-11042.pdf）（2024年7月31日最終閲覧）。

〔図表 5-1-9〕SEC の気候関連開示規則案

登録企業のタイプ	すべての開示要件（Scope1・2 を含むが、Scope3 は除く）	Scope3 の開示	Scope1・2 の保証
大規模早期提出会社（※1）	2023 会計年度	2024 会計年度	限定的保証：2024 会計年度 合理的保証：2026 会計年度
早期提出会社（※2） 非早期提出会社（※3）	2024 会計年度	2025 会計年度	限定的保証：2025 会計年度 合理的保証：2027 会計年度
小規模報告会社（※4）	2025 会計年度	—	—

（※１）大規模早期提出会社は、事業年度末において、以下のすべての要件を満たす会社をいう。

①議決権付株式および無議決権株式につき、直近第２四半期の最終営業日において、世界規模の時価総額が 700 百万ドル以上（関連会社以外が保有するものに限る）、②12 か月以上、証券取引所法 13 条(a)または 15 条(d)に基づく開示義務の対象となっていること、③１回以上、証券取引所法 13 条(a)または 15 条(d)に基づく年次報告書を提出していること、④小規模報告会社の特例の適用対象外であること。

（※２）早期提出会社は、事業年度末において、以下のすべての要件を満たす会社をいう。

①議決権付株式および無議決権株式につき、直近第２四半期の最終営業日において、世界規模の時価総額が 75 百万ドル以上 700 百万ドル未満（関連会社以外が保有するものに限る）、②大規模早期提出会社に適用される上記要件のうち②③④の要件を満たす。

（※３）非早期提出会社は、大規模早期提出会社および早期提出会社の要件を満たさない企業。

（※４）小規模報告会社は、以下のいずれかの要件を満たす会社をいう。

①浮動株時価総額が 250 百万ドル未満、または②直近の事業年度の収益が 100 百万ドル未満かつ株式非公開、もしくは直近の事業年度の収益が 100 百万ドル未満で浮動株時価総額が 700 百万ドル未満の企業。

③　気候関連リスクの戦略、ビジネスモデルおよび見通しに与える影響
④　気候変動関連リスクを特定、評価、管理するためのプロセス
⑤　気候関連の事象（自然災害やその他気象現象等）および移行活動が、財務諸表および関連支出の明細項目に及ぼす影響、ならびに当該気候関連事象および移行活動により影響を受けた財務上の見積りおよび仮定の開示
⑥　Scope1 および Scope2 それぞれの GHG 排出量
⑦　Scope3 が重要な場合または Scope3 を含む GHG 排出量に関する目標・ゴールを設定している場合、Scope3 における GHG 排出量
⑧　設定している場合には気候関連の目標および移行計画

Scope1 および Scope2 については、総排出量と温室効果ガスごとの内訳のほか、絶対量ベース（カーボンオフセットの影響を除外したもの）と、原単位ベース（収入単位当たりまたは生産単位当たり）での開示を要求している(注111)。Scope3 は、重要な場合または Scope3 を含む GHG 排出量に関する目標・ゴールを設定している場合に開示することを要求している。かかる重要性の基準について、同規則案は、脚注において多くの企業にとってこれらの排出量は、気候関連リスク、特に移行リスクに対するエクスポージャーや、規制・政策・市場の制約に直面した場合のカーボンフットプリントの削減戦略を評価する上で重要であることを指摘しており、かかる指摘を踏まえると多くの企業が本要件を満たし、Scope3 の開示が必要となるものと考えられる。また、Scope3 については第三者の情報に依拠することから、セーフハーバールールが提案されており、その記載事項が合理的な根拠なく行われたり、もしくは合理的な根拠がないと確認された場合、または誠実に開示されていない場合を除き、虚偽の記載とはならないと定められている。

（注111）Securities and Exchange Commission, *Enhancement and Standardization of Climate-Related Disclosures, available at*（https://www.sec.gov/files/33-11042-fact-sheet.pdf）（2024 年 7 月 31 日最終閲覧）。

(3) 英　国

2021年11月3日、英国の金融機関に対し、金融行為規制と健全規制を行う金融監督機関である金融行動監視機構（Financial Conduct Authority〔FCA〕）は、新しいESG戦略を発表した(注112)。同戦略は、金融市場において、市場参加者と金融サービス企業は、高品質の情報、適切に機能するエコシステムおよび明確な基準を必要としていること、消費者は、企業がESGに真剣に取り組み、グリーンウォッシングを回避し、ESGの約束を果たすことを信頼できるようになる必要があることを踏まえ、金融セクターのサステナブルな移行を支援するために規制機関の役割を明確にすることを目的としている。FCAの戦略は、以下の5つの中核に基づいている。

① 透明性：バリューチェーンにおける気候変動と持続可能性に関する透明性の促進
② 信頼：ESGラベル付きの投資商品・製品に対する信頼性と誠実性の構築
③ ツール：他の企業との協力により業界の能力を向上させ、気候関連およびより広範な持続可能性のリスク、機会、影響に対する企業の管理の支援
④ 移行：金融機関のより持続可能な経済への市場主導の移行を実現する上での役割を支援
⑤ チーム：FCAの活動へのESGの統合を支援するための戦略、組織構造、リソース、ツールの開発

2022年10月25日、FCAは、上記戦略に基づき、サステナブル開示要件（Sustainability Disclosure Requirements〔SDR〕）と投資ラベリング制度に関するコンセプトペーパー(注113)を公表した。本コンセプトペーパーは、消費者が持続可能な投資商品の市場で判断をするのに役立つラベルを導入し、商

（注112）Financial Conduct Authority, *A strategy for positive change: our ESG priorities, available at*（https://www.fca.org.uk/publications/corporate-documents/strategy-positive-change-our-esg-priorities）（2024年7月31日最終閲覧）。

（注113）Financial Conduct Authority, *PS23/16: Sustainability Disclosure Requirements（SDR）and investment labels, available at*（https://www.fca.org.uk/publications/consultation-papers/cp22-20-sustainability-disclosure-requirements-sdr-investment-labels）（2024年7月31日最終閲覧）。

品のネーミングやマーケティングにおける持続可能性に関連する用語が、商品の持続可能性プロファイルに見合ったものであることを保証することによって、透明性と信頼を構築することを目指している。以下では簡単に本コンセプトペーパーの規制内容について述べる。

ア　適用対象

本コンセプトペーパーは、FCA認可のファンド・マネジャー（英国のオルタナティブ投資ファンド〔AIF〕の運用会社〔AIFM〕および英国のUndertakings for Collective Investment in Transferable Securities〔UCITS〕管理会社を含む）を規制対象としている。英国で販売される海外商品を対象としていないことから、現段階の案では日本を含む海外企業が英国で金融商品を販売する場合であっても適用対象とならない。もっとも、FCAは、海外商品や年金商品など、この制度の適用範囲を拡大する個別協議でフォローアップする意向を明確に示しており、今後の動向に注目する必要がある。

イ　投資ラベリング制度

本コンセプトペーパーは投資に係るラベリング制度を提案し、ラベリング制度と以下に記述する開示要件（SDR）が有機的に機能するように設計されている。投資ラベリング制度は、消費者がサステナブル特性、テーマ、成果に基づいて商品を区別し、サステナブルな投資商品の異なるタイプを区別するのを助けることを目的としており、企業が自社製品にかかるラベルを付けるどうかは任意とされている。もっとも、「ESG」、「green」、「sustainable」などの特定のサステナブル関連用語をサステナブル投資ラベルに該当しない製品の製品名やマーケティングに使用する方法が制限されることとなる。

FCAは、「Sustainable Focus」、「Sustainable Improvers」および「Sustainable Impact」の3つのサステナブル投資ラベルを提案している。

「Sustainable Focus」はサステナブルな目標を直接追求することを目的としたもの、「Sustainable Improvers」は現在はサステナブルではないが、環境および／または社会にとってのサステナブル性を長期的に改善する道筋にあるもの、「Sustainable Impact」は、現在、環境および／または社会にとってサステナブルであると考えられる資産に主に投資するものをいう。

なお、FCAは3つのラベルにはヒエラルキーはなく、それぞれのタイプの製品は、異なる資産プロファイルを提供し、異なる消費者の好みを満たすように設計されていると述べている。該当するラベルを使用するためには、各ラベルの基準を完全に満たし、継続的に満たす必要がある。基準は、①製品のサステナブルの目的、②その製品の投資方針と戦略、③商品の持続可能性の目的から導かれるKPI、④会社のリソースとガバナンスおよび⑤会社の投資家スチュワードシップに関連して会社がしなければいけないことを規定している。

ウ　SDR

FCAの提案は、個人投資家が投資商品のサステナブル関連情報にアクセスできるようにすることを目的としている。この提案は、ESGソースブックにおける既存のTCFDに沿った開示要件を基礎とし、以下の3つの分野に焦点を当てている。

① 消費者向けの製品レベルの開示の導入
② 契約前の資料や「サステナビリティ・プロダクト・レポート」におけるより詳細な商品レベルの開示
③ 「サステナビリティ・エンティティ・レポート」におけるエンティティレベルの開示

(a)　消費者向けの製品レベルの開示

投資商品の持続可能性に関連する主要な特徴の要約を提供し、消費者がこれらの特徴をよりよく理解できるようにするための、消費者に優しい、利用しやすい情報開示を義務づける。

サステナブル投資ラベルの有無にかかわらず開示義務が課される。開示には、①製品の持続可能性目標とラベル、または製品にラベルがないことを明確にする声明のいずれか、②投資方針と戦略（製品が何に投資するのか、何に投資しないのかを含む）、③関連する指標、④消費者が他の関連する持続可能性および非持続可能性情報にアクセスできる場所の詳細を含める必要がある。

FCAは、これらの開示を、企業の関連するデジタルメディア上の目立つ場所（例えば、メイン製品のウェブページまたはモバイルアプリケーションのページ）で行わなければならない。

(b)-1　契約前資料

投資商品の持続可能性に関連する特徴（例えば、持続可能性の目的、投資方針及び戦略）を記載した契約前の開示を義務づける。

サステナブル投資ラベルを使用する商品のみならず、ラベルを使用しないが投資戦略に不可欠なサステナビリティ関連機能を有する商品の両方について開示義務が課される。

(b)-2　サステナビリティ・プロダクト・レポート

持続可能性関連の継続的なパフォーマンス情報の1年ごとの開示を義務づける。報告書には、商品のサステナビリティ目標およびその目標達成に向けた進捗状況が表示されなければならない。

サステナブル投資ラベルを使用する製品についてのみ開示義務が課される。

(c)　サステナビリティ・エンティティ・レポート

対象となる企業は、持続可能性に関連するリスクと機会をどのように管理しているかを網羅した持続報告書を作成することが求められる。出発点として、FCAはTCFDの4つの勧告に基づき、ガバナンス、戦略、リスク管理、サステナビリティ関連のリスクと機会の管理に関する指標と目標をカバーする企業レベルの開示要件を提案しており、より具体的なISSB基準の策定に合わせ、開示要件を適宜更新する予定であるとしている。

対象企業がサステナブル投資ラベルを使用しているか否かにかかわらず、AUM（運用資産残高）が50億ポンドを超えるすべての資産運用会社に開示義務が課される。

FCAはコンサルテーションペーパーへのフィードバックを2023年1月25日までに提出するよう求めていた。その後、FCAは2023年3月29日に、受領したフィードバックを検討し、2023年度第四半期には最終的な規則を方針声明として公表する予定であることを発表した。各規制の適用開始時期もその際に表明される予定である。

(4)　日　本

ア　サステナビリティ開示府令

2023年1月31日、「企業内容等の開示に関する内閣府令等の一部を改正する内閣府令」（サステナビリティ開示府令）が公布・施行され、「企業内容等の開示に関する内閣府令」の一部が改正された。これにより有価証券報告書等に「サステナビリティに関する考え方及び取組」の項目が新設されるとともに、サステナビリティ全般に関する開示および人的資本、多様性に関する開示が拡充されている。2023年3月期の有価証券報告書より適用されている。以下で簡単に規制内容について述べる。

(a)　適用範囲

適用範囲は規模等にかかわらず、有価証券報告書の提出義務があるすべての企業となる。

(b)　開示内容

(i)　**サステナビリティ全般に関する開示**

本項目の開示内容は〔図表 5-1-10〕の通りである。

〔図表 5-1-10〕サステナビリティ開示府令に基づくサステナビリティ全般に関する開示(注114)

ガバナンス	サステナビリティ関連のリスク及び機会に対するガバナンス体制	左記をすべての提出会社が記載
リスク管理	サステナビリティ関連のリスクおよび機会を識別・評価・管理するために用いるプロセス	
戦略	サステナビリティ関連のリスクおよび機会に対処するための取組み	左記のうち、重要なものについて記載
指標および目標	サステナビリティ関連のリスクおよび機会の実績を評価・管理するために用いる情報	

なお、重要性の判断に当たっては、記述情報の開示に関する原則 2-2 において「企業価値や業績等に与える影響度を考慮して判断することが望ましい」とされていることを参考にすることが推奨されている(注115)。また、企業が「戦略」と「指標および目標」について、重要性を判断した上で記載しないこととした場合でも、当該判断やその根拠の開示が行われることが期待されている(注116)。

(注114) 金融庁「サステナビリティ情報の記載欄の新設等の改正について（解説資料）」sustainability01.pdf (fsa.go.jp)。

(注115) 金融庁「『企業内容等の開示に関する内閣府令の一部を改正する内閣府令（案）』に対するパブリックコメントの概要及びコメントに対する金融庁の考え方」(https://www.fsa.go.jp/news/r4/sonota/20230131/01.pdf) 回答 No.88。

(注116) 金融庁「記述情報の開示に関する原則（別添）――サステナビリティ情報の開示について」(https://www.fsa.go.jp/news/r4/sonota/20221107/05.pdf)。

(ii)　人的資本、多様性に関する開示

本項目の開示内容は〔図表 5-1-11〕の通りである。

〔図表 5-1-11〕サステナビリティ開示府令に基づく人的資本、多様性に関する開示

ガバナンス	—
リスク管理	—
戦略	人材の多様性の確保を含む人材の育成に関する方針および社内環境整備に関する方針（例えば、人材の採用および維持、従業員の安全および健康に関する方針等）
指標および目標	上記の戦略で記載した方針に関する指標の内容、当該指標を用いた目標および実績

また、女性活躍推進法等に基づき、「女性管理職比率」、「男性の育児休業取得率」および「男女間賃金格差」を公表している会社およびその連結子会社は、これらの指標を有価証券報告書等においても記載することが求められる。

(iii)　気候変動に関する開示

サステナビリティ開示府令においては、気候変動に関する情報の開示については明記されていない。この点、気候変動関連の情報についても、サステナビリティ情報の１つとして、気候変動対応が重要であると判断される場合には、「ガバナンス」、「戦略」、「リスク管理」、「指標および目標」の枠でその開示が求められる(注117)。加えて、GHG 排出量に関しては、重要性の判断を前提としつつ、特に、Scope1 および Scope2 の GHG 排出量について積極的に開示することが期待されている(注118)。

(注117)　金融庁『「企業内容等の開示に関する内閣府令」等の一部改正（案）に対するパブリックコメントの結果等の公表について』（2023 年 1 月 31 日）（https://www.fsa.go.jp/news/r4/sonota/20230131/20230131.html）（2024 年 7 月 31 日 最終閲覧）。

(注118)（注 117）参照。

イ　GX推進法

2023年6月30日、脱炭素社会の実現に向けた、「脱炭素成長型経済構造への円滑な移行の推進に関する法律」（GX推進法）が施行された。同法律の成立の背景には、世界規模でGX実現に向けた投資競争が加速する中で、日本においても2050年カーボンニュートラル等の国際公約および産業競争力強化・経済成長を同時に実現していくためには、今後10年間で150兆円を超える官民のGX投資が必要という状況がある。同法律は、かかる状況を踏まえ、GXを加速させることにより、エネルギーの安定供給と脱炭素分野で新たな需要・市場を創出することで、日本経済の産業競争力の強化・経済成長につなげることを目的とした「GX実現に向けた基本方針」(注119)の下で策定されたものである。以下ではGX推進法の内容について概要を記載する。

(a)　GX経済移行債の発行

GX推進戦略の実現に向けた先行投資を支援するために、2023年より10年間、GX経済移行債と呼ばれる公債が発行されることが決定された。GX実現に向けた基本方針では、再生可能エネルギーや原子力等の非化石エネルギーへの転換、鉄鋼・化学など製造業をはじめとする需給一体での産業構造転換や抜本的な省エネの推進、および資源循環・炭素固定技術等の研究開発等への投資に対し20兆円規模の支援を実施するとされている。GX経済移行債は、以下で述べる化石燃料賦課金および特定事業者負担金により2050年までに償還される。

(b)　成長志向型カーボンプライシングの導入

2028年度より、化石燃料の輸入事業者等に対して、輸入等する化石燃料に由来するCO_2の量に応じて化石燃料賦課金を徴収すること、および2033年度より、発電事業者に対して、一部有償でCO_2の排出枠（量）を割り当て、その量に応じた特定事業者負担金を徴収することが決定された。具体的な有償の排出枠の割当てや単価は、入札方式（有償オークション）により決定される。

（注119）経済産業省「GX実現に向けた基本方針～今後10年を見据えたロードマップ～」（https://www.meti.go.jp/press/2022/02/20230210002/20230210002_1.pdf）（2023）（2024年7月31日最終閲覧）。

(c)　GX 推進機構の設立

経済産業大臣の認可により、脱炭素成長型経済構造移行推進機構（GX 推進機構）を設立されることが決定された。GX 推進機構は、民間企業の GX 投資の支援、化石燃料賦課金・特定事業者負担金の徴収、排出量取引制度等の業務を行う。

7　気候変動訴訟

(1)　日　本

ア　民事訴訟の状況

2017 年 9 月、石炭火力発電所の周辺に居住する原告らが、当該発電所を運転する仙台パワーステーション株式会社を被告として、当該発電所の運転の差止めを求める民事訴訟を提起した（以下、「❶事件」という）(注120)。原告らは、差止請求権の根拠として、①生命、身体を保護法益とする人格権、②平穏に日常生活を送る権利、③人類共通の財産である生物多様性を保持する権利を主張した。

判決では、社会生活上受忍すべき限度を超えているといえる場合に限って、身体的人格権または平穏生活権への侵害が違法なものとして差止めが認められるとの基準が示され、環境影響評価の状況や大気汚染の調査結果、また、控訴審においては、石炭火力発電所の社会的有用性ないし公共性についても検討を加えた上で、原告らに健康被害が発生する具体的危険性があるとまでは認められないとして差止めの請求を棄却している。

なお、上記の生物多様性を保持する権利に関しては、第 1 審判決において、「生物多様性保持権の内容は、自然環境が人類存続の基盤であることなどを踏まえると、社会通念の変化に伴って将来明確になる可能性は一応あるものの、現時点においては、少なくとも私法上の権利といい得るような明確な実体を有するものと認められるものではな」いとの裁判所の判断を前提として争点としないこととされており、控訴審判決においては、発電所から排

(注120)　第 1 審：仙台地判令和 2・10・28 判時 2467 号 86 頁、控訴審：仙台高判令和 3・4・27 判時 2510 号 14 頁。

出される有害物質が、近隣の生態系に悪影響を及ぼし、生物多様性が損なわれることを身体的人格権または平穏生活権の１つとして構成しているようであるものの、この点に関する具体的な判断を加えている様子はうかがわれない。

また、2018年９月、火力発電所の新設に関して、建設予定地の近隣に住む原告らが、発電事業を行う神戸製鋼や電力を買い取る関西電力らを被告として、①当該火力発電所の建設の差止め、②当該火力発電所の稼働の差止め、③当該火力発電所における関西電力による発電の指示の差止めを求める民事訴訟を提起した（以下、「❷事件」という）(注121)。原告らは、差止請求権の根拠として、ⓐ大気汚染物質が大気中に放出されることとなり、大気汚染が進み原告らに健康被害をもたらすおそれがある、また、ⓑ温室効果ガスの削減については国際合意がされており、大量のCO_2が排出する石炭火力発電所の新設は許されず、これが稼働すれば地球温暖化が進み気候変動が生じ災害をもたらすおそれがあるとして、ⓘ伝統的人格権、人格権の一内容としてⓘⓘ健康平穏生活権またはⓘⓘⓘ安定気候享受権を主張した。

判決では、❶事件と同様に、環境影響評価の状況等を基に大気汚染に関して原告らに健康被害が生ずる具体的危険性があるとは認められないとして、伝統的人格権および平穏生活権に基づく差止めの請求を棄却している。また、地球温暖化が進み気候変動が生ずることに関する伝統的人格権または安定気候享受権に関しては、地球温暖化による被害は地球全体での影響が予測されているものの、原告ら個々人への具体的な危険性は認められず、直接的な関係も認められないことから、これらに基づく差止めの請求も棄却されている。

イ　行政訴訟の状況

2018年11月、❷事件と関連して、近隣に住む原告らが、経済産業大臣が電気事業法46条の17第２項に基づく同条１項の規定による命令をする必要がない旨を通知したことの取消し、および、行政事件訴訟法４条の当事者訴訟として、経済産業大臣が電気事業法39条１項に基づく主務省令において火力発電所からの二酸化炭素の排出規制に係るパリ協定に整合する規定を定めていないことが違法であることの確認を求める行政訴訟を提起した（以下、「❸事件」という）(注122)。

(注121) 神戸地判令和５・３・20裁判所ウェブサイト（平成30年(ワ)1551号）。

また、2019年5月、株式会社JERAが石炭火力発電所の設置の工事を進めることに関して、周辺の居住者等である原告らが、上記❸事件と同様の経済産業大臣による通知の取消しを求める行政訴訟を提起した（以下、「❹事件」という）(注123)。

❸事件および❹事件に共通して提起されている取消訴訟は、処分の取消しを求める法律上の利益を有する者(注124)に限り原告適格が認められ、提起することができるとされている（行訴9条1項）。そして、両事件に共通して、大気汚染によって健康または生活環境に著しい被害を直接的に受けるおそれのある者は、そのような被害を受けないという利益について、個々人の個別的利益としても保護され、原告適格を有するとされる一方で、CO_2排出により地球温暖化が進み、気候変動等の影響を受けることについては、個別的利益として保障されているとまでは解することができず、このような被害を受けると主張するにとどまる者は、原告適格を有しないと判断されている。

なお、大気汚染による健康被害を基に原告適格が認められた者も、❸事件および❹事件のいずれにおいても、通知を行った経済産業大臣の判断に裁量権の範囲の逸脱、または濫用はなく、当該通知は違法でなかったとして、請求は棄却されている。

ウ　日本国内における気候変動訴訟としての展開

上記で取り上げた4つの訴訟は、いずれも火力発電所に関する訴訟であるところ、発電所から排出される大気汚染物質による近隣住民への直接的な

(注122) 第1審：大阪地判令和3・3・15判タ1492号147頁、控訴審：大阪高判令和4・4・26判タ1513号98頁、上告審（棄却、不受理）：最決令和5年3月9日公刊物未登載（令和4年（行ツ）198号、令和4年（行ヒ）215号）。

(注123) 東京地判令和5・1・27裁判所ウェブサイト（令和元年（行ウ）275号、令和元年（行ウ）598号）。

(注124) 判例上、「当該処分により自己の権利若しくは法律上保護された利益を侵害され、又は必然的に侵害されるおそれのある者をいうのであり、当該処分を定めた行政法規が、不特定多数者の具体的利益を専ら一般的公益の中に吸収解消させるにとどめず、それが帰属する個々人の個別的利益としてもこれを保護すべきものとする趣旨を含むと解される場合には、このような利益もここにいう法律上保護された利益に当たり、当該処分によりこれを侵害され又は必然的に侵害されるおそれのある者は、」（❸事件および❹事件の判決より引用）法律上の利益を有する者に該当するとされている。なお、❸事件および❹事件のように処分の名宛人以外の者については、処分の根拠法令のみでなく、関係法令も含めた法令の趣旨および目的等を参酌するという判例の立場が、行政事件訴訟法9条2項に定められている。

健康等への影響が生じることと、CO_2 の排出量増加による、地球温暖化の進行に伴う気候変動等の影響や近隣の生態系への影響が生じることの主張が見られる(注125)。

前者の大気汚染物質による健康被害については、従前の公害訴訟の延長としての様相が強く、個々人の生命、身体に対する侵害として構成することができ、上記の訴訟では請求棄却の判決となっているものの、日本の裁判所における判断に比較的なじみやすいように思われる。他方で、後者の地球温暖化や生態系については、個々人に帰属する権利として構成しにくく、また、問題とされる発電所との関係性も明確ではない場合が多く、原告適格や因果関係といった手続法、実体法上の要件のハードルが高いように思われる(注126)。このように、日本の裁判所においては、純粋な気候変動訴訟に対して積極的に判断を行う状況が、今のところ整っていないと考えられる(注127)。

もっとも、❸事件の控訴審判決において、「CO_2 排出に係る被害を受けない利益が重要であって、それが人類にとって、喫緊の政策課題であることは論を待たないものの、我が国の現段階の社会情勢を踏まえると、一般的公益的利益として政策全体の中で追及されるべきものと解するほかな」いが、「この判断は、現時点の社会情勢を前提としたものであって、今後の内外の

(注125) ❸事件の控訴審判決は、「環境基本法は、『地球環境保全』と『公害』を分けて定義し、地球温暖化の問題は『地球環境保全』に位置付けており（同法2条2項）、『人の健康又は生活環境に被害が生じる』『公害』（同条3項）とは位置付けていない」と指摘している。また、日本における温暖化に関する法的紛争の始まりとして紹介される「シロクマ事件」の時から、地球温暖化問題は、環境基本法上「公害」とは別の概念として位置づけられている「地球環境保全」（環境基本法2条2項）として取り組まれるべき課題であるとされている（大塚直「気候変動に関する覚書」中村民雄編『持続可能な世界への法』〔成文堂、2020〕145頁以下、土井翼「日本における気候変動訴訟」一橋法学22巻2号〔2023〕954頁以下も同旨）。なお、シロクマ事件に係る訴訟として、第1審判決につき、東京地判平成26・9・10裁判所ウェブサイト（平成24年（行ウ）322号、平成24年（行ウ）580号）、控訴審判決につき、東京高判平成27・6・11裁判所ウェブサイト（平成26年（行コ）360号）。

(注126) 大塚・前掲（注125）153頁以下。なお、同145頁以下においては、日本における温暖化に関する法的紛争が公害調停の形で始まったことが指摘される。

(注127) 土井・前掲（注125）949頁以下は、日本の裁判所が気候変動訴訟との関係で本案（認容）判決を示す障壁を5つに整理している。他方、裁判所において認容判決を得ること以外にも、気候変動訴訟の目的があることを指摘するものとして、古谷英恵「気候変動訴訟とESG」池田眞朗編著『SDGs・ESGとビジネス法務学』（武蔵野大学出版会、2023）147頁以下。

社会情勢の変化によって、CO_2 排出に係る被害を受けない利益の内実が定まってゆき、個人的利益として承認される可能性を否定するものではない」と指摘されているように、今後の法令や社会情勢の変化によっては、日本の裁判所においても気候変動訴訟に対して積極的に判断がなされる可能性もある(注128)。

エ　NCP

2018 年 9 月、ベトナムの石炭火力発電事業への融資を行う日本の金融機関が「OECD 多国籍企業行動指針」に違反しているとして、日本の NCP (National Contact Point)(注129)に対して問題提起がなされた。NCP による関係当事者間の対話のあっせんによって合意は成立しなかったものの、問題提起者が必要な情報を継続的に提示していく点、問題提起を受けた金融機関が OECD 多国籍企業行動指針の理念を尊重し、赤道原則等に基づき適切なデューデリジェンスを行い、将来の赤道原則改定に向けたエンゲージメントを継続する方針について、当事者双方で一致している(注130)。

(2)　諸外国

ア　Urgenda 訴訟

2019 年 12 月 20 日、オランダ最高裁判所は、NGO の Urgenda が、約

(注128) なお、脱稿に当たり、「明日を生きるための若者気候訴訟」と題された、日本国内に居住する訴訟提起時に 15 歳から 29 歳である若者が、日本の火力発電事業者を被告として、CO_2 排出量の削減を求める訴訟（原告らは、不法行為に基づく、一定量を超えて CO_2 を排出してはならないとする差止請求として請求を構成する）が、2024 年 8 月 6 日付で名古屋地方裁判所に提起されていること（若者気候訴訟弁護団「【プレスリリース】～明日を生きるための若者気候訴訟（略称：若者気候訴訟）～全国 16 人の若者が火力発電事業者に CO_2 排出削減を求めて提訴」（2024 年 8 月 6 日 ）（https://youth4cj.jp/blog/2024/08/06/pr/）（2024 年 8 月 26 日 最 終 閲覧））に接した。今後の訴訟の展開が注目される。

(注129) 日本の NCP および OECD 多国籍企業行動指針について、外務省「OECD 責任ある企業行動に関する多国籍企業行動指針（2024 年 2 月 27 日）」（https://www.mofa.go.jp/mofaj/gaiko/csr/housin.html）（2024 年 7 月 31 日最終閲覧）。

(注130) 経済協力開発機構（OECD）多国籍企業行動指針に係る日本連絡窓口（NCP）「OECD 多国籍企業行動指針に関する株式会社みずほフィナンシャルグループ、株式会社三井住友銀行及び株式会社三菱ＵＦＪフィナンシャル・グループに対する問題提起に係る最終声明」（2021）（https://www.mofa.go.jp/mofaj/files/100138167.pdf）（2024 年 7 月 31 日最終閲覧）。

880人の市民とともにオランダ政府に対して起こした訴訟において、オランダ政府に対し、2020年の温室効果ガス（GHG）排出量を1990年比25%削減するよう命じた[注131]。

裁判では、オランダ政府が2020年までに25%〜40%の削減目標[注132]を達成しなかったことは不法行為に該当するか、オランダ民法における不法行為を基礎づける注意義務違反の有無が争点となった。

最高裁判所は、欧州人権条約（European Convention on Human Rights：ECHR）[注133]2条および8条により、国には気候変動から国民を保護する注意義務があると判断した。その上で、ECHR 2条および8条に基づき国に課される義務の内容については、広く支持されている科学的知見および国際的に受容されている基準を考慮しなければならないとし、IPCCの報告書に基づき、附属書I国の国々は2020年までに温室効果ガスを少なくとも25%〜40%削減する緊急の必要性について高度のコンセンサスが存在するとの判断の下、オランダは2020年までに25%〜40%の削減を追求する必要があると結論づけた。

裁判所が、政府に気候変動対策の義務があると認める判断を下したのは本裁判が初めてであった。オランダ最高裁判所の判決は他国の裁判所を拘束するものではないが、この訴訟における最高裁判所の判断は、今後の各国政府の気候変動対策に法的・政治的な影響を与え得ると考えられる。

イ　Royal Dutch Shell 訴訟

2021年5月26日、オランダ・ハーグ地方裁判所は、オランダの市民団体Milieudefensieが、約1万7,000人のオランダ人の共同原告および他の6つの環境団体とともに国際石油会社Royal Dutch Shell（RDS）に対して起こした訴訟において、RDSに対して、2030年までにCO_2排出量を2019

（注131）De Rechtspraak, Uitspraken, available at（https://uitspraken.rechtspraak.nl/#!/details?id=ECLI:NL:HR:2019:2007）（2024年7月31日最終閲覧）。

（注132）UrgendaはIPCCの第4次評価報告書に言及し、450ppmの閾値を維持するためには、附属書I諸国は2020年に排出量を1990年の水準と比較して25%〜40%削減する必要があり、この削減が以前にEUおよびオランダ政府の両方によって承認されていたのにもかかわらず、オランダ国家の政策は、1990年の水準と比較して排出量を20%削減するという目標に縮小されたと主張した。

（注133）Council of Europe, European Convention on Human Rights, available at European Convention on Human Rights（coe.int）（2024年7月31日最終閲覧）。

年比45％削減しなければならないことなどを命じた(注134)。

裁判では、RDSがパリ協定の目標に従ってCO_2排出量を削減する注意義務を負っているか、オランダ民法における不法行為を基礎づける注意義務違反の有無が争点となった。

裁判所は、Urgenda事件における立場を再確認し、ECHR 2条および8条により、オランダ住民はCO_2排出による危険な気候変動の影響から保護される権利を有していると判断した。

また、裁判所はビジネスと人権に関する指導原則（UN Guiding Principles on Business and Human Rights：UNGP）(注135)についても言及し、UNGPが新たな権利や法的拘束力のある義務を創出していないとしても、不文律の基準の解釈のためのガイドラインは提供できるとした。その上で、UNGPに従い、企業には人権を尊重する義務があるとし、この義務は、企業が自らの活動を通じて人権に悪影響を与えることを避けること、さらに、自らの業務、製品またはサービスから生じる人権への悪影響を防止または緩和することを求めていると判断した。裁判所は、危険な気候変動の影響を緩和する責任を負うのはRDSだけではないことを認めたが、RDSには人権を尊重する個人の責任があり、それはサプライヤーや顧客にも及ぶと結論づけた。

さらに、裁判所は、パリ協定の法的拘束力のない目標は、危険な気候変動を防止するという共通の利益を保護する、普遍的に承認された基準であると述べ、パリ協定および同協定を具体化する広範な合意は、オランダの不文律の注意義務の解釈に関連しており、その結果、RDSはパリ協定の目標に沿った気候移行計画を実現する義務を負っていると結論づけた。

RDSは本判決に対し控訴を申し立て、2024年にオランダのハーグ控訴裁判所で本判決は破棄された。

しかしながら、裁判所が、企業がパリ協定の目標に沿ってCO_2排出量を削減する法的義務があると結論づけたこと、およびECHRとUNGPを適用して、企業に法的拘束力のあるCO_2排出削減義務を課したのは本判決が

(注134) Rechtbank Den Haag, ECLI:NL:RBDHA:2021:5339, available at〈https://climatecasechart.com/wp-content/uploads/non-us-case-documents/2021/20210526_8918_judgment-1.pdf〉(2024年7月31日最終閲覧)。

(注135) United Nations Human Rights Office of the High Commissioner, *Guiding Principles on Business and Human Rights.*

初めてであった。控訴審で破棄されたものの、本判決は、企業にとって十分な気候変動対策をとらないことがリスクになり得ることを明らかにしたといえよう。

ウ　その他の訴訟

2023年7月23日に発表された国連環境計画（UNEP）とニューヨークのコロンビア大学に所属するSabin Center for Climate Change Lawがまとめた報告書[注136]によると、気候変動訴訟は2017年の884件から2022年の2,180件へと過去5年の間に2倍以上に増えている。司法管轄区ごとでみると、米国が1,500件以上で首位だが、他の国でも増加しており、現在では訴訟の約17%が小島嶼開発途上国を含む途上国で起こされている。先進国、途上国を問わず世界規模で気候変動訴訟は活発になってきており、今後も注目されることが予想される。

（注136）Climate litigation more than doubles in five years, now a key tool in delivering climate justice (unep.org)（2024年7月31日最終閲覧）。

第２章
自然資本

1　自然資本とは

人為的な影響による地球環境への悪影響は、気候変動のみによってもたらさられているわけではない。これまで人類は、生物の乱獲による生態系の破壊や化学物質による水資源の汚染等により、地球環境に悪影響を与えきた。このような活動は環境を悪化させるにとどまらず、人類の生存を脅かすことにつながりかねない。世界経済フォーラム「第19回グローバルリスク報告書2024年版」(注1)によれば、今後10年間の深刻なグローバルリスクのランキングとして、第３位に生物多様性の喪失と生態系の崩壊、第４位に天然資源不足、第10位に汚染（大気、土壌、水）がランクインしており、自然環境の悪化が重大なグローバルリスクを引き起こしかねないとの認識が強まっている。

企業の自然環境に悪影響を与える活動に対しては、伝統的には民法上の不法行為に基づくいわゆる公害訴訟や土壌汚染対策法等の環境法による対応がなされてきていた。しかし、グローバルに広がったサプライチェーン構造を前提にすると、企業の自然環境に悪影響を与える行為を国内法レベルで直接規制するだけでは、自然環境の保全を図るのに十分とはいえない。また、サステナビリティやESGの概念の広まりを背景として企業が積極的に自らの経済活動が依拠しているまたは影響を与えている環境資源を認識した上で、適切な経営判断を行っていくことが社会的に要請されるようになってきている。このような背景の下、経済活動を行うに当たって環境を考慮するための概念として、自然資本という概念が世界的に大きな関心を集めている。そこで、本章では、自然資本の概要、企業活動において考慮すべき、自然資本に

（注1）世界経済フォーラム「第19回グローバルリスク報告書2024年版（2024年１月10日）」(https://jp.weforum.org/publications/global-risks-report-2024/)（2024年７月31日最終閲覧）。

関連する政策動向、法制度に関して概観する。

持続可能な開発のための世界経済人会議によって立ち上げられた自然資本連合は、自然資本について「人々に一連の便益をもたらす再生可能および非再生可能な天然資源（例：植物、動物、空気、水、土、鉱物）のストック」(注2)との定義を採用しており、ここから、自然資本は自然環境一般を意味するものではなく、人々に便益をもたらすものに限定していることがわかる。また、自然資本は、一定期間における変化量を示すフローとは異なり一時点における残高を示すストックとされている。したがって、自然資本は、経済活動によって活用している自然資源をストックとして捉え直すことによって、自らの経済活動によりどの程度自然資源の増減に影響を与えているのか、また、自らの経済活動がどの程度自然資源に依存しているのかを認識することを可能とすることで、自然資源と事業の関係性を企業の経営判断に組み込むことを援助するものといえよう。このような点から自然資本は自然環境を経営判断における判断の基礎となる事実として翻訳したものと評価することができる。自然資本は、その定義上、再生可能および非再生可能な天然資源（例：植物、動物、空気、水、土、鉱物）のストックとされている以上、その種類は多岐にわたる。また、それぞれの天然資源もさまざまな形で複雑に関わり合っており、あらゆる自然資本と企業活動の関係性を論じることには限界がある。そこで、自然資本に関連するSDGsの目標として、「目標６　安全な水とトイレを世界中に（水・衛生）」、「目標14　海の豊かさを守ろう（海洋資源）」、「目標15　陸の豊かさも守ろう（陸上資源）」の３つの目標が掲げられていることから、以下では、便宜上、水、海洋資源、陸上資源の３つの観点から、自然資本がどのようにわれわれの経済活動に関連しているのか、また、どのように自然資本の損失に影響を与えているのかを概観する。

まず、水は人間が生活する上で欠かせない資源であるものの、発展途上国を中心に世界中で水にアクセスすることができない人々が存在している。SDGsの目標として、「目標６　安全な水とトイレを世界中に（水・衛生）」が掲げられている通り、そのような人々に安全な水を供給することは人権保

（注２）自然資本連合「自然資本プロトコル」２頁（https://capitalscoalition.org/wp-content/uploads/2021/02/NCC_Protocol_AW_Japanese.pdf）（2024年７月31日最終閲覧）。

障の観点から必要不可欠である。次に、海洋資源に関して、天然、養殖を問わず魚介類・海藻をはじめとする海産物は食糧供給源としての役割を担っており、われわれの食生活を支えている。また、ブルーカーボンと呼ばれるように、海洋は二酸化炭素を吸収する機能を果たしており、人為起源二酸化炭素排出量の４分の１に相当する量の二酸化炭素を吸収しているといわれている(注3)。最後に、陸上資源に関して、森林は、二酸化炭素を吸収する機能を果たしており、また、動植物の生息地としての役割を担っており、多様な生物の生態系を維持および発展するために必要不可欠な自然環境であることが明らかである。土壌についても、健康な植物が生育する役割を担っており、生育した植物は人類の食物となり、また、家畜をはじめとする動物の餌としても機能しており、人々への食料の供給に深く関連している。

このように、水、海洋資源、陸上資源は人間の生活において必要不可欠な役割を担っているが、これまでの人類の活動によって、それぞれの自然資本に悪影響を与えてきた。IPBESによる「生物多様性と生態系サービスに関する地球規模評価報告書」(注4)によれば、過去50年で、人々の行動によって、土地と海の利用の変化、生物の直接採取（漁獲、狩猟含む)、気候変動、汚染、外来種の侵入を中心に、自然資本に悪影響を与えてきたとされている。まず、1970年以降、人類は土地の利用に大きな変化を与えてきた。陸地の３分の１以上が作物栽培や畜産に使われ、木材の採取や都市面積の増大のために森林を伐採することで、地球上の土地の利用方法が急激に変化した。この土地利用方法の変化に伴い、陸上生物の生息地が変化および減少することで、生態系に影響を与え、生物多様性の損失につながっている。また、動物、植物その他生物の乱獲による生物の直接採取によって、陸および淡水域の生態系に悪影響を与え続けている。加えて、森林の伐採は地球温暖化を間接的に加速させており、地球温暖化による気候変動に伴い、海水面が上昇しつつあり、これによって海洋における種の分布や生態系機能といった生物多

（注３）気象庁「海洋による二酸化炭素吸収量（全球)」(https://www.data.jma.go.jp/gmd/kaiyou/shindan/a_2/co2_flux_glob/co2_flux_glob.html)（2024年７月31日最終閲覧)。

（注４）IPBES「生物多様性と生態系サービスに関する地球規模評価報告書」(https://www.iges.or.jp/jp/pub/ipbes-global-assessment-spm-j/ja)（2024年７月31日最終閲覧)。

様性の多くの側面に影響を与えている。さらに、過去50年における人類社会の工業化に伴い、製造業や農業から排出される汚染物質、有害物質の登記に伴い、世界中で大気、水および土壌の汚染が進んだ。その結果、大気、土壌、淡水、海水の質に悪影響を与え、公害を通じた人間社会における生活への悪影響にとどまらず、生物多様性にも悪影響を与え続けている。

このような人類の活動による自然資本への悪影響を食い止めるために、水、海洋資源、陸上資源のそれぞれに関するSDGsの目標の達成のために具体的なターゲットが設定されている。第１に、水・衛生に関する目標６のターゲットとして、「2030年までに、すべての人々の、安全で安価な飲料水の普遍的かつ平等なアクセスを達成すること」が掲げられ、さらに具体的なターゲットとして、「2030年までに、汚染の減少、投棄廃絶と有害な化学物質や物質の放出の最小化、未処理の排水の割合半減及び再生利用と安全な再利用の世界的規模での大幅な増加をさせることにより、水質を改善する」ことや「2030年までに、全セクターにおいて水の利用効率を大幅に改善し、淡水の持続可能な採取及び供給を確保し水不足に対処するとともに、水不足に悩む人々の数を大幅に減少させる」こと、「2020年までに、山地、森林、湿地、河川、帯水層、湖沼などの水に関連する生態系の保護・回復を行う」[注5]ことなど十分な水資源の確保のために必要な対応が求められている。

第２に、海洋資源に関する目標14のターゲットとして、「2025年までに、海洋ごみや富栄養化を含む、特に陸上活動による汚染など、あらゆる種類の海洋汚染を防止し、大幅に減少する」こと、「2020年までに、海洋及び沿岸の生態系に関する重大な悪影響を回避するため、強靭性（レジリエンス）の強化などによる持続的な管理と保護を行い、健全で生産的な海洋を実現する」こと、「水産資源を、実現可能な最短期間で少なくとも各資源の生物学的特性によって定められる最大持続生産量のレベルまで回復させるため、2020年までに、漁獲を効果的に規制し、過剰漁業や違法・無報告・無規制（IUU）漁業及び破壊的な漁業慣行を終了し、科学的な管理計画を実施する」[注6]などが掲げられている。

（注５）外務省「SDGグローバル指標 (SDG Indicators) 6: 安全な水とトイレを世界中に」（https://www.mofa.go.jp/mofaj/gaiko/oda/sdgs/statistics/goal6.html）（2024年７月31日最終閲覧）。

第3に、陸上資源に関する目標15のターゲットとして、「2020年までに、あらゆる種類の森林の持続可能な経営の実施を促進し、森林減少を阻止し、劣化した森林を回復し、世界全体で新規植林及び再植林を大幅に増加させる」こと、「2030年までに、砂漠化に対処し、砂漠化、干ばつ及び洪水の影響を受けた土地などの劣化した土地と土壌を回復し、土地劣化に荷担しない世界の達成に尽力する」こと、「2030年までに持続可能な開発に不可欠な便益をもたらす山地生態系の能力を強化するため、生物多様性を含む山地生態系の保全を確実に行う」こと、「自然生息地の劣化を抑制し、生物多様性の損失を阻止し、2020年までに絶滅危惧種を保護し、また絶滅防止するための緊急かつ意味のある対策を講じる」こと、「2020年までに、生態系と生物多様性の価値を、国や地方の計画策定、開発プロセス及び貧困削減のための戦略及び会計に組み込む」(注7)こと等が掲げられている。

上記に掲げたSDGsの目標を達成するために、具体的にいかなる行動をとっていく必要があるだろうか。具体的な行動指針として近年注目を浴びているのが、ネイチャーポジティブという概念である。ネイチャーポジティブとは、自然資本の損失を食い止め、むしろ自然資本を増加させることを目標とするものであり、日本においても、2023年3月31日に「生物多様性国家戦略2023-2030」(注8)を閣議決定し、2030年までにネイチャーポジティブを実現することが目標として掲げられ、その目標達成のために5つの基本戦略と基本戦略ごとに状態目標と行動目標が設定された。「生物多様性国家戦略2023-2030」の概要は〔図表5-1-12〕の通りである。

生物多様性国家戦略の一環として、生物多様性の損失を改善するために、国立公園等の保護地域の保全に加え、自然共生サイトでの活動をはじめとする民間等による生物多様性の維持、回復または創出につながる活動の促進が促されてきており、2023年より、環境省は、一定の基準を満たす「民間の

(注6) 外務省「SDGグローバル指標(SDG Indicators) 14：海の豊かさを守ろう」(https://www.mofa.go.jp/mofaj/gaiko/oda/sdgs/statistics/goal14.html) (2024年7月31日最終閲覧)。

(注7) 外務省「SDGグローバル指標(SDG Indicators) 15：陸の豊かさも守ろう」(https://www.mofa.go.jp/mofaj/gaiko/oda/sdgs/statistics/goal15.html) (2024年7月31日最終閲覧)。

(注8)「生物多様性国家戦略2023-2030～ネイチャーポジティブ実現に向けたロードマップ～」(2023)。

〔図表 5-1-12〕生物多様性国家戦略 2023-2030 の概要

関連施策からビジョンまで一気通貫で整理

第1部　戦略

2050年ビジョン『自然と共生する社会』

2030年に向けた目標：ネイチャーポジティブ（自然再興）の実現

基本戦略

	基本戦略1 生態系の健全性の回復	基本戦略2 自然を活用した社会課題の解決（NbS）	基本戦略3 ネイチャーポジティブ経済の実現	基本戦略4 生活・消費活動における生物多様性の価値の認識と行動	基本戦略5 生物多様性に係る取組を支える基盤整備と国際連携の推進
個別目標	状態目標（3つ）	状態目標（3つ）	状態目標（3つ）	状態目標（3つ）	状態目標（3つ）
	行動目標（6つ）	行動目標（5つ）	行動目標（4つ）	行動目標（5つ）	行動目標（5つ）

※全40目標の内容については次ページ参照

第2部　行動計画

関連施策

5つの基本戦略の下に25ある行動目標ごとに、関係府省庁の関連する施策を掲載

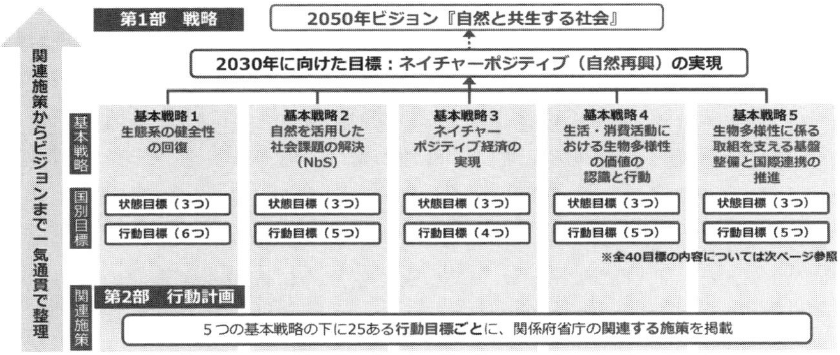

＊環境省「生物多様性国家戦略 2023-2030 の概要」。

取組等によって生物多様性の保全が図られている区域」を「自然共生サイト」として個別に認定し、OECM(注9)として国際データベースに登録するという取組みを実施していた。このような活動をさらに推進すべく、2024年1月30日付けで地域における生物の多様性の増進のための活動の促進等に関する法律が成立した。同法は、生物多様性その他の自然環境の保全と経済および社会の持続的発展との両立が図られ、豊かな生物多様性の恵沢を享受できる、自然と共生する社会の実現を基本理念として定め、OECMの認定促進のために、①増進活動実施計画として、地域生物多様性増進活動を行おうとする企業等が作成する増進活動実施計画を主務大臣が認定し、認定を受けた者に対して、自然公園法に基づく許可等の手続を不要とする特例等を設け、活動に必要な手続をワンストップ化・簡素化できる措置を講じ、また、②連携増進活動実施計画として、市町村が地域の多様な主体と連携して作成する連携増進活動実施計画を主務大臣が認定し、認定を受けた者に対して、自然公園法に基づく許可等の手続を不要とする特例等を設け、活動に必要な手続をワンストップ化・簡素化できる措置を講じることとしている。また、

（注9）保護地域以外の地理的に画定された地域で、付随する生態系の機能とサービス、適切な場合、文化的・精神的・社会経済的・その他地域関連の価値とともに、生物多様性の域内保全にとって肯定的な長期の成果を継続的に達成する方法で統治・管理されているものをいう。

長期的・安定的な活動を可能とするため、認定を受けた連携増進活動実施計画を作成した市町村は、その計画の区域内の土地の所有者等と生物多様性維持協定を締結することができる制度を設けることとしている。同法は、生物多様性国家戦略2023-2030を具体化し、自然公園法、自然環境保全法、種の保存の法などの生物多様性保全のための個別の法令に係る手続のワンストップ化を目指し、もって、生物多様性の確保を推進する法律と位置づけられ、実際に生物多様性の増進のための法制度の導入は進んでいる。

自然資本の損失を食い止めることはSDGsの目標の1つとして重要視されており、それぞれのターゲットを達成するために取組みが企業の自主的な活動、国内レベルの政策から国境を越えた国家間の連携までさまざまな取組みがなされている。そこで、以下では、具体的な取組みとして、自然資本関連情報の情報開示制度の現状と展望、自然資本の損失による社会的費用の自然資本の内部化を促進させる取引としての生物多様性クレジットの現状とその可能性について説明する。

2　自然資本と情報開示

自然環境を経済活動に当たって必要となる資源として捉える自然資本の考え方が浸透しつつあるものの、実際に経済活動において自然資本をどのように考慮していくのかが問題となる。適切な経営の意思決定に当たっては、測定可能な指標に基づき可能な限り客観的な事実を認識する必要があるため、経営の意思決定に当たって自然資本を活用するためには、経営の意思決定に役立つ形で自然資本の測定を行うことが望ましく、共通の自然資本の測定手法や情報開示基準の策定の機運が高まりつつある。そのような中で、経済活動における自然資本に関する情報開示のフレームワークを定めるのがTNFD（Taskforce on Nature-related Financial Disclosures：自然関連財務情報開示タスクフォース）である。

(1)　概　要

TNFDとは、企業が直面する自然資本に関するリスクおよび機会を評価し、開示する枠組みを構築する国際的なイニシアティブである。気候変動に関する開示枠組みであるTCFDの自然版とも呼ばれている。自然資本に関するリスクは、TCFDの気候変動関連の事業リスクの開示のように、東京証券取引所において開示が義務づけられているものではないが、すでに一部の企業ではTNFDに準拠した情報開示を行っている。ISSBは、2023年に、TNFDとの連携により、生物多様性・生態系・生態系サービスを緊急に優先課題とするべきとする意見を示しており(注10)、IFRS S1およびIFRS S2には生物多様性などの自然資本に関する情報に関する項目も記載されており、その情報の具体的な開示の基準について、TNFDを参照することになると考えられる。また、CSRDの具体的な開示項目を定めるESRSでは、ESRS 4として生物多様性に関する情報の開示が求められる。2024年6月20日に、TNFDと欧州財務報告諮問グループ（EFRAG）は、欧州サステナビリティ報告基準（ESRS）とTNFDの推奨開示および指標との対応を示す対応表を共同で公表しており(注11)、また、TNFDの情報開示の枠組みはすでに、ESRSに組み込まれ、後述するTNFDが採用するLEAPアプローチを使用することを推奨している。

TNFDはTCFDと同様に法令に基づく開示ルールではなく、各国が法令上開示ルールとして採用した場合に法的なルールとして機能することになる。上記のように、TNFDはすでに国際的なサステナビリティ情報開示の枠組みとして取り込まれており、また、東京証券取引所プライム市場においてTCFDフレームワークに基づく情報開示が求められていることからも、TNFDフレームワークに基づく情報開示についても、将来的に制度開示の取り込まれる可能性はあると考えられる。そこで、以下ではTNFDについて概説する。

TNFDは、市場が主導するグローバルなイニシアティブであり、組織が自然関連のリスクと機会について報告し、行動するためのリスク管理と情報開示の枠組みを開発し、提供することを使命としている。2023年9月にTNFDの開示枠組みの最終版が公表された。

（注10）TNFD welcomes the ISSB' s decision to commence work on nature-related issues (April 24, 2024)（https://tnfd.global/tnfd-welcomes-the-issbs-decision-to-commence-work-on-nature-related-issues/),（2024年7月31日最終閲覧）。

（注11）TNFD and EFRAG publish correspondence mapping,（https://www.efrag.org/en/news-and-calendar/news/tnfd-and-efrag-publish-correspondence-mapping),（2024年7月31日最終閲覧）。

TNFDは、人々の経済的活動が、陸、海、淡水、大気の自然に依存し、また、影響を与えていることを前提とし、経済活動が自然に対してどのように依存し、また、どのような影響を与えているのか測定することを求める。その上で、社会が自然資本に依存し、また、影響を与えていることから生じる自らの経済活動のリスクおよび機会を認識し、情報開示を行うことを推奨する。これによって、投資家が自然関連の対策に取り組む企業を見極めることの手助けとなるとされている。

(2)　依存・インパクト・リスク・機会

自然資本の考え方が、自らの経済活動によりどの程度自然資源の増減に影響を与えているのか、また、自らの経済活動がどの程度自然資源に依存しているのかを認識することを可能とするものであることから、TNFDの枠組みにおいて、自然資本への依存とインパクトが重要な要素とされている。自然資本への依存とインパクトを認識した上で、その依存とインパクトが自社のビジネスにどのようなリスクを生じさせ、また、機会を与えるのかを認識することではじめて、自然資本に関する意思決定に有用性を与えることになることから、リスクと機会も重要な要素とされている。以下、依存、インパクト、自然関連リスク、機会の概念について説明する。

第1に依存とは、環境資産や生態系サービスの中で、個人や組織が機能するために依存する側面を指す。第2にインパクトとは、自然の状態（質または量）の変化を指す。インパクトによって、社会的・経済的機能を提供する自然の能力が変化する可能性があり、また、インパクトには、正のインパクトと負のインパクトがある。第3に、自然関連リスクとは、組織やより広範な社会の自然への依存やインパクトから生じる、組織にもたらされる潜在的な脅威のことである。リスクには、物理的リスク、移行リスク、システミック・リスクに分類される。物理的リスクとは、自然の劣化とそれに伴う生態系サービスの喪失に起因するリスクであり、健全に機能する生態系を支える生物的条件と生物的でない条件の変化の結果として生じる。これらのリスクは通常、場所によって異なる。移行リスクとは、自然を保護し、回復させ、または自然への悪影響を軽減することを目的とした行動と、経済主体との不整合から生じるリスクであり、例えば規制や政策、判例、技術、投資家心理や消費者嗜好の変化によって引き起こされる可能性がある。システミック・

リスクとは、システム全体の崩壊から生じるリスクであり、このようなリスクは、何らかの転換点が間接的に組み合わさって大規模な破綻を生じさせ、１つの損失が引き金となって他の損失が連鎖し、システムが以前の均衡に戻るのを妨げるという特徴を持つ。第４に、自然関連の機会とは、自然へのプラスの影響やマイナスの影響の緩和を通じて、組織と自然にとってプラスの成果を生み出す活動への機会のことである。TNFDの機会カテゴリーは、ビジネス・パフォーマンスに関連するものと、サステナビリティ・パフォーマンスに関連するものに分かれている。ビジネス・パフォーマンスに関連する機会とは、組織や社会が依存している自然やそれに関連する生態系サービスの喪失に関連する自然関連リスクを、組織が回避、低減、緩和、管理すること等をいい、サステナビリティ・パフォーマンスに関連する機会とは、自然保護、修復、自然に根差した解決策の実施や、融資や保険による支援など、自然の喪失を食い止めたり、逆転させたりすることに積極的に取り組むビジネスモデル、製品、サービス、市場、投資の戦略的変革を実施すること等がそれに該当する。

⑶　情報開示の４つの柱

TNFDは、TCFDが気候変動が事業に与えるリスクと機会を特定することを求めていることと同様に、自然関連のリスクがビジネスに与えるリスクと機会を特定することを求めている。そして、TNFDは、特定された自然関連のリスクに関連して、TCFDの枠組みと同様に、ガバナンス・戦略・リスクとインパクトの管理・測定指標とターゲットの４つ柱から情報開示を行うべきであることが提言されている。具体的な開示項目は〔図表5-1-13〕の通りである。

いずれの開示事項においても、自然関連の依存、インパクト、リスクと機会の４つの要素の開示を求めており、これらの４つの要素が、「ガバナンス」、「戦略」、「リスクとインパクトの管理」および「測定指標とターゲット」の軸から開示を行うことが推奨されているため、依存、インパクト、リスクと機会がTNFDの開示を検討するに肝となる。TCFDにおいても、これらの４つの開示の柱をベースに開示の枠組みが策定されていたが、TNFDでは、TCFDのように主に温室効果ガスの排出を中心とした気候変動関連情報だけでなく、陸、海、淡水、大気からなる自然への依存およびインパクト、そ

〔図表 5-1-13〕情報開示の4つの柱(注12)

	ガバナンス	戦略	リスクとインパクトの管理	測定指標とターゲット
開示事項	自然関連の依存、インパクト、リスクと機会の組織によるガバナンスの開示する。	自然関連の依存、インパクト、リスク、機会が、組織のビジネスモデル、戦略、財務計画に与えるインパクトについて、そのような情報が重要である場合は開示する。	組織が自然関連の依存、インパクト、リスク、機会を特定し、評価し、優先順位付けし、監視するために使用しているプロセスを説明する。	マテリアルな自然関連の依存、インパクト、リスク、機会を評価し、管理するために使用している測定指標とターゲットを開示する。
推奨される開示	A.　自然関連の依存、インパクト、リスクと機会に関する取締役会の監督について説明する。 B.　自然関連の依存、インパクト、リスクと機会の評価と管理における経営者の役割について説明する。 C.　自然関連の依存、インパクト、リスクと機会に対する組織の評価と対応において、先住民	A.　組織が特定した自然関連の依存、インパクト、リスクと機会を短期、中期、長期ごとに説明する。 B.　自然関連の依存、インパクト、リスクと機会が、組織のビジネスモデル、バリューチェーン、戦略、財務計画に与えたインパクトおよび移行計画や分析について説明する。	A.(i)　直接操業における、自然関連の依存、インパクト、リスクと機会を特定し、評価し、優先順位付けするための組織のプロセスを説明する。 A.(ii)　上流と下流のバリューチェーンにおける自然関連の依存、インパクト、リスクと機会を特定し、評価し、優先順位付けするための組織の	A.　組織が戦略およびリスク管理プロセスに沿って、マテリアルな自然関連リスクと機会を評価し、管理するために使用している測定指標を開示する。 B.　自然に対する依存とインパクトを評価し、管理するために組織が使用している測定指標を開示する。 C.　組織が自然関連の依存、イ

(注12)Taskforce on Nature-related Financial Disclosures「自然関連財務情報開示タスクフォースの提言」8頁(https://tnfd.global/publication/recommendations-of-the-taskforce-on-nature-related-financial-disclosures/#publication-content)(2024年7月31日最終閲覧)。

	族、地域社会、影響を受けるステークホルダー、その他のステークホルダーに関する組織の人権方針とエンゲージメント活動、および取締役会と経営陣による監督について説明する。	C.　自然関連のリスクと機会に対する組織の戦略のレジリエンスについて、さまざまなシナリオを考慮して説明する。 D.　組織の直接操業において、および可能な場合は上流と下流のバリューチェーンにおいて、優先地域に関する基準を満たす資産および/または活動がある地域を開示する。	プロセスを説明する。 B.　自然関連の依存、インパクト、リスク、機会を管理するための組織のプロセスを説明する。 C.　自然関連のリスクの特定、評価、管理のプロセスが組織全体のリスク管理にどのように組み込まれているかについて説明する。	ンパクト、リスク、機会を管理するために使用しているターゲットと目標、それらと照合した組織のパフォーマンスを記載する

して、自社の経済活動に関するリスクおよび機会の開示が求められるため、TCFD以上に、定性的にも定量的にも幅広い情報の開示を求められる。したがって、情報の一貫性を持たせるために６つの一般要件を設定し、また、開示情報を重要性の高いものに絞り込んだ上で、開示を求めるLEAPアプローチという、TCFDとは異なるアプローチが採用されている。

⑷　６つの一般要件

TNFDに基づいた情報開示を行う際には、TNFDの推奨事項を活用して開示される情報に一貫性を持たせるために、６つの一般要件を適用することが期待されている。一般要件は、推奨される開示の４つの柱（ガバナンス、戦略、リスクとインパクトの管理、測定指標とターゲット）すべてに適用される。

６つの一般要件の内容は、①マテリアリティの適用、②開示範囲、③自然関連課題の所在場所、④他のサステナビリティ開示との統合、⑤時間軸、⑥先住民、地域コミュニティ、影響を受けるステークホルダーとのエンゲージメントとされている。

(5) LEAPアプローチ

自然関連リスクと機会の評価を行う際には、LEAPアプローチと呼ばれる統合的な評価プロセスに従うことが推奨されている。LEAPはLocate（発見）、Evaluate（診断）、Assess（評価）、Prepare（準備）の頭文字を合わせたものであり、以下の4つのフェーズで対応する必要がある。まず、発見のフェーズとして、直接のオペレーションや関連するバリューチェーン（上流・下流）等、企業の活動拠点を洗い出し、それぞれの拠点と自然との接点や自然の状態について検討し、検討結果に基づいて、優先地域・セクターを特定する。次に、診断のフェーズでは、各優先地域において、企業の自然に対する「依存」と「インパクト」を特定し、それらの規模と程度について分析する。そして、評価のフェーズでは、企業の活動にとって何がリスク・機会であるかを特定し、追加のリスク軽減措置やリスク・機会管理措置について検討しつつ、開示すべき重要なリスク・機会について評価する。評価においては、診断のフェーズで分析した自然に関する依存・インパクトやリスク・機会に関連する財務的影響について考慮する必要がある。最後に、準備のフェーズとして、分析結果を踏まえ、自然関連のリスクと機会に対応するために、管理、戦略とリソース配分について決定し、今後達成すべき目標と目標の達成度を測るための指標を設定し、開示に向け準備する。

TNFDはLEAPアプローチによる自然関連リスクと機会の評価の方法に関して、具体的なケーススタディ（注13）として、架空の銀行、多国籍調達・流通企業および水産養殖事業者がLEAPアプローチを採用する場合に、いかなるプロセスに基づきどのような情報を収集しながら自然関連リスクと機会の評価を行うのか、その実施方法を説明している。いくつかの企業では実際にTNFDに基づく情報開示を行っているものの、TNFDに基づく情報開

（注13）TNFD, *Locate phase of the LEAP approach – A case study of hypothetical report preparer SourceEx*, March 2023, available at（https://tnfd.global/publication/tnfd-v0-4-locate-case-study/）（2024年7月31日最終閲覧）。TNFD, *Financial Institutions – A case study of hypothetical report preparer Bank of Nature*, March 2023, available at（https://tnfd.global/publication/tnfd-v0-4-bank-of-nature-case-study/）（2024年7月31日最終閲覧）。TNFD, *Aquaculture – A case study of hypothetical report preparer Salmon Fresco* November 2022, available at（https://tnfd.global/publication/aquaculture-case-study/）（2024年7月31日最終閲覧）。

示の方法を模索している中、情報開示を検討するに当たって参考になると考えられる。

⑹ SBTs for Nature

TNFDのフレームワークを提供するに当たって、自然への依存および影響を客観的に評価した上で、自然関連リスクおよび機会に適切に対応するためには、自然に対する影響に関する目標に対するパフォーマンスの測定において、その測定には科学的根拠が存在することが望ましい。そこで、TNFDはSBTs for Nature（自然SBTs：SBTN）のガイダンス(注14)に従って、科学的根拠に基づく自然に関する目標を設定することを推奨している。SBTNは、〔図表5-1-14〕の通り、「分析・評価（Assess）」「理解・優先順位づけ（Interpret & Prioritize）」「計測・設定・開示（Measure, Set & Disclose）」「行動（Act）」「追跡（Track）」の5つのステップから構成される。また、各ステップの中で「淡水」「土地」「生物多様性」「海洋」「気候」の5つのトピックがそれぞれ検証される。

SBTNのガイダンスは、TNFDの評価プロセスと完全に一致するものではないものの、科学的根拠に基づく目標設定の方法を示している。したがって、TNFDのフレームワークを提供する際にはSBTNのガイダンスを参考にした上で、自然関連リスクの情報開示の方法について検討することが望ましいだろう。

3　生物多様性クレジット

TNFDのように企業による自然関連リスクの情報開示を促すことのほかに、自然資本の損失という外部不経済を内部化することにより、ネイチャーポジティブの実現を目指す取組みとして、生物多様性クレジットが近年注目を集めている。生物多様性クレジットとは、生物多様性保全に貢献するプロジェクトへの投資を促進する仕組みの1つであり、生物多様性対応を貨幣価

(注14) Science Based Targets Network「自然に関する科学に基づく目標設定（自然SBTs：SBTs for Nature）企業のための初期ガイダンスエグゼクティブサマリー（日本語仮訳）（2020年9月）」(2020)。

〔図表 5-1-14〕自然 SBTs のプロセスの 5 ステップ

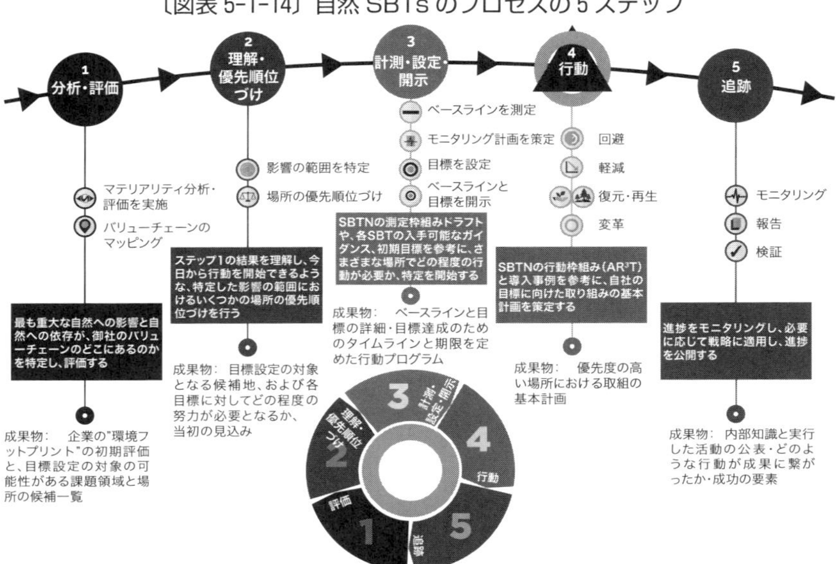

＊自然 SBTs のプロセスの 5 ステップ（SBTN, 自然に関する科学に基づく目標設定（自然 SBTs: SBTs for Nature）企業のための初期ガイダンスエグゼクティブサマリー（日本語仮訳）2020 年 9 月）。

値に換算し、取引の対象とすることで生物多様性への悪影響という外部不経済を内部化するものである。気候変動対策におけるカーボンクレジットと同様に、自然資本に負の影響を与えた場合に、生物多様性クレジットを購入することで、その負の影響を相殺することなどに用いられる。経済活動の内容によっては自然資本に与える影響は大小さまざまであるが、いずれの経済活動においても自然資本に対する影響をゼロにすることは極めて難しい。そこで、経済活動を通じて自然資本に悪影響を及ぼすことが不可避なのであれば、その悪影響を相殺することで、正味の自然資本の減少は抑えるべきであるという考えの下生物多様性クレジットの考え方が生み出された。生物多様性クレジットは、カーボンクレジットを基に考え出されたものではあるが、カーボンクレジット以上に生物多様性クレジットの運用には困難が伴う。最も大きな困難として、自然資本の測定対象や測定手法について確立することが難しいことが挙げられる。温室効果ガスであれば、測定すべき対象は温室効果ガスの排出量と削減量に定まっており、また、温室効果ガスの排出量と削減量の測定手法および測定技術も確立されてきているため、カーボンクレジットは実務的に実装可能なレベルになってきており、現にカーボンクレジットに係る取引は実施されている。一方で、生物多様性クレジットについては、クレジットの創出においてまず何を測定するべきなのかコンセンサスが得られておらず、また、測定対象が定まったとしてもどのようにしてその悪影響を相殺するべきか、どのようにして金銭的価値に算出するべきか確立されていない。

このように生物多様性クレジットには課題は多いものの、いくつかの国では、生物多様性クレジットをネイチャーポジティブを実現するための手段として、法令に組み込んでいる。英国では、2021年環境法に基づき、土地の開発事業において、生物多様性ネットゲインを実施することが求められることとなった(注15)。生物多様性ネットゲインとは、土地を開発しながら自然の回復に貢献する方法であり、土地の開発事業において、野生生物の生息地を開発前よりも良い状態にすることを求める。具体的には、開発業者は、開発工事を計画している土地の生息地の損失を避けるよう努めなければならず、生息地の損失を避けることができない場合、開発敷地内または敷地外に生息地を造成しなければならない。敷地内または敷地外の土地を使用して、生息地の造成を行うことができない場合、政府から法定の生物多様性クレジットを購入する必要があり、政府は売却した生物多様性クレジットを源泉として、生息地の創出に投資することとされている。また、オーストラリアのニューサウスウェールズ州では、2016年生物多様性保全法(注16)に基づき、開発業者が土地の開発または伐採の承認申請を行う場合、生物多様性への影響をどのように回避し、最小化するかを明記しなければならず、残存する影響は、生物多様性クレジットの購入・償却、または生物多様性保全基金への支払によって相殺することができる。土地所有者は、生物多様性クレジットを創出するために、その土地に生物多様性スチュワードシップ契約を結ぶことがで

(注15) Department for Environment, Food & Rural Affairs, *Biodiversity net gain* February 21, 2023（https://www.gov.uk/government/collections/biodiversity-net-gain）（2024年7月31日最終閲覧）。

(注16) New South Wales Government, *About the Biodiversity Offsets Scheme*, May 12, 2023,（https://www.environment.nsw.gov.au/topics/animals-and-plants/biodiversity-offsets-scheme/about-the-biodiversity-offsets-scheme）（2024年7月31日最終閲覧）。

きる。このクレジットを売却することで、生物多様性スチュワードシップ・サイトの長期的な管理を支援する資金を得ることができる。

いずれの立法例も政府が生物多様性クレジットを購入するものであり、温室効果ガスに係るボランタリークレジットとは異なり、生物多様性クレジットが市場で取引されるには至っていない。もっとも、TNFD が普及し、自然資本の測定方法などが確立していけば、生物多様クレジットの市場での取引が発生することは十分に考えられ、自然資本の損失への対策として効果的に機能する可能性は残されていると考えられる。

4　自然資本と条約

自然資本の損失に対する国際的な取組みの歴史は古く、1993 年には、生物多様性の保全、生物多様性の構成要素の持続可能な利用、遺伝資源の利用から生ずる利益の公正かつ衡平な配分を目的とする、生物の多様性に関する条約が発効している。それ以降、締約国会議（COP）が毎年行われており、2022 年には COP15 が開催され、昆明・モントリオール生物多様性枠組みが採択され、2050 年ビジョン、2030 年ミッション、2050 年グローバルゴール、2030 年グローバルターゲットがそれぞれ定められた。2050 年ビジョンでは、「2050 年までに、生物多様性が評価され、保全され、回復され、そして賢明に利用され、それによって生態系サービスが保持され、健全な地球が維持され、すべての人々に不可欠な恩恵が与えられる」自然と共生する世界の実現がビジョンとして設定され、そのための 2030 年までのミッションとして、「必要な実施手段を提供しつつ、生物多様性を保全するとともに持続可能な形で利用すること、そして遺伝資源の利用から生ずる利益の公正かつ衡平な配分を確保することにより、人々と地球のために自然を回復軌道に乗せるために生物多様性の損失を止め反転させるための緊急の行動をとること」が設定された。また、2050 年ビジョンの具体的なゴールとして 2050 年までに達成するべき以下の 4 つの長期ゴールが設定された(注17)。

⑴　ゴール A

すべての生態系の健全性、連結性および強じん性（レジリエンス）が維持され、強化され、または回復され、2050 年までに自然生態系の面積を大幅に増加させること。

人間によって引き起こされる既知の絶滅危惧種の絶滅が阻止され、2050年までに、すべての種の絶滅率およびリスクが10分の1に削減され、在来の野生種の個体数が健全かつ強靱（レジリエント）な水準まで増加されること。野生種および家畜・栽培種の個体群内の遺伝的多様性が維持され、その適応能力が保護されること。

⑵　ゴールB

2050年までに、生物多様性が持続的に利用および管理されるとともに、生態系の機能およびサービスを含む自然の寄与が、高く評価され、維持され、そして現在低下しているものが回復されることで強化されることにより、持続可能な開発の達成を支え、現在および将来の世代に便益をもたらす。

⑶　ゴールC

国際的に合意された取得の機会と利益配分に関する文書に従い、遺伝資源に関連する伝統的知識を適切に保護しつつ、遺伝資源、遺伝資源に関するデジタル配列情報および遺伝資源に関連する伝統的知識の利用から生ずる金銭的・非金銭的利益が、該当する場合には、公正かつ衡平に、必要に応じて先住民および地域社会も含めて配分されるともに、2050年までに大幅に増加することによって、生物多様性の保全および持続可能な利用に貢献する。

⑷　ゴールD

年間7,000億ドルの生物多様性の資金ギャップを徐々に縮小し、資金フローを昆明・モントリオール生物多様性枠組みと2050年ビジョンに整合させながら、昆明・モントリオール生物多様性枠組みを完全に実施するための、資金源、能力構築、科学技術協力、技術へのアクセスと技術の移転を含む、十分な実施手段が、すべての締約国、とりわけ後発開発途上国、小島嶼開発途上国および経済移行国を含む特に開発途上国の締約国に対して確保され、衡平にアクセスできるようになる。

2023年3月31日に閣議決定された「生物多様性国家戦略2023-2030」も、

（注17）環境省「昆明・モントリオール生物多様性枠組（仮訳）」（2023年3月）。

昆明・モントリオール生物多様性枠組みの採択を背景に策定されたものであり、世界的にも今後しばらくは昆明・モントリオール生物多様性枠組みに基づいた政策が推進されることが考えられるため、関連する政策が打ち出された際に直ちに対応することができるように、TNFDによる情報開示や生物多様性クレジットを含め、自然資本への対応方法について事前に検討しておくことが望ましいだろう。

生物多様性の保全のほかに、近年海洋プラスチック汚染が深刻化していることを背景に、プラスチック汚染対策に関する条約の締結に向けて国際的な議論が進んでいる。2022年3月に国連環境計画国連環境総会において、2022年にプラスチック条約の策定に向けた政府間交渉委員会を立ち上げ、2024年までに法的拘束力のある合意を形成することに合意した(注18)。その後、2024年末までに5回の政府間交渉委員会が開催されたが、条約案の合意には至っていない。環境省によれば、日本は2050年までに海洋プラスチックごみによる追加的な汚染をゼロにまで削減することを目指す「大阪ブルー・オーシャン・ビジョン」の提唱国として、今後の政府間交渉委員会における国際交渉にも積極的に参加し、世界的な対策の推進に貢献することを示しており、国を挙げて海洋プラスチックごみ対策が行われることが示唆されており、条約の締結や海洋プラスチックごみ対策関連法の制定前から海洋プラスチックごみ対策に関する議論を注視し、今後生じ得る海洋プラスチックごみ対策への対応方法について、事前に検討をしておくことが望ましいだろう。

(注18) 環境省「海洋プラスチック汚染を始めとするプラスチック汚染対策に関する条約」(2023年8月)。

第3章
サーキュラーエコノミー

1　概　要

第5部においてこれまで述べてきた通り、われわれの社会は気候変動および自然資本の損失という地球規模の危機に直面してきている。これらの危機の原因は数多くあるものの、これまで人類の経済発展のために行われてきた持続不可能な大量生産と大量消費の経済社会構造に大きな原因があることは否定できない。このような生産、消費、廃棄という直線的なモノの流れで人々の経済活動を捉える仕組みはリニアエコノミー（直線型経済）と呼ばれ、持続不可能な大量生産と大量消費の経済社会構造を前提とするリニアエコノミーを批判する過程で生まれた経済活動の仕組みがサーキュラーエコノミーである。サーキュラーエコノミーは、リニアエコノミーのように生産、消費、廃棄の直線的なモノの流れを変革し、モノが循環するように経済活動を捉え直そうとするものであり、資源投入量・消費量を抑えつつ、ストックを有効活用しながら、サービス化等を通じて資源や製品の価値を維持、回復または付加することで、持続可能な形で資源を効率的・循環的に有効利用する経済システムを指す(注1)。

サーキュラーエコノミーは、企業、社会、環境に利益をもたらすよう設計された経済発展のための体系的アプローチであり、再生経済を促進し、経済成長を有限資源の使用から切り離すことを目的としている。その目的の達成のために、サーキュラーエコノミーへの移行を推進する代表的な団体であるエレン・マッカーサー財団は、サーキュラーエコノミーは①廃棄物と汚染をなくす、②製品と素材を循環させる、③自然を再生させるの３つの原則に立脚していることを強調している(注2)。この３原則によるサーキュラーエコノミーを視覚的に図示したのが、〔図表 5-1-15〕のエレン・マッカーサー財団

（注１）環境省「令和６年版環境白書・循環型社会白書・生物多様性白書」59 頁。

〔図表 5-1-15〕バタフライ・ダイヤグラム

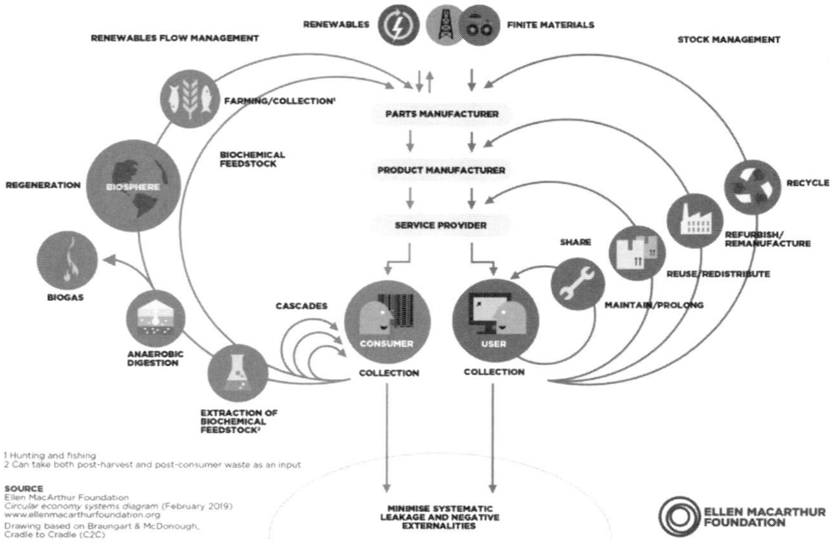

＊エレン・マッカーサー財団「Circular Economy System Diagram」(2019年2月)。

が作成したバタフライ・ダイヤグラムであり、サーキュラーエコノミーにおける資源の流れを示している。

〔図表 5-1-15〕は、サーキュラーエコノミーを技術的サイクルと生物学的サイクルという2つの主要なサイクルとして視覚化するものであり、物質の継続的な流れが存在することがわかる。生物学的サイクル（左）は、栄養分が地球に戻り、生分解性の資源から自然を再生するものであり、生物学的サイクルを通じて、自然を再生させる取組みを行うことは、大気中の二酸化炭素の削減に貢献することできるし、自然資本を増大させることにもなる。技術的サイクル（右）は、プロセスを通じて製品や材料を使い続けることを特徴とし、製品と素材を循環させることにより、廃棄物や新たに採掘されるべき資源の量を減らすことができ、自然資本への悪影響を低減させる。環境

（注2） Ellen Macarthur Foundation, What is a circular economy?, *available at* (https://www.ellenmacarthurfoundation.org/topics/circular-economy-introduction/overview)（2024年6月31日最終閲覧）。

省の「令和5年版環境白書・循環型社会白書・生物多様性白書」によれば、サーキュラーエコノミーは、第1に3R（廃棄物等の発生抑制・循環資源の再使用・再生利用）＋ Renewable（バイオマス化・再生材利用等）を推し進めるものであり、製品等のライフサイクル全体における温室効果ガスの排出低減につながること、第2にサーキュラーエコノミーによる資源の効率的使用、長期的利用や循環利用、ライフサイクル全体での適正な化学物質や廃棄物管理を進めることによる新たな天然資源の投入量・消費量の抑制を通じて、資源の採取・生産時等における生物多様性や大気、水、土壌などの保全、自然環境への影響を低減することができること、第3に循環経済の取組みは、資源制約に対応し、経済安全保障の取組みを強化することにも資するというメリットが指摘されている(注3)。また、経済産業省に設置された繊維製品における資源循環システム検討会は、2023年9月28日に、繊維製品における資源循環システム検討会報告書を公表しており、同報告書において、「我が国の繊維産業企業が、今後需要拡大が見込まれる海外市場においても産業競争力を維持・確保していくためには、こうした繊維産業をとりまくグローバルな動向を踏まえ、製品の長寿命化や再利用の推進に加えて、繊維製品の資源循環システムの構築に向けた技術的・制度的な課題を整理し、必要な施策を講じていくことが不可欠である」(注4)との指摘がなされており、繊維産業の国際的な競争力を高めていくためにも、サーキュラーエコノミーに従った産業構造の転換が必要とされている。このように、リニアエコノミーからサーキュラーエコノミーに移行することは、気候変動および自然資本に関する問題に対する解決策の1つとして考えられているのみならず、経済の国際的競争力を維持・向上するためにも有効であると考えられている。

2　各国の動向

気候変動や自然資本の損失への懸念が強まる中、各国政府は人類が自然環境に及ぼす影響を緩和するための行動を実施している。このような中で、各

(注3) 環境省・前掲（注1）60頁。

(注4) 経済産業省繊維製品における資源循環システム検討会「繊維製品における資源循環システム検討会報告書」(2023年9月28日) 7頁。

国政府はサーキュラーエコノミーへの移行を推し進めるための政策の策定が急ピッチに進められている。そこで、以下ではサーキュラーエコノミーへの移行のための各国政府の政策動向を概観する。

(1)　E　U

欧州グリーンディールやEUタクソノミーをはじめとする環境保護政策を推し進める欧州連合（EU）は、サーキュラーエコノミーへの移行のためにさまざまな施策を実施している。欧州委員会は、2015年12月に発表したサーキュラーエコノミー行動計画の成果を踏まえて、2020年3月11日に「New Circular Economy Action Plan（新循環型経済行動計画）」(注5)を発表し、EU全域でのサーキュラーエコノミーへの移行を加速させることを表明した。新循環型経済行動計画では、サーキュラーエコノミーへの移行のために、①持続可能な製品の設計、②消費者の権利の強化、③重点とすべき産業分野でのサーキュラーエコノミーへの移行の加速、④廃棄物の削減の4つを大きな目標としている。

第1に、資源効率に優れ、循環型経済に適合した製品を製造することを標準化するために、持続可能な製品をEUの規範とすることを示している。具体的には、新たに生産される製品に関して、耐久性、再利用可能性、アップグレード可能性、修理可能性の向上を求めることや、製品の性能と安全性を確保しつつ、リサイクル率を高めることなど、製品の生産者に対して持続可能な製品の設計を求めている。第2に、消費者にとって持続可能性に配慮した製品を選択する機会を与えるために、消費者の権利を強化することを目標としている。具体的には、消費者が製品を購入する際に、製品の寿命や修理サービス、スペアパーツ、修理マニュアルの有無など、持続可能性への配慮に関する情報を得られるようにするためのEU消費者法の改正が提案されている。第3に、サーキュラーエコノミーへの転換余地が大きい重点産業分野における持続可能性の課題への取組みの加速を提案している。具体的に

（注5）European Commission, *COMMUNICATION FROM THE COMMISSION TO THE EUROPEAN PARLIAMENT, THE COUNCIL, THE EUROPEAN ECONOMIC AND SOCIAL COMMITTEE AND THE COMMITTEE OF THE REGIONS A new Circular Economy Action Plan For a cleaner and more competitive Europe*, March 2020.

は、電子・情報通信機器、バッテリーおよび車両、包装、プラスチック、繊維、建築、食品のそれぞれの産業に適したサーキュラーエコノミーへの移行の施策が打ち出されている。例えば、電子・情報通信機器であれば、「サーキュラー・エレクトロニクス・イニシアティブ」を発表し、携帯電話、タブレット端末、ノートパソコンを含む電子・情報通信機器について、エネルギー効率と耐久性、修理可能性、アップグレード可能性、メンテナンス、再使用、リサイクルを考慮した設計となるように規制措置を講じることや、共通の充電器の導入、充電ケーブルの耐久性向上、充電器の購入を新しい機器の購入から切り離すためのインセンティブを含む、携帯電話や同様の機器の充電器に関する規制措置を実施することが検討されている。第4に、廃棄物の削減とリサイクル率の向上を促進するために、特定の廃棄物に関する廃棄物削減目標を提示することや、質の高いリサイクルの実現のために、廃棄物の効果的な分別収集システムの導入を検討している。また、EU域外への廃棄物の輸出を制限するために、廃棄物輸送に関するEU規則の見直しがなされる。

このような新循環型経済行動計画や欧州グリーンディールの一環として、2022年3月にサーキュラーエコノミーパッケージを発表し、サーキュラーエコノミーへの移行のために実施される具体的な政策案が示された。これらの政策案は、基本的に新循環型経済行動計画に沿うものとなっており、EU市場における製品の循環性を高めるための持続可能な製品イニシアティブ、エコデザイン法の改革、2022年～2024年のエコデザイン作業計画、持続可能で循環可能な繊維製品戦略、建設製品規則の改正案、消費者の力を強化するための新たな規則などが含まれる。また、2023年1月17日に、EU廃棄物輸送規則の改正案が欧州議会で採択された(注6)。この改正案によって、EU域外への廃棄物輸出に関する規則が強化され、EUから非OECD諸国への有害廃棄物の輸出が禁止される。また、非有害廃棄物の回収を目的としたEU域外への輸出は、OECD非加盟国が同意し、廃棄物を持続的に処理

（注6）European Commission, Waste shipments: MEPs push for tighter EU rules, available at,（https://www.europarl.europa.eu/news/en/press-room/20230113IPR66627/waste-shipments-meps-push-for-tighter-eu-rules#:~:text=With%20the%20adopted%20text%2C%20MEPs,countries%20would%20also%20be%20prohibited）（2024年7月31日最終閲覧）。

できることを証明した場合にのみ許可されることとなる。さらに、欧州委員会は、OECD加盟国への廃棄物輸出に関して、廃棄物が規則に従って環境に配慮された方法で管理され、その国の国内廃棄物管理に悪影響を与えないように、廃棄物輸出を監視するとされている。加えて、2023年3月18日に、欧州委員会は、重要原材料法の規則案を公表した(注7)。EUが輸入に多くを依存している、コバルトやニッケルなど重要技術に関連する鉱物や原材料をEU内で持続的に供給することができるようにすることを目的とするものであるが、この重要原材料の供給のために原材料のリサイクルと循環性を強化することが掲げられており、サーキュラーエコノミーモデルを前提とした戦略がとられている。具体的には、EU諸国は、重要原材料を多く含む廃棄物の回収を改善し、２次的重要原材料のリサイクルを確保するための措置を講じることが求められており、EU諸国と民間事業者は、抽出廃棄物からの重要原料回収の可能性を調査しなければならないとされている。続いて、同年７月５日に、欧州委員会は、繊維製品の全ライフサイクルについて生産者に対して責任を負わせ、EU全体で繊維廃棄物の持続可能な管理を支援するための規則(注8)を提案した。この規則では、すべてのEU加盟国において、繊維製品に対する強制的かつ調和のとれた拡大生産者責任（EPR）制度の導入を提案しており、EUにおける繊維製品の分別収集、分別、再利用、リサイクル分野の発展を加速させるものとされる。生産者は、繊維製品の廃棄物管理費用を負担しなければならないが、これは、廃棄物を削減し、繊維製品の循環性を高めるインセンティブを与えることになり、また、生産者がEPR制度に支払う生産者負担金は、分別収集、分別、再利用、リサイクル能力への投資に充てられる。

上記の通りEUではサーキュラーエコノミーへの移行のために具体的な

（注７）European Commission, Critical Raw Materials Act, *available at*（https://single-market-economy.ec.europa.eu/sectors/raw-materials/areas-specific-interest/critical-raw-materials/critical-raw-materials-act_en#:~:text=The%20Critical%20Raw%20Materials%20Act%20（CRM%20Act）%20will%20ensure%20EU,2030%20climate%20and%20digital%20objectives.）（2024年７月31日最終閲覧）。

（注８）European Commission, Circular economy for textiles: taking responsibility to reduce, reuse and recycle textile waste and boosting markets for used textiles, available at（https://ec.europa.eu/commission/presscorner/detail/en/ip_23_3635）（2024年７月31日最終閲覧）。

産業分野ごとに必要な規制の導入を進めており、今後も同様の規制の導入は進むものと考えられる。したがって、EUにおいて事業を行う場合、特に廃棄物を発生させることが想定される事業を行う場合には、サーキュラーエコノミーへの移行に関する政策動向を注視しつつ、導入される規制に対応できるように事前に準備しておくことが望ましいと考えられる。

(2) 英　国

英国は、EUを離脱してはいるものの、サーキュラーエコノミーへの移行が英国にとっても競争力、成長、回復力、環境の健全性といった長期的な利益をもたらすものと考え、2020年にEUが発表した新循環型経済行動計画の内容に沿う形で同年にサーキュラーエコノミーパッケージを発表している。また、2022年３月に競争市場庁は政府に対するさらなる行動のための提言を発表しており、その一部はEUのサーキュラーパッケージの提案とほぼ一致しておりしている。具体的には、消費者が持続可能な選択をしやすくするための消費者法の改正、環境に害を及ぼす可能性のある消費者法違反に対する効果的な執行を支援、気候変動への取組みにおいて、セクターや規制体制を超えた一貫性と協調性の向上の奨励、より持続可能な消費を促進する方法の特定をの必要性を提言している[注9]。なお、廃棄物政策は地方分権に属する問題であるため、スコットランド、ウェールズ、北アイルランドの各政府が、サーキュラーエコノミー、資源管理、廃棄物に関する戦略や政策の実施に責任を負っており、具体的な廃棄物政策に関しては英国内における各政府による政策を個別に注視する必要がある。

(3) フランス

フランスは、サーキュラーエコノミーへの移行を目指して、2020年に製品の設計段階から廃棄物と汚染を排除し、生産、流通、消費のシステムをリニアエコノミーモデルからサーキュラーエコノミーモデルへと変革すること

(注９) Competition and Markets Authority, *Environmental sustainability and the UK competition and consumer regimes: CMA advice to the Government*, March 14, 2022, *available at* (https://www.gov.uk/government/publications/environmental-sustainability-and-the-uk-competition-and-consumer-regimes-cma-advice-to-the-government) (2024年７月31日最終閲覧)。

を目的とするサーキュラーエコノミーおよび廃棄物対策に関する法律を採択した[注10]。この法律は、2040年までに使い捨てプラスチック包装を段階的に廃止すること、再利用を奨励し、慈善団体を支援することによって、廃棄物をなくすこと、設計段階から材料の回収に至るまで、より良い資源管理システムを推進すること、消費者により良い透明性のある情報を提供することを目的としている。具体的には、企業は売れ残った商品を埋め立てたり焼却することは禁止され、売れ残った商品を再利用、寄付、リサイクルしなければならなくなり、メーカーに設計段階での修理可能性を考慮させ、消費者に機器購入時の修理オプションを認識させることで、修理される製品の割合を増やすために、スマートフォン、ノートパソコン、洗濯機、テレビなどの電子・電気製品に、修理可能性指数の表示を義務づけなければならないとされた。また、汚染者負担責任の原則も適用され、修理費用を削減するため、特定の汚染者負担制度を財源とする修理基金を創設している。

(4)　ドイツ

ドイツでは、2012年に、天然資源を保護し、環境に適合した廃棄物処理を確保するために、サーキュラーエコノミーへの移行を促進するサーキュラーエコノミー法が制定されており[注11]、また、2021年にはサーキュラーエコノミーへの移行のためのロードマップが発表された[注12]。同ロードマップによれば、ドイツがサーキュラーエコノミーの移行を実現するために

(注10) Ministère de la Transition écologique et de la Cohésion des territoires, La loi anti-gaspillage pour une économie circulaire, November 15, 2023, available at (https://www.ecologie.gouv.fr/loi-anti-gaspillage-economie-circulaire#:~:text=La%20loi%20anti%2Dgaspillage%20pour%20une%20%C3%A9conomie%20circulaire%20entend%20acc%C3%A9l%C3%A9rer,la%20biodiversit%C3%A9%20et%20le%20climat)(2024年7月31日最終閲覧)。

(注11) Bundesministerium für Umwelt, Naturschutz, nukleare Sicherheit und Verbraucherschutz, *Circular Economy and Safeguard the Environmentally Compatible Management of Waste Circular Economy Act*, available at (https://www.bmuv.de/en/law/circular-economy-and-safeguard-the-environmentally-compatible-management-of-waste), (2024年7月31日最終閲覧)。

(注12) Circular Economy Initiative Deutschland、Circular Economy Roadmap for Germany, May, 2021, available at (https://www.circular-economy-initiative.de/circular-economy-roadmap-for-germany) (2024年7月31日最終閲覧)。

重要な要素は大きく4つある。第1にサーキュラーエコノミー型ビジネスモデルを開発することであり、このようなビジネスモデルの開発を支援するために、新たなイノベーションの場の創出、長期的な協力体制やセクター横断的な価値ネットワークを構築援助、循環政策のための一貫したデザインを提供する必要があるとする。第2に、国内および国際的な委員会において確立された規範や基準に対応するための主要なサーキュラーエコノミーの目標を定める必要があるとする。第3に、サーキュラーエコノミーに関連する情報を商業的に利用できるようにする方法を開発する必要があるとする。第4に、製品価値の保持を可能にするために、サーキュラーエコノミーのための首尾一貫した製品政策を定めるべきであるとする。特に、循環型設計の原則に従って製品を製造するための明確かつ強制的な仕様の定義、製品の特徴に容易にアクセスできるようにすること、製品のライフサイクルを通じた責任と保証に関する規則、返品・引取義務が明確に定義されることなどが必要な製品政策として挙げられている。このようにサーキュラーエコノミーへの移行のためのロードマップが示されたため、今後ドイツにおいては、このロードマップに従って、サーキュラーエコノミーの実現のための政策の実施が加速してくことが考えられる。

3　日本の動向

上記のような世界的動向の中で、日本においてもサーキュラーエコノミーに関する政策の実施は進んでいる。そこで、以下では日本におけるサーキュラーエコノミーに関する政策について概観する。

(1)　循環経済ビジョン2020

2020年に経済産業省は、「循環経済ビジョン2020」[注13]をとりまとめた。「循環経済ビジョン2020」は、循環性の高いビジネスモデルへの転換、市場・社会からの適正な評価の獲得、レジリエントな循環システムの早期構築の3つの観点から、日本における循環経済政策の目指すべき基本的な方向性を提示している。第1に、循環性の高いビジネスモデルへの転換という観

(注13) 経済産業省「循環経済ビジョン2020」(2020年5月)。

点から、動脈産業においては、循環性をデザインし、リサイクルまでリードする循環産業への転換を図るために、イノベーションや「すり合わせ」による環境配慮設計を通じた新たな市場の創出、リース・シェアリング・サブスクリプション等を通じた製品所有権を維持した形での流通・回収・使用済製品の自主回収や静脈産業と連携したリサイクルルートの確立を目指すこと、静脈産業においては、リサイクル産業からリソーシング産業への転換を図るために、多様な使用済製品の広域回収の実施および自動選別技術等を活用した高品質な再生材の安定供給を目指すことを求めている。第２に市場・社会からの適正な評価の獲得という観点から、投資家および消費者の役割の重要性を指摘している。投資家には、投資家機能を活用した企業活動の転換促進・短期的な収益に顕れない企業価値の適正な評価、「対話」を通じた中長期的な企業価値の協創、ESG 投資等による好循環の創出を求めており、消費者には、循環経済システムの構成員としての行動として、環境負荷の低い製品の率先購入、廃棄物等の排出の極小化など消費行動・ライフスタイルの転換を求めている。第３にレジリエントな循環システムの早期構築という観点から、国内における対策として国内リサイクル先の質的・量的確保、主要素材の中長期の資源循環バランスの評価・分析、リサイクル手法のベストミックス検討、技術開発、既存の製品規格・JIS・規制基準のアップデートを求め、また、国際的な対策として、国際資源循環・国際展開のために、わが国循環技術・システムをアジアを中心に展開すること、国際資源循環システムの中長期的観点からの再構築を求めている。これらの３つの観点について、日本の国産業競争力の強化につなげるべく、①ソフトローを活用しつつ、事業者のビジネスモデルの転換を促すとともに、こうした取組みを支えるべく、②投資家など関係主体の役割・機能が発揮される事業環境の整備や③中長期的にレジリエントな循環システムの構築を進めるとされている。

(2)　サーキュラーエコノミーに係るサステナブル・ファイナンス促進のための開示・対話ガイダンス

環境省は経済産業省と合同で、2021 年にサーキュラーエコノミーおよびプラスチック資源循環に資する取組みを進める企業が、国内外の投資家や金融機関から適正に評価を受け、投融資を呼び込むことができるよう、開示および対話・エンゲージメントの手引きとして「サーキュラー・エコノミーに係るサステナブル・ファイナンス促進のための開示・対話ガイダンス」(注14)をとりまとめている。同ガイダンスでは、サーキュラーエコノミーに係る開示・対話に関して、「価値観」、「ビジネスモデル」、「リスクと機会」、「戦略」、「指標と目標」、「ガバナンス」の６つの項目に着目してポイントを整理し、各項目の相互関係を〔図表5-1-16〕の通り視覚的に図示している。

同ガイダンスでは、〔図表5-1-16〕で示される各項目の相互関係を踏まえて、それぞれの項目について、以下の通りのポイントを踏まえた開示・対話を行うことが推奨されている。第１に、価値観に関して、企業は、サーキュラーエコノミーに関する課題を、自社にとってのマテリアリティとして位置づけた場合、数ある社会課題の中からサーキュラーエコノミーに関する課題を自社が事業活動を通じて取り組むべきマテリアリティとして特定した理由とサーキュラーエコノミーに係る取組みを企業価値向上につなげるための基本的な方向性について、企業理念やビジョン等の全社的な上位方針に統合的に位置づけられていることを示すことが求められる。これに対して、投資家としては、経済価値と社会的価値の両立が持続的な企業価値の向上に寄与することを踏まえつつ、企業がサーキュラーエコノミーに関する課題をマテリアリティとして特定した理由とその合理性を評価することが重要となる。第２に、ビジネスモデルに関して、企業は、自社のサーキュラーエコノミーに係るビジネスモデルが前提とする市場環境とその中長期的動向を適切に分析し、それがどのように持続的な企業価値向上に結びつくのかを、直接または間接の顧客に届ける価値と関連づけて一貫して説明し、その際、自社のサーキュラーエコノミーに係るビジネスモデルの競争優位性を維持するために不可欠な経営資源や無形資産を特定し、それらを開発・強化するためにどのような投資を行う必要があるのかについて、ビジネスモデルと戦略を一体的に示すことが求められる。これに対して、投資家としては、企業の経営資源や無形資産への投資について、それらが企業の競争優位や価値創造へ及ぼす影響と、その確保が脅かされるリスクに対する対応策を適切に認識して中長期的な投資判断を行うことが重要となる。第３に、リスクと機会に関して、企業は、自社の事業活動に影響を及ぼすと考えられるリニアエコノミーに依存

(注14)　経済産業省＝環境省「サーキュラー・エコノミーに係る サステナブル・ファイナンス促進のための開示・対話ガイダンス」(2021年１月)。

〔図表 5-1-16〕開示・対話に当たって意識すべき各項目の相互関係

	価値観	ビジネスモデル	リスクと機会	戦略	指標と目標	ガバナンス
①上位方針	企業の価値観として**CEに関する課題**を**重要事項**として特定 **中長期の全社的な方針**として位置付けている 企業理念 等 経営者メッセージ	重要と位置付けたCEに関する課題について**持続的な企業価値向上に結びつける**かを示している ✓ CEに関する価値観、ビジネスモデル、ガバナンスが一貫している				重要と位置付けたCEに関する課題について、**経営層や取締役会の関与のプロセス**が組み込まれていることを示している
②実行 ✓ビジネスモデルを実現するため、CEに関するリスクと機会を把握し、戦略的に経営資源・無形資産等を確保・強化している ✓戦略の達成度を測る尺度としてリスクと機会に対応した指標(KPI)と目標を予め設定し、適切な業務執行の下着実に実行されている		**市場勢力図**における位置付け/類型 バリューチェーンにおける位置付け 差別化要素及びその持続性 ・経営資源・無形資産 ステークホルダーとの関係	CEへの移行に向けて**重要なリスク・機会**を特定し、戦略と関連付けて**持続的な価値創造**にどのようにつなげていくかを示している 内部/外部要因 ・政策と法 ・技術 ・市場 ・評判 移行コストの収益化 CEに伴う機会・リスクの重要性や対処方針を**組織として決定した過程**を示している	特定したリスク・機会に備え、競争優位の源泉となる**経営資源・無形資産や、ステークホルダーとの関係を維持・強化**する方策を示している バリューチェーンにおける影響力強化等 経営資源・無形資産等の確保・強化 ・人的資本 ・技術（R&D、デジタル） ・ブランド・顧客基盤	CEへの移行に向けた取組がいかに持続的な企業価値の向上に貢献するか**達成度を測る尺度として指標(KPI)と目標**を設定している **特定したリスク・機会に対応した形**で戦略の成果を評価する指標(KPI)と目標を設定している	ビジネスモデルと戦略で示した方針が**適切な業務執行の下で着実に実行されるよう監督・評価の仕組み**が示されている
③PDCA ✓中長期のビジョンの下、戦略実現に向けた時間軸を示すとともに、KPIとアウトカムの評価をPDCAを通じて戦略見直しに活用している				**中長期のビジョン**の下で戦略実現に向けた**時間軸**を示している	**KPIの達成状況**と併せて、**どのような企業価値向上につながるアウトカム**があったかを示している	KPIの達成状況やアウトカムに係る評価を**PDCAサイクルに活用**している

＊経済産業省・環境省「サーキュラー・エコノミーに係る サステナブル・ファイナンス促進のための開示・対話ガイダンス（2021）」iii頁。

するリスク、サーキュラーエコノミーに移行する機会、自社のビジネスモデルを持続的に成長させる上でのリスクと機会を整理し、サーキュラーエコノミーへの移行を機会として捉え、価値を創造していく上で、自社の取組みを、いかに目標となる収益性を保ちながら中長期的に投資回収していくのかについて、戦略と関連づけて説明し、それがどのように持続的な企業価値に貢献するか評価の指標や方法とともに説明することが求められる。これに対して、投資家としては、企業が特定されたリスクに対し、中長期的な視点からどのように対応し、あるいは機会へ転換していくのか、足下の移行に向けた投資を非効率なコストとして認識するにとどまることなく、企業の戦略とあわせて有機的に理解することが重要となる。第４に、戦略に関して、企業は、自社のビジネスモデルの競争優位を支える経営資源・無形資産等をどのように確保・強化し、それらを喪失するリスク等に対してどのような方策を講じているのかを、時間軸の設定方法を含めて中長期の価値創造ストーリーの中で整理することが求められる。これに対して、投資家としては、企業が示す戦略が、ビジネスモデルで示した内容を実現し、企業が特定したリスクと機会に対応するために、一貫性を持った中長期の価値創造ストーリーの中に位置づけられているか評価し、経営資源・資本配分がいかに持続的な企業価値向上に貢献するか、また、それらの前提となる時間軸の設定についても考慮することが重要となる。第５に、指標と目標に関して、企業は、企業価値向上に向けた戦略の実行に関する道標として目標を、また、その達成度を測る尺度として重要指標をあらかじめ設定し、サーキュラーエコノミーに関して特定したリスク・機会と対応した形で投資家等に示すとともに、成果を併せた自己評価を説明することが求められる。これに対して、投資家としては、指標は企業や業種間の単純比較のためではなく、対話を通じて戦略の達成度や企業の価値創造ストーリーそのものを理解するためのものとして認識することが求められる。第６に、ガバナンスに関して、企業は、サーキュラーエコノミーに係る取組みに中長期的視点が不可欠であることに鑑み、経営層や取締役会が積極的に関与するプロセスが組み込まれているか、社内に向けて価値観に根ざした方針等がきちんと共有されているかを示すとともに、戦略の達成状況に係る評価を戦略の見直しに活用するPDCAが確立していることを示すことが求められる。これに対して、投資家等は、企業が自社の価値創造ストーリーに位置づけたサーキュラーエコノミーに係る取組みを着実に実行し、持続的な企業価値向上を実現できるかの確証を得るため、企業に規律づけられたガバナンスの仕組みが存在し、PDCAが適切に機能しているかを把握することが重要となる。

同ガイダンスは、上記の通りサーキュラーエコノミーに係るサステナブル・ファイナンスを実施するためのフレームワークを示しつつ、企業側と投資家側でそれぞれが考慮すべきポイントを指摘しており、サーキュラーエコノミーに係るサステナブル・ファイナンスを実施するに当たって有用なツールとして機能すると考えられる。

⑶　プラスチック資源循環促進法

2019年５月、政府は、海洋プラスチックごみ問題、気候変動問題、諸外国の廃棄物輸入規制強化の幅広い課題に対応するため、「プラスチック資源循環戦略」[注15]を策定した。このプラスチック資源循環戦略の一貫として、

2021年にプラスチックに係る資源循環の促進等に関する法律（プラスチック資源循環促進法）が制定された。同法では、プラスチック使用製品の利用削減やリサイクルについて、消費者、事業者、市町村、都道府県および国に対してそれぞれの役割に応じた努力義務を設定している。まず、消費者は、プラスチック使用製品廃棄物を分別して排出することとプラスチック使用製品をなるべく長時間使用することに努めなければならない（4条2項・3項）。事業者はプラスチック使用製品廃棄物およびプラスチック副産物を分別して排出するとともに、その再資源化等を行うよう努めなければならず（同条1項）、プラスチック使用製品をなるべく長期間使用すること、プラスチック使用製品の過剰な使用を抑制すること等のプラスチック使用製品の使用の合理化により、プラスチック使用製品廃棄物の排出を抑制するとともに、使用済プラスチック使用製品等の再資源化等により得られた物またはこれを使用した物を使用するよう努めなければならない（同条3項）。国は、プラスチックに係る資源循環の促進等に必要な資金の確保その他の措置を講ずること、プラスチックに係る資源循環の促進等に関する情報の収集、整理および活用、研究開発の推進およびその成果の普及その他の必要な措置を講ずること、教育活動、広報活動等を通じて、プラスチックに係る資源循環の促進等に関する国民の理解を深めるとともに、その実施に関する国民の協力を求めることに努めなければならない（5条1項～3項）。市町村は、その区域内におけるプラスチック使用製品廃棄物の分別収集および分別収集物の再商品化に必要な措置を講ずるよう努めなければならず、都道府県は、市町村に対し、前項の責務が十分に果たされるように必要な技術的援助を与えるよう努めなければならない（6条1項・2項）。

また、プラスチック資源循環促進法は、プラスチック使用製品設計指針を定め、指針に適合した製品であることを認定する仕組みを設けることで、設計・製造の段階でプラスチック製品の環境配慮設計を促し、使い捨てプラスチック製のストローやフォークなど、ワンウェイプラスチックの提供事業者が取り組むべき判断基準を策定し、プラスチックの販売・提供の段階におけるプラスチックによる環境への影響を低減化し、市町村や事業者をして、プ

（注15）消費者庁＝外務省＝財務省＝文部科学省＝厚生労働省＝農林水産省＝経済産業省＝国土交通省＝環境省「プラスチック資源循環戦略」（2019年5月31日）。

ラスチック資源の分別修習の促進や、プラスチック製品を自主回収・再資源化する計画を作成させることで、プラスチック使用後の段階におけるプラスチックのリサイクルを推進し、プラスチックの廃棄物の量を減らすことを求めている。同法は、このようなプラスチックの製造、販売・使用、使用後の各プロセスで一貫したプラスチックの再利用方法を定めることで、プラスチックのライフサイクル全体を通じて資源循環を促進させ、サーキュラーエコノミーへの移行を推進しようとしており、法律レベルにおいてもサーキュラーエコノミーへの移行のための政策の導入が進みつつあることがわかる。

第６部

独禁・通商

第１章
通商・投資法

第１節　人権問題と通商規制(注1)

1　はじめに

近年、特に米国およびEUを中心として、供給者から需要者に商品やサービスを移転させるために必要な過程や仕組み（以下、「サプライチェーン」という）や、企業が商品やサービスへの価値を付加する過程や活動（以下、「バリューチェーン」という）において人権侵害に対処するための規制が急速に拡大している。

伝統的には、ある国が他の国における人権侵害を取り上げる場合、国連やILOといった多国間の国際的なフレームワークの下で対処されてきた。これに対して、近年のかかる問題への各国のアプローチは、各国が、上記の国際的なフレームワークに必ずしも依拠することなく、限られた有志国間または単独で、かつ、物品やサービスの国際的な取引を制限する通商規制（輸入規制、輸出規制等）を用いて行われているという特色がある。

かかる規制の拡大には、さまざまな背景があると考えられる。例えば、これらの規制の進展が、人権という普遍的価値の尊重を徹底すべきとの国際社会における機運拡大を基礎としていることは間違いない。また、人権侵害に

（注１）本章は、西村あさひ法律事務所国際通商・投資プラクティスグループ編『人権・環境・経済安全保障――国際通商規制の新潮流と企業戦略』（商事法務、2023）の第１章の内容を基礎としつつ、同書の基準日（2022年11月30日）以降の法令改正等のアップデートを行ったものである。今回の執筆に当たり、同章を利用することについてご了解をいただいた同章執筆弁護士（根本拓弁護士、田代夕貴弁護士、稲岡優美子弁護士）に感謝する。

より安価に生産された外国産品と、そうではない自国産品の公正な競争（いわゆる「level playing field」）を確保すべきとの問題意識も、かかる規制を促進している。さらに、世界において、民主主義か権威主義かという異なる国家統治モデルないし国際秩序のあり方をめぐる競争が先鋭化する中で、前者の陣営に属する政府にとって、人権や民主主義という普遍的価値の戦略的な重要性が増してきていることも、これらの政府の取組みを支えていると考えられる。

このような問題意識は短期的に解消することは見込まれず、むしろ近年の国際社会においてより先鋭化し、人権侵害に対処するための通商規制も今後さらに発展していく可能性が高い。

本章は、これらの人権問題に対する近年の通商政策の発展について横断的に分析する。具体的には、これらを体系的に分析するための枠組みを提示した上で（本セクション）、欧米を中心として世界各国で導入または議論されているグローバル・バリューチェーン上の人権侵害に関する通商政策を当該枠組みの下で整理する（**2**〔p.744〕・**3**〔p.752〕）。そして、以上の分析から導き出される実務的インプリケーションについて論じる（**4**〔p.773〕）。

各国が人権問題に対処するために講じるさまざまな通商政策を体系的に整理するために、本章では、これらをまず、(1)複数国による何らかの国際枠組みを基礎とするアプローチ（以下、「複数国間アプローチ」という）と、(2)そのような国際枠組みに基づかない特定の政府による単独でのアプローチ（以下、「単独アプローチ」という）に大別する。両アプローチは、その成立過程や関与するステークホルダーが一般的に異なる（**〔図表 6-1-1〕**）。

(1)複数国間アプローチの中には、人権保護のために従来から用いられてきた①人権保護ないし人道上の危機に対処するための国連安全保障理事会決議に基づく経済制裁、および、②キンバリー・プロセス等の人権保護を直接の目的として貿易制限を行う特別の国際枠組みが含まれる。その上で、本章は、近時、③人権の保護を必ずしも直接の目的とはしないFTA(注2)において、人権問題への対処につながる規律が発展していることに着目する。

一方、(2)単独アプローチには、貿易相手国の人権保護状況への懸念に基づ

(注2) FTAおよびEPAを含む二国間ないし多国間自由貿易協定を指し示す語として用いる。

〔図表6-1-1〕人権問題に対する通商政策的アプローチの分類枠組み

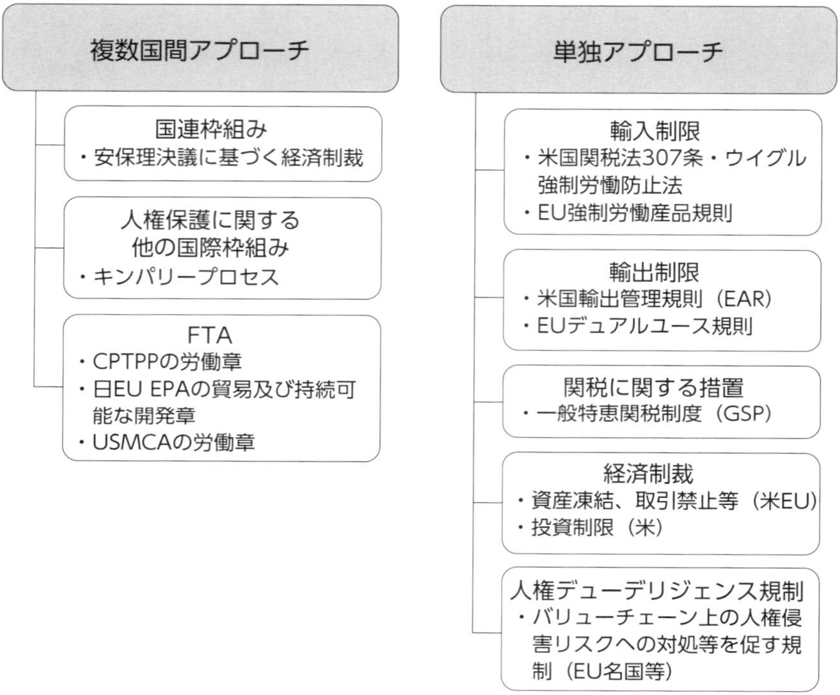

複数国間アプローチ	単独アプローチ
国連枠組み ・安保理決議に基づく経済制裁	輸入制限 ・米国関税法307条・ウイグル強制労働防止法 ・EU強制労働産品規則
人権保護に関する他の国際枠組み ・キンバリープロセス	輸出制限 ・米国輸出管理規則（EAR） ・EUデュアルユース規則
FTA ・CPTPPの労働章 ・日EU EPAの貿易及び持続可能な開発章 ・USMCAの労働章	関税に関する措置 ・一般特恵関税制度（GSP）
	経済制裁 ・資産凍結、取引禁止等（米EU） ・投資制限（米）
	人権デューデリジェンス規制 ・バリューチェーン上の人権侵害リスクへの対処等を促す規制（EU名国等）

いて各国政府により講じられる①輸入制限、②輸出制限および③関税に関する措置が存在する。この中には、(1)の国際枠組みの具体的な実施という性格を帯びる措置（例えばキンバリー・プロセスに基づく各国政府の紛争ダイヤモンドの輸出入制限）も含まれる。しかし、近年の傾向として特に重要なのは、国際枠組みに基づかない、または基礎とする国際枠組みを超える措置が拡大していることであり、本章はそのような措置を中心に論じる。

また、各国によるグローバル・バリューチェーン上の人権侵害に対処するための単独アプローチとして、④経済制裁や、⑤人権デューデリジェンス規制といった措置も、企業間の国際的な取引に影響を与える(注3)。本章では④経済制裁について解説し、⑤人権デューデリジェンスの詳細については**第4部第2章第4節**〔p.466～〕を参照されたい。

FTAおよび単独アプローチに分類される各措置の進展の概要を示すと以下の通りとなる。

FTA：CPTPP(注4)および日EU EPA、USMCAといったFTAの締約国は、関連するILO条約が未批准であっても、ILO宣言上の中核的労働基準を尊重する法的義務を課され、またこれらの義務違反がFTA上の紛争解決手続等によって争われ得るようになっており、さらに政府、企業、個人等が締約国３働問題から生じる不利益に対処するために活用し得る多様な手段が提供されている。

輸入制限：近年、米国において、強制労働に関する輸入制限の規律と執行の強化が進む。かかる執行は、中国産品に限られず幅広い地域からの産品を対象に拡大しているが、特に、2022年６月のウイグル強制労働防止法の施行によって、新疆ウイグル自治区で生産された産品等に対する輸入制限が強化されている。一方で、EUにおいても、強制労働によって作られた産品に対する輸入制限に関する規制が導入される予定である。

輸出制限：米国は、輸出許可の審査における輸出対象国の人権侵害状況の考慮、人権侵害を生じさせるおそれがある品目の輸出規制対象への追加、人権侵害が生じている特定の国や人権侵害に関与する個人・団体への輸出規制の強化等、輸出規制において人権侵害が考慮される範囲を広げている。一方で、EUにおいては、2021年９月に、相手国のサイバー監視技術を用いた人権侵害に対処するためのデュアルユース規則の改正が成立した。

関税に関する措置：米国およびEUは、開発途上国を原産地とする産品の輸入について一般の関税率より低い税率を適用する一般特恵関税（GSP）の対象国の認定に際して、当該国における人権の尊重状況を考

(注３) なお、この他にも例えば、政府調達について、国内外のバリューチェーン上に人権侵害がないことを政府調達の条件として求めることも、そのような人権侵害への対処につながるものとなる。かかる規律を含む米国の政府調達制度については、日本貿易振興機構（ジェトロ）海外調査部ニューヨーク事務所「グローバル・バリューチェーン上の人権侵害に関連する米国規制と人権デューディリジェンスによる実務的対応」(2022) 29頁以下参照。日本においても、政府調達の入札説明書や契約書等において、「入札希望者／契約者は『責任あるサプライチェーン等における人権尊重のためのガイドライン』（令和４年９月13日ビジネスと人権に関する行動計画の実施に係る関係府省庁施策推進・連絡会議決定）を踏まえて人権尊重に取り組むよう努める」旨の記載の導入を進めることとされ（ビジネスと人権に関する行動計画の実施に係る関係府省庁施策推進・連絡会議決定「公共調達における人権配慮について」〔2023〕)、実際に各府省庁で取組みが進められた（ビジネスと人権に関する行動計画の実施に係る関係府省庁施策推進・連絡会議「『ビジネスと人権』に関する行動計画第４章５の規定に従って実施した３年目意見交換（結果概要)」〔2024〕)。

(注４) 環太平洋パートナーシップに関する包括的及び先進的な協定。

慮している。
経済制裁：米国およびEUは、深刻な人権侵害に関与した主体を経済制裁の対象として指定し、資産凍結、取引禁止等を行う法制度を有し、実際にかかる観点からの経済制裁が拡大している。
人権デューデリジェンス規制：欧州各国やEUを中心として、バリューチェーン上の人権侵害のリスクの特定、予防、軽減、対処等の取組みについて開示や実施を促したり義務づけたりする規制が進展している。

これらのうち各国が単独で講じる措置は、一見すると、米国およびEUを中心として個別に発展しているようにも見える。しかし、国際的なフォーラムに目を向ければ、FTAを通じたルール形成に加えて、G7等において、特定の問題に有志国が共同で取り組む意思の表明や、具体的な規制の導入および執行における国際的な連携に向けた動きが活発化している。したがって、今後の動向を分析するに当たっては、これらの国際フォーラムを通じて関連する通商規制の共通化ないし収れんが進む可能性にも留意することが重要となる。

2　人権侵害に関する複数国間での通商政策アプローチ

人権保護を直接の目的とする国際的なフレームワークでは、輸出入制限等の貿易関連措置が用いられてきた。これに対して、貿易に関する基本的な国際枠組みであるWTO協定は、人権に関する規律を明示的に含んでおらず、特に労働の分野については、1996年のシンガポール閣僚宣言において、これを国際労働機関（ILO）に委ね、WTOでは扱わないとされた。しかし、同時期から、FTAの中に労働分野に関するルールが組み込まれ始め、近年はそのようなルールを含むFTAの数が増加するとともにそのルールが強化され、人権保護に関する通商政策としてのFTAの重要性が高まっている（注5）。

（注5）箭内彰子「貿易だけではない貿易協定——労働法の執行を怠ると貿易協定違反になるのか？」IDEスクエア・世界を見る眼（日本貿易振興機構アジア経済研究所）（2019）（http://hdl.handle.net/2344/00051416）2頁～3頁および7頁図1（2024年9月16日最終閲覧）参照。

(1)　国連安保理決議に基づく経済制裁

人権保護ないし人道的危機への対処を目的とする輸出入制限を含む最も大きな国際枠組みは、国連安全保障理事会決議に基づく経済制裁（国連憲章41条）である(注6)。このような経済制裁は、これまで、南アフリカ（1977）、ソマリア（1992）、コンゴ民主共和国（2003）、スーダン（2004）、リビア（2011）等を対象として発動されてきた(注7)。

(2)　国連外での国際枠組みに伴う輸出入制限

輸出入制限を伴う人権保護を目的とする国際枠組みは、国連の外でも発展してきた。その代表例が、2002年に採択されたいわゆるキンバリー・プロセス証明制度である(注8)。同制度は、ダイヤモンド原石の取引が反政府武装勢力の資金源となって武装対立が激化し、また人々の安全が危険にさらされていることに鑑み、そのような勢力によって扱われるダイヤモンド原石（いわゆる紛争ダイヤモンド）を、原産地証明の厳格化を通じて国際市場から排除しようとするものである(注9)。同制度には現在、59の国および地域が参加しており(注10)、各国は、ダイヤモンド原石が本制度に基づき取り扱われたものであることの証明書（キンバリー・プロセス証明書）の添付を輸出入時に求める等の管理を行っている(注11)。

（注6）国連において成立した輸出入制限を伴う国際枠組みの他の例として、2000年に採択された児童の売買等に関する児童の権利条約選択議定書がある。同議定書は、児童ポルノの輸出入等を犯罪化する義務を規定している（3条1項(c)）。

（注7）国連安保理決議に基づく経済制裁を詳しく分析したものとして、三菱UFJリサーチ&コンサルティング株式会社「委託調査　安保理決議による経済制裁：制裁に至る事情・内容・効果等の横断的比較分析報告書（2013）」（外務省委託調査）。

（注8）同制度の詳細については、例えば、西元宏治「紛争ダイヤモンド取引規制レジームの形成と展開」中山信弘編集代表『国際社会とソフトロー』（有斐閣、2008）137頁以下。

（注9）Kimberley Process Certification Scheme, *available at* https://www.kimberleyprocess.com/en/system/files/documents/20131122_kpcs_core_document_eng_amended_clean.pdf（2024年9月16日最終閲覧）（以下、「KPCS文書」という）。

（注10）2024年9月16日現在のキンバリー・プロセスWebサイト参照（https://www.kimberleyprocess.com/en/participants）（2024年9月16日最終閲覧）。EUが1つの参加地域としてカウントされているため、国としては全体で85か国が参加していることになる。

⑶　FTA の労働関連ルール

以上に対して、一般的には人権の保護を直接の目的とはしないFTAについても、人権に関するルールを盛り込んだものが増えている。例えば、CPTPPにおいては、労働章、協力及び能力開発章（教育、ジェンダー平等等）、開発章（女性の経済への参加等）等に人権に関係する規定が含まれている。

これらのうち特に、労働者の権利保護に関する規律が、多くのFTAにおいて強化されてきている。これは、労働者の国際基準に基づく人権保護の必要とともに、労働基準の不遵守は公正な国際競争を歪め得るものであり、貿易歪曲的措置の１つとして貿易協定の枠組みの中でも対処されるべきとの発想を背景としているとされる(注12)。このようなFTAのうち、以下では日本への影響が大きいと考えられるCPTPP、日EU EPA、さらにはUSMCAの労働関連ルールについて分析する。

ア　CPTPP

CPTPP労働章は、各締約国が法令および慣行において、ILO宣言上の中核的労働基準（以下、「ILO中核的労働基準」という）を採用し、および維持することを求める（19.3条１項）。ILO中核的労働基準とは、①結社の自由および団体交渉権の実効的な承認、②あらゆる形態の強制労働の撤廃、③児童労働の実効的な廃止および最悪の形態の児童労働の禁止、ならびに④雇用および職業に関する差別の撤廃である(注13)。さらに、上記19.3条１項の規定を実施する自国の法令について免除その他の逸脱措置をとってはならないこと（19.4条(a)）、および自国の労働法令の効果的な執行を怠ってはならないこと（19.5条１項）も定められている。一方で、これらの規定の不遵守が協定上の義務違反となるためには、当該不遵守が「締約国間の貿易又は投資に影響を及ぼす態様」であったことを、違反を主張する締約国が示さなければならない（同章注４・19.4条第２文・19.5条１項）。

（注11）KPCS文書Section III。

（注12）International Labour Organization et al., Social dimensions of free trade agreements. 6-7（2015）.

（注13）なお、2024年12月から、安全で健康的な職場環境分野（1981年職業上の安全及び健康に関する条約および2006年職業上の安全及び健康促進枠組条約）も中核的労働基準へと追加される。

CPTPP 労働章上生じる問題は、CPTPP 紛争解決章の対象となり（19.15条）、紛争解決パネルによって、対象措置が CPTPP に基づく締約国の義務に適合しないこと等を認定され得る（28.19 条２項）。この場合に違反国は、違反を解消しなければならず、違反が解消されない場合には、最終的に申立国から、違反によりもたらされた効果と同等の効果を有する利益を停止されうる（28.20 条）。

CPTPP 上はこのような争いはまだ提起されていないが、他の FTA 上定められた労働に関する義務が争われた近年の事例として、中米・ドミニカ共和国・米国自由貿易協定（以下、「CAFTA-DR」という）の下で、米国が、グアテマラ政府による結社の自由、団体交渉権および適切な労働条件に関する労働法の実効的な執行の懈怠を争った事例がある。CAFTA-DR は、CPTPP と同様、かかる懈怠が協定違反となるためには、「締約国間の貿易に影響を与えるような態様」であることが要件となっていたところ（注14）、仲裁パネルは、2017 年の最終報告書において、かかる執行の懈怠を一部認めた一方で、それが両国の貿易に影響を与えていることまでは認められないとして、グアテマラの協定違反は認定しなかった（注15）。

この他にも、CPTPP 労働章は、よりソフトな紛争解決の仕組みも設けている。この１つがパブリックサブミッション制度であり、各締約国がすべての締約国の者から労働章の規定に関連する事項（規定違反等）について意見書を受領し、適時に回答等することが求められている（19.9 条）。また、締約国が他の締約国に対し、労働章の下で生ずる問題に関する対話を要請する労働対話制度も定められている（19.11 条）。さらに、同章の規定に関連する事項の利害関係者は、締約国政府間で設置される労働評議会に申立てを行うことができる（19.14 条）。

イ　日 EU EPA

EU は、国際法に基づく義務を再確認する人権条項を政治協定に規定した上で、当該政治協定を貿易協定とリンクさせたり、政治協定を締結しない場合には人権条項を貿易協定に含めることにより、世界最大の貿易圏としての影響力を利用して、人権の尊重を促進してきた（注16）。

（注14）CAFTA-DR 16 章２条１(a)項。

（注15）Guatemala — Issues Relating to the Obligations under Article 16.2.1 (a) of the CARTA-DR, Final Report of the Panel, June 14, 2017, para. 594.

例えば、日EU EPAの貿易及び持続可能な開発章は、労働者の保護について、CPTPPと同様に、労働に関する法令の効果的な執行を怠らない等の義務（16.2条2項）、ILO中核的労働基準を自国の法令および慣行において尊重等する義務（16.3条2項）等を定める(注17)。ここで着目すべきは、後者のILO中核的労働基準に関する義務については、CPTPPと異なり、「貿易又は投資への影響を及ぼす」態様であることが違反の要件となっておらず、同項に定める原則の不遵守が直ちに協定違反となる点である(注18)。

日EU EPAの貿易及び持続可能な開発章に関する紛争は、CPTPPと異なり、同EPAの紛争解決手続ではなく、専門家パネルにより扱われる（16.18条1項）。この仕組みの下では、問題の解決は、専門家パネルの最終報告書およびその提案を考慮した上での締約国の討議に委ねられる（同条6項）。

また、日EU EPAも、問題解決に向けたよりソフトな仕組みを設けており、使用者団体、労働者団体等の独立した利害関係者で構成される国内の諮問機関との協議（16.15条）や市民社会との対話（同条）を定めている。

ウ　USMCA（米国・メキシコ・カナダ協定）

USMCAにも労働章が設けられ、ILO中核的労働基準の採用および維持等に関する規律とともに、主にメキシコの労働者保護の水準を引き上げることを通じて米国およびカナダの労働者を保護することを目的とした、労働に関する先進的な規定や仕組みが盛り込まれている。具体的には、強制労働によって生産された物品の輸入禁止(注19)等の規定等とともに、労働に関する義務違反を認めやすくするための種々の規定が置かれた。

例えば、USMCA 23.3条に基づき、各締約国は、①ILO宣言に述べられている権利を国内法令等において採用・維持する義務、②最低賃金、労働時

(注16) European Parliament, Human rights in EU trade agreements: The human rights clause and its application, at 2-5, July 2019（https://www.europarl.europa.eu/RegData/etudes/BRIE/2019/637975/EPRS_BRI（2019）637975_EN.pdf）（2024年9月16日最終閲覧）。

(注17) 日EU EPA 16.3条3項はさらに、各締約国は、自己の発意により、批准することが適当と認める基本的なILOの条約および他のILOの条約の批准を追求するための継続的かつ持続的な努力を払うものとされている。

(注18) 他方で、労働法令の執行に関する義務については、貿易または投資への影響を及ぼす態様であることが違反の要件となっている。

(注19) USMCA 23.6条。

コラム１：EU 韓国 FTA における労働規律に関する専門家パネル判断

日 EU EPA の専門家パネルの先例はまだない一方で、日 EU EPA と同様の労働ルールを含む EU 韓国 FTA 下での紛争について、2021 年１月に、韓国の義務違反を認定する専門家パネルの最終報告書が出されており、日 EU EPA にも示唆を与えるものとして注目に値する＊1。

当該報告書において、専門家パネルは、韓国の労働組合法の「労働者」の定義が個人事業主や失業者を含んでいないこと等が結社の自由および団体交渉権の実効的な承認の原則に反し、ILO 中核的労働基準を自国の法令において尊重等するとの同協定上韓国が負う義務に違反すると認めた。かかる判断に当たり専門家パネルは、貿易に影響が及んでいることはかかる義務の違反を認定するために不要であること、また韓国は、問題となった結社の自由に関する ILO 条約＊2 は未批准であったものの、EU 韓国 FTA の規律によって ILO 憲章や ILO 宣言に従い結社の自由の原則を遵守する FTA 上の法的義務を負ったことを確認している＊3。

＊１　Panel of Experts Proceeding Constituted Under Article 13.15 of the EU-Korea Free Trade Agreement, Report of the Panel of Experts, January 20, 2021.

＊２　結社の自由及び団結権保護条約（第 87 号条約）および団結権及び団体交渉権条約（第 98 号条約）。

＊３　＊１、パラグラフ 68・107・112・122 および 127。

間等を規律する国内法令等を採用・維持する義務を負う。かかる義務への違反は、CPTPP の規律同様、当該違反が「締約国間の貿易又は投資に影響を及ぼす態様である」場合にのみ認められる（USMCA 23.3 条脚注４第１文）一方で、かかる労働関連の義務への違反の立証を容易にするための仕組みも設けている。すなわち、同条は、違反が「締約国間の貿易又は投資に影響を及ぼす態様である」と認められる場合の具体例として、「締約国間で取引される物品を生産し又はサービスを供給する個人又は産業が関係している場合」等を明記し（同条脚注第２文）、さらに、紛争解決手続において、パネルは、違反を申し立てられた国による反証がない限り、違反が「締約国間の貿易又は投資に影響を及ぼす態様である」と推認しなければならないと定めている（同脚注５）。

加えて、USMCA では、米国・メキシコ間またはカナダ・メキシコ間の労働に関する協定違反の紛争に関して、通常の紛争解決手続とは別に、「事業所特定の迅速な労働問題対応メカニズム（Facility-Specific Rapid Response

Labor Mechanism：以下、「RRLM」という）」という新制度が導入された[注20]。米国の観点から見ると、RRLMの適用対象は、メキシコ国内の「対象事業所（Covered Facility）」[注21]の労働者が、メキシコの国内法令で保障されるべき団結権および団体交渉権を侵害されている場合とされる[注22]。米国政府は、かかる権利侵害があると判断する根拠がある場合[注23]、メキシコ政府に対し、かかる権利侵害に関する調査（review）の実施を要求することができる[注24]。その後、RRLMの手続を通じて権利侵害が確認されたにもかかわらず[注25]、両国が是正措置の内容に合意できない場合、最終的に、調査要求からわずか125日程度で、米国政府は、当該事業所の製品・サービスに対し、特恵関税の停止（製品の場合のみ）、罰金の賦課、輸入の禁止等の是正措置を一方的に講じることができる[注26]。米国は、RRLMの下、2024

（注20）USMCA Annex 31-A（米国・メキシコ）、31-B（カナダ・メキシコ）。以下、便宜上、米国・メキシコ間のRRLMについて論じるが、カナダ・メキシコ間のRRLMも基本的にその仕組みは同様である。なお、米国・カナダ間にRRLMは設けられていない。

（注21）RRLMの対象となる「対象事業所」とは、「優先業種（Priority Sector）」の事業所のうち、①締約国間で取引される物・サービスを生産・提供するもの、または②相手方締約国の物・サービスと自国内で競争する物・サービスを生産・提供するものをいう（USMCA 31-A15条）。また、「優先業種」は、製品（特に、航空宇宙製品・部品、自動車・自動車部品、化粧品、パン・焼菓子、鉄鋼・アルミニウム、ガラス、陶器、プラスチック鍛造品、およびセメント）を製造する、サービスを提供するまたは採鉱を伴う産業と広く定義されている（USMCA 31-A15条脚注4）。さらに、USMCAが定義する「優先業種」とは別に、USMCAを施行するための米国の国内法は、米国政府が優先的にRRLMによる執行を行うべき業種として、自動車組立て、自動車部品、航空宇宙、パン・焼菓子、電子機器、コールセンター、鉱業、および鉄鋼・アルミニウムを定めている（United States-Mexico-Canada Agreement Implementation Act, § 713（19 U.S.C. § 4643）(2)）。

（注22）USMCA 31-A2条。

（注23）かかる権利侵害を米国政府が探知する端緒として、締約国の個人または法人は、米国政府に対し、メキシコの対象事業所における労働者の権利侵害に関して申立てを行うことができる（USMCA手続ガイドライン（2023年6月22日付官報（88 FR 40914）（https://www.govinfo.gov/content/pkg/FR-2023-06-22/pdf/2023-12865.pdf）（2024年9月16日最終閲覧））Section C）。

（注24）USMCA手続ガイドライン Section D. 1-2、USMCA 31-A4条。

（注25）具体的には、①メキシコ政府が調査実施を拒む場合、または②権利侵害なしと判断したメキシコ政府の調査結果に米国政府が同意できない場合等に、米国政府の要請によりパネルが設置され、かかるパネルが権利侵害の有無を判断する（USMCA 31-A5条・31-A8条）。

年9月16日現在に至るまで、合計28件の調査実施を要求している(注27)。

エ　小　括

上記のようなCPTPP、日EU EPAおよびUSMCAの労働者の権利に関する規律の意義は、ILO中核的労働基準を尊重することについて、関連するILO条約が未批准（例えば日本については雇用及び職業についての差別待遇に関する条約〔第111号条約〕が未批准である）であっても、当事国に法的義務を課すこと、またさらに、かかる義務についての争いを、専門家パネルまたはパネル決定の不履行に経済的なサンクションが伴う紛争解決手続に強制的に付す仕組みを提供していることにある(注28)。特に、ILO中核的労働基準の不遵守等による「貿易又は投資への影響」が、FTA上の義務違反の要件として要求されない日EU EPA型の協定の下では、上記**コラム1**のEU韓国FTA下での事例に表れているように、CPTPP型の協定に比べて締約国の義務違反が認定されやすくなっており、締約国政府はILO中核的労働基準の遵守等をより強く迫られることになろう。

また、これらのFTAが、多様なステークホルダーを巻き込んだより柔軟な問題解決の仕組みを用意している点も重要である。例えば、上述のCPTPPのパブリックサブミッション制度に関しては、北米自由貿易協定（NAFTA）に伴い締結された北米労働協力協定（NAALC）が同様の制度を備えていたところ、実際にこの制度の下で私人から締約国政府のFTA上の義務違反について多くの申立てがなされ、この中には申立てを契機として行われた閣僚間協議等を通じて問題解決に至った事例もあった(注29)。

このようなFTAの規律は、ILOシステムとは異なるアプローチで締約国

(注26) USMCA 31-A10条。ただし、輸入禁止は、同一の事業所等に対する3回目以降の是正措置の場合にのみ講じることができる。

(注27) Office of the United States Trade Representative, United States Seeks Mexico's Review of Denial of Workers' Rights at Bader de Mexico S. en C. por A. de C.V., September 16, 2024（https://ustr.gov/about-us/policy-offices/press-office/press-releases/2024/september/united-states-seeks-mexicos-review-denial-workers-rights-bader-de-mexico-s-en-c-por-de-cv）（2024年9月17日最終閲覧）。

(注28) これに対して、ILO憲章は、批准されていないILO条約上の義務違反に関する争いを強制的に紛争解決手続に付す仕組みを持たず、加盟国が批准した条約の不遵守について争う場合のみ、国際労働事務局への苦情申立て、審査委員会による勧告を経て最終的に国際司法裁判所に付託され得る。

の労働者の権利保護を図るにとどまらず、政府や企業に対して、FTA締約国の労働問題によって生じる貿易上その他の不利益の解消に向けた多様な手段を、新たに提供するものであるといえる。

一方で、特にUSMCAのRRLMでは、個別の事業所における労働条件が問題になることから、海外に事業所を有する日本企業（例えば、メキシコに工場等の事業所を置き、メキシコから米国へ製品・サービスを輸出している日本企業）にとっては、かかる事業所において、現地の労働法を遵守し、そこで働く労働者の団結権および団体交渉権を確実に保障することが重要となる。また、問題の早期発見のため、団結権や団体交渉権に関する現地の労働者の不満や懸念を把握し、的確に対処するための仕組み（グリーバンス・メカニズム等）（**→第2章3(1)**）を整備・拡充することも有効であると考えられる。

3　人権侵害に関する単独での通商政策アプローチ

(1)　輸入制限

人権問題に関して各国政府により単独で用いられる通商政策アプローチの1つが、人権を侵害する態様で製造等された産品の輸入制限である。近年、米国は、強制労働により製造等された不当に安価な製品が米国の産業を害することや、消費者が予期せぬ反倫理的な購買を行ってしまうことへの懸念の高まりを背景として[注30]、輸入制限を強化している。特に、中国のウイグル族等の少数民族の強制労働問題に関して規制が強化されており、2022年6月からは、新疆ウイグル自治区等からの産品の輸入を原則として禁止するウイグル強制労働防止法が施行された。

他の国・地域に目を向けると、カナダも、2020年に、強制労働によって

（注29）伊藤一頼「TPPと『労働者の権利』――通商協定の下で国際化される労働問題」国際商事法務45巻1号（2017）69頁～70頁。

（注30）CBP Acting CommissionerのMarls A. Morgan氏は、2021年1月に下記の新疆ウイグル自治区産の綿製品等にWRO（貨物引渡保留命令）を発する際に、「強制労働を利用した安価な輸入は、人権を尊重する米国企業の利益を害し、無防備な消費者を非倫理的な購入にさらす」との声明を出している（https://www.cbp.gov/newsroom/national-media-release/cbp-issues-region-wide-withhold-release-order-products-made-slave）（2024年9月16日最終閲覧）。

採掘等された産品の輸入を禁止した(注31)。また、EU についても、規制の導入が予定されていることに注意が必要である。一方で、日本はかかる措置を講じていない。

以下では米国および EU の状況について概観する。

ア　米国の輸入規制における人権の考慮

(a)　関税法 307 条

米国において、貨物の輸入禁止および制限は、米国関税法(注32)を含む各種法令を根拠に行われるが、特に米国関税法 307 条は、輸入禁止の対象産品の１つとして、外国において強制労働により採掘、生産または製造された商品（以下、「強制労働産品」という）を定めている(注33)。

米国関税法 307 条および関連規定(注34)の下、税関・国境取締局（Customs and Border Protection：以下、「CBP」という）長官が、入手可能な情報により輸入される貨物が強制労働産品であることが確定的でなくとも合理的に示されていると認定した場合、貨物引渡保留命令（Withhold Release Orders：以下、「WRO」という）が発せられ、当該貨物の税関における引渡しは保留される(注35)。この WRO の対象となった貨物は、輸入日から３か月以内に、当該貨物が再輸出されないまたは強制労働産品でないことの異議申立てが認められない場合、輸入者に、当該貨物は輸入できない旨が通知され、通知から 60 日経過すると、当該貨物は放棄されたとみなされ、破棄される(注36)。また、WRO 発出後、当該貨物が確定的に強制労働産品であると判断された場合には当該決定が公表され(注37)、輸入者から提出された異議の認容等がなされない限り、当該貨物は押収され、没取手続が開始される(注38)。

（注31）USMCA 23.6 条１項が強制労働によって生産された商品の輸入を禁止する義務を当事国に課したことから、2020 年７月１日に関税法の改正がなされた。

（注32）The Tariff Act of 1930（United States Code, Title 19, Chapter 4）.

（注33）米国関税法 307 条は、強制労働を「ある者が不履行に対する罰則の脅威の下で強要され、かつその労働者が自発的に提供しない一切の仕事またはサービス」と定義している。この強制労働の定義は、1930 年の ILO の強制労働条約（第 29 号条約）の文言をモデルに策定されている（Congressional Research Service, Section 307 and Imports Produced by Forced Labor, at 1 updated October 25, 2023）（https://crsreports.congress.gov/product/pdf/IF/IF11360）（2024 年９月 16 日最終閲覧）。

（注34）米国連邦規則第 19 編（Title 19, Code of Federal Regulations）。

（注35）米国連邦規則第 19 編 12.42 条(e)。

（注36）米国連邦規則第 19 編 12.44 条(a)。

米国関税法は、1930年時点ですでに、強制労働産品の輸入を制限する規定を含んでいたが、当時は国内産業保護を主眼としていたため、米国で同等の製品が製造されていない場合、または国内生産の水準が国内需要を満たしていないことが示された場合には強制労働産品の輸入を認める例外条項が設けられていた(注39)。しかし、人身売買問題への関心が集まり、また労働問題への懸念が世界的に強まる中、2016年2月に制定された貿易円滑化・貿易執行法(注40)は、この例外を廃止して強制労働産品の輸入に対する規律を強化した(注41)。

実際に、この例外条項の廃止後、米国関税法307条に基づく執行例は増加しており、異なる産地からの多様な製品についてWROが発出されている(注42)。また、執行措置の対象範囲の指定方法にも変化が生じている。すなわち、従来WROは、強制労働との関連が疑われる産品が輸入されるまたは輸入される可能性がある場合に、特定の生産者により生産等される産品に対象を限定する形で発出されていた。しかし、2016年以降、CBPは、あらかじめ国または地域全体について制限をかける形でWROを発出する手法も用いるようになっている。2021年1月に新疆ウイグル自治区産の綿および綿製品、ならびにトマトおよびトマト製品の輸入が禁止されたことが記憶に新しいが、その前にも、トルクメニスタン産の綿花（2018)、マラウイ産のたばこ（2019）が輸入禁止の対象となった(注43)。

以上の輸入制限は、輸出主体の所在する国の所在を問わず課されるものであるため、対象となる生産者、地域等から直接米国に輸入される物品に限定

(注37）米国連邦規則第19編12.42条(f)。

(注38）米国連邦規則第19編12.44条(b)。

(注39）Congressional Research Service, Section 307 and U.S. Imports of Products of Forced Labor: Overview and Issues for Congress, at 4 updated February 1, 2021（https://fas.org/sgp/crs/misc/R46631.pdf）（2024年9月16日最終閲覧)。

(注40）Trade Facilitation and Trade Enforcement Act of 2015（H.R. 644).

(注41）Congressional Research Service, *supra* note 39, at 6.

(注42）例えば、2021年から2022年にかけては、中国製のシリコン関連製品、インドの衣料品、マレーシア製の使い捨て手袋、メキシコのトマト等について、当該国の一部の生産者に対象を限定する形でWROが発出されている（CBP, Withhold Release Orders and Findings List（https://www.cbp.gov/trade/programs-administration/forced-labor/withhold-release-orders-and-findings）（2024年9月16日最終閲覧）および各WRO発出の際のCBPによるPress Release参照)。

されず、第三国から輸入される対象品目を含む物品にも適用される。したがって、日本から米国に物品を輸出している日本企業も、当該物品に上記の輸入制限の対象となる原材料、部品等が組み込まれている場合には、当該物品が規制の対象となることに注意する必要がある。

(b)　ウイグル強制労働防止法

上記の通り、米国は、中国の新疆ウイグル自治区産品に対するWROの発出を強化していたが、新疆ウイグル自治区における強制労働に対する批判が米国において高まる中（**コラム２**〔p.757〕参照）、2021年12月、ウイグル強制労働防止法(注44)が成立し、2022年６月から施行された。

ウイグル強制労働防止法は、新疆ウイグル自治区において製造等された製品や、ウイグル族等の少数民族の強制労働に関与しているとして米国政府から指定された事業者により製造等された製品を、強制労働産品として推定し、その輸入を原則として禁止するとの規律を含む(注45)。かかる推定を覆すためには、対象製品が強制労働により製造等されていないことを「明白で説得的な証拠」により示す等の要件を満たす必要がある。

米国政府から発表されたガイダンス(注46)において、かかる反証のためにはサプライチェーンに関する詳細な情報を示すことが要求されている一方で、中国において新疆ウイグル自治区関連の強制労働の有無の調査が困難であることに鑑みると、かかる反証は実務上容易ではない(注47)。したがって、日本企業としては、現実的には、少なくとも米国向けの産品については、サプライチェーン上に、新疆ウイグル自治区に所在するまたは米国政府に指定さ

（注43）CBP・前掲（注42）参照。

（注44）正式名は、「An act to ensure that goods made with forced labor in the Xinjiang Uyghur Autonomous Region of the People' s Republic of China do not enter the United States market, and for other purposes.（H.R. 6256）」。**本章**では、「ウイグル強制労働防止法」と呼称する。

（注45）ウイグル強制労働防止法３条。ウイグル族等の少数民族の強制労働に関与しているとして米国政府から指定された事業者は、UFLPAエンティティリストに掲載される。（U.S. Department of Homeland Security, UFLPA Entity List,（https://www.dhs.gov/uflpa-entity-list）（2024年９月16日最終閲覧）。

（注46）U.S. Department of Homeland Security, Strategy to Prevent the Importation of Goods Mined, Produced, or Manufactured with Forced Labor in the People' s Republic of China, June 17, 2022（以下、「UFLPA執行戦略」という）and CBP, Operational Guidance of Importers, June 13, 2022.

れた事業者が存在しないことを確実に確保することが求められる。特に、上記の米国政府によるガイダンスによって、執行優先度の高いセクターとして指定されているアパレル、綿花および綿製品、シリカ系製品（ポリシリコンを含む）、ならびにトマトおよびその下流製品といった産業分野については、代替品の調達を含むそのようなサプライチェーン上の確保が急務となる。また、2023年8月1日に更新されたUFLPA執行戦略(注48)においては、執行優先度の高いセクターとして指定されている上記の産業分野以外であっても、NGOや学術機関によって強制労働リスクを指摘されている産業分野については積極的に監視する姿勢が示されており、ナツメヤシその他の農産物、ビニール製品、アルミニウム製品、鉄鋼製品、鉛蓄電池、リチウムイオン電池、銅製品、電子機器、タイヤその他の自動車部品が具体的な産業分野として挙げられている(注49)。また、2024年7月9日のUFLPA執行戦略の更新においては、執行優先度の高いセクターに、ポリ塩化ビニル、アルミニウムおよび水産物が追加された(注50)。

（注47）CBPウェブサイトによれば、UFLPAが施行された2022年6月から2024年8月までに同法による審査対象となった輸入貨物は9,475件（35億2000万ドル相当）であった（CBP, Uyghur Forced Labor Prevention Act Statistics（https://www.cbp.gov/newsroom/stats/trade/uyghur-forced-labor-prevention-act-statistics）（2024年9月16日最終閲覧）。ただし、そのうち、4,477件については、調査の結果、通関が認められた。

（注48）U.S. Department of Homeland Security, 2023 Updates to the Strategy to Prevent the Importation of Goods Mined, Produced, or Manufactured with Forced Labor in the People' s Republic of China, July 26, 2023,（https://www.dhs.gov/sites/default/files/2023-08/23_0728_plcy_uflpa-strategy-2023-update-508.pdf）（2024年9月16日最終閲覧）。

（注49）前掲（注48）16頁～17頁。

（注50）U.S. Department of Homeland Security, 2024 Updates to the Strategy to Prevent the Importation of Goods, Mined, Produced or Manufactured with Forced Labor in the People' s Republic of China, July 9, 2024,（https://www.dhs.gov/sites/default/files/2024-07/2024%20Updates%20to%20the%20Strategy%20to%20Prevent%20the%20Importation%20of%20Goods%20Mined%2C%20Produced%2C%20or%20Manufactured%20with%20Forced%20Labor%20in%20the%20People%E2%80%99s%20Republic%20of%20China.pdf）（2024年9月16日最終閲覧）。

コラム２：ウイグル族等の強制労働問題とサプライチェーンリスク

中国新疆ウイグル自治区においては、2017年以降100万人を超すウイグル族およびムスリム系少数民族（以下、「ウイグル族等」という）が「再教育施設」に送られるなど弾圧が続いているとされ、米国政府はこれを「ジェノサイド」（集団民族虐殺）と非難している。また、前掲（注46）で紹介した米国国土安全保障省が発出したガイダンスでは、中国政府は、新疆ウイグル自治区において、イスラム教徒であるウイグル人とその他の少数民族・宗教のメンバーに対して大量虐殺と投獄、拷問、強制不妊手術、強制労働、宗教や信念、表現、移動の自由に対する非合法な制限の賦課等の人道に対する罪を犯しているとされている。国連人権高等弁務官事務所も2022年８月31日に新疆ウイグル自治区における人権状況に関する懸念についてのアセスメント・レポートを発行し、恣意的拘束、拘束中の拷問や虐待、家族の分離、強制失踪、強制労働等に関する懸念を表明している。

ウイグル族等の強制労働によって生産される製品は、米国が執行戦略において優先度の高いセクターとして指定しているアパレル、綿花および綿製品、シリカ系製品（ポリシリコンを含む）ならびにトマトおよびトマト製品に限られず、電子製品、プラスチック製品、レアアース、農産物等多岐にわたるとされ、低技能労働集約型産品を含む中国産品は一般に、ウイグル族等の強制労働が介在している可能性が高まっているとまで指摘されている*[1]。新疆ウイグル自治区で実効性ある監査を行うことが不可能であること、新疆ウイグル自治区外にウイグル族等を移送した上で、強制労働に従事させられているリスクがあり、新疆ウイグル自治区外で生産等される品目についても強制労働のリスクがあること、および製品のサプライチェーンが国際的に広がっていることが問題をより複雑にしており*[2]、適切なデューデリジェンス体制なしには、企業が気づかぬうちに強制労働産品を使用してしまうおそれがある。実際、2020年にオーストラリア戦略政策研究所から、日本企業10社以上を含む82社の企業が直接または間接にウイグル族等による労働の恩恵を受けている潜在的な可能性があるとの指摘がなされて注目を集めた*[3]。

米国への輸入産品が関税法307条に基づくWROなどの措置やウイグル強制労働防止法の対象となった場合、対象産品の輸出企業は、当該産品を米国に輸出できなくなるので、対象産品に組み込まれた部品や原材料に問題がある場合に当該部品等の調達先を変更する必要に迫られる。また、当該企業は、レピュテーションリスクや、投資引揚げ（ダイベストメント）リスクにもさらされるおそれがある。たとえば、2020年にパーム油およびパーム油製品がWROの対象となったマレーシアのFGV社の株価は、WROが発せられた翌日に10％近く下落した*[4]。

＊１　Amy K. Lehr, Addressing Forced Labor in the Xinjiang Uyghur Autonomous Region, July 30, 2020（https://www.csis.org/analysis/addressing-forced-

labor-xinjiang-uyghur-autonomous-region-toward-shared-agenda).
＊2　Ibid, p.3参照。サプライチェーンの広がりについては、たとえば東南アジアから輸出されるアパレル製品はウイグル族等の強制労働により生産された綿が用いられているおそれがあると指摘されている (Ibid, p.4.)。
＊3　Vicky Xiuzhong Xu et al., Uyghurs for sale: 're-education', forced labour and surveillance beyond Xinjiang, March 1, 2020, (https://www.aspi.org.au/report/uyghurs-sale).
＊4　NIKKEI Asia, *Shares in Malaysia's FGV drop on US ban of its palm oil products*, October 1, 2020.

イ　EUの輸入規制等の強制労働産品規制

EUは過去に、ミャンマーにおける人権侵害等に対処するために、同国への経済制裁の一環として個別立法により一定の品目にかかる輸入制限を定めたことがある(注51)。近時、EUにおいては、輸入規制を含む強制労働産品を一般的に規制する法律が可決されており、今後施行される予定である。

具体的には、フォン・デア・ライエン欧州委員会委員長は、2021年9月の一般教書演説において、EU市場における強制労働産品の包括的な禁止制度の導入提案を将来的に行うと明言した(注52)。その上で、欧州委員会は、2022年9月14日に、強制労働産品（EUへの輸入品およびEU域内産品のいずれをも含む）のEU域内における上市およびEUからの輸出を禁止する規則案を提案した(注53)。かかる欧州委員会の規則案は、欧州議会と閣僚理事

(注51) Council Regulation (EC) No 194/2008 of 25 February 2008 renewing and strengthening the restrictive measures in respect of Burma/Myanmar and repealing Regulation (EC) No 817/2006, OJ L 66, at 1-87 October 3, 2008, *available at* https://eur-lex.europa.eu/legal-content/EN/TXT/?uri=celex:32008R0194 (2024年9月16日最終閲覧)、2条参照。

(注52) European Commission, State of the Union Address by President von der Leyen, September 15, 2021, (https://ec.europa.eu/commission/presscorner/detail/en/SPEECH_21_4701) (2024年9月16日最終閲覧)。また、2022年6月9日には、欧州議会がコーポレートサステナビリティ・デューデリジェンス指令案を補完するために、強制労働産品の輸出入および域内流通を規制する措置を求める決議を採択した (European Parliament resolution of 9 June 2022 on a new trade instrument to ban products made by forced labour (2022/2611 (RSP)), OJ C 493, at 132-135 June 9, 2022 (https://eur-lex.europa.eu/legal-content/EN/TXT/?uri=CELEX:52022IP0245) (2024年9月16日最終閲覧)。

会で議論されていたところ、欧州議会と閣僚理事会での採択を経て、2024年12月13日に施行された(注54)。この規則は、2027年12月14日から適用されるとされ(注55)、採掘、収穫、生産、製造などサプライチェーンのいずれかの段階において、部分的にあるいは全面的に強制労働が用いられた製品のEU域内での流通、EU域外への輸出が禁止されることになる。

(2)　輸出制限

各国の輸出貿易管理制度の多くは、安全保障上の理由を根拠とする。かかる制度に基づく輸出制限措置には、ワッセナー・アレンジメント（通常兵器および関連汎用品・技術の輸出管理に関する国際枠組み）等の国際取決めに基づいて行われるものがある一方で、各国が単独で実施するものもある(注56)。

近時、米国およびEUの輸出貿易管理制度では、輸出国の人権侵害状況をより考慮する法改正や運用が行われており、以下ではこれらを概観する。なお、日本の輸出貿易管理制度は人権侵害状況の考慮を現時点では取り込んでいない。

ア　米国の輸出規制における人権の考慮

米国では、米国商務省産業安全保障局（Bureau of Industry and Security：以下、「BIS」という）が、輸出管理規則（Export Administration Regulations：以下、「EAR」という）に基づき、デュアルユース品目（民生用および軍事用の双方に用いることができる貨物、技術およびソフトウェア）等の輸出、再輸出および国内移転を規制している。かかる規制には、品目の性状に着目したリスト規制と、品目の用途または需要者に着目した規制が含まれる。前者のリス

(注53) European Commission, Proposal for a regulation on prohibiting products made with forced labour on the Union market, September 14, 2022, https://eur-lex.europa.eu/legal-content/EN/TXT/?uri=CELEX:52022PC0453.

(注54) REGULATION (EU) 2024/3015 OF THE EUROPEAN PARLIAMENT AND OF THE COUNCIL of 27 November 2024 on prohibiting products made with forced labour on the Union market and amending Directive (EU) 2019/1937 (https://eur-lex.europa.eu/legal-content/EN/TXT/PDF/?uri=OJ:L_202403015)（2025年1月9日最終閲覧）。

(注55) 規則39条。

(注56) 松下満雄＝米谷三以『国際経済法』（東京大学出版会、2015）238頁。これらの国際取決めについては黒崎将広ほか『防衛実務国際法』（弘文堂、2021）168頁以下〔石垣友明〕。

ト規制は、EAR対象品目のうち、デュアルユース品目等を商務省規制品目リスト（Commerce Control List：以下、「CCL」という）[注57]に掲載し、CCL掲載品目の輸出等について、規制理由と仕向国に応じて、BISの輸出許可の取得を義務づけるものである[注58]。これに対して、後者は、懸念のある特定の需要者に向けたまたは特定の用途での使用等を知って行われる輸出等について、BISの輸出許可の取得を義務づけるものである。この中には、国家安全保障または外交政策上の利益に反する活動に従事している者等を「エンティティリスト（Entity List）」に掲載し、これらの者への輸出等を原則として制限する規制が含まれる[注59]。なお、EARは、米国原産品である貨物、技術およびソフトウェアや、米国原産である貨物、技術およびソフトウェアを所定の価値割合以上含む品目にも適用され得る。さらに、米国原産品でない貨物についても、それが米国原産の所定の機微技術またはソフトウェアから直接産出されていた場合や、米国原産の所定の機微技術またはソフトウェアから直接産出されたプラントまたはその主要部分（例えば製造装置）によって産出されていた場合には、EARの適用対象となり得る（いわゆる外国直接産品ルール）。こうしたEARの適用対象となる品目については、米国以外の国から第三国へ再輸出したり、米国以外の国において国内移転したりする場合についても、EARの規制が及ぶ。そのため、米国からの輸出を行っていない日本企業も、上記の人権侵害を考慮する米国輸出規制の対象となり得ることに注意する必要がある。

このような米国の輸出規制の目的は、自国の安全保障、国際的義務の遵守とともに外交政策の促進にあり、「外交政策」の概念には世界における人権の保障の促進も含まれる[注60]。この一例として、従前、リスト規制において、CCL掲載品目のうち、規制理由の中で、世界の人権保障の促進に向けた外交政策が掲げられている犯罪防止・探知関連の品目（以下、「犯罪防止品

（注57）EAR Supplement No. 1 to Part 774.

（注58）EAR § 736.2(b)(1). CCLに基づく規制の詳細に関しては、EAR Part 738参照。

（注59）EAR § 744.16. 許可申請の審査基準も対象者ごとにエンティティリストに記載されるが、許可申請は、多くの場合、「原則として不許可」とされる（EAR § 744.16(c)(1), Supplement No. 4 to Part 744)。

（注60）Export Control Reform Act of 2018 § 1752(1)（50 U.S.C. § 4811(1))、EAR § 742.7(a)参照。

目」という）(注61)について、輸出許可審査の際に、①仕向国等での市民暴動の発生または②仕向国政府が国際的に認められた人権を侵害した可能性についての証拠がない限り、許可を与える方向で判断すると規定されていた。

さらに近年、このような輸出先国での人権侵害に対処するための法改正および運用について、以下のような進展が見られる。

第１に、輸出許可審査において人権侵害が考慮される範囲が広がった。まず、2020年10月６日、上記のCCL掲載品目の輸出許可審査に関する要件のうち、上記②の条件が「当該品目が人権侵害に利用されるおそれがない限り」と変更された(注62)。これにより、仕向国「政府」の人権侵害のみならず、個別のエンドユーザーによって行われる人権侵害も考慮対象となり、また、過去の人権侵害の可能性を問わず、将来の人権侵害のおそれが認められる場合には輸出許可について好意的な判断が与えられないこととなった。また、CCL掲載品目のうち、国家安全保障等の犯罪防止以外の理由で規制される品目についても、一部の例外を除いて、犯罪防止品目と同様に、輸出許可の審査時に人権侵害のおそれが考慮されることが新たに明記された(注63)。

第２に、新たな品目が人権保護の観点からCCLに追加された。例えば、2020年10月６日に、香港警察による民衆に対する放水砲の利用を踏まえ、放水砲が犯罪防止品目としてCCLに追加された(注64)。

第３に、特定の仕向国や地域への輸出管理が人権侵害状況等を考慮し厳格化された。まず、CCL掲載品目の厳格化について説明する。EARでは、CCL掲載品目の輸出等の場合、規制理由および仕向国に応じて許可の要否が決定される(注65)。また、許可が必要とされる場合であっても、特定の仕

(注61) EAR § 742.7.

(注62) EAR § 742.7(b)(1). 2020年10月６日付官報（85 FR 63007）(https://www.federalregister.gov/documents/2020/10/06/2020-21815/amendment-to-licensing-policy-for-items-controlled-for-crime-control-reasons)（2024年９月16日最終閲覧）。

(注63) 2020年10月６日付官報（85 FR 63007）(https://www.federalregister.gov/documents/2020/10/06/2020-21815/amendment-to-licensing-policy-for-items-controlled-for-crime-control-reasons)（2024年９月16日最終閲覧）、EAR § 742.7(b)(2). 電気通信、情報セキュリティ、センサー等、犯罪防止以外の理由で規制されている品目についても、仕向国において人権侵害等のために使用されるのを防止するための改正である。

向地や用途の条件を満たす場合、事前許可の取得を免除する許可例外制度が存在する(注66)。かかる許可例外が適用されるか否かは仕向地によって大きく異なり、旧自由圏諸国等を含むAおよびBというカントリーグループは、中国、ロシア等を含む懸念国が分類されるカントリーグループDと比較して、幅広い許可例外が認められている(注67)。かかる許可の要否および許可例外に関して、特定の国の人権侵害状況等を考慮し、当該国の分類を変更すること等で輸出管理が強化される場合がある。次に、CCL掲載品目に関する輸出規制とは別に、軍事用途・エンドユーザーに関する規制(注68)や、軍事諜報用途・エンドユーザーに対する輸出規制(注69)の対象国に追加される場合もある。これらの特定の国や地域に対する輸出管理の厳格化は、以下のような例がある。

(a)　香　港

2020年12月23日、中国の施策で香港の自治が損なわれたことを理由に、香港は中国とは独立した別の優遇された仕向国であることのステータスを失い、許可要否の判断に当たって香港は中国と同様に扱われるようになった。また、許可例外についても、もともとカントリーグループA：6・Bに分類されることによって香港に認められていた許可例外が適用されなくなった。さらに、中国は、上記の軍事用途・エンドユーザーに対する輸出規制(注70)

(注64)　Public Law 116-77（November 27, 2019）（https://www.congress.gov/116/plaws/publ77/PLAW-116publ77.pdf）（2024年9月16日最終閲覧）、2020年10月6日付官報（85 FR 63009）（https://www.federalregister.gov/documents/2020/10/06/2020-21816/controls-on-exports-and-reexports-of-water-cannon-systems）（2024年9月16日最終閲覧）。なお、規制は香港に限らず、Commerce Country Chart（EAR Supplement No. 1 to Part 738）のCC Column 1に「X」印が記載されている国に広く適用される。

(注65)　EAR § 736.2(b)(2)(ii)。CCL掲載品目に該当する場合、Commerce Country Chart（EAR Supplement No. 1 to Part 738）で規制理由と仕向国を確認し、許可の要否を確認することになる。

(注66)　EAR § 740.

(注67)　カントリーグループについてはEAR Supplement No. 1 to Part 740参照。カントリーグループにはA、B、Dの他にテロリスト支援国または禁輸国に当たるカントリーグループEが存在する。

(注68)　EAR § 744.21.

(注69)　EAR § 744.22.

(注70)　EAR § 744.21.

等の対象となっているところ、香港は中国と同じ扱いを受けることとなったため、当該軍事用途・エンドユーザーに対する輸出規制も香港に同様に適用されることになった（注71）。

(b)　ミャンマー

2021 年２月の軍事クーデター以降のミャンマー軍による民主的に選出された政権の転覆、民主的政権の指導者等の不当な拘束等を受け、同年３月８日、対ミャンマー制裁の一環として、許可例外に関してミャンマーのカントリーグループがＢからＤ：１に変更され、適用可能な許可例外の範囲が縮減すると同時に、上記の軍事用途・エンドユーザーに対する輸出規制の対象となった（注72）。ミャンマーは、2021 年４月９日に、上記軍事諜報用途・エンドユーザーに対する輸出規制の対象国にも追加された（注73）。

(c)　カンボジア

2021 年 12 月９日に、政府による汚職と人権侵害の拡大への対応を理由の１つとして、カントリーグループＤ：５（武器禁輸国群）に追加して EAR 上の規制を強化し、また軍事用途・エンドユーザーおよび軍事諜報用途・エンドユーザーに対する輸出規制の対象にもなった（注74）。

第４に、特定の政府機関や事業者が人権侵害等を理由としてエンティティリストに基づく規制の対象とされた。例えば、BIS は、2019 年末以降、ウ

（注71）2020 年７月 17 日付け大統領令 13936（85 FR 43413）（https://www.federalregister.gov/documents/2020/07/17/2020-15646/the-presidents-executive-order-on-hong-kongnormalization/）（2024 年９月 16 日最終閲覧）、2020 年 12 月 23 日付け官報（85 FR 83765）（https://www.federalregister.gov/documents/2020/12/23/2020-28101/removal-of-hong-kong-as-a-separate-destination-underthe-export-administration-regulations/）（2024 年９月 16 日最終閲覧）。

（注72）2021 年３月８日付け官報（86 FR 13173）（https://www.federalregister.gov/documents/2021/03/08/2021-04745/burma-implementation-of-sanctions/）（2024 年９月 16 日最終閲覧）。

（注73）2021 年４月９日付け官報（86 FR 18433）（https://www.federalregister.gov/documents/2021/04/09/2021-07357/expansion-of-certain-end-use-and-end-user-controls-and-controls-on-specific-activities-of-us-persons/）（2024 年９月 16 日最終閲覧）。

（注74）2021 年９月 12 日付け官報（86 FR 70015）（https://www.federalregister.gov/documents/2021/12/09/2021-26633/revision-of-controls-for-cambodia-under-the-export-administrationregulations/）（2024 年９月 16 日最終閲覧）。

イグル族等に対する人権侵害への関与等が米国の外交政策上の利益に反することを理由に、関連する中国政府機関、新疆ウイグル自治区における強制労働や高度技術による監視に関与する中国企業等をエンティティリストに次々と追加した(注75)。また、2021年以降、ミャンマー軍による民主的に選出された政権の転覆、民主的政権の指導者等の不当な拘束等への対応として、ミャンマーの国防省、内務省および国防省傘下の企業ならびにミャンマーの軍事政権を支援する企業等、ミャンマーの軍事政権に関与する者がリストに加えられた(注76)。2023年3月30日には、EARが改正され、事業者をエンティティリストに加える根拠に、「世界における人権保護という外交政策上の利益」が含まれることが明確化された(注77)。

イ　EUの輸出規制における人権の考慮

EUは、主に、Council Regulation（EC）No 2021/821（以下、「デュアルユース品目規則」という）(注78)に基づいて輸出管理を行っており(注79)、ソフトウェアおよびテクノロジーを含む民生用および軍事用に用いられ得る品目（以下、「デュアルユース品目」という）がこの規制対象となっている(注80)。

デュアルユース品目規則は、2021年に公布・施行されたものであるが、

(注75) 2021年7月12日分までのEntity Listへの追加は、Xinjiang Supply Chain Business Advisory 21頁～22頁に記載（https://www.state.gov/wp-content/uploads/2021/07/Xinjiang-Business-Advisory-13July2021-1.pdf）（2024年9月16日最終閲覧）。

(注76) 2021年3月8日付け官報（86 FR 13179）（https://www.federalregister.gov/documents/2021/03/08/2021-04794/addition-of-entities-to-the-entity-list）（2024年9月16日最終閲覧）や、2021年7月6日付け官報（86 FR 35389）（https://www.federalregister.gov/documents/2021/07/06/2021-14367/addition-of-certain-entities-to-the-entity-list-correction-of-existing-entry-on-the-entity-list）（2024年9月16日最終閲覧）参照。より近時のものとして、例えば、2023年3月6日付け官報（88 FR 13673）（https://www.federalregister.gov/documents/2023/03/06/2023-04558/additions-and-revisions-of-entities-to-the-entity-list）（2024年9月16日最終閲覧）および2023年3月30日付け官報（88 FR 18983）（https://www.federalregister.gov/documents/2023/03/30/2023-06663/additions-to-the-entity-list-amendment-to-confirm-basis-for-adding-certain-entities-to-the-entity）（2024年9月16日最終閲覧）参照。

(注77) EAR § 744.11(b)、2023年3月30日付け官報（88 FR 18983）（https://www.federalregister.gov/documents/2023/03/30/2023-06663/additions-to-the-entity-list-amendment-to-confirm-basis-for-adding-certain-entities-to-the-entity）（2024年9月16日最終閲覧）。

それまでの規制と比べ、人権保護を理由とした規制を強化している。具体的には、サイバー監視技術が、抑圧的な体制の国家、紛争地域等に輸出され、人権侵害に用いられていることを背景の1つとして、そのようなサイバー監視技術がデュアルユース品目に該当すること等が明確化された。

デュアルユース品目規則は、前文において、加盟国当局はサイバー監視品目が人権侵害等に用いられるリスクを考慮しなければならないと定めた上で(注81)、サイバー監視品目を規制対象となるデュアルユース品目に新たに加えている(注82)。このうちAnnex Iに掲載される個別品目が、輸出許可が求められるリスト規制の対象となるとともに、Annex Iに掲載されていない品目もキャッチオール規制の対象となる(注83)。後者については特に、サイバー監視品目のみに適用されるキャッチオール規制が設けられ、輸出者が、当局から、国内抑圧や人権・国際人道法の重大な違反行為に関連した用途であるとの通知を受けた場合、輸出許可が必要となる(注84)。さらに、輸出者のデューデリジェンス(注85)により、輸出されるサイバー監視品目が上記の用途のいずれかに用いられることが認識された場合、輸出者は当局に対して当該事実を通知しなければならず、当局は当該通知を踏まえて輸出許可の対象とするかを決定しなければならない(注86)。加えて、各加盟国は、Annex Iに掲載されていないサイバー監視品目について、輸出者が、国内抑圧や人権・国際人道法の重大な違反行為に関連した用途に用いられるまたはその可

（注78）Regulation（EU）2021/821 of the European Parliament and of the Council of 20 May 2021 setting up a Union regime for the control of exports, brokering, technical assistance, transit and transfer of dual-use items（recast）（https://eur-lex.europa.eu/legal-content/EN/TXT/?uri=CELEX%3A02021R0821-20231216）（2024年9月16日最終閲覧）。

（注79）デュアルユース品目規則は、EUが排他的権限を有する共通通商政策（EU機能条約207条2項）に基づき制定されているが、EU加盟国が、公共の安全または人権保護の目的で、独自にデュアルユース品目を輸出禁止または輸出許可の対象とすることも認めている（デュアルユース品目規則9条1項）。

（注80）デュアルユース品目規則2条1項。

（注81）デュアルユース品目規則前文2項。

（注82）デュアルユース品目規則2条20項。情報通信システムから得られるデータを監視・抽出・収集・分析することによって、秘密裏に自然人を監視することが可能なように特別に設計されたデュアルユース品目と定義される。

（注83）デュアルユース品目規則3条1項および2項。

（注84）デュアルユース品目規則5条1項。

能性があると疑う根拠を有している場合に、輸出許可を必要とする法律を定めることができる(注87)。

したがって、EUからサイバー監視品目に該当する製品や技術を輸出する事業者には、それらが輸出先で人権侵害に用いられるおそれがないことを十分に確保することが求められる。

ウ　国際的な協調

デュアルユース品目が人権侵害に用いられないことを確保することを目的として、輸出管理の分野において、国際的な協調も進められている。米国政府は、2021年12月、オーストラリア、ノルウェー、デンマークとともに、国家および非国家主体が物品・技術を人権侵害に悪用することに対抗するための多国間の取組みとして、「輸出管理・人権イニシアチブ」を提唱し(注88)、その後、2023年3月、日本を含む有志国23か国(注89)とともに、「輸出管理・人権イニシアチブ行動規範」を策定した(注90)。同行動規範は、その支持国に対して、深刻な人権侵害に輸出品目を悪用する可能性があるエンドユーザーに対する輸出を規制するために、各国の法制度を適切なものとすること等を求めている。こうした国際的な動向を踏まえ、今後日本を含む各国

(注85)デュアルユース品目規則では、グローバル輸出許可（2条13項：ある類型のデュアルユース品目に関して輸出者単位で付与されるもので、一もしくは複数のエンドユーザーおよび／または一もしくは複数の第三国に対する輸出を包括的に認める許可）を用いる輸出者が履行しなければならない内部コンプライアンスプログラム（ICP、12条4項）に、当該品目の輸出に関して、エンドユーザーおよびエンドユースに係るリスクを評価するデューデリジェンスが含まれることが明確化された（2条21項）。なお、輸出許可には、個別輸出許可、グローバル輸出許可、加盟国一般輸出許可、EU一般輸出許可の4類型がある（12条1項）。

(注86)デュアルユース品目規則5条2項。

(注87)デュアルユース品目規則5条3項。

(注88)White House, Fact Sheet: Export Controls and Human Rights Initiative Launched at the Summit for Democracy, December 10, 2021（https://www.whitehouse.gov/briefing-room/statements-releases/2021/12/10/fact-sheet-export-controls-and-human-rights-initiative-launched-at-the-summit-for-democracy/）（2024年9月16日最終閲覧）。

(注89)アルバニア、オーストラリア、ブルガリア、カナダ、コスタリカ、クロアチア、チェコ、デンマーク、エクアドル、エストニア、フィンランド、フランス、ドイツ、日本、コソボ、ラトビア、オランダ、ニュージーランド、北マケドニア、ノルウェー、韓国、スロバキア、スペインおよびイギリス。

で、輸出管理制度を人権侵害への対処のための手段として活用する動きが活発化する可能性がある。

⑶　関税に関する措置

対象国における人権の尊重が考慮される代表的な関税に関する措置として、一般特恵関税制度（Generalized System of Preferences：以下、「GSP」という）がある。

GSP は、開発途上国を原産地とする産品の輸入について、一般の関税率より低い税率を適用することにより、先進国が開発途上国の経済発展を支援する制度である。米国および EU は、この GSP の対象国の認定に際して当該国における人権の尊重状況を考慮しており、以下において概観する。なお、日本の GSP に関する規定には、対象国における人権の尊重の考慮は少なくとも明示的には含まれていない(注91)。

ア　米国の GSP

米国の GSP では、特定の国が国際的に認められた労働者の権利保障のため措置を講じていない場合、最悪の態様で行われる児童労働の廃止に向けたコミットメントを履行していない場合等には、原則として当該国を GSP の受益国として指定してはならないとされている(注92)。

かかる規定に基づき、例えばミャンマーは、1989 年から 2016 年まで、労働者の権利を侵害していることを理由に GSP の適用が停止されていた。また最近では、2019 年 10 月にタイが、労働者の権利を十分に保障していないことを理由に、従前供与されていた GSP の一部の適用を受けられなく

（注90）Code of Conduct for Enhancing Export Controls of Goods and Technology That Could be Misused and Lead to Serious Violations or Abuses of Human Rights, March 30, 2023（https://www.state.gov/wp-content/uploads/2023/03/230303-Updated-ECHRI-Code-of-Conduct-FINAL.pdf）（2024 年 9 月 16 日最終閲覧）; U.S. Department of State, Export Controls and Human Rights Initiative Code of Conduct Released at the Summit for Democracy, March 30, 2023（https://www.state.gov/export-controls-and-human-rights-initiative-code-of-conduct-released-at-the-summit-for-democracy/）（2024 年 9 月 16 日最終閲覧）。

（注91）関税暫定措置法 8 条の 2、関税暫定措置法施行令 25 条。

（注92）19 U.S.C. § 2462⒝⑵. 米国の GSP の詳細については、USTR, U.S. Generalized System of Preferences GUIDEBOOK, November, 2020（https://ustr.gov/sites/default/files/gsp/GSPGuidebook_0.pdf）（2024 年 9 月 16 日最終閲覧）参照。

なった。

なお、米国のGSPは2020年12月末で失効しており(注93)、制度について連邦議会で議論が継続している。

イ　EUのGSP

EUは、Regulation（EU）No 978/2012（以下、「GSP規則」という）に基づき、適用される特恵関税の範囲に応じてStandard GSP、GSP＋およびEBA（Everything but Arms）(注94)という3つの区分を設けており、すべての区分において対象国における人権および労働者の権利の保護が考慮される仕組みとなっている。

具体的には、まず、いずれの区分についても、対象国が、GSP規則で指定されている中核的な人権および労働者の権利に関する条約の原則について重大かつ組織的な違反がある場合には、GSPの供与が撤回され得る(注95)。さらに、対象国がGSP＋の適用を受けるためには、人権、労働者の権利、環境保護およびグッドガバナンスに関する27の国際条約を批准および遵守し、これらの条約に規定される報告義務および監視メカニズムの履践も受け入れなければならない(注96)。近年では例えば、EBAの恩恵を受けていたカンボジアが、人権、労働者の権利等の深刻な侵害があるとして、2020年8月から一部産品に関する特恵的な地位を失った(注97)。

EUのGSPに係る現状の枠組みは2023年12月末に失効することとなっていたため、その後の枠組みについての議論が進み、2021年9月に発表された欧州委員会の規則案では、GSPの恩恵を受ける条件として遵守が求め

（注93）19 U.S.C. § 2465.

（注94）Standard GSPは、GSPの対象品目として規定される品目のうち、非センシティブ品目の関税を免除し、センシティブ品目には低い税率を適用するものである。GSP＋は、本文記載の要件等を満たすことを条件に、さらにセンシティブ品目の関税も免除するものである。EBAは、後発開発途上国に対してさらなる特別待遇を供与するものであり、GSPの対象品目として規定されているかに関係なく、武器以外のすべての製品の関税を免除し、輸入割当ても行わないものである。制度の詳細については、European Parliament, Human rights in EU trade policy: Unilateral measures applied by the EU, May 2018（https://www.europarl.europa.eu/RegData/etudes/BRIE/2018/621905/EPRS_BRI（2018）621905_EN.pdf）（2024年9月16日最終閲覧）。

（注95）GSP規則19条1項(a)。

（注96）GSP規則9条1項。

られる国際条約を追加すること等が提案されていた(注98)。しかしながら、当該新規則案についての三者対話（欧州委員会・欧州議会・閣僚理事会間で行われるEU法案の内容の交渉）が難航し、2023年末までには完了しない見込みとなったため、2023年11月、既存の枠組みの失効日が、2023年12月末から2027年12月末まで延期された(注99)。

⑷　経済制裁

米国およびEUは、深刻な人権侵害に関与した他国の主体を経済制裁の対象として指定し、資産凍結、取引禁止等を行うことを可能にする法制度を有しており、実際にかかる観点からの経済制裁が拡大している。このような経済制裁も、企業の国際的な取引に影響を及ぼすものとなっている。

ア　米国の経済制裁

米国の法制度において、人権侵害への関与を理由とする他国の主体に対する経済制裁には、具体的に、①制裁対象者が米国内に保有する資産等の凍結、制裁対象者との取引の禁止、制裁対象者の米国への入国禁止等のように幅広い禁止措置と(注100)、②制裁対象企業に対する投資禁止という限定された禁止措置の２つのタイプの措置に分けられる。

上記①資産凍結、取引禁止等の経済制裁については、これまで、例えば、新疆ウイグル自治区、ミャンマーおよび香港における人権侵害ならびに中国

(注97) European Commission, Cambodia loses duty-free access to the EU market over human rights concerns, August 12, 2020（https://ec.europa.eu/commission/presscorner/detail/en/IP_20_1469）（2024年９月16日最終閲覧）。

(注98) European Commission, Proposal for a REGULATION OF THE EUROPEAN PARLIAMENT AND OF THE COUNCIL on applying a generalised scheme of tariff preferences and repealing Regulation（EU）No 978/2012 of the European Parliament and of the Council, September 22, 2021（https://eur-lex.europa.eu/legal-content/EN/TXT/?uri=CELEX:52021PC0579）（2024年９月16日最終閲覧）。

(注99) REGULATION（EU）2023/2663 OF THE EUROPEAN PARLIAMENT AND OF THE COUNCIL of 22 November 2023 amending Regulation（EU）No 978/2012 applying a scheme of generalised tariff preferences（https://eur-lex.europa.eu/legal-content/EN/TXT/?uri=celex:32023R2663）（2024年９月16日最終閲覧）。

(注100) 米国の制裁措置の全体像や、それらの措置が日本企業に及ぼし得る影響については、中島和穂「米国制裁法・輸出規制の概要と日本企業のコンプライアンス体制」NBL1176号（2020）21頁以下を参照。

の漁船における人権侵害に関して、以下の制裁が発動された。

- ウイグル族等への弾圧について、財務省外国資産管理室（以下、「OFAC」という）は、グローバルマグニツキー法を根拠とする大統領令13818号(注101)に基づき、恣意的な拘禁や身体的虐待を含む深刻な人権侵害への関与を理由に制裁措置を発動している。例えば、2020年7月31日、新疆生産建設兵団（XPCC）、中国政府の幹部等が、取引禁止や資産凍結の対象となるSpecially Designated Nationals（以下、「SDN」という）に指定された(注102)。また、2021年3月22日、同大統領令に基づき、イギリス、カナダおよびEUと同日に制裁措置を発動し、ウイグル関連問題に他の有志国と連携しながら対処する姿勢を示している(注103)。
- ミャンマー国軍による人権侵害に関し、米国は、2021年2月10日に、ミャンマー国軍による民主的に選出された政権の転覆、民主的政権の指導者等の不当な拘束等が、「米国の国家安全保障と外交政策にとって異例かつ甚大な脅威」に当たるとし、国家緊急事態を宣言する大統領令を定めた(注104)。かかる大統領令は、制裁対象者が米国内に保有する資産等の凍結、制裁対象者との取引の禁止、制裁対象者の米国への入国禁止等を規定する。かかる大統領令に基づき、OFACは、国軍関係者、国軍関連企業等へ制裁措置を発動している(注105)。
- 香港における自治の侵害や表現の自由ないし集会の自由の侵害に関与したことを理由に、米国は、2020年7月14日に発令された大統領令13936号(注106)に基づき、香港政府の行政長官や主要閣僚をSDNに指定した(注107)。また、同日、香港自治の侵害に重大な寄与をする外国人とこれらの者と重大な取引をした金融機関に対して制裁を科すことができる香港自治法が成立した(注108)。
- OFACは、2022年12月9日、違法、無報告、無規制に行われる漁業（IUU漁業）における強制労働等の深刻な人権侵害を理由として、グローバルマグニツキー法を根拠とする大統領令13818号に基づき、中国の漁業事業者、その関連人物、これらが所有する船舶をSDNに指定した(注109)。

一方で、上記②制裁対象企業に対する投資禁止は、「中国の軍産複合体企業（Non-SDN Chinese Military-Industrial Complex Companies：NS-CMIC）」に

(注101) 2017年12月20日付け大統領令13818号（82 FR 60839）（https://www.federalregister.gov/documents/2017/12/26/2017-27925/blocking-the-property-of-persons-involved-in-serious-human-rights-abuse-or-corruption）（2024年9月16日最終閲覧）。

ついて、米国人による公開有価証券等の売買を禁止する措置であり、人権侵害に関与する企業への米国資金の流入を阻止しようとするものである(注110)。例えば、2021年6月3日に、監視技術が人権侵害に用いられていることを理由に、監視技術分野の中国企業がかかる規制の対象に追加された(注111)。

このような経済制裁を用いて米国外の人権侵害に対処する動向はトランプ政権からバイデン政権に至るまで一貫している。

（注102）U.S. Department of the Treasury, Treasury Sanctions Chinese Entity and Officials Pursuant to Global Magnitsky Human Rights Executive Order, July 31, 2020（https://home.treasury.gov/news/press-releases/sm1073）（2024年9月16日最終閲覧）。

（注103）U.S. Department of the Treasury, Treasury Sanctions Chinese Government Officials in Connection with Serious Human Rights Abuse in Xinjiang, March 22, 2021（https://home.treasury.gov/news/press-releases/jy0070）（2024年9月16日最終閲覧）。

（注104）2021年2月10日付け大統領令14014号（86 FR 9429）（https://www.federalregister.gov/d/2021-03139, 2024年9月16日最終閲覧）。

（注105）US Department of State, Burma Sanction（https://www.state.gov/burma-sanctions/）（2024年9月16日最終閲覧）。

（注106）2020年7月14日付け統領令13936号（85 FR 43413）（https://www.federalregister.gov/documents/2020/07/17/2020-15646/the-presidents-executive-order-on-hong-kongnormalization/）（2024年9月16日最終閲覧）。

（注107）2020年8月7日、同大統領令に基づき、香港国家安全維持法の執行等に関与したことや香港の自治を脅かしたこと等を理由として、11人の個人（香港の行政長官であったキャリー・ラム氏を含む）がSDNに指定され（Department of the Treasury, Treasury Sanctions Individuals for Undermining Hong Kong's Autonomy, August 7, 2020（https://home.treasury.gov/news/press-releases/sm1088）（2024年9月16日最終閲覧）、その後も制裁対象が追加された。

（注108）Hong Kong Autonomy Act（Pub. L. 116-149）（https://www.congress.gov/bill/116th-congress/house-bill/7440/text）（2024年9月16日最終閲覧）。

（注109）U.S. Department of the Treasury, Treasury Targets Serious Human Rights Abuse Aboard Distant Water Fishing Vessels Based in the People' s Republic of China, December 9, 2022（https://home.treasury.gov/news/press-releases/jy1154）（2024年9月16日最終閲覧）。

（注110）2021年6月3日付け大統領令14032号（86 FR 30145）（https://www.federalregister.gov/documents/2021/06/07/2021-12019/addressing-the-threat-from-securities-investments-thatfinance-certain-companies-of-the-peoples）（2024年9月16日最終閲覧）。

（注111）同大統領令Annex。

イ　EUのグローバル人権制裁スキーム

EUも、EU域外におけるより深刻な人権侵害に対処する手段として経済制裁を用いている。

具体的には、閣僚理事会が2020年12月に採択した、EUグローバル人権制裁スキームを新設する決定（以下、「人権制裁スキームに関する決定」という）および規則（以下、「人権制裁スキームに関する規則」という）(注112)は、深刻な人権侵害(注113)に責任がある、関与するまたは関係がある個人および（国家・非国家を問わない）団体を閣僚理事会が全会一致によって指定し、資産凍結、資金および経済的資源供与の禁止ならびにEUへの入域禁止を行うことを可能としている(注114)。

かかるスキームの下で、例えば、2021年3月に、中国におけるウイグル族に対する大規模な恣意的拘禁や北朝鮮における弾圧等を含む人権侵害に責任のある11の個人および4の団体に対して制裁が課された(注115)。また、別の具体例として、2023年3月に、性別およびジェンダーに基づく暴力への関与等を理由として、タリバン、ロシア、南スーダン、ミャンマー、イランの個人および団体に対して制裁が課された(注116)。

（注112）Council Decision（CFSP）2020/1999 of 7 December 2020 concerning restrictive measures against serious human rights violations and abuses,（https://eur-lex.europa.eu/legal-content/EN/TXT/?uri=CELEX%3A02020D1999-20240722）（2024年9月16日最終閲覧）; Council Regulation（EU）2020/1998 of 7 December 2020 concerning restrictive measures against serious human rights violations and abuses（https://eur-lex.europa.eu/legal-content/EN/TXT/?uri=CELEX%3A02020R1998-20240722）（2024年9月16日最終閲覧）。

（注113）深刻な人権侵害には、ジェノサイド、人道に対する罪、その他深刻な人権侵害（拷問、超法規的殺害等）等が該当するほか、欧州連合条約に掲げられた共通外交安全保障政策（Common Foreign and Security Policy〔CFSP〕）の目的との関係で深刻な人権侵害に該当すると判断されるものが含まれる（人権制裁スキームに関する決定1条1項、人権制裁スキームに関する規則2条1項）。

（注114）人権制裁スキームに関する決定2条1項・3条1項および2項ならびに5条1項、人権制裁スキームに関する規則前文ならびに3条1項および2項。

（注115）Council of the EU, EU imposes further sanctions over serious violations of human rights around the world, March 22, 2021（https://www.consilium.europa.eu/en/press/press-releases/2021/03/22/eu-imposes-further-sanctions-over-serious-violations-of-human-rights-around-the-world/）（2024年9月16日最終閲覧）。

4　実務に対するインプリケーション

本節は、人権問題に対する通商規制について近年急速な展開が見られることを明らかにした。このような全体的な潮流は、グローバルにビジネスを展開する企業にとって、かかる制度や規制の内容を正確に理解するとともに、国内外のバリューチェーンにおいて人権侵害が行われていないことを確保する必要性がさらに高まっていることを示すものといえる。例えば、輸出入規制は品目に着目した規制であることから、自社の取り扱う品目が当該規制の対象であるか否かや、規制当局が優先的な執行対象としているか否かを検討する必要がある。また現時点では規制や執行の対象ではないとしても、強制労働、監視技術など人権侵害が生じる現実的可能性を考慮した上で、各国の立法や法令改正、当局執行状況等を踏まえつつ、将来的に規制や執行の対象となる可能性を考慮することも重要である。米国の輸入規制では、自らが強制労働を行っていないとしても、他社の強制労働品を組み込んだ品目を米国に輸出することが規制され、米国の輸出規制については、米国原産品を一定の割合以上含む品目や外国で製造された米国技術・ソフトウェアの直接製品等について、米国以外の国から輸出する場合や米国以外の国の国内で移転する場合についても適用があるというように、自社の仕入品目のバリューチェーンを遡ることが求められる規制がある。さらには、経済制裁についても、取引相手自身は制裁対象者ではなくとも、その先のサプライチェーンの取引関係者が制裁対象者である場合や、取引関係者の支配者が制裁対象主体である場合には、留意が必要である。後者の出資関係については、米国のSDN リストの場合、リストの掲載者のみならず、いわゆる「50％ルール」に基づき、SDN リスト掲載者によって直接的・間接的に株式を50％以上保有されている者も制裁対象となる。EU のグローバル人権制裁スキームに基

（注116）Council of the EU, Violence against women and girls: EU sanctions nine individuals and three entities under its Global Human Rights Sanctions Regime, March 7, 2023（https://www.consilium.europa.eu/en/press/press-releases/2023/03/07/violence-against-women-and-girls-eu-sanctions-nine-individuals-and-three-entities-under-its-global-human-rights-sanctions-regime/）（2024 年 9 月 16 日最終閲覧）。

づく制裁の場合には、制裁対象者が所有し、または支配している主体も、資産凍結ならびに資金および経済的資源供与の禁止の対象となる(注117)。

一方で、このような「守り」の観点とともに、「攻め」の観点も意識されるべきと思われる。例えば、FTAの労働ルールに含まれるパブリックサブミッション制度や、米国輸入制限におけるCBPに対する第三者からの情報提供は、人権侵害によって競合他社の製品が不当に安価に製造され、自社が競争上不利に立たされている場合に用いることのできる仕組みとなり得る。さらに、本節で取り上げた通商政策の発展が少なからずその国の国民意識を反映しているものであるならば、人権問題への積極的な取組みが、国内外の投資家や消費者からの評価につながり、自社の競争力強化に資することになり得る点も重要であろう。

人権問題に関する各国の通商政策の展開や国際ルールを十分に把握した上で、この問題に戦略的および主体的に取り組んでいくことが求められているといえよう。

(注117) European Commission, COMMISSION GUIDANCE NOTE ON THE IMPLEMENTATION OF CERTAIN PROVISIONS OF COUNCIL REGULATION (EU) 2020/1998, December 17, 2020, (https://finance.ec.europa.eu/system/files/2021-02/201217-human-rights-guidance-note_en.pdf) (2024年９月16日　最終閲覧)。

第２節　気候変動問題と通商規制

1　はじめに

環境保護と通商政策をリンクさせることは、新しい事象ではない。その背景には、自国における環境保護の政策目的を実現させる目的のほかに、他国のフリーライドを防止し、国内品と輸入品の競争上の不平等を是正するとの目的や、（自国市場への市場アクセスを梃子に）他国に環境規制の強化を求める目的等が存在する場合がある。他方で、どのような環境保護政策を採用するかは、自国の経済発展の状況や価値観等が異なることを受け、国際的な意見の一致を見るのは、必ずしも容易ではない。そのため、これまで、環境保護のために導入された数多くの通商政策が、貿易紛争の対象となってきた。そして、今後、貿易と環境の分野において、大きく問題となる可能性があるトピックとして、気候変動問題をめぐる通商政策が挙げられる。

気候変動問題とは、大気組成を変化させる人間の活動または太陽周期の変動等の自然の要因が原因となって、気温および気象パターンが長期的に変化し、渇水、水害、土砂災害等の増加を惹き起こす問題をいう。化石燃料を燃焼した際に温室効果ガスが発生し、これらが地球を覆って太陽の熱を閉じ込め、気温が上昇することが、気候変動問題の主な原因の１つとなっている。

上記のような気候変動問題に対応するため、国際的な枠組みとして国連気候変動枠組条約（以下、「気候変動枠組条約」という。1992年採択）が存在する。同条約は、大気中の温室効果ガスの濃度を安定化させることを究極目標に、世界全体で地球温暖化対策に取り組むことに合意するものであり、同条約に基づいて、毎年、国連気候変動枠組条約締約国会議（Conference of the Parties：COP）が開催されている。そして、2015年にパリで開催された第21回締約国会議（COP21）では、2020年以降の温室効果ガス排出削減の国際枠組みを定めた「パリ協定」（Paris Agreement）が合意され、以後、各国は、温室効果ガスの削減目標である国別貢献（Nationally Determined Contribution：NDC）を自主的に作成し、目標達成のための国内措置を実施しており、その一環として、新たな通商政策も出てきている。

2　気候変動政策の類型

⑴　総　論

主要国は、パリ協定を受けて、2050年頃のカーボンニュートラル（温室効果ガスの排出量と吸収・除去量をバランスさせた状態）の目標を掲げており、その目標を達成するため、各種施策を講じることが予測されるが、手法の性格に応じて、大きく６つに分類できる、と考えられる（〔図表6-1-2〕）。

本節はその中でも、特に、通商政策との結びつき問題となることが多い、「経済的手法」、「規制的手法」および「情報的手法」に分類される制度を取り上げる。

⑵　経済的手法

ア　炭素国境調整措置

温室効果ガスの排出を削減する手段として、各国で議論されているのが、炭素に価格を設定し、市場メカニズムを通じた排出削減を目指す経済的手法（炭素税・排出権取引等）だが、当該手法の設計次第で、次のような問題が生じる可能性もある。

例えば、ある国が気候変動政策として炭素税を導入した上で[注118]、事業者の負担軽減策を講じず[注119]、国内品にのみ負担が生じると、国内品は、炭素税を負担する分だけ、同負担を負わない輸入品より、競争上不利な立場に置かれてしまう可能性がある。また、その結果、国内品が輸入品に代替されてしまい（または、代替を嫌って規制のない国に生産活動が移転してしまい）、

(注118)　炭素税の課税形態は、①上流課税（化石燃料の採取時点、輸入時点で課税）、②中流課税（化石燃料製品や電気の製造所からの出荷時点で課税）、③下流課税（化石燃料製品、電気の需要家への供給時点で課税）、④最下流課税（最終製品〔財・サービス〕が最終消費者に供給される時点で課税）に分類できる（環境省、税制全体のグリーン化推進検討会・令和２年度第３回資料3-2「炭素税について」参照）。このうち、④の場合、国内品と輸入品は同一の規制に服するため、国境調整措置を導入する必要性は生じない。

〔図表6-1-2〕気候変動問題に対する施策手法*

施策手法	概要
経済的手法	炭素価格を設定、または、一定の利益を供与し、各主体の経済合理性に沿った行動を誘導することで政策目的を達成しようとする手法（炭素税、排出権取引、国境調整措置、補助金等）。
規制的手法	社会全体の目標を達成するため、統制的手段を用いる手法（燃費規制、電気自動車の販売比率規制等）。
自主的取組手法	自らの行動に一定の努力目標を設けて対策を実施することで、政策目的を達成しようとする手法。
情報的手法	環境保全活動に積極的な事業者や環境負荷の少ない製品等を、投資や購入等に際して選択できるよう、情報開示と提供を進める手法（認証制度、ラベリング制度等）。
手続的手法	各主体の意思決定過程に、環境配慮のための判断を行う手続と環境配慮に際しての判断基準を組み込んでいく手法。
事業的手法	国、地方公共団体等が事業を進めることによって政策目的を実現していく手法。

*環境基本計画（2018年4月17日）13頁〜15頁を参照し整理した。

地球全体の温室効果ガスの排出が減少しないという、いわゆる「カーボンリーケージ」（carbon leakage）問題も指摘されている。

そのため、気候変動対策として経済的手法を導入する場合、同時に、①国内市場にて、国内品と輸入品の負担が同じとなるよう、輸入品にも、温室効果ガス排出量に応じて水際で負担を求めたり、②国外市場にて、自国品と相手国品の負担が同じとなるよう、輸出品に対し水際で負担分の還付を行う、

（注119）事業者の負担軽減策の具体例としては、炭素税の免除・減税、排出権の無償割当等が考えられる。なお、これらの手法は、補助金とみなされ、補助金相殺関税（CVD）の対象となる可能性がある。例えば、米国商務省は、2020年、イタリア産鍛造鋼液エンドブロックに関する補助金相殺関税の調査にて、EU排出権取引制度における、一部の排出権の無償割合を補助金と認定している（United States Department of Commerce, Issues and Decision Memorandum for the Final Determination in the Countervailing Duty Investigation of Forged Steel Fluid End Blocks from Italy December 11, 2020 参照）。

〔図表 6-1-3〕炭素税・国境調整措置の仕組み*

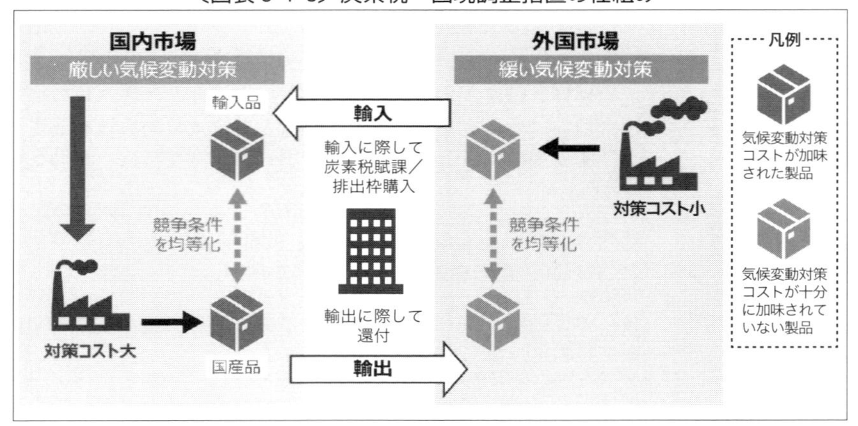

*経済産業省、世界全体でのカーボンニュートラル実現のための経済的手法等のあり方に関する研究会・第1回資料2日本エネルギー経済研究所「国境炭素調整措置の最新動向の整理——欧州における動向を中心に」（2021年2月17日）2頁を基に作成。

炭素国境調整措置を導入する必要性が指摘されている(注120)。

国境調整措置の典型は、①輸入税を課す、②輸入時に排出権購入を義務づける、③輸出品に税還付を行う、といった制度であるが、同制度を設計する上で決定すべき要素は多岐にわたるため（〔図表 6-1-4〕参照）、具体的な内容は、各国の状況に応じ、大きく異なり得る。

本稿執筆時点で、具体的な制度として導入されているのは、EUの炭素国境調整措置（Carbon Border Adjustment Mechanism：CBAM）(注121)である。同制度は、EU域外からの輸入品に対して、EU製品がEUの排出量取引制度（EU-ETS）に基づき負担する炭素コストと同等の金銭的負担を課すものである。EU-ETSは、カーボンリーケージのリスクが認められるセクターに

（注120）国境調整措置の問題を多角的に分析する文献として、OECD, Climate Policy Leadership in an Interconnected World: What Role for Border Carbon Adjustments?（December 23, 2020）参照。

（注121）Regulation（EU）2023/956 of the European Parliament and of the Council of 10 May 2023 establishing a carbon border adjustment mechanism, OJ L 130, at 52 May 16, 2023, *available at*（https://eur-lex.europa.eu/legal-content/EN/TXT/?uri=uriserv%3AOJ.L_.2023.130.01.0052.01.ENG&toc=OJ%3AL%3A2023%3A130%3ATOC）（2024年9月16日最終閲覧）。

〔図表 6-1-4〕国境調整措置を設計する上での考慮要素の例*

	概要
対象産品	国境調整措置の対象産品をどう決定するか。温室効果ガスの排出量が多い産業・製品であるかどうかや、貿易量が多いか（代替が容易か）等に基づき決定すべきとの見解も存在。
対象国	カーボンリーゲージを回避するとの趣旨に鑑み、十分な気候変動政策がとられている国の産品は、国境調整措置の対象から除外することが考えられるが、いかなる基準に基づき、気候変動政策の十分性を認定するか。また、経済発展の状況に鑑み、途上国を適用対象から除外することが考えられるが、いかなる基準に基づき、対象国を選定するか。
輸入・輸出	輸入品に対する国境調整措置のみを講じるか、輸出品に対する国境調整措置も講じるか。
温室効果ガス排出量の測定方法	輸入品の温室効果ガス排出量に基づき措置を講じる場合、温室効果ガス排出量の情報を、どのように収集し、どのような手続に基づいて認定するか。
クレジットの付与	カーボンリーケージを回避するとの趣旨に鑑み、十分な気候変動政策がとられている産品は、国境調整措置を軽減する（クレジットを付与する）ことが考えられるが、どの基準に基づき、気候変動政策の十分性を認定し、どの手法・計算式を用いて、国境調整措置（税額等）に反映させるか。

＊ OECD, *supra* note 3, at 18-26.

対して、一定の排出枠の無償割当てを実施してきたが、排出枠の無償割当ては、排出量削減のインセンティヴに悪影響を与えることが懸念され、これに代わる新たな気候変動対策として、CBAM が導入された(注122)。CBAM は、外国生産者との間のカーボンプライシングにかかるレベル・プレーイングフィールドを実現するものとしても捉えられており(注123)、EU 産業の国際

(注122) *Id.* at Article 1(3).

(注123) European Parliamentary Research Service, EU carbon border adjustment mechanism: Implications for climate and competitiveness March 2023 (https://www.europarl.europa.eu/RegData/etudes/BRIE/2022/698889/EPRS_BRI(2022)698889_EN.pdf)（2024 年 9 月 16 日最終閲覧）。

競争力を確保するという意味で、産業政策的な役割も期待されている。

また、米国とEUとの間では、鉄鋼・アルミニウムをめぐる炭素排出および過剰生産問題に取り組む世界的な取決め（Global Arrangement on Steel and Aluminum：GSA）に向けた交渉も行われている(注124)。交渉において、米国は、中国を中心とする非市場経済の過剰供給能力に対処する手段としてGSAを捉え、GSAの非参加国から輸入される鉄鋼・アルミニウムに対して、生産時の排出量の応じた関税を賦課することを提案したと報じられている。これに対し、EUは、GSAをカーボンニュートラルを促進する手段として捉え、2050年までの完全な脱炭素化の義務づけおよび鉄鋼・アルミニウム製品の排出原単位の閾値の設定を提案したとされている。このように、米国とEUとでは、GSAの位置づけおよび想定している内容が異なるものの、GSAが実現すれば、鉄鋼・アルミニウム製品にとどまらず、潜在的に大きな影響を与える可能性がある。

こうした国境調整措置は、最恵国待遇義務（1条）の規律を受けるほか、輸入品に対して特別な関税や輸入税その他の課徴金を課す場合には、GATTの譲許義務（2条）の規律対象となり、国内品に適用される炭素税の適用を輸入品にも拡大する場合のように、内国措置としての性格を有する場合には、GATTの内国民待遇義務（3条）の規律を受ける。また、これらの義務に反する場合には、GATT20条の「人、動物又は植物の生命又は健康の保護のために必要な措置」（(b)号）や「有限天然資源の保存に関する措置」（(g)号）に該当するとして、正当化されるかが問題となる。

イ　環境補助金

政府は、炭素税や国境調整措置を用いて炭素コストを内部化するだけでなく、私人に利益を供与することによって、人々の行動に変化をもたらし、気候変動問題に対応し得る。具体的には、気候変動対策の一環として、環境への影響を軽減する環境技術や環境物品の普及促進が重要だが、市場に任せているだけではこれが十分に進まない可能性がある。その背景として、そもそも開発成果を得られるか不確実であったり、開発した技術から得られる波及

（注124）Joint US-EU Statement on Trade in Steel and Aluminum, October 31, 2021（https://www.whitehouse.gov/briefing-room/statements-releases/2021/10/31/joint-us-eu-statement-on-trade-in-steel-and-aluminum/）（2024年9月16日最終閲覧）。

効果を開発者が十分に享受できなかったりするために過小投資になりやすいという問題や、気候変動対策への対応コストを製品価格に内部化したため、同コストを製品価格に転嫁しない従来品との価格競争で劣位に立たされるという問題がある。環境補助金は、これらのいわゆる「市場の失敗」を克服し、気候変動対策を推し進める役割を果たすことが期待されている。

このような環境補助金の一例として、米国のインフレ削減法（Inflation Reduction Act）[注125]を挙げることができる。同法は、米国内国歳入法典（Internal Revenue Code：IRC）において設けられていた電気自動車の購入者に対する税額控除制度を大幅に改正した。同制度は、炭素排出量の減少とともに、電気自動車の米国国内製造の促進をその目的の１つとした上で[注126]、税額控除の要件として３つの地理的要件を課している。具体的には、税額控除の要件として、①車両の最終組立地が北米であること（北米最終組立要件）、②車載バッテリーに含まれる重要鉱物のうち、米国もしくは米国と発効済みの自由貿易協定を締結している国で採掘もしくは加工され、または北米でリサイクルされたものの価額が、一定割合以上であること（重要鉱物要件）、および③車載バッテリー部品のうち、北米で製造され、または組み立てられたものの価額が一定割合以上であること（バッテリー部品要件）が課されている[注127]。

補助金の交付は、補助金協定により規律されており、当該規律を遵守する形で交付される必要がある。また、上記例のように、補助金の交付要件として地理的要件が課される場合、GATTの内国民待遇義務（3条）およびTRIMs協定における内国民待遇義務（2条、附属書例示表1）に反する可能性があるほか、WTOの補助金及び相殺措置に関する協定において禁止される国産物品の優先的使用に基づく補助金（3.2条）に該当する可能性もある。

（注125）https://www.congress.gov/bill/117th-congress/house-bill/5376/actions（2024年9月16日最終閲覧）。

（注126）Department of the Treasury, Section 30D New Clean Vehicle Credit, April 17, 2023, *available at*（https://www.federalregister.gov/documents/2023/04/17/2023-06822/section-30d-new-clean-vehicle-credit#h-2）（2024年9月16日　最終閲覧）。

（注127）米国内国歳入法典§30D(d)(5)ならびに(e)(1)および(2)(a)。

(3)　規制的手法・情報的手法

環境物品の普及を図る手法としては、今まで見てきた手法以外にも、物品の環境親和性を確保する基準（標準・規格）を定め、物品がその基準に適合しているかどうかを認証する手法もある。かかる基準の定め方としては、①物品の特性、性能、仕様等に着目する手法（製品標準：使用から排出される温室効果ガスの削減に寄与するよう求める標準等）や、② PPM に着目する手法（プロセス標準：生産過程で排出される温室効果ガスの削減を求める標準等）がある。これら基準は、国内標準化機関が定めるが、基準制定に当たり、国際標準化機構（ISO）や国際電気標準会議（IEC）といった国際標準化機関の議論が参照される。国内標準化機関が定める基準は、強制力の有無に応じて、強制力を持つ強制標準（強制規格）と、任意の標準（任意規格）に分類される。

また、上記手法で定められた基準の遵守または促進を確保する方法として、基準を充足するかの認証に加えて、①ラベリング等により、物品の環境への影響に関する情報を消費者に提供して、商品選択の意思決定に影響を及ぼす手法（情報的手法）や、②基準を充足しない製品の販売または輸入を制限または禁止する方法（直接的手法）等がある[(注128)]。

基準認証制度は、従来より、温室効果ガスの排出削減の一手法として用いられてきたが（自動車の排出基準や燃費基準等）、近年、同制度のさらなる活用が議論されている。特に欧州は、気候変動政策の一環として、基準認証制度の活用に積極的であり、同動向を理解することは、規制対応の必要のみならず、今後他国でも類似の規制が導入され得るという観点から重要となる。

具体例として、例えば、EU の電池および廃電池に関する規則[(注129)]は、循環型経済を促進することを目的として、直接的手法と情報的手法とを併用

(注128) United Nations Environment Programme and the World Trade Organization, Trade and Climate Change, at120-123 (2009). これらは排他的な関係には立たず、組み合わされて用いられ得る。

(注129) Regulation (EU) 2023/1542 of the European Parliament and of the Council of 12 July 2023 concerning batteries and waste batteries, amending Directive 2008/98/EC and Regulation (EU) 2019/1020 and repealing Directive 2006/66/EC. OJ L 191, at 1–117 July 28, 2023, *available at* (https://eur-lex.europa.eu/legal-content/EN/TXT/?uri=CELEX%3A32023R1542)（2024 年 9 月 16 日最終閲覧）。

する形で、電池のライフサイクル全体を規制している(注130)。具体的には、同規則は、容量が2kWh超の産業用電池、EV電池およびSLI電池がコバルト、リチウムまたはニッケルを含む場合に、技術文書において、電池製造過程での廃棄物または消費財廃棄物から回収されたものを、鉛を含む場合には、廃棄物から回収されたものを、それぞれ一定割合以上使用していることを示すことを義務づけている(注131)。また、同規則は、EV電池、容量が2kWh超の充電式産業用電池およびLMT電池について、電池のカーボンフットプリント情報を含む、カーボンフットプリント宣言を添付することを義務づけている(注132)。さらに、充電式携帯電池、LMT電池およびSLI電池には、容量に関する情報を記載したラベルを、非充電式携帯用電池には、特定の用途に使用した場合の最小平均耐久時間に関する情報および非充電式であることを示すラベルを、それぞれ貼付することが義務づけられている(注133)。

こうしたリサイクル率やカーボンフットプリント情報添付の義務づけは、GATTの内国民待遇義務（3条）および最恵国待遇義務（1条）に反する可能性があり、これらの義務に反する場合には、GATT20条の「人、動物又は植物の生命又は健康の保護のために必要な措置」((b)号）や「有限天然資源の保存に関する措置」((g)号）に該当するとして、正当化されるかが問題となる。また、これらの義務づけが「強制規格」に該当すれば、TBT協定における内国民待遇義務および最恵国待遇義務（2.1条）に反する可能性があり、必要以上に貿易制限的な措置（2.2条）として禁止される可能性もある。

（注130）*See*, Council of the EU, Council adopts new regulation on batteries and waste batteries, July 10 2023（https://www.consilium.europa.eu/en/press/press-releases/2023/07/10/council-adopts-new-regulation-on-batteries-and-waste-batteries）（2024年9月16日最終閲覧）。

（注131）8条2項および3項。

（注132）7条1項。

（注133）13条2項および3項。

3　最後に

今後、各国は、パリ協定の下、温室効果ガスの排出削減を目指して、さまざまな気候変動政策を講じることが予測されるが、WTO ルールは、これら政策をどの程度許容しているか必ずしも明確でない場合もあり、今後、各政策の適法性をめぐって紛争が生じる可能性がある。

国際的に事業を展開する企業にとっては、今後、自社のビジネスに影響を及ぼす規制を遵守するため、主要国の規制動向の把握に努めるだけでなく、規制遵守に必要な社内体制を整備したり、将来の規制を予測することが重要になってくると考えられる。また、規制が差別的な場合や合理性を有さない場合、これら規制が、WTO ルール等の国際ルールに整合しているか検討し、個社または業界団体として、日本政府とも協力しながら、意見表明、日本政府による懸念表明、WTO 紛争解決手続の利用等を通じて、相手国政府に、規制の導入や内容の再検討を促すことも重要と考えられる。

加えて、今後は、自社の事業拡大に資するルールの制定を、積極的に国内外に求めていくとの姿勢もより求められると考えられる。この際には、各国を拘束する国際通商法が、何を許容しており、どこに政策的柔軟性が認められるのかを理解した上で、提言するルールが国際通商法のロジックに照らしても説得性を有することが重要であると考えられる。

第2章
競争法

第1節　総論（協調が必要になっている背景、競争法との緊張関係、各国競争法の判断枠組み、各国競争当局の動向）

1　環境に関する取組みの加速

周知の通り、近年、企業にはサステナビリティ、ESG等を意識した事業遂行が求められている。とりわけ環境（E：Environment）に関しては、政府、関係省庁、投資家、顧客、最終消費者等の幅広いステークホルダーから、脱炭素や生物多様性の維持への取組みを求められる流れが強まっている。

特に脱炭素にまつわる政策は各国・地域で策定・実行されている。欧州委員会は、2019年12月に公表した「欧州グリーンディール」と題する政策文書(注1)、2021年6月に制定した欧州気候法(注2)等を通じて、2050年までにカーボンニュートラルを達成する等の目標を掲げた上で、産業政策、エネルギー政策等と組み合わせてさまざまな政策を実行している。

わが国においても、2020年10月、当時の菅総理大臣が2050年までのカーボンニュートラルの達成を目指すと宣言した後、同年12月には「2050

（注1）European Commission, COMMUNICATION FROM THE COMMISSION The European Green Deal, Dec. 11, 2019, *available at*（https://eur-lex.europa.eu/legal-content/EN/TXT/HTML/?uri=CELEX:52019DC0640&from=EN）.

（注2）The European Union, Regulation（EU）2021/1119 of the European Parliament and of the Council of 30 June 2021 establishing the framework for achieving climate neutrality and amending Regulations（EC）No 401/2009 and（EU）2018/1999（'European Climate Law'）, OJ L243, p.1, Jul. 9, 2021, *available at*（https://eur-lex.europa.eu/legal-content/EN/TXT/PDF/?uri=CELEX:32021R1119&from=EN）.

年カーボンニュートラルに伴うグリーン成長戦略」が策定され、岸田総理大臣も、2021年11月2日のCOP26世界リーダーズ・サミットにおいて、温室効果ガスを、2030年度において2013年度比で46%削減することを目指し、さらに、50%削減に向けての挑戦を続けると表明していた(注3)。石破総理大臣も、2024年10月31日のGX（グリーン・トランスフォーメーション）実行会議において、GXに関する政府としてのビジョンを明確にするため、2024年に向けた新たな国家戦略（GX2024ビジョン）の案、エネルギー基本計画の改定案および地球温暖化対策計画の改定案を年内に取りまとめる方針を示した(注4)。

2　競争法との関係

各企業は、自らの事業活動の環境負荷低減を志向するが、投資規模、技術等の観点で、単独での達成が困難なものもある。また、競合他社に先んじて単独で環境対策を実施した場合、中長期的には競争力の向上が期待できる場合でも、短期的には、コスト・価格が上昇して相対的な競争力が低下する場合もある。そこで、企業としては、他社、とりわけ競合他社と協調して環境への対応を希求する場合があり、今後そうした協業のニーズが高まることが予想される。

もっとも、他社、とりわけ競合他社との共同行為は、競争法と緊張関係に立ち得る。そこで、いかにして、市場における公正な競争を担保しつつ、ESG、とりわけ環境（E：Environment）についての取組みを推進するかが問題となる。なお、競争関係を規律する法体系について、法域を問わず呼称する場合には以下「競争法」といい、特に日本における競争関係を規律する法体系を呼称する場合には以下「独禁法」といい、わが国における独禁法関係の基本法典である私的独占の禁止及び公正取引の確保に関する法律のことを以下「独占禁止法」という。

(注3)　首相官邸「COP26世界リーダーズ・サミット 岸田総理スピーチ（2021年11月2日）」(https://www.kantei.go.jp/jp/100_kishida/statement/2021/1102cop26.html)。

(注4)　首相官邸「令和6年10月31日 GX実行会議」(https://www.kantei.go.jp/jp/102_ishiba/actions/202410/31gx.html)。

3　各国政府、競争当局の動き

企業が、競争法違反となることを懸念して、本来であれば競争法上許容される協業さえも躊躇すると、脱炭素等の環境目標の達成は困難となりかねない。また、他の法域において環境対応が着々と進められる中で、自国では必要な協業が控えられることとなると、自国企業・業界の国際競争力が相対的に低下することも懸念される。

以上の考慮から、各国政府、とりわけ競争当局には、サステナビリティまたはESG、特に環境対応の取組みと競争法との関係を明確化した上で、場合によっては環境対応の取組みを促進する方向で競争法の規律や適用を改めるべきではないか、との声が寄せられており、法域によって内容と速度は異なるものの、対応が進められつつある。

特に欧州では、他の法域よりも議論および取組みが先行している。この背景には前記の欧州グリーンディールに加えて、グリーン社会への転換を推進し得る協業が競争法違反と判断されるケースが現に生じたという事情もある。例えば、オランダにおいては、競争事業者間で複数の石炭火力発電所を閉鎖する旨の協定を締結したところ、2013年、競争当局が当該協定を競争法違反と判断した。当該協定は、二酸化炭素排出を削減する政府目標の下で締結されたもので、政府機関も関与していたものであった。しかし、競争当局は、本協定は環境上の便益をもたらすものであるものの、電力価格上昇によって消費者に与える不利益を埋め合わせるのには足らず、競争法違反となると判断した。かかる判断に対して、競争法が環境目標達成を阻害し得るとの問題意識が広く共有されたこともあり、競争当局において、サステナビリティまたはESG、特に環境保護の価値を競争法上の評価において積極的に考慮する指針を示している。同様の動きは、オーストリア、ギリシャ等においても見られる。また、競争法の評価枠組み自体の変更には至らなくても、例えば英国のように、環境対応に関連する取組みに対する競争法上の評価について、当局の対応指針を明確化するガイドラインを公表している当局もある。EUにおいては、環境対応に向けた協業について競争法上の評価を柔軟にするとの姿勢を見せているとまではいえないものの、考慮要素を明確化すべく、一定の表明をしている。例えば、欧州委員会は、2021年９月、「欧州のグリーン戦略を支える競争政策」と題する政策概要文書（注5）を公表している。また、2023 年 6 月 1 日、環境対応を含むサステナビリティに関する章を新設した水平的協調協定に関する改定ガイドライン（Guidelines on the applicability of Article 101 of the Treaty on the Functioning of the European Union to horizontal co-operation agreements）（注6）（以下、「改定ガイドライン」という）を採択した。

わが国においては、従前から、環境対応を含む公益的な目的での協業について、一定の場合には独禁法違反とならないとの判断がなされている。また、公益目的の協業に対する独禁法上の具体的な考え方について、公正取引委員会（以下、「公取委」という）は、複数のガイドラインを設けているほか、事前相談への回答の形で、従前から一定の考えを示してきた。さらに、公取委は、2023 年 3 月 31 日、新たな技術等のイノベーションを失わせる競争制限的な行為を未然に防止するとともに、事業者等の取組みに対する法適用および執行に係る透明性および事業者等の予見可能性を一層向上させることで、事業者等のグリーン社会の実現に向けた取組みを後押しすることを目的として「グリーン社会の実現に向けた事業者等の活動に関する独占禁止法上の考え方」（以下、「グリーンガイドライン」という）を策定した。グリーンガイドラインは 2024 年 4 月 24 日に改定されている。

他方で、米国においては、バイデン政権下では、競争法の執行を担う連邦取引委員会の Lina Khan 委員長が、サステナビリティまたは ESG の観点から利益がもたらされる行為であっても、競争法違反が不問に付されるわけではないとたびたび表明する等、サステナビリティへの取組みを理由に競争法の執行を緩和するという流れを牽制する様子が見られた。トランプ政権下における競争法の執行体制およびサステナビリティ関係への対応方針は今のところ明らかでないが、サステナビリティへの取組みに対して競争法の考え方

（注 5）European Commission, Directorate-General for Competition, Competition policy brief, 2021-01, Sep. 2021, *available at*（https://op.europa.eu/en/publication-detail/-/publication/63c4944f-1698-11ec-b4fe-01aa75ed71a1/language-en/format-PDF）.

（注 6）The European Union, Guidelines on the applicability of Article 101 of the Treaty on the Functioning of the European Union to horizontal co-operation agreements, Jul. 21, 2023 *available at*（https://eur-lex.europa.eu/legal-content/EN/TXT/PDF/?uri=CELEX:52023XC0721（01））.

や執行を柔軟にする方針であるとの話は今のところ聞かれない。

以下、サステナビリティへの取組みと競争法との緊張関係が特に問題となる水平的協業、すなわち、競争事業者間における協業を中心に、各国の競争法上の判断枠組み、競争当局の動向、企業にとっての留意点等について、解説する。

第2節　各国競争法の判断枠組み

環境対応等、公益的な目的での水平的協業が競争法上許容されるか否かは、当該協業による競争制限効果と競争促進効果との衡量により判断される、というのが、各国競争法において概ね共通する判断枠組みである。競争促進効果のほかに、競争以外の考慮要素をいかなる枠組みにおいてどの程度勘案できるかについては、法域によって若干異なる。主要な法域として、欧州（EU および加盟国）、米国ならびに日本の判断枠組みを以下概説する。

1　欧　州

EU においては、欧州機能条約（Treaty on the Functioning of European Union。以下、「TFEU」という）101 条 1 項に基づき、複数の事業者が競争制限目的または効果を有する「協定」をすることが禁止され、かかる協定は当然に無効とされている（同条 2 項）。

改定ガイドラインにおいては、環境対応を含むサステナブルな発展に資する協定のうち、価格、数量、品質、需要者の選択肢、イノベーションといった競争のパラメーターのいずれにも影響を与えないものは、TFEU 101 条の射程外であって競争法違反にはならないとしている(注7)。例えば、サステナブルな取組みを行っているサプライヤーや流通事業者のデータベースを共同で作成する協定は、当該事業者との取引を義務づけたり禁止したりすることがない限り、原則として競争法違反とはならないとされている(注8)。

また、複数の事業者間で、サステナビリティに関する複数のあり得る基準のうち、サプライチェーンに属する事業者が統一的な基準を採用するため、サステナビリティの標準に関する協定（以下、「サステナビリティ標準化協定」という）を合意する場合がある。サステナビリティ標準化協定は、競争を促

（注 7）改定ガイドライン 527 項。
（注 8）改定ガイドライン 530 項。

進する効果を持つ場合が多いが、場合によっては、価格協調、代替的基準の排除、および一定の競争事業者の排除または差別という形で、競争阻害効果をもたらすことがある。もっとも、改定ガイドラインは、次の6要件をすべて満たす協定は、相当程度（appreciable）の競争を制限する効果を持つものでなく、TFEU 101条1項に違反しないとして、一定のセーフハーバーを示した(注9)。

① 標準の策定手続の透明性が確保されており、すべての競争事業者が標準の選択プロセスに参加が可能であること。

② 標準に参加する意思を有しない事業者に対して標準を遵守する義務を課さないこと。

③ 協定に参加する事業者が、さらに高いサステナビリティ標準を自ら採用することができること。

④ 標準の発展等に客観的に必要かつ相当な範囲を超えて機微情報を交換しないこと。

⑤ 標準化策定手続の結果に対する効果的・非差別的なアクセスが保障されていること（例：サステナビリティ標準の策定手続に参加していない事業者が後から標準を採択することを認める）。

⑥ 少なくとも次のいずれかの条件を満たすこと。

　ⅰ 価格の顕著な上昇、品質の顕著な低下がもたらされないこと。

　ⅱ 標準の影響を受けるすべての対象市場において、協定に参加する事業者の合計市場シェアが20%を上回らないこと。

なお、上記6要件のいずれかを満たさないとしても、TFEU101条1項に定める競争制限効果を持つものとは推定されず、ケースバイケースで競争に与える影響が審査されることになる(注10)。

また、TFEU101条1項に該当する協定（競争制限目的または競争制限効果を有する協定）であっても、次に述べる4つの要件をすべて満たす場合には、同条3項に基づき、競争法違反とはならないとされている。

（注9）改定ガイドライン549項。公取委事務総局官房参事官菱沼功ほか「公正取引委員会競争政策研究センター第20回国際シンポジウムの開催について」公正取引861号（2022）6頁［Jeroen Capiau 欧州委員会競争総局 Policy Officer 発言］も参照。

（注10）改定ガイドライン552項。

①　商品の生産・販売の改善または技術的・経済的進歩の促進に役立つこと。

②　消費者に対しその結果として生ずる便益の公平な分配を行うものであること。

③　目的達成のために必要不可欠でない制限を参加事業者に課すものでないこと。

④　当該商品の実質的部分に係る競争を失わせる可能性を与えるものでないこと。

サステナビリティに関する協定は関連市場の消費者と当該協定から便益を得る主体が異なり得るため、上記要件のうち、②「消費者に対しその結果として生ずる便益の公平な分配を行うもの」との要件（以下、「公平分配要件」という）の解釈が特に問題となる。例えば、環境負荷の高い商品の販売をとりやめる旨を競争事業者間で合意した場合、関連市場の消費者に対しては少なくとも短期的には値上げや選択肢の減少をもたらす一方で、関連市場外の個人または社会全体に対してはよりよい環境を享受できるという便益がもたらされ得る。しかし、**第3節2(2)ア(a)**の通り〔p.802〕、欧州委員会は、基本的には、関連市場の消費者以外にもたらされる便益を踏まえて、公平分配要件の充足を広く認めることに慎重な姿勢を見せている。

以上の通り、EUの判断枠組みは、やや複雑ではあるが、基本的には、公益目的の協業について、競争制限効果と競争促進効果とを衡量して競争法違反の有無を判断するものと評価できる。

加盟国は、基本的に、TFEUに準拠した規律を設けているが、オランダをはじめ、サステナビリティに関する協定について、TFEU101条3項の②に相当する要件を含め、一部要件の適用に係る判断基準を緩和している国もある。

2　米　国

米国においては、価格カルテル、談合、市場分割等については、あり得る競争促進効果について検討するまでもなく競争制限的であるとして違法が擬制される、いわゆる「per se illegal」（当然違法）の原則によって判断される。多くの公益目的の協業を含め、その他の協定については、競争制限効果と競争促進効果を衡量して競争法違反の有無を判断する、いわゆる「rule of reason」（合理の原則）が採用されている。具体的には、まず、当該協定が競争制限効果を有するかが問題となり、競争制限効果があるようであれば、協定の当事者において競争促進効果があることを示す必要があり、競争促進効果が示されれば、協定が違法であると主張する当事者が、協定は目的達成のために合理的に必要とはいえないこと、または競争制限効果が競争促進効果を上回ることを主張立証できるかが問題となる[注11]。

３　日　本

日本においては、複数事業者による環境保護等のための取組みが、「公共の利益に反して、一定の取引分野における競争を実質的に制限する」ときは、不当な取引制限として違法となる（独禁２条６項・３条）。また、当該取組みによって非参加者が市場から排除され得るときにも、私的独占または不公正な取引方法として、独占禁止法に違反し得る（同法２条５項・３条・２条６項・19条）。さらに、事業者団体による行為の場合にも、独占禁止法に違反し得る（同法８条）。

もっとも、独占禁止法１条は、一般消費者の利益を確保することに加え、「国民経済の民主的で健全な発達を促進する」ことを同法の目的として掲げている。かかる目的規定も踏まえ、不当な取引制限、私的独占等の要件の１つである「競争の実質的制限」の有無については、競争制限効果と、競争促進効果または競争外の正当化理由との衡量により判断されると解釈されている。例えば、石油価格協定事件（最判昭和59・2・24刑集38巻4号1287頁）においては、当該価格協定は違法であるとされているため先例的価値は限定的であるものの、「同法２条６項にいう『公共の利益に反して』とは、原則としては同法の直接の保護法益である自由競争経済秩序に反することを指すが、現に行われた行為が形式的に右に該当する場合であつても、右法益と当該行為によつて守られる利益とを比較衡量して、『一般消費者の利益を確保

（注11）American Bar Association, International Developments and Comments Task Force, Sustainability and Competition Law, Chapter 1, Aug. 11, 2021, *available at*（https://www.epant.gr/files/2021/sandbox/AT-Comments_to_HCC_8-26-2021Final.pdf）.

するとともに、国民経済の民主的で健全な発達を促進する』という同法の究極の目的（同法1条参照）に実質的に反しないと認められる例外的な場合を右規定にいう『不当な取引制限』行為から除外する趣旨と解すべき」と判示している。

公取委が定めた複数のガイドラインにおいても、事業者や事業者団体による公益的で市場からの対価を得にくい環境保護等（外部性への対応）のための取組みが独禁法上許容され得ることが確認されている（事業者団体の活動に関する独占禁止法上の指針（1995年10月30日）〔以下、「事業者団体ガイドライン」という〕第二の7(2)、リサイクル等に係る共同の取組に関する独占禁止法上の指針（2001年6月26日）〔以下、「リサイクル・ガイドライン」という〕等）。加えて、公取委が公表している事前相談の回答においても、一定の環境保護等のための協定が独占禁止法上問題ないものとされている。2023年3月31日に策定され、2024年4月24日に改定されたグリーンガイドラインにおいては、事業者等の取組みに競争制限効果が見込まれつつ競争促進効果も見込まれる場合、当該取組みの目的の合理性および手段の相当性（より制限的でない他の代替手段があるか等）を勘案しつつ、当該取組みから生じる競争制限効果と競争促進効果を総合的に考慮して、独占禁止法上問題となるか否か判断されるとの考え方が示された。もっとも、環境保護等の外部性への対応に向けた取組みについては、従前示された立場より踏み込んだ考え方が示されたものではないと考えられる。改定後のガイドラインにおいては、情報遮断を講じれば一定の情報交換自体は許容されること、共同での設備廃棄についても許容される場合があること等が明示されるなど、環境保護等のための協定を一定程度後押しする方向での記載が加えられたが、事業者や事業者団体からは、より大胆に協調を許容する方向での記載が必要だとの声が依然として上げられている。

第３節　行為類型ごとの考慮事項

企業にとっては、検討している個別具体的な取組みが、競争法上いかなる考え方に従って評価されるか、競争法に違反しないと判断される可能性はどの程度か、判断において何が重要な考慮要素になるのかを把握することが重要である。そのためには、問題となる行為を類型化して競争法上の評価を把握することが有益と思われる。そこで、以下、主な類型ごとに、競争法上の評価を整理する。基本的には、公取委のガイドラインまたは独占禁止法に関する相談事例集（以下、「相談事例集」という）における回答を参照しつつ、わが国では必ずしも対応する判断がなされていない点を中心に、必要に応じて海外の考え方や事例についても紹介する。

1　従来の競争法の考え方においても許容される取組み

次のような場合には、環境保護等のための協定は、競争促進効果が競争制限効果を上回ると認められやすく、競争法違反とならないと評価されやすい。なお、１つの行為が複数の要素に当てはまることもあり、また、複数の要素を総合して競争法違反の有無が判断される。

(1)　類型的に競争制限効果が限定的な行為

問題となる行為によって生じ得る競争制限効果が類型的に小さいといえる場合には競争法違反とならないと評価されやすい。

例えば、基礎段階での共同研究の場合、製品の開発や製造販売に係る競争に与える影響が小さいと評価できる場合が多い。相談事例集・令和２年度事例７では、合計シェア80％の産業用機械メーカー6社が、産業・技術革新に係るSDGsに則った革新技術の基盤を強化するため、技術研究組合を設立し、当該産業用機械の基礎技術の研究を共同して実施することについて、独占禁止法上問題となるものではないとされた。他の考慮要素も踏まえての判断ではあるが、当該共同研究の対象が基礎技術の研究に関するものであって、特定の製品の開発を対象としていないため、参加事業者間で製品の開発競争が損なわれる可能性が低いことが理由の１つとして挙げられている。

また、共同行為によって共通化されるコストの製品価格に占める割合が小さい場合には、競争制限効果が類型的に小さいといい得る。リサイクル・ガイドラインでは、事業者が製品の廃棄物に係るリサイクル・システムを共同で構築する場合、再資源化施設の利用料金、回収施設の利用料金、運搬料金等のリサイクル等に要するコストが共通化されるが、製品の販売価格に対するリサイクル等に要するコストの割合が小さい場合には、（リサイクル市場が創出されることに加えて）当該共同事業が製品市場の競争に及ぼす影響は間接的であるため、独占禁止法上問題となる可能性は低いとの考えが示されている。

主たる競争手段への影響が限定的な要素について共同化がなされる場合にも、競争制限効果が類型的に小さいといい得る。相談事例集・令和元年度事例12では、小売業者を会員とする団体が、店舗において、従来のレジ袋を提供せずに環境負荷の小さいレジ袋を単価３円で統一して提供することを内容とするガイドラインを策定することが問題となった。公取委は、他の考慮要素も踏まえての判断であるが、小売業者の主たる競争手段が商品の提供であるのに対し、レジ袋の提供は商品の提供に付随する副次的なサービスの１つにすぎないため、会員間における商品に関する競争を制限することにはならないとして、独占禁止法上問題ないと判断している。

(2)　参加者の市場における地位が限定的

協定に参加する事業者の市場における地位が限定的な場合、すなわち、市場シェアが低い場合にも、一般には、水平的協業は競争法違反とならないと評価されやすい。

米国においては、rule of reasonが適用される協定（すなわち、価格カルテル、談合、市場分割等のいわゆるハードコア・カルテルに当たらない協定）の場合、競争制限効果が認められるためには、原則として「market power」が必要とされている(注12)。環境保護等のための協定に特有の「market power」の判断基準が設けられているわけではないが、一般に、裁判所は、

(注12) NCAA v. Bd. of Regents, 468 U.S. 85, 109 n.38 (1984).

当事者の合算シェアが30%未満の場合には、「market power」が認められないと認定することが多いといわれている(注13)。また、連邦取引委員会および司法省の各種ガイドラインにおいては、当事者の合算シェアが20%未満の場合には、当局は、特殊な状況を除いて、当該協定が競争法違反であると問擬することはないとしている(注14)。

わが国の独占禁止法は、「market power」という概念を明示に採用しているわけではない。もっとも、共同研究開発であれば参加者の当該製品の市場シェアの合計が20%以下である場合には通常独占禁止法上は問題とならないとされる（「共同研究開発に関する独占禁止法上の指針」（1993年4月20日）第1の2(1)[1]、グリーンガイドライン第1の3(2)イ(ア))。また、環境保護等のための協定についての判断ではないものの、水平的協業が独占禁止法違反とならないことの理由の1つとして、協定の当事者の合算シェアが限定的であることを挙げる相談事例が多数存在し、環境保護等のための協定についても同様の考えが基本的に当てはまるものと思われる。

(3)　遵守を強制しない

参加当事者に対して定められた基準の遵守を強制しない協定は、競争法違反とならないと評価されやすい。

事業者団体ガイドラインは、事業者団体が、正当と考える目的に基づいて、事業者が供給し、または供給を受ける商品または役務の種類、品質、規格等に関する自主的な基準・規約等を設定し、その周知・普及促進を行い、またはその利用・遵守を申し合わせ、もしくは指示・要請する等の活動は、独禁法上の問題を特段生じないものも多い、としている(注15)。

事前相談事例においても、基準の遵守を強制しないことを理由の1つとして、独占禁止法上問題ないとした事例が複数存在する。例えば、相談事例

(注13)　American Bar Association, ANTITRUST LAW DEVELOPMENTS § 1.B.3.b(1)(c)(8th ed. 2017).

(注14)　Antitrust Guidelines for Collaborations Among Competitors; Antitrust Guidelines for the Licensing of Intellectual Property, *available at* (https://www.ftc.gov/sites/default/files/documents/public_events/joint-venture-hearings-antitrust-guidelines-collaboration-among-competitors/ftcdojguidelines-2.pdf).

(注15)　事業者団体ガイドライン第二7(2)・8(2)。

集・平成29年度事例9では、建設資材メーカーを会員とする事業者団体が、温室効果を有さない化学物質を原料とする新たな建設資材が開発されたことを受けて、温室効果ガスを有する化学物質を原料とする旧来の建設資材の製造販売を停止することを取り決めた。公取委は、他の事情も踏まえての判断であるが、旧来の建設資材の製造販売を停止する取決めを遵守するかどうかが会員の任意であることを理由の1つとして、独占禁止法上問題とはならないと判断している(注16)。

基準遵守は任意であっても、目標の達成に向けて、遵守を促す何らかのメカニズムを導入したい場合がある。もっとも、かかるメカニズムの態様次第では、実質的に強制に当たる、あるいは、強制に当たらないとしても参加当事者間の競争停止または非参加当事者の排除を招くことがあり得る。公取委としても、相談事例の中で、注意を促しているものがある。例えば、相談事例集・平成8年度事例5は、大気汚染防止法においてベンゼン等の指定物質について、事業者の自主管理を促すべく罰則のない抑制基準を示したのを受けて、化学工業を営む事業者団体が、品目ごとのリスク管理計画を策定した上で、会員企業各社から抑制・削減状況の報告を受けてとりまとめて公表し、計画どおりに進まない企業に調査・指導・助言を行うこととしたものである。公取委は、団体としてのリスク管理計画を策定することは、環境の保全という社会公共的な目的に合致する自主基準と評価できるため、独占禁止法上問題ないとする一方で、計画通り進まない企業に対して行う調査・指導・助言については、あくまで目的達成に必要な範囲のものにとどめることとし、自主基準の強制に当たることのないよう十分留意する必要がある、と指摘している。

自主基準への遵守を促すメカニズムとしてどの程度のものであれば許容されるかについては、現状では事例の蓄積が十分なされているわけではない。この点、基準の遵守に関して認証を付与することは、当該基準自体および認証のプロセスの透明性が高く、合理的かつ無差別に基準にアクセスでき、かつ、客観的に認証が付与されるのであれば、許容される場合が多いとはいわれているが(注17)、基準に適合する旨の認証の有無が対象となる商品役務の

(注16) その他、相談事例集・令和元年度事例12、平成25年度事例12、平成7年度事例6等。

競争に及ぼす影響によるものと思われる。

(4) 新規の商品や市場を創出するために協業が必要であって、かつ、競争への影響を限定する措置が講じられている

環境負荷の低い新規の商品や市場を創出することが、単独では困難である一方で、競争事業者と協業すれば可能となる場合であって、競争制限的な行為がなされない場合には、競争法違反とならないと評価されやすいといわれている(注18)。

産業用機械メーカー6社が産業・技術革新に係るSDGsに則った革新技術の基盤を強化するため、当該産業用機械の基礎技術の研究を共同して実施することとした前記相談事例集・令和２年度事例７の件が一例といえる。前記の通り、結論として独占禁止法上問題ないとされた事案であるが、判断の前提として、基礎技術の研究に多額の資金を要すること、製品化して市場への発売に成功するものは一部に限られるため、投資した資金を回収できるかどうかわからないという不確実性があること、メーカーにおいて研究に割くことができるリソースが限定的である一方で、SDGsに則った革新技術の基盤強化のためには、メーカー各社が連携することで各社が単独で行うよりも研究の規模・内容を拡大・深化することが必要であると認定されている。公取委は、本件が独占禁止法上問題ないことの理由の一部として、①６社以外の当該産業用機械メーカーは、国内に当該産業用機械の生産拠点を置いている場合であって、共同研究のパートナーたり得る相当の技術力を有しているときは、本件取組みに参加することができ、また、参加できないメーカーであっても、本件取組みによる研究の結果を無償または合理的な対価で利用することができること、②共同研究の範囲を限定しており、また、共同研究の実施期間は５年間に限定されていること、を挙げているが、競争制限的な行為がなされないことを確認したものと思われる。

(注17) American Bar Association, *supra* note 10, at 9.
(注18) American Bar Association, *supra* note 10, at 10.

⑸　法令上の義務を遵守する、または共同で法令の明確化・変更等を求める内容の協定

競争事業者間で、法令上の義務を遵守することに向けた行動目標等を共同で定めて表明することは、競争機微情報を共有しない、当該目標等の強制にわたらないといった競争への影響を限定する措置を講じるのであれば、競争法に違反しないと評価される可能性が高い。例えば、前記の相談事例集・令和元年度事例12は、小売業者が環境負荷の小さいレジ袋を単価３円で提供することとしたものであるが、公取委は、（法令上の義務ではないものの）当該取組みは政府が進めるプラスチック資源循環戦略の趣旨を踏まえたものであること、統一単価の設定が、政府のガイドラインにおいて環境性能に応じた適正な対価が支払われることが期待されていることを踏まえてのものであることを、競争法違反とならない理由の一部として挙げている。

また、事業者が共同して法令の明確化・変更等を求める行動をとることも、機微情報の交換を行わない等、競争への影響を限定させる措置を講じる限りにおいて、競争法に違反しないと評価される場合が多いと思われる。米国においては、法令の明確化・変更等を求める行動は、仮に競争事業者間でなされる場合であっても、憲法上の請願権に由来する権利として、原則として競争法違反にならないという法理が確立している[注19]。わが国を含む他の法域においては、米国のように明確な位置づけはなされていないものの、法令の明確化・変更等のための共同行為については、一定の正当化理由が認められる場合があるものと考えられる。ただし、法令の明確化・変更等に向けた行動であればいかなる内容であっても競争法上許容される、あるいは競争法違反とならない事情として考慮されるということではない。単独で行動した場合には法令の要求より高い水準の環境対応が可能であったものの、共同することでより低い水準の対応となるような場合には、仮に法令の明確化・変更等のための共同行為の側面があったとしても、競争法違反となることに留意が必要である。

（注19）E.R.R. Presidents Conf. v. Noerr Motor Freight, 365 U.S. 127（1961）; United Mine Workers v. Pennington, 381 U.S. 657（1965）.

2　従来の競争法の考え方では許容されがたいが許容する必要があり得る取組み

⑴　問題の所在

商品役務の生産による環境への負の影響は商品役務の需要者以外にも及ぶが、そのコストを商品役務の生産者が負担するものではない。すなわち、環境問題に関しては、いわゆる負の外部性が生じ得る。

このように、環境問題に関しては、いわゆる市場の失敗が生じ得るため、環境対応については、法令の制定・改正等によって対処することが期待される部分がある。もっとも、現実には、政府において他の優先すべき政策課題がある、基礎となる情報の把握に限界がある、自国の産業競争力への影響を考慮する必要がある等、さまざまな理由で、適時に十分な内容の法令の制定・改正等を行うことは容易ではない。

そのため、場合によっては、事業者が共同することで、法令上の要請を超えた環境対応等のための取組みをすることが環境問題への対応という観点からは有効であり得る。

しかし、かかる共同の取組みが適切になされれば、よりよい環境を得られるという便益が社会全体にもたらされ得る一方で、限られた範囲の消費者が少なくとも短期的には環境対応等のためのコストを負担しなければならないという不利益を受け得る。この場合に、関連市場の消費者以外に生じた便益をもって関連市場の消費者の不利益を相殺・正当化するという評価は困難である（競争法違反と評価せざるを得ない）というのが伝統的な考え方ではあったが、その修正要否が検討されていた。具体的には、EU および加盟国ならびに英国において、TFEU 101 条３項の要件の１つである「②消費者に対しその結果として生ずる便益の公平な分配を行うものであること」という公平分配要件がいかなる場合に認められるか、という点が検討された。

⑵　各国の対応の方向性

欧州や英国においては、公平分配要件の解釈をめぐって、従来の競争法の考え方では許容されがたいものの環境目標等を達成するために必要と考えられる協定を競争法上容認するための枠組みが検討されていた。もっとも、①公平分配要件を満たすためには関連市場の消費者が完全な補償を受ける必要はないとの立場をとるか、②検討の対象を環境目標等を達成するための協定に限定するか、サステナビリティに資する合意全般を対象とするか、③競争法の条文自体は変えずにガイドラインの改定等により運用上対応するか、競争法の条文を改定して対応するか、といった点で対応の方向性が微妙に異なっていた。

ア　欧　州

(a)　EU レベル

EU レベルでは、競合事業者間で一定のサステナビリティの目的を達成しようとする協定を「サステナビリティ協定」として、競争上の評価に関する一定の指針を示している(注20)。サステナビリティ協定には、気候変動への対応に限らず、汚染の削減、自然資源の利用制限、人権の擁護、レジリエントな制度およびイノベーションの醸成、食糧浪費の削減、健康で栄養豊富な食糧への移行促進、動物福祉の確保等を目的とする合意が含まれる(注21)。

欧州委員会は、公平分配要件を充足するためには消費者が完全な補償を得る必要があるという立場をとっていると考えられ(注22)、改定ガイドラインにおいても、サステナビリティ上の便益はサステナビリティ協定のカバーする製品の消費者に関連している必要があるという立場をとっているが、サステナビリティ協定との関係では、消費者は以下の3つの場合に便益を享受し得ると整理されている(注23)。

①　商品役務の消費者が、当該商品役務の利用自体から便益を得られる場合。例えば、メーカーが廃棄物を減らすために製品の耐用年数を延ばすような改良をした場合、当該製品の需要者はその利用から便益を受けることになる。

②　商品役務の消費者が、サステナブルな消費が他人に与える影響を評価して商品役務を選択する場合。例えば、ドライバーが、高品質で自分の車にとってよいためではなく、汚染が少ないことを理由として、より高

(注20) 改定ガイドライン 515 項以下。
(注21) 改定ガイドライン 517 項。
(注22) 例えば、European Commission, *supra* note 5.
(注23) 改定ガイドライン 569 項〜589 項。

価な燃料を購入する場合が挙げられる。この場合、消費者は、商品役務の利用による便益が高いためではなく、サステナブルな消費が他人に与える影響を自発的に商品価値に転換して高い価格を支払ってもよいと考えている。

③　集合的な便益、すなわち、商品役務の需要者だけでなく社会全体に便益がもたらされる場合。集合的な便益は、消費者の評価にかかわらずに観念できる便益であるという点で①や②とは異なるものである。

このうち、①および②については、商品役務の利用によって便益が生じるか否かという違いはあるものの、関連市場の消費者が当該合意による商品役務に対する価値を享受・評価している点は共通しており、協定によりもたらされる便益が消費者に分配されると評価し得ることは比較的明らかである(注24)。

他方、③の集合的便益は、消費者の評価にかかわらず観念されるものであるため、どの範囲を競争法上考慮できるかが問題となる。この点、改定ガイドラインは、考慮できる集合的便益を、「協定により影響を受ける関連市場の消費者が、市場外の当該協定の受益者と相当程度重なるか、その一部である場合であり、かつ、市場外で関連市場の消費者が受ける集合的便益が当該消費者が受ける不利益を埋め合わせるのに足りるだけの十分なものである」場合に限定しており、関連市場の消費者が受ける便益と不利益の均衡を問題としている点で従前の立場を変更するものではないと考えられる(注25)。例えば、環境負荷の低い燃料を購入するドライバー（消費者）がより清浄な空気から恩恵を受ける市民でもあるとき、両者が相当程度重なり、かつ、市民の便益がドライバー（消費者）が受ける不利益を埋め合わせるものである場合に限り、かかる市民の便益を集合的便益として考慮することができる(注26)。

(b)　加盟国

オランダは、他国に先駆けて、環境保護を含むサステナビリティのための取組みに特化した、2020年6月にガイドライン案（第1案）(注27)を、さらにパブリックコメントを経て2021年1月にガイドライン案（第2案）(注28)

(注24) ただし、商品役務の利用によらないで生じるB）の便益については、消費者の非金銭的な選好をいかに定量的に測定するかという課題が残る。

(注25) 改定ガイドライン584項。

(注26) 改定ガイドライン585項。

を公表した。ガイドライン案（第2案）においては、この問題についてEUよりもさらに進んで、環境対応に関する協定に関しては、消費者は完全な補償を受ける必要はないとの立場を示していた。そのような立場をとる根拠について、消費者自身も残りの社会全体の便益を享受していることに加えて、関連商品に対する需要自体が問題を引き起こしているという点（いわば消費者が加害者であるという状況）が挙げられていた(注29)。もっとも、EUの改定ガイドラインが2023年6月に採択されたことを受け、2023年10月、オランダ競争法当局は、上記2つのガイドライン案を廃して新たにサステナビリティ協定に関するポリシールールを採択した(注30)。ポリシールールにおいては、オランダ競争法当局がEUの改定ガイドラインに従って運用する旨が明らかにされており、公平分配要件の解釈については一定の決着がついたと考えられる。

オーストリアも、サステナビリティ上の一定の便益については、関連市場外であっても考慮する立場を明確化している。もっとも、オーストリアでは競争法を改正することにより対応している。具体的には、2021年9月の改正により、オーストリア連邦カルテル法2条1項に「消費者は、商品の生産若しくは流通の改善または技術若しくは経済の進歩の促進から生じる便益が、生態学的に持続可能な経済または気候中立的な経済に実質的に寄与する場合」には、公平分配要件が満たされるとみなすものとされた(注31)。さらに、2022年9月には同項に関するガイドライン（以下、「AFCAガイドライン」と

(注27) The Netherlands Authority for Consumers and Markets, Guidelines, Sustainability agreements, Opportunities within competition law, Jun. 2020, *available at* (https://www.acm.nl/sites/default/files/documents/2020-07/sustainability-agreements%5B1%5D.pdf).

(注28) The Netherlands Authority for Consumers and Markets, Guidelines, Sustainability agreements, Opportunities within competition law, Jan. 2021, *available at* (https://www.acm.nl/sites/default/files/documents/second-draft-version-guidelines-on-sustainability-agreements-oppurtunities-within-competition-law.pdf).

(注29) ガイドライン案（第2案）48項。

(注30) The Netherlands Authority for Consumers and Markets, Policy rule, ACM's oversight of sustainability agreements, Competition and sustainability, Oct. 4, 2023, *available at* (https://www.acm.nl/system/files/documents/Beleidsregel%20Toezicht%20ACM%20op%20duurzaamheidsafspraken%20ENG.pdf).

いう）も公表され、同項の意義および立証対象が明確化されている[注32]。EUの改定ガイドラインとの関係については執筆時点では明らかではなく今後の議論によると考えられる。

イ　英　国

英国においても、（潜在的）競合事業者間の環境サステナビリティ協定に関するガイドライン[注33]（以下、「CMAガイドライン」という）を公表している。CMAガイドラインにおいては、動物の福祉や公正な賃金等の環境以外に関するサステナビリティ協定は対象とされず、環境サステナビリティ協定のみが対象とされ、環境サステナビリティ協定はさらに気候変動協定とそれ以外に分けられている。

CMAガイドラインにおいても、競合事業者間の協定により関連市場の消費者にもたらされる便益が損害を上回る必要があるという原則論が確認されている[注34]。気候変動協定以外の環境サステナビリティ協定については、あくまで関連市場の消費者に与える便益と不利益を考慮する必要があり、当該協定が社会全体に便益をもたらすとしても、公平分配要件を検討する上では、社会全体に生じた便益のうち関連市場の消費者の割合に係る便益のみを考慮することができるとされている[注35]。

他方、例えば、ある事業者が個別に炭素排出量を削減するエネルギー利用

（注31）Federal Cartel Act 2005, as amended effective 10 September 2021（complete version）, *available at*（https://www.google.com/url?sa=t&rct=j&q=&esrc=s&source=web&cd=&ved=2ahUKEwi6w4XduOj-AhWRU94KHRGYBL4QFnoECA4QAQ&url=https%3A%2F%2Fwww.bwb.gv.at%2Ffileadmin%2Fuser_upload%2FPDFs%2FCartel_Act_2005_Sep_2021_english.pdf&usg=AOvVaw1ezqMtEcK2z21x_ke9sOMX）.

（注32）Austrian Federal Competition Authority, Guidelines on the Application of Sec. 2 para. 1 Cartel Act to Sustainability Cooperations（Sustainability Guidelines）, Sep. 2023, *available at*（https://www.bwb.gv.at/fileadmin/user_upload/AFCA_Sustainability_Guidelines_English_final.pdf）.

（注33）The Competition and Markets Authority, Green Agreements Guidance: Guidance on the application of the Chapter I prohibition in the Competition Act 1998 to environmental sustainability agreements, Oct. 12, 2023, *available at*（https://assets.publishing.service.gov.uk/media/6526b81b244f8e000d8e742c/Green_agreements_guidance.pdf）.

（注34）CMAガイドライン5.16項。

（注35）CMAガイドライン5.22項。

に切り替えようとしたとしても、短期的には費用がかさんでしまうため、他の事業者が同様の行動をとらない限り、炭素排出量の少ないエネルギー利用への切替えは進まない。このような切替えを進めるには他の事業者と共同で取り組む必要があるとして、CMAガイドラインは、気候変動協定については、当該協定により影響を受ける消費者に生じる便益と損害が相殺されなければならないという原則から離れ、当該協定がすべての英国消費者に与える便益の合計を考慮する例外を認めた。その根拠としては、気候変動の提起する損害が類例がなく、気候変動を緩和することが消費者に与える便益もまた類例がないこと等が挙げられている(注36)。また、上記例外に依拠するためには、当事者は、既存の法的拘束力のある要件または十分に確立された国内または国際的な目標に沿った英国消費者の受ける便益を立証する必要がある(注37)。

(3)　便益の定量化

いずれの対応をとるにせよ、サステナビリティ協定により生じた便益が損害を上回るか明らかでない場合には、定量的な評価を行う必要があり得る。もっとも、サステナビリティに関連する合意によりもたらされる便益には、金銭的価値だけでなく、サステナビリティに貢献している感覚といった非金銭的価値や、将来世代にもたらされる価値（およびその現在価値への割引率）等、その評価が難しいものも含まれる。

このように、定量化は相当な困難を伴うため、すべてのサステナビリティ協定の評価に定量化を要する場合、事業者の立証の負担が重く、社会または消費者に有益なサステナビリティ協定を阻害してしまう可能性がある。そのため、一定のサステナビリティ協定については、便益・損害の定量化を個別に行わなくてもよい場合を当局が示している場合があり、例えば、オーストリアのガイドラインにおいては、既存の研究を活用してごく簡単な計算で済ませられる場合があると指摘している(注38)。

もっとも、明らかにサステナビリティ協定の便益が損害を上回るとはいえない場合、便益・損害の定量化を行う必要があり得る。この点、定量化の手

(注36) CMAガイドライン6.4項。
(注37) CMAガイドライン6.5項。
(注38) AFCAガイドライン110項。

法に当たっては、すでにいくつか重要な先行研究が存在するが(注39)、以下のような点が問題となり得(注40)、これらの論点について当局がどのような立場や手法をとるかについては実務の蓄積が待たれる。

① サステナビリティ協定がなされた場合となされなかった場合の市場の均衡点をそれぞれどのように導出するか。特に、市場価格の推定および消費者厚生の減少をどのように定量化するか。

② 競争当局は、誰の厚生を考慮に入れるべきか（市場に参加していないものの損害を被る可能性がある者の厚生を考慮すべきか）。

③ 費用便益計算の対象に何を入れるべきか。また、環境への損害はどのように金銭的に換算できるか。

④ 環境への損害は将来にわたる可能性があるところ、費用便益・そのタイミングに関する不確実性、現在価値への割引率、嗜好の変化等についてどのように対処すべきか。

⑷　小　括

わが国においては、水平的協定の独占禁止法上の評価について、TFEU 101条３項のような判断枠組みが採用されているわけではない。もっとも、直接の需要者に対して短期的には不利益を与える一方で、市場外の第三者または社会全体には利益を与えるという協定の締結が必要となる場面は生じ得る。その際には、公取委、わが国の企業、実務家も、当該取組みが独占禁止法上許容されるかの検討、判断を迫られることになり、欧州・英国における考え方、事例判断も参考にすることになると思われる。併せて、直接の需要者（以外）が協定から受ける便益を定性的・定量的にいかに評価するかにつ

(注39) 例えば、Roman Inderst, Eftichios Sartzetakis, Anastasios Xepapadeas, Technical Report on Sustainability and Competition, Jan. 2021, *available at*〈https://www.acm.nl/sites/default/files/documents/technical-report-sustainability-and-competition_0.pdf〉; Roman Inderst, Incorporating Sustainability into an Effects-Analysis of Horizontal Agreements, Mar. 15, 2022, *available at*〈https://ec.europa.eu/competition-policy/system/files/2022-03/kd0722074enn_HBER_sustainability.pdf〉; Nadine Watson, Measuring environmental benefits in competition cases, Nov. 19, 2021, *available at*〈https://one.oecd.org/document/DAF/COMP（2021）14/en/pdf〉.

(注40) Inderst, Sartzetakis, etc., *supra* note 43, at pp. 17-18.

いても、検討が必要になる。その際には、定量化に必要なデータをどのように取得・評価するのか等の経済学上の問題がある一方で、誰のいつの時点でのどの厚生を考慮に入れるのかといった競争法理論上の論点も前提となるものである。

3　許容されない取組み（グリーンウォッシュ、開発制限等）

環境対応を目的とした取組みであるかのような外観であっても、競争を制限することに向けた取組みである場合（いわゆる「グリーンウォッシュ」）、あるいは、環境対応を遅らせ得る共同行為については、競争法違反となることに注意が必要である。次の通り、こうした行為に対しては、実際に、各国競争当局が積極的に摘発しており、公取委としても積極的な法執行を示唆している(注41)。

欧州委員会は、2021年7月8日、欧州の自動車メーカー5社が、窒素酸化物浄化装置の技術開発を制限するカルテルを行っていたとして、総額8億7,518万9,000ユーロの制裁金を賦課した。自動車メーカー5社は、ディーゼル乗用車から排出される有害な窒素酸化物を尿素を用いて除去する技術に関して、機微情報を交換し、尿素の平均的な推定消費量について共通認識を得た上で、尿素タンクの容量、尿素水の補充間隔等について合意した。欧州委員会は、自動車メーカー5社は、それぞれが単独で行動していれば、法律上要求された基準を超える窒化酸素物排出量の浄化が可能だったにもかかわらず、合意によって当該技術開発に関する競争を制限したとして、競争法違反と認定した(注42)。

米国においても、古い事例ではあるが、司法省が、主要な自動車メーカーが環境技術の開発を抑制する合意をし、競争法に違反したとして、訴訟提起をした事例がある(注43)。具体的には、司法省は、自動車メーカーが、参加者間でロイヤリティなしで相互に関連技術のライセンスをし、第三者の技術については参加者が一律の条件でライセンスを受けられる場合のみ利用する

（注41）公取委「令和4年2月9日付　事務総長定例会見記録（2022年2月9日）」（https://www.jftc.go.jp/houdou/teirei/2022/jan_mar/220209.html）。

（注42）European Commission, Antitrust and Cartels, *available at*（https://ec.europa.eu/competition/antitrust/cases1/202146/AT_40178_8022289_3048_5.pdf）.

旨合意する等し、もって、大気汚染制御装置を非競争的な態様で開発することおよび導入時期を遅らせることに合意したと主張した。本件は、自動車メーカーが競争法上問題あるとされた行為を行わない旨約束する同意審決により決着した。

企業としては、環境対応等に向けた協業との名の下に、以上のような、環境対応を遅らせると評価され得る共同行為に至らないよう、注意が必要である。

（注43）Complaint at 5-8, United States v. Automobile Mfrs. Ass'n, Inc., 307 F. Supp. 617（C.D. Cal. 1970）（No. 69-75-JWC）. United States v. Motor Vehicle Manufacturers Association of the U.S. et al., 643 F. 2d 644 も参照。

執筆者紹介

柴原　多（しばはら　まさる）　担当：第１部第１章、第４部第４章
西村あさひ法律事務所・外国法共同事業パートナー　弁護士
1996年慶應義塾大学法学部卒業、1999年弁護士登録、2008年～2014年、2018年～慶應義塾大学湘南藤沢キャンパス非常勤講師
［主な著書・論文］「介護事業の再生と社会的課題」事業再生と債権管理179号(2023)、『誇れる会社であるために――戦略としてのCSR』（共著、クロスメディア・パブリッシング、2022)、『働き方改革とこれからの時代の労働法〔第２版〕』(共著、商事法務、2021)

杉山　泰成（すぎやま　やすなり）　担当：第４部第５章
西村あさひ法律事務所・外国法共同事業パートナー　弁護士
1994年早稲田大学政治経済学部政治学科卒業、1996年弁護士登録、2001年コロンビア大学ロースクール卒業（LL.M.)、2001年～2002年ニューヨークのLatham & Watkins法律事務所に勤務、2002年～2003年ロンドンのNorton Rose Fulbright法律事務所に勤務、2021年～農林水産省SBIRメンター
［主な著書・論文］『陸上養殖の現在と未来――産業普及・環境対応・収益化の取組から閉鎖循環式陸上養殖等システム動向、参入知識、飼育事例まで』（共著、情報機構、2024)、『アグリ・フードビジネスの法実務――食農のサステナビリティとイノベーションを支える法戦略』（共著、金融財政事情研究会、2023)、「投資円滑化法改正と金融機関による投資対象・投資スキームの拡大について――農林漁業法人、アグリ・フードテック、バリューチェーン企業への組合出資」（共著）銀法876号（2021)

湯川　雄介（ゆかわ　ゆうすけ）　担当：第１部第２章
西村あさひ法律事務所・外国法共同事業パートナー　弁護士
1998年慶應義塾大学法学部卒業、2000年弁護士登録、2007年スタンフォード大学ロースクール卒業（LL.M.)、西村あさひ（ヤンゴン）代表、慶應義塾大学大学院 法務研究科、学習院大学 国際社会科学部　非常勤講師
［主な著書・論文］『「人」から考える「ビジネスと人権」』（有斐閣、2024)、『「ビジネスと人権」の実務』（共著、商事法務、2023)、『詳説 ビジネスと人権』（共著、現代人文社、2022）等

有吉　尚哉（ありよし　なおや）　担当：第３部第１章第１節
西村あさひ法律事務所・外国法共同事業パートナー　弁護士
2001年東京大学法学部卒業、2002年弁護士登録、2010年～2011年金融庁総務企画局企業開示課専門官、2013年～京都大学法科大学院非常勤講師、2018年～武蔵野大学大学院法学研究科特任教授、2021年～金融法学会理事、2023年～一般社団法人流動化・証券化協議会理事、2024年～東京大学公共政策大学院客員教授、2024年～一橋大学法科大学院非常勤講師、金融審議会専門委員、財政制度等審議会臨時委員

［主な著書･論文］『動き出す「貯蓄から投資へ」――資産運用立国への課題と挑戦』（共著、金融財政事情研究会、2024）、『フィデューシャリー・デューティーの最前線』（共著、有斐閣、2023）、『SDGs・ESG とビジネス法務学』（共著、武蔵野大学出版会、2023）

中島　和穂（なかじま　かずほ）　担当：第 6 部第 1 章第 1 節
西村あさひ法律事務所・外国法共同事業パートナー　弁護士・ニューヨーク州弁護士
2001 年東京大学法学部卒業、2002 年弁護士登録、2009 年コロンビア大学ロースクール卒業（LL.M.)、2009 年～2010 年ニューヨークのワイル・ゴッチェル・アンド・マンジス法律事務所に勤務、2010 年ニューヨーク州弁護士登録
［主な著書･論文］「The International Comparative Legal Guide to Sanctions 2025 (Japan Chapter)」（共著、Global Legal Group.、2024)、『人権・環境・経済安全保障――国際通商規制の新潮流と企業戦略』（共著、商事法務、2023)、「国際通商政策の最前線（第 7 回）米国の通商政策（1)」（共著）NBL1204 号（2021)

大向　尚子（おおむかい　なおこ）　担当：第 4 部第 1 章
西村あさひ法律事務所・外国法共同事業パートナー　弁護士・ニューヨーク州弁護士
2000 年大阪大学法学部卒業、2002 年弁護士登録、2007 年ニューヨーク大学ロースクール卒業（LL.M.)、2007 年～2008 年サンフランシスコのデイビス・ライト・トレメイン法律事務所に勤務、2008 年ニューヨーク州弁護士登録、2016 年～2024 年経済産業省産業構造審議会知的財産分科会商標制度小委員会委員
［主な著書･論文］『商標の法律実務――重要判例分析×ブランド戦略推進』（共著、中央経済社、2023)、「巻頭インタビュー TOP RUNNER『企業経営の改革者に聞く～トップランナー』」コーポレートガバナンス 2022 年 8 月号、「企業法務とダイバーシティ＆インクルージョンの現在地（第 1 回～第 4 回)」（共著）NBL1199 号・1201 号・1203 号・1205 号（2021)

菅野　百合（すがの　ゆり）　担当：第 4 部第 1 章・第 3 章
西村あさひ法律事務所・外国法共同事業パートナー　弁護士
2001 年京都大学法学部卒業、2003 年弁護士登録、2003 年～2007 年弁護士法人大江橋法律事務所に勤務、2012 年ニューヨーク大学ロースクール卒業（LL.M.)、2019 年～LLAN（LGBTQ とアライのための法律家ネットワーク）理事、2022 年～独立行政法人日本スポーツ振興センター「スポーツ指導における暴力行為等に関する第三者相談・調査委員会」委員
［主な著書･論文］『LGBTQ+ 医療現場での実践 Q&A』（共著、日本看護協会出版会、2024)、『働き方改革とこれからの時代の労働法〔第 2 版〕』（共著、商事法務、2021)、「企業法務とダイバーシティ＆インクルージョンの現在地（第 1 回～第 4 回)」（共著）NBL1199 号・1201 号・1203 号・1205 号（2021)

森田　多恵子（もりた　たえこ）　担当：第 1 部第 3 章、第 2 部第 1 章・第 2 章、第 4 部第 6 章
西村あさひ法律事務所・外国法共同事業パートナー　弁護士・ニューヨーク州弁

護士
2003年京都大学法学部卒業、2004年弁護士登録、2010年ペンシルベニア大学ロースクール卒業（LL.M.）、2011年ニューヨーク州弁護士登録、2011年～2013年三菱商事株式会社法務部出向
［主な著書・論文］『「ビジネスと人権」の実務』（共著、商事法務、2023）、『サステナビリティ委員会の実務』（共編著、商事法務、2022）、『デジタルトランスフォーメーションハンドブック』（共編著、商事法務、2022）

阿部　次郎（あべ　じろう）　担当：第4部第3章
西村あさひ法律事務所・外国法共同事業パートナー　弁護士
2001年慶應義塾大学法学部法律学科卒業、2005年弁護士登録、2011年ロンドン大学キングス・カレッジ卒業（LL.M.）、2011年～2012年ロンドンのSlaughter and May法律事務所に勤務
［主な著書・論文］「Global Employment Law Guide (Japan Chapter)」（共著、Lex Mundi、2024）、『働き方改革とこれからの時代の労働法〔第2版〕』（共著、商事法務、2021）

伴　真範（ばん　まさのり）　担当：第4部第2章第4節
弁護士法人西村あさひ法律事務所法人パートナー　弁護士・ニューヨーク州弁護士
2003年早稲田大学法学部卒業、2005年弁護士登録、2011年南カリフォルニア大学ロースクール卒業（LL.M.）、2012年ニューヨーク州弁護士登録
2011年～2012年Kelvin Chia Partnership法律事務所（シンガポール）、2012年～2013年Kelvin Chia Yangon Ltd.法律事務所（ヤンゴン）、2013年～2015年パナソニック株式会社に勤務
［主な著書・論文］『資本・業務提携の実務〔第3版〕』（共著、中央経済社、2024）、『「ビジネスと人権」の実務』（共著、商事法務、2023）、「グローバルサプライチェーン供給契約と人権保護――ABAモデル条項とその背景を踏まえて（第1回～第4回）」（共著）NBL1205号・1207号・1209号・1211号（2021～2022）

根本　剛史（ねもと　たけし）　担当：第1部第3章、第2部第1章・第3章第3節
西村あさひ法律事務所・外国法共同事業パートナー　弁護士・ニューヨーク州弁護士
2003年慶應義塾大学法学部法律学科卒業、2005年弁護士登録、2014年バージニア大学ロースクール卒業（LL.M.）、2014年～2015年ニューヨークのデビボイス・アンド・プリンプトン法律事務所に勤務、2015年ニューヨーク州弁護士登録、2016年～2017年一橋大学大学院国際企業戦略研究科非常勤講師、2020年～一橋大学法科大学院非常勤講師
［主な著書・論文］『「ビジネスと人権」の実務』（共著、商事法務、2023）、『誇れる会社であるために――戦略としてのCSR』（共著、クロスメディア・パブリッシング、2022）、『M&A法大全（上）（下）〔全訂版〕』（共著、商事法務、2019）

川本　周（かわもと　あまね）　担当：第3部第4章

西村あさひ法律事務所・外国法共同事業パートナー　弁護士・ニューヨーク州弁護士
2003年東京大学法学部第一類卒業、2006年弁護士登録、2013年コロンビア大学ロースクール卒業（LL.M.）、2013年～2015年ロンドンのMarubeni Europower Limitedに勤務、2014年ニューヨーク州弁護士登録
［主な著書･論文］『ファイナンス法大全（下）〔全訂版〕』（共著、商事法務、2017）、『エネルギー法実務要説』（共著、商事法務、2018）

鶴岡　勇誠（つるおか　たけのぶ）　担当：第3部第3章第1節～第3節
西村あさひ法律事務所・外国法共同事業パートナー　弁護士
2003年東京大学法学部第一類卒業、2006年弁護士登録、2018年～2019年株式会社三菱UFJ銀行（シンガポール支店）に出向
［主な著書･論文］『新しいファイナンス手法〔第3版〕』（共著、金融財政事情研究会、2024）、『新しい持株会設立・運営の実務〔第2版〕』（共著、商事法務、2022）、『資産・債権の流動化・証券化〔第4版〕』（共著、金融財政事情研究会、2022）

小林　和真呂（こばやし　かずまろ）　担当：第6部第2章
西村あさひ法律事務所・外国法共同事業パートナー　弁護士・ニューヨーク州弁護士
2004年東京大学法学部第一類卒業、2007年弁護士登録、2014年コロンビア大学ロースクール修了（L.L.M.）、2014年～2015年Cleary Gottlieb Steen & Hamilton LLP（ワシントンD.C.）に勤務
［主な著書･論文］『最新・ガバナンスを見る眼』（共著、商事法務、2025）、『条解独占禁止法〔第2版〕』（共著、弘文堂、2022）、『M&A法大全（上）（下）〔全訂版〕』（共著、商事法務、2019）

諸井　領児（もろい　りょうじ）　担当：第5部第1章～第3章
西村あさひ法律事務所・外国法共同事業パートナー　弁護士・ニューヨーク州弁護士
2004年東京大学法学部卒業、2006年慶應義塾大学法科大学院卒業、2007年弁護士登録、2015年ノースウェスタン大学ロースクール卒業（LL.M.）、2015年～2017年Marubeni Europower Limited（ロンドン）に勤務、2016年ニューヨーク州弁護士登録
［主な著書･論文］「再エネ法のもとでの太陽光発電事業に係るプロジェクトファイナンス――法的留意点を中心に」（共著）金法1952号（2012）、『東京都の温室効果ガス規制と排出量取引――都条例逐条解説』（共著、白揚社、2010）

田端　公美（たばた　くみ）　担当：第2部第2章第2節
西村あさひ法律事務所・外国法共同事業パートナー　弁護士・ニューヨーク州弁護士
2004年京都大学法学部卒業、2006年京都大学法科大学院修了、2007年弁護士登録、2009年～2012年経済産業省経済産業政策局産業組織課出向、2015年ペンシルベニア大学ロースクール卒業（LL.M.）、2017年ニューヨーク州弁護士登録
［主な著作・論文］『株対価M&Aの実務』（共著、商事法務、2019）、『M&A法大

全（上）〔全訂版〕』（共著、商事法務、2019）、『役員報酬改革論――日本経済復活の処方箋〔増補改訂第 2 版〕』（共著、商事法務、2018）

平家　正博（へいけ　まさひろ）　担当：第 6 部第 1 章第 2 節
西村あさひ法律事務所・外国法共同事業パートナー　弁護士・ニューヨーク州弁護士
2007 年東京大学法科大学院卒業、2008 年弁護士登録、2015 年ニューヨーク大学ロースクール卒業（LL.M.）、2015 年〜2016 年ブリュッセルのクレアリー・ゴットリーブ・ステーン & ハミルトン法律事務所に勤務、2016 年ニューヨーク州弁護士登録
[主な著書・論文]「Chambers Global Practice Guides - International Trade 2025（Japan chapter）」（共著、Chambers and Partners、2024）、『「ビジネスと人権」の実務』（共著、商事法務、2023）、『人権・環境・経済安全保障――国際通商規制の新潮流と企業戦略』（共著、商事法務、2023）

森　宣昭（もり　のぶあき）　担当：第 3 部第 4 章
西村あさひ法律事務所・外国法共同事業パートナー　弁護士・ニューヨーク州弁護士
2005 年東京都立大学法学部卒業、2007 年東京大学法科大学院修了、2008 年弁護士登録、2011 年〜2012 年株式会社日本政策投資銀行出向、2016 年ボストン大学ロースクール卒業（LL.M. in Banking & Financial Law）、2016 年〜2018 年 Marubeni Middle-East & Africa Power Limited 出向、2018 年ニューヨーク州弁護士登録
[主な著書・論文]『新しいファイナンス手法〔第 3 版〕』（共著、金融財政事情研究会、2024）、「The Legal 500 Country Comparative Guides - Renewable Energy 2024: Japan」（共著、Legalease、2024）、「改正再エネ特措法の再確認 太陽光発電への規制最新動向」（朝日新聞社 Website「法と経済のジャーナル Asahi Judiciary」、2022）

山本　俊之（やまもと　としゆき）　担当：第 3 部第 2 章第 3 節・第 3 章第 4 節
西村あさひ法律事務所・外国法共同事業パートナー　弁護士
2000 年慶應義塾大学環境情報学部卒業、2007 年慶應義塾大学法科大学院修了、2009 年弁護士登録。弁護士登録前に株式会社格付投資情報センター、メリルリンチ日本証券株式会社にてアナリストとして勤務。日本証券アナリスト協会認定アナリスト、国際公認投資アナリスト。
[主な著書・論文]「金融業界・金融機関における生成 AI の活用（パネルディスカッション）」金法 2231 号（2024）、『新しいファイナンス手法〔第 3 版〕』（共著、金融財政事情研究会、2024）、『Q&A 金融サービス仲介業』（共編著、金融財政事情研究会、2021）

渡辺　雪彦（わたなべ　ゆきひこ）　担当：第 4 部第 3 章第 3 節
西村あさひ法律事務所・外国法共同事業パートナー　弁護士
2005 年早稲田大学法学部卒業、2009 年早稲田大学法科大学院卒業、2010 年弁護士登録、2011 年第一東京弁護士会労働法制委員会委員、2018 年経営法曹会議会員
[主な著書・論文]『新・労働法実務相談――職場トラブル解決のための Q&A 新版〔第 4 版〕』（共著、労務行政研究所、2024）、『裁判例・労働委員会命令にみる不当

労働行為性の判断基準』（共著、産労総合研究所出版部経営書院、2023）、『Q&A 労働条件変更法理の全体的考察と実務運用』（共著、新日本法規、2023）

山本　晃久（やまもと　あきひさ）　担当：第 2 部第 3 章第 1 節・第 2 節、第 3 部第 5 章
西村あさひ法律事務所・外国法共同事業パートナー　弁護士
2007 年東京大学法学部卒業、2009 年東京大学法科大学院卒業、2010 年弁護士登録、2020 年ミシガン大学ロースクール卒業（LL.M.）、2022 年ロンドンビジネススクール卒業（MBA）、2023 年～経済産業省 J-Startup インパクト選定委員、2024 年～金融庁インパクトコンソーシアムアドバイザリーボード委員、一般社団法人スタートアップデータ標準化協会理事
[主な著書・論文]「受託者責任とサステナビリティ投資をめぐる議論の諸相（上）（下）」（共著）金法 2240 号、2241 号（2024）、「サステナビリティ経営に優れた企業への認証　『B コープ』の概要と取得手続および普及の課題」経理情報 1667 号（2023）、「『周辺学』で差がつく M&A（第 1 回～最終回）」（共著）ビジネス法務 2023 年 12 月号～2024 年 9 月号（2023 ～ 2024）

安井　桂大（やすい　けいた）　担当：第 2 部第 2 章第 3 節・第 4 章、第 3 部第 2 章第 1 節・第 2 節
西村あさひ法律事務所・外国法共同事業パートナー　弁護士
2009 年東京大学法科大学院卒業（J.D.）、2010 年弁護士登録、2019 年 The London School of Economics and Political Science 卒業（LL.M.）、2016 年～2018 年金融庁総務企画局（現企画市場局）企業開示課、2019 年フィデリティ投信株式会社運用本部（エンゲージメント、議決権行使およびサステナブル投資担当）
[主な著書・論文]『最新・ガバナンスを見る眼』（共著、商事法務、2025）、「M&A の際に ESG 要素を考慮する意義と実務対応上のポイント」MARR355 号（2024）、『サステナビリティ委員会の実務』（共編著、商事法務、2022）

渡邉　純子（わたなべ　じゅんこ）　担当：第 4 部第 2 章
西村あさひ法律事務所・外国法共同事業パートナー　弁護士
2010 年慶応義塾大学法科大学院（J.D.）修了、2011 年弁護士登録、2020 年 The London School of Economics and Political Science（LL.M. 国際人権法専攻）修了、2021 年～2022 年 ILO（国際労働機関）コンサルタント、2023 年～経済産業省・産業構造審議会繊維小委員会委員、2023 年～経済産業省・繊維産業における責任ある企業行動ルール形成戦略研究会委員、2024 年～環境省・日本企業による環境デュー・ディリジェンス対応促進に向けた懇談会有識者
[主な著書・論文]『「ビジネスと人権」の実務』（共著、商事法務、2023）、『人権・環境・経済安全保障――国際通商規制の新潮流と企業戦略』（共著、商事法務、2023）、『最新・ガバナンスを見る眼』（共著、商事法務、2025）

米　信彰（よね　のぶあき）　担当：第 2 部第 4 章
西村あさひ法律事務所・外国法共同事業パートナー　弁護士・ニューヨーク州弁護士
2009 年東京大学法学部卒業、2011 年東京大学法科大学院卒業、2012 年弁護士

登録、2018年ジョージタウン大学ローセンター卒業（LL.M.）、2019年～2020年ジェナー・アンド・ブロック法律事務所（シカゴ）に勤務、2020年ニューヨーク州弁護士登録
［主な著書・論文］『M&A法大全（上）（下）〔全訂版〕』（共著、商事法務、2019）、『資本・業務提携の実務〔第3版〕』（共著、中央経済社、2024）

加藤　由美子（かとう　ゆみこ）　担当：第4部第2章第2節
西村あさひ（フランクフルト・デュッセルドルフ）カウンセル　ニューヨーク州弁護士
2001年東京都立大学法学部、2008年Georgetown University Law Center（LL.M.）（ロータリー財団国際親善奨学生）、2009年The London School of Economics and Political Science（LL.M.）各卒業。2011年～2014年Linklaters LLP（デュッセルドルフ）、2015年～2019年Linklaters LLP（ニューヨーク）に勤務。2020年University of Oxford, Leading Sustainable Corporations Programme（Certificate）修了
［主な著書・論文］『最新・ガバナンスを見る眼』（共著、商事法務、2025）、『「ビジネスと人権」の実務』（共著、商事法務、2023）

大野　憲太郎（おおの　けんたろう）　担当：第2部第3章第3節
西村あさひ法律事務所・外国法共同事業カウンセル　弁護士
2003年東京大学法学部第3類卒業、2004年東京大学法学部第2類卒業、2006年東京大学法科大学院卒業、2008年弁護士登録、2020年～駒澤大学法学部非常勤講師
［主な著書・論文］『弁護士の視点をプラス！「みなし譲渡所得非課税特例」と株式贈与の実務――税理士がおさえるべき承認取消しリスクへの対応ポイント』（第一法規、2024）、『弁護士の視点をプラス！ 税理士のための非営利法人の実務――依頼者の目的に寄り添った法人設立・運営のために』（第一法規、2022）、『改正民法からおさえる 遺言がある相続の税務判断のポイント』（共著、第一法規、2019）

辻本　直規（つじもと　なおき）　担当：第4部第5章第2節
西村あさひ法律事務所・外国法共同事業カウンセル　弁護士
2008年大阪大学法学部卒業、2011年中央大学法科大学院卒業（J.D.）、2012年弁護士登録、2012年～2017年弁護士法人小野総合法律事務所に勤務、2017年～2019年農林水産省食料産業局知的財産課（課長補佐）、2018年～2019年近畿大学農学部非常勤講師（知的財産法）、2021年～株式会社バカン社外監査役、2023年～スマート育種協議会監事
［主な著書・論文］『アグリ・フードビジネスの法実務――食農のサステナビリティとイノベーションを支える法戦略』（共著、金融財政事情研究会、2023）、『GI制度の運用の見直し』Law&Technology 98号（2023）、「フードテックに関する法規制・規制対応の留意点」研究開発リーダー200号（2022）

上村　文（かみむら　あや）　担当：第4部第5章第5節
弁護士法人西村あさひ法律事務所名古屋事務所法人アソシエイト　弁護士
2003年京都大学法学部卒業、2006年京都大学大学院修了（LL.M.）、2007年弁護士登録、2007年～2012年西村あさひ法律事務所（現 西村あさひ法律事務所・外国

法共同事業）に勤務、2012 年～2016 年佐藤綜合法律事務所に勤務、2016 年～弁護士法人西村あさひ法律事務所名古屋事務所に勤務、2016 年～2020 年豊田通商株式会社に出向
［主な著書・論文］『現場マネジャーのためのパワハラいじめ対策ガイド』（共著、日経 BP 社、2011）、『アグリ・フードビジネスの法実務――食農のサステナビリティとイノベーションを支える法戦略』（共著、金融財政事情研究会、2023）

平田　えり（ひらた　えり）　担当：第 4 部第 5 章第 1 節
弁護士法人西村あさひ法律事務所福岡事務所アソシエイト　弁護士
2009 年九州大学法学部卒業（LL.B.）、2011 年慶應義塾大学法科大学院卒業（J.D.）
［主な著書・論文］『中小企業法務のすべて』（共著、商事法務、2017）、「秘密保持契約の見直しポイント」Business Law Journal2017 年 11 月号、『民法改正対応――取引基本契約書作成・見直しハンドブック』（共著、商事法務、2018）、『アグリ・フードビジネスの法実務――食農のサステナビリティとイノベーションを支える法戦略』（共著、金融財政事情研究会、2023）

渡邉　貴久（わたなべ　たかひさ）　担当：第 2 部第 3 章第 2 節、第 3 部第 5 章
西村あさひ法律事務所・外国法共同事業アソシエイト　弁護士
2013 年慶應義塾大学法学部法律学科卒業、2014 年弁護士登録、2023 年 UC バークレーロースクール卒業（LL.M.）、2024 年オックスフォード大学サイードビジネススクール卒業（MBA）
［主な著書・論文］『Japan's Impact Practices Advancing Through Pubic-Private Partnerships』（GAIL Asia Pacific Impact Lawyers Journal、2024）、「『周辺学』で差がつく M&A（最終回）M&A とサステナビリティ・ESG」（共著）ビジネス法務 24 巻 9 号（2024）

我妻　由香莉（わがつま　ゆかり）　担当：第 4 部第 2 章第 1 節
西村あさひ法律事務所・外国法共同事業アソシエイト　弁護士
2010 年慶應義塾大学法学部法律学科卒業、2013 年早稲田大学法科大学院卒業、2014 年弁護士登録、2020 年ノースウェスタン大学ロースクール卒業（LL.M. in International Human Rights）、2023 年インドネシアの Walalangi & Partners に勤務
［主な著書・論文］『ファイナンス法大全（上）〔全訂版〕』（共著、商事法務、2017）

橋本　裕子（はしもと　ゆうこ）　担当：第 5 部第 1 章～第 3 章
西村あさひ法律事務所・外国法共同事業アソシエイト　弁護士
2011 年早稲田大学法学部卒業、2013 年東京大学法科大学院修了、2014 年弁護士登録、2022 年ニューヨーク大学ロースクール卒業（LL.M.）、2022 年～2023 年みずほ銀行ロンドン支店に勤務
［主な著書・論文］「気候変動への取り組みにおけるコーポレート・ガバナンスの役割――インドの事例」（共著）NBL1237 号（2023）、『アフリカビジネス法ガイドⅡ』（共著、西村あさひ法律事務所アフリカ・プラクティス・チーム、2019）

佐藤　咲耶（さとう　さくや）　担当：第 6 部第 1 章第 2 節
西村あさひ法律事務所・外国法共同事業アソシエイト　弁護士
2011 年東京大学法学部卒業、2013 年東京大学法科大学院卒業、2014 年弁護

士登録、2021年ニューヨーク大学ロースクール卒業（Jerome Lipper Award for distinction in the LLM International Legal Studies program）、2021年～2022年ブリュッセルのVan Bael & Bellis法律事務所に勤務、2023年～神戸大学大学院法学研究科非常勤講師
［主な著書・論文］「Ensuring State Owned Enterprise Commercial Considerations under GATT, CPTPP, and JEEPA」（Journal of World Trade Volume 58, Issue 3、Kluwer Law International、2024）、『人権・環境・経済安全保障――国際通商規制の新潮流と企業戦略』（共著、商事法務、2023）、「EU's Carbon Border Adjustment Mechanism: Will It Achieve Its Objective（s）?」（Journal of World Trade Volume 56, Issue 3、Kluwer Law International、2022）

細谷　夏生（ほそや　なつき）　担当：第4部第1章
西村あさひ法律事務所・外国法共同事業アソシエイト　弁護士（一時登録抹消中）
2014年東京大学法学部卒業、2015年弁護士登録、2023年コロンビア大学ロースクール卒業（LL.M.）、2023年～現在United Nations Entity for Gender Equality and the Empowerment of Women（UN Women）
［主な著書・論文］『国際人権個人通報150選』（共著、現代人文社、2023）、『働き方改革とこれからの時代の労働法〔第2版〕』（共著、商事法務、2021）、「企業法務とダイバーシティ&インクルージョンの現在地（第1回～第4回）」（共著）NBL1199号・1201号・1203号・1205号（2021）

玄　唯真（げん　ゆうじん）　担当：第4部第1章第3節、第5部第2章・第3章
元　西村あさひ法律事務所・外国法共同事業アソシエイト　弁護士
株式会社ヘラルボニー　弁護士・ニューヨーク州弁護士
2014年中央大学法学部法律学科卒業、2015年弁護士登録、2022年ニューヨーク大学ロースクール卒業（LL.M.）、2023年エディンバラ大学ビジネススクール（MSc Global Strategy and Sustainability with Distinction）。2016年～2024年西村あさひ法律事務所・外国法共同事業。2024年～株式会社ヘラルボニー
［主な著書・論文］『企業法制の将来展望　資本市場制度の改革への提言　2025年度版』（共著、財経詳報社、2025）、「生物多様性クレジットの課題と展望」環境管理2025年1月号（2025）、「金融機関によるメタバースの活用およびDAOの支援・取引可能性」（共著）金法2225号（2024）

長岡　隼平（ながおか　じゅんぺい）　担当：第4部第2章第3節
西村あさひ法律事務所・外国法共同事業アソシエイト　弁護士
2012年京都大学法学部卒業、2014年東京大学法科大学院修了（J.D., cum laude）、2015年弁護士登録、2022年コロンビア大学ロースクール卒業（LL.M., Harlan Fiske Stone Scholar, Parker School Certificate for Foreign and Comparative Law, Columbia Global Public Service Fellow）、2022年～2023年デンマーク人権研究所に勤務、2023年ストックホルムのマンハイマー・スワートリング法律事務所に勤務
［主な著書・論文］「Due diligence in the downstream value chain: case studies of current company practice」（共著、デンマーク人権研究所、2023）

大日方　史野（おびなた　ふみや）　担当：第4部第3章
西村あさひ法律事務所・外国法共同事業アソシエイト　弁護士
2013年早稲田大学法学部卒業、2015年早稲田大学法科大学院卒業（J.D.）、2016年弁護士登録
［主な著書・論文］『金融機関の法務対策6000講 第1巻〜第6巻』（共著、金融財政事情研究会、2022）、『働き方改革とこれからの時代の労働法〔第2版〕』（共著、商事法務、2021）、『和文・英文対照モデル就業規則〔第3版〕』（共著、中央経済社、2019）

藤澤　美緒子（ふじさわ　みおこ）　担当：第3部第1章第2節
西村あさひ法律事務所・外国法共同事業アソシエイト　弁護士
2006年京都大学法学部卒業、2006年〜2012年株式会社みずほ銀行に勤務、2015年神戸大学法科大学院卒業、2016年弁護士登録、2021年〜2023年金融庁企画市場局市場課に勤務

堀田　想太郎（ほった　そうたろう）　担当：第3部第5章
西村あさひ法律事務所・外国法共同事業アソシエイト　弁護士
2013年東京大学法学部卒業、2015年東京大学法科大学院卒業、2017年弁護士登録、2024年オックスフォード大学卒業（MSc in Law and Finance）、2022年〜Global Alliance of Impact Lawyers APAC Regional Board Member
［主な著書・論文］『Unlocking Legal Pathways for Blended Finance』（共著、The Global Alliance of Impact Lawyers、2024）

大形　航（おかた　わたる）　担当：第4部第1章第2節
西村あさひ法律事務所・外国法共同事業　弁護士
2013年金沢大学人間社会学域卒業、2016年早稲田大学法務研究科修了、2017年弁護士登録、2023年〜経済産業省経済産業政策局産業人材課出向
［主な著書・論文］『働き方改革とこれからの時代の労働法〔第2版〕』（共著、商事法務、2021）

清水　亮（しみず　りょう）　担当：第4部第3章第4節
西村あさひ法律事務所・外国法共同事業アソシエイト　弁護士
2018年慶應義塾大学法学部卒業、2019年弁護士登録

福島　惇央（ふくしま　あつなか）　担当：第6部第2章
西村あさひ法律事務所・外国法共同事業アソシエイト　弁護士
2018年東京大学法学部卒業、2019年弁護士登録
［主な著書・論文］『講座 情報法の未来をひらく――AI時代の新論点(7)安全保障』（共著、法律文化社、2024）、「EUサイバーレジリエンス法案の概要」（共著）NBL1234号（2023）、「法令解釈が未確立の場合におけるリスクテイクと取締役責任」（共著）国際商事法務49巻5号（2021）

髙橋　宏文（たかはし　ひろふみ）　担当：第4部第3章
西村あさひ法律事務所・外国法共同事業アソシエイト　弁護士
2017年中央大学法学部法律学科卒業、2018年東京大学法科大学院中退、2019年

弁護士登録
［主な著書・論文］『ケーススタディでわかるフリーランス・事業者間取引適正化等法の実務対応』（共著、第一法規、2024）、『Q&A 実務家のためのフリーランス法のポイントと実務対応』（共著、新日本法規、2024）、『働き方改革とこれからの時代の労働法〔第 2 版〕』（共著、商事法務、2021）

吉井　一希（よしい　かずき）　担当：第 6 部第 1 章第 1 節
西村あさひ法律事務所・外国法共同事業アソシエイト　弁護士
2019 年東京大学法学部卒業、2020 年弁護士登録
［主な著書・論文］「The International Comparative Legal Guide to Sanctions 2025 (Japan Chapter)」（共著、Global Legal Group、2024）、『人権・環境・経済安全保障――国際通商規制の新潮流と企業戦略』（共著、商事法務、2023）、「米国の経済安全保障に関する措置への実務的対応」（共著、JETRO Website、2023）

鈴木　健也（すずき　けんや）　担当：第 4 部第 5 章第 4 節
西村あさひ法律事務所・外国法共同事業アソシエイト　弁護士
2019 年中央大学法学部法律学科卒業、2020 年弁護士登録
［主な著書・論文］『アグリ・フードビジネスの法実務　食農のサステナビリティとイノベーションを支える法戦略』（共著、金融財政事情研究会、2023）、『アクアビジネス（養殖漁業）に対する金融機関による投融資に関する法的考察』（共著）銀法 871 号・872 号（2021）

水野　雄介（みずの　ゆうすけ）　担当：第 4 部第 1 章
元　西村あさひ法律事務所・外国法共同事業アソシエイト　弁護士
法律事務所 ZeLo　弁護士
2016 年大阪大学法学部法律学科卒業、2018 年弁護士登録、2018 年～2024 年西村あさひ法律事務所・外国法共同事業に勤務、2024 年～法律事務所 ZeLo に勤務
［主な著書・論文］『「ビジネスと人権」の実務』（共著、商事法務、2023）、「50 問の Q&A で体得する人権 DD ガイドラインを踏まえた人権尊重の取組の実践知（第 1 回～第 4 回）」（共著）NBL1234 号～1237 号（2023）

谷山　風未花（たにやま　ふみか）　担当：第 4 部第 2 章
西村あさひ法律事務所・外国法共同事業アソシエイト　弁護士
2019 年京都大学法科大学院卒業、2020 年弁護士登録
［主な著書・論文］「『人権尊重ガイドライン』を読み解く（第 6 回）救済」（共著）ジュリ 1587 号（2023）、『新株予約権ハンドブック〔第 5 版〕』（共著、商事法務、2022）

山本　修（やまもと　しゅう）　担当：第 5 部第 1 章
西村あさひ法律事務所・外国法共同事業アソシエイト　弁護士
2019 年東京大学法学部卒業、2021 年東京大学法科大学院修了、2022 年弁護士登録

大橋　賢龍（おおはし　けんりゅう）　担当：第 4 部第 1 章
西村あさひ法律事務所・外国法共同事業アソシエイト　弁護士
2021 年早稲田大学法学部卒業、2022 年弁護士登録

事項索引

欧　文

あ行

か行

さ行

た行

な行

は行

ま行

や行

ら行

わ行

サステナビリティ大全

2025年3月10日　初版第1刷発行

編　　者　西村あさひ法律事務所・
　　　　　外国法共同事業

発 行 者　石　川　雅　規

発 行 所　㍿ 商　事　法　務

〒103-0027 東京都中央区日本橋3-6-2
TEL 03-6262-6756・FAX 03-6262-6804〔営業〕
TEL 03-6262-6769〔編集〕
https://www.shojihomu.co.jp/

落丁・乱丁本はお取り替えいたします。　印刷／そうめいコミュニケーションプリンティング

ISBN978-4-7857-3133-5
＊定価はカバーに表示してあります。